我
思

敢於運用你的理智

国家出版基金项目
NATIONAL PUBLICATION FOUNDATION

湖北省公益学术著作出版专项资金
Hubei Special Funds for Academic and Public Interest Publications

成唯識論證義

〔明〕王肯堂　證義

倪梁康　許偉　校證

崇文書局

長江出版傳媒

圖書在版編目（ＣＩＰ）數據

成唯識論證義 / （明）王肯堂證義 ；倪梁康，許偉
校證. -- 武漢：崇文書局，2023.7
ISBN 978-7-5403-7292-7

Ⅰ. ①成… Ⅱ. ①王… ②倪… ③許… Ⅲ. ①唯識宗
—研究 Ⅳ. ① B946.3

中國國家版本館 CIP 數據核字（2023）第 070329 號

2023 年度國家出版基金項目
2022 年度湖北省公益學術著作出版專項資金項目

成 唯 識 論 證 義
CHENGWEISHILUN ZHENGYI

出 版 人　韓　敏
出　　品　崇文書局人文學術編輯部・我思
策 劃 人　梅文輝（mwh902@163.com）
責任編輯　梅文輝
封面設計　甘淑媛
出版發行　長江出版傳媒｜崇文書局
地　　址　武漢市雄楚大街 268 號出版城 C 座 11 層
電　　話　(027)87677133　　郵　編　430070
印　　刷　湖北新華印務有限公司
開　　本　880×1230mm　1/32
印　　張　30.25
字　　數　680 千
版　　次　2023 年 7 月第 1 版
印　　次　2023 年 7 月第 1 次印刷
定　　價　168.00 元

（讀者服務電話：027—87679738）

整理說明

　　整理本所據版本:

　　底本:日本大谷大學藏刻本,一冊一卷,共十冊十卷,頁十行,行二十字,首尾完整,每冊首有"山門西谷藏"墨印,"大谷文庫""真宗大學圖書"朱印。底本中《成唯識論》本文完整。內容始於標題"成唯識論證義自序"。

　　校本:《卍續藏經》本,上海商務印書館涵芬樓民國十二、十三年影印本,第壹輯/第八十一套/第四冊(卷1—3)、第壹輯/第八十一套/第五冊(卷4—8),第壹輯/第八十二套/第一冊(卷9—10),據日本京都藏經書院編版本影印,(日)前田穗雲等編輯,日本明治三十八年(1905)至大正元年(1912)刊行。校本中《成唯識論》本文則僅存首、尾數字。內容始於"成唯識論證義自序"。

　　校勘記中將上述二版本徑稱為"底本""校本"。

　　同時,由於明代的唯識學者已經看不到唐代的唯識宗注疏,所以大多通過其他宗派的著作來沿襲唯識學,如本書《自序》謂:"取大藏中大、小乘經論及《華嚴疏》《鈔》《宗鏡錄》諸典正釋'唯識'之文,以證《成論》之義。"本書大量徵引《瑜伽師地論》《攝大乘論》

《顯揚聖教論》等唯識宗基本典籍，以及澄觀《大方廣佛華嚴經疏》（《清涼疏》）、《大方廣佛華嚴經隨疏演義鈔》（《清涼疏鈔》《華嚴疏鈔》）、延壽編纂的《宗鏡錄》與雲峰編纂的《唯識開蒙問答》。此外，本書有意吸收明代其他唯識注疏的觀點，故文字與通潤《成唯識論集解》、明昱《成唯識論俗詮》等多有重合。因此，整理本參照上述文獻（主要據《大正藏》《新纂卍續藏》等版本），並標明相關段落的出處。由於本書在征引其他明人著述時，往往交織混雜，或有增刪，而所引文字或只是對《宗鏡錄》等文獻的簡單改寫，因此所引明人著述若有更早源頭則徑標其源，若過於混雜則不標出處，僅對部分涉及明代與唐代注疏差異處進行標註。

整理本中，如底本正確而校本顯誤，不出校勘記；部分源自印刻風格差異的異體字，錄文採用最接近的字形，不出校勘記；音近、形近而誤的錯字，則在校勘記中給出理由，並徑改正文；不合文義的文字，以及符合本書解釋但不符合《成唯識論》本書文義的文字，則在校勘記中給出說明，不改正文；底本若有殘缺、污損等情況，則在校勘記中標為"缺""漫漶""難辨"，因漏抄等情況而缺字則在校勘記中標為"脫"。校勘記中的"明代注疏"特指明代《成唯識論》注疏，"唐代注疏"則特指唐代唯識宗的《成唯識論》注疏。本書在引用時或有改寫，如《唯識開蒙問答》本為問答體，本書有時則略去"問""答"等字，改作直接陳述而引用，又或在引用時有所刪減，這一類引用在校勘記中標為"改寫自"；其他對引文改動較小的引用，校勘記則用"引自"；由於明人看不到唐代唯識宗注疏，但所引《宗鏡錄》等文獻中時有唐人論義，部分重要論義也標明出處，校勘記中用"源自"。整理本中的標點，主要依據本書自身的解釋，如果本書的解釋有明顯的疏漏，或與唐代注疏有較大差異，則會在校勘記中注明。

目　錄

成唯識論證義自序

《唯識證義》何為而作也？為慈恩之疏亡失無存，學唯識者
悵悵乎莫知所從而作也。

然則不名"補疏"何也？曰："補疏"則惡乎敢！吾敢自信無
一語之與慈恩抵捂乎哉？有一語與慈恩牴牾，而謂之"補疏"，烏
乎敢！且吾猶冀古疏之萬一復出云爾。

其名"證義"何也？曰：取大藏中大、小乘經論及《華嚴疏》
《鈔》❶《宗鏡錄》❷諸典正釋'唯識'之文，以證《成論》❸之
義，而非敢以己意為之註也。所以然者，為八識、四智行相微細，難
可了知，乃聖智所知之境，非凡夫心量可測，故不以至教量定之，未
有不郢書而燕說者。今之師心自用，解釋紛紛，能無一得乎哉？然
有一語之不經印證、不通商榷，則皆非量而不為比量，烏能窺測現
量境界也耶？

心一而已，裂而為八為九，不病支離何也？曰：一心之德，名

---

❶ "《華嚴疏》《鈔》"，即澄觀《大方廣佛華嚴經疏》與《大方廣佛華
嚴經隨疏演義鈔》。

❷ "《宗鏡錄》"，即永明延寿集《宗鏡錄》。

❸ "《成論》"，即玄奘糅譯《成唯識論》。

為真如。真如具有不變、隨緣二義。以不變之心言，一不可得，況有八乎？以隨緣之心言，八萬四千不足以盡之，乃以八為支離哉！夫真心即事、即理、即相、即性、即空、即色、即智、即如、即圓融、即行布、即真如、即生滅，所謂一法界也。迷一法界而宛然成二矣，由是能取為見分，所取為相分。見分為自內我，相分為他外我。我相一立，而此相遂為舉意動念之根。於是乎起一念作一事，雖淑慝攸分，薰蕕各別，而要之同歸於有我。即勉力而修六度萬行，亦凡夫之六度萬行，而非聖人之六度萬行也。流浪生死之海，不得出離；轉徙白黑之塗，無時休息。三教聖人深知病根在此，故不約而同曰"無我"。蓋善醫者必藥其病根而去之，不得不同焉耳。《大學》言：正心必先誠意，誠意必先致知，而致知在格物。"物"者，對"我"而言之也。物、我對峙如二山，然彼此各不相到。"格"者，到也。"峙"則宛然成二，"到"則一矣。故"格物"亦"無我"之別號也。向非我為之祟，則心何待正之而後正，意何待誠之而後誠哉？孟子以孩提之愛親敬長為良知、良能，而他日又曰："大人者，不失其赤子之心者也。"赤子之心有俱生而無分別，正七識用事時也。喜則人固愛其親，謂之俱生貪；怒則獸亦憎其親，謂之俱生瞋。以此為仁義，與孔門無我之旨悖矣。西方聖人憫賊與子之難辯，而真與妄之易淆也，故不得已而分一心為八、九識。就其迷一法界處，而立為第七識。就其舉心動念處，而立為第六識。就其不變之體受薰持種處，而立為第八識。又以第八識之行相微細難可了知也，就其在外門轉處，而分為眼、耳、鼻、舌❶、身五識，以對色、聲、香、味、觸，而成色、心二法，以使人了

---

❶"舌"，底本、校本均無，校本原校勘注謂"'身'字上疑脫'舌'字"，整

知第八識本無垢，以第七識執之而垢，故得"賴耶"名。聖人捨之，故立聖人之第八識為第九識。謂聖人不得已而強分之可也。然實有迷一法界處，寔有舉心動念處，寔有不變之體持種受熏處，寔有在外門轉處，則謂八種識自然而然，而非聖人強分之亦可也。此如<u>黃帝</u>、<u>岐伯</u>論陰陽，著藏腑經絡之原委，<u>俞跗</u>之湔腸浣胃，<u>扁鵲</u>之洞見五臟癥結，<u>華陀</u>內照之圖，醫者不知此，則亦不可以言醫而療病、起死人矣。故學道者，不明唯識之旨，則雖聰明辨才籠蓋一世，而終不免為儱侗真如，顢頇佛性。今談道者滿天下，而見道者絕無一人，非此之故哉？然此九識，舉其體，則一第八識足以該之。何者？五識即相分，六、七識即見分，八識即自證分，而九識即謂❶自證分也。舉其用，則一第六識足以盡之。何者？三性、三量、三境、五十一心所無不具，而凡聖染淨無不備故。由散入定，由凡入聖，皆由六識能觀之力，非餘識能也。則雖分八分九，而亦何嘗不一乎，又何支離之有？

或曰：《俗詮》❷之刻也，子序之，《集解》❸之刻也，子又序，而若深許之，則《證義》可以無刻矣。而汲汲事，力疾校訂，涸精竭慮，以阽于危，雖曰為法捐生，能免噉名之❹疑哉？曰：吾向於答蘊璞簡中及之矣，談佛法於今之世，猶大市中賣平天冠，有何人理著？吾以老病一措大，博得會禪之名滿天下，欲何為

理者據文意補訂。

❶ "謂"，底本、校本均作"謂"，疑應作"證"，即以九識解"證自證分"。

❷ "《俗詮》"，即<u>西蜀明昱</u>之《成唯識論俗詮》，<u>王肯堂</u>作序。

❸ "《集解》"，即<u>一雨通潤</u>之《成唯識論集解》，<u>王肯堂</u>作序。

❹ "之"，底本缺，整理者據校本補。

乎？《俗詮❶》之作，吾嘗預商訂焉，及其刻，則從與不從，蓋參半也；《集解》之見，與吾合處為多，而不合處亦時有之。吾見之未定者，不敢不舍己而從。而吾見之已定者，亦不敢以苟同也。此《證義》之所以刻也。向使余不病，得與二師反復研究辯論，以歸於一，以成一家言，則《證義》果可以無刻，而竟至不惜捐生校訂，以為流通計，若與二師競名然者，豈余之得已哉？學者鑒吾之誠，而一刻心焉，即它日龍華會上之羔雉，而此冊亦吾之縞帶紵衣也。吾即旦夕溘先朝露，勝於驂鸞駕鴻，凌倒景而朝太清，不啻多矣。

萬曆癸丑六月十九日
死灰居士王肯堂宇泰甫力疾自序

---

❶ "詮"，底本、校本均作"論"，校本原校勘注謂"'論'疑'詮'"，整理者據文意改訂。

成唯識論證義卷第一

金壇居士王肯堂證義

　　《成唯識論》者，此論成立唯識，故名"成唯識論"。梵云"毘若底"，識也；"麼怛喇多"，唯也；"悉底"，成也；"奢薩怛羅"，論也。應云"識唯成論"，而譯為"成唯識論"者，彼方先所後能，此方先能後所，是以唐、梵次序不同。今順梵文，先明"唯識"，後明"成"字。"唯識"二字之中，又先明"識"。

　　❶"識"之名、義，約有幾何？若約同門自相，不可分別；若約異門共相，隨義似分。名約性相有九，義包內外具五。名有九者：一、眼識，二、耳識，三、鼻識，四、舌識，五、身識，六、意識，七、末那識，八、阿賴耶識，九、淨識。義具五者：一、識自相，謂識自證分；二、識所變故，一切境界從心現起；三、識相應故，同時受、想等心法；四、識分位故，識上四相等；五、識實相故，謂二空真如，是識實性。自上諸法，皆不離識，總名"唯識"。故知若相、若住、若境、若心，乃至差別分位，皆是唯識。卷舒匪離，總別同時。猶雲霧之依空，若波瀾之湧海。又古德廣釋唯識，義有

----

❶ "識之名、義……持業釋也"一段，引自《宗鏡錄》卷4，《大正藏》第48冊，2016號，頁436下7至頁437上5。

十門。明此"唯識"二字，先離解，次合解。先且離解，初"唯"，後"識"。初"唯"字者，有三義❶：一者，揀持之義。揀謂揀去，揀去我、法所執；持謂持取，持取依、圓二性。《論》云：唯言為遣離識我法，非無不離識心所、無為等。❷二者，決定義。決無離心之境，定有內識之心。謂小乘離心有境，清辯❸撥無內心。三者，顯勝義。謂心王勝，心所等劣。今但顯勝，不彰於劣。瞿波論師❹《二十唯識》云：此說唯識，但舉王勝，理兼心所，如言王來，非無臣佐。次解"識"字者，即了別義。謂八種心王，是識自性等。五位百法，理之與事，皆不離識。不爾，真如應非唯識。攝餘歸識，總立"識"名。經云：三界唯心。次合釋"唯識"者，"唯"，謂揀去，遮無外境，境無非有；"識"，能了別，詮有內心，心有非無。合名"唯識"。"唯"謂遮無，是用，"識"表詮有，是體。攝用歸體，唯即識，持業釋也。

❺問：此言"唯"遮外境不有，為遮離心之境，為遮不離心之境？答：設爾何失？難：二俱有過。若遮離心之境是無，餘有不離心相分在。何以但言"唯識"，不言"唯境識"？若遮不離心境是無，應但有能變三分，闕所變相分過，如何通釋？答：所言

---

❶ 此處"三義"，《宗鏡錄》卷 4 改寫自窺基《大乘法苑義林章》卷 1 "唯識義章"，《大正藏》第 45 冊，1861 號，頁 260 上 10 至中 10。

❷ 本句引自《成唯識論》卷 7："'唯'言為遮離識實物，非不離識心所法等。"（《大正藏》第 31 冊，1585 號，頁 38 下 24 至 25）

❸ "清辯"，漢語文獻中亦作"清辨"，六世紀時南印度的佛教中觀派論師。

❹ "瞿波"，世親弟子，著有《唯識二十論釋》，但已佚失。窺基《大乘法苑義林章》《成唯識論述記》《唯識二十論述記》均有引述。

❺ "問：此言唯……一念功全，千途自正"諸段，引自《宗鏡錄》卷 4，《大正藏》第 48 冊，2016 號，頁 437 中 10 至頁 438 上 16。

"唯識"者，遮心外境無，不遮內境不離識相分是無。問：內境與識，既並非無，如何但言"唯識"，不言"唯境識"耶？答：以<u>護法</u>菩薩云：境名通於內外，謂有離心境，不離心境，恐濫外境，但言唯識。所以《論》云：謂諸愚夫，迷執外境，起煩惱業，生死輪迴，不解觀心。非謂內境相分如外都無。❶又云：唯言"識"者，是了別義，意云：五位一百法，理之與事，不離識，今攝歸識，總言"識"名，以萬法由心起故。然即非唯一人之識，亦非唯一識，更無餘識等。❷

出唯識體者，一、所觀出體者，即取五位一百法為體，以通觀有為、無為法故，即以識相、識性合為唯識體，皆不離識故。二、能觀出體者，即唯取心、心所為體，心所與識常相應故，即唯能非所。若約唯識觀，即取別境中慧為體，於所觀境觀察勝故。

又明唯識差別，總攝諸緣及理，有其十種：

一、遣虛存實義者。"遣"為除遣，"虛"為虛妄。觀徧計所執，唯

---

❶ "問：內境與識……如外都無"，問題源自《成唯識論》卷 10："內境與識既並非虛，如何但言'唯識'，非'境'？'識'唯內有，'境'亦通外，恐濫外故，但言'唯識'。或諸愚夫迷執於境，起煩惱業，生死沈淪，不解觀心，勤求出離，哀愍彼故，說'唯識'言，令自觀心，解脫生死。非謂內境如外都無。"（《大正藏》第 31 冊，1585 號，頁 59 上 9 至 14）

❷ "又云：唯言'識'者……無餘識等"，問題源自《成唯識論》卷 7："既有異境，何名唯識？奇哉固執，觸處生疑，豈唯識教但說一識？不爾如何？汝應諦聽：若唯一識，寧有十方凡聖、尊卑、因果等別？誰為誰說？何法何求？故'唯識'言有深意趣。'識'言總顯一切有情各有八識、六位心所、所變相、見、分位差別及彼空理所顯真如，識自相故、識相應故、二所變故、三分位故、四實性故，如是諸法皆不離識，總立'識'名。'唯'言但遮愚夫所執定離諸識實有色等。"（《大正藏》第 31 冊，1585 號，頁 39 下 16 至 25）

虛妄起，都無體用，應正除遣，為情有理無故；"存"者留義，"實"謂實有，即觀依、圓法，體是實有，是本、後二智境，應正存留，為理有情無故。良由一切異生、小乘，無始時來，妄執我、法為有，清辯菩薩等妄撥理事為空，今於唯識觀中，"遣虛"者，空觀，對遣有執；"存實"者，有觀，對遣空執。非有非空，法無分別，離言詮故。

二者，捨濫留純義。"捨"為捨離，"濫"即相濫，"留"謂存留，"純"為無雜，雖觀事理，有境有心，為心不孤起，仗境方生，境不自生，識變方起。由境有濫，捨之不稱"唯"；心體既純，留說唯識。故《論》云：識唯內有，境亦通外，恐濫外境，但言唯識。非為內境如外都無。❶《華嚴經》云：三界唯心❷故。

三、攝末歸本義。"攝"謂綰攝，"末"即見、相二分，"歸"即向本，謂識自證分，是所依體故。今攝末見、相分，歸本自證分體，故言唯識。故《解深密》云："諸識所緣，唯識所現。"❸

四、隱劣顯勝義。謂王、所俱能示現，心所即劣，依他起故，隱劣不取；心王即勝，所依體故。故言唯識，即名顯勝。故《莊嚴論》云："許心似二現，如是似貪等。"❹

---

❶ 引自《成唯識論》卷 10："'識'唯內有，'境'亦通外，恐濫外故，但言'唯識'……非謂內境如外都無。"（《大正藏》第 31 冊，1585 號，頁 59 上 10 至 14）

❷ 如實叉難陀譯《大方廣佛華嚴經》卷 54："菩薩摩訶薩知三界唯心、三世唯心，而了知其心無量無邊，是為第八無等住。"（《大正藏》第十冊，279 號，頁 288 下 5 至 7）

❸ 本句直接引自《成唯識論》卷 2。玄奘譯《解深密經》卷 3 作："我說識所緣，唯識所現故。"（《大正藏》第 16 冊，676 號，頁 698 中 2）

❹ 本句直接引自《成唯識論》卷 7。波羅頗密多譯《大乘莊嚴經論》

五、遣相證性義。識言所表，具有事、理。"事"謂相用，遣而不取；"理"為體性，應求作證。故《攝論》偈云："依繩起蛇解，見蛇知是無。證見彼分明，方知明性亂。"❶

六、境義。境謂所觀境，識即能觀心。此所觀境，由識變現，境不離識，立境唯識。故《阿毘達磨經》云：鬼、人、天等，所見各異。

七、教義。即能詮教。說有唯識義。故《楞伽經》偈云："由自心執著，心似外境轉。彼所見非有，是故說唯心。"❷

八、理義。道理唯識。《唯識頌》云："是諸識轉變，分別所分別，由此彼皆無，故一切唯識。"❸

九、行義。行謂觀行，即菩薩在定位作四尋伺觀等。即觀行及定，俱不離識。故《瑜伽論》偈云"菩薩於定位，觀境唯是心"❹等。

十、果義。謂佛果四智菩提❺所有功德，皆不離識。故《莊嚴

卷5作："能取及所取，此二唯心光，貪光及信光，二光無二法。"（《大正藏》第31冊，1604號，頁613中12至13）

❶ 本句或改寫自無性造、玄奘譯《攝大乘論釋》卷6："於繩謂蛇智，見繩了義無，證見彼分時，知如蛇智亂。"（《大正藏》第31冊，1598號，頁415下11至12）

❷ 本句不見於今各漢譯本《楞伽經》，相近經文如實叉難陀譯《大乘入楞伽經》卷6："執著自心現，令心而得起，所見實非外，是故說唯心。"（《大正藏》第16冊，672號，頁626下20至21）

❸ 本句出自玄奘譯《唯識三十論頌》："是諸識轉變，分別所分別，由此彼皆無，故一切唯識。"

❹ 本句出自《分別瑜伽論》，無漢譯本，《成唯識論》卷9曾翻譯此頌："菩薩於定位，觀影唯是心，義相既滅除，審觀唯自想。"《大正藏》第31冊，1585號，頁49中29至下2。

❺ "提"，底本、校本皆作"薩"，校本原校勘注謂"'薩'疑'提'"，整理者文意改訂。

《論》云：真如無境識，是淨無漏界❶等。

如上十義，性、相、境、智、教、理、行、果等，皆唯是識，無有一法而非所標，故稱羣經了義中王，諸聖所依之父。若有遇者，頓息希望。無一法而可求，無一事而不足。全獲如來無上之珍寶，寧同荆岫璞中？已探教海秘密之靈珠，豈比驪龍頷下？遂得盡眾生之苦際，斷煩惱之病原，一念功全，千途自正。

已釋"唯識"竟。今當釋"成"字。"成"者，安立之義。故《樞要》云："安教立理，名之為'成'。"❷

問：成立唯識，有何義利？答：我佛法中，以心為宗。凡夫外道，背覺合塵，馳流生死。菩薩憫之，故造此論，成立唯識，令歸本源，解脫生死，所以成立。問：以何方便，得歸本源？答：有五觀門，令自觀心，得本源故。五觀門者，即前十義中遣虛存實為初觀，捨濫留純為二觀，攝末歸本為三觀，隱劣顯勝為四觀，遣相證性為五觀也。

問："論"者何義？答：教誡學徒，決擇性相，激揚宗極，藻義攸歸，垂範後昆，名之為論。問：論題四字，何字能、所？答："論"字為能成，"唯識"為所成，"成"字通能、所。❸

---

❶ 本句或轉引自《成唯識論》卷3"如來無垢識，是淨無漏界"，據窺基《成唯識論述記》卷3，此頌自《如來功德莊嚴經頌》。

❷ "'成'者，安立之義……名之為'成'"，改寫自《唯識開蒙問答》卷上，《新纂卍續藏》第55冊，888號，頁340下1至2。源自窺基《成唯識論掌中樞要》卷上，《大正藏》第43冊，1831號，頁609上27。

❸ "問：成立唯識，有何義利……字通能、所"。改寫自《唯識開蒙問答》卷上"能所成義"章，《新纂卍續藏》第55冊，888號，頁341，上22至下16。

問：當作何釋？答：若"成"目能成，"成"屬"論"字。唯識之成，或成唯識之論，依主釋也。或論體之上，有能成之用，以用隨體，成即是論，持業釋也。若"成"目所成，"成"屬唯識。唯識即成，或所成即唯識，亦持業釋也。問："論"字唯能，"唯識"唯所，論有本末，何論能成？答：本、末皆能。若本論為能成，佛經唯識為所成。若末論為能成，本論唯識為所成。問：能成所成，皆有教、理，此當何句？答：當以教成理之句。何以故？論是其教，唯識是理故。

❶問：此論以何為宗？答：唯識為宗。何以故？識有非空，境無非有，以為宗故。問：以何為體？答：<u>護法</u>正義，實能所詮文義為體。問：憑何教理？答：《二十論》云："展轉增上力，二識成決定。"**❷**問：論有宗論、釋論，此論是何？答：此宗論也。正憑六經，橫該大藏，明唯識理，故為宗論。不單解釋別一本經，故非釋論。**❸**

問：教有三藏：一、素怛纜，經藏；二、毗奈耶，律藏；三、阿毗達摩，論藏。此於何攝？答：此當第三對法藏攝。問：教說一乘或三乘，謂菩薩、緣覺、聲聞。或說五乘，加人與天。此何乘收？答：正是一乘。三中菩薩，五內第一。

天親菩薩造頌

---

❶ "問：此論以……故非釋論"，引自《唯識開蒙問答》卷上"論疏作釋"章，《新纂卍續藏》第 55 冊，888 號，頁 341 下 17 至頁 342 上 1。

❷ <u>世親</u>造、<u>玄奘</u>譯《唯識二十論》，《大正藏》第 31 冊，1590 號，頁 76 下 18。

❸ 本段引自<u>雲峰</u>《唯識開蒙問答》卷上"論之宗體"章，《新纂卍續藏》第 55 冊，888 號，頁 343 中 5 至 12。

按《婆藪槃豆傳》[❶]云：北天竺富樓沙富羅，此云"丈夫國"。此土有國師婆羅門，姓"嬌尸迦"。有三子，同名"婆藪槃豆"，此云"天親"。原為帝釋遣弟生閻浮提，名"毗搜扭天王"，降阿脩羅故，有此苗裔，故名天親。雖同一名，復立別名顯之。第三子於薩婆多部出家，得阿羅漢果，別云"比隣持跋婆"，此云"母兒"。長子是菩薩根性，亦於薩婆多部出家，於後修定，即得離欲。思惟空義，不能得入，欲自殺身。賓頭盧阿羅漢在東毗提訶，觀見此事，從彼方來，為說小乘空觀，如教觀之，即便得入，意猶未安，謂理不應止爾。因乘神通往兜率陀天，諮問彌勒菩薩，為說大乘空觀，還閻浮提。如說思惟，即便得悟。於思惟時，地六種動。既得大乘空觀，因此別名"阿僧伽"，譯為"無著"。爾後數上兜率陀天，諮問彌勒大乘經義，隨有所得，還閻浮提，為餘人說，聞者多不生信。無著法師即自發願："我今欲令眾生信解大乘，惟願大師，下閻浮提，解說大乘，令諸眾生皆得信解。"彌勒即如其願，於夜時，下閻浮提，放大光明，廣集有緣眾，於說法堂，誦出《十七地經》。隨所誦出，無著法師隨解其義。經四月夜，解《十七地經》方竟。雖同一堂聽法，唯無著法師得近彌勒菩薩，餘人但得遙聞。因此眾人皆信大乘。第二子婆藪槃豆，亦於薩婆多部出家。博學多聞，徧通墳籍，神才俊朗，無可為儔，戒行清高，難以相匹。兄弟皆兼別名，法師但名"婆藪槃豆"。後住阿踰闍國，徧通十八部義，妙解小乘，執小乘為是，不信大乘。無著法師既見此弟聰明過人，識解深廣，該通內外，恐彼造論破壞大乘，遣使報天親云："我今疾篤，汝可急來。"天親即隨使還丈夫國，與兄

---

❶ "《婆藪槃豆傳》"，即真諦譯《婆藪槃豆法師傳》。

相見，諮問疾源。兄云："我今心病由汝而生。汝不信大乘，恒生毀謗，以此惡業，必永沉淪。我今愁苦，命將不全。"天親聞此驚懼，即請兄解說大乘。法師聰明，殊有深識，即得解悟，知大乘理應過小乘，於是就兄廣學大乘，悉得通達，憶昔毀謗，深自咎責，往至兄所，陳其愚迷："我昔由舌，故生毀謗，今當割舌以謝其罪。"兄云："汝舌善巧毀謗大乘，欲滅此罪，亦當善巧解說大乘。"❶因此遂製《十地論》《攝大乘論》。故此二論，菩薩創歸大乘之作。既而久蘊玄宗，情恢奧旨，更為宏論，用暢深極，採撮幽機，提控精邃，著《唯識三十頌》，以暢大乘之妙趣也。

護法等菩薩造論

梵言"達磨波羅"，唐言"護法"。本達羅毘茶國大臣之子，少而爽慧。弱冠之後，王愛其才，欲妻以公主。菩薩久修離欲，無心愛染，將成之夕，特起憂煩，乃於佛像前，請祈加護，願脫茲難。志誠所感，有大❷神王，攜負而出，送離此城數百里，置一

---

❶ "因此遂製"下的內容與《婆藪槃豆法師傳》記載有出入，後者作："阿僧伽法師徂歿後，天親方造大乘論，解釋諸大乘經《華嚴》《涅槃》《法華》《般若》《維摩》《勝鬘》等。諸大乘經論，悉是法師所造。又造《唯識論》，釋《攝大乘》《三寶性》《甘露門》等諸大乘論。凡是法師所造，文義精妙，有見聞者靡不信求，故天竺及餘邊土學大、小乘人，悉以法師所造為學本。"（《大正藏》第 50 冊，2049 號，頁 191 上 5 至 11）本書應系引自《宗鏡錄》卷 47，源自窺基《成唯識論掌中樞要》卷上："兄乃囑以《十地經》，制以《攝大乘本》，令其造釋。故此二論，菩薩創歸大乘之作。既而文蘊玄宗，情恢奧旨，更為宏論，用暢深極，採撮幽機，提控精邃，遂著《唯識三十頌》，以申大乘之妙趣也。"（《大正藏》第 43 冊，1831 號，頁 608 上 17 至 22）

❷ "大"，底本作"犬"，整理者據校本及《大唐大慈恩寺三藏法師傳》

山寺佛堂中。僧徒來見，謂之為盜。菩薩自陳由委，聞者驚嗟，無不重其高志，因即出家。爾後專精正法，遂能究通諸部，閑於著述。**❶**

"等"者，該親勝、火辯、德慧、安慧、難陀、淨月、勝友、陳那**❷**、智月九大論師也。佛圓寂後，九百年中，天親造頌，親勝、火辯同時造釋。千一百年後，餘八論師相次造釋，各成十卷，故卷有百。三藏翻後，糅成十卷。故《掌中樞要》云："雖分峰崐岫，竦幹瓊枝，而獨擅光輝，穎標芬馥者，其唯護法一人乎？菩薩果成先劫，位克今賢，撫物潛資，隨機利見。春秋二十有九，知息化之有期，厭無常以禪習。誓不離於菩提樹，以終三載。禪禮之暇，注裁斯釋，文邁旨遠，智瞻名高。執破畢於一言，紛解窮於半頌。文殊水火，則會符膠漆；義等江湖，乃疏成清濁。平郊弭弭，聳層峰而接漢；堆阜峨峨，夷穿窿以坦蕩。俯鑽窪而無底，仰尋高而靡際。疏文淺義，派演不窮；浩句宏宗，陶甄有極。功逾千聖，道合百王。時有玄鑒居士，識鳳鸞之斂羽，委麟龍之潛跡，每罄所資，恒為供養，深誠固志，物竭積年。菩薩誘接多端，答遺茲釋，而誡之曰：'我滅之後，凡有來觀，即取金一兩，脫逢神穎，當可傳通。'終期既

卷 4 改訂。

❶ 本段出自《大唐大慈恩寺三藏法師傳》卷 4，《大正藏》第 50 冊，2053 號，頁 241 下 11 至 24 ，亦見於《大唐西域記》卷 10。

❷ "陳那"，窺基《成唯識論述記》卷 1 所記十大論師為護法、德慧、安慧、親勝、難陀、淨月、火辯、勝友、勝子、智月，此處無胜子，加陳那，而陳那無《唯識三十論》注。本段至下文"故卷有百"，引自《唯識開蒙問答》卷上"論興何年"章，《新纂卍續藏》，888 號，頁 343 中 18 至 24，而《唯識開蒙問答》已有此誤，本書沿襲之。

漸，奄絕玄遒，菩薩名振此州，論釋聲超彼土。有靈之類，誰不懷歡？朝聞夕殞，豈吝金璧？若市趨賢，如丘疊貨，五天鶴望，未輒流行。"❶

唐三藏法師玄奘奉詔譯

"唐"者，李氏有天下之號。以其奮迹晉陽，為陶唐氏故都，故國號唐焉。"三藏"者，一、素怛纜，經藏；二、毘柰耶，律藏；三、阿毗達摩，論藏。前已具列。"法師玄奘"，生洛州偃師陳氏。隋季出家，受具戒。廣學經論，博參耆宿，鈎深致遠，開微發伏，眾所不至，獨悟於奧者，固非一義矣。既遍謁眾師，備餐其說，詳考其義，各擅宗途，驗之聖典，亦隱顯有異，莫知適從，乃誓從西方，以問所惑，并取《十七地論》以釋眾疑，即今之《瑜伽師地論》也。結侶陳表，有詔不許，諸人咸退，唯法師不屈，子身獨邁，徧歷艱辛，具載《慈恩傳》中。故《掌中樞要》云："大師睿發天資，識假循謁。無神迹而不瞻禮，何聖教而不披諷。聞斯妙理，殷俯諦求。居士記先聖之遺言，必今賢之是囑，乃奉茲草本，并《五蘊論釋》。大師賞翫，猶覩聖容，每置掌中，不殊真說。自西霏玉牒，東馳素象，雖復廣演微詮，賞之以為秘訣，及乎神栖別舘，景阻炎輝。清耳目以徵思，蕩心靈而繹妙。乃曰：'今者方怡我心耳。'宣尼云：'我有美玉，韞匱藏諸，誰為善價，我今沽諸。'基夙運單舛，九歲丁艱。自爾志託煙霞，加每庶幾緇服，浮

---

❶ 本段引文轉引自《宗鏡錄》卷47，源自窺基《成唯識論掌中樞要》卷上，《大正藏》第43冊，1831號，頁608上24至中15。

俗塵勞[1]，幼絕情分。至年十七，遂預緇林，別奉明詔得為門侍。自參預三千，即欣規七十，必諧善願。福果[2]函丈，不以散材之質，遂得隨伍譯僚，即事操觚，餐受此論。初功之際，十釋別翻，昉、尚、光、基四人同受，潤飾、執筆、檢文、纂義，既為令範，務各有司。數朝之後，基求退迹，大師固問，基殷勤請曰：'自夕夢金容，晨趨白馬，英髦間出，靈智肩隨。聞五分以心祈，攬八藏而遐望。雖得法門之糟粕，然失玄源之淳粹。今東土榮賁，並目擊玄宗，幸復擢秀萬方，穎超千古，不立功於參糅，可謂失時者也。況羣聖制作各馳譽於五天，雖文具傳於貝葉，而義不備於一本。情見各異，稟者無依。況時漸人澆，命促慧舛，討支離而頗究，攬殊指而難悟，請錯綜羣言，以為一本，楷定真謬，權衡盛則。'久而遂許，故得此論行焉。大師理遣三賢，獨授庸拙。此論也，括眾經之秘，包群聖之旨。何滯不融，無幽不燭。仰之不極，俯之不測。遠之無智，近之有識。其有隱括五明，搜揚八藏，幽關每壅，玄路未通，嚼猶毫氄丘盈，投之以炎爍；霜氷溜積，沃之以畏景。信巨夜之銀輝，昏旦之金鏡矣。雖復本出五天，然彼無茲糅釋。直爾十師之別作，鳩集猶難，況更攟此幽文，誠為未有。斯乃此論

---

❶ "勞"，底本、校本皆作"賞"，校本原校勘記謂"'賞'疑'勞'"，整理者據文意及窺基《成唯識論掌中樞要》卷上改訂。

❷ "福果"，底本、校本皆作"福果"。本段源自窺基《成唯識論掌中樞要》卷上，原作："必諧善願。後承函丈。"（《大正藏》第 43 冊，1831 號，頁 608 中 28）《宗鏡錄》卷 47 轉引作："必諧善願。福果函丈。"（《大正藏》第 48 冊，2016 號，頁 691 下 3 至 4）本段沿襲《宗鏡錄》卷 47 之文字。"福果"，應作"後承"。"後承函丈"，即指窺基後來跟隨玄奘學習。

之因起也。"❶

此論十卷,總三十二頌。依頌分科,約為三分。前、後各一頌,乃護法等菩薩所造,故以前一頌,名"宗前敬敘分",即同常經"序分"也。後一頌,名"釋結施願分",即"流通分"也。中三十頌,乃天親菩薩所造,故名"依教廣成分",即"正宗分"也❷。以依《瑜伽》五分論中,畧集要義,成三十頌,施諸學者,名"集施頌"。初宗前敬敘分,分二:一、頌,二、釋頌意。

　　稽首唯識性,滿分清淨者。我今釋彼說,利
樂諸有情。

一頌。前二句,敬禮三寶;後二句,言所以造論之意。

"稽"者,至也。以頭至地,故云"稽首"。

問:禮者三業皆敬,以首至地,此唯身業,何得盡敬? 答:既舉動身,必有語、意。何以故? 若無心、口,何得動身? 故動身時,必有語、意故❸。"唯識性",法也;"滿清淨",佛也;"分清淨",僧也。三寶有同體、別體。同體者,法界為體,一真體上,有覺照為佛,有軌持為法,有和合為僧。別體者,法、報、化,三身名佛;三乘教、理、行、果,名法;五果、四向、十地、三賢,名僧。問:唯識者,性與相通,何偏敬性? 答:唯無漏故,唯真諦故,聖所證故,迷

---

❶ 引文出自窺基《成唯識論掌中樞要》卷上,《大正藏》第 43 冊,1831 號,頁 608 中 15 至 22。本書或系轉引自《宗鏡錄》,《大正藏》第 48 冊,2016 號,頁 691 中 21 至下 25。

❷ 此處科判源自窺基《成唯識論述記》卷 1,本書或轉引自《唯識開蒙問答》卷上,《新纂卍續藏》,888 號,頁 343 下 1 至 5。

❸ "故",底本、校本皆有,疑為衍文。

悟依故，所以偏敬。問：常言三寶，佛在法先，今敘何以法在佛先？答：顯說相因，佛先法後；師資相因，法先佛後。問：何故以法得為佛師？答：諸佛所師，所謂法也。《般若》云"一切諸佛皆從此經出"❶，所以法為佛師也。問：何故論初須歸敬三寶？答：最吉祥故，真福田故，有大力故，起希求故，故須敬之。問：何故但敬三寶，不敬餘天等？答：性調善故，具方便故，有大悲故，不喜財利故，所以偏敬。❷

"利"，對害言；"樂"，對苦言。有情二障，起惑造業，流浪生死，受無量苦。今因此論，生解斷障，得二聖果，利益安樂諸有情故，故曰利益也。

今造此論，為於二空有迷謬者，生正解故；生解為斷二重障故。由我、法執，二障具生。若證二空，彼障隨斷。斷障為得二勝果故。由斷續生煩惱障故，證真解脫；由斷礙解所知障故，得大菩提。

---

❶ "《般若》"即般若類經典，有《大般若波羅蜜多經》以及《般若波羅蜜多心經》《金剛般若波羅蜜多經》等多种經典，玄奘譯的二百卷《大般若波羅蜜多經》最為全面。本句引文，如見玄奘譯《大般若波羅蜜多經》卷577："一切如來、應、正等覺阿耨多羅三藐三菩提皆從此經出，諸佛世尊皆從此經生。"（《大正藏》第7冊，220號，頁981上21至23）鳩摩羅什譯《金剛般若波羅蜜經》："一切諸佛及諸佛阿耨多羅三藐三菩提法，皆從此經出。"（《大正藏》第8冊，235號，頁749中23至24）

❷ 本段解釋改寫自《唯識開蒙問答》卷上"能敬三業"章，《新纂卍續藏》，888號，頁343下13至頁344上17。

自此至故作斯論，明頌中利樂有情之意。先總後●別。今初。

"二空"者，我空、法空也。外道不解名"迷"，小乘邪解名"謬"；迷者昧於二空，謬者執於我法。外道：我有三種，法有十三種；小乘：我亦三種，法有七十五種。我、法之義，下文詳之。

"執"者，封著之義。謂同時一聚心、心所法，封閉人法，堅著不捨，名之為執。"障"者，覆礙之義。謂覆蔽真心，礙智不起，名之為障。以執我故，生煩惱障，障大涅槃，令諸有情流轉生死；以執法故，生所知障，障大菩提，令諸有情不得滿覺。今以生解而得斷障，以斷障而得解脫、菩提二聖果，豈非利樂乎？"煩惱"者，擾也，亂也。謂見、思惑<small>見、思惑者，即見、愛煩惱。見煩惱者，邪心觀理，名之曰見。若於假實之理情迷，而倒想邪求，隨見偏理，妄執為實，通名為見，即五利使、見諦所斷八十八使，及六十二見也。愛煩惱者，貪染之心，名之為愛；若於假、實二事情迷，隨心所對一切事境，染著纏綿，通名為愛，即五鈍使、思惟所斷十使，及所斷結流愛扼纏蓋纏等也。</small>●擾亂有情，故名煩惱。煩惱即障，持業釋也。"所知"者，智所知境，名為所知。被此染法，障所知境。令智不知，名所知障。所知之障，依主釋也。所知不是障，被障障所知，故非持業。問：二障頭數，是同是別？答：同是根、隨二十六惑。問：既同根、隨，何稱二障？答：由貪上有擾惱用，名煩惱障；有覆蓋用，名所知障。問：執之與障，是同是別？答：根梢有異。何以故？我、法二執為障根本，生餘障類。問：執生障時，為通為別？答：別。謂我執為根，生諸煩惱：法執為根，餘障得生。問：此二障，染有

● "後"，底本缺，整理者據校本補。

❷ 本段小字注引自智顗《法界次第初門》卷上"見愛二煩惱初門第六"章，《大正藏》第46冊，1925號，頁667下3至10。文中小字注釋為本書作者所加。

殊否？答：有分別者，名之為麤；有俱生者，名之為細。問：何名分別？答：強思計度，而生起故。何名俱生？答：與身俱生，任運起故。問：分別俱生，孰為先斷。答：分別之障先斷，於見道一時頓斷。俱生之障，修道位中分分漸斷。至金剛心時，方能斷盡。問：斷此二障，於大小乘差別如何？答：二乘唯斷煩惱障，大乘雙斷。問：此二障染，以何方便能斷？答：見前先伏，入見方斷。其斷、伏道，三乘有異。如後三乘五位中辨。 **❶**

總明，竟。

又為開示謬執我法迷唯識者，令達二空，於唯識理如實知故。

此約二執，別顯世間迷也。
開發我、法本空，去其謬執；指示唯識實理，出之迷途。

復有迷謬唯識理者，或執外境如識非無，或執內識如境非有，或執諸識用別體同，或執離心無別心所。為遮此等種種異執，令於唯識深妙理中得如實解，故作斯論。

此約四執，別顯聖教迷也。
"或執外境如識非無"者，此即<u>有宗</u>**❷**，依十二處教，執心境

---

❶ "執者，封著之義……如後三乘五位中辨"一段，引自《唯識開蒙問答》卷上"執障二義"章，《新纂卍續藏》第 55 冊，888 號，頁 345 中 9至下 11。

❷ "<u>有宗</u>"，即指<u>說</u>一切<u>有部</u>。

俱有；"或執內識如境非有"者，此破清辯，依密意空教，撥識亦無；"或執諸識用別體同"者，即大乘一類菩薩，言八識用雖不同，體唯是一，如一水鏡，多波像生；"或執離心無別心所"者，此即<u>經部覺天</u>所計，但有心王，都無心所，以經言"士夫六界，染淨由心"，無心所故，雖於蘊中亦有心所，但於識上分位假立，無別實有。然<u>清辯</u>計雖撥皆空，強違中道，而立唯境，<u>順世</u>亦立唯四大種成有情故。若依此義，應有四句：一、<u>清辯</u>、<u>順世</u>，有境無心；二、中道大乘，有心無境；三、小乘多部，有境有心；四、邪見一說，都無心境。"士夫"即作者，以心能造物，故名作者。"六界"，謂地、水、火、風、空、識。六法各別，故名為"界"。此皆迷實有之唯識，謬執假設之我法。為遮此等，令得悟入唯識深妙理。深妙理，即唯識性也。如則非穿鑿之見，實則非影響之知，能證唯識，方為能解唯識。如是而解，可以言正解矣。

已上宗前敬敘分竟，下依教廣成分，分三種三科。

一、畧、廣、位三科：初一頌半，畧答外難，畧標識相；次二十三頌半，廣明識相，顯前頌意；後五頌，明修行之位。

二、境、行、果三科：前二十五頌，明唯識境；次四頌，明唯識行；後一頌，明唯識果。

三、性、相、位三科：前二十四頌，明唯識相；第二十五頌，明唯識性；後五頌，明唯識位。❶

今依性、相、位分科，初明唯識相，次明唯識性。初又分二：初一頌半，畧辯唯識；次二十二頌半，廣辯唯識。

❶ 此處"三種三科"出自《唯識開蒙問答》卷上"科判三分"章，《新纂卍續藏》，888 號，頁 343 下 5 至 12。

若唯有識，云何世間及諸聖教，說有我法？

第一頌半，破我、法。

此天親假設問詞。謂若唯有識，一切法皆無，則云何世間與聖教中，皆說有我及有法耶？世間或是妄執，聖教豈是謬談？

頌曰："由假說我法，有種種相轉，彼依識所變。此能變唯三：謂異熟、思量，及了別境識。"

頌意謂聖教雖有我、法之名，對機假設，非同情執。

"假"有二種：一者，無體隨情假。即世間外道所執。雖無如彼所執我、法，隨執心緣，亦名我、法，故說為假。二者，有體施設假。聖教所說，雖有法體，而非我法。本體無名，強名我、法。不稱法體，隨緣施設，故說為假。此"假說我法"一句，古疏有二解：初解言說由，後解我、法由。言說由者，言說與我、法為由。由言說故，有假我、法。我、法由者，我、法與言說為由。由有我法，方起言說。問：言說由者，因何便能起得言說，說彼我、法？答：由妄情故，執著我、法，依此便起假我、法言，方有所詮假我、假法，此名說擔情我、法也。何以故？先有執情，次起言說，後有我法，言說在中，名說擔情我法也。此世間者。若聖教我、法，即云說擔證得及我、法也。問：我、法由者，因何便有我、法依之起說？答：由證得故，強名施設假我、假法，後起言說，此是假我、假法。此名我、法擔證說也。先有證得，施設為我、法，後起言說。此是聖教。若世間者，應云我法擔情說也。長行問在"有"字上，頌家答在"說"字上，名言說由；長行問在"說"字上，頌家答在"假"字上，名

我、法由。❶

　　既無實我、法，則假依何而立？故云"彼依識所變"，謂依識所變相、見分立也。首二句，總答問意；中二句，釋上我、法為所變，顯識為能變；後二句，釋能變三名。

　　論曰：世間聖教，說有我、法，但由假立，非實有性。"我"謂主宰，"法"謂軌持。

　　從此直至第二卷"非謂一切"止，並護法等解釋頌意。分二：一、釋"我、法"，即前三句頌；二、釋"三能變"，即後三句頌。一又分三：一、釋"由假說我法"。

　　"我謂主宰"，"主"有自在力，"宰"有割斷力，義同"我"故。"主"是"我"體，"宰"是"我"用，或是我所。<small>"主"是俱生我，無分別故，屬第七識我；"宰"是分別我，有斷割故，屬第六識我。</small>"法謂軌持"，"軌"者軌範，可生物解；"持"者任持，不捨自相。❷

　　彼二俱有種種相轉。"我種種相"，謂有情、命者等，預流、一來等。"法種種相"，謂實、德、業等，蘊、處、界等。"轉"謂隨緣施設有異。

　　二、釋"有種❸種相轉"。

---

　　❶ 本段"假有二種"及"疏有二解"二說，皆改寫自《唯識開蒙問答》卷上"二種我法"章，《新纂卍續藏》，888 號，頁 346 上 8 至中 12。

　　❷ "我謂主宰，主有自在力……不捨自相"一段解釋，源自窺基《成唯識論述記》卷 1，本書轉引自《宗鏡錄》卷 65，《大正藏》第 48 冊，2016號，頁 784 中 11 至 15。

　　❸ "釋有種種"三字，底本殘，整理者據校本補訂。

世間"我種種相"，謂我、"有情"、異生、摩納縛迦、養育者、數取趣、"命者"、生者、知者、見者，外道別執作者、受者、神我等也。聖教"我種種相"，謂"預流"等人，三賢、十地、三乘、五性、二十五有是也。世間"法種種相"，謂勝論六句、數論二十五諦，及順世外道。七種外道：執梵王、執時、執方、執本際、執自然、執虛空、執我等是也。聖教"法種種相"，謂蘊、處、界等，緣起、根、諦、善巧等法是也。問：世間我、法，率己妄情；聖教我、法，有何益用？答：有四緣故：一、言說易故，二、順世間故，三、能除無我怖故，四、有自他染淨信解事業等故。❶有此益用，聖說我、法耳。"隨緣施設有異"，即解"轉"字。"施設"即假立義。隨主宰緣，假立為我；隨執持緣，假立為法。

如是諸相，若由假說，依何得成？彼相皆依識所轉變而假施設。識謂了別，此中"識"言，亦攝心所，定相應故。"變"謂識體轉似二分，相、見俱依自證起故。依斯二分，施設我、法，彼二離此無所依故。或復內識轉似外境。我、法分別熏習力故，諸識生時變似我、法。此我、法相雖在內識，而由分別，似外境現。諸有情類，無始時來，緣此執為實我、實法。如患、夢者，患、夢力故，心似種種外境相現，緣此執為實有外境。

---

❶ "世間種種我相……有自他染淨信解事業等故"，引自《唯識開蒙問答》"二種我義"章，《新纂卍續藏》，888 號，頁 346 中 20 至下 4。

三、釋"彼依識所變"。

設問云：是種種相，既由假說，則此假依何而得成立？故答云：彼相皆依識所轉變而假施設。

"轉變"與"變現"不同："變現"者，唯現心等，能起見、相，名之為變，不通於種、相分色等；"轉變"者，通於種、現，現能熏種、種能生種、種生現行，名轉變也。❶

"識謂了別"，別釋頌中"識"字義。顯了分明辨別境相，故名為"識"。凡所言"識"，必攝心所，以心所與心王同一所依根、同一所緣境、同一時、同一事、同一行相❷，具足五義，故曰"定相應"也。

"變謂識體轉似二分"，"識體"即自證分，"二分"即相分、見分。《論》明諸識體即自證分轉似相、見二分而生。此說識體是依他性，轉似相、見二分非無，亦依他起。依此二分，執實二取，聖說為無，非謂依他中無此二分，《論》說唯二依他性故。此除真

---

❶ 本段改寫自《宗鏡錄》卷 47："問：轉變、變現，其義同別？答：古釋云，有唯轉變非變現者。'轉變'之言，通於種、現，現能熏種、種能生種、種生現行，皆名轉變；'變現'之言，唯現心等能起見、相，名之為變，不通於種、相分色等。"（《大正藏》第 48 冊，2016 號，頁 695 中 16 至 21）

❷ 心與心所五義相應之說，出自玄奘譯《俱舍論》卷 4。然《成唯識論》不承認心、心所同一"行相"。因為，《俱舍論》以"行相"作為心、心所中的所緣之影像，瑜伽行派則以"行相"為心、心所本身的作用，如《成唯識論》後文說阿賴耶識的"行相""不可知"。窺基《成唯識論述記》卷 3 總結說："然小乘人心外有境，即以為'所緣'，大乘說無故。以彼小乘'行相'，為大乘'相分'。大乘心得自緣，別立自體分即以為'事'，故以見分名'行相'。"（《大正藏》第 43 冊，1830 號，頁 318 下 17 至 20）

智緣於真如，無相❶分故，餘皆有相。不爾，如何名他心智、後❷得智等？不外取故，許有相、見二體性故。說相、見種或同或異。若同種者，即一識體轉似二分相用而生，如一蝸牛變生二角。此說影像相、見離體更無別性，是識用故。若言相、見各別種者，見是自體，義用分之，故離識更無別種，即一識體轉似見分別用而生。識為所依，轉相分種，似相而起，以作用別，性各不同故。相別種生，於理為勝，故言"識體轉似二分"。此依他起，非有似有，實非二分。似計所執二分相、見，故立"似"名。問：相別有種，何名識變？答：不離識故，內識變時相方生故。問：此顯能變相、見二分用體別有，何故又說識似二分生？答：《論》說"相、見俱依自證起故"，若無自證，二定不生。如無頭時，角定非有；及無鏡時，面影不起。皆於識上現相貌故，故說二分依實體生。❸

世間、聖教，依此見分施設言"我"，依此相分施設言"法"。何以故？我、法若離相、見二分，無由起故。我、法為能依，相、見為所依故。❹

---

❶ "相"，底本漫漶，整理者據校本補訂。

❷ "心智後"三字，底本漫漶，整理者據校本補訂。

❸ 本段引自《宗鏡錄》卷47，《大正藏》第48冊，2016號，頁695上6至27。

❹ 此解釋不同於窺基《成唯識論述記》卷1："既有自體及此二分，依何分上假說我、法？答：依斯二分施設我、法。依此相、見計所執上，世間、聖教說為我、法。此相、見之中皆說為我、法。彼我、法二離此相、見無所依故。故依所執相、見二分施設我、法。"（《大正藏》第43冊，1830號，頁241中22至27）並未提到分別將"似所取""似能取"分別對應於"我"與"法"。依據護法的解釋，相、見二分都是依他起性，見分對相分的計執過程中產生了遍計所執性的種種"我""法"。安慧的解釋中，也沒有將似所取、似能取分

“或復”者，更端之詞。前言“轉似二分”，後❶言“轉似外境”，故言“或復”。以第八識頓變根身、器界❷種子，轉生七識，各能變現自分所緣，故曰“變似外境”。❸

問：如何變耶？曰：我、法分別熏習力故，諸識生時，變似我、法。此我、法相，雖在內識，而以分別故，似外境現耳。此二種轉似，俱依他起性，俱屬聖教。“諸有情”下，方是徧計所執相，方屬世間。諸有情類六、七二識，無明覆故。緣此執為實我、實法。“如患、夢者，患、夢力故，心似種種外境相現”，夢時執為實有外物，寤來方知唯夢所變，我此身相，及外世界，亦復如是，唯識所變，迷故執有我及諸境。❹“患”，即病也。但云“似”者，即屬聖教；但云“實”者，即是世間。

或為“內識”二字所障，以“轉似二分”為世間，“轉似外境”為聖教，非是。❺

愚夫所計實我、實法都無所有，但隨妄情而施設故，說之為假。內識所變似我、似法雖有，而非實我、法性，然似彼現，故說為假。外境隨情而施

_____

別對應於我、法。

❶ “後”，底本漫漶，整理者據校本補訂。

❷ “器界”，底本漫漶，整理者據校本補訂。

❸ “或復內識似外境現”，窺基《成唯識論述記》卷 1 謂是難陀、親勝之說。

❹ “六、七二識……諸境”，引自《宗鏡錄》卷 34，《大正藏》第 48 冊，2016 號，頁 614 下 5 至 9。

❺ 本段所批評的是通潤《成唯識論集解》卷 1，其以“識體轉似二分”一段為“別明世間我、法從徧計生”，以“內識轉似外境”為“顯聖教我、法從內識變”。

設故，非有如識；內識必依因緣生故，非無如境。由此便遮增、減二執。境依內識而假立故，唯世俗有；識是假境所依事故，亦勝義有。

此結前義，總釋前三句意。

"愚夫所計實我、實法"，是徧計所執，體實都無，猶如龜毛。非與依他內識相似，但隨妄情強施設耳，故說為假。內識所變似我、似法，即依他性。必依種子因緣所生，非體全無，如徧計境。彼實我、法，然非我、法，即我、法名，亦是聖教強施設故。名不稱法，故說為假。然則外境定無，而非能如識之有也。內識定有，而不至如境之無也。便遮外計"離心之境實有"增益執，及遮邪見惡取空者"撥識亦無"減損執，即離空、有，設唯識教。境唯世俗之有，識通勝義之門。由此，二諦之名立焉。

釋頌意曇辯我、法，竟。

云何應知，實無外境唯有內識似外境生？_{問也。}實我、實法不可得故。

二、設問答廣辯我、法，分二：一、總問，總答。

如何實我不可得耶？_{問也。}諸所執我，曇有三種：一者，執我體常周遍，量同虛空，隨處造業、受苦樂故；二者，執我其體雖常，而量不定，隨身大、小有卷舒故；三者，執我體常至細，如一極微，潛轉身中作事業故。

二、別問，別答，分四。一，別破我執，分五。一，破外道三種我。

"諸所執我"以下，皆是答詞。現見世人知覺運動，作業受果，明有主人公潛施默運，如何實我不可得耶？曰：世間所執我雖多，總而言之畧有三種：一、同太虛空我，即<u>勝論</u>所計"作者"我、<u>數論</u>所計"受者"我；二、卷舒不定我，即<u>無慚外道</u>、<u>尼虔子</u>❶，計隨身大、小有卷舒故；三、量小極微我，即<u>獸主</u>、<u>徧出</u>，二宗所計潛轉身中有自在用。此名六師三計，餘九十種所計我等，不出此三，故曰"畧有三種"。

初且非理，所以者何？執我常徧，量同虛空，應不隨身受苦、樂等。又常徧故，應無動轉，如何隨身能造諸業？又所執我，一切有情，為同為異？若言同者，一作業時一切應作，一受果時一切應受，一得解脫時一切應解脫，便成大過；若言異者，諸有情我更相徧故，體應相雜。又一作

---

❶ 此處"六師三計"之說，引自《唯識開蒙問答》"問：外道所執我有幾種？答：總有三種。一，同太虛空我，謂勝論'作者'、數論'受者'我；二，量小極微我，謂獸主、徧出二宗所計，潛轉身中有自在用；三，卷舒不定我，謂無慚外道尼虔子，計隨身大、小有卷舒故。此名六師三計。餘九十種不出此三。"（《新纂卍續藏》，888 號，頁 344 中 5 至 10）但據窺基《成唯識論述記》卷 1："謂身若大我量便舒，身若小時我量便卷，如一牛皮日乾水漬，日炙便卷，水濕便舒，此即<u>無慚</u>之類計也。謂'<u>尼虔子</u>'，今言'<u>昵楗陀弗咀羅</u>'，翻為'<u>離繫子</u>'。苦行修勝因名為'<u>離繫</u>'，露形少羞恥，亦名'<u>無慚</u>'。本師稱'<u>離繫</u>'，是彼門徒，名之為'子'。"（《大正藏》第 43 冊，1830 號，頁 245 上 9 至 14）"<u>無慚外道</u>"就是指"<u>尼虔子</u>"，所以實際上只有五師。

業、一受果時，與一切我，處無別故，應名一切所
作所受。若謂"作、受各有所屬，無斯過"者，理
亦不然。業果及身，與諸我合，屬此非彼，不應
理故。一解脫時，一切應解脫，所修、證法，一切
我合故。

先破同太虛空我。

應出外量云："我"是有法，"體常周徧"是宗❶，因云"隨
處造業受苦樂故"，同喻"如虛空"。此因唯於異品中有，同品定
無。又宗犯能別不極成過，因犯法自相相違過，喻犯能立法不成
過。立量破云："我"是有法，"非常非徧"為宗，因云"隨處造
業受苦樂故"。同喻"如心所"，異喻"如虛空"。

又諸有情，同一我耶，各一我耶？若同一我者，則一作業時
一切應作，一受果時一切應受，一解脫時一切應解脫。如今現見
四生、六道、三賢、十聖各各不同，而立此論，便成大過。若各一
我者，我既常徧，則一切我更相涉入，各一我中具有一切我，亦
當一作業時一切應作，一受業時一切應受。若言"彼作彼受，此
作此受，作業受果，於諸我中不相紊亂，無他作我受之過"者，理
亦不然。常徧之我，不分彼此。既分彼此，不為常徧。今既執常
徧，則業果及身，一即一切，而云屬此非彼，有是理乎？故一解
脫時，一切應解脫。何以故？一修即一切修，一證即一切證故。

---

❶"宗"指因明三支論式中的論題，由"有法"（小詞）、"法"（大詞）構
成。明代唯識、因明文獻，或是受到《宗鏡錄》的影響，列舉三支論式，往
往先舉出"有法"，再舉"法"，但在"法"後徑標為"宗"。

中亦非理，所以者何？我體常住，不應隨身而有舒、卷。既有舒、卷，如橐籥風，應非常住。又我隨身，應可分析，如何可執我體一耶？故彼所言，如童豎戲。

次破卷、舒不定我。

我體常住，應不卷、舒。既有卷、舒，應如橐籥。橐籥中豈有常住之風耶？立量破云："我體非常住"宗，因云"有卷、舒故"，喻"如橐籥風"。又我既隨身，則身有多物，應可分析。何者為我？色是我耶，受等是我耶？分析之後，便成多體，而猶執我體是一是常，真兒戲之談矣。

後亦非理，所以者何？我量至小，如一極微，如何能令大身徧動？若謂"雖小，而速巡身，如旋火輪似徧動"者，則所執我，非一非常，諸有往來，非常一故。

三、破量小極微我。

《廣百論》云："是故我體住於身內，形量極細，如一極微，不可分析，體常無變，動慮動身，能作能受。此亦不然，以違理故。眾微聚積，成極大身，我住其中，形量甚小。云何小我能轉大身？舉體同時皆見動作。若汝意謂'我量雖小，而於身中往來擊發，漸次周匝，如旋火輪，以速疾故，謂言俱動'，若爾，我體巡歷身中，應有生滅，及成眾分。但是遷流至餘處者，定歸生滅，必有眾分。既言我轉，所至非恒，如彼燈光，豈有常一。常必非動，動即非常。我動而常，深違正理。又所執我有住有行，何得說為是常是一？若行時我，不捨住性，應如住位，則無所行。若行時我，捨其住性，別體即生，常一何在。"❶

又所執我，復有三種：一者、即蘊，二者、離蘊，三者、與蘊非即非離。

二、破小乘三種我。

即、離二我，正量、經部二宗所計；非即、離我，犢子部計，正量部等亦作此計。"蘊"是聚義，聚為身故；亦是覆義，覆真如故。即色、受、想、行、識五法合聚為身。即蘊我者，謂色是我色等，即身為我，離身之外，無我義故。離蘊我者，彼執我體離蘊別有。非即、離我者，彼執我體即蘊非即、離蘊非離，則知蘊有生滅，我體常一。

初即蘊我，理且不然，我應如蘊，非常一故。又內諸色，定非實我，如外諸色，有質礙故。心、心所法，亦非實我，不恒相續，待眾緣故。餘行、餘色，亦非實我，如虛空等，非覺性故。中離蘊我，理亦不然，應如虛空，無作受故。後俱非我，理亦不然，許依蘊立，非即、離蘊，應如瓶等，非實我故。又既不可說有為、無為，亦應不可說是我、非我。故彼所執實我不成。

---

❶ 護法造、玄奘譯《大乘廣百論釋論》卷3，《大正藏》第30冊，1571號，頁202上5至18。

凡執我者，皆以常一為宗。

若言"即蘊我"者，"蘊"取聚義則非常矣，五法合成則非一矣。量云："我若即蘊❶"，"非常一故"，喻"如五蘊"。次約五位破。五根、六塵，皆屬色蘊，此云"內色"即五根也，此云"外色"即六塵也。"餘行"，即"得"等二十四法，與五十一心所，除受、想二，俱屬行蘊，故曰"餘行"。"餘色"，即長、短、方、圓、麤、細、高、下、正、不正等色。色有質礙，我無質礙，故我非即色。量云："內諸色定非實我"，"有質礙故"，"如外諸色"。心待眾緣，不恒相續；我恒相續，應不待緣。故我非即受想行。量云："心、心所法亦非實我"，"不恒相續，待眾緣故"，喻"如聲等"。餘行、餘色無有覺性，我有覺性，故我非即餘蘊。量云："餘行、餘色，亦非實我"，"非覺性故"，"如虛空等"。

若言"離蘊我"者，我既離蘊，非色非心，則應如虛空，既不作業，亦不受果。而今現見有作有受，離身心外，復是何物？量云："我若離蘊❷"，"無作受故"，"喻如虛空"。

若言"俱非我"者，依蘊立我故云"非離"，我非是蘊故云"非即"。正如作瓶，團泥成瓶，非離團泥，瓶非團泥，非即團泥，故知泥可言實，瓶決定假，則汝蘊可言實，我決定無矣。

"有為、無為"等者，謂犢子部等，彼立三聚：一、有為聚，二、無為聚，三、非二聚。"非二"即我。又立五法藏：謂"三世"，為三；"無為"，為四；第五"不可說藏"，"我"在其中，以不可說

---

❶ 此處以"我若即蘊"為宗之解亦見於<u>通潤</u>《成唯識論集解》卷1，但"若"表示條件據，無法作為"宗"。

❷ 此處以"我若即蘊"為宗之解亦見於<u>通潤</u>《成唯識論集解》卷1，但"若"表示條件據，無法作為"宗"。

為有為、無為故。經部亦執有勝義我，非即非離，即計菩薩出離生死，故名勝義。❶即借彼說例破之云：若汝既知不可說為有為、無為，亦應當知不可說為是我、非我，故彼所執實我不成。

破小乘三種我，竟。

> 又諸所執實有我體，為有思慮，為無思慮？若有思慮，應是無常，非一切時有思慮故；若無思慮，應如虛空，不能作業，亦不受果。故所執我，理俱不成。

三、總約根、境、識三種破。

謂汝所執之我，是根耶、境耶、識耶？先約識破，故曰"思慮"。念過去、現在為"思"，念未來為"慮"。❷立量云："我若是

---

❶ 本段對犢子部、經量部的論述，分別引自澄觀《大方廣佛華嚴經疏》卷 3："今總收一代時教，以為十宗。第一、我法俱有宗，謂犢子部等。彼立三聚：一、有為，二、無為，三、非二聚。'非二'即我。又立五法藏：謂'三世'，為三；'無為'，為四；第五'不可說藏'，'我'在其中，以不可說為有為、無為故。"（《大正藏》第 35 冊，1735 號，頁 521 上 12 至 16）澄觀《大方廣佛華嚴經隨疏演義鈔》卷 13："泰法師云：更等取經部中根本經部，不等末經部，以本經部亦執有勝義我，非即非離，即計菩薩（整理者按：《大正藏》本作'薩'，據原校勘記改）出離生死，故名勝義。"（《大正藏》第 36 冊，1736 號，頁 99 中 12 至 15）

❷ 此處的"思慮"，窺基《成唯識論述記》卷 1 依據印度思想史背景解釋："'有思慮'者，意問僧佉，彼說'神我體是思'故。'無思慮'者，問吠世等。然僧佉計'神我體性常住，除自性外二十三諦，體性雖常，仍有轉變無常之相'，今難：彼'我'亦應同彼二十三諦，體性俱應，轉變無常。"（《大正藏》第 43 冊，1830 號，頁 248 上 8 至 13）

識，應是無常"，"有思慮故"，"如諸心所"；"我若非識，應是無情"，"無思慮故"，"如虛空等"。

又諸所執實有我體，為有作用，為無作用？若有作用，如手足等，應是無常；若無作用，如兔角等，應非實我。故所執我，二俱不成。

次約根破。

根是有作用法，故以作用徵詰。立量云："我若是根，應是無常"，"有作用故"，"如手足等"；"我若非根，應非實我"，"無作用故"，"如兔角等"。

又諸所執實有我體，為是我見所緣境不？若非我見所緣境者，汝等云何知實有我？若是我見所緣境者，應有我見，非顛倒攝，如實知故。若爾，如何執有我者所信至教，皆毀我見，稱讚無我，言"無我見，能證涅槃，執著我見，沈淪生死"？豈有邪見能證涅槃，正見翻令沈淪生死？

此約境破。

言汝所執我，是我見分所緣境否耶？若非我見所緣境者，汝等云何知實有我？若是我見所緣境者，即是真相分，現量所得，如實知故，非顛倒攝，當迷之而沉生死，悟之而證涅槃矣，云何汝等所信聖教，皆毀我見沉淪生死，稱讚無我能證涅槃耶？邪見能證涅槃，正見反淪生死，有是理乎？此不立量者，下文當出故。

《廣百論》云："外道經中，咸作是說，著我生死，離我涅槃。既讚捨我,令欣解脫,如何固執有實我耶?為顯此義,故復頌曰:'我若實有性,不應讚離我。'謂我若實有,緣生我見,即是真實,不應勸捨。為證實我,應更殷勤勸修我見,令其堅固。云何勸捨真實我見,令修虛妄無我見耶……若無我見,不稱實我,汝不應說能證涅槃。不稱實見證涅槃者,知真趣脫,此說應虛。為顯斯義,故次頌曰:'定知真實者,趣解脫應虛。'有我若實,無我、我所解脫方便見應成虛,有我、我所違逆涅槃、隨順生死見應是實。若顛倒見隨順涅槃,無顛倒見隨順生死,云何汝論作如是言,'定知實者能趣解脫'?以此定知,空無我見得涅槃故,所證非虛。我、我所見,涅槃時捨,應知^❶餘見是其顛倒。"^❷

又諸我見,不緣實我,有所緣故,如緣餘心。我見所緣,定非實我,是所緣故,如所餘法。是故我見不緣實我,但緣內識變現諸蘊,隨自妄情種種計度。

此破我執已竟,總申二比量。初約能緣,次約所緣。

以將欲說出"我見所緣是假相分",故先審定。"我見不緣實我","以我見自有所緣故",喻"如緣餘心";"亦無實我為我見境","以是我見之所緣故",喻"如所餘法"也。"我見"亦是心所,以其餘心所為同喻,故曰"如緣餘心"^❸。"我見"即是妄見。妄見所緣,即是妄境,與龜毛、兔角等耳,故曰"是所緣故,如所餘法"也。"所餘法",即第六蘊、第十三處、第十九界等**❶**。"是故"下,說出"我見所緣是假相分"。我見既不緣實我,是緣何等?但緣內識變現五蘊似我之相,隨自妄情,周偏計度,以為實我,如病眼境,定非實有。故不可以我見所緣,證立此我實有常住。

然諸我執畧有二種:一者、俱生,二者、分別。

四、總舉通執,分二。一、標數。

總舉世間沙門、婆羅門等所有我執,品數雖多,約而言之,不出二種。

俱生我執,無始時來,虛妄熏習內因力故,恒與身俱**❷**,不待邪教及邪分別,任運而轉,故名"俱生"。此復二種**❸**:一、常相續。在第七識,緣第八識,起自心相,執為實我。二、有間斷。在第六識,緣

色等之心',喻也。"(《大正藏》第 43 冊,1830 號,頁 249 上 2 至 4)窺基沒有 "緣我之見" 作為在心所,而是定位在識,即第六識、第七識。或許本書作者認為 "我見" 是指煩惱心所 "見"。

❶ 此處解釋不同於窺基《成唯識論述記》卷1:"此中量云:'我見所緣定非實我',宗也。'是所緣故',因也。'猶如所餘色等諸法',喻也。宗中如前亦應分別,彼等各計有我見境非實我故。"(《大正藏》第 43 冊,1830 號,頁 249 上 13 至 16)本書認為,所緣法如第六蘊等才能夠被說明是虛妄的、非實我,"妄見所緣即是妄境,與龜毛兔、角等耳";窺基則只是說,真正的所緣是識內顯現的五蘊,因此不是識外的獨立的實我。

❷ "俱",底本為朱笔後補。

❸ "種",底本為朱笔後補。

識所變五取蘊相，或總或別，起自心相，執為實
我。此二我執，細故難斷，後修道中，數數修習
勝生空觀，方能除滅。

二、正釋，分三：一、俱生，二、分別，三、總結。今初。

由從無始來故，"不待邪教"。由內因力故，非"邪分別"。由
"恒與身俱"，即"任運而轉"❶。具上諸義，故名"俱生"。此復
二種：一者，第七執第八見分為內自我，而親緣第八見分不著❷，但
託彼見分為本質，於自心上變起影相而緣，為帶質境，故曰"起
自心相執為實我"。此則常常相續，無有間斷。二者，第六緣第八
所變色、心蘊法，或總執內蘊為我、外蘊為所，或別執一蘊為我、
餘蘊為所，於自心上，變起影相而緣，為獨影境，故亦曰"起自
心相執為實我"。此則有間斷時，不恒相續。此二我執，無始至今，任
運而有，不假作意分別尋伺，細故難斷。直至修道位中，修習勝
生空觀，地地漸斷，至金剛心，方能斷盡。言"勝生空"者，揀
異見道生空，故名"勝"也。"生空"，即眾生空。若觀生死苦果，但見名、色、
陰、界、入實法，從因緣生，新新生滅，是實法中空無我、人、眾生、壽者等十六知見，如龜
毛、兔角畢竟不可得，是名眾生空。❸

---

❶ 此處兩個"由……故……"的解釋，與論文邏輯稍有出入。

❷ "親緣不著"之說見於《宗鏡錄》卷 52："又親緣第八見分不著。"（《大
正藏》第 48 冊，2016 號，頁 723 中 25）

❸ 本段小注來自智顗《法界次第初門》卷中："一、眾生空。若觀生死
苦果，但見名、色、陰、入、界實法，從因緣生，新新生滅，是實法中空，無我、
人、眾生、壽者等十六知見，如龜毛、兔角畢竟不可得，是為眾生空也。"（《大
正藏》第 46 冊，1925 號，頁 681 上 24 至 27）

分別我執，亦由現在外緣力故，非與身俱，要待邪教及邪分別，然後方起，故名"分別"。唯在第六意識中有。此亦二種：一、緣邪教所說蘊相，起自心相，分別計度，執為實我；二、緣邪教所說我相，起自心相，分別計度，執為實我。此二我執，麁故易斷，初見道時，觀一切法生空真如，即能除滅。

執有內外，等從緣生，故曰"亦由"。"現在"，對無始時來；"外緣"，對內因；"非與身俱"，對恒與身俱；"然後方起"，對任運而轉；"唯在第六意識中有"，簡前第七無分別義。"邪教所說蘊相"，如從冥生覺，從覺生心，從心生五微塵，從五微塵生五大，從五大生十一根等；"邪教所說我相"，如我是思等。現分別起，對前俱生，故名為麁。初見道時，即能除滅，故名"易斷"。"見道"位中，初地初心，生空徧行真如現在前時，一時頓斷。

如是所說一切我執，自心外蘊，或有或無；自心內蘊，一切皆有。是故我執皆緣無常五取蘊相，妄執為我。然諸蘊相，從緣生故，是如幻有。妄所執我，橫計度故，決定非有。故契經說："苾芻當知，世間沙門、婆羅門等所有我見，一切皆緣五取蘊起。"

三、總結內外。

"自心內蘊""自心外蘊"，據《宗鏡錄》有二種解。彼云："心外執我執法者有兩種：一者，如外道等執離心等別有一物是常是一，名之為我。此乃妄計所執，其體都無。二者，踈所緣緣本質之法，能緣之心親緣不著，亦名心外。此是依他，其體是有。"❶

又云："自心外蘊，第七計我，心外唯有；第六計我，心外之蘊，或是於無。自心內蘊一切皆有者，親所緣也。不問即、離計為我者，影像必有故。"❷

云何必有？曰：如"能緣心將緣龜毛等無法之時，由無始來熏習力故，依種生時，從識自證分上變起龜毛等相分，及緣此龜毛相分，此相見分與識自證分同一種生，既依種生，是依他性，非體全無，不同本來無體龜毛，故得成所緣緣。乃至如離蘊計有實我、實法等亦復如是，離蘊性外，都無實我，亦無決定實法，但是有情虛妄執有，以理推徵，都無有體，故如本來無體龜毛。然我、法執此時，亦由無始虛妄熏習力故，變起假我、法相，此相與見等同種，亦依他起，成所緣緣。若言獨影境是偏計性者，其體即無，猶如龜毛等，即此一分相分無，何得《論》言'自心內蘊一切皆有'耶？"❸

"'是故我執皆緣無常五取蘊相妄執為我'者，結成前義。影像相分必是蘊故，緣此為我。義顯大乘親緣無法不能生識，不成

---

❶ "心外執我執法……其體是有"一段引文，出自《宗鏡錄》卷65，《大正藏》第48冊，2016號，頁784上17至21。

❷ "自心外蘊，第七計我……影像必有故"一段引文，出自《宗鏡錄》卷65，《大正藏》第48冊，2016號，頁784上25至27。

❸ "能緣心將緣龜毛等無法之時……何得論言自心內蘊一切皆有耶"一段引文，出自《宗鏡錄》卷61，《大正藏》第48冊，2016號，頁762上23至中9。

所緣緣，成所緣緣必有法故。"❶

　　然不可緣此遂執我、法是有。"如諸蘊相，是依他起性，決定似有"，因云"仗因託緣而得生故"，喻"如幻有"。"妄所執我，是徧計執性，決定非有"，因云"橫計度故"，喻"如畢竟無"。恐人不信，故以契經證結焉。《集論》云："何故名取蘊？以取合故，名為取蘊。何等為取？謂諸蘊中所有欲貪。何故欲貪說名為取？謂於未來、現在諸蘊，能引不捨故。希求未來，染著現在，欲貪名取。"❷《俱舍》云："或有唯蘊而非取蘊，謂無漏行。煩惱名取。蘊從取生，故名取蘊，如草糠火。或蘊屬取，故名取蘊，如帝王臣。或蘊生取，故名取蘊，如華果樹。"❸

　　通上，四、總舉通執，竟。

　　　實我若無，云何得有憶、識、誦習、恩怨等事？所執實我，既常無變，後應如前，是事非有，前應如後，是事非無，以後與前體無別故。若謂"我用前後變易，非我體"者，理亦不然。用不離體應常有故，體不離用應非常故。然諸有情，各有本識，一類相續，任持種子，與一切法更互為因，熏習力故，得有如是憶識等事。故所設難，於汝有

---

❶ 本段引文，出自《宗鏡錄》卷65，《大正藏》第48冊，2016號，頁784上29至中3。

❷ 此處引文出自<u>無著</u>造、<u>玄奘</u>譯《大乘阿毗達磨集論》卷1，《大正藏》第31冊，1605號，頁663上23至26。

❸ 此處引文出自<u>世親</u>造、<u>玄奘</u>譯《阿毗達磨俱舍論》卷1，《大正藏》第29冊，1558號，頁2上24至28。

失，非於我宗。

五、外難內破，有三章。初破"我有三世"難。

難云：若無實我，則世人現能憶過去，識現在，誦習未來，益我損我，為恩為怨等事，念念生滅不停，誰為主宰而任持此耶？先約體破：言汝所執我，既是常住，應無轉變。無轉變故，三世一如，則是過去應如現在，現在應如過去。若是現在如過去者，則我體常無，三世恩怨亦應常無，誰為憶、識、誦習？若是過去如現在者，則我體常有，三世恩怨亦應常有，何須憶、識、誦習？何以故？前之與後，同一我體，無分別故。次約用破：若謂"我用自變，我體自常"者，理亦不然。用即體之用，體即用之體，不可析而二也。用不離體，體常而用亦常，則我用不應有變。體不離用，用變而體亦應變，則我體不應言常。進退推求，不得言我能憶、識、誦習三世、恩怨等事。次顯正義云：有情身中，一一各有阿賴耶識，一類相續，任持諸法種子不失，與一切法互為因果。熏習力故，得有如是憶、識、誦習、恩怨等事。何嘗有實我為之主宰哉？汝"無持種受熏之識，而設憶識誦習"之難，祇彰汝失，成立我宗耳，乃我宗則何失焉？

　　若無實我，誰能造業？誰受果耶？所執實我，既無變易，猶如虛空，如何可能造業、受果？若有變易，應是無常。然諸有情，心、心所法，因緣力故，相續無斷，造業受果，於理無違。

次破"我能作受"難。

此即十六知見中起者、受者。破詞雖以"有變易""無變易"兩端徵詰，然外計定主"無變易"，以"有變易"違害常我故。立量云："汝所執我，應是不能造業受果"，因云"無變易故"，喻"如虛空"。若言有變易，已成自教相違，故不立量。次出正義云：然諸有情能造受者，皆是八種心王、心所，發業潤生，內因外緣熏習之力，故有善惡苦樂業報等事，豈有實我能作受哉？

"《華嚴》會意問云：若準六根無我，誰造誰受耶？答：佛說'作善生天、為惡受苦'者。此但因緣法爾，非是我能作受也。若言'是我非因緣'者，作惡何不生天，乃墮地獄耶？我豈愛彼地獄，故受苦耶？我既作惡而不受樂者，故知善惡感報，唯因緣，非是我也。如《論》云，因緣故生天，因緣故墮地獄，是此意也。問：既言無我，誰感因緣？若言'無我，但是因緣自為'者，草木亦稟因緣，何不生天與受苦耶？答：內外雖但稟因緣，因緣有二：一、善惡增上業因緣，但感生天及地獄異熟等。二、善惡等流業因緣，生天者感寶地金華，墮地獄者感刀林銅柱等。此是因緣業作，非我能為，豈謂受報不同而計有我也？故《經》云：'無我、無造、無受者，善惡之業亦不亡。'"❶

> 我若實無，誰於生死輪迴諸趣？誰復厭苦求趣涅槃？所執實我，既無生滅，如何可說生死輪迴？常如虛空，非苦所惱，何為厭捨求趣涅槃？故彼所言，常為自害。然有情類，身心相續，煩惱業力，輪迴諸趣，厭患苦故，求趣涅槃。由此故

---

❶ 本段引文出自《宗鏡錄》卷66，《大正藏》第48冊，2016號，頁787下12至26。末句經文出自鳩摩羅什譯《維摩詰所說經》，《大正藏》第14冊，475號，頁537下16至17。

知定無實我，但有諸識，無始時來，前滅後生，因果相續，由妄熏習，似我相現，愚者於中妄執為我。

三、破我有生死涅槃難。

《廣百論》引其說云："若一切法空無我者，生死、涅槃二事俱失。所以者何？由有我故。諸無智者樂著❶生死，先造能招善、不善業，後受所感愛、非愛果。諸有智者欣樂涅槃，先觀生死苦火煎逼，發心厭離；後方捨惡，勤脩諸善，得正解脫。如是一切，皆由我成。我為作者，我為受者，我為苦逼，發心厭離，捨惡修善，證得涅槃。"❷此破之云：汝執我常無生滅，又謂我能生死輪迴，則害常無生滅義矣。我常如虛空，應非苦所惱。又謂我能捨苦求樂，則害常如虛空義矣。故觀厭苦求樂，捨此生彼，則可以驗知定無實我。何以故？若有實我，則不可移易，不能去來隨緣起滅故。"但有諸識，無始時來，前滅後生，因果相續，虛妄熏習，似我相現，愚者遂執以為實我"耳。此條為已出其自語相違之過，故不立量。

"《大涅槃經》云，'師子吼菩薩言：世尊，眾生五陰，空無所有，誰有受教脩集道者？佛言：善男子，一切眾生，皆有念心、慧心、發心、勤精進心、信心、定心。如是等法，雖念念滅，猶故相似，相續不斷，故名修道'，乃至'如燈，雖念念滅，而有光明，除破闇冥，念等諸法，亦復如是。如眾生食，雖念念滅，亦能令饑者而得飽滿。譬如上藥，雖念念滅，亦能愈病。日月光明，雖念

---

❶ "著"，底本漫漶，整理者據校本及護法造、玄奘譯《大乘廣百論釋論》卷 2 改訂。

❷ 此處引文出自護法造、玄奘譯《大乘廣百論釋論》卷 2，《大正藏》第 30 冊，1571 號，頁 197 上 5 至 12。

念滅，亦能增長草木樹林。善男子，汝言念念滅云何增長者，心不斷故，名為增長'❶。如《淨名經》偈云：雖無我、無造、無受者，善惡之業亦不亡失。善惡之業因，苦樂之果報，非有人我能作能受，但是識持，因果不亡。如古師云：眾生為善惡而受其報者，皆由眾生心識三世相續，念念相傳。如今世現行五蘊，由前世識種為因，起今世果。今世有作業熏種，又為來世現行因，展轉相續為因果故。又善惡之業，皆由心識而起。謂前念造得善惡業，然此一念識雖滅，而後念心識生。既心識相傳不斷，即能任持善惡之業而亦不亡。以由識持故。只為識心如幻無定，故乃有從凡入聖之理，厭妄求真之門，則不壞因緣，能含正理。"❷

通上，別問別答下，第一、別破我執，竟。

如何識外實有諸法不可得耶？<small>問。</small>外道、餘乘所執外法，理非有故。<small>答。</small>

第二、別問法執，分二。一、總問答。

外道所執，云何非有？

二、別問答，分四：一、外道，二、餘乘，三、總破前執，四、總舉通執。《華嚴鈔》云："至妙虛通，目之曰道。心遊道外，即稱外道。唯佛正道，餘悉名外道。"❸約而言之，有一十三種：一、

---

❶ 此處引文出自北本《大般涅槃經》卷 29，《大正藏》第 12 冊，374 號，頁 537 上 28 至中 10，文字畧有出入。

❷ 此處引文出自《宗鏡錄》卷 66，《大正藏》第 48 冊，2016 號，頁 787 上 4 至中 3。

❸ 此處引文出自<u>澄觀</u>《大方廣佛華嚴經隨疏演義鈔》卷 13，《大正藏》

有數論師，計二十五諦；二、有勝論師，計六句義；三、有計大自在天，是一、是實、是徧、是常，能生諸法；四至十、有七種外道，謂執梵王、執時、執方、執本際、執自然、執虛空、執我。如此七種計，執皆是常，能生諸法；十一、十二、有二聲論，一、待緣生，一、待緣顯，二宗計聲體皆是常；十三、有順世外道，謂計四大❶是常是實，能生有情，死歸四大。❷

且數論者，執我是思，受用薩埵、剌闍、答摩所成大等二十三法。然大等法，三事合成，是實非假，現量所得。

外道中，一、數論，分四：一、舉執，二、總破，三、別破，四、結成。今初。

第 36 冊，1736 號，頁 99 下 2 至 4。

❶ "大"，底本、校本無，校本原校勘記謂"疑脫'大'字"，《唯識開蒙問答》卷上無，整理者據文意補訂。

❷ 此處"十三種外道"之論述，改寫自《唯識開蒙問答》卷上"外宗我法"章："問：外道所執法有幾種？答：有一十三種大外道宗各計不同。問：十三者何？答：一、有數論師計二十五諦，謂冥性諦、大諦、我慢諦、五唯量、五大、五知根、五作業根、心平等根、第二十五我知即神我也，此一非法，屬前我執，即受者我也。二、有勝論師，計六句義，謂一、實，二、德，三、業，四、大有，五、和合，六、同異。三、有計大自在天，是一、是實、是遍、是常，能生諸法，有七種外道，謂執梵王、執時、執方、執本際、執自然、執虛空、執我，如此七種計，執皆是常，能生諸法。十二、有二聲論，一、待緣生，二、待緣顯，二宗計聲體皆是常。十三、有順世外道，謂計四是常是實，能生有情，死歸四大。"（《新纂卍續藏》，888 號，頁 344 中 10 至 20）

"梵音'僧佉'，此翻為'數'。數即慧數。數廣❶諸法，根本立名。從數起論，名為數論。論能生數，亦名數論。其造數論，及學數論者，皆名'數論師'。本源即是迦毘羅所造。"❷"迦毘羅，此云'黃赤色'，髭髮面色並黃赤故。時世號為'黃赤仙人'。"❸此人亦修禪定，有神通力，知八萬劫中事。八萬劫前，冥然不知，謂之"冥諦"。從冥初自性，生智大，乃至神我，開成二十五諦，合為九位：一、冥初自性。謂此外道以八萬劫前之事冥然不知之處，昧為自性，古稱"冥性"，亦名"勝性"。未生大等，但住自分，名為"自性"。二、智大，亦名"覺大"。"大"者，增長之義。謂冥初之際，覺知增長，故云從冥初生智大。三、我心，亦名"我執""我慢"。謂由覺知，生我慢心，故云從智大生我心。四、五唯，亦名"五微"。即色、聲、香、味、觸也。以色等五種，由我執之心方現，故云從我心生五唯。五、五大。即地、水、火、風、空也。此五種性，徧一切處，故名為"大"。由極微而生，故云從五唯生五大。六、五知根。"五"即眼、耳、鼻、舌、身五根。謂之"知"者，以此五種皆有知覺故也。因五大而成，故云從五大生五知根。七、五作業

---

❶ "廣"，底本、校本皆作"廣"，澄觀《大方廣佛華嚴經隨疏演義鈔》卷13原作"度"，當作"度"，"數度諸法"即"以智慧思慮諸法"。

❷ 此處引文出自澄觀《大方廣佛華嚴經隨疏演義鈔》卷13："梵云'僧佉'，此翻為'數'。'數'即慧數。數度諸法，根本立名。從數起論，名為數論。論能生數，亦名數論。其造數論，及學數論者，皆名'數論師'。本源即是迦毘羅造《金七十論》，即自在黑造偈，長行即天親菩薩解釋。"（《大正藏》第36冊，1736號，頁99下24至28）結尾未引完整，原意是說，勝論得名之源是迦毘羅造《金七十論》，而非是迦毘羅其人。

❸ 此處引文出自澄觀《大方廣佛華嚴經隨疏演義鈔》卷13，《大正藏》第36冊，1736號，頁99下7至9。

根。即口與手、足、小便、大便。謂之"作業"者，以此五種能作業用故也，亦因五大而成，故云從五大生五作業根。八、心平等根。"心"乃肉團心，即意根也。謂之"平等"者，以此根能徧一切根境而生分別故。此亦五大所成，故云從五大生平等根，并前五知、五作業，共為十一根也。九、神我。即第八識。彼不知有第八識，故執神我能生諸法常住不壞，是二十五諦之主也。"我思勝境，冥性即變二十三諦，為我受用，我既受用，為境纏縛，不得解脫；我若不思，冥性不變，即得解脫，名為涅槃。"❶

"問：自性云何能與諸法為生因？答：三德合故。其三德在冥性中，眠伏不起。在大等二十三位，便有覺悟，故二十三，一一皆以三德合成。言三德者，梵云'薩埵''剌闍''答摩'。'薩埵'，此云'有情'，亦云'勇猛'，今取'勇'義；'剌闍'，此為'微'，牛毛塵等皆名'剌闍'，亦名'塵坌'，今取'塵'義；'答摩'，此云'闇'，即'闇鈍'之'闇'。三德應名'勇''塵''闇'。若傍義翻，舊云'染''麤''黑'，新云'黃''赤''黑'；舊名'喜''憂''闇'，新云'貪''嗔''癡'；舊名'樂''苦''癡'，新云'樂''苦''捨'。敵體而言，即是三❷毒，能生三受，名

---

❶ "我思勝境……名為涅槃"一句，亦見於子璿集《首楞嚴義疏注經》卷 2："我思勝境，冥性即變二十三諦，為我受用，我既受用，為境纏縛，不得解脫；我若不思，冥諦不變，既無纏縛，我即解脫，名為涅槃。"（《大正藏》第 39 冊，1799 號，頁 847 中 23 至 26）或源自窺基《因明入正理論疏》卷 2："我思勝境，三德轉變，我乃受用，為境纏縛，不得涅槃；後厭修道，我既不思，自性不變，我離境縛，便得解脫。"（《大正藏》第 44 冊，1840 號，頁 117 上 23 至 26）

❷ "三"，底本、校本皆作"二"，校本原校勘記謂"'二'疑'三'"，整理者據澄觀《大方廣佛華嚴經隨疏演義鈔》卷 13 及文意改訂。

'樂''苦''捨'。'黃''赤''黑'者，是其色德，貪多輕光，故色黃；嗔多動躁，故色赤；癡則重覆，故名黑。由此自性合三德故，能生諸法，故自性是作者，我是見者，而非作者。"❶

彼執非理，所以者何？大等諸法，多事成故，如軍、林等，應假非實，如何可說現量得耶？

二、總破。

言若使大等一一皆攬三成，即如軍如林，是假非實，如何可說現量得耶？二千五百人為"軍"，多樹為"林"。若分析至盡，即失軍、林，故云是假。量云："大等"是有法，"應假非實，非現量所得"是宗，因云"多法成故"，喻"如軍、林等"。

又大等法，若是實有，應如本事，非三合成。薩埵等三，即大等故，應如大等，亦三合成。轉變非常，為例亦爾。

三、別破，分八❷。一、因、果相如破。

"本事"，即自性三事。彼計大等二十三法皆是實有，又計自性三分合成，所謂薩埵、刺闍、答摩。刺闍性躁，警薩埵等，令起種種轉變功能。三法和同，隨於一分變成大等，轉名最勝。大等諸果，變故無常；一物自性，不變故常。故此破云：若大等法是

---

❶ 此處引文出自澄觀《大方廣佛華嚴經隨疏演義鈔》卷 13，《大正藏》第 36 冊，1736 號，頁 100 中 4 至 20。

❷ 此處科判"分八"下文"一、因果相如破"後無"第二"科判，徑接"三、約體用相同破"。

實有者，則亦三事等耳，豈賴三事合成乎。量云："大等諸法，非三合成"，"是實有故"，喻"如本事"。"又薩埵等三，亦三合成"，"即大等故"，喻"如大等"。本事既能轉變為大等，大等亦應能轉變為本事。何以故？是實有故，猶如本事。大等既是無常，本事亦應無常。何以故？即大等故，如大等法。《廣百論》云："大等皆用自性為體，大等變時，自性應變，由此自性應是無常，體無異故，猶如大等。"❶又云："如是所執自性最勝，一分有用，變成大等；餘分無能，無所轉變。是即自體應成種種。成種種故，定是非常，如大等果，相非常住。"❷

又三本事，各多功能，體亦應多，能體一故；三體既遍，一處變時，餘亦應爾，體無別故。

三、約體、用相同破。

彼計第一薩埵其性明白，第二剌闍其性躁動，第三答摩其性闇昧。此三一一相用眾多，能起種種轉變功能。故破之云：功能既多，則此三事體亦應多。何以故？功能與體無差別故。"體"即自性也。《廣百論》云："又三自性，一一皆有明、躁、昧等眾多作用。自性作用，既許體同，以性隨用，應成多體，自性最勝無差別故，是則最勝體亦應多。體既成多，應如大等，定是無常。"❸

---

❶ 此處引文出自護法造、玄奘譯《大乘廣百論釋論》卷 1，《大正藏》第 30 冊，1571 號，頁 190 中 16 至 18。

❷ 此處引文出自護法造、玄奘譯《大乘廣百論釋論》卷 1，《大正藏》第 30 冊，1571 號，頁 190 下 1 至 3。

❸ 此處引文出自護法造、玄奘譯《大乘廣百論釋論》卷 1，《大正藏》第 30 冊，1571 號，頁 190 下 3 至 7。

又汝若謂"三德之體，不分而徧，不成多"者，一處起用轉變之時，餘一切處俱應轉變。何以故？能徧之體無差別故。

> 許此三事，體、相各別，如何和合共成一相？不應合時變為一相，與未合時體無別故。若謂"三事體異相同"，便違己宗體、相是一。體應如相，冥然是一；相應如體，顯然有三。故不應言三合成一。

四、約體、相異同破。

汝既許此明、躁、昧等體、相各別，如何和合共成一相？合時之體，與未合時，無差別故，不應未合時各別，而合時乃變為一相也。若謂"三事其體雖異而相是同，故和合時成一相"者，便有自教相違之過。汝執體、相定是一故，體應如相同，相應如體異，如何可言三合成一耶？

> 又三是別，大等是總。總、別一故，應非一、三。此三變時，若不和合成一相者，應如未變，如何現見是一色等？若三和合成一相者，應失本、別相，體亦應隨失。不可說"三各有二相，一、總，二、別"，總即別故，總亦應三，如何見一？

五、約總、別相同破。

三事是別相，大等是總相，以三事共生一法故。汝執總、別既定是一，總應如別，是三非一；別應如總，是一非三。云何別三成於總一？若謂"三德實不和合成一相"者，三事轉變時既不和合，與未變時應無差別，不應現見是一色等。若謂"三事和合而成一相"，則三事別相即應亡失，而體亦應隨相而失。何以故？離相無體故。體相既失，又將何事而成一相？亦不可說"三事各有總、別二相，故雖成總相，亦不失別相"，以大等總相，即是三事之別相故。若謂"總相即別相"者，則大等總相上，各各應有三事別相，如何但見大等一色總相，不見三德別相耶？《廣百論》云："不可說言'樂等三德各有二相：一、總，二、別'。所以者何？總相若一，不應即三；總相若三，不應見一。"❶

若謂"三體各有三相，和雜難知，故見一"者，既有三相，寧見為一？復如何知三事有異？若彼一一皆具三相，應一一事能成色等，何所闕少，待三和合？體亦應各三，以體即相故。

六、三相和合破。

若謂"三事一一皆有薩埵等二❷相，共相和雜，難可了知，故見一"者，此亦不然。各有三相，還應見三，如何見一？既見為一，則成一相，又如何知三事之有三相差別乎？若三事一一皆具三相，即應一一事能成色等根境差別，為我受用，何所闕少，必待三事和合而成耶？若謂"必待三相和合而成"，應一一事皆有三體，何以故？體即相故。《廣百論》云："又此三德，各有三相，互

---

❶ 此處引文出自護法造、玄奘譯《大乘廣百論釋論》卷 1，《大正藏》第 30 冊，1571 號，頁 217 下 27 至 29。

❷ "二"，底本、校本皆作"二"，據《成唯識論》論文應作"三"。

有差別，如何色等其相是一？"❶ "三體各有三相"者，謂貪中有瞋、癡，瞋中有貪、癡，癡中有貪、瞋，三法和雜，故各見一。此遮三一不齊之難也。

又大等法，皆三合成，展轉相望，應無差別，是則因、果、唯量、諸大、諸根差別，皆不得成。若爾，一根應得一切境，或應一境一切根所得。世間現見情與非情，淨穢等物，現、比量等，皆應無異，便為大失。

七、果無差別破。

"因"即能成之三事，"果"即所成大等二十三法❷，"唯量"即五唯量，"諸大"即五大，"諸根"即十一根。意謂能成三事既同，則所成大等悉一。是則一切差別之相，皆不得成。既無差別，則一根應得一切境，如眼根亦能聞聲、嗅香、知味等。或應一境一切根所得，如一色唯，眼亦可見，耳亦可聞等。如是，則世間現見情與非情、淨穢等物、現比等覺，皆應無異，便成大失，豈特自教相違、世間相違而已哉？唐三藏嘗折外道云："此大等俱各以三成，即一是一切。若一即一切，則應一一皆有一切作用。既不許然，何因執三為一切體性？又若一即一切，應口、眼等根即大、小便路。又

---

❶ 此處引文出自護法造、玄奘譯《大乘廣百論釋論》卷 1，《大正藏》第 30 冊，1571 號，頁 218 上 5 至 6。

❷ 此處"因""果"的解釋不同於窺基《成唯識論述記》卷 1："是則'大'為'因'，'慢'為'果'，五唯量、五大、十一根無差別故，皆不成也。"《大正藏》第 43 冊，1830 號，頁 255 中 5 至 6。

一一根有一切作用，應口、耳等根聞香、見色。若不爾者，何得執三為一切法體？"❶以此破詞，參看論義，更自了然。

故彼所執實法不成，但是妄情計度為有。

八、結成前義。

勝論所執：實等句義，多實有性，現量所得。

二、勝論，分四：一、舉執，二、總破，三、別破，四、結成。今初。

"此即衛世師計，新云'吠世史迦薩多羅'，此云'勝論'，立'六句義'最為勝故，或勝人所造故。其能造人，即成劫之末，人壽無量，外道出世，名'嗢露迦'，此云'鵂鶹'，晝避聲色，匿迹山藪，夜絕視聽，方行乞食，時人以為似鵂鶹鳥，故名'鵂鶹仙人'，即《百論》'優樓佉'也。或名'羯拏僕'。'羯拏'，此云'米齋'。'僕'，此云'食'。先為夜遊，驚他稚婦，乃不夜乞，遂收場碾糠粃之中米齋而食，故時號為'食米齋仙人'。多年修道，遂獲五通，謂證菩提，便欣入滅。但嗟所悟未有傳人，愍世有情，癡無慧目，乃觀七德，授法令傳。一、生中國，二、父母俱是婆羅門姓，三、有般涅槃性，四、身相具足，五、聰明辯捷，六、性行柔和，七、有大悲心。經無量時，無具七德。後經多劫，婆羅疤斯國，有婆羅門，名'摩納縛迦'，此云'儒童'，有子名'般遮尸棄'，此云'五頂'，頂髮五旋，頭有五角。其人七德雖具，根熟稍遲，既染妻孥，卒難化導。經無量歲，伺其根熟，後三千歲，因入圍遊，其

---

❶ 此處引文出自慧立本、彥悰箋《大唐大慈恩寺三藏法師傳》卷4，《大正藏》第50冊，2053號，頁245中16至22。

妻室競花相忿，鴆鵃因此乘神通化之。五頂不從，仙人且返。又三千歲，化又不得。更三千歲，兩競尤甚，相厭既切，仰念空仙。仙人應時神力化引騰空，迎往所住山中，與說所悟六句義法：一、實，二、德，三、業，四、大有，五、同異，六、和合。實者，說**❶**法體實，德、業所依，名之為實，德、業不依有性等故。德者，道德。業者，作用、動作義也。實有九種：一、地，二、水，三、火，四、風，五、空，六、時，七、方，八、我，九、意。德有二十四：一、色，二、香，三、味，四、觸，五、數，六、量，七、別性，八、合，九、離，十、彼性，十一、此性，十二、覺，十三、樂，十四、苦，十五、欲，十六、瞋，十七、勤勇，十八、重性，十九、液性，二十、潤，二十一、行，二十二、法，二十三、非法，二十四、聲。業有五種：一、取，二、捨，三、屈，四、申，五、行。大有唯一，實、德、業三同一有故，離實、德、業外，別有一法為體。由此大有，有實等故。同異亦一也，如地望地有其同義，望於水等即有異義。地之同異是地非水，水等亦然，亦離實等有別實體。和合句者，謂法和聚由和合句，如鳥飛空，忽至樹枝，住而不去，由和合句故令有住等。"**❷**"此六，是我所受具，未解脫已來，受用前六；若得解脫，與六相離，稱為涅槃。"**❸**

　　彼執非理，所以者何？諸句義中，且常住

---

❶　"說"，底本、校本皆作"說"，<u>澄觀</u>《大方廣佛華嚴經隨疏演義鈔》卷13原作"諸"。

❷　此處引文出自<u>澄觀</u>《大方廣佛華嚴經隨疏演義鈔》卷13，《大正藏》第36冊，1736號，頁101下1至頁102上14。

❸　此處引文出自<u>慧立</u>本、<u>彥悰</u>箋《大唐大慈恩寺三藏法師傳》卷4，《大正藏》第50冊，2053號，頁245中9至10。

者，若能生果，應是無常，有作用故，如所生果；若
不生果，應非離識實有自性，如兔角等。諸無常
者，若有質礙，便有方分，應可分析，如軍、林等，非
實有性；若無質礙，如心、心所，應非離此有實
自性。

二、總約常、無常破。

言汝所執六句義中，若常住者，為能生果，為不生果？若能
生果，應是無常；若不生果，應非實有。量云："諸常住者，應是
無常"，"有作用故"，"如所生果"。"諸常住者，應非離識實有自
性"，"無作用故"，"如兔角等"。若無常者，為有質礙，為無質礙？若
有質礙，應可分析；若無質礙，應非實有。量云："諸無常法，應
可分析"，"有質礙故"，"如軍林等"。"諸無常法，應非離識有實
自性"，"無質礙故"，"如心、心所"。如上兩宗，各有二量，皆初
一量，約所執破，第二一量，約唯識破。

又彼所執地、水、火、風，應非有礙[1]實句義
攝，身根所觸故，如堅、濕、煖、動。即彼所執堅、

---

[1] 此及下"應非有礙"，本書認為屬宗，為宗中之法，連上讀。窺基反
對這種看法，《成唯識論述記》卷 1 批評說："若但言'非有礙'，不言'非
是實句所攝'，即有違宗失。'有礙'之言簡'無礙實句所攝'，彼不說為'無
礙實'故。又對'無礙堅、濕等'故，故舉'有礙'。下'德句'等、'無礙'等
言亦准此釋。"（《大正藏》第 43 冊，1830 號，頁 258 下 14 至 18）本節作者
也說"此'身根所觸'及'眼所見'因，既向'有礙地等實句'上轉，又向
'無礙堅等德句'上轉"，也應是基於"身根所觸"之因與"有礙實句"不同，故
後者不應視為因。

濕、煖等，應非無礙德句義攝，身根所觸故，如地、水、火、風。地、水、火三，對青色等，俱眼所見，准此應責。故知無實地、水、火、風與堅、濕等，各別有性，亦非眼見實地、水、火、風。又彼所執實句義中有礙常者，皆有礙故，如麤地等，應是無常。諸句義中，色根所取無質礙法，應皆有礙，許色根取故，如地、水、火、風。

三、別破，分四：一、破實等三句，二、破第四大有句，三、破第五同異句，四、破第六和合句。今初。

彼計"瓶、衣諸物，因實德業同異合故，為眼所見，反身所觸，故是根境，現量所知"，故此立量破云："地、水、火、風"是有法，"應非有礙"是宗，因云"實句義攝，身根所觸故"，喻"如堅、濕、暖、動"。即"彼所執堅、濕、暖等"是有法，"應非無礙"是宗，因云"德句義攝，身根所觸故"，喻"如地、水、火、風"。"又地、水、火應非有礙"，"實句義攝，眼所見故"，"如青色等"。"青色等應非無礙，德句義攝"，"眼所見故"，"如地、水、火"，故曰"准此應責"。"觸"言四大，而色止三大者，風但有觸，非眼所見故也。此"身根所觸"及"眼所見"因，既向"有礙地等實句"上轉，又向"無礙堅等德句"上轉，同、異俱有，犯不定過。"身觸""眼見"因既犯過，則謂"是根境現量所知"者，不攻而自破。此論主量意也。地等且非根境，況瓶、衣假物乎？實句地、水、火三，皆有質礙；餘六及德等二十四，皆無質礙。實句義中有礙常者，即是地、水、火三。"諸句"即餘六及德等諸句。"色根"即眼根。"色根所取無質礙法"，即青、黃、長、短等實、假色上言"有礙""無礙"。止借以出因寬不定過。此但破歸有礙，有礙則可分析，常義不成，則所謂實有性，現量所得，其謬顯然矣。"應是無常""應皆有礙"皆宗，"皆有礙故""許色根取故"皆因，"如麤地等""如地、水、火、風"皆喻。

又彼[1]所執非實、德等，應非離識有別自性，非實攝故，如石女兒。非有實等，應非離識有別自性，非有攝故，如空華[2]等。彼所執有，應離實等無別自性，許非無故，如實、德等。若離實等，應非有性，許異實等故，如畢竟無等。如有非無，無別有性，如何實等有別有性？若離有法，有別"有性"，應離無法，有別"無性"。彼既不然，此云何爾？故彼有性，唯妄計度。

二、破第四大有句。

"非實、德等"，即大有句，彼計大有是離實、德、業外別有一法為體故。"非有實等"，即實、德、業三句。彼計離實等大有是有，則實等是非有故。

此中先約唯識破。謂此大有性，既離實、德、業外，決在識內，以非是實等所攝故。若離實、德、業之大有性不離識，則離有情之實、德、業亦不離識，以非是有性所攝故。遂申量云："彼所執非實、非德、非業之大有性"是有法，"應非離識有別自性"是宗，因云

---

[1] "又彼"二字，底本漫漶，整理者據校本補訂。

[2] 底本作"華"，亦作"花"，下同。

"非是實等所攝故"，喻"如石女兒"。"離大有之實、德、業"是有
法，"亦非離識有別自性"是宗，因云"以非有性所攝故"，同喻
"如空華"。二喻：一是"畢竟無"，一是"幻有"。以有性是徧計，實、
德、業是依他故。

次就彼宗自許破。又彼所執大有性，離實、德、業外無別自
性，以彼自許大有性不離實、德、業故。立量云："大有性"是有
法，"應離實等無別自性"宗，因云"許非無故"，喻"如實、德、
業等"。次約有法差別相違破。因明云："有性"是有法，"非實、
非德、非業"宗，因云"有一實故"，"有德、業故"，"如同異性"。應
申違量云："汝所執有性是無法"，"即實、即德、即業宗"，因云"有
一實故"，"有德、業故"，喻"如畢竟無"。此中量云："離實、德、
業之大有性，應非有性"宗，因云"汝許非實、非德、非業故"，喻
"如畢竟無"。雖小異而意則一也。"如有非無"下，即次大有例破
實、德、業三非別有性。如大有性自許非無，離實德等無別有性，如
何復說實等離大有外有別有性？若離實等有法，有別"有性"，應
離非實等法，有別"無性"。既離無法無別"無性"，豈離有法有
別"有性"哉？故曰："彼既不然，此云何爾？"故彼有性唯妄計
度，結成前義。

又彼所執"實、德、業性，異實、德、業"，理定
不然。勿此亦非實、德、業性，異實等故，如德、
業等。又應實等，非實等攝，異實等性故，如德、
業、實等。地等諸性，對地等體，更相徵詰，准此
應知。如實性等無別實等性，實等亦應無別實性
等。若離實等有實等性，應離非實等有非實等

性。彼既不爾，此云何然？故同異性，唯假施設。

三、破第五同異句。

彼計實等諸法相望，有同有異。法[1]體局別，所以多異；有性該通，所以名同。通局既殊，故相有異。由相異故，異外有同。是則非離實、德、業外有同、異性也。故言"汝所執實、德、業之同異性，離實、德、業有別自體"，理定不然。若同、異性異實、德、業而有，則應實、德、業亦離同、異性而有。故立量互破云："若此同異性"是有法，"非實、德、業"是宗，因云"異實、德、業故"，喻"如德業等"，"則應實、德、業"是有法，"非實、德、業攝"是宗，因云"異實等性故"，喻"如德、業、實"。既同、異性非離實、德、業而有，則實、德、業亦非離同、異性而有。

"地等"下，次准破。次彼計"地望地為同，地望水為異"等故。若知離實等體無同、異性，離同、異性無實等體，則知離堅等性無地等體，離地等體無堅等性。立量云："堅等性"是有法，"非地等體"是宗。因云"異地等故"，喻"如水火等"。"地等體是有法"，"非地等攝"是宗，因云"異地等性故"，喻"如水火等"。

"如實"下，次例破。言實、德、業外無同、異性，如地等之外無堅等性，則應同異外無實德業性，如堅等之外無別地等。若離實等有同異性，即應離非實等有非同、異性。今離非實等無非同、異性，則實等之外又安得有同、異性哉？《廣百論》云："若見諸法同、異相異，即於法外別立有同，既見諸法同、異相殊，應於法外別立有異。同、異二相，俱徧諸法，異應如同，離法別有。設許法外有異有同，此復應有餘同、異性。如是展轉，同異無窮，則不

---

❶"法"，底本漫漶，整理者據校本補訂。

可知二相差別。二皆徧故，俱無窮故。異應如同，名同非異；同應如異，名異非同。是故法外無別同、異。"❶

又彼所執和合句義，定非實有，非有實等諸法攝故，如畢竟無。彼許實等現量所得，以理推徵，尚非實有，況彼自許和合句義非現量得，而可實有？設執和合是現量境，由前理故，亦非實有。

四、破第六和合句。

"又彼所執和合句義"是前陳有法，"定非實有"為宗，因云"非有實等諸法攝故"，喻"如畢竟無"。緣彼計"由和合故，諸法方得合聚，而和合性體是別有，非諸法所攝"，故破云：若非諸法所攝，如畢竟無，以離諸法無和合義故。

然彼實等，非緣離識實有自體現量所得，許所知故，如龜毛等。又緣實智，非緣離識實句自體現量智攝，假合生故，如德智等。廣說乃至緣和合智，非緣離識和合自體現量智攝，假合生故，如實智等。故勝論者實等句義，亦是隨情妄所施設。

四、結成前義。

---

❶ 此處引文出自護法造、玄奘譯《大乘廣百論釋論》卷 8，《大正藏》第 30 冊，1571 號，頁 230 下 13 至 19。

此二比量，初顯所緣實等，非離識體有實自性，非現量境。次顯能緣實等智，是假智詮，非現量智攝。"許所知故"者，以彼自許現量所知。今去現量，單取所知，明是妄見，成此妄境，故喻"如龜毛等"也。"如德智等"者，實智既假，德智亦然，故為同喻。六句俱以能、所雙破如前例，為詞不繁出，故云廣說乃至等。

> 有執有一大自在天，體實遍常，能生諸法。彼執非理。所以者何？若法能生，必非常故；諸非常者，必不遍故；諸不遍者，非真實故。體既常遍，具諸功能，應一切處時，頓生一切法。待欲或緣方能生者，違一因論。或欲及緣，亦應頓起，因常有故。

三、計自在天是萬物因，即塗灰外道，并諸婆羅門。彼計此天凡有四德：一、體實，二、徧，三、常，四、能生諸法。又計有三身：一者，法身，體常周徧，量同虛空，能生萬物。二、受用身，在色天之上。三、變化身，隨形六道，教化眾生。❶《瑜伽》云："彼由現見於因果中，世間有情不隨意轉，故作此計。所以者何？現見世間有情，於彼因時，欲修淨業，不遂本心，反更為惡；於彼果時，願生善趣，不遂本心，反墮惡趣。意為受樂，不遂所欲，反受諸苦……由見如是，故作是思：世間諸物必應別有作者、生者及變化者，為彼物父，謂自在天。"❷故此破云：彼自在天，若能生

---

❶ 此處解釋改寫自澄觀《大方廣佛華嚴經隨疏演義鈔》卷 13，《大正藏》第 36 冊，1736 號，頁 102 上 15 至 22。

❷ 此處引文出自彌勒說、玄奘譯《瑜伽師地論》卷 7，《大正藏》第 30

者，是有作法，決定非常；諸非常者，決定不徧；諸不徧者，決非真實。如是便成自語相違。體既常徧，能作、能生及能變化，具諸功德，應一切處頓生一切法，以其徧故；應一切時頓生一切法，以其常故。若"自在天，更待彼欲，及彼眾緣，方能生"者，又有自教相違之過，汝計"自在一因生"故。若謂"自在徧生諸法，即欲與緣，亦從自生，不藉他"者，則欲與緣亦應頓起，以彼一因常具足故。《俱舍》云："謂諸世間，若自在等一因生者，則應一切俱時而起，非次第起。現見諸法次第而生，故知定非一因所起。若執'自在隨欲樂故，令此法起，令此法滅'，應非自在，亦由樂欲差別生故，或差別欲應一時生，所因自在無差別故。若'欲差別更待餘因不俱起'者，則非一切唯用自在一法為因；或所待因，亦應更待餘因差別方次第生，則所待因應無邊際。若謂'自在欲雖頓生，而諸世間不俱起者，由隨自在欲所生故'，理亦不然。彼自在欲，前位與後，無差別故。"❶

餘執有一大梵、時、方❷、本際、自然、虛空、我等，常住實有，具諸功能，生一切法，皆同此破。

四、四至十，有七種外道。

○一執"大梵"者，即圍陀論師計。圍陀，此云"明"。彼計"那羅延天，能生四姓"，此計梵天能生萬物。《提婆菩薩破外道

冊，1579 號，頁 309 中 4 至 11，文字畧有出入。

❶ 此處引文出自世親造、玄奘譯《阿毗達磨俱舍論》卷 7，《大正藏》第 29 冊，1558 號，頁 37 下 25 至頁 38 上 10。

❷ "方"，底本漫漶，整理者據校本及《成唯識論》卷 1 補訂。

小乘涅槃論》云："從那羅延天齋●中生大蓮華，蓮華之上有梵天祖翁，謂'梵天'為萬物之祖。彼梵天作一切命、無命物。從梵天口生婆羅門，兩臂生刹利，兩胜生毗舍，兩脚生首陀。"●《瑜伽》《顯揚》二論廣破，文繁不引。

〇二執"時"者，即時散外道，執"一切物皆從時生，是故時是常是一，是萬物因，是涅槃因"。《廣百論》云："復次，或有執時真實常住，以見種等眾緣和合，有時生果，有時不生，時有作用，或舒或卷，令枝條等隨其榮顇。此所說因具有離合。由是決定知實有時。時所待因都不可見。不見因故，所以無生。以無生故，即知無滅。無生無滅，故復言常。"●廣破如彼論。

〇三執"方"者，即方論師計，"計'方生人，人生天地，滅後還入於方，故方是常是一，是萬物因，是涅槃因'。故《百論》云'外曰：實有方，常相有。日合處是方相'等。"●

〇四執"本際"者，即安荼論師。"言'本際'者，即過去之初首。謂計'世間最初唯有大水，時有大安荼出生，形如雞卵金色，後為兩段，上為天，下為地，中生一梵天，能作一切有命無

---

❶ "齋"，據提婆造、菩提流支譯《提婆菩薩釋楞伽經中外道小乘涅槃論》，通"臍"。

❷ 此處引文出自提婆造、菩提流支譯《提婆菩薩釋楞伽經中外道小乘涅槃論》，《大正藏》第 32 冊，1640 號，頁 157 上 12 至 15，文字署有出入。

❸ 此處引文出自護法造、玄奘譯《大乘廣百論釋論》卷 1，《大正藏》第 30 冊，1571 號，頁 189 上 23 至 28。

❹ 此處引文出自澄觀《大方廣佛華嚴經隨疏演義鈔》卷 13，《大正藏》第 36 冊，1736 號，頁 102 下 11 至 15。所引提婆造、婆藪開士釋、鳩摩羅什譯《百論》文字見《大正藏》第 30 冊，1569 號，頁 180 上 27 至 28。

命物。是故梵天是萬物因'"❶，亦似此方有計"天地之初，形如雞子，渾沌未分，即從此生天地萬物"，世俗亦有"盤古初分天地"之說。

○五執"自然"者，即<u>無因論師</u>計。"'一切萬物，無因無緣，自然生，自然滅，故此自然，是常，是萬物因，是涅槃因'。此計一切無染淨因，如棘刺自纖，烏色非染，鶴色自白。"《瑜伽》第七云："何因緣故，彼諸外道起如是見，立如是論？答：謂見世間無有因緣，或時欻爾大風卒起，於一時間寂然止息；或時忽爾暴沙瀰漫，於一時間頓即空竭；或時鬱爾果木敷榮，於一時間颯然衰頹。由如是故，起無因見，立無因論。"❷破如彼論。此方老莊家言"道法自然"，亦大類此。

○六執"虛空"者，即口❸力論師。謂"虛空為萬物因，別有一法，是實，是常，是一，是萬物因。從空生風，從風生火，從

---

❶ 此處引文出自<u>澄觀</u>《大方廣佛華嚴經隨疏演義鈔》卷 13："言'本際'者，即過去之初首。謂計'世間最初唯有大水，時有大安茶出生，形如雞卵，顏如金色。後為兩段，上則為天，下則為地。中生一梵天，能作一切有命、無命物。是故梵天是萬物因'。"《大正藏》第 36 冊，1736 號，頁 102 中 21 至 25。

❷ 此處引文出自<u>澄觀</u>《大方廣佛華嚴經隨疏演義鈔》卷 13，《大正藏》第 36 冊，1736 號，頁 103 上 21 至中 7。所引<u>彌勒</u>說、<u>玄奘</u>譯《瑜伽師地論》卷 7 文字見《大正藏》第 30 冊，1579 號，頁 310 下 4 至 12。

❸ "口"，底本、校本皆作"口"。《大正藏》本<u>澄觀</u>《大方廣佛華嚴經隨疏演義鈔》作"因"，校勘記謂一本作"口"。此名或源於<u>提婆</u>造、<u>菩提流支</u>譯《提婆菩薩釋楞伽經中外道小乘涅槃論》，《大正藏》本《成唯識論演秘》引《提婆菩薩釋楞伽經中外道小乘涅槃論》亦作"<u>口力論師</u>"。或"口"為正字，但原意難解，《大正藏》本《大方廣佛華嚴經隨疏演義鈔》之"因"為後人所改。

火生煖，煖生水，水生凍，堅作地，地生五穀，五穀生命，命沒還歸空。是故虛空為一切萬物因，是涅槃因"。《百論》亦云："'外曰：應有虛空法，亦常亦徧，亦無分，於一切處，一切時，信有等故。'廣如彼破。"❶

○七執"我等"者，"等"取宿作等，為宿作亦是"我"故。宿作論師"計'一切眾生受苦樂報，皆隨往日本業因緣。是故若有持戒精進，受身心苦，能壞本業。本業既盡，眾苦盡滅。眾苦盡滅，即得涅槃。是故宿作為一切因'。《瑜伽》第七云：'何因緣故，彼外道作如是見，立如是論？答：彼見世間，雖具正方便而招於苦，雖具邪方便而致於樂。彼如是思：若由現法士夫作用為彼因者，彼應顛倒。由彼所見非顛倒故。是故彼皆以宿作為因。由此理故，起如是見，立如是論。'廣如彼破。《涅槃》三十五亦廣破此見。"❷

○"皆同此破"，謂同前所立比量，以能、所受相徵詰，則知常住之體，能生之用，皆如畢竟無耳。

　　有餘偏執明論聲常，能為定量，表詮諸法。有執一切聲皆是常，待緣顯發，方有詮表。彼俱非理，所以者何？且明論聲，許能詮故，應非常住，如

---

❶ 此處引文出自澄觀《大方廣佛華嚴經隨疏演義鈔》卷 13，《大正藏》第 36 冊，1736 號，頁 103 上 3 至 11。所引提婆造、婆藪開士釋、鳩摩羅什譯《百論》文字見《大正藏》第 30 冊，1569 號，頁 179 中 28 至 29。

❷ 此處引文出自澄觀《大方廣佛華嚴經隨疏演義鈔》卷 13，《大正藏》第 36 冊，1736 號，頁 103 上 11 至 21。所引彌勒說、玄奘譯《瑜伽師地論》文字見《大正藏》第 30 冊，1579 號，頁 308 下 26 至頁 309 上 6。

所餘聲；餘聲亦應非常聲體，如瓶、衣等，待眾
緣故。

五、十一、十二二宗，皆計聲體是常。一執"明論聲是常，不
待緣顯"，一執"一切聲皆是常，待緣方顯"，此為異耳。"明論"者，據
《廣百論》云："古昔黠慧諸婆羅門，隱造明書，言自然有，唯得
自誦，不許他觀。"❶又云："諸婆羅門，實無所識，為活命故，於
一切時誦諸明論，詐現異相，以動人心。又明論中雖無勝義，而
有世俗少分禮儀。世間貴勝，為習學故，彼雖無德，亦申敬事。"執
明論聲常者，當亦是彼婆羅門種。以所詮表是實義故，能詮表聲
亦是常住。不知能詮要待所詮然後成立，豈是常耶？有謂"一切
聲是常者，雖待緣發，方有詮表，而住是常。若無常者，雖眾緣
集，亦不發故"，不知有常性者決不待緣，既待眾緣，豈是常耶？因
立二比量破之："明論聲應非常住"宗，因云"許能詮故"，"如所
餘聲"；"所餘一切聲亦應非常"宗，因云"待眾緣故"，"如瓶、
衣等"。

有外道執"地、水、火、風極微實常，能生麁
色。所生麁色，不越因量，雖是無常，而體實有"。

六、十三、"路迦耶論師，計'色、心等法，皆極微所作'。路
迦耶，此云'順世外道'，計'一切色、心等法，皆用四大極微為
因。然四大中最精靈者，能有緣慮，即為心法。如色雖皆是大，而

---

❶ 此處引文出自護法造、玄奘譯《大乘廣百論釋論》卷 6，《大正藏》
第 30 冊，1571 號，頁 220 下 24 至 25。

燈發光，餘則不爾。故四大中有能緣慮，其必無失'。"❶《顯揚》
第九云："由不如實知緣起故，計有為先，有果集起；離散為先，有
果壞滅。由此因緣，彼謂從眾微性，麤動果生，漸析麤物，乃至
極微住，是故麤物無常，極微常住。"《瑜伽》同故此能生云云。❷
"謂從四大生，後還歸大。言'麤色'者，即是子微。'不越因
量'者，'因'者父母微，最初極微，名為父母，聚生諸色，故所
生者，名曰子微。子微雖是無常，不越父母，故是實有。"❸

　　彼亦非理，所以者何？所執極微，若有方
分，如蟻行等，體應非實；若無方分，如心、心所，應
不共聚生麤果色。既能生果，如彼所生，如何可
說極微常住？

　　首句，總破。"所以者何"下，別破，分二：先破能生極微，分
三；次破所生麤色，分四。今初。
　　"行"音"杭"，伍也，列也。《成業論》云："如樹蟻等，行
列無過。"❹言是形色，非顯色也。

---

❶ 此處引文出自<u>澄觀</u>《大方廣佛華嚴經隨疏演義鈔》卷 13，《大正藏》
第 36 冊，1736 號，頁 102 下 15 至 20。
❷ 此處引文或出自<u>澄觀</u>《大方廣佛華嚴經隨疏演義鈔》卷 13："《顯揚》
第九云：'又計極微是常住者……極微常住。'《瑜伽》同此。"（《大正藏》第
36 冊，1736 號，頁 102 下 27 至頁上 3）所引<u>無著</u>造《顯揚聖教論》文見《大
正藏》第 31 冊，1602 號，頁 525 下 12 至 15。
❸ 此處引文出自<u>澄觀</u>《大方廣佛華嚴經隨疏演義鈔》卷 13，《大正藏》
第 36 冊，1736 號，頁 102 下 22 至 26。
❹ 此處引文出自<u>世親</u>造、<u>玄奘</u>譯《大乘成業論》，《大正藏》第 31 冊，1609

先破極微非實，次破極微不生果，三破極微非常住。立量云："所執極微體應非實"宗，因云"有方分故"，喻"如蟻行等"。"又所執極微，應不共聚生麤果色"宗，因云"無方分故"，喻"如心、心所"。"又所執極微定非常住"宗，因云"能生果故"，喻"如彼所生"。

又所生果，不越因量。應如極微，不名麤色。則此果色，應非眼等色根所取，便違自執。若謂"果色，量德合故，非麤似麤，色根所能取"，所執果色，既同因量，應如極微，無麤德合；或應極微，亦麤德合，如麤果色，處無別故。

次破所生麤色，分四。初破果色不越因量。

量云："汝執所生果應非眼等色根所取"宗，因云"不越因量故"，喻"如極微"。"便違自執"，又出自語相違之過。若謂"果色與因量合，非麤似麤，定是根境"者，果既同因，原是極微，因應如果，極微亦麤。立量破云："所執果色無麤德合"，因云"同因量故"，喻"如極微"；或應"極微亦麤德合"，因云"處無別故"，"如麤果色"。

若謂"果色，遍在自因，因非一故，可名麤"者，則此果色，體應非一，如所在因處各別故。既爾，此果還不成麤，由此亦非色根所取。

號，頁781下7至8。

二、約果如因破。先牒轉計。

"自因"即極微。若謂"果色，徧在自因之中，因體非一，可名麤"者，因體既多，果亦應多，如多極微處各別故。量云："所執果色體應非一"宗，因云"處各別故"，"如所在因"。果既各各別在因中，還不成麤色。由此果色，亦非眼根所取。

> 若果多分合故成麤，多因極微，合應非細，足成根境，何用果為？既多分成，應非實有。則汝所執，前後相違。

三、約因如果破。先牒轉計。

若謂"麤色不由極微，以果多分合故成麤"者，則合多極微，亦應不細，儘可為五根現量境，何用多果合成麤為？既麤果色由多分成，則是假法。而汝謂是有實體者，違自教矣。

> 又果與因，俱有質礙，應不同處，如二極微。若謂"果、因體相受入，如沙受水，藥入鎔銅"，誰許沙、銅體受水、藥？或應離變，非一非常。又麤色果，體若是一，得一分時，應得一切，彼此一故，彼應如此。不許違理，許便違事。故彼所執，進退不成，但是隨情，虛妄計度。

四、約因果同處破。

"果與因應不同處"是宗，因云"俱有質礙故"，喻"如二極微"。若謂"果因更相涉入，如沙受水，藥入鎔銅"者，誰人許有受水之砂、入藥之銅哉？設許受入，諸分支離，不可言一；砂、銅、水、藥，體各轉變，不可言常。云何汝執是常是一？《廣百論》云："復次，為破極微因果同處，及顯因體定是無常，故說頌曰：若因為果壞，是因即非常。或許果與因，二體不同處。諸質礙物，餘礙逼時，若不移處，必當變壞。如是極微，果所侵逼，或相受入，異體同居，如以細流漑麤砂聚；或復入中，令其轉變，如妙藥汁注赤鎔銅。若許如前，則有諸分，既相受入，諸分支離，如相離物，不共生果，是則應無一切麤物。又若同彼有諸細分，即應如彼體是無常。若許如後，自說極微體有變壞，何待徵難？若並不許，應許極微，互相障隔，因果別處，以有礙物處必不同，如非因果諸有礙物。"❶

"又麤色果"下，重縱奪破。若謂"因相雖多，果體是一"者，則得一分時，應得一切分。何以故？彼此是一故，一即一切故。若不許一得一切，便違果體是一之理；若許一得一切，又違彼此各別之事。故彼所執，妄計而已。"進退"，即上許與不許。

然諸外道，品類雖多，所執有法，不過四種。

此下，總破四執。前以九十五種，束為十三宗。今又束為四種。《華嚴疏》云："若計一者，則謂因中有果。若計異者，則謂因中無果。三則亦有亦無。四則非有非無。餘諸異計皆不出此。"❷《廣百論》云："一切世間句義名言所表，心慧所知，情執不同，畧有四種：謂有、非有、俱許、俱非。隨次應知配四邪執：謂一、非一、

<hr />

❶ 此處引文出自護法造、玄奘譯《大乘廣百論釋論》卷 1，《大正藏》第 30 冊，1571 號，頁 191 中 23 至下 7。

❷ 此處引文出自澄觀《大方廣佛華嚴經隨疏演義鈔》卷 3，《大正藏》第 35 冊，1735 號，頁 521 上 28 至中 1。

雙許、雙非。"❶

  一執"有法與有等性，其體定一"，如<u>數論</u>等。彼執非理，所以者何？勿一切法即有性故，皆如有性，體無差別。便違三德、我等體異，亦違世間諸法差別。又若色等即色等性，色等應無青、黃等異。

此即因中有果計。"有法"，即所造之法；"有性"，即能造之性。"彼執"下，破。

"勿一切法即有性"者，事、理不可執一取故，理雖一而事則殊故。量云："有法與有等性其體定一"是有法，"體無差別"是宗，因云"一切法即有性故"，喻"如有性"。既違自教，亦違世間。又違現量，青、黃色等現量境故。《廣百論》云："數論外道執'有等性與諸法一'，即當'有'句。此執非真，所以者何？若青等色與色性一，應如色性其體皆同。又樂等聲與聲性一，應如聲性其體皆同。香、味、觸等，類亦應爾。眼等諸根與根性一，應如根性，其體皆同，應一一根取一切境，應一一境對一切根。又一切法與有性一，應如有性，其體皆同。又樂、苦、癡及與思我，與有性一，應如有性，其體皆同。是則汝宗所立差別皆不成就，故彼所執決定非真。"❷

---

  ❶ 此處引文出自<u>護法</u>造、<u>玄奘</u>譯《大乘廣百論釋論》卷 8，《大正藏》第 30 冊，1571 號，頁 234 下 12 至 14。

  ❷ 此處引文出自<u>護法</u>造、<u>玄奘</u>譯《大乘廣百論釋論》卷 8，《大正藏》第 30 冊，1571 號，頁 234 下 14 至 23。

二執"有法與有等性，其體定異"，如勝論等。彼執非理，所以者何？勿一切法非有性故，如已滅無，體不可得。便違實等自體非無，亦違世間現見有物。又若色等非色等性，應如聲等，非眼等境。

此即因中無果計。先敘執。"彼執"下，破。

"勿一切法非有性故"者，事、理不可分為二故。量云："若有法與有等性，其體定異"是有法，"體不可得"是宗，因云"一切法非有性故"，"如已滅無"。既違自教，又違世間。《廣百論》云："勝論外道說'有等性與法非一'，當'非有'句。此亦非真，所以者何？若青等色與色性異，應如聲等，非眼所行。聲等亦然，聲等性應如色等，非耳等境。又一切法非有性者，應如兔角，其體本無，是則應同空無我論，或同餘道邪見師宗。豈不有性非即諸法，法雖非有而有有耶？所依法無，能依豈有？又有性上無別有性，應不名有。所餘諸法雖有有性，非有性故，其體應無。是則一切所立句義皆不得成，便同撥無邪見外道，故彼所執決定非真。"❶

三執有"法與有等性，亦一亦異"，如無慚等。彼執非理，所以者何？一、異同前一、異過故，二相相違體應別故，一、異體同俱不成故。勿一切法皆同一體。或應一、異，是假非實，而執為

---

❶ 此處引文出自護法造、玄奘譯《大乘廣百論釋論》卷 8，《大正藏》第 30 冊，1571 號，頁 234 下 23 至頁 235 上 4。

實，理定不成。

此即亦有亦無計。先敘執。"彼執"下，破。

《廣百論》云："無慚外道執'有等性與彼諸法亦一亦異'，當於'亦有亦非有'句。此亦非真，所以者何？若有等性與色等一，同數論過；與色等異，同勝論失。一、異二種，性相相違，而言體同，理不成立。一應非一，即異故如異；異應非異，即一故如一。一、異既不成，有非有焉立。一、異相異，而言體同，則一切法皆應無異。異相既無，一相何有，一、異二相，相待立故。若謂'一法待對不同，名一、異'者，即應一、異二並非真，或隨一假。一法二相，立相乖違，俱言是真，必不應理。故彼所執，決定非真。"❶

四執"有法與有等性，非一非異"，如邪命等。彼執非理，所以者何？"非一、異"執同異、一故。"非一、異"言，為遮為表？若唯是表，應不雙非；若但是遮，應無所執；亦遮亦表，應互相違；非表非遮，應成戲論。又非一、異，違世共知有一、異物，亦違自宗"色等有法決定實有"。是故彼言，唯矯避過。諸有智者，勿謬許之。

此即非有非無計。先敘執。"彼執"下，破。

"非一異執同異一者"，言此執與前亦異亦一之執同也。以非一即異，非異即一故。

---

❶ 此處引文出自護法造、玄奘譯《大乘廣百論釋論》卷 8，《大正藏》第 30 冊，1571 號，頁 235 上 4 至 15。

《廣百論》云："邪命外道執'有等性與彼諸法非一非異'，當於'非有非非有'句。此亦非真，所以者何？若有等性與法非一，同勝論過；與法非異，同數論失。又一、異相，世共知有，汝獨撥無，違世間失。又汝所說非一異言，為但是遮，為偏有表？若偏有表，應不雙非。如立非一以顯一，立一以顯非一，謂之'表'。今既雙非，復何所表。若但是遮，應無所執。如立非一以遮一，立非異以遮異。既為遮過而設，不得更有所執。有遮有表，理互相違；遮則非表，表則非遮。無表無遮，言成戲論。既非遮表，徒成謔談。汝執'諸法性相非空'，而說雙非，但為避過。此雙非語，亦不應論，違汝所宗法性相故。若諸法性一一俱非，此'俱非'言，亦不應說，舉言必有'俱非'性故，是則汝曹應常結舌，發言便壞自論所宗。默亦不成，以俱非故。語、默俱失，一何苦哉？誰有智人，而不悲愍？故彼所執決定非真。如是世間四種外道，邪論惡見，擾壞其心，虛妄推尋諸法性相，皆不中理，競執紛紜，於諸法中起四種謗，謂有、非有、雙許、雙非，增益、損減、相違、戲論，是故世間所執非實。"**❶**

破外道法執，竟。

> 餘乘所執，離識實有色等諸法，如何非有？彼
> 所執色、不相應行及諸無為，理非有故。

次破餘乘，分二：一、問答標數，二、正釋所執。今初。

餘乘於大乘百法中，止許七十五法，謂色法十一，不相應行法十四，無為法有三，心所法四十六，心法唯一，共七十五。故

---

❶ 此處引文出自護法造、玄奘譯《大乘廣百論釋論》卷 8，《大正藏》第 30 冊，1571 號，頁 235 上 15 至中 2。

下破詞，於不相應及無為法，唯舉彼所執之數破之，餘則不舉。色十一者，有對十，無對一。有對十者：五根、五塵。彼計極微所成。經部師計能成極微是實，所成根等是假，以實從假，眼緣麤色，不緣極微。薩婆多計能、所❶皆實。無對一者，謂法處無表色。不相應十四者：一、得，二、非得，三、同分，四、命根，五、心無定，六、滅盡定，七、無想報，八、生，九、住，十、異，十一、無常，十二、名身，十三、句身，十四文身。薩婆多計不與色、心相應，皆是實有。無為三者：一、虛空，二、擇滅，三、非擇滅。薩婆多計離色、心等實有自體。心所法四十六者：大地有十，大善地十，大煩惱地六，大不善地二，小煩惱地十，不定地八，為四十六。大地十者：一、受，二、想，三、思，四、觸，五、欲，六、慧，七、念，八、作意，九、勝解，十、三摩地。大善地十者：一、信，二、不放逸，三、輕安，四、行捨，五、慙，六、愧，七、無貪，八、無嗔，九、不害，十、勤。大煩惱地六者：一、癡，二、放逸，三、懈怠，四、不信，五、惛沉，六、掉舉。大不善地二者：一、無慚，二、無愧。小煩惱地十者：一、忿，二、覆，三、慳，四、嫉，五、惱，六、害，七、恨，八、諂，九、誑，十、憍。不定地八者：一、貪，二、嗔，三、慢，四、疑，五、睡眠，六、惡作，七、尋，八、伺。或問：小乘執法，理在不疑，既悟我空，何有執我？答：此說宗徒，非預聖者。至如我等宗大乘教，豈能皆悟法空理耶？

　　且所執色，總有二種：一者、有對，極微所成；二者、無對，非極微成。

---

❶ "所"，底本為墨釘，整理者據校本補訂。

二、正釋❶所執，依數分三。一、色法，分二：一、正舉，二、正釋三。一、正舉，分二：一、標數。

"對"者，礙也。二色相對，互相窒礙，如木與石互相繫時，體不相過，互對礙住，名"有對"義。《集論》云："謂有見者，皆是有對。又三因故，說名有對。謂種類故，積集故，不修治故。種類者，謂諸法互為能礙，互為所礙。積集者，謂極微已上。不修治者，謂非三摩地自在轉色。又損處❷依處，是有對義。"❸無對反此。有對色者，即五根、五塵十種色。無對色者，法處攝色，據大乘教，亦有五種：一、極暑色，二、極迥色，三、受所引色，四、徧計所執色，五、定果色。一、極暑色者，以極微為體，但是析彼五根、五塵、四大、定果色至極微位。即此極微，便是極暑色體。二、極迥色者，即空間六般光、影、明、暗等麤色。令析此六般麤色至極微位，取此細色為極迥色體。又若上下空界所見青、黃、赤、白、光、影、明、暗，即總名"空一顯色"，及門牕孔隙中所現者，即總名迥色。三、受所引色者，"受"者是領納義，"所引色"者，即思種現上有防發功能，名所引色。意云：由於師教處領受，為能引發起思種現上防發功能，名所引色。即此防發功能❹，不能表示他，故亦名"無表色"，即以無表色為體。四、徧計❺色者，即妄

---

❶ "釋"，底本、校本皆作"破"，整理者據前段"二、正釋所執"改訂。

❷ "處"，底本、校本皆作"處"，<u>無著造</u>、<u>玄奘譯</u>《大乘阿毘達磨集論》卷2作"害"。

❸ 此處引文出自<u>無著造</u>、<u>玄奘譯</u>《大乘阿毘達磨集論》卷2，《大正藏》第31冊，1605號，頁667下12至17。

❹ "能"，底本為墨釘，整理者據校本補訂。

❺ "體四徧計"四字，底本為墨釘，整理者據校本補訂。

心徧計，執色為實，從所得色以得其名。五、定果色者，定中現境，即如有人作水觀，外人不見，人惟見水之類。已上五般法處色，總分三門：一、影像門，二、無表門，三、定果門。一、影像門者："影"者流類義，"像"者相似義，即所變相分是本質之流類，又與本質相似，故名"影像"，即極畧、極迥二色。此但是觀心析麤色至色邊際，假立極微。唯有觀心影像，都無實體。散位獨頭意識緣五根、五塵、水月、鏡像時，當情變起徧計影像相分，此是假非實，故與極畧等同立一影像門。問：且如水中月、鏡中像，眼識亦緣，如何言假，唯意識緣？答：水月、鏡像，唯是法境。但以水、鏡為緣，其意識便妄計有月有像，並非眼識之境，亦是徧計色收。又徧計是妄心，極畧等是觀心，同是假影像故，所以總立。第二、無表門：一、律儀有表色者，即師前受戒時是。由此表色故，方熏得善思種子，有防發功能，立無表色。二、不律儀有表色者，即正下刀殺生造業時是。由此有表色，方熏得不善思種子，有防發功能，立無表色。若處中有表色者，即正禮佛行道及毆擊罵詈時是。由此無表色，方熏得善惡思種，亦有防發功能，立無表色。❶餘詳本條。

彼有對色，定非實有，能成極微非實有故。

二、正釋，分二。一、破有對色。但破能成，則所成不立。此總句，廣如下破。

謂諸極微，若有質礙，應如瓶等，是假非實。若

---

❶"無對色者，法處攝色，據大乘教，亦有五種……理無表色"，出自《宗鏡錄》卷55，《大正藏》第48冊，2016號，頁733中10至下17，首尾文字畧有出入。

無質礙，應如非色，如何可集成瓶、衣等？

先約質礙破。

量云："極微"是有法，"是假非實"宗，因云"有質礙故"，喻"如瓶等"。"又諸極微如何可集成瓶衣等"是宗，因云"無質礙故"，喻"如非色"。

又諸極微，若有方分，必可分析，便非實有。若無方分，則如非色，云何和合承光發影？日輪纔舉，照柱等時，東西兩邊，光影各現，承光發影，處既不同，所執極微，定有方分。又若見觸壁等物時，唯得此邊，不得彼分。既和合物，即諸極微，故此極微，必有方分。又諸極微，隨所住處，必有上、下、四方差別，不爾，便無共和集❶義。或相涉

---

❶ 本書本段將"共和集"解釋為"共相和集"，窺基《成唯識論述記》卷2則解為"共和合"與"共合集"："又若無方分，即不能或'和'或'集'。'和'對古薩婆多師，'集'對新薩婆多順正理師。極微應不'和''集'成龐大物，以無方分故，如虛空等。然經部師說有方分，今難'無方分便非和'者，故知唯古薩婆多師義。不然，因有隨一不成。"（《大正藏》第43冊，1830號，頁267下18至23）此解釋源於世親造、玄奘譯《唯識二十論》："或應多極微和合及和集，如執實有眾多極微皆共和合、和集為境。"（《大正藏》第31冊，1590號，頁75下21至22）今《唯識二十論》梵文本則僅有saṃhatā一詞，故"和合""和集"之說或為譯者玄奘所傳承的解讀。本書後文也區分"和合"與"和集"，所依據的則是陳那造、玄奘譯《觀所緣緣論》與無著造、玄奘譯《大乘阿毘達磨集論》。但本書認為"人""五陰"等是"和合"，"瓶"等是"和集"，存在問題，沒有代入部派極微論的語境。

入，應不成麤。由此極微定有方分。執有對色即
諸極微，若無方分，應無障隔。若爾，便非障礙
有對。是故汝等所執極微，必有方分。有方分故，便
可分析，定非實有。故有對色實有不成。

後約方分破。

"方"謂方隅，"分"謂分位。謂此極微，若有方分，便可分
析。既可分析，便非實有。若無方分，則此極微不屬色法，云何
和合以成麤色，而能承光發影耶？《廣百論》："頌云：微若有東
方，必有東方分。極微若有分，如何是極微？論曰：是諸極微，既
有質礙，日輪纔舉舒光觸時，東、西兩邊光影各現，逐日光移，隨
光影轉。承光發影，處既不同，故知極微定有方分。既有方分，便
失極微。如是極微，即可分析。應如麤物，非實非常。違汝論宗
'極微無方分，常住實有，造世間萬物'。"❶又《佛性論》破云："為
當一塵中有六方不？若有六方，即成六分；若無六方，非謂為色。既
有六分，即可分析。若有方無分，是則六塵共入一塵，無量諸塵
並應如是，則無成大義。又如一塵，日光照時，為照一邊，為東
西俱達？若唯照一邊，則有六分；若東西俱達，色則非有。故知
方分不實，悉併是空。"❷皆可與此互相發也。"觸壁"等，足上
"承光發影"之義。"和合物"，即壁等。日光在東，決不在西。物
影在西，決不在東。既柱壁等即諸極微，故此極微定有方分。又

---

❶ 此處引文出自護法造、玄奘譯《大乘廣百論釋論》卷 1，《大正藏》
第 30 冊，1571 號，頁 191 上 14 至 22。

❷ 此處引文出自世親造、真諦譯《佛性論》卷 1，《大正藏》第 31 冊，1610
號，頁 791 下 3 至 9，文字畧有出入。

諸極微，隨處必有方隅差別。若不爾者，便無共相和集之義。若言"眾微更相涉入，無方分"者，則應塵塵涉入無礙。是名如來殊勝妙色，不成世間質礙麤相。故知極微定有方分。汝執有對即色極微，若無方分，則山川壁石皆可直入，更無障隔。若爾，即是果位聖人所證之色，決非世間障礙有對凡色可比。是故極微必有方分。展轉救釋，竟成就一有方分義。故有對色皆可分析，而執為實有者其義不成。

> 五識豈無所依、緣色？雖非無色，而是識變。謂識生時，內因緣力變似眼等，色等相現，即以此相為所依、緣。然眼等根，非現量得，以能發識，比知是有。此但功能，非外所造。外有對色，理既不成，故應但是內識變現，發眼等識，名眼等根。此為所依，生眼等識。此眼等識外所緣緣，理非有故，決定應許自識所變為所緣緣。

此顯正義。

外人問言：五識所依、所緣，必有實色。若有對非實，則五識遂無所緣緣耶？論主答云："眼等雖有所依、所緣之色，而是識所變現。非是心外別有極微以成根、境。但八識生時，內因緣種子力等第八識變似五根、五塵。眼等五識，依彼所變根，緣彼本質塵境，雖親不得，要託彼生。實於本識色塵之上，變作五塵相現。即以彼五根為所依，以彼及彼❶二種五塵為所緣緣。五識若不託第

---

❶ "彼"，底本、校本皆作"彼"，《宗鏡錄》卷53及窺基《成唯識論述記》卷2作"此"，意謂以"彼"第八識所變五塵（器世間，本質相分，疏

八所變，便無所緣緣，所緣緣中有親、疏故。"❶

"然眼等"下，先明依。

"色等五塵，世間共見，現量所得。眼等五根，非現量得，除第八識緣，及如來等緣，是現量得，世不共信，餘散心中無現量得。此但能有發識之用，比知是有。此但有功能，非是心外別有大種所造之色。此'功能'言，即是發生五識作用。觀用知體，如觀生芽，比知種體是有。"❷問：云何而知色是內❸識所變？曰：外有對色，以理推徵，既不成就，當知定是內識所變。問：既眼等是識所變，何故眼等名根又名所依？曰：以能引發眼等識故，名眼等根；即以此根為俱有依，生眼等識，故又名所依也。

"此眼等識"下，後明緣。

此眼等識外所緣緣，理既非有，應許自識所變為所緣緣。言"應許"者，是大乘自許，以小乘但許離眼識本質色，不許不離眼識相分色故，大乘以"自許"言簡，則免隨他❹一分不極成過。

所緣緣）及"此"前五識所變五塵（影像相分，親所緣緣）作為所緣。

❶ 此處引文出自《宗鏡錄》卷53，《大正藏》第48冊，2016號，頁724中19至27。源自窺基《成唯識論述記》卷2："此解識變。謂八識生時，內因緣種子等力，第八識變似五根、五塵。眼等五識，依彼所變根，緣彼本質塵，雖親不得，要託彼生。實於本識色塵之上，變作五塵相現。即以彼五根為所依，以彼及此二種五塵為所緣。五識若不託第八所變，便無所緣，所緣之中有親、疏故。"（《大正藏》第43冊，1830號，頁268中6至13）

❷ 此處引文出自《宗鏡錄》卷53，《大正藏》第48冊，2016號，頁724中28至下4。

❸ "內"，底本漫漶，整理者據校本改訂。

❹ "他"，底本漫漶，整理者據校本改訂。

謂能引生似自識者，汝執彼是此所緣緣。非但“能生”，勿因緣等亦名此識所緣緣故❶。眼等五識了色等時，但緣和合似彼相故。非“和合相異諸極微，有實自體”，分析彼時，似彼相識定不生故。彼和合相既非實有，故不可說是五識緣，勿第二月等能生五識故。

此破和合也。

<u>經部師</u>以外和合色，亦能引生似自識相，可作眼等識所緣緣。故《觀所緣緣論》云：“或執和合，以識生時帶彼相故。”❷“非但能生”者，“謂能緣識帶彼相起，及有實體，令能緣識託彼而生”❸。具此二支，名所緣緣。不但以“能生”一支，便可名所緣緣也。若以能生一支名為所緣緣者，則因緣、等無間緣、增上緣，皆有“能生”一義，皆可名為所緣緣，而四緣混濫無別矣。“勿”者，猶言“莫得”也。“和合”與“和集”不同：“和合”，即《金剛經》所謂“一合相”，如男、女、天、地等，以眾緣合故。攬眾微以成於色，合五陰以成於人，名“一合相”。其瓶、甌等名“和

---

❶ “非但能生……所緣緣故”一句，<u>窺基</u>《成唯識論述記》卷 1 謂是破<u>正量部</u>“直取外境為所緣緣”之說，此句下是破<u>經量部</u>“極微之和合為所緣緣”之說。

❷ 此處引文出自<u>陳那</u>造、<u>玄奘</u>譯《觀所緣緣論》，《大正藏》第 31 冊，1624 號，頁 888 中 8 至 9。

❸ 此處引文出自<u>陳那</u>造、<u>玄奘</u>譯《觀所緣緣論》，《大正藏》第 31 冊，1624 號，頁 888 中 12 至 13。

集**❶**"。或謂"'和合'即'和集',以瓶甌為'和合'"**❷**,皆非也。

眼等五識了色等時,但緣和合似色之相。此和合相,非離極微有實自體,能生識者既無實體,則所生之識何自而有哉。故和合相,於眼等識,縱作所緣,且無緣義。若有緣義,莫得錯亂眼所見第二月,亦能生五識耶。立量云:"汝和合麤色"是有法,"設為眼識所緣非緣"宗,因云"汝執假色無體故",喻"如第二月"。

非"諸極微共和合位,可與五識各作所緣",此識上無極微相故。非"諸極微有和合相",不和合時無此相故。非"和合位與不合時,此諸極微體相有異",故和合位,如不合時,色等極微,非五識境。

此破和合中極微也。

<u>正量部</u>**❸**救云:和合麤色,雖則是假,而有能成一一極微,此

---

❶"相",底本漫漶,整理者據校本改訂。此處以"一合相"為"和合"、以"瓶"等為"和集相",或是受到<u>陳那</u>造、<u>玄奘</u>譯《觀所緣緣論》"瓶甌等覺相"一頌的影響,但解讀仍有問題,沒有代入部派極微論的語境。此處是討論的"極微"之"和合"與"和集",按照《觀所緣緣論》、<u>經量部</u>的看法與<u>窺基</u>的注釋,"瓶"等正是"極微和合"。"和集"則是指,同類極微聚集,呈現出一種同類的和集相,所以《觀所緣緣論》對"和集"的破斥與對單個極微的破斥相同,《成唯識論》後文則解釋為"和集位"的極微。

❷ 此處所批判的是<u>通潤</u>《成唯識論集解》卷1的看法:"'和合'者,和順輳集義,如瓶、如盎、如瓮、如罋等,皆是積集眾微而成。"(《新纂卍續藏》第50冊,821號,頁673中17至18)

❸ 本書以此為<u>正量部</u>計,明代《觀所緣緣論》注疏也多作此說。此說法或源自《宗鏡錄》七十一開頭討論"夫心不孤起,託境而方生,還有不仗

是實有，各得為緣，能生五識。故此破云："非諸極微共和合位，可與五識各作所緣"，以眼等識上，不帶極微相故，猶如眼識不帶眼根相。其眼等五根，但能生眼等五識。然眼等五識，即不能緣眼等五根，將根為喻。立量云："汝和合色等能成極微"是有法，"設為五識緣非所緣"宗。因云"五識生時，不帶彼相故"。同喻"如五根"。"非諸"下，明極微上無和合相。文顯可知。以無和合相故，即越諸根境，縱許為緣，不為所緣。

　　有執"色等一一極微，不和集時，非五識境；共和集位，展轉相資，有麁相生，為此識境。彼相實有，為此所緣"。彼執不然。共和集位與未集時，體相一故。瓶、甌等物，極微等者，緣彼相識，應無別故。共和集位一一極微，各各應捨微圓相故。非麁相識緣細相境，勿餘境識緣餘境故。一識應緣一切境故。許有極微，尚致此失，況無識外，真實極微。

此破極微中和集相也。

據《集論》說，和合、聚集，二相不同："和合者，謂極微已

境質起不"問題的段落。(《大正藏》第48冊，2016號，頁811下14至頁812下16)此段中討論了所緣緣問題，唯識對所緣緣的討論被解釋為主要破正量部與經量部，並對應於陳那造、玄奘譯《觀所緣緣論》。或許正因此，明代唯識著作在破小乘所緣緣義時，僅提及正量部與經量部。但依據窺基《成唯識論述記》，破極微部分依次破正量部、經量部、古說一切有部、新說一切有部，此段為第三部分，破說一切有部的"極微各別為所緣緣"之說。

上一切有方分色，更互和合。如濁水中一地水極微，更互和合。聚集者，謂方分聚色展轉集會。如二泥團相擊成聚。"❶若水和砂，必不成聚。以水和土，即成泥團，可作瓶等。可見水土一一極微，各各具有和集之相。不和集時，無相可見，非五識境；共和集位，展轉集會，有麤相生。此和集相與極微俱，乃是實有。以大乘縱許極微實有故。既帶彼相，又能生識，此乃雙支皆是有故，可與五識為所緣緣。此外計意也。

"彼執"下，破。共和集位，與未集時，極微之體、和集之相，無差別故，還是極微，不成所緣。故《觀所緣緣論》云："和集如堅等，設於眼等識，是緣非所緣，許極微相故。如堅等相，雖是實有，於眼等識，容有緣義，而非所緣，眼等識上無彼相故。色等極微諸和集相，理亦應爾。彼俱執為極微相故。"❷

"瓶甌等物"下，破轉計。彼遮"體、相是一"之難，計"有別相能生識故，如瓶甌等差別可見，為所緣緣"，故彼論云："執眼等識，能緣極微諸和集相，復有別生❸。瓶甌等覺相，彼執應

---

❶ 此處引文出自安慧糅、玄奘譯《大乘阿毘達磨雜集論》卷 5："和合相應者，謂極微已上一切有方分色更互和合。如濁水中地水極微更互和合。聚集相應者，謂方分聚色展轉集會。如二堲團相擊成聚。"(《大正藏》第 31 冊，1606 號，頁 718 上 22 至 25）所注釋者為無著造、玄奘譯《大乘阿毘達磨集論》卷 3："何等和合相應？謂極微已上，一切有方分色更互和合。何等聚集相應？謂方分聚色展轉集會。"(《大正藏》第 31 冊，1605 號，頁 673 中 6 至 8）

❷ 此處引文出自陳那造、玄奘譯《觀所緣緣論》，《大正藏》第 31 冊，1624 號，頁 888 中 25 至 29。

❸ "生"，底本、校本皆作"生"，《大正藏》本《觀所緣緣論》作"失"，校勘記謂宋、元、明三本作"生"，《中華大藏經》本《觀所緣緣論》作"失"，校

無別。非形別故別，形別非實故。瓶甌等物大小等者，能成極微多少同故，緣彼覺相應無差別。若謂'彼形物相別故覺相別'者，理亦不然，項等別形惟在瓶等假法上有，非極微故，彼不應執極微亦有差別形相。所以者何？極微量等故，形別唯在假，析彼至極微，彼覺定捨故。非瓶甌等能成極微有形量別，捨微圓相，故知別形在假非實。又形別物，析至極微，彼覺定捨，非青等物析至極微彼覺可捨。由此形別唯世俗有，非如青等亦在實物。"❶微圓相者，極微自相，各各圓滿，不外假而足者也。麤相即和合，色處所攝，是五識境；細相即極微，法處所攝，是意識境。若麤相識可緣細相境，則色境識亦可緣聲境，而一識可緣一切境矣，即與世間現見共知事理相違，成大過失。許有極微，尚致如此，況汝所執心外極微，如龜毛等，本非實有，而可作五識所緣緣哉？

由此定知，自識所變似色等相，為所緣緣，見託彼生，帶彼相故。然識變時，隨量大小，頓現一相，非別變作眾多極微合成一物。為執麤色有實體者，佛說極微，令其除析，非謂諸色實有極微。諸瑜伽師，以假想慧，於麤色相，漸次除析，至

勘記謂《資》《磧》《普》《南》《徑》《清》作"生"，《新纂卍續藏》本明代各《觀所緣緣論》注疏皆作"生"。作"生"，即將"眼等識，能緣極微諸和集相，復有別生"視為論敵的觀點，即"眼等識，能夠緣極微和集相，別別生識，故極微和集相是所緣緣"。作"失"，即將"復有別失"作為下頌文的引導詞。

❶ 此處引文出自陳那造、玄奘譯《觀所緣緣論》，《大正藏》第 31 冊，1624號，頁 888 中 29 至下 14。

不可析，假說極微。雖此極微，猶有方分，而不可析，若更析之，便似空現，不名為色，故說極微，是色邊際。由此應知，諸有對色，皆識變現，非極微成。

結成五識正所緣緣義。

《觀所緣緣論》頌云："內色如外現，為識所緣緣。許彼相在識，及能生識故。"❶"內色"即相分色，"外境"即本質色。且如眼根對色塵時，即眼識自證分現行，從自種而生，變似二分：其所變見分，說名眼識；其所變相分，似外境現，說名眼境，為所緣緣，是依他性，有體法故，不緣心外所執無法故。"見託彼生"者，謂能緣見分，託彼實體而生，即是"緣"義；然心起時，帶彼相起，名為"所緣"。《別行鈔》云：'所緣緣'者，謂是心之所慮處故，名為'所緣'；只此所緣境，又有牽心令生，是心之所託故，復說名'緣'。即所緣為緣，名所緣緣。'緣'是體，'所緣'是用。所緣即緣，持業釋也。"❷然此內識變色之時，隨本質色量之大小，一時頓現大小相分，非別變作眾多極微，然後和合成一相分也。所以有此極微名者，為世間執麤色實有，佛愍其愚，故說極微，令其除析，以入空觀耳。豈謂諸色有實極微哉？《雜集論》云："當知此中極微，無體、無實、無性，唯假建立，展轉分析無限量故。但由覺慧，漸漸分析，細分損減，乃至可析邊際。即約

---

❶ 此處引文出自陳那造、玄奘譯《觀所緣緣論》，《大正藏》第 31 冊，1624 號，頁 888 下 17 至 18。

❷ "《別行鈔》云……持業釋也"一段引文，出自《宗鏡錄》卷 71，《大正藏》第 48 冊，2016 號，頁 812 上 7 至 11。

此際，建立極微。問：若諸極微無實體性，何故建立？答：為遣
一合想故。若以覺慧分分分析所有諸色，爾時，妄執一切諸色為
一合想，即便捨離，由此順入數取趣無我性故。又為悟入諸所有
色非真實故，若以覺慧如是分析所有諸色至無所有，爾時便能悟
入諸色皆非真實。因此悟入唯識道理。由此順入諸法無我性故。"❶

"由此"下，總結。

> 餘無對色，是此類故，亦非實有；或無對故，如
> 心、心所，定非實色。諸有對色，現有色相，以理
> 推究，離識尚無，況無對色，現無色相，而可說
> 為真實色法？

次破無對色。

"此類"，"此"字，指極微言。既名無對，即無色相。色法不
成，心法何異？彼有對色，以理破除，識外尚無，而況無對乎？量
云："無對色"是有法，"定非實色"是宗，因云"極微類故"，"許
無對故"，喻"如心、心所"。

> 表、無表色，豈非實有？此非實有，所以者
> 何？且身表色，若是實有，以何為性？若言是
> 形，便非實有，可分析故，長等極微不可得故。若
> 言是動，亦非實有，纔生即滅無動義故，有為法

---

❶ 此處引文出自安慧糅、玄奘譯《大乘阿毗達磨雜集論》卷 6，《大正
藏》第 31 冊，1606 號，頁 721 下 3 至 13。文中"若以覺慧分分分析所有諸
色"一句，在《成唯識論訂正》中作"若以覺慧分析所有諸色"。

滅不待因故，滅若待因應非滅故。若言"有色，非顯非形，心所引生，能動手等，名身表業"，理亦不然。此若是動，義如前破。若是動因，應即風界，風無表示，不應名表。又觸不應通善惡性，非顯、香、味，類觸應知。故身表業，定非實有。然心為因，令識所變手等色相，生滅相續，轉趣餘方，似有動作，表示心故，假名身表。語表亦非實有聲性，一剎那聲無詮表故，多念相續便非實故，外有對色前已破故。然因心故，識變似聲，生滅相續，似有表示，假名語表，於理無違。

次傍問，分二：先破表色，後破無表色。今初。

有所表示，故名"有表"。由動發勝思發動身、語，恭敬乞願，令知所為，名為"有表"；防發功能，自他不知，無表示相，名為"無表"❶。無表色，即受所引色，前已具明。外有對色，可非實有；表、無表色，現有表示防發功能，豈非實有？此問意也。

"且身表"下，答破。先破有宗計形。有宗云："身表許別形，故形為身表。如合掌等，許有別形。形即是表，表善惡故。表即是業。此之形色，依身起故，名為身業。"❷論主破云："若言是形，便

---

❶ "有所表示……名為無表"，改寫自《唯識開蒙問答》卷下："問：表何義？答：有所表示，故名有表。問：表示相？答：由動發勝思，發動身語，恭敬乞願，令知所為，名為有表。問：無表何義？答：防發功能，自他不知，無表示相，名為無表。"（《新纂卍續藏》，888號，頁366上1至4）

❷ 此處引文出自澄觀《大方廣佛華嚴經隨疏演義鈔》卷70，《大正藏》

非實有。""形"是長、短、方、圓假色，依多顯色假立長等。若分析時，長等極微不可得故。次破<u>正量部</u>計動。彼執"動名身表，以身動時，由業動故"❶。論主破云："若言是動，亦非實有。"行動之時即是有為，一切有為皆有剎那，"纔得自體，從此無間必滅歸無。若此處生，即此處滅❷，無容從此轉至餘方"❸，豈有動義？"有為法滅不待因"者，《俱舍》云："待因謂果，滅無非果，故不待因。滅既不待因，纔生已即滅。若初不滅，後亦應然，以後與初有性等故。既後有盡，知前有滅。"❹廣如彼論。

次復破<u>有宗</u>轉計。彼計云："別有一色名身表業，既非青、黃、明、暗顯色，亦非長、短、方、圓形色，是心力大，發動勝思，引生此色，能令手等合掌跑屈伸取捨，即以此色為身表業。"論主破云：此亦不然。此引生色，以何為性？若言以動為性，其失已破如前。若言動因為性，動因即是風界，風非表色，觸身而知，觸唯無記，不通善惡，云何成業？《俱舍論》說："<u>身</u>❺表唯通善、

第 36 冊，1736 號，頁 562 下 27 至頁 563 上 1。

❶ 此處引文出自<u>世親</u>造、<u>玄奘</u>譯《阿毘達磨俱舍論》卷 13，《大正藏》第 29 冊，1558 號，頁 67 下 9 至 10。

❷ "滅"，底本漫漶，整理者據校本及<u>世親</u>造、<u>玄奘</u>譯《阿毘達磨俱舍論》卷 13 補訂。

❸ "纔得自體……轉至餘方"，出自<u>世親</u>造、<u>玄奘</u>譯《阿毘達磨俱舍論》卷 13，《大正藏》第 29 冊，1558 號，頁 67 下 13 至 14。

❹ 此處引文出自<u>世親</u>造、<u>玄奘</u>譯《阿毘達磨俱舍論》卷 13，《大正藏》第 29 冊，1558 號，頁 67 下 18 至 21。

❺ "身"，底本、校本皆作"身"，<u>世親</u>造、<u>玄奘</u>譯《阿毘達磨俱舍論》卷 13 作"無"，據文意當作"無"，即謂善、不善業才能引生對應的無表業，無記業勢力微弱故無法引發無表業。本書原意或是引此作為論證"無記不能成

不善性，不通無記。以無記心勢力微劣，不能引發諸強業故。"❶
非顯之風，既是無記，非身表色；非顯、香、味，亦屬無記，亦非
身表，類觸應知。故身表業定非實有。然則此業何由而起？由是
內心能轉變故，令第八識所變手等，作善作惡。因生果滅，因滅
果生，相續不斷，轉趣餘方，似有動作，表示此心，故名身表。豈
離識外別有一法名身表哉？

"語表亦非實有聲性"者，以教中言，名等是假，聲是實故。然
名等即多剎那聲集成一字，集多字為所依，次能成名，詮諸法
體；多❷名以後，方成句身，詮法差別。《仁王護國般若經》云："九
十剎那為一念，一念中一剎那經九百生滅。"從唯❸臍等七處一剎
那間出此聲相。念念滅故，後聲非前聲，故無詮表。若云"後後
剎那續前前，故為詮表"者，此亦不然。後念生時，若與前念為
住相者，生相應無，亦無有滅。而今現見生滅相續，故知後念非
前念，故曰"多念相續便非實故"。此言語者，既屬聲相，便屬有
對，外有對色前已破故。

"然因"下，出正義。"識變似聲"，謂第八所變影像聲。聲雖
念念滅，而能集成名、句、文身故似有表示。此二正義，但約心變，即

業"的理證，以說明"若以無記之觸解答身業，就會導致無法建立身業"之
破斥。

❶ "身表唯通善、不善性……諸強業故"，出自世親造、玄奘譯《阿毘達
磨俱舍論》卷13，"無表唯通善、不善性，無有無記。所以者何？以無記心勢
力微劣，不能引發強業令生。"（《大正藏》第29冊，1558號，頁70下13
至15）

❷ "多"，底本漫漶，整理者據校本改訂。

❸ "唯"，底本、校本皆作"唯"，通潤《成唯識論集解》卷1作"喉"，據
文意應作"喉"。

異小乘。

　　表既實無，無表寧實？然依思願善、惡分限，假立無表，理亦無違。謂此或依發勝身、語善惡思種增長位立，或依❶定中止身、語惡現行思立，故是假有。

次明無表色。

毗婆沙師、經部師執"無表實有"，歷引契經為證，詳見《俱舍》。故此破云：有表尚虛，無表寧實？然契經說無表色者，依他分位假施設故。無表有二：一、律儀有表色，即從師受戒時是，由此有表色，方熏得善思種子，有防惡發善功能，立無表色；一、不律儀有表色，即正下刀殺生時是，由此有表色，方熏得不善思種子，有防善發惡功能，立無表色。故曰"依思願善、惡分限假立無表"。此似兼善惡說。下依勝身語，乃是就善一邊說。"善"是所發，"惡"是所防，故曰"善惡思種"。

　　"問：無表色以何為體？答：受戒之後，思種之上，防惡發善功能為體。問：思有多種，謂審慮、決定、動發思。何思種子有此功能？答：於三思中，取上品者，初念所熏種上，有此功能。何以故？初念所熏，為無表依故。問：何唯初念所熏之種為無表依，餘後念種不立為依，皆上品故？答：如世皇儲，立一餘非。問：防發功能，從何時有？答：從第三番羯磨竟時，防發功能任運增長，從彼時有。問：此功能何時萎歇？答：犯捨以後，及成佛時，可爾萎歇。問：成佛已後，如何萎歇？答：如瓶滿，更不受添，所以

---

❶ "或依"，底本漫漶，整理者據《成唯識論》卷1改訂。

歇也。問：戒有幾種？答：總有三種，謂別解脫戒、定俱戒、道俱戒。別解脫者，從師受戒，別別防非名別解脫；定俱者，入定之時，便有一分防發功能，名定俱戒；道俱者，聖道起時亦能防發。聖道即是無漏智也。問：此等戒法，以何為體？答：別解脫戒，思種為體。問：皆說防發功能為戒，何故却取思及種子？答：既出體性，須取功能所依實體。問：定、道俱戒，既依現思，應自表知，何名無表？答：現思之上防發功能，豈得自知？問：佛戒萎歇，佛應無戒，且無防發，何用戒為？答：防發功能，雖不增長，戒體仍存。如君子帶劍，亦何傷理？" ❶

世尊經中說有三業，撥身、語業豈不違經？不撥為無，但言非色。能動身思，說名身業；能發語思，說名語業；審、決二思，意相應故，作動意故，說名意業。起身、語思有所造作，說名為業。是審、決思所遊履故，通生苦樂異熟果故，亦名為道。故前七業道，亦思為自性。或身、語表由思發故，假說為業。思所履故，說名業道。由此應知，實無外色，唯有內識，變似色生。

小乘引經問言：世尊經中說有身、口、意三業，今撥身語業是假有，豈不違經？論主答云：非撥身語是無，但言身、語非是汝等所執實色。"能動身思" 至 "說名意業"，此出三業體。業即是思，思即是識，以顯三業唯識非色之義。思有三種：一、審慮思，二、決

---

❶ 此處引文出自《唯識開蒙問答》卷下，《新纂卍續藏》，888 號，頁366 上 6 至中 9，文字署有出入。

定思，三、動發思。以動發思，能動身發語，與身語相應，名身、語業。審慮、決定二思，唯與意識相應，由彼意念一動之後，審慮、決定，然後能動身發語，故名意業。《俱舍論》說二種時："一、籌量時，二、作業時。"❶籌量時唯是審慮一種思，其決定、動發二思俱屬作業時。以雖在意地，未有決定，未成業道，故非作業，是籌量也；然動發思，正起身、語，作善作惡，說善說惡，是二業體，說名為業。亦是審慮、決定二思所遊履處，通生苦、樂異熟果故，亦名為"道"。故知不獨身語為業、為業道，即意亦名為業、為業道。不唯意業思為自性，即前身三、口四皆以思為自性也。七業道，即身三、口四。身表、語表，皆是內思之所發故，假說為業。思所遊履，說名業道。《俱舍》云："十業道中，後三唯道。業之道故，立業道名。彼相應思，說名為業，彼轉故轉，彼行故行，如彼勢力而造作故。前七是業，身、語業故。亦業之道，思所遊故。由能等起身、語業思，託身、語業為境轉故，有❷業之道，立業道名……譬喻論師執'貪、瞋等即是意業'，依何意釋彼名業道？應問彼師，然亦可言彼是意業，惡趣道故，立業道名。或互相乘，皆名業道。"❸是則有表無表，同歸無色。唯有內識變現似色爾。

---

❶ 此說見於世親造、菩提流支等譯《十地經論》善慧地第九卷之十一，《大正藏》第 26 冊，1522 號，頁 187 下 7，但未見世親造、玄奘譯《俱舍論》中有載。

❷ "有"，底本、校本皆作"有"，世親造、玄奘譯《阿毘達磨俱舍論》卷 17 作"業"。據普光《俱舍論記》卷 17，"業業之道"一詞中兩個"業"字，依次指"身、語業"與"思業"。

❸ 此處引文出自世親造、玄奘譯《阿毘達磨俱舍論》卷 17，《大正藏》第 29 冊，1558 號，頁 88 下 1 至 15。

通上，一、色法，竟。

不相應行，亦非實有。所以者何？得、非得等，非如色、心及諸心所，體相可得。非異色、心及諸心所，作用可得。由此故知，定非實有，但依色等分位假立。此定非異色、心、心所有實體用，如色、心等，許蘊攝故。或心、心所及色、無為所不攝故，如畢竟無，定非實。或餘實法所不攝故，如餘假法，非實有體。

二、不相應行，分二。先總破。

“得”等非能緣故，不與心、心所相應；非質礙故，不與色相應；有生滅故，不與無為相應；故曰“不相應行”。二十四法中，小乘唯許十四，下束為六段破之。“所以者何”，徵釋非實義。此十四法，雖曰不與色心相應，然依色、心分位段立，不如色心、心所實有體相，亦非異色心、心所別有作用。由此應知定非實有。《顯揚》十八云：“當知心不相應行，皆是假有。假有之性，畧有六種。云何為六？謂若事能起六種言論。何等名為六種言論？一、屬主相應言論，二、遠離此彼言論，三、眾共施設言論，四、眾法聚集言論，五、不徧一切言論，六、非常言論。”❶廣如彼釋。“此定非”下，以“非異色心、心所有實體用”為宗。宗立三比量：“許蘊攝故”因，“如色心等”喻；“或心、心❷所及色無為所不攝故”因，“如畢竟

---

❶ 此處引文出自無著造、玄奘譯《顯揚聖教論》卷 18，《大正藏》第 31 冊，1602 號，頁 569 中 8 至 12。

❷ “心”，底本漫漶，整理者據校本改訂。

無”喻；“或餘實法所不攝故”因，“如餘假法”喻。“許蘊攝”者，“頌曰：色攝十一全，受、想各當一，七十三行蘊，八王識蘊收。❶謂五根六塵，皆屬色蘊。故云‘色攝十一全’。遍行中受自❷當受蘊，想當想蘊，故曰‘受、想各當一’。五十一心所，二十四不相應，總有七十五法，除受、想二，有七十三，此等皆是遷流造作，故行蘊攝，故曰‘七十三行蘊’。八識心王皆是識故，皆識蘊攝，故曰‘八王識蘊收’。”❸是故五蘊攝前九十四法，唯除無為。今得等法既許行蘊所攝，則安得異色、心等有實體用哉？又既不與色、心無為相應，又非真如實際等實法，則亦龜毛、兔角等耳。

　　且彼如何知得、非得異色、心等，有實體用？契經說故。如說：如是補特伽羅成就善、惡，聖者成就十無學法。又說：異生不成就聖法，諸阿羅漢不成就煩惱。“成”“不成”言，顯“得”“非得”。經不說此異色、心等，有實體用，為證不成。亦說輪王成就七寶，豈即成就他身、非情？若謂“於寶有自在力，假說成就”，於善、惡法何不許然，而執實得？若謂“七寶在現在故，可假說成”，寧知所成善、惡等法，離現在有？離現實法，理非有

---

❶ 此四句頌，現存文獻中最早見於唐遇榮集《仁王護國般若經疏法衡抄》卷3，本書應轉引自《唯識開蒙問答》卷下。

❷ “自”，底本漫漶，整理者據校本及《唯識開蒙問答》卷下改。

❸ 此處頌文與解釋，改寫自《唯識開蒙問答》卷下，《新纂卍續藏》，888號，頁364上7至16。

故，現在必有善種等故。

二、別破，分七。一、破得非得。

"得"者，謂於善、不善、無記法，若增若減，假立獲得成就。"非得"者，一名"異生性"，謂於聖法不得，假立異生性。"且彼如何知得非得異色心等有實體用"，論主問也。"契經"下，外人答也。"經不說此"下，論主辯破。梵語"補特伽羅"，此云"數取趣"，謂數數造業取善、惡趣，即異生性也。"十無學法"，謂正語、正業、正命、正念、正定、正見、正思惟、正精進、正解脫、正智。為第七十二解脫道時，證五分法身，立阿羅漢果，名無學位。戒、定、慧、解脫、解脫知見，五分能攝十法，故名十無學法。[1]異生成就善、惡，不成就聖法。聖者成就聖法，不成就煩惱。凡、聖各有成不成，則互有得、不得矣。此外計也。"經不說"下，論主辯破。《俱舍》云："諸有為法，若有墮在自相續中，有得、非得；非他相續，無有成就他身法故；非非相續，無有成就非情法故。"[2]如汝所言，則諸非情及他相續亦應成就。所以者何？契經說故。如契經說：苾芻當知：有轉輪王成就七寶，乃至廣說，象寶、馬寶、女寶、主藏臣寶、主兵臣寶，皆屬他身；輪寶、摩尼珠寶，皆屬非情。故曰"豈

---

❶ "十無學法謂正語……故名十無學法"，改寫自《唯識開蒙問答》卷下："問：無學位。答：謂第七十二解脫道時，證五分法身，立阿羅漢果。問：五分法身？答：謂戒、定、慧、解脫、解脫知見。問：無學名。答：五分能攝十無學法，名為無學。問：十無學法。答：正語、正業、正命、正念、正定、正見、正思惟、正精進、正解脫、正智。"（《新纂卍續藏》，888 號，頁 381 中 20 至 24）

❷ 此處引文出自世親造、玄奘譯《阿毘達磨俱舍論》卷 4，《大正藏》第 29 冊，1558 號，頁 22 上 15 至 18。

即成就他身非情"。若謂"輪王於七寶有自在業力，應念而有，假說成就"者，則前所引善、惡等法，何不許其有自在業力，假說成就，而執為實得乎？若謂"七寶現在有故，可假說成，而善、惡不然"者，誰知善、惡法亦不離現在有也？何也？現在之外，無實法也。縱不起現行，而種子常存也。

又"得"於法，有何勝用？若言"能起"，應起無為，一切非情應永不起，未得、已失應永不生。若俱生得為因起者，所執二生，便為無用。又具善、惡、無記得者，善、惡、無記，應頓現前，若待餘因，得便無用。若得於法是不失因，有情由此成就彼故，諸可成法不離有情，若離有情實不可得。故"得"於法俱為無用。"得"實無故，"非得"亦無。

上明得無實體，此明得無實用。

若"此得是諸行生因，有能生用"，則應現在有情具此得者，於有為生滅法中，應起不生不滅無為之法；從來一切無情之法，此既無有生因之得，應永不生。何俱不然？"已失"者，過去也；"未得"者，未來也。言"俱生"者，揀前後生，法若過去，"得"亦過去，法若未來，"得"亦未來，法若現在，"得"亦現在，為"俱生得"，此唯無記，勢力劣故，無前、後生，不通善、惡。《俱舍》云："若謂'此得亦有作用，謂作所得諸法生因'，是則無為應無有得。又所得法未得、已捨、界地轉易及離染故，彼現無得，當云何生？若'俱生得為生因'者，則汝所執'生'與'生生'，復何所作……又具縛者，下、中、上品煩惱現起，差別應無，'得'無別故。若'由餘因有差別'者，即應由彼諸法得生，'得'復何用？"❶此以上，《俱舍》本文。若謂"得是諸法不失之因，有情由此成就諸法"者，則諸可成法，不離有情。若離有情實不可得，汝等云何執離色、心有"得"等耶？以諸有情即色、心故。"故'得'於法俱為無用"，結破得有勝用義。"'得'實無故"二句，牒無"得"義，例破"非得"。

> 然依有情可成諸法分位，假立三種成就：一、種子成就，二、自在成就，三、現行成就。翻此，假立"不成就"名。此類雖多，而於三界見所斷種未永害位，假立"非得"名"異生性"，於諸聖法未成就故。

此"得""非得"正義。

"種子"，業因也；"自在"，業力也；"現行"，業果也。《集論》云："何等種子成就？謂若生欲界，色、無色界繫煩惱、隨煩惱，由種子成就故成就，及生得善。若生色界，欲界繫煩惱、隨煩惱，由種子成就故成就，亦名不成就；色、無色界繫煩惱、隨煩惱，由種子成就故成就，及生得善。若生無色界，欲界、色界繫煩惱、隨煩惱，由種子成就故成就，亦名不成就；無色界繫煩惱、隨煩惱，由種子成就故成就，及生得善。若已得三界對治道，隨如是如是品類，對治已生，如此如此品類，由種子成就，得不成就；隨如是

---

❶ 此處引文出自世親造、玄奘譯《阿毘達磨俱舍論》卷 4，《大正藏》第 29 冊，1558 號，頁 22 中 8 至 14。

如是品類，對治未生，如此如此品類，由種子成就故成就。何等自在成就？謂諸加行善法。若世、出世靜慮解脫三摩地、三摩鉢底等功德，及一分無記法，由自在成就故成就。何等現行成就？謂諸蘊、界、處法，隨所現前，若善、若不善、若無記，彼由現行成就故成就。若已斷善者所有善法，由種子成就故成就，亦名不成就。若非涅槃法一闡底迦，究竟成就雜染諸法，由闕解脫因，亦名阿顛底迦，以彼解脫得因畢竟不成就故。於成就善巧得何勝利能？善了知諸法增減，知增減故，於世興衰離決定想，乃至能斷若愛若恚。"❶《俱舍》云："言生得善者，不由功力修得故。加行善者，要由功力修得。不由功力修得者，若所依中，種未被損，名為成就；種已被損，名不成就；謂斷善者，由邪見力，損所依中善根種子，應知名斷。非所依中善根種子畢竟被害，說名為斷。要由功力而修得者，若所依中，彼法已起，生彼功力，自在無損，說名成就；與此相違，名不成就。如是二種，亦假非實。故所依中，唯有種子未拔未損，增長自在。於如是位，立成就名，無有別物。"❷ "此類雖多"下，結成非得義。"見所斷種"，即分別惑。斷此惑故，成就聖法。若未永害非聖性法，名"異生性"。"異生"，即六趣眾生也。

　　復如何知異色、心等有實"同分"？契經說故。如契經說，此天同分，此人同分，乃至廣說。此經不說異色、心等有實同分，為證不成。若"同智、

　　❶ 此處引文出自無著造、玄奘譯《大乘阿毘達磨集論》卷3，《大正藏》第31冊，1605號，頁673下7至27。
　　❷ 此處引文出自世親造、玄奘譯《阿毘達磨俱舍論》卷4，《大正藏》第29冊，1558號，頁22下1至11，文字署有出入。

言，因斯起故，知實有"者，則草木等應有同分。又於同分起同智、言，同分復應有別同分。彼既不爾，此云何然？若謂"為因，起同事、欲，知實有"者，理亦不然。宿習為因，起同事、欲，何要別執有實同分？然依有情身、心相似分位差別，假立同分。

二、破眾同分。

《集論》云："何等眾同分？謂如是如是有情，於種種類，自體相似，假立眾同分。'於種種類'者，於人天等種種差別；'於自體相似'者，於一種類性。"❶首句，論主問也。"契經說故"下，小乘答也。外執同分有實體者畧有二師：**勝論**"執有總同句義，於一切法，總同言、智，由此發生。彼復執有同異句義，於異品類，同異言、智，於此發生。**毗婆沙師**所執，與此義類不同，以說一物於多轉故。又縱於彼若顯、不顯，然此同分必有實物，契經說故，如世尊言，若還來此，得人同分，乃至廣說。"❷

"此經不說"下，論主總破。"若同智言"下，展轉辯破。《俱舍》敘外執云："若'無實物、無差別相名同分'者，展轉差別諸有情中，有情有情等無差別，覺及施設不應得有。"❸"覺"即"同

---

❶ 此處引文出自安慧糅、玄奘譯《大乘阿毗達磨雜集論》卷 2，《大正藏》第 31 冊，1606 號，頁 700 中 18 至 20。

❷ "執有總統句義……乃至廣說"，引自世親造、玄奘譯《阿毗達磨俱舍論》卷 5，《大正藏》第 29 冊，1558 號，頁 24 中 2 至 8。

❸ 此處引文出自世親造、玄奘譯《阿毗達磨俱舍論》卷 5，《大正藏》第 29 冊，1558 號，頁 24 上 15 至 17。

智”，“施設”即“同言”。故此破云“若‘同智言，因斯起故，知實有’者，則草木等應有同分”，以不許有無情同分故。故《俱舍》云：“又何因不許有無情同分？諸穀、麥、豆、金、鐵、菴羅、半娜娑等，亦有自類互相似故。”❶又同分既能起同智言，亦應能起別同分。如是展轉，成無窮過。若不許起別同分，云何許起同智言耶？故《俱舍》云：“又諸同分展轉差別，如何於彼更無同分，而起無別覺施設耶？”❷若謂“同分為因而起同事同欲，故知同分是實有”者，理亦不然。“事”即身業，“欲”即意業，如殺生者望殺生者，乃至諸邪見者望邪見者，離殺生者望離殺生者，乃至正見者望正見者，皆名同事欲。此皆前生習氣為因，故今生起如是業。豈實有殺生等同分，然後起耶？“然依有情”下，出正義：謂依於彼彼處受生有情，同界、同趣、同生、同類、位、性、形等，由彼彼分互相似性，假立同分。“身、心”即應上“事、欲”也。

復如何知，異色、心等有實“命根”？契經說故。如契經說“壽、煖、識三”，應知命根說名為“壽”。此經不說“異色、心等有實壽體”，為證不成。又先已成色不異❸識，應比❹離識無別命根。又

---

❶ 此處引文出自世親造、玄奘譯《阿毗達磨俱舍論》卷 5，《大正藏》第 29 冊，1558 號，頁 24 上 27 至 29。

❷ 此處引文出自世親造、玄奘譯《阿毗達磨俱舍論》卷 5，《大正藏》第 29 冊，1558 號，頁 24 上 29 至中 1。

❸“異”，底本、校本皆作“異”，《大正藏》本《成唯識論》卷 1 作“離”，校勘記謂《宋》《元》《明》《宮》四本作“異”。

❹“比”，底本、校本皆作“比”，《大正藏》本《成唯識論》卷 1 作“此”，校勘記謂《宋》《元》《明》《宮》《聖》五本作“比”。

若命根異識實有，應如受等，非實命根。若爾，如何經說三法？義別說三，如四正斷。住無心位，壽、煖應無。豈不經說，識不離身？既爾，如何名無心位？彼滅轉識，非阿賴耶。有此識因，後當廣說。此識足為界、趣、生體，是遍恒續異熟果故，無勞別執有實命根，然依親生此識種子，由業所引功能差別，住時決定，假立命根。

三、破命根。

《集論》云："何等命根？謂於眾同分，先業所感，住時決定，假立壽命。'眾同分'者，於一生中諸蘊相續。'住時決定'者，劑[1]爾所時，令眾同分常得安住，或經百年、千年等，由業所引，功能差別。"[2]又依業所引第八識種，令色心不斷，名為"命根"。[3]此是正義。餘乘於識、暖外，別執壽為命根，死此生彼，以為實有，如世人以命盡為死。詳見《俱舍》。首句，論主問也。"契經說故"下，小乘答也。"此經不說"下，論主總破。"又先已成"下，展轉辯破。"先已成"者，前所論過也。先已成立離識無色，何執離識有別命根乎？若命根離識有，則應如受等，刹那生滅，非實命根矣。量云："汝所執命根"是有法，"非實命根"是宗，因云"異識實有故"，喻

"如受等"。小乘問云：既離識外無別命根，只應說識❶，云何經說"壽、煖、識三"？論主答云"雖是一識，義別說三"，"謂阿賴耶識相分色法，身根所得，名煖；此識之種，名壽，以能持識故；現行識，是識。故言三法，義別說之，非謂別有體性。是則身捨煖時，有餘二不必捨，如無色界生；如餘二捨時，煖必隨捨。然今此三❷，約義別說，但是一體。'如四正斷'，即四正勤也。未生善，令速生起；已生善，令其增長。未生惡，令彼不生；已生惡，令速除滅。"斷"就惡言，"勤"就善言。義雖有四，但是一精進數，故以為喻。"❸問：既壽、煖不異識者，住無心位，既無有識，壽、煖應無，何故此身不即壞爛？答：豈不經說"識不離身"？無心位中，身雖捨煖，不捨壽、識，故身不壞，如無色界，餘二不捨。"既爾，如何名無心位"，小乘問也。論主答云：彼滅轉識，故名無心，非無第八。下文二定，及三卷引滅定有心，廣明此義。

"此識"下，結成前義。謂唯此本識，足為三界五趣受果之體，無勞別執離識之外有實命根。"然依親生"下，出正義。"言'此'者，簡親生餘識種子。言'識'者，簡相應法種，唯取識故。言'種'者，簡現行，不取第八現行為命根故。彼所簡者皆非命根。今取親生之名言種上，由先世業所引，持身差別功能，令色、心等住時決定，依此功能，說為命根，非取生現行識義。以此種子為業力故，有持

---

❶ "識"，底本漫漶，整理者據校本改訂。

❷ "三"，底本、校本皆作"生"，整理者據《宗鏡錄》卷50及窺基《成唯識論述記》卷2改。

❸ "謂阿賴耶識相分色法……故以為喻"，引自《宗鏡錄》卷50，《大正藏》第48冊，2016號，頁710上12至20，源自窺基《成唯識論述記》卷2，《大正藏》第43冊，1830號，頁281中2至9，文字署有出入。

一報之身功能差別，令得決定。若此種子無此功能，身便爛壞。阿賴耶識現行，由此種故，能緣及任持於眼等法。亦名能持，此種正能持於現行之識。若不爾者，現行之識應不得有，及無能持餘根等法。由此功能故，識持於身，現行內種力故生，及緣、持法，不名命根，非根本故，由種生故，此種不由現行有故，種為諸法之根本故。又現行識是所持故，從所持說能持種識為命根。命根之法❶持，體非命根，令六處住時決定故。故種子為命根。餘現行色、心等非命根，不恒續故，非業所引故。然業正牽時，唯牽此種子，種子方能造生現行，非謂現行名命根，故唯種是根。又夫命根者，依心假立。命為能依，心為所依。生法師云：焚薪之火旋之成輪，輪必攬火而成照。情亦如之，必資心成用也。命之依心，如情之依心矣。」❷

---

❶ "之法"，底本、校本皆作"之法"。本段引自《宗鏡錄》卷 50，《宗鏡錄》作"之法"。然本段源於窺基《成唯識論述記》卷 2，《大正藏》本《成唯識論述記》作"所"，《宋藏遺珍》本作"之所"。窺基《雜集論述記》卷 5 也有相近文字："又此同分，非唯命根，依說'於'言，故說是命根所持之法，令彼住故。如《顯揚》云'先業所引六處住時決定，假立命根'，故名'同分'，是命所持，不同小乘依彼而有。"（《新纂卍續藏》第 48 冊，796 號，頁 70 上 18 至 21）文意謂，《顯揚聖教論》謂命根依六處假立，但據《成唯識論》的看法，是依據第八識之種之持六處或眾同分功能而假立命根，而非依六處或眾同分假立命根，六處或眾同分只是由第八識之種之功能所持者。應作"之所"。

❷ "言'此'者，簡親生餘識種子……如情之依心也"，引自《宗鏡錄》卷 50，《大正藏》第 48 冊，2016 號，頁 710 上 22 至中 15。"言'此'者，簡親生餘識種子……種為諸法之根本故"，源自窺基《成唯識論述記》卷 2，《大正藏》第 43 冊，1830 號，頁 281 下 14 至 29；"又諸現行識是所持故……故唯種是根"，源自窺基《成唯識論述記》卷 2，《大正藏》第 43 冊，1830 號，頁

　　復如何❶知，二無心定、無想異熟，異色、心等，有實自性？若無實❷性，應不能遮心、心所法，令不現起。若無心位有別實❸法，異色、心等能遮於心，名"無心定"，應無色時有別實❹法，異色、心等，能礙於色，名"無色定"。彼既不爾，此云何❺然？又遮礙心，何須實法？如堤塘等，假亦能遮。謂修定時，於定加行，厭患麤動心、心所故，發勝期願遮心、心所，令心、心所漸細漸微，微微心時，熏異熟識，成極增上厭心等種。由此損伏心等種故，麤動心等暫不現行，依此分位，假立二定。此種善故，定亦名善。無想定前求無想果故，所熏成種，招彼異熟識，依之麤動想等不行，於此分位，假立"無想"。依異熟立，得"異熟"名。故此三法亦非實有。

四、破無心定、滅盡定、無想異熟。

　　"'無心定者，謂已離淨欲，未離上地欲'，由於無想天起出離

---

282 上 6 至 11。"又夫命根者……如情之依心也"，源自<u>法雲</u>編《翻譯名義集》卷 6，《大正藏》第 54 冊，2131 號，頁 1160 中 17 至 20。

❶ "復如何"三字，底本漫漶，整理者據校本及《成唯識論》卷 1 補訂。

❷ "若無實"三字，底本漫漶，整理者據《成唯識論》卷 1 補訂。

❸ "有別實"三字，底本漫漶，整理者據《成唯識論》卷 1 補訂。

❹ "有別實"三字，底本漫漶，整理者據《成唯識論》卷 1 補訂。

❺ "此云何"三字，底本漫漶，整理者據《成唯識論》卷 1 補訂。

想。《雜集論》云：'於不恒行心、心所滅，假立無想定。'不恒行者，轉識所攝。'滅者，謂定心所引不恒現行諸心、心所，暫時間滅。''滅盡定者，謂已離無所有處欲'，或入非想非非想處定。又云：'欲●超過有頂，作止息想作意為先故，於不恒行諸心、心所及恒行一分心、心所滅，假立滅盡定。此中所以不言未離上欲者，為顯離有頂欲，阿羅漢等亦得此定故。一分恒行者，謂染污意所攝。''無想天'者，謂於此間得無想定，由此後生無想有情天中，於不恒行心、心所滅，假立'無想異熟'。"❷

　　首句，論主問："若無實性"下，小乘答。意謂此三若無實性，何以能遮心、心所法令不得起？由此二定，能遮未來諸心、心所暫不起故。"若無心位"下，論主辯破。若有實法，遮心不起，名無心定，則亦應有實法，礙色不起，名無色定。既不許色由礙無，云何執遮心是實？如堤塘是假，亦能遮水，何須實法乃能遮心乎？"謂修定時"下，出正義。"定加行"者，定前方便也。"麤動心"者，前六轉識也。不言第七者，以二定同釋，唯就無想義故。"勝期願"者，勝願心起，期生靜慮，願力漸增。麤動漸細，由細入微，微而又微，以此微心，熏蒸第八，成極增上厭心種子，損伏麤動心、心所種，麤動心等亦不現行，依此心、心所現行伏滅分

---

　　❶"欲"，底本、校本皆有，應為衍文。本句引自《宗鏡錄》卷50八，《宗鏡錄》已有"欲"字。源自《大乘阿毘達磨集論》卷2"滅盡定者，謂已離無所有處欲，超過有頂，暫息想作意為先故"，解釋將此句拆為兩部分，後句中"欲超過有定"之"欲"重出，應系《宗鏡錄》錯抄，本書沿襲。

　　❷此處引文出自《宗鏡錄》卷50八，《大正藏》第48冊，2016號，頁750下27至頁751上10。解釋源自安慧糅、玄奘譯《大乘阿毘達磨集論》卷2，《大正藏》第31冊，1606號，頁700上29至中13。

位，假立二種定名。種通善性，故此二定俱名為善。"無想定前"下，別顯"無想異熟"正義。謂修定時，求彼天果，熏成種子招彼天異熟，受彼天果報。故《俱舍》云："此法一向是異熟果。誰之異熟？_{問。}謂無想定。_{答。}無想有情居在何處？_{問。}居在廣果。謂廣果天中，有高勝處，如中間靜慮，名無想天。_{答。}彼為恒無想，為亦有想耶？_{問。}生死位中，多時有想。言無想者，由彼有情中間長時想不起故。如契經說，彼諸有情，由想起故，從彼處歿，然彼有情，如久睡覺，還起於想。從彼歿已，必生欲界，非餘處所，先修定行勢力盡故，於彼不能更修定故。如箭射空，力盡便墮。若諸有情，應生彼處，必有欲界順後受業。如應生彼北俱盧洲，必定應有生天之業。"❶ "故此"下，總結三法非實。

成唯識論卷第一

---

❶ 此處引文出自世親造、玄奘譯《阿毘達磨俱舍論》卷 5，《大正藏》第 29 冊，1558 號，頁 24 中 17 至 28。

成唯識論證義卷第二

金壇居士王肯堂證義

復如何知，諸有為相，異色、心等，有實自性？契經說故。如契經說：有三有為之有為相，乃至廣說。此經不說異色、心等有實自性，為證不成。非第六聲❶便表異體，色、心之體即色、心故。非能相體定異所相，勿堅相等異地等故。若有為相異所相體，無為相體應異所相。又生等相，若體俱有，應一切時齊興作用。若"相違故，用不頓興"，體亦相違，如何俱有？又住、異、滅用不應俱，能相、所相體俱本有，用亦應然，無別性故。若謂"彼用更待因緣"，所待因緣應非本有。又執生等，便為無用。所相恒有，而生等合，應無為法亦有生等。彼、此異因不可得故。又去、來世，非現非常，應似空華，非實有性。生名為有，寧在

---

❶ "第六聲"，指梵語名詞的第六格，又稱"屬格"，一般表示從屬關係，也可作第四格使用表示"對於……"。

未來？滅名為無，應非現在。滅若非無，生應非有。又滅違住，寧執同時？住不違生，何容異世？故彼所執，進退非理。然有為法，因緣力故，本無今有，暫有還無，表異無為，假立四相。本無今有，有位名生。生位暫停，即說為住。住別前後，復立異名。暫有還無，無時名滅。前三有故，同在現在。後一是無，故在過去。如何無法與有為相？表此後無，為相何失？生表有法先非有，滅表有法後是無，異表此法非凝然，住表此法暫有用。故此四相於有為法，雖俱名表，而表有異。此依剎那假立四相，一期分位，亦得假立。初有名生，後無名滅，生已相似相續名住，即此相續轉變名異。是故四相，皆是假立。

五、破三有為。

《俱舍論》"頌曰：相謂諸有為，生、住、異、滅性。釋曰：由此四種是有為相。法若有此，應是有為。與此相違，是無為法。此於諸法能起名生，能安名住，能衰名異，能壞名滅。'性'是體義。豈不經說有三有為之有為相，於此經中應說有四。不說者何？所謂住相。然經說'住異'，是此'異'別名。如生名起，滅名為盡，如是應知異名住異。若法全❶行三世遷流，此經說為有為之相，令

---

❶ "全"，底本、校本、《成唯識論音響補遺》皆作"全"，《大正藏》本《俱舍論》作"令"。應作"令"。

諸有情生厭畏故。謂彼諸行生力所遷，令從未來流入現在；異及滅相力所遷迫，令從現在流入過去，令其衰異及壞滅故。傳說：如有人處稠林，有三怨敵，欲為損害。一從稠林牽之令出，一衰其力，一壞命根。三相於行，應知亦爾。'住'於彼行，攝受安立，嘗樂與彼不相捨離，故不立在有為相中。又無為法有自相住，'住'相濫彼，故經不說。"❶

先大乘問，次餘乘答。"此經"下，大乘破。先總斥。"非第六聲"下，次別破。別破又分三。初、約能所破。"第六聲"，即八轉聲中第六屬聲也。《俱舍》云："生相若無，應無生覺。又第六轉言不應成，謂'色之生''受之生'等。"❷此外計也。又云："是故'生'等唯假建立。無別實物。為了諸行本無今有，假立為生。如是'本無今有'生相，依色等法種類眾多，為簡所餘，說第六轉，言'色之生''受之生'等。為令他知此生唯色，非餘受等。餘例亦然。如世間說'旃檀之香''石子之體'。此亦應爾。如是'住'等，隨應當知。"❸此彼論破詞也。此中破意，謂非"第六屬聲，便表生等離色等外有實自體"，以色、受等之生、住、滅，即色、受等五蘊攝故。生等為能相，色等為所相。非生等相異色等相，不可說言堅相異地相、濕相異水相故。若有為體異有為相者，則無為體應異無為相。今無為體不異無為相，則有為體亦豈異有為相哉？

❶ 《阿毘達磨俱舍論》卷 5，《大正藏》第 29 冊，1558 號，頁 27 上 12 至 29。

❷ 《阿毘達磨俱舍論》卷 5，《大正藏》第 29 冊，1558 號，頁 28 下 12 至 13。

❸ 《阿毘達磨俱舍論》卷 5，《大正藏》第 29 冊，1558 號，頁 28 下 20 至 26。

"又生等相"下，二、約體用破。謂若生等三俱有實體者，應一切時齊興作用，則一法一時，有生、住、滅更互相違，成大過失。世間不見一法一時有生住滅，唯見異法異時有三故。若"以用相違故，無頓興之理"者，則體亦相違，如何俱有？便有自語相違之過。又住異滅，互相違反，用不應俱。而能、所相不待因緣，體俱本有，體既如此，用亦應然，體、用不容有二性故。若謂"體雖本有，不待因緣，而用非本有，必待因緣和合而有"者，所待因緣從外來故，定非本有，所待既爾，能待亦然。又汝既許從因緣生，又執生等復何所用？若謂"諸有為法是恒有故，而與生、滅相合"，則應無為法亦是恒有，亦有生、滅。何以故？有為、無為同一因故。立量云："三有為法與生等合"，"所相恒有故"，"如三無為"。"三無為法與生等合"，"所相恒有故"，"如三有為"。今既不同無為則有為所相，定非恒有。所相尚非恒有，況能相生滅而實有哉？

"又去來世"下，三、約三世破。為彼宗執生在未來，現在已生不更生故，過去已滅都無生用。故以來同去破之。過去已滅，未來未生。已滅非常，未生非現。體如空華，無實有性。量云："去來世非實有性"宗，因云"非現非常故"，喻"如空華"。生即已生，非同未生，豈在未來。滅即已滅，非同未滅，應非現在。若以滅為非無，應以生為非有。又滅無、住有，二相相違。生與住，俱屬現有，相不相違。今彼以過、現為一起，未來為一起，滅屬過去，住屬現在，生屬未來，則滅與住同時，而住與生異世矣，豈理也哉。進退之詳，具《廣百論》。然有為法，仗因托緣而得生起，故一切法緣合則生，緣散則滅，表異無為，假立四相，非謂實有。《瑜伽》問云："若有為法生、住、異、滅四有為相具足可得，何故世尊但說三種？"答："由一切行三世所顯故。從未來世本無而生，是故世尊由未來世，於有為法，說生有為相；彼既生已落謝過去，是故世尊由過去世，於有為法，說滅有為相；現在世法，二相所顯。唯現在世有住可得。前後變異，亦唯現在。是故世尊由現在世，於有為法，總說住異為一有為相。"❶

"前三有故"四句，揀異小乘"生在未來、餘三現在"，如何無法與有為相難也。"表此後無，為相何失"，總答也。餘乘問：後一既是無法，如何亦預有為相中？故答云：表此現在生、住、異法後定是無，為有為相，有何過失？且此四相各有所表，無而忽有，故以生表；有而後無，故以滅表；變易不常，故以異表；暫時有用，故以住表。此在有為雖俱名表，而所表相各各有異。此依剎那念念不停，假立四相，非約三世。若約一期生死果報始終分位，亦有四相。初出胎時名生，命終名滅。生已，或二三十年，或七八十年，只是此身相續不斷名住。自少而壯，自壯而老，遷變不同名異。故《俱舍》云："無始以來色等諸法。名言熏習種類不同。及先所造諸有趣業。種種差別功能轉變。隨所遇緣成熟發起。變生色等生等差別。所言緣者，謂精血等是其生緣，衣食定等是其住緣，毒藥災橫四大亂等是其滅緣。"❷"是故四相皆是假立"，總結也。

> 復如何知，異色、心等，有實詮表名、句、文身？契經說故。如契經說：佛得希有名、句、文

❶ 此處引文出自彌勒造《瑜伽師地論》卷52，其間文字有所省畧。《瑜伽師地論》卷52，《大正藏》第30冊，1579號，頁585下29至頁586上8。

❷ 此處引文出自護法造《大乘廣百論釋論》卷3，《大正藏》第30冊，1571號，頁203中2至7，而非世親造《俱舍論》。

115

身。此經不說異色、心等有實名等，為證不成。若
名、句、文異聲實有，應如色等，非實能詮。謂聲
能生名、句、文者，此聲必有音韻屈曲，此足能
詮，何用名等？若謂"聲上音韻屈曲，即名、句、
文，異聲實有"，所見色上形量屈曲，應異色處，別
有實體。若謂"聲上音韻屈曲，如絃管聲，非能
詮者"，此應如彼聲，不別生名等。又誰說彼定不
能詮？聲若能詮，風鈴聲等應有詮用。此應如
彼，不別生實名、句、文身。若唯語聲能生名等，如
何不許唯語能詮？何理定知能詮即語？寧知異語
別有能詮？語不異能詮，人、天共了。執能詮異
語，天愛非餘。然依語聲分位差別，而假建立名、
句、文身。名詮自性，句詮差別，文即是字，為二
所依。此三離聲，雖無別體，而假、實異，亦不即
聲。由此法、詞二無礙解，境有差別。聲與名等，蘊、
處、界攝，亦各有異。且依此土，說名、句、文依聲
假立，非謂一切諸餘佛土，亦依光明妙香味等，假
立三故。

六、破名、句、文身。《瑜伽論》云："云何名身？謂依諸法自
性施設、自相施設，由徧分別，為隨言說，唯建立想，是謂名身。云
何句身？謂即依彼自相施設所有諸法差別，施設建立功德、過失、
雜染、清淨、戲論，是謂句身。云何文身？謂名身、句身所依止性

所有字身，是謂文身。又於一切所知、所詮事中，極暑想是文，若中是名，若廣是句。若唯依文，但可了達音韻而已，不能了達所有事義。若依止名，便能了達彼彼諸法自性、自相，亦能了達所有音韻，不能了達所揀法深廣差別。若依止句，當知一切皆能了達。"❶ "復如何知，異色、心等，有實詮表名、句、文身"，論主問也。"契經說故。如契經說，佛得希有名句文身"，小乘答也。"此經不說異色、心等有實名等，為證不成"，論主總破。"若名、句、文異聲實有"下，論主廣破。據《俱舍論》等，經部師言，名、句、文身"用聲為體，色自性攝"❷。所以者何？由教及理知別有故。"教"，謂經言語身、文身。若文即語，別說何為？又說應持正法文句。又言依義不依於文等。由此等教，證知別有能詮諸義名、句、文身，猶如語聲，實而非假。"理"，謂現見有時得聲而不得字，有時得字而不得聲，故知體別。"有時得聲不得字"者，謂雖聞聲而不了義。現見有人龘聞他語，而復審問"汝何所言"。此聞語聲不了義者，都由未達所發文故，如何乃執文不異聲？ "有時得字不得聲"者，謂不聞聲而得了義。現見有人不聞他語，覩唇等動，知其所說。"此不聞聲得了義"者，都由已達所發文故。由斯理證，文必異聲等。❸廣如彼說。薩婆多亦有"名由聲生""名由聲顯"二

---

❶ 引文見《瑜伽師地論》卷 52，《大正藏》第 30 冊，1579 號，頁 587 下 11 至 22。

❷ 《阿毘達磨俱舍論》卷 5，《大正藏》第 29 冊，1558 號，頁 29 上 23。

❸ "所以者何？由教及理知別有故……由斯理證，文必異聲等"，改寫自眾賢《阿毘達磨順正理論》卷 14："此中經主作如是言：'豈不此三語為性故，用聲為體，色自性攝，如何乃說為心不相應行？'此責非理。所以者何？由教及理知別有故。'教'，謂經言'語力''文力'，若'文'即'語'，別說

義，故論主取"生"破"顯"云：若名、句、文異聲實有，則名、句、文同色、香、味，非實能詮，以離聲無別能詮故。量云："名、句、文、身，非實能詮"，"異聲實有故"，喻"如色等"。若謂"聲能生名、句、文"者，此聲必有音韻屈曲，此已足成能詮，何用名等為耶？正理師救云：聲上屈曲是名、句、文，體異於聲，而是實有。❶故論主破云：若謂"聲上音韻屈曲即名、句、文，異聲實有，名能詮"者，則所見色上形量屈曲，亦應異色處別有實體，亦名能詮。若謂"聲上音韻屈曲，如絃管聲，非能詮"者，則此語聲音韻屈曲，亦應如絃管聲，不能詮表，不能別生名等矣。彼又難云：誰說彼絃管聲定不能詮乎？論主答云：聲若能詮，則應現前風鈴聲等，皆有詮用。今此語聲與風鈴聲等無詮表，不別生實名、句、文身，故知語聲非實能詮。若唯語聲能生名等，而風鈴聲等不能者，如何不許唯語能詮，而謂絃管聲亦能詮耶？外人問云：若一切外聲

何為？又說'應持正法文句'。又言'依義不依於文'……由此等教，證知別有能詮諸義名、句、文身，猶如語聲，實而非假。'理'，謂現見有時得聲而不得字，有時得字而不得聲，故知體別。有時得聲不得字者，謂雖聞聲而不了義。現見有人粗聞他語，而復審問'汝何所言'。此聞語聲不了義者，都由未達所發文故，如何乃執文不異聲？有時得字不得聲者，謂不聞聲而得了義。現見有人不聞他語，覷脣等動，知其所說。此不聞聲得了義者，都由己達所發文故。由斯理證，文必異聲。"（《大正藏》第 29 冊，1562 號，頁 413 下 11 至頁 414 上 2）作者引文論證的觀點是有部的"名、句、文身是異於聲的獨立的實法"，本是眾賢對世親的批判，作者將此段錯解為對前引《俱舍論》"用聲為體，色自性攝"一句的論證。

　　❶ "薩婆多亦有……而是實有"，或改寫自《大方廣佛華嚴經隨疏演義鈔》卷 12："薩婆多雖有名由聲顯、生二義，論主取生破顯。正理師救云：聲上屈曲是名句文，體異於聲，而定實有。"（《大正藏》第 36 冊，1736 號，頁 91 中 15 至 18）此解釋源自《成唯識論述記》卷 2。

皆非能詮，據何道理定知能詮即是言語，寧知非語亦有能詮？論主答云"語為能詮，人、天共了"者，謂人與天俱用語言有詮表用，為欲界以音聲為佛事故。"天愛非餘"者，或有天中不用語為能詮，如光明說法，天鼓說法之類。唯是色界光音以上等天，不通下界，故曰"非餘"。今固人也，而天語乎。❶

次假外問云：既聲體即是能詮，何有名等三種差別？故論主申正義云"然依語聲分位差別"等。於中有四，從初，至假"建立名、句、文身"，一、顯假差別。此論主解依聲建立名、句、文身，如梵音"斫蒭"，此翻"眼"。若但言"斫"，唯言"蒭"，未有所目，說為字分位；若二連合，能詮法體，詮於"眼"體，說為名分位；然未有句位，更添言"阿薩利縛"，名為"眼有漏"，說為句位。故依分位以立名等，依一切位，非自在故。外又問曰：何者是分位差別？故答云"名詮自性"至"為二所依"。二、顯三用殊。名詮諸法自性，句詮諸法差別。"文"即是"字"，為名、句之所依，不能詮自性及差別故。"文"者，彰義，與二為依，彰義二故；又名為顯，與二為依，能顯義故，而體非顯。"字"者，無改轉義是其"字"體。"文"是功能，功能即體，故言"文即是字"等，或"字"為初首，即多剎那聲集成一字，集多字為所依，次能成名，詮諸法體，多名已後，方成句身，詮法差別，即《雜集論》云：自性、差別，及此二言，如是三法，總攝一切。彼"二言"者，即是字也。字即語故，說之為"言"，名、句二種所依止之言也。《瑜伽論》云：名於自性施設，句於差別施設，名、句所依止性說之為字。又

---

❶ "'天愛非餘'者……而天語乎"一段對"天愛"的解釋為明代注疏的通釋，然"天愛"一詞原為貶義，意為"為諸天所愛護才能活下去的愚蠢的人"，故原句意謂"認為'能詮'異于'語'的，只有愚蠢的人，而非智者"。

《顯揚》言：句必有名，名不必有句；名必有字，字不必有名等。❶

"此三離聲"至"亦不即聲"，三、明不即不離。論主答難：謂先有問言：上來雖言"名等即聲"，若名等是不相應行者，色上屈曲非不相應，聲何故爾？故此答曰：此三離聲雖無別體，而名等是假。聲是實有，假實異故，故名等三非即是聲，非聲處攝，但是差別之聲，義說名等，以詮義故，是不相應，無別種子生，故言即聲。❷

外人問言：若名等即聲，法、詞二無礙解，境有何別？故論答云"由此法詞"至"亦各有異"，即緣此故，二境有異：法無礙解緣假名等，詞無礙解緣實聲等，故說境差別，非二俱緣實。雖二自性互不相離，法對所詮，故但取名；詞多對機，故但說聲。耳聞聲已意了義故，以所對不同，說二有異，非體有異也。又此二境及名等三與聲別者，蘊、處、界攝亦有異故。色蘊、聲處、聲界，唯屬於聲行蘊；法處、法界，屬名句文。問曰：聲上屈曲假，即言不相應；色上屈曲假，應非色處攝。答云：聲上有教，名等不相應。色上無教，故是色處攝。又問云：聲上有屈曲，即以為教；色上有屈曲，亦應得為教？故論主答云"且依此土說名句文"至"假立三故"。四、會相違，謂且依此土，依聲假立名、句、文身，非謂一切界土亦依聲立。問曰：餘界土中依何立耶？答云：諸餘佛土，亦

---

❶ "次假外問云……字不必有名等"一段，或改寫自《大方廣佛華嚴經隨疏演義鈔》卷12，《大正藏》第36冊，1736號，頁91中23至下19。此解釋原出自《成唯識論述記》卷2。

❷ "此三離聲……故言即聲"一段，或改寫自《大方廣佛華嚴經隨疏演義鈔》卷12，《大正藏》第36冊，1736號，頁92上21至29。此解釋原出自《成唯識論述記》卷2。

依光明妙香味等，假立名句文身，以彼見聞覺知光明香味能了義故。此所引即《維摩詰所說經》。而言"等"者，等取觸思取等。上皆得假立名等三種，亦是不相應攝此三法故，以眾生機欲對待故假。又梵云"便善那"。此有四義：一者扇，二相好，三根形，四味。此即是鹽，能顯諸物中味故。味即是文，如言文義巧妙等，目之為便善那。此中四義，總是一顯義故。古德說，名為味。《對法論》云：此文名顯，能顯彼義，故為名句所依，能顯義故。"惡察那"是字，是無改轉義。如《對法》說：鉢陀是迹，如尋象迹以覓象等。此名為句，理應名迹，義之迹故，尋此知義也。順古所翻，稱之為句。❶

　　有執："隨眠，異心、心所，是不相應行蘊所攝。"彼亦非理。名貪等故，如現貪等，非不相應。執別有餘不相應行，准前理趣，皆應遮止。

七、破餘執。隨眠，即貪等染心所。"隨"者，俱生義；"眠"者，種子義。謂煩惱種子，隨逐有情，眠伏藏識，彼執是不相應行蘊攝。故論主破云：貪等種子，名貪等故，即如貪等現行，定與染心相應，豈得名為不相應耶？量云："所執隨眠非不相應"，"名貪等故"，"如現貪等"。

"有餘不相應行"者，即後未破十法，謂流轉、定異、相應、勢速、次第、時、方、數、和合性、不和合性。"准前理趣"者，准前所

---

❶ "外人問言……稱之為句"，或改寫自《大方廣佛華嚴經隨疏演義鈔》卷12，《大正藏》第36冊，1736號，頁91下22至頁92上20。此解釋原出自《成唯識論述記》卷2。

破十四法之理趣。"遮止"者，遮止異色、心等有實自性也。

"諸無為法，離色、心等，決定實有"，理不可得。且定有法，畧有三種：一、現所知法，如色、心等；二、現受用法，如瓶、衣等。如是二法，世共知有，不待因成。三、有作用法，如眼、耳等，由彼彼用，證知是有。無為，非世共知定有，又無作用如眼、耳等。設許有用，應是無常。故不可執無為定有。然諸無為，所知性故，或色、心等所顯性故，如色、心等，不應執為離色、心等實無為性。

三、無為法，分三：一、總破。先總斥。"且定有"下，為將破無為，先舉有為為例。先標數，下別釋。"如色、心等"者，即是五識身、他心智境，謂色等五塵及心、心所。此約總聚，不別分別此何識境。現量所知，非境所知。"如瓶、衣等"者，此雖現見受用，而非現量所緣，是假法故，但是現世所受用物。問：此中緣瓶等心是何量攝？答：非量收，不親緣得法自體故，非比度故，非量所收。"不待因成"者，言此二法不待宗、因比量成立，共知是有故。"如眼、耳等"者，此五色根非現量得，亦非現世人所共知。此眼、耳等，各由彼彼有發識用，比知是有。言"證知"者，證成道理也。以現見果比有因故。"果"，謂所生心、心所法。比量知有諸淨色根。此非現量、他心智成。然今大乘第八識境，亦現量得；佛智緣時，亦現量得；除佛已外，共許為論，非世共悉，是故但言

"比知是有"。❶

若無為者，既非現所知法，又非有作用法。現受用是假法，今但破無為非實，故此不揀。設許有作用，則應是無常。如何執定有無為耶？"然諸"下，正顯無為不實之義。"所知性"者，謂從聞說"無為"名，領納心中有無為性。"所顯性"者，色、心有為，因果義盡，或緣闕時，無有為義，顯是無為。此所知性，及所顯性，如色、心等，悉是無常，故不可執離心實有。量云："無為是有法，不應執為離色、心等實無為性"是宗，因云"所知性故"，或"色、心等所顯性故"，喻"如色、心等"。

又虛空等，為一為多？若"體是一，遍一切處"，虛空容受色等法故，隨能合法，體應成多，一所合處餘不合故。不爾，諸法應互相遍。若謂"虛空不與法合"，應非容受，如餘無為。又色等中有虛空不？有應相雜，無應不遍。一部一品結法斷時，應得餘部餘品擇滅。一法緣闕得不生時，應於一切得非擇滅。執彼體一，理應爾故。若體是多，便有品類，應如色等，非實無為；虛空又應非遍容受。餘部所執離心、心所實有無為，准前應破。又諸無為，許無因果故，應如兔角，非異心等有。

---

❶ "'如色、心等'者⋯⋯比知是有"，或引自《宗鏡錄》卷58，《大正藏》第48冊，2016號，頁751中19至下3。此解釋源自《成唯識論述記》卷2。

二、別破。是無為法，約諸經論凡有六種：一、虛空無為者。離一切色、心諸法障礙所顯真理，名為虛空無為。虛空有三：一、識變虛空，即六識上作解心，變起虛空相分；二、法性虛空，即真如體有，離諸障礙故，名為虛空；三、事虛空，即所見頑空是也。二、擇滅無為。由無漏智起簡擇，滅諸障染所顯真如理故。三、非擇滅無為。有法不由擇力起無漏智簡擇，而本性淨，即自性清淨涅槃是也，即真如本性，離諸障染，不由起智斷惑，本體淨故。四、不動無為。第四禪離八患三災，證得不動無為。五、想受滅無為。從第四禪已上，至無所有處已來，捨受不行，并麤想亦無，顯得真如，名想受滅無為。六、真如無為。有二：一、約對得名，謂真如理，對事得名；二、簡法者，即真如，簡徧計，離於生滅也。❶餘乘只許初、二、三種，離色、心等實有自體。

先約一多破。"又虛空等，為一為多"。"等"者，等餘二種。"若體是一"下，出一體過；"若體是多"下，出多體過。初出一體過中，"虛空容受"下，破虛空非一；"一部一品"下，破擇滅非一；"一法緣闕"下，破非擇滅非一。"若體是一，遍一切處"，標彼宗所執也。虛空若不能容受色等，何名虛空？既能容受色等，即與色等合而為一，色等既多，虛空之體亦應多，何言是一？一法合處餘皆不合，何言徧一切處？若不與一法合而合餘法者，則應諸法互相周徧，以虛空悉入一切法故。若謂"虛空是一，不與諸法相合而合一法"者，則應虛空不能容受，如餘無為，以餘無為不能攝受諸法故。量云："虛空無為"是有法，"應非容受"宗，因云

---

❶ "約諸經論……離於生滅"，或引自《宗鏡錄》卷 58，《大正藏》第 48 冊，2016 號，頁 751 下 3 至 18。

"不與法合故"，喻"如餘無為"。又色等中有虛空否？有則空色雜而不分，無則空色離而不徧。次以擇滅、非擇滅例破云：若是一體者，則應斷一部一品結時，不但得一部一品擇滅，餘一切部一切品擇滅皆得；一法緣闕不生時，不但得一非擇滅，應得一切非擇滅。何以故？彼執體一，則一即一切，理應爾故。"結"，是思惑，有八十一品，分屬九部。九部即九地，後出多體過。云"若虛空等體是多，應非實無為"是宗。因云"有品類故"，喻"如色等"。"又虛空應非徧容受"是宗，因云"有品類故"，喻"如色等"。擇滅、非擇滅，准此應知。"餘部所執"下，總顯無為非實有。"餘部所執"，即後三種無為。"准前應破"者，准前一多有無等例，更相徵詰也。又申量總破云："諸無為非異心等有"是宗，因云"許無因果故"，喻"如兔角"。

然契經說有虛空等諸無為法，畧有二種：一、依識變假施設有。謂曾聞說"虛空"等名，隨分別有虛空等相，數習力故，心等生時，似虛空等無為相現。此所現相，前後相似，無有變易，假說為常。二、依法性假施設有。謂空、無我所顯真如，有無俱非，心言路絕，與一切法非一、異等，是法真理，故名法性；離諸障礙，故名虛空；由簡擇力，滅諸雜染，究竟證會，故名擇滅；不由擇力，本性清淨，或緣闕所顯，故名非擇滅；苦樂受滅，故名不動；想受不行，名想受滅。此五皆依真如假立，真如亦是假施設名。遮撥為無，故

說為有；遮執為有，故說為空；勿謂虛幻，故說
為實；理非妄倒，故名真如。不同餘宗"離色、心
等有實常法，名曰真如"。故諸無為，非定實有。

三、顯正義："一、依識變假施設有"者，此依識變出體，謂
空無為，初無本質，唯心所變，猶如極微，假而無體，於佛等處
聞其名故，而心變之。**❶**聞說空等五種無為，數數串習熏陶力故，諸
識生時，變似空等影像相分為所緣境。"此所現相，前後相似，無
有變易"，唯有一類空等相故，"假說為常"。若說本質無為者，即
不離於識變有也。問：若言識變相分說是無為者，即是相狀之相，隨
識而為，何成無為耶？答：此說是識變，假說是無為，其實非是
無為，無為是常住法故。今此依無為體者，但取隨識獨影相分為
體。以相似不變，故假說為常耳。此六無為，地前菩薩識變，即
是有漏；若地上後得智變，即無漏也。**❷**

"二、依法性假施設有"者，此依法性出體，五種無為，皆是
真如。真如體外，更無別出。六種無為，各皆依真如實德也。**❸**此
體須證人、法二空無我之後，方得顯故。言"有"則墮增益謗，言
"無"則墮減損謗，言"亦有、亦無"則墮相違謗，言"非有、非
無"則墮戲論謗，故曰"有無俱非"。心欲緣而慮亡，口欲言而辭

---

❶ "空無為，初無本質……而心變之"，或改寫自《大方廣佛華嚴經隨
疏演義鈔》卷45，《大正藏》第36冊，1736號，頁348中7至9。

❷ "若說本質無為者……即無漏也"，或改寫自《宗鏡錄》卷58，《大
正藏》第48冊，2016號，頁751下19至27。

❸ "此依法性出體……真如實德也"，或改寫自《宗鏡錄》卷58，《大
正藏》第48冊，2016號，頁751下27至29。

喪，故曰“心言路絕”。性相各別，故曰“非一”；即性即相，故曰“非異”。為法之性，故曰“法性”。無諸障礙，故曰“虛空”。“擇滅”者，亦名“數緣滅”。“數”，謂慧數。由慧為緣，揀擇諸惑，能顯滅理，故唐三藏譯為“擇滅”，“擇力所得滅”名為“擇滅”，如“牛所駕車”名曰“牛車”也。此以離繫為性。由無漏智，斷諸障染，遠離繫縛，證得解脫，假名“擇滅”。“非擇滅”者，亦名“非數緣滅”，非由慧數滅惑所得，但以性淨及於緣闕之所顯故。❶“緣闕”者，《俱舍論》云：“畢竟礙當生，別得非擇滅。”釋云：“當生者，當來生法。緣會則生，緣闕不生。於不生時，得非擇滅。此非擇滅，礙當生法。令永不起，名畢竟礙。言‘別得’者，謂非擇滅有實體相，緣闕位中，起別得故，非擇滅得。不因擇滅，但由緣闕，名非擇滅。”《論》指事明云：“如眼與意專一色時，餘色、聲、香、味、觸等謝，緣彼境界五識身等，住未來世，畢竟不生，由彼不能緣過去境，緣不具故，得非擇滅。”釋曰：“謂眼緣色時，亦合緣聲等，以專注色故，耳等不緣聲等，同時聲等剎那已謝，故令緣聲等識更不復生。以前五識唯緣現量，不緣過、未。而言‘觸等’者，‘等’取法中有與能緣同時為所緣境者，如他心智所緣境是也。此‘他心智’，唯緣現在心王，亦合緣心所，以專注心王，故於心所得非擇滅。”❷“不動”者，離前三定，至第四禪，離三災，出八難，無喜、樂等搖動身心所顯真理，名“不動滅”。“想受滅”者，謂已離無所有處欲，超過有頂，暫止息想，作意為先，故諸不恒行

---

❶ “數謂慧數……之所顯故”，或改寫自《大方廣佛華嚴經疏》卷 24，《大正藏》第 35 冊，1735 號，677 上 11 至 17。

❷ “當生者……故於心所得非擇滅”，或改寫自圓暉《俱舍論頌疏論本》卷 1，《大正藏》第 41 冊，1823 號，頁 818 下 11 至 25。

心、心所滅，及恒行一分心、心所滅，所顯真理，名"想受滅"。"真如亦是假施設"者，真如約詮，而詮體是一。此五無為，依真如上假名空等，而真如體非如非不如，故真如名亦是假立，如"食油蟲"，不稱彼體，唯言顯故，譬如有蟲名曰"食油"，實非食油，不稱體故，真如亦爾。❶遮空見者，說如為有，遮小乘中化地部等執定實有，故說為空，非言無為體即空也。"勿謂虛幻"者，"虛"揀徧計，"幻"揀依他，即顯真如是圓成實，以無虛妄顛倒法故，名真如也。❷故《宗鏡錄》云："問：如何聖教說真如實耶？答：今言有者，不是真如名實有，但說有，即是遣惡取空，故說有。體是妙有真空，故言非空非有。問：如何聖教說真如為空耶？答：為破執真如心外實有，故說為空，即空其情執，不空真如體也。"

通上，二、破餘乘，竟。

> 外道、餘乘所執諸法，異心、心所非實有性，是所取故，如心、心所。能取彼覺，亦不緣彼，是能取故，如緣此覺。諸心、心所，依他起故，亦如幻事，非真實有。為遣妄執心、心所外實有境故，說唯有識。若執唯識真實有者，如執外境，亦是法執。

三、總破。此破外道餘乘法執已竟，亦如我執，例立一比量總破之。彼先能後所，此先所後能，以我屬根、法屬境故。"所執諸

---

❶ "'真如亦是假施設'者……真如亦爾"，或改寫自《宗鏡錄》卷58，《大正藏》第48冊，2016號，頁752上18至23。

❷ "遮空見者……名真如也"，或改寫自《大方廣佛華嚴經隨疏演義鈔》卷45，《大正藏》第36冊，1736號，頁348中24至29。

法異心、心所”是前陳有法，“非實有性”是後陳宗體，因云“是
所取假相分故”，喻“如心、心所”也。“能取彼法之覺，亦不緣彼
法”是宗，因云“是能取見分故”，喻“如緣此能緣之覺”也。謂
第六識緣假法時，其假相分，但從見分變生，自無其種，亦無所
仗本質，名“獨影唯從見”，故以“心、心所緣此覺”為同喻。此
是徧計所執性。以前既明異心、心所非實有性，恐人遂執諸心、心
所是實有性，故申量云：“諸心、心所”是有法，“非真實有”是宗，因
云“依他起故”，喻“如幻事”。設有問云：諸心、心所既非實有，何
故教中說唯有識？故此答云：為遣外道餘乘所執離心、心所別有實
境，是故教中說唯有識。若執唯識真實有者，還同妄執外境實有，亦
是法執。由是理故，但應遣彼心外之境同兔角無，能緣彼心如幻
事有。故少分不同，非謂即心亦名實有，故《轉識論》云，“立
唯識義者，本為遣境遣心。今境界既無，唯識又泯，即是了唯識
義成也。此即淨品煩惱及境界二俱無故”，“問：遣境存識乃，可
稱唯識義；既境、識俱遣，何識可成？ 答：立唯識，乃一往遣境留
心。卒終為論，遣境為欲空心，故境、識俱泯，是其正義。此境、
識俱泯，即是實性，實性即阿摩羅識也。”❶古德云：“如緣真如，作
有如解，即是法執；若作無解，雖不稱如，仍因成聖。”釋曰：“若
作如解即是法執”者，若起能解之心即立所證之理，所境既立，迷
現量心，知解纔生，便成比量，失唯識宗。所以《華嚴經》云：智
外，無如為智所入；如外，無智能證於如。則心、境如如，一道
清淨。❷

---

❶ 此處兩段引文分別見《轉識論》，《大正藏》第 31 冊，1587 號，62
中 22 至 24 下 15 至 19，其餘文字則不見於《轉識論》。

❷ “古德云……一道清淨”，或改寫自《宗鏡錄》卷 67，《大正藏》第

　　然諸法執，畧有二種：一者、俱生，二者、分別。俱生法執，無始時來，虛妄熏習內因力故，恒與身俱，不待邪教及邪分別，任運而轉，故名俱生。此復二種：一、常相續，在第七識，緣第八識起自心相，執為實法；二、有間斷，在第六識，緣識所變蘊、處、界相，或總或別，起自心相，執為實法。此二法執，細故難斷，後十地中，數數修習勝法空觀，方能除滅。分別法執，亦由現在外緣力故，非與身俱，要待邪教及邪分別，然後方起，故名分別，唯在第六意識中有。此亦二種：一、緣邪教所說蘊、處、界相，起自心相，分別計度，執為實法；二、緣邪教所說自性等相，起自心相，分別計度，執為實法。此二法執，麁故易斷，入初地時，觀一切法法空真如，即能除滅。

　　四、總舉通執。"蘊、處、界相"者，教中即一念而開色、心，即色、心而開五蘊，即色塵而開十二處，又即五蘊而開十八界。五蘊合色為一，開心為四，為迷心不迷色者設也。十二處合心為一半。對前開四，故今云"合"，謂意處全，及法處一分。適公曰：意所取境，名之為法。法處有四：一、心所，二、不相應行，三、無為，四、無表色。今指心所一分，故云"半"也。開色為十半，對前合色為一為開也。謂色、聲、香、味、觸及眼、耳、鼻、舌、身全為十。言"半"者，即法處中無表色。為迷色不迷心者設也。十八界心色俱開，謂

48 册，2016 號，頁 792 中 13 至 20。

開色為十半，如前開心為七半，即六識為六，意根及法處心所也。為心、色俱迷者設也。皆是假立，豈有實法，而可執耶？因所緣有開有合，故能緣亦或總或別。此法執與前我執，若約大乘分別二執，初地初心，一時頓斷；俱生二執，於地地中各斷一分，乃至等覺，尚有二愚；金剛後心，一時頓盡。故曰："分別我、法極喜無，六、七俱生地地除。第七修道除種現，金剛道後等皆無。"若約小乘，初見道時，頓斷分別我執，即證初果；斷盡俱生，遂證四果，而法執不與焉。自性等相，即數論等所執冥初自性等類。餘文例前我執可知。

> 如是所說一切法執，自心外法，或有或無；自心內法，一切皆有。是故法執皆緣自心所現似法，執為實有。然似法相，從緣生故，是如幻有；所執實法，妄計度故，決定非有。故世尊說：慈氏當知，諸識所緣，唯識所現，依他起性，如幻事等。

此總結內、外法執。"自心外法"，即蘊、處、界等相本質之法。"自心內蘊"，即自心變起影像相分法。"或有或無"者，影像相分是有，分別計度假法是無。又第七是有，第六是無。"一切皆有"者，第六識上變起影像相分，必是有故，如前已明。然雖許此心上變起似法之相一切皆有，以依他起故，亦如幻有耳。若所執實有，是徧計執，如石女、兔角，決定非有。

既立二量，又引聖教以證結之。《廣百論》云：'一切所見，皆識所為。離識，無有一法是實。為無始來，數習諸見，隨所習見，隨所遇緣，隨自種子成熟差別，變似種種法相而生，猶如夢中所見事等，皆虛妄現，都無一實，一切皆是識心所為。難：若爾，大乘應如夢啞，撥一切法皆悉是虛，不能辯說一切世間、出世間法自性差別，是大苦哉！我等不能隨喜如是大乘所立虛假法義，以一切法皆可現見，不可撥無現見法故。答：奇哉可愍，薄福愚人，不能信解大乘法義。若有能見，可見所見。能見既無，誰見所見？以諸能見不能自審，知自有體亦不審他。於審察時，能見、所見皆無所有。是故不應執現見法決定有體，以回心時，諸所緣境皆虛假故。所以者何？起憶念時，實無見等種種境界，但隨因緣自心變似見等種種境相而生，以所憶念非真實故，唯有虛假憶念名生，如曾更諸法體相，回心追憶，故名為念。當憶念時，曾所更境皆無有故，能念亦無。而名念者，隨順慣習顛倒諸見，假名施設。由此念故，世間有情妄起種種分別諍論，競執諸法自性差別，沒惡見泥，不能自出。若無所見，亦無所聞，是則一切都無所有，云何今時編石為筏？’”❶

通上，二、破法執，竟。

　　如是外道、餘乘所執離識我、法皆非實有，故心、心所決定不用外色等法為所緣緣。緣用必依實有體故。現在彼聚心、心所法，非此聚識親所緣緣，如非所緣，他聚攝故。同聚心所，亦非親所緣，自體異故，如餘非所取。由此應知，實無外境，唯有內識似外境生，是故契經伽他中說：如

---

❶ “《廣百論》云……編石為筏”，引自《宗鏡錄》卷67，《大正藏》第48冊，2016號，頁793下6至28，改寫自《大乘廣百論釋論》卷5，《大正藏》第30冊，1571號，頁213中22至下22。

愚所分別，外境實皆無，習氣擾濁心，故似彼而轉。

第三、總結。離識我法皆非實有，故心、心所決定不用離識色法、不相應法及無為法為所緣緣，以離識外皆無實體故❶。親所緣緣，必依有體真實法故。若非心變色等諸法，決不親緣。"現在"下，乃二比量。"現在"者，揀過、未。現在觸緣，必有同時一聚心、心所法相應現起，故名為"聚"。以八個識各有四分，自見分只能親緣自相分，不能親緣他識四分，故曰"現在彼聚心、心所法，非此聚識親所緣緣"，因云"他聚攝故"，喻"如非所緣"。如色非耳所緣、聲非眼所緣也。"即一識中同聚心所，亦非同聚心王親緣"，"以王與所自體異故"，喻"如餘非所取"。所取即相分，能取即見分。"餘非所取"，即是不對能取者說名"餘"也。由此二比量義，可見全無外境。"唯有內識似外境生"，又引契經證之。

有作是難，若無離識實我、法者，假亦應無。謂假必依真事、似事、共法而立，如有真火，有似火人，有猛赤法，乃可假說此人為火。假說牛等，應知亦然。我、法若無，依何假說？無假說故，似亦不成，如何說心似外境轉？

第四、重釋外難。此難即從上"似"字而生，謂相、見說為似我、法者。為當似誰？曰："以內似外，以有似無。"❷約此說似也。故

---

❶ "故心、心所決定不用離識色法、不相應法及無為法為所緣緣，以離識外皆無實體故"，此句亦見於通潤《成唯識論集解》卷 2。唐疏關於"色等外法"沒有過多解釋，但對無為法是否為所緣緣仍有討論。

❷ "以內似外，以有似無"，見《唯識開蒙問答》卷上，《新纂卍續藏》

此難云：有真事方有似事。依此二事共相，然後可說似事為假。如有真火，方說有似火人。以此人有似火猛赤色法，方可假說此人為火。我、法既無，復何所似？豈可牛毛返似龜毛耶？似既不成，云何說言心似彼轉？

　　彼難非理。離識我、法，前已破故。依類、依實假說火等，俱不成故。依類假說，理且不成。猛、赤等德，非類有故。若無共德而假說彼，應亦於水等假說火等名。若謂"猛等雖非類德，而不相離，故可假說"，此亦不然。人類猛等，現見亦有互相離故。類既無德，又互相離，然有於人假說火等，故知假說，不依類成。依實假說，理亦不成。猛、赤等德非共有故。謂猛、赤等在火、在人，其體各別，所依異故，無共假說，有過同前。若謂"人、火，德相似故，可假說"者，理亦不然。說火在人，非在德故。由此假說，不依實成。

此釋難分二：先明喻，後顯法。喻中：一、總，二、別。總中，特破"真火"二字，為彼以真火喻所執我、法故。言："汝之真火，已破成非，何勞再舉？"[1]緣前廣破我、法執皆不成故，故依類依實假說火等皆不成也。同德曰"類"，共體曰"實"。依類即是共法，依

第55冊，888號，頁347下7。

❶ "汝之真火，已破成非，何勞再舉"，見《唯識開蒙問答》卷上，《新纂卍續藏》第55冊，888號，頁347下6。

實即是真火。下分二節破之。破依類云：火以能熱能照為德，人猛赤相無此德故，即非同類。若與火無共德而可假說為火人者，則亦可於水等物假說火等名矣。何為依類乎？若謂"德雖不同，而人與猛赤常不相離，亦可假說"者，則現見猛、赤非人，人非猛、赤，即猛、赤在人，亦有時而不現者，安在其為不相離也。既不共德，又互相離。若依類方可假說者，則不應言有似火人。而今常言有似火人，則知假說不依似事立矣。破依實云：人與火共體，方可言依實。人與火，猛、赤德非共體有，故依實假說，理亦不成。謂猛、赤之德，在火則能熱能照，在人則身熱心煩，其體各別，其所依則有情無情亦各別故。無共德而假說彼，有水濫火名之過，猶夫前耳。若謂"人有煖德與火相似，可假說"者，理亦不然。說火在人，是猛、赤相，非在煖德，說人似火。故知假說亦不依實事立也。

又假必依真事立者，亦不應理。"真"謂自相，假智及詮，俱非境故。謂假智、詮，不得自相，唯於諸法共相而轉，亦非離此有別方便，施設自相，為假所依。然假智、詮，必依聲起，聲不及處，此便不轉。能詮、所詮，俱非自相。故知假說，不依真事。由此但依似事而轉。"似"謂增益非實有相。聲依增益似相而轉，故不可說假必依真。是故彼難，不應正理。然依識變，對遣妄執真實我、法，說假似言。由此契經伽他中說：為對遣愚夫，所執實我、法，故於識所變，假說我、法名。

此又明假事不依真事立，後結成正義。《宗鏡》云：何故名
"自相""共相"？曰：若法自體，唯證智知，言說不及，是為自
相；若法體性，言說所及，假智所緣，是為共相。言"假智"者，即
作行解心，名假智也；言"詮"者，心上解心名、句、文，及聲上
名、句，是能詮，皆不得所詮自相也。顯假不依真，唯依共相轉，即
此真事，不說心識實體名真，但心所取法自體相，言說不及，假
智緣不著，說之為真。此唯現量智知，性離言說，及智分別。此
出真體，非智、詮及。如色法等而為自性，水濕為性，但可證知，言
說不及。第六意識，隨五識後起，緣此智故，發言語等，但是所
緣、所說法之共相，非彼自相。又遮得自相，名得共相。若所變中
有共相法是可得者，即得自體，應一切法可說可緣，故共相法亦
說緣不及。然非是執，不堅取故。又言說若著自相者，說火之時，火
應燒口，火以燒物為自相故；緣亦如是，緣火之時，火應燒心。今
不燒心，及不燒口，明緣及說俱得共相。若爾，喚火何不得水，不
得火之自相故，如喚於水。此理不然，無始慣習共呼故。又自相
者，即諸法之自體相，如火以煖為自相，喚火之時不得煖故，不
得自相。此煖自相，唯身識現量證故，非名所得。共相者，此以
名下所詮之義名共相。如詮火等法時，遮非火等。此義即通一切
火上，故名共相也。❶能詮，即言說；所詮，即假智。此假智、詮，亦
非離此共相外別有方便，施設自相，為彼所依。然假智、詮，必依
相似言聲而起，聲不及處，此假智詮便不流轉。由能詮、所詮俱不
能親證自相，故知假說不依真事，但依似事而轉。"似謂增益"者，謂

---

❶ "《宗鏡》云……故名共相也"，改寫自見《宗鏡錄》卷53，《大正藏》
第48冊，2016號，頁726上3至6，源自《成唯識論述記》卷2，《大正藏》
第43冊，1830號，頁725中25至頁726上23。

現量智了自相已，於後剎那，有同類智，是有分別變現影像，乃從相上增益其相，故名為似。如照鏡人，形之與影，宛然二人，非增益乎？聲依智、詮，唯依增益似相而轉，故不可說假必依真也。問：既假事不依真立，此假我、法依何而起？答云：雖不依真，然依內識變現而有。由彼外道、餘乘，妄計心外實有我、法，為對遣此執，故說似我似法是內識所變。其意若曰：「外境雖無，談汝執情外境實有，故為所似耳。」「以內似外，以有似無」❶，此之謂也。

此段近結當文，遠結前文頌中「由假說我法，有種種相轉，彼依識所變」三句。通上，畧辨唯識分中，一、釋前三句頌，竟。

識所變相，雖無量種，而能變識，類別唯三：一謂異熟，即第八識，多異熟性故；二謂思量，即第七識，恒審思量故；三謂了境，即前六識，了境相麁故。「及」言顯六合為一種。此三皆名能變識者。能變有二種：一、因能變，謂第八識中等流、異熟二因習氣。等流習氣，由七識中善惡無記熏令生長；異熟習氣，由六識中有漏善、惡熏令生長。二、果能變，謂前二種習氣力故，有八識生，現種種相。等流習氣為因緣故，八識體相，差別而生，名等流果，果似因故。異熟習氣為增上緣，感第八識，酬引業力恒相續，故立「異熟」名。感前六識酬滿業者，從異熟起，名「異熟生」，不名

---

❶ "外境雖無……以有似無"，改寫自《唯識開蒙問答》卷上，《新纂卍續藏》第55冊，888號，頁347下5至8。

"異熟"，有間斷故。即前異熟及異熟生，名異熟果，果異因故。此中且說我愛執藏、持雜染種、能變果識，名為異熟，非謂一切。

二、釋三能變，即後三句頌。此即釋頌中"此能變唯三"一句。"識所變相"，即牒上頌中語，以該我、法種種相也。"初能變名異熟"者，有三義故：謂變異而熟、異時而熟、異類而熟，種變異時果方熟故，造因、果熟定異時故，因通善惡、果唯無記因果性異故。"異"字屬因，"熟"字屬果，因、果不同，作相違釋，"異"及"熟"也。或"異之熟"。若"異"字屬果，"異即是熟"。或異、熟屬現，"異熟即識"，持業釋也。若異、熟屬種，"異熟之識"，依主釋也。❶雖第六亦有異熟，而唯一分。八識偏多，故曰"多異熟性"。"二能變名思量"者，"思"，謂思慮；"量"，謂量度。慮度第八見分為自內我。"恒"者，無間義；"審"者，執我義。"思量即識"，持業釋也。❷雖諸識皆有思量，然或恒而不審，或審而不恒，唯第七亦恒亦審故。"三能變名了境"者，"了"，謂了達。雖七、八識亦能了境，依內門轉，唯了細境；唯第六識住外門故，了麤相境。"'及'言"，明頌中"及"字，乃前五識與第六識合為一種也。前五取境，必有同時意識起故。次釋能變義：一、因能變，即種子現行門。種子生現行，名因習氣，於中有二：先標，後釋。"等流習氣"者，即前七識中三性種子，各生自現，熏第八種，而令

---

❶"有三義故⋯⋯依主釋也"，或改寫自《唯識開蒙問答》卷上，《新纂卍續藏》第55冊，888號，頁347下18至下1。

❷"思，謂思慮⋯⋯持業釋也"，或改寫自《唯識開蒙問答》卷上，《新纂卍續藏》第55冊，888號，頁347下5至8。

增長。唯除第八，不能熏故。"異熟習氣"者，由前六識善、惡現行，熏第八善惡異熟種子，而令增長。唯除第七，七是無記，非異熟因故。前是因緣，此增上緣也。二、果能變，即前二因所生現果。謂有緣法能變現者，名果能變。"種種相"者，即第八識相應心所相見分等，及苦樂等種種現果。"等流習氣為因緣"下，別釋。前七識以三性力熏第八識成種生長，即現八識三性種子各自生現，名等流果，所生之果與能生種性是一故。因果相似名"等"，是彼類故名"流"。善種生善現行，煩惱種生惡現行，無記種生無記現行，是等流果。殺生得短命報，放生得長壽報，名假等流，是增上果。"異熟果"者，由前六善惡業為殊勝增上緣，招感第八酬他引業，長時無間，立異熟名。"引"，謂牽引，謂業有力能引總報，即前六識造善惡業，牽引第八，受善惡報，相續不斷，名異熟果。其前六識所造之業，能滿自識善、惡二果，名異熟生，以從第八體上生故；不名異熟，以前六識有間斷故。六識不徧無色界等、無心定等六識皆不行故。故第八名總報主，而第六名別報主也。單言"異熟"，不攝別報。言"異熟生"，總、別皆是。因通善惡，果唯無記，故曰"果異因故"。此異熟名，雖有多義，此中但取受熏、持種、能變善惡二果本識，名為異熟，非謂異時、異聖❶、變異等一切義也。

通上，畧辨唯識，竟。

下廣辨唯識，分二：一、明三能變，二、答五外問。一又分三，即初、二、三種能變。

今初能變，分三：一、結前標問，二、天親頌，三、釋頌意。

雖已畧說能變三名，而未廣辨能變三相。且

❶ "聖"字，疑應作"類"。

初能變，其相云何？

一、結前標問。

頌曰：

初阿賴耶識，異熟一切種。

不可知執受，處了常與觸。

作意受想思，相應唯捨受。

是無覆無記，觸等亦如是。

恒轉如暴❶流，阿羅漢位捨。

此天親第二半頌，及第三、第四頌。總有十二門：一、自相門，即"初阿賴耶識"；二、果相門，即"異熟"；三、因相門，即"一切種"；四、不可知門，即"不可知"；五、所緣門，即"執受、處"；六、行相門，即"了"；七、相應門，即"常與觸、作、意、受、想、思相應"；八、受俱門，即"唯捨受"；九、三性門，即"是無覆無記"；十、心所例王門，即"觸等亦如是"；十一、因果法喻門，即"恒轉如暴流"；十二、伏斷位次門，即"阿羅漢位捨"。❷

下三釋頌意，分二：

一、正釋頌意，二、證有識體。

一、正釋頌意，分八。

---

❶ "暴"，底本作"暴"，《大正藏》本《成唯識論》作"瀑"，校勘記謂《宋》《元》《明》《宮》《聖》五本作"暴"，"暴"通"瀑"，下同。

❷ 此處科判或引自《唯識開蒙問答》卷上，《新纂卍續藏》第55冊，888號，頁349下5至9，源自《成唯識論述記》。

論曰：初能變識，大、小乘教名阿賴耶，此識具有"能藏""所藏""執藏"義故。謂與雜染互為緣故，有情執為自內我故。此即顯示初能變識所有自相，攝持因果為自相故。此識自相，分位雖多，"藏"識過重，是故偏說。

一、釋自相門。大、小乘教名"阿賴耶"。真諦就名，翻為"無沒識"，取"不失"之義；奘師就義，翻為"藏識"，能含藏諸法種故。為此識體具三藏義，"能藏""所藏""執藏"故。一、能藏者，即能含藏義，猶如庫藏，能含藏寶貝，故得"藏"名。此能含藏雜染種，故名為"藏"，亦即"持"義。此約持種邊說。二、所藏者，即是所依義，猶如庫藏，是寶等所依故。此識是雜染所依處故。此約受熏邊說。三、執藏者，堅守不捨義。猶如金銀等藏，為人堅守，執為自內我，故名為"藏"。此識為染末那堅執為我，故名為"藏"。《起信鈔》釋云：第八能藏、所藏義者：且所藏義，謂此識體藏，是根身、種子、器世間所藏處也，以根身等是此識相分故，如藏中物像，如身在室內，欲覓賴耶識，只在色、心中；欲覓摩尼珠，只在青、黃內。次"能藏"義，謂根身等法，皆藏在識身之中，如像在珠內，欲覓一切法，總在賴耶中；欲覓一切像，總在摩尼內。與前義互為能所。❶"雜染"者，簡清淨法。"互為緣"，即更互為因果，說見後條，即具能、所二藏義。"有情執為自內我"者，釋"執藏"義，以第七為有情識故。"自內我"，揀他外

---

❶ "一、能藏……互為能所"，初見於《宗鏡錄》卷 47，《大正藏》第 48 冊，2016 號，頁 692 上 9 至 23。

我，以色等為他外我故。"此即顯示"下，釋此"藏"名依自相立，以藏識能攝持因果故。"攝"謂收攝，"持"謂執持。"攝"是能藏、所藏義，"持"是執藏義。然無能藏，亦無所藏、執藏。二種唯"能藏"義過失最重，是故偏說。此明藏識專以"能藏"得名之故。世親云："謂緣一切雜染品法所有熏習，能生於彼功能差別，識為自性。為欲顯示如是功能，故說'攝持種子相應'。謂依一切雜染品法所有熏習，即與彼法為能生因。'攝持種子'者，功能差別也。'相應'者，是修義。是名安立此識自相。"❶

　　此是能引諸界、趣、生、善、不善業異熟果故，說名"異熟"。離此，"命根、眾同分等恒時相續勝異熟果"不可得故。此即顯示初能變識所有果相。此識果相雖多位多種，"異熟"實❷不共，故偏說之。

　　二、釋果相門。由前世前六脩五戒、十善等業，招感今生天人總別異熟樂果。若前世前六作十不善業，招感今生三途總、別異熟苦果。由此義故，說名"異熟"。由依此識相分種子，假立"命根"；由依此識身心分位，假立"同分"。若無此識，則一切命根、眾同分等異生勝異熟果不可得故。此識果相雖多，而"異熟"此識所專，故偏說之。世親云："謂即依彼雜染品法，無始熏習，此識續生，而

---

❶ 此處引文出自世親造、玄奘譯《攝大乘論釋》卷2，《大正藏》第31冊，1597號，頁327下12至17。

❷ "實"，底本作"實"，《大正藏》本《成唯識論》作"寬"，校勘記謂《明》本作"實"，當作"寬"。

能攝持無始熏習。是名安立此識果相。"❶

此能執持諸法種子令不失故，名"一切種"。離此，"餘法能遍執持諸法種子"不可得故。此即顯示初能變識所有因相。此識因相雖有多種，"持種"不共，是故偏說。

三、釋一❷因相門，分二：先總釋，後別釋。今初。"能持諸種"，名"一切種"，全取他名，即有財釋也。"餘法"者，即餘色、心等法，及二所顯不相應法，或有間轉，或無實體，故離第八，餘能持種不可得故。此識因相雖多，而"持種"義，他識所無，故偏說之。世親曰："謂即次前所說品類一切種子阿賴耶識，由彼雜染品類諸法熏習所成功能差別，為彼生因。是名安立此識因相。"❸右《攝論》所說三相，與此小異。故存世親之釋以便參攷。

初能變識，體相雖多，畧說唯有如是三相。

總結畧說三名。天親云："《決定藏論》中，明本識有八相。異彼廣說，故言畧說有三種。"❹後別釋"一切種"，分四：一、正明種相，二、明種子二義，三、明種子六義，四、能所熏。

----

❶ 此處引文出自世親造、玄奘譯《攝大乘論釋》卷2，《大正藏》第31冊，1597號，頁327下21至22。

❷ "一"，疑為衍文。

❸ 此處引文出自世親造、玄奘譯《攝大乘論釋》卷2，《大正藏》第31冊，1597號，頁327下18至20。

❹ 此處引文出自世親造、真諦譯《攝大乘論釋》卷2，《大正藏》第31冊，1595號，頁162中7至8。

一切種相，應更分別。此中何法名為種子？謂本識中親生自果功能差別。此與本識及所生果，不一不異，體用、因果理應爾故。雖非一、異，而是實有，假法如無，非因緣故。此與諸法，既非一、異，應如瓶等，是假非實。若爾，真如應是假有，許則便無真勝義諦。然諸種子，唯依世俗說為實有，不同真如。種子雖依第八識體，而是此識相分，非餘，見分恒取此為境故。諸有漏種與異熟識，體無別故，無記性攝。因、果俱有善等性故，亦名善等。諸無漏種，非異熟識性所攝故，因、果俱是善性攝故，唯名為善。若爾，何故《決擇分》說"二十二根，一切皆有異熟種子，皆異熟生"？雖名"異熟"，而非無記。依異熟故，名異熟種。異性相依，如眼等識。或無漏種，由熏習力，轉變成熟，立"異熟"名，非無記性所攝異熟。

一、正明種相。初句標，次句徵，又次句正指種體。"此與"下，明非一、異。"本識"，即第八。第八自證分上一分親生現行功能，謂之"種子"。世親云："'攝持種子'者，功能差別也。"[1]能攝持是識功能，能生現是種子功能。一切雜染品法不同，故言"差別"。又第八識從種子生，故名"果報識"。能攝持種子，故亦名"種子識"。又

---

[1] 此處引文出自世親造、玄奘譯《攝大乘論釋》卷2，《大正藏》第31冊，1597號，頁327下16。

本識是集諦，故名"種子"；是苦諦，故名"果報"。❶

"體用、因果"者，本識是體，種子是用，種子是因，所生是果，此之二法，理應如是，不一不異。本識望種，於出體中，攝相歸性，故皆無記；種從現行，望於本識，相、用別論，故通三性。若即是一，不可說為有因果法，有體有法；若一向異，應穀麥等能生豆等，以許因果一向異故。不爾，法滅應方有用，以許體用一向異故。用體相似，氣勢必同，因果相似，功能狀貌可相隨順，非一向異。❷

然言"不一不異"，恐同菩提子計❸"'有法'與'有等性'非一非異"，故又言：雖非一異，而體是實有，不同假法，假法如畢竟無，不能生果，非因緣故。外人難云：此本識，與所生諸法，既非一異，應如瓶等，泥團與瓶非一、異故，必許瓶體是相狀假，則汝本識同瓶是假，識中無漏真如種子，亦應是假，則違自宗真勝義諦。量云："此與諸法是假非實"宗，因云"不一不異故"，喻"如瓶等"。論主答云：此說種子體是實有者，唯依世俗諦中說故，不同"真如"勝義諦說，以真如性離非一異戲論種故。

"種子雖依"下，釋有漏種不同真如義。言種子雖依第八為體，即是第八相分，"非餘"，是第八見分所取故，雖非一異，而是有體實法，不可言無。諸有漏種子，是第八所緣；真如無漏種

---

❶ "又第八識從種子生……故名'果報'"，見《宗鏡錄》卷48，《大正藏》第48冊，2016號，頁697下21至23。

❷ "本識是體……非一向異"，見《宗鏡錄》卷47，《大正藏》第48冊，2016號，頁695中24至下3。

❸ "菩提子計"，《成唯識論》卷1將"有法與有等不一不異"的理論被歸於"邪命外道"。

子，非彼因中所緣，俟轉依時，鏡智圓明，方得緣故。此有漏種，與本第八識，體無別故。性類是同，唯是無記。若能、所生法，皆通善等三性，謂此種子本能熏習現行之因，及後所生現行之果，皆通三性。故言"因、果俱善等性"，即是功能差別門說，非依體門性唯無記。此約有漏種說。若無漏種，非異熟性所攝故，故非無記，體性不順本識體故。體既不同，不可相即。又性類別，能治、所治、漏、無漏殊，不可相即。❶

外人又難云：若無漏種非異熟性，何故彼說"皆異熟種""皆異熟生"？"二十二根"者，即五色根、男、女二根、命根、意根、五受根、信等五根、三無漏根。彼難三無漏根同異熟故。論主答云：雖《決擇分》說"皆異熟種"，不與第八同無記性，二十二法皆善性故。謂此諸法，依異熟識故，名"異熟種"；如眼等識，依異熟故，名"異熟生"。皆是異性相依，決不同性。"或無漏種"下，又作一義釋"異熟"名。謂無漏種子，由熏習力，轉變成熟，立"異熟"名，非是無記第八異熟，故知無漏唯善性攝。

一、正明種相，竟。

> 此中有義：一切種子，皆本性有，不從熏生。由熏習力，但可增長。如契經說："一切有情，無始時來，有種種界，如惡叉聚，法爾而有。""界"即"種子"差別名故。又契經說："無始時來界，一切法等依。""界"是因義。《瑜伽》亦說："諸種

---

❶ "此有漏種，與本第八識……不可相即"，見《宗鏡錄》卷48，《大正藏》第48冊，2016號，頁697上13至21。

子體，無始時來，性雖本有，而由染淨新所熏發。諸有情類，無始時來，若般涅槃法者，一切種子皆悉具足；不般涅槃法者，便闕三種菩提種子。"如是等文，誠證非一。又諸有情，既說本有五種性別，故應定有法爾種子，不由熏生。又《瑜伽》說："地獄成就三無漏根，是種非現，又從無始展轉傳來，法爾所得，本性住性。"由此等證，無漏種子，法爾本有，不從熏生。有漏亦應法爾有種，由熏增長，不別熏生。如是建立，因果不亂。

二、明種子有本有、新熏二義，分三：一、本有，二、新熏，二、**❶** 正義兼本有、新熏。今初，即<u>清目</u>**❷**等師唯立本有，謂有漏、無漏俱本性有，不從熏生，由熏習力，但令本有增長成熟。"如契經"下，引經證。"《瑜伽》"下，引論證。"惡叉聚"者，毒樹果也，一枝三子，生必同科。經中取喻惑、業、苦三不相離義。**❸**"一切種子皆悉具足"者，染、淨二種皆本有也。"闕三菩提種"者，清淨種子具而不發也。三種菩提者：一、真性，二、實智，三、方便。"真"名不偽，"性"名不改；能照真性之智，稱理不虛，名為"實智"；善巧隨機，化用自在，名為"方便"。**❹**"般涅槃"者，此

---

❶ "二"，應作"三"。

❷ "<u>清目</u>"，明代《成唯識論》注釋多將"種子唯本有"歸於"清目"，然此義實歸於"<u>護月</u>"。

❸ "'惡叉聚'者……不相離義"，現存文獻最早見於戒環《楞嚴經要解》卷2，《新纂卍續藏》第11冊，270號，頁783下10至11。

❹ "三種菩提者……名為方便"，改寫自《大明三藏法數》卷5，《永樂

云"入圓寂"，即無漏法因也。今引《瑜伽》中說：從無始來有此法因，一切種子具足；無此法因，便闕三種菩提種子。如此等文，誠證"本有"，不一而足。五種性者：謂異生種性、聲聞種性、菩薩種性、如來種性、外道種性。^❶《楞伽》云："云何知聲聞乘無間種性？若聞說得陰、界、入自共相斷知時，舉身毛孔，熙怡欣悅，及樂修相智，不脩緣起發悟之相，是名聲聞乘無間種性。""緣覺乘無間種性者，若聞說各別緣無間，舉身毛豎，悲泣流淚，不相近緣，所有不著，種種自身，種種神通，若離若合，種種變化。聞說是時，其心隨入。是名緣覺乘無間種性相。""如來乘無間種性者，謂自性法無間種性，離自性法無間種性，得自覺聖無間種性，外剎殊勝無間種性，若聞此四事，心不驚怖者，是名如來乘無間種性。""不定種性者，謂說彼三種時，隨說而入，隨彼而成。""各別種性"者，謂一闡提也。^❷三無漏根者：一、未知欲知根，_{九根和合信、法二人見諦中未知欲知。}二、知根，_{信解、見得二人思惟中九根和合轉名根。}三、知已。_{至無學中九根轉名知。}^❸"知"者，即是真見道故。"引地獄具此三根"者，亦證種子本有故。"本性住種"，詳見下文。由此等證"無漏種子法爾本有"，例"有漏種，亦不熏生"。第八識中，本有

北藏》第 181 冊，1615 號，頁 571 下 1 至 7。此處三種菩提原指聲聞、緣覺、菩薩三乘之智。

❶ 此處五種性，應為畢竟聲聞種性、畢竟緣覺種性、畢竟菩薩種性、不定種性、無種性。

❷ "《楞伽》云……謂一闡提也"，改寫自求那跋陀羅譯《楞伽阿跋多羅寶經》卷 1。

❸ "三無漏根者……轉名知"，或改寫自智顗《法界次第初門》卷中之上，《大正藏》第 46 冊，1925 號，683 中 19 至 26。

種子，由諸轉識熏令增長，不由別別熏令生起。種起現時，種因現果；現起種時，現因種果。如是建立，因果不亂。若許新熏者，漏熏無漏，無漏熏漏，善與不善亦互相熏，因果亂矣。

有義：種子皆熏故生，所熏、能熏俱無始有，故諸種子無始成就。"種子"既是"習氣"異名，習氣必由熏習而有，如麻香氣，華熏故生。如契經說："諸有情心，染、淨諸法所熏習故，無量種子之所積集。"論說："內種定❶有熏習，外種熏習或有或無。"又名言等三種熏習，總攝一切有漏法種。彼三既由熏習而有，故有漏種必藉熏生。無漏種生亦由熏習，說聞熏習聞淨法界等流正法而熏起故，是出世心種子性故。有情本來種姓差別，不由無漏種子有、無，但依有障、無障建立。如《瑜伽》說："於真如境，若有畢竟二障種者，立為不般涅槃法性。若有畢竟所知障種非煩惱者，一分立為聲聞種性，一分立為獨覺種性。若無畢竟二障種者，即立彼為如來種性。"故知本來種性差別，依障建立，非無漏種。所說"成就無漏種"言，依當可生，非已有體。

二、新熏，即難陀所執。謂有漏、無漏俱熏故生，非本來有。"如

---

❶ "說內種定"，底本難辨，整理者據《大正藏》本《成唯識論》卷2定。

麻香氣，華熏故生”者，即胡麻中所有香氣，必假華熏，方得香也。西方若欲作塗身香油，先以華香取與巨勝子聚為一處，淹令極爛，後取巨勝壓油，油遂香氣芬馥，比來胡麻中無香氣，因華熏故生。“如契經”下，引經證；“論說”下，引論證。“內種外種”者，《攝論》云：種子有二：一、外種子，但是假名，以一切法唯有識故；二、內種子，則是真實，以一切法以識為本。此二種子，念念生滅，剎那剎那，先生後滅，無有間故。此法得成種子。何以故？常住法不成種子，一切時無差別故。復次云何外種子？如穀麥等無熏習得成種子。由內，外得成。是故內有熏者，外若成種子，不由自能，必由內熏習感外，故成種子。何以故？一切外法，離內則不成。是故於外不成熏習，一由內有熏習得成種子。❶此云“或有”者，外種是依報，乃眾生共相業種所感，亦名熏習。“或無”者，以自有根種展轉相傳故。“名言等三種習氣”，詳見第八卷。引此以證，有漏種生必由熏起。“無漏種生”下，意牒上義，例顯無漏亦熏習生。“說聞熏習”下，證成無漏亦熏生義。“等流”者，同是無漏也。謂聞無漏正法，熏成無漏種子，名出世心種子性。“出世心”者，即是見道。《手杖論》❷云：“出世之智，雖不曾得，但以墮在自相續中，所有似說二無性智，共許從此熏習之處而作生因。此聞之熏，是極清淨法界等流之體性故。法界即是如來法身，我、法二無性解是法界所流果。‘法’謂法身。‘界’即因也。是出世間諸法之界。謂能持彼熏習性故，及斷煩惱、所知二障所有餘

---

❶ “《攝論》云：種子有二……得成種子”，見《宗鏡錄》卷48，《大正藏》第48冊，2016號，頁697下11至21。

❷ 即迦稱造《手杖論》一卷。有義淨譯本，引文見《大正藏》第32冊，1657號，頁506下6至18。

習，名'極清淨'，其聞熏習，是似彼果，彼為增上緣而得生起故，同彼體性故。如有說云：諸初發心菩提薩埵，所有正聞熏習種子，雖曰世間，應知即是法身所攝。室羅縛迦鉢祇迦佛陀，應知即是解脫身攝。是故定知，雖是世間，而能親作出世間心種子也。"

"有情本來"下，破前清目等說"有五性差別，故定執有法爾種子"之義。而言"依障建立"者，意在成就新熏理故。以斷有漏，即熏無漏。"如《瑜伽》說"下，引證依障建立義。"於真如境"者，以真如是迷悟依，諸染淨法依之得生，故言於真如境上有二障種者，不得入圓寂，立為異生性，即不定性、闡提性。二乘不斷所知，唯斷煩惱。斷有利鈍，故分為二：聲聞根鈍，三界九地，地各九品，品品別斷；獨覺根利，三界諸惑，合為一聚，九品別斷，為二種性。如來二障永斷，二死永亡，覺性圓滿，名佛種性。由此故知種性差別，依障建立，非關無漏種子有無。《瑜伽》所說"地獄成就三無漏根"，是種非現，亦依熏生，非本有義。

　　有義：種子各有二類。一者、本有，謂無始來異熟識中，法爾而有，生蘊、處、界功能差別。世尊依此，說"諸有情無始時來有種種界，如惡叉聚，法爾而有"。餘所引證，廣說如初。此即名為本性住種。二者、始起，謂無始來，數數現行熏習而有。世尊依此，說"有情心，染淨諸法所熏習故，無量種子之所積集"，諸論亦說"染淨種子，由染淨法熏習故生"。此即名為習所成種。

　　三、護法正義，兼本有、新熏，分三。一、出正義，二、破本有，三、破新熏。今初。"生蘊、處、界"，即是功能。此功能差別，即是種子。一切種子，與第八識一時而有，從此能生前七現行，現行頭上又熏種子。"世尊"下，總通前清目所引兩經二論之義。"諸有情"等，即第一經義。"餘所引證"，即所引第二經與二論。"始起"中，"世尊"下，總通前難陀所引一經二論之義，初一經義，"諸論亦說"下，即二論義。"本性住種""習所成種"二名，見《瑜伽論》，彼論《菩薩地·種性品》云："云何種性？謂略有二種：一、本性住種性；二、習所成種性。'本性住種性'者，謂諸菩薩六處殊勝，有如是相，從無始世，展轉傳來法爾所得，是名'本性住種性'。'習所成種性'者，謂先串習善根所得，是名'習所成種性'。此中義意，二種皆取。又此種性，未習成果，說名為細，未有果故；已習成果，說名為麤，與果俱故。"❶ 此單就菩薩種性言之，故有"六處殊勝"等言。其實有漏、無漏皆有本性住種性也。

護法意云：有漏、無漏種子，皆有新熏、本有，合生現行，亦不雜亂。若新熏遇緣，即從新熏生；若本有遇緣，即從本有生。若偏執唯從新熏，或偏執但是本有，二俱違教。若二義俱取，善符教理。古德問：此總未聞熏時，此本有從何而生？答：謂從無始時來，此身與種子俱時而有，如外草木等種。又古德解"熏種"義：諸法雖有新、舊二種，當生現時，或從新生，或從舊生，名為"二種"，非謂二種於一念中同生一現。若尒，即有多種共生一芽之過。以此唯知色等相分種並同於此。又問：八識之中既具本有、新熏之義，何識是能熏因、所熏果？答：依經論正義，即是前七現行識，為能熏

---

❶ 引文見《瑜伽師地論》卷 35，《大正藏》第 30 冊，1579 號，頁 478 下 12 至 20。

因緣之因，熏生新熏種子；第八識，是前七現行識所熏生因緣之果。又問：本識等雖無力能熏自種，而能親生自種，故現行本識等得自生種為因緣者，既不熏自種，如何能生自種？又"熏"與"生"何別？答："熏"者，資熏擊發之義；"生"者，生起，從因生出之義。謂本識等，雖無力資熏擊發自種之義，而有親生自種之義。如有種性者法尔本有無漏種子，雖有生果之能，若不得資、加二位有漏諸善資熏擊發，即不能生現；須假有漏諸善資熏，方能生現。又如本識中善、染等種，能引次後自類種子，雖有生義，無自熏義。如穀麥等種，雖有生芽之能，若不得水、土等資熏擊發，亦不能生。其現行本識，雖有生種之能，然自力劣，須假六、七與熏方生。由是義故，本識等雖非能熏，而能生種，故與親種得為因緣。五根、塵等諸根分亦應然。此解：今依因位現行，望自親所熏種，能為二緣，即是因緣、增上緣；唯除第八，及六識中極劣無記，非能熏故。今按此文：現於親種得為因緣中，既除第八及六識中極劣無記，非能熏故，望自親種無因緣義。若言本識及六識中極劣無記，能生自種得為因緣者，便犯異熟有能熏過，違聖教失。又問：如前六識所變五塵相分，不能自熏新種，須假能變心緣，方能熏自種故。五塵相分，得為能熏。其極劣無記，亦假能變心緣。何故不同五塵相分得為能熏？答：今按，有為法分為三品：一者、上品，如七轉識及相應等，一分能緣慮故力最強，悉有力自熏；二者、中品，如五塵相分等，雖有熏力，而力稍微，假心與力，彼方自熏；三者、下品，即極劣無記，如極羸病無力之人，不能自起，縱人與力扶持，亦不能起。本識等類，亦復如是，本無熏力，謂心與力亦不能熏。由是義故，極劣無記，一向無力，故非能熏。與五塵相分不同，彼自有力，但力相劣，不能獨熏，假心相助，自有半力，故是能熏。由是義故，今正解者：第八識聚，及此所變異熟五根相分，并異熟浮根等，及異熟前六識等，並無新種，以其極劣，非能熏故，從本有舊種所生，其長養五根，及此浮根，及等流五塵等相分。前六識所變者，皆可各有新、本二種。❶

　　若唯本有，轉識不應與阿賴耶為因緣性，如契經說："諸法於識藏，識於法亦爾，更互為果性，亦常為因性。"此頌意言：阿賴耶識與諸轉識，於一切時，展轉相生，互為因果。《攝大乘》說：阿賴耶識與雜染法，互為因緣，如炷與焰，展轉生燒；又如束蘆，互相依住。唯依此二，建立因緣，所餘因緣不可得故。若諸種子不由熏生，如何轉識與阿賴耶有因緣義？非熏令長可名因緣，勿善、惡業與異熟果為因緣故。又諸聖教說有種子由熏習生，皆違彼義。故唯本有，理、教相違。

　　二、破清目等獨執本有非理。謂若唯本有無新熏者，前七王所亦具能熏義，不應與第八為因緣性。頌中"法"字，即前七轉識。"識"字，即第八識。"諸法於識藏"，能攝藏也，謂與諸識作二緣性：一、為彼種子，二、為彼所依。"識於法亦爾"，所攝藏也，謂諸轉識，亦與阿賴耶為二緣：一、於現法中能長養彼種子，二、於

---

❶ "護法意云……新、本二種"，引自《宗鏡錄》卷 48，《大正藏》第 48 冊，2016 號，頁 698 上 27 至下 23。

後法中轉攝植彼種，互相生故。❶《顯揚論》云："一、於現法長養彼種者，謂如依止阿賴耶識善、不善、無記轉識時，如是如是，於一依止同生同滅，熏習阿賴耶識。由此因緣，後後轉識善、不善、無記性，轉更增長，轉更熾盛，轉更明了。二、於後法轉攝植彼種者，謂彼熏習種類，能引攝當來異熟無記阿賴耶，如是為彼種子故，為彼所依故，長養種子故，攝植種子故。"❷應知建立阿賴耶識與諸轉識互為緣性，即此中互為因果義也。"如炷與焰"者，謂一剎那燈炷為依，發生燈焰，是則燈炷為焰生因；即此剎那焰復能燒所依燈炷，是則燈焰為炷燒因。內炷生焰，如種生現；內焰燒炷，如現熏種。此舉增上緣喻因緣義。"如束蘆"者，如二束蘆，更互依持，令住不倒。若於爾時此能持彼令住不倒，即於爾時彼能持此，令住不倒。此以俱有依喻因緣義。❸"唯依此二"，謂種與現，或曰能、所熏也。若謂"種子本有，由熏令長，即經論中說因緣義"者，則善、惡業與異熟果，亦可謂之因緣乎？為善、惡業與異熟果是增上緣，四緣不容相濫也。又諸聖教說有種子由熏習生，即不言唯熏令長。今執本有，皆乖聖教矣。由前違理，由後違教，故曰"理、教相違"。

---

❶"'諸法於識藏'，能攝藏也……互相生故"，或引自《宗鏡錄》卷48，《大正藏》第48冊，2016號，頁697中16至20。源自《成唯識論述記》卷2，《大正藏》第43冊，1830號，頁306上17至22。

❷引文見《顯揚聖教論》卷17，《大正藏》第31冊，1602號，頁566中13至23。

❸"'如炷與焰'者……喻因緣義"，或改寫自《宗鏡錄》卷48，《大正藏》第48冊，2016號，頁697中20至24與《攝大乘論釋》卷2，《大正藏》第31冊，1597號，頁328中16至19。

　　若唯始起，有為無漏無因緣故，應不得生。有漏不應為無漏種，勿無漏種生有漏故。許應諸佛有漏復生，善等應為不善等種。分別論者雖作是說：心性本淨，客塵煩惱所染污故，名為雜染，離煩惱時，轉成無漏，故無漏法非無因生。而"心性"言，彼說何義？若說空理，空非心因，常法定非諸法種子，以體前後無轉變故。若即說心，應同數論，相雖轉變，而體常一。惡、無記心又應是善，許則應與信等相應，不許便應非善心體。尚不名善，況是無漏？有漏善心，既稱雜染，如惡心等，性非無漏，故不應與無漏為因，勿善惡等互為因故。若有漏心性是無漏，應無漏心性是有漏，差別因緣不可得故。又異生心若是無漏，則異生位，無漏現行，應名聖者。若"異生心，性雖無漏，而相有染，不名無漏，無斯過"者，則心種子亦非無漏，何故汝論說有異生唯得成就無漏種子？種子、現行性相同故。然契經說"心性淨"者，說心空理所顯真如，真如是心真實性故；或說心體非煩惱故，名"性本淨"，非"有漏心性是無漏，故名本淨"。由此應信，有諸有情，無始時來，有無漏種，不由熏習，法爾成就，後勝進位熏令增長，無漏法起，以此為因，無漏起時，復

熏成種，有漏法種，類此應知。諸聖教中，雖說
內種定有熏習，而不定說一切種子皆熏故生，寧
全撥無本有種子？然本有種，亦由熏習令其增
盛，方能得果。故說"內種定有熏習"。其聞熏習，非
唯有漏，聞正法時，亦熏本有無漏種子，令漸增
盛，展轉乃至生出世心，故亦說此名聞熏習。聞
熏習中，有漏性者，是修所斷，感勝異熟，為出
世法勝增上緣；無漏性者，非所斷攝，與出世法
正為因緣。此正因緣，微隱難了，有寄麁顯勝增
上緣，方便說為出世心種。依障建立種姓別者，意
顯無漏種子有無。謂若全無無漏種者，彼二障種
永不可害，即立彼為非涅槃法；若唯有二乘無漏
種者，彼所知障種永不可害，一分立為聲聞種
姓，一分立為獨覺種姓；若亦有佛無漏種者，彼
二障種俱可永害，即立彼為如來種姓。故由無漏
種子有、無，障有可斷、不可斷義。然無漏種微隱
難知，故約彼障顯性差別。不爾，彼障有何別因，而
有可害、不可害者？若謂"法爾有此障別"，無漏
法種寧不許然？若本全無無漏法種，則諸聖道永
不得生，誰當能害二障種子，而說依障立種姓
別？既彼聖道必無生義，說當可生，亦定非理。然
諸聖教處處說有本有種子，皆違彼義。故唯始

起，理、教相違。由此應知，諸法種子，各有本有、始起二類。

三、破難陀等獨執始起非理。謂若唯新熏無本有者，上品無漏、無記第八，此上二類無新熏理。又無本有，從何種生？[1]問：何為有為無漏因緣？答：即四德種子。如《攝論》云"轉依名法身"，"由聞熏法，四法得成：一、信樂大乘，是大淨種子；二、般若波羅蜜，是大我種子；三、虛空器三昧，是大樂種子；四、大悲，是大常種子。此聞熏習及四法，為四德種子。四德圓時，本識都盡。四德本來是有，不從種子生。從因作名，故稱種子。此聞熏習，能損滅本識。為對治本識，與本識性相違，故不為本識性所攝。"[2]故云："四德圓時，本識都盡。"若不淨種子，則熏習生，增益本識也。此中大意，言若本來無無漏種性，則眾生永無成佛分。不應有漏為無漏種。若有漏為無漏種，則無漏亦應為有漏種，而諸佛等應起雜染，還作眾生矣。"分別論者"，即後三卷所引上座部經分別論者是也[3]。分別論說"心性本淨"等語，一往觀之，似有漏心性即是無漏，不須別有無漏種子；細而察之，則"心性本淨"一語，即是心空所顯真如，而為無漏四德之因。故無漏法，非是無因而生，定

---

[1] "若唯新熏無本有者……從何種生"，或改寫自《唯識開蒙問答》卷上，《新纂卍續藏》第 55 冊，888 號，頁 355 上 12 至 13。

[2] "由聞熏習，四法得成……故稱種子"，改寫自世親造、真諦譯《攝大乘論釋》卷 3，《大正藏》第 31 冊，1595 號，頁 173 下 24 至頁 174 上 12。

[3] 明代注疏皆謂"分別論者"即"上座部經分別論者"，唐代注疏則謂"分別論者"並非確定部派名稱，認為有"有分識"的"上座部經分別論者"是化地部，而慧沼《成唯識論了義燈》謂此處的"分別論者"可能是"大乘異師""小乘諸部"等，"不定一部"。

有種子在也。且汝所謂心性者,何所指耶? 若指空理,空即非情,何為心因? 空是常法,豈為法種? "體前後無轉變故",釋所以為常法之故也。量云:"空理非諸法種子","以體前後無轉變故",喻"如虛空"。若"即是心,心體本一,而有漏、無漏轉變"者,即同數論冥性常一而二十三法轉變之謬執矣。量云:"性即是心","相雖轉變而體常一故",喻"如數論"。又無漏是善,心通三性,心是無漏因,不善、無記心應是無漏善。若許二心是善,應與信等相應。若不許彼相應,便應非善心體。善名且不可得,況無漏乎? 即有漏善心,亦不應為無漏因。何以故? 既名雜染,即與惡心等,故有漏不應為無漏種,善等應為不善等種,如前破故。量云:"有漏善心"是有法,"性非無漏"是宗,因云"是雜染故","如惡心等"。若曰"有漏心具無漏性",則應無漏心亦具有漏性矣,而可乎? 何以故? 一性之中,差別因緣不可得故。又異生心是無漏種,則異生位所起現行悉是無漏,應名聖者。何名異生? 若謂"異生之性雖是無漏,而異生之相尚在染位,不名無漏,無斯過"者,是亦不然。異生之相既是有漏,則心種子亦非無漏,何故汝論說有異生唯得成就無漏種子乎? 種子成就,現行亦成。何以故? "種子、現行性相同故。"淨則俱淨,染則俱染,不容有差別也。

"然契經"下,釋心性本淨正義,言"心性"者即是真如,以真如是心之真實性故。一說,心體上本無煩惱故,名"性本淨",不同前破"有漏之心性是無漏,故名本淨"也。真如無為,非心之因,亦非"種子能有果法",如虛空等故,非"有漏心性是無漏,名本性淨"也。[1] 由此心性本淨之故,諸有情類無始時來有無漏種,不

---

[1] "真如無為,非心之因……明本性淨也",或改寫自《宗鏡錄》卷48,《大

由熏習，法爾成就；後至資糧、加行位中，藉聞熏力，熏令增長，故見道位斷分別惑，無漏現起，必仗此真如清淨無漏種子為因而成現行。無漏現行既起，展轉熏成一切智種。由此義故，定有本住、新熏二類種子。無漏既爾，有漏應知。

"諸聖教下"，通前所引《瑜伽》"內種定有熏生"之義，以明有漏不待熏生。"然本有種，亦由熏習，令其增盛，方能得果"者，明教說熏習是增上緣，非說因緣熏生內種也。

"其聞熏習"下，通前所引"聞熏習聞淨法界"等語，明無漏種亦有熏生義，其聞熏習聞正法時，不唯熏起有漏法種，亦能熏起本有無漏法種，展轉生出世心。"出世心"者，即是見道。聞熏習中有二種緣義熏生有漏，感變易生死勝異熟果，為出世法作增上緣。至修道位，此種可斷，熏生無漏，與出世法為正因緣。此因直至佛果位中無有間斷，非所斷攝。問：若有漏種是增上緣，何故能熏出世心種？答：此無漏種正因緣性，微細幽隱，不能了知，故假託麤暑顯明有漏性中勝增上緣，方便說為出世心種。其實出世心種，是本有無漏正因緣也。

"依障建立"下，通前所引依障建立種性別義。"非涅槃法"，即異生性法，以諸異生無涅槃故。無漏法種，能害二障。故無彼種，二障永不可害。二乘種性，唯斷煩惱，不斷所知，故所知障永不可害。根有利、鈍，故分二種。佛無漏種，具者，彼二障種俱可永害。由此無漏種或有或無，故障有可斷、不可斷二義。若不由無漏種子有、無，彼二種障依何為因，而有斷、有不斷耶？然無漏種，微細幽

正藏》第48冊，2016號，頁698上17至19。源自《成唯識論述記》卷2，《大正藏》第43冊，1830號，頁308上16至19。

隱，難可了知，故約二障顯而易見者，明種性差別耳，豈謂全無無漏種子哉？若謂"法爾有此障別"，則亦應法爾有無漏法種，而彼不許，何哉？若無漏法種非本有者，則三乘聖道永不得生，是誰能斷二障種子，而說依障立種性別乎？既諸聖道永不得生，則彼所云"依熏可生非已有體"之義亦不成矣。況諸聖教說有本有種子，今執唯始起，彼義謂何？由前違理，由後違教，故曰"理、教相違"。"由此應知，諸法種子各有本有、始起二類"，結成正義可知。

通上，二、明種子二義，竟。

然種子義，畧有六種：一、剎那滅。謂體纔生，無間必滅，有勝功力，方成種子。此遮常法，常無轉變，不可說有能生用故。二、果俱有。謂與所生現行果法，俱現和合，方成種子。此遮前、後及定相離。現、種異類，互不相違，一身俱時有能生用。非如種子，自類相生，前、後相違，必不俱有。雖因與果，有俱、不俱，而現在時可有因用，未生、已滅無自體故。依生現果，立"種子"名，不依引生自類名種，故但應說與果俱有。三、恒隨轉。謂要長時一類相續，至究竟位，方成種子。此遮轉識，轉易間斷，與種子法不相應故。此顯種子自類相生。四、性決定。謂隨因力，生善、惡等功能決定，方成種子。此遮餘部執"異性因生異性果，有因緣"義。五、待眾緣。謂此要待自眾緣合，功能殊勝，方成種子。此遮外道執"自然因，不待眾緣，恒頓生果"，或遮餘部"緣恒非無"，顯所待緣非恒有性，故種於果，非恒頓生。六、引自果。謂於別別色、心等果，各各引生，方成種子。此遮外道執"唯一因，生一切果"，或遮餘部執"色、心等互為因緣"。唯本識中功能差別，具斯六義，成"種"，非餘。外穀、麥等，識所變故，假立"種"名，非實種子。此種勢力，生近正果，名曰"生因"；引遠殘果，令不頓絕，即名"引因"。內種必由熏習生長，親能生果，是因緣性。外種熏習，或有或無，為增上緣。辨所生果，必以內種為彼因緣❶，是共相種所生果故。

三、明種子六義。上二義，是種子原本。此六義，是就已成種子後說。

"一、刹那滅"者，生已無間即滅壞故，顯是有為，有轉變義，於轉變位，能取、與果，方成種子。問：刹❷義揀去何法，不得名種？答：揀無為法，及長時四相，并外道常我。所以者何？以一切時，其性如本，無差別故，無能生用。難云：若刹那滅為種子

---

❶ "外種熏習，或有或無，為增上緣。辨所生果，必以內種為彼因緣……"，標點按本書解釋。若據窺基《成唯識論述記》解釋，應作"外種熏習，或有或無，為增上緣，辨所生果。必以內種為彼因緣"。

❷ "刹"字下，校本原校勘注謂"刹下疑脫那字"，底本無"那"字，本段引自《唯識開蒙問答》卷上，原文亦無"那"字。

者，應前念種，望後念現，或因一念自、他相望，皆與為種。答：第二義揀，要果俱有。❶果俱有者，與自現果俱時現有，方成種子，故<u>無性</u>云：「何者俱有？已滅生果不應理故，如死雞鳴。是故應許種子與果俱時而住，一此與果不相違故，如蓮華根。雖後俱有，然非一二。」❷釋云：謂此種子，要望所生現行果法，俱時現有。「現」者，謂「顯現」「現在」「現有」三義名「現」。即「顯現」言，簡彼第七。第七不名種子，果不顯現故。「現在」，簡前、後。「現有」，簡假法，體是實有，方成種子。「和合」，簡相離。❸「前、後」，即過去、未來。「相離」，謂一切法與法不相應者。「現行、種子，雖是類別，互不相違，一身俱時，有能生用」，即後章所云，能熏生種，種起現行，如俱有因，得士用果。「非如種子自類相生，前、後相違，必不俱有」，即後章所云，種子前後自類相生，如同類因，引等流果。因果俱，即現種異類；因果不俱，即種子自類。此即雙成二義，謂現在因有，是果俱有。「未生、已滅」，是前、後義。明「種子」名，但依「種生現」立，不依「種生種」立，故但應說與果俱有。故<u>世親</u>云：「言俱有者，謂非過去，亦非未來，亦

---

❶ 「顯是有為……要果俱有」，引自《唯識開蒙問答》卷上，《新纂卍續藏》第 55 冊，888 號，頁 353 下 22 至頁 354 上 2。

❷ 引文出自<u>無性</u>《攝大乘論釋》卷 2：「何者『俱有』？已滅生果不應理故，如死雞鳴。是故應許種子與果俱時而住，以此與果不相違故，如蓮華根。雖復俱有，然非一、二、三剎那住，猶如電光。」（《大正藏》第 31 冊，1598 號，頁 389 上 29 至中 4）

❸ 「釋云：謂此種子……簡相離」，引自《宗鏡錄》卷 48，《大正藏》第 48 冊，2016 號，頁 697 下 24 至頁 698 上 1。源自《成唯識論述記》卷 3，《大正藏》第 43 冊，1830 號，頁 309 下 14 至 20。

非相離得為種子。何以故？若於此時種子有，即於爾時果生故。"❶
難云：種因生現，要與現果俱時而有，方得名種；現因熏種，亦
與種果俱時而有，應亦名種。答：有第三義，要恒隨轉。恒隨轉
者，謂要長時相續，其性一類，方成種子。❷ "究竟位"，即金剛
心道。"恒隨轉"，真諦譯為"隨逐"，"究竟位"譯為"治際"。天
親云："'治'，謂金剛心道。阿梨耶識於此時功能方盡，故名'際'。外
種子至果熟及根壞時，功能則盡，是故三名'隨逐至治際'。"❸遮
彼轉識現熏種時，雖一念與種果俱有，非恒隨轉。問：能熏現，與
所熏種，何非恒隨？答：間斷之識三性互起，非長相續一類而轉，故
能熏現不得名種。問：若爾，第七不間，應得名種。答：漏無漏
間，不得名種。問：若云一類，如何說有有壽盡相？答：約生果
有限，名有壽盡相，種體非斷。難云：若恒隨轉得名種子，應善
等種生染等現。答：有第四義揀，要性決定。謂隨能熏善、惡、無
記決定無雜，生各性果，名性決定，遮彼異性為自類因。❹故世
親云："言'決定'者，謂此種子各別決定，不從一性一切得生。從
此物種還生此物。"❺問：若異性因不名種子，如何說有因通善惡
果唯無記？答：彼增上緣，此說因緣。難云：若"自性因生自性

---

❶ 此處引文出自世親造、玄奘譯《攝大乘論釋》卷2。

❷ "難云：若恒隨轉……方成種子"，或改寫自《唯識開蒙問答》卷上，《新
纂卍續藏》第55冊，888號，頁354上4至7。

❸ 此處引文出自世親釋、真諦譯《攝大乘論釋》卷2，《大正藏》第31
冊，1595號，頁165下22至24。

❹ "遮彼轉識現熏種時……為自類因"，或改寫自《唯識開蒙問答》卷
上，《新纂卍續藏》第55冊，888號，頁354上7至13 。

❺ 此處引文出自世親造、玄奘譯《攝大乘論釋》卷2，《大正藏》第31
冊，1597號，頁329下5至7。

果，名'種子'"者，應此性因一時頓生此性多果。答：有第五義
揀。要待眾緣，其種雖有，要須等待眾緣和合，方起現行，始成
種子。親因緣、增上緣、等無間緣、所緣緣，此名"眾緣"。心種待
四緣，色種待二緣，謂因緣、增上緣。若不待緣而成種者，則一因
應為一切因，以待眾緣成，故不漫為因。問：誰說一因頓生多
果？答：謂有外道執自然等頓生多果。❶又餘部小乘執"緣恒
有"。今"眾緣"，正遮此二所執，以明有生、未生者乃緣合、未合
耳。難云：若同性待緣生一性果，應善色種生善心果，餘性準
此。答：有第六義揀。要引自果，謂自種子但引自果。要別別色，及
別別心，各各引生自色、心果，方成種子。如阿賴耶識種子，唯能
引生阿賴耶現識；如稻穀等，唯能引生稻穀等果。問：色、心互生，是
誰所執？答：謂有外道計一因能生一切諸果，是故遮之。問：無
性第七，具前五義，應名種子？答：闕"果俱有"。第八現識雖具
"恒隨"，亦缺"果俱"。❷

　　"唯本識"下，結成。本識中一分差別功能，具上六義，方成
種子，決非餘義所能成故。其外種子，如稻穀等，皆是眾生共受
用業之所招感，內識所變，依世俗說，假名種子耳。

　　"此種"下，明內、外種子俱有生、引二因。"能生芽等，乃至
果熟，是外生因；能生果報，乃至命終，是內生因。"❸"外種能

---

　　❶"問：若異性因……頓生多果"，或改寫自《唯識開蒙問答》卷上，《新
纂卍續藏》第 55 冊，888 號，頁 354 上 15 至 23。

　　❷"難云：若同性待……亦缺'果俱'"，或改寫自《唯識開蒙問答》卷
上，《新纂卍續藏》第 55 冊，888 號，頁 354 上 23 至下 4。

　　❸"能生芽等……是內生因"，引自<u>世親</u>造、<u>真諦</u>譯《攝大乘論釋》卷 2，《大
正藏》第 31 冊，1595 號，頁 166 中 20 至 21。

引枯後相續，內種能引喪後屍骸。由引因故，多時續住。"❶ "若一種子唯作生因非引因者，收置倉中麥等種子，不應久時相似相續；喪後屍骸，如青瘀等分位隨轉，亦不應有。"❷ 生因已謝，果應滅故。若說 "刹那轉轉相生，前刹那為後刹那作因，得相續住"者，若爾，最後不應都盡。既無此二義，故知別有引因。此二種因，譬如人射，彎弓、放箭，放箭為生因，彎弓為引因，放箭得離弦，遠有所至。若但以放箭為因，不以彎弓為因，則箭不得遠。若言 "前刹那箭，生後刹那箭，故箭得遠"，則箭無落義。種子亦爾，由生因盡故枯喪，由引因盡故滅盡。❸ "內種必由熏習"者，如無多聞熏習之因，必無多聞之果。外種熏習，有無不定，故置 "或"言。"如以炭與牛糞、毛等，次第生彼苣藤、青蓮華根及以蒲等，非苣藤等與彼炭等俱生俱滅，互相熏習，而從彼生。如是外種或無熏習。如巨勝與華鬘等俱生俱滅，由熏習故，生香氣等。如是外種或有熏習。"❹ "是增上緣"，非因緣攝。若辦所生果，必以內種為彼因緣，由稻穀等外法種子，皆是眾生感受

---

❶"外種能引……多時續住"，引自<u>世親</u>造、<u>玄奘</u>譯《攝大乘論釋》卷 2,《大正藏》第 31 冊，1597 號，頁 330 上 21 至 22。

❷ "若一種子……亦不應有"，本段引自<u>無性</u>《攝大乘論釋》卷 2,《大正藏》第 31 冊，1598 號，頁 389 下 25 至 27。"若一種子"，《大正藏》本<u>無性</u>《攝大乘論釋》卷 2 作 "若二種子"，應作 "若二種子"，即 "內" "外" 二種種子。

❸ "生因已謝……有引因盡故滅盡"，改寫自<u>世親</u>造、<u>真諦</u>譯《攝大乘論釋》卷 2,《大正藏》第 31 冊，1595 號，頁 166 中 24 至下 3。

❹ "如以其炭……或有熏習"，引自<u>無性</u>《攝大乘論釋》卷 2,《大正藏》第 31 冊，1598 號，頁 390 上 16 至 21,《大正藏》本<u>無性</u>《攝大乘論釋》作 "如從其炭"。

用業熏習種子，依阿賴耶力所變現，是故外種離內無別❶，亦是多人共業所感，故曰“共相”。

依何等義立“熏習”名？所熏、能熏，各具四義，令種生長，故名“熏習”。

四，能所、熏習，分四：一、問，二、總答，三、正釋。“依何等義立‘熏習’名”，問也。“所熏”至“故名熏習”，此總答也。“熏”者，發也，或猶致也。“習”者，生也，近也，數也。即發、致果於本識內，令種子生、近、生長故。❷

何等名為所熏四義？一、堅住性。若法始終一類相續，能持習氣，乃是所熏。此遮轉識及聲、風等，性不堅住，故非所熏。二、無記性。若法平等，無所違逆，能容習氣，乃是所熏。此遮善、染勢力強盛，無所容納，故非所熏。由此如來第八淨識，唯帶舊種，非新受熏。三、可熏性。若法自在，性非堅密，能受習氣，乃是所熏。此遮心所及無為法，依他堅密，故非所熏。四、與能熏共和合性。若與能熏同時、同處，不即不離，乃是所熏。此遮他身、剎那前、後，無和合義，故非所熏。唯異熟識，具

---

❶ “由稻穀等外法種子，皆是眾生……離內無別”，引自無性《攝大乘論釋》卷2，《大正藏》第31冊，1598號，頁390中2至4。

❷ “‘熏’者，發也……生長故”，引自《宗鏡錄》卷48，《大正藏》第48冊，2016號，頁699上7至9。

此四義，可是所熏，非心所等。

三、正釋，分三：一、所熏，二、能熏，三、總結。今初。"何等名為所熏四義"，別徵也。"一、堅住性"下，別釋也。所熏四義，唯第八具，所以第八獨為所熏。四義者：一、堅住性。從無始之始，至究竟之終，一類相續，為堅住性。❶夫為所熏識者，且須一類堅住，相續不斷，能持習氣，乃是所熏。今前六轉識，若五位無心時，皆間斷故，既非堅住，非是所熏。❷一云："轉識"，謂七轉識，兼含心所。若許七識能持種者，初地已破四惑，應失一切有漏種子，已轉七識成平等性。猶有有漏種者，明是八識能持。言"風、聲等"者，此揀根、塵，以間斷相顯，故偏語之。理實"等"字，"等"取根塵及法處所攝色等，一切皆揀，至無色界即無色故，入滅定等心亦無故，名不堅住。❸此亦遮經部師將色、心更互持種。論主云：且如於無色界入滅定時，色、心俱間斷，此時將何法能持種？又如五根、五塵，皆不通三界，亦非堅住，如何堪為所熏性？又第七識在有漏位雖不間斷，在十地位中亦有解脫間斷，謂得無漏時不能持有漏種，以有漏、無漏體相違故。以第八識雖是有漏，以在因中體無解脫，唯無覆性，即不妨亦能持無漏種，得名所熏。應立量云："前七轉識"是有法，"非所熏"宗，因云"不

---

❶ "所熏四義，唯第八具……為堅住性"，或改寫自《唯識開蒙問答》卷上，《新纂卍續藏》第 55 冊，888 號，頁 353 上 22 至下 2。

❷ "夫為識所熏者……非是所熏"，引自《宗鏡錄》卷 48，《大正藏》第 48 冊，2016 號，頁 699 上 28 至中 2。

❸ "'轉識'，謂七轉識……名不堅住"，引自《大方廣佛華嚴經隨疏演義鈔》卷 32，《大正藏》第 36 冊，1736 號，頁 245 下 16 至 22。

堅住故"，同喻"如電光、聲、風等"。問：若言"有堅住性即是所
熏"者，只如佛果第八亦是堅住性，應名所熏。答：將第二義簡，曰
無記性。夫為所熏者，須唯是一類無記，即不違善惡性，方受彼
熏。今佛果第八既是善性，即不容不善及無記性，非是所熏，以
佛果圓滿故，如似沉麝，不受臭穢物熏。若不善性者，即是煩惱。又
不容信等心所熏，互不相容納故。其所熏性，如寬心捨行之人，能
容納得一切善、惡事。若惡心性人即不中。第八識似寬心捨行之
人，能容一切習氣。有此義故，方名所熏。若如來第八無漏淨識，唯
在因中曾所熏習，帶此舊種，非新受熏，以唯善故，違於不善等。又
云：善、染如沉麝、韭、蒜等，故不受熏；無記如素帛，故能受熏。如
善不容於惡，猶白不受於黑；若惡不容於善，如臭不納於香。唯
本識之含藏，同太虛之廣納矣。問：若言"有堅住性，及無記性
二義，便名所熏"者，且如第五心所同心王，具此二義，應是所
熏；又如無為，亦有堅住性義，為所熏何失？答：將第三義簡，曰
可熏性。言"自在"者，正簡難陀許第八五心所能受熏。論主云：心
所不自在故，依他生起，非所熏性。言"性非堅密"者，即簡<u>馬
鳴</u>菩薩真如受熏。論主云：無為體堅密，如金石等，決不受熏。夫
可熏者，且須體性虛踈，能容種子，方得。<u>馬鳴</u>救云：我言真如
受熏者，以真如是性，第八是相，性、相不相離。若熏著相時，兼
熏著性，或攝相歸性，故真如受熏何失？如將金石作指鐶等。<u>護
法</u>破云：熏相不熏性，如火燒世界，不燒虛空。今唯是第八心王
體性虛踈，方可受熏，如衣服虛踈，方能受香等熏。●問：若言
"有堅住性、無記性，及可熏性三義，即是所熏"者，應可此人第

---

❶ 自"馬鳴救云"至此，出自《宗鏡錄》卷48。

八識，受他人前七識熏，以此人第八是可熏性故？答：將第四義簡，曰與能熏共和合性。今將此人第八，望他人前七，無同時、同處和合義故，非是所熏。亦遮經部師前念之識熏後念義。❶"他身"即簡同處，無有以他身識為我所熏故。"剎那前、後"即簡同時，前念識體與後念識相不相及故。"唯異熟識，具此四義，可是所熏，非心所等"，此總結也。"非心所"者，即第八同時心所。"等"取所餘，如上所揀。❷

何等名為能熏四義？一、有生滅。若法非常，能有作用，生長習氣，乃是能熏。此遮無為，前、後不變，無生長用，故非能熏。二、有勝用。若有生、滅，勢力增盛，能引習氣，乃是能熏。此遮異熟心、心所等，勢力羸劣，故非能熏。三、有增減。若有勝用，可增可減，攝植習氣，乃是能熏。此遮佛果圓滿善法，無增無減，故非能熏。彼若能熏，便非圓滿，前、後佛果應有勝、劣。四、與所熏和合而轉。若與所熏同時、同處，不即不離，乃是能熏。此遮他身、剎那前、後，無和合義，故非能熏。唯七轉識及彼心所，有勝勢用而增減者，具此四義，可是能熏。

---

❶"此亦遮經部師將色、心更互持種……熏後念義"，或改寫自《宗鏡錄》卷48，《大正藏》第48冊，2016號，頁699中2至下26。

❷"'他身'即簡同處……如上所揀"，或改寫自《大方廣佛華嚴經隨疏演義鈔》卷32，《大正藏》第36冊，1736號，頁246上5至13。

二、能熏。"何等名為能熏四義"，徵也。"一、有生滅"下，別釋。且外人問：無為法得名能熏否？答：將第一義簡。曰：有生滅。以生滅法有能生長之作用故。今前七識有生滅，有生長作用，故是能熏。問：若爾者，且如業感異熟生心、心所，及色法、不相應行等，皆有生滅，亦非作用，應是能熏？答：將第二義簡。要有勝用。謂善惡有覆強盛之力，名為勝用。其業感異熟生心、心所等，劣弱，無強盛作用；能熏色法，雖有強盛，又無緣慮勝用；不相應行，二用俱闕，此非能熏。又勝用有二：一、能緣勝用，即簡諸色為相分熏，非能緣熏；二、強盛勝用，謂不任運起，即揀別類異熟心等有緣慮用，無強盛用，為相分熏，非能緣熏。由斯，內色等有強盛用，無能緣用；異熟心等有能緣用，無強盛用；不相應法，二用俱無，皆非能熏。即緣勢用可致熏習，如強健人能致功效故。問：若有生滅，及有勝用，即名能熏者，且如佛果前七識，亦具此二義，應是能熏？答：將第三義簡。要有增減。增減者，損益之義，佛無損益，故非能熏。疏喻說云：應剛即剛，合柔即柔，能成辦事，第七末那，至無漏位，亦有增減，唯除佛果。言有勝劣者，前佛應勝，後佛應劣，以前佛熏得無漏種子多故。問：若言具有生滅、有勝用、有增減，三義，即名能熏者，且如他人前七識，亦有上三義，應與此人第八為能熏性？答：將第四義簡。❶"要與所熏和合而轉"，揀自、他不得互熏，前、後不得互熏。同所熏第四義。上二皆云"共和合"者，"和合"即是"相應"異名。"唯七轉識至可是能熏"，結也。所以能、所第四合者，有二義故：一、

---

❶ "且外人問……第四義簡"，或改寫自《宗鏡錄》卷 48，《大正藏》第 48 冊，2016 號，頁 699 下 28 至頁 700 上 25。

以二種第四，但能、所異，言全似故；二、用此文別為總結故。《論》結云"如是能熏與所熏識俱生俱滅，熏習義成"等❶。

問：七能熏中，熏第八四分之中，約熏何分？答：前五轉識，能熏阿賴耶相分種子；第六意識，能熏第八相見分種子；第七末那，唯熏第八見分種子。問：前七識四分，何分能熏？答：見、相二分能熏種，以此二分有作用故。問：相分是色，何能熏種？答：但是見分與力，令相分熏種，如梟附塊而成卵鷇。又見分是自證分與力。❷

問：能熏前七皆有王、所，亦同第八唯王非所否？答：王、所皆能。問：前七心所，何故同王亦能熏耶？答：四義具故。問：第八心所，何不同王亦所熏耶？答：前已揀故，缺自在義，所以非所。難曰：心所不自在，心所非所熏；心所不自在，心所非能熏。答：已具義、不具義故，何煩再問？我問前義，豈可重繁？答：為因據有力，心所亦能熏。心所有力故，受熏須報主。心所非所熏，所非報主故。難曰：為因言有力，心所便能熏；為果應有力，心所亦所熏？答：為果無力，又過失多，所以心所非是所熏。何知無力及有過失？答：既有過失，知是無力。問：何過失？答：頓生六果故。若第八識王、所一聚，六皆受熏，凡一能熏，熏六箇種，後遇緣時，六種頓生六箇現行。問：設生六果，何便是過？答：如一有情，頓生六箇第八現行，成六有情，故是大過。問：一設成六，何成大過？答：聖教所說，其眾生界無有增減。既違聖教，又

---

❶ "所以能、所第四合者……等"，或改寫自《大方廣佛華嚴經隨疏演義鈔》卷71，《大正藏》第36冊，1736號，頁568中6至10。

❷ "問：七能熏中……自證分與力"，引自《宗鏡錄》卷48，《大正藏》第48冊，2016號，頁700中20至27。

無此理,故成大過。難:能熏第七一聚王、所有十八法,緣第八時,齊熏一十八箇質種,何無頓生十八果失?答:能熏雖多,一處受熏,唯生一果,如一麥中有多麴塵,共生一芽,此亦如彼。應法合云:麥殼一而麴塵眾,共生一芽;持處一而種子多,同生一果。其或麥粒成多,自爾蓁苞競秀,若也受熏非一,何疑眾果齊生。❶

如是能熏與所熏識,俱生俱滅,熏習義成,令所熏中種子生長,如熏苣蕂,故名熏習。能熏識等從種生時,即能為因,復熏成種,三法展轉,因果同時,如炷生焰,焰生焦炷,亦如蘆束更互相依。因果俱時,理不傾動。能熏生種,種起現行,如俱有因得士用果;種子前後自類相生,如同類因引等流果。此二於果,是因緣性。除此餘法,皆非因緣。設名因緣,應知假說。是謂畧說一切種相。

三、總結。"如熏苣蕂"者,苣蕂本來是炭,多時埋在地中,便變為苣蕂。西方若欲作塗身香油,先以華香,取與苣蕂子聚為一處,淹令極爛,後取苣蕂厭油,油遂香氣芬馥。❷故《攝論》云:"復次何等名為熏習?熏習能詮。何謂所詮?謂依彼法俱生俱滅,此中有能生彼因性,是謂所詮。如苣勝中有華熏習,苣勝與華俱生俱滅,是諸苣勝帶能生彼香因而生。又如所立貪等行者,貪等熏

---

❶ "問:能熏前七……眾果齊生",引自《唯識開蒙問答》卷上,《新纂卍續藏》第55冊,888號,頁353下20至下17。

❷ "苣蕂本來是炭……香气芬馥",或改寫自《宗鏡錄》卷48,《大正藏》第48冊,2016號,頁700中2至9。

習，依彼貪等俱生俱滅，此心帶彼生因而生。或多聞者，多聞熏習，依聞作意，俱生俱滅，此心帶彼記因而生。由此熏習能攝持，故名持法者。阿賴耶識熏習道理，當知亦爾。"❶ "能熏識等"下，明能熏、所熏俱時和合種、現相生為親因緣。言"三法"者，前、後種子為二法，中間現識為一法。望前種子是能生，望後種子是所生，是故因果展轉同時。下喻同時義：前、後燋炷喻前、後種，中間光焰喻現行識，蘆束相依喻不相離，法喻兩齊，故曰"理不傾動"。應立量云："種、現"是有法，"因果同時"宗，因云"展轉相生故"，同喻"如炷焰"，或云"更互相依故"，喻"如二束蘆"。"俱有因""同類因"，即六因中二因；"士用果""等流果"，即五果中二果也。此第八識，六因中有四，能持種子義邊，是持種因；若因種子俱時而有，即俱有因；若望自類種子前後相引，即同類因；若望同時心所等，即相應因。無餘二因者，異熟因是善惡性，此識無記；若徧行因是染，謂見、疑、無明等，此識非染。於五果中具四，唯除離繫。望自種子，是等流果；望作意等心所，是士用果；望第七識，為增上果；望善惡因，即異熟果。❷此單就種、現言，故只舉其二耳。種生現，如俱有因，得士用果，即因果同時者，即前異類不相違；種引種，如己類因，得等流果，即因果不同時，即前自類相違。云何士用果？謂諸作者，假諸作具，所辦事業。"士"謂士夫，"用"謂作用。此人士用。若法士用者，因法為作者，緣法為作具，如士夫用，從喻彰名。云何等流果？謂習善等所引同類，或

---

❶ 引文見無著造、玄奘譯《攝大乘論本》卷上，《大正藏》第31冊，1594號，頁134下2至10。

❷ "六因中有四……即異熟果"，引自《宗鏡錄》卷51，《大正藏》第48冊，2016號，頁715下18至25。

似先因，後果隨轉，因果相似名"等"，是彼類故名"流"。❶此二即前種生現、現熏種，種引種。以因果同時故，種生、現熏，合而為一，故攝二耳。餘法即現引現。故云"三類親因緣，四類真等流"也。欲明其義當閱《開蒙》。彼中難云：種子生現行，因種與果俱；種子引種子，因應與果俱。何理不同耶？答：種望現果是異類，體不相違，許同時；種望種果，是同類，自體相違，時須異。問：何理同類便說相違，異類不違耶？答：如子望母。子不是母，是異類故，同時俱有；母自望母，名為同類。故於一時無二身並，故種引種雖是自體，定不同時。若許自體同時生者，有無窮過。如一種子，同念並生自一種子，所生種子當念又生，如是展轉同念並生無窮種子，豈有此理！如父果必以能生子，豈有同念父自生父也！故種引種、現引現不同時，種生現、現熏種却同時。何以故？種引種，現引現，約剎那四相前後相引，乃橫說故，不同時也；種生現，現熏種，約頭上脚下生莖結子，乃豎說故，却同時也。是故不同。問：種生現，現熏種，如父生子，子復生孫，是親因緣，殊無凝滯，其種引種，何理說為親因緣耶？答：前念既滅，後念已生，即前念體親引後念，知是親因緣，譬如輥彈，前輥至後，後彈即是前彈之體，豈不親耶！其種、現相生，別辨體者，尚說為親；此種引種，前念、後念即是一體，豈不是親！問：如現引現，亦是前念親引後念，應是因緣，何故却說為真等流？答：《疏》出已有種子生故。謂前念種子，生起頭上前念現行，其種輥至第二念時，還生頭上第二念現，故知後念現行，不是前念現行親生。如

❶ "云何士用果……流"，改寫自《唯識開蒙問答》卷下，《新纂卍續藏》第 55 冊，888 號，頁 369 上 15 至下 1。

175

戴華人，向前行時，其華不曾自向前行，隨人向前也。問：三類親因緣，四類真等流，請以喻釋不同之理。答：種生現，如炷生焰；現熏種，如焰生燋炷；種引種，如炷前後自相引生；現引現，如焰前後自家相引。炷親生焰，焰親生燋炷，此易見者。若炷引炷者，炷腳下更無有物能生炷者，即知前炷親引後炷，此亦名親；其焰引焰，腳下已有前、後燈炷能生焰故，即知後焰非前焰親引。若前、後焰自親引生，何故炷盡焰便隨滅耶？固是前焰不能親生也。故非因緣，只是等流，止是相似，名真等流；不是親生，故非因緣。**❶**

是謂署說一切種相，通結前來一切種相，應更分別下四科之義。

通上，一、釋三名，竟。下，二、釋行相，分二。一、問答標名。

> 此識行相、所緣云何？謂不可知執受、處、了。

"此識行相、所緣云何"，此總問也。"謂不可知執受、處、了"，此總答也。"了"，即第五行相門。"執受、處"，即第四所緣門。"不可知"，即能所緣、行相之內差別之義。

問答標名竟。下，二、正釋，分二。一、釋"執受、處、了"，分二。

> "了"謂了別，即是行相，識以了別為行相故。"處"謂處所，即器世間，是諸有情所依處故。"執受"有二，謂諸種子及有根身。諸種子者，謂

---

❶ "彼中難云……故非因緣" 一段，或改寫自《唯識開蒙問答》卷上，《新纂卍續藏》第 55 冊，888 號，頁 354 下 4 至下 17。

諸相、名、分別習氣。有根身者，謂諸色根及根依
處。此二皆是識所執受，攝為自體，同安危故。執
受及處，俱是所緣。阿賴耶識因緣力故，自體生
時，內變為種及有根身，外變為器，即以所變為
自所緣，行相仗之而得起故。

一、總釋。"'了'謂了別"者，即第八識能緣見分。見分取境，有
了別用，故名"行相"。"處謂處所"下，此第八所緣相分，以八
識恒取器世間相為境故。第八自證分上一分生現功能，謂之種
子❶。有根之身，名為"根身"。根身所依世界如器，名"器世間"。❷
"相、名、分別習氣"者，釋種子也。"相"即業習氣，屬相分。"名"即
名言二種習氣，屬見分。"分別"即我、法二種習氣，屬徧計。即
五法之三也。❸"色根及根依處"者，釋根身也。"色根"，即勝
義根。所依處，即色根所依之處。"此二皆是識所執受，攝為自體，同
安危故"，"此二"者，正指種子及根身也，"執""受"各具二
義。"執"二義者，一、攝義，二、持。言"攝"者，即攝為自
體；言"持"者，即持令不散。"受"二義者，一、領義，二、覺

---

❶ "第八自證分上一分生現功能，謂之種子"，出自《唯識開蒙問答》
卷上，《新纂卍續藏》第 55 冊，888 號，頁 348 下 15 至 16。

❷ "有根之身……名'器世間'"，或改寫自《唯識開蒙問答》卷上，《新
纂卍續藏》第 55 冊，888 號，頁 348 下 5 至 7。

❸ 本段整段解釋見於通潤《成唯識論集解》卷 2，《新纂卍續藏》第 50
冊，821 號，頁 690 下 21 至 23。"'相、名、分別習氣'者……五法之三也"一
句將"相""名""分別"三種習氣對應於《成唯識論》卷 8 論述的三種習氣，唐
代注解釋與此不同。

義。"領"者，領以為境；"覺"者，令生覺受，安危共同。根身具執受四義：一、攝為自體，同是無記性故；二、持令不散，第八能任持此身，令不爛壞故；三、領以為境，此根身是第八親相分故；四、令生覺受，安危共同。若第八危，五根危；第八安，五根安故。若器世間量，但緣非執受，即"受"二義中"領以為境"。又言"非執受"者，緣無"攝為自體""持令不散""令生覺受"三義；不似他根身名"非執受"，即無受四義中"領以為境"一義。問：何以器界不似根身，第八親執受？答：以與第八遠故，所以不攝為自體。又器界損時，第八亦不隨彼安危共同，所以不執受。若髮、毛、爪、齒、膀胱宿水等雖近，已同外器攝，所以第八亦不執受。由此第八或持或緣，應具四句：一、持而不緣，即無漏種；二、緣而不持，即器界現行；三、俱句，即內身根塵；四、俱非，即前七現行。問：第八何不緣前七現行？答：有多過，故不緣。若變影像，即犯第八緣假過；若親緣，即犯唯識義不成過，親取他心故。西明云：若變影像，即有情界增過，以變起前七現行故，即有兩重第七等。又解：以心法要種而生，今異熟第八微劣，設緣得前七，亦不能熏種，故不緣也。問：第八何不緣長等？答：是假，故不緣。問：無為是實，第八何故不緣？答：若實無為，因位不證；若假無為，又非彼境。❶"阿賴耶識"等者，言第八以因緣力得生自體，即復自變三類性境為自所緣。而了別之見分，又仗此所緣相分而得生起也。所緣之義，前已畧陳；所變之義，後當順釋。

　　此中"了"者，謂異熟識於自所緣有了別用。此

---

❶"'執''受'各具二義……又非彼境"，或改寫自《宗鏡錄》卷49，《大正藏》第48冊，2016號，頁702中12至下11。

了別用，見分所攝。然有漏識自體生時，皆似所
緣、能緣相現。彼相應法，應知亦爾。似所緣相，說
名相分；似能緣相，說名見分。若心、心所無所緣
相，應不能緣自所緣境，或應一一能緣一切，自
境如餘，餘如自故。若心、心所，無能緣相，應不
能緣，如虛空等，或虛空等亦是能緣。故心、心
所，必有二相。如契經說："一切唯有覺，所覺義
皆無，能覺、所覺分，各自然而轉。"執有離識所
緣境者，彼說外境是"所緣"，相分名"行相"，見
分名"事"，是心、心所自體相故。心與心所，同
所依、緣，行相相似，事雖數等而相各
異，"識""受""想"等相各別故。達無離識所緣
境者，則說相分是"所緣"。見分名"行相"，相、
見所依自體名"事"，即自證分，此若無者，應不
自憶心、心所法，如不曾更境必不能憶故。心與心
所，同所依根，所緣相似，行相各別，"了別""領
納"等作用各異故，事雖數等而相各
異，"識""受"等體有差別故。然心、心所一一生
時，以理推徵，各有三分，所量、能量、量果別
故，相、見必有所依體故。如《集量論》伽他中
說："似境相，所量，能取相、自證，即能量及果，此
三體無別。"又心、心所，若細分別，應有四分。三

分如前，復有第四證自證分。此若無者，誰證第三？心分既同，應皆證故。又自證分應無有果，諸能量者必有果故，不應見分是第三果，見分或時非量攝故，由此見分不證第三，證自體者必現量故。此四分中，前二是外，後二是內。初唯所緣，後三通二。謂第二分，但緣第一，或量、非量，或現或比；第三，能緣第二、第四；證自證分，唯緣第三，非第二者，以無用故。第三、第四，皆現量攝。故心、心所，四分合成，具所、能緣，無無窮過。非即非離，唯識理成。是故契經伽他中說："眾生心二❶性，內、外一切分，所取、能取纏，見種種差別。"此頌意說：眾生心性，二分合成，若內若外，皆有所取、能取纏縛，見有種種，或量、非量，或現或比，多分差別。此中"見"者，是見分故。如是四分，或攝為三，第四攝入自證分故；或攝為二，後三俱是能緣性故，皆見分攝。此言"見"者，是能緣義。或攝為一，體無別故。如《入楞伽》伽他中說："由自心執著，心似外境轉。彼所見非有，是故說唯心。"如是處處說"唯一心"。此"一心"言，亦攝心所。故識行相即是了別，了別即

---

❶ "彼說外境是'所緣'……眾生心二"一段，底本脫，整理者據《大正藏》本《成唯識論》卷2補。

是識之見分。

二、別釋，分四：一、別釋行相門。此一"了"字，只是一見分耳。為見分必須有所見影像，故立相分。又必須有本體，故立自證分。自證分又必有本體，故立證自證分。四分足，然後"了"字明，故以四分釋一"了"字。

初、明立二，次、明立三，三、明立四。而安慧一分，於二分中破之。❶今當先明四分，一、相分，二、見分，三、自證分，四、證自證分。相分有四：一、實相名相，體即真如，是真實相故；二、境相名相，為能與根、心而為境故；三、相狀名相，此唯有為法，有相狀故，通影及質，唯是識之所變；四、義相名相，即能詮下所詮義相分是。於上四種相中，唯取後三相為相分相。又相分有二：一、識所頓變，即是本質；二、識等緣境，唯變影像，不得本質。二、見分者，《論》云："於自所緣，有了別用。"此見分有五類：一、證見名見，即三根本智見分是；二、照燭名見，此通根、心，俱有照燭義故；三、能緣名見，即通內三分，俱能緣故；四、念解名見，以念解所詮義故；五、推度名見，即比量心，推度一切境故。於此五種見中，除五色根及內二分，餘皆見分所攝。三、自證分，為能親證自見分緣相分不謬，能作證故。四、證自證分，謂能親證第三自證分緣見分不謬故，從所證處得名。此四分義，總以鏡喻：鏡如自證分，鏡明如見分，鏡像是相分，鏡後钯如證自證分。此四分，有四師立義：第一、安慧菩薩，立一分自證分。謂自證分從緣所生，依

---

❶"初、明立二，次、明立三，三、明立四。而安慧一分，於二分中破之"，改寫自《大方廣佛華嚴經隨疏演義鈔》卷33，《大正藏》第36冊，1736號，頁251中22至24。

他起性，有種子生，故說為有；見、相二分，不從緣生，因徧計心妄執而有，故說為無。第二、難陀論師，立二分。謂即一切心皆有見、相二分，見、相二分即能、所二緣也。若無相分牽心，心法無由得生；若無能緣見分，誰知有所緣相分耶？即有境、有心等成唯識也。安慧難云：汝立相分，豈不心外有境，何名唯識？難陀言：見分是能緣，相分是所緣，攝所從能，還是唯識。若云相分是妄情有者，即第八所緣識中相分種子，是相分攝，即種子是能生自證現行親因緣法。如種子相分是妄情者，則所生現行自證分亦是妄情，不違種子識義耶？若不許自證分是妄情者，即能生種子亦是實有，即因果皆實，證相分亦是實有；既有相分，即有見分。能、所既成，即二分成立唯識也。又五根是第八識相分，若相分是徧計，豈有徧計根能發生五識耶？安慧云：不假五根發生五識，五識俱自從種子生也。問：若不假根發生，但從種子生者，汝許五識種子是第八相分否？答：許是第八相分。難：既爾，即種子是徧計，能生五識亦是徧計也。安慧救云：種子但是第八識上氣分有生現行功能，故假名種子，但是習氣之異名，非實也。難云：諸聖教從種子生者名實，依他立者名假，豈有假種子生實現行？若是假種子者，如何親報自果耶？若種子是假法者，即因中第八識因緣變義不成。若非因緣變者，即違一切。安慧絕救。第三、陳那菩薩，謂前師安慧立一分，即但有體而無用；難陀立見、相二分，但有用而無體。皆互不足。故總前體用立三分，即立量果義。護法菩薩又以量果義，增證自證分，而立四分。其說詳見《論》中。今當次第釋之。初立二分云“然有漏識”至“說名見分”者，謂依他二分，似徧計所執二分。又以小乘相分名“行相”，能取所緣故；見分名“事”，是心、心所自體相故。今似心外之境，名似所緣，是心外法此中無故，所變相分為所緣耳。若明相分，未是顛倒，向心外取，方為倒耳。又言見者，是能緣境義，通心、心所，非推求義，推求義者唯慧能故。次破安慧唯立自證分，先破無所緣云"若心、心所無所緣相，應不能緣自所緣境"，謂緣色之心應不能緣色也，"或應一一能緣一切"，謂隨一識等能緣一切境也。以眼識無所緣而能緣於色，餘識無色緣亦應能緣色。既餘不能緣一切，明知無所緣者，是義不然。此中正義：緣自境時，心上必有帶境之相，如鏡上面似面相生。次破無能緣云"若心、心所無能緣相，應不能緣，同於虛空"，以虛空不能緣故。"或虛空等亦是能緣"，此反難也。謂心、心所法無能緣而能緣所緣，此虛空等無能緣亦應緣所緣。故總申正義云"故心、心所必有能緣、所緣二相"。"如契經說"，即《密嚴經》也。"一切唯有覺"者，即唯識也。"所覺義皆無"者，即心外妄執實境是無。"能覺、所覺分"者，"能覺"是依他實見分，"所覺"是依他實相分。"各自然而轉"者，見分從心種子生，相分從相分種子生起，故知須立二分，唯識方成。此偈上半明無外境，下半明有見、相二分。各各自從因緣所生，名"自然而轉"。

下結正義。先出難陀立二分之非。言彼不立自證分者，以心外本質為所緣境，王、所所變影像為相分，即以王、所之體名見分。此總以見分體相為見、相二分也。又為彼釋云：何故彼以外境為所緣？猶彼不立自證分，即以外境為所依根及所緣境。"行相相似"者，王、所所變相分同是影像故。"事雖數等而相各異，識、受、想等相各別故"者，"事"即見分，"數"即心所，言心王與心數，雖同以見分為體，平等無異，而"了別""領納""緣慮"之相各各不同，故以見分體相分見、相也。由彼不立自證，故境不自

內出，直以見分緣本質，即以見分體相為見相也。❶

次出陳那立三分之是。"達無離識所緣境"等者，由彼達自心之外，無別有境。境是內識自證分所變，故以自變相分為所緣。而以能緣見分為行相，識以了別為行相故。即相、見所依自體名事，此"事"即自證分。相離於見，無別自體，但二功能，故應別有一所依體。"若無自證，應不自憶心、心所法，如不曾更境必不能憶"，謂如見分不更相分之境，則不能憶，要曾更之方能憶之。若無自證，已滅心所，則不能憶，以曾不為自證緣故，則如見分不曾更境。今能憶之，明先有自證已曾緣故，如於見分憶曾更境故。

次下立三分云"然心、心所，一一生時，以理推徵，各有三分，能量、所量、量果別故，相見必有所依體故"，相分為所量，見分為能量，即要自證分為證者是量果也。喻如尺量絹時，絹為所量，尺人為能量，記數之智名為量果。今見分緣相分不錯，皆由自證分為作果故。今眼識見分緣青時，定不緣黃也。如見分緣不曾見境，忽然緣黃境時，即定不緣青。若無自證分，即見分不能自記憶。故

---

❶ 本段解釋《成唯識論》"執有離識所緣境者，彼說外境是'所緣'，相分名'行相'，見分名'事'，是心、心所自體相故。心與心所，同所依、緣，行相相似，事雖數等而相各異，'識''受''想'等相各別故"，解釋與唐代注釋大異。本注釋及其他明代注釋認為，此處"執有離識所緣境者"是只立見、相二分的難陀，唐代注釋皆謂是認為有識外之境的小乘。而難陀被視為唯識派，實際上也不應承認識外之境。此處批判的直接對象或即經量部，此處所介紹的心與心所"同所依根""同所緣境""行相相似""事數等"的理論，即見於《俱舍論》"相應義有五"一頌（另加"同時"）。本注釋將"事雖數等"之"數"解釋為"心數"（心所法），據唐代注釋及《俱舍論》則應解為，在同一個相應的心俱中，心王、受、想等心所（事）雖然作用不同，但每一種的數目相同（數等），只能有一個，如不能同時有"苦受""樂受"兩個"受"心所。

知須立三分。若無自證分，即相、見亦無。若言有二分者，即須定有自證分。自證分喻如牛頭，二角喻相、見二分。如《集量論》頌說"似境相，所量"者，即相分似外境現。"能取相"者，即是見分能取相分，故自證即是體也。"彼三"者：一、能取相，二、自證，三、即能量及果。此三體無差別。❶ "果"是何義，成滿因義。言無別體者，同一識故，則離心無境也。

次立四分云：立宗者，"心、心所若細分別，應有四分"；立理者，若無第四分，將何法與第三分為證耶？見分是心分，須有自證分；自證是心分，應有第四證，故曰："心分既同應皆證故。"汝陳那立三分者，為見分有能量了境用故，即將自證分為量果；汝自證分亦有能量照境用故，即將何法與能量自證分為量果耶？即須將第四證自證分為第三分量果也。故曰："諸能量者必有果故。"恐彼救云"却用見分為第三分果"，故云"不應見分是第三果"云云，意明見分通於三量。三量者，謂現量、比量、非量。即明見緣相時，或量、非量，不可非量法為現量果。或見緣相是比量，及緣自證復是現量。故自證是心體，得與比量、非量為果。見分非心體，不得與自證為量果也。故曰："見分不證第三，證自體者必現量故。"❷

---

❶ 本段對《集量論》頌文的解釋改寫自《宗鏡錄》卷 60 與《大方廣佛華嚴經隨疏演義鈔》卷 33，與唐代唯識宗注釋及今《集量論》解釋有異。頌文"似境相，所量，能取相、自證，即能量及果，此三體無別"，原意謂，"似境相"（相分）是"所量"，"能取相"（相分）與"自證"（自證分）依此分別是"能量"與"量果"，"此三"即"似境相—能取相—自證"（見分—相分—自證分，所量—能量—量果）。

❷ 本段至此的解釋基本改寫自《大方廣佛華嚴經隨疏演義鈔》卷 33，《大

"此四分中"下，申上義。相分、見分，於外門轉，名為外性；自證分、證自證分，唯是內證，名為內性。故下頌云"眾生心二性"，初一分是所緣，後三分是能緣，故曰"通一"。相分是見分家親所緣緣，見分即自證分親所緣緣，自證分是證自證分親所緣緣❶，故曰"第二但緣第一"等。《宗鏡》云："見分外緣虛疎，通比、非二量故，即不取見分為自證量果。內二分唯現量故，互為果無失。夫為量果者，須是現量，方為量果。比、非，定非量果。喻如作保證人，須是敦直者方為證，若暑虛人，不能堪為保證。"❷第三、四分既是現量，故得相證，無無窮失。意云：若以見分為能量，但用三分，亦得足矣；若以見分為所量，必須第四為其量果。若通作喻者，絹如所量，尺如能量，智為量果，即自證分若尺為所使，智為能使。何物用智？即是於人。如證自證分人能用智，智能使人，故能更證。亦如明鏡，鏡像為相，鏡明為見，鏡面如自證，鏡背如證自證。面依於背，背復依面，故得互證。亦可以銅為證自證，鏡依於銅，銅依於鏡也。❸引證《密嚴經》偈云云，"心二性"者，即是內二分為一性，見、相二分為第二性，即心境、內外二性。"能取纏"者，即是能緣飀動，是能緣見分；"所取纏"者，即是相縛，所

正藏》第 36 冊，1736 號，頁 251 中 22 至頁 252 中 25 與《宗鏡錄》卷 60，《大正藏》第 48 冊，2016 號，頁 759 中 18 至頁 761 中 6。

❶ "相分是見分家親所緣緣，見分即自證分親所緣緣，自證分是證自證分親所緣緣"，出自《宗鏡錄》卷 70，《大正藏》第 48 冊，2016 號，頁 811 下 2 至 4。

❷ 引文出自《宗鏡錄》卷 60，《大正藏》第 48 冊，2016 號，頁 760 下 18 至 22。

❸ "第三、四分既是現量……銅依於鏡"，出自《宗鏡錄》卷 60，《大正藏》第 48 冊，2016 號，頁 761 上 26 至中 6。

緣縛也。"見種種差別"，以見分通三量故。❶《論》解頌意可知。

"如是四分"下，總結四分唯一見分。第三、第四果體一故，證自證分攝入自證分，則止是三分，即陳那所立也；第三、四與第二，俱是能緣見分攝故，合而為一，與第一為二，則止是二分，即難陀所立也；相分即見分上所現影像，故又合而為一，則止是一分，即安慧所立。又引《入楞伽經》偈證"唯一心""如是處處唯一心"者，外境無故，唯有一心，內執著故，似外境轉，定無外境，許有自心。不離心故，總名一識。❷

"故識行相即是了別，了別即是識之見分"，結釋"了"字義也。

　　所言"處"者，謂異熟識，由共相種成熟力故，變似色等器世間相，即外大種及所造色。雖諸有情所變各別，而相相似，處所無異，如眾燈明，各遍似一。誰異熟識變為此相？有義：一切。所以者何？如契經說："一切有情業增上力共所起故。"有義：若爾，諸佛菩薩應實變為此雜穢土，諸異生等應實變為他方此界諸淨妙土。又諸聖者，厭離有色，生無色界，必不下生，變為此土，復何所用？是故現居及當生者，彼異熟識，變為此

---

❶ "引證《密嚴經》偈云云……以見分通三量故"，或改寫自《宗鏡錄》卷60，《大正藏》第48冊，2016號，頁760下7至12。《大正藏》本《宗鏡錄》首句作："引證《密嚴經》偈云'眾生心二性'……"

❷ "'如是處處唯一心'者……總名一識"，出自《宗鏡錄》卷60，《大正藏》第48冊，2016號，頁761上7至10。

界。經依少分，說"一切"言，諸業同者皆共變故。有義：若爾，器將壞時，既無現居及當生者，誰異熟識變為此界？又諸異生，厭離有色，生無色界，現無色身，預變為土，此復何用？設有色身與異地器，麁、細懸隔，不相依持，此變為彼，亦何所益？然所變土，本為色身依持受用，故若於身，可有持用，便變為彼。由是設生他方自地，彼識亦得變為此土。故器世界將壞、初成，雖無有情，而亦現有。此說一切共受用者。若別受用，准此應知，鬼、人、天等所見異故。

一、別釋所緣門，分三。一、釋"處"字。"處"即有情依報。"謂異熟識"下，釋共變之義。此有四句：一、共中共變，如山河等，非唯一趣獨能用故；二、共中不共變，如己田宅，及鬼見猛火、人見為水之類；三、不共中不共變，如眼等根，唯自識依，用之緣境，非他依故；四、不共中共變，如自浮塵根，他亦受用故。此中意言，由自種子為因緣故，本識變為器世間相，唯外非情，此即能造及所造色，在外處故，言"外大種"，非心外法。且諸種子總有二種：一是共相，二不共相。何為共相？多人所感故，雖知人人所變各別，名為"唯識"，然有相似共受用義，說名"共相"，實非自變他能用之，若能用者此即名緣心外法故。❶又《唯識義鏡》云："'共中

---

❶ "此有四句……心外法故"，或改寫自《宗鏡錄》卷 49，《大正藏》第 48 冊，2016 號，頁 705 上 8 至 20 與《大方廣佛華嚴經隨疏演義鈔》卷 79，《大正藏》第 36 冊，1736 號，頁 615 中 29 至下 7。

共’者，多識同變，名之為‘共’；變已同用，重名為‘共’。”又
《唯識鈔》云：“謂多趣有情識所變色，同在一處，互相涉入，其
相相似，同共受用，名‘共中共’。初之‘共’字，約所緣緣；後
之‘共’字，約增上緣，即無主山河等是。若有主者，即‘共中
不共’所攝。”❶此言“共相”者，即“共中共”也。“雖諸有情
所變各別”者，天見天處，人見人處，鬼見鬼處等。此即“共中
不共”。雖各各別，“而相相似”，大千之處所無異。“如眾燈明，各
徧似一”者，此釋共果同在一處，不相障礙，謂外器相，如眾燈
明，共在一室，各各徧室，一一自別，“而相相似，處所無異”，此
如何知各各徧也。一燈去時，其光尚徧，若共為一，是則應將一
燈去已，餘明不徧。又相涉入，不相隔礙，故見似一，置多燈已，人
影亦多故。❷“誰異熟識”，此揀通、局。謂前義為局，後義為通
也。“誰之異熟識變為此相”，問也。“有義：一切”，言聖凡共變，此
月藏義也。若爾，則凡聖、淨穢無揀別故，諸佛菩薩應變染穢土，而
諸異生應變淨妙土矣，以“一切”言包聖凡故。又無色界天，已
厭離有色，生無色界矣，又變此欲染穢土，何用？故此器世間相，乃
現居此土及未來當生此土者之異熟所變，非一切也。由現居故，生
居穢而佛居淨，故無諸佛變穢、異生變淨之失；由當生故，故無無
色聖者變下土之失。經但依少分故說“一切”耳。此又一義也。護
法破云：若現居、當生者識變此界，則世界壞時，已無現居當生

---

❶ “又《唯識義鏡》云……即‘共中不共’所攝”，引自《宗鏡錄》卷
49，《大正藏》第 48 冊，2016 號，頁 705 上 26 至中 3。

❷ “‘如眾燈明，各徧似一’者……人影亦多故”，引自《宗鏡錄》卷 49，《大
正藏》第 48 冊，2016 號，頁 705 中 8 至 14。源自《成唯識論述記》卷 3，《大
正藏》第 43 冊，1830 號，頁 321 下 15 至 21。

者，復用誰識成立此界乎？又無色界天，即未許必不下生，而無理預變此土以為下生之地，故曰"預變為土，此復何用"也。設許無色界人變成色身受用色界，然其所依器界，尚與異地器界，麤、細懸絕，不相依持，即能變此為彼，亦復何益？前言聖者，此言異生。前言必不下生，此言預變為土。蓋無色界天果報既盡，有墮三惡道者，況下生乎？於是申正義云：所變世界，本為色身依持受用，故爾變現。若於己身有依持受用，於己有益，便變為彼。由是義故，無色界人，設生他方無色界時，彼異熟識亦得變為無色自地，而得依持受用。若彼土雜居，設生此土雜居，彼識亦得變為此土雜居，而得依持受用。故器世界將壞、初成之時，雖無現居及當生者，而此器界，亦得現有。既言無有情，云何復言現有？曰：若不現有，即眾生界盡，何緣復有眾生，復成壞相續耶？《莊椿》云："世界成壞無窮，有二因緣：一、由眾生同業所感，謂同一迷心，三毒惑業，感現依報，惑業未盡，依報何窮，若無所依，何名受報，故令世界成壞連續；二、由諸佛願力所感，謂佛有弘願，度盡眾生，眾生既無窮，佛願亦無盡，由是所感依報連續爾。"❶然則染、淨不同，同歸唯識矣。此上所言，皆共中共變者，其共中不共相，准此可知，故不復言。"鬼、人、天等所見異"者，謂人見是水，鬼見膿河，或成猛火，天見琉璃，魚龍窟宅，共一水體，不共見故。

"諸種子"者，謂異熟識所持一切有漏法種，此識性攝，故是所緣。無漏法種，雖依附此識，而

---

❶ 《莊椿》又稱《莊椿錄》《莊椿集》，今佚。

非此性攝，故非所緣。雖非所緣，而不相離，如
真如性，不違唯識。

二、釋執受，分二。一、釋執受種子。有漏種子，同異熟識是
無記性，故第八見分領以為境，故是所緣。無漏種子，唯是善性，不
隨第八成無記，以相違故，不領為境，故非所緣。雖非所緣，而
與八識不相捨離，如真如性是識實性，不違唯識。故第八識有持
而不緣者，無漏種子是也；有亦持亦緣者，有漏種子是也；有緣
而不持者，器世間是也；有不緣不持者，前七現行是也。❶

"有根身"者，謂異熟識不共相種成熟力故，變
似色根及根依處，即內大種及所造色。有共相種
成熟力故，於他身處，亦變似彼，不爾，應無受
用他義。此中有義：亦變似根。《辯中邊》說"似
自、他身五根現"故。有義：唯能變似依處，他根
於己非所用故。"似自、他身五根現"者，說自、他
識各自變義。故生他地，或般涅槃，彼餘尸骸猶
見相續。

二、釋執受根身。"根"即勝義根，"身"即根依處❷，即浮塵

---

❶ 本段解釋或改寫自《宗鏡錄》卷49,《大正藏》第48冊, 2016號, 頁702中24至下27。

❷ 此處對"根身"的解釋不見於前代注釋，據梵語，"根身"原意為"根的集合"，此處"身"表示"集合"而非"身體"，如"六受身""六思身"。窺基《成唯識論述記》給出的解釋是"諸大造等聚合名'身'"或"依止名身"。

根。前器界是諸有情共業所感，共所受用，故曰"共種"。此之根身，是諸有情各別業種所成，故名"不共相種"。"變似色根"者，清淨大種所成勝義根也，名"不共中不共"。故《唯識鈔》云："一、不共中不共變，如眼等五根。唯自第八，於中有末心第一念託父母遺體時變，名'不共'，唯自第八變故；又唯自受用，復名'不共'，如眼識，唯依眼根發眼識，乃至身識依身根等。二、不共中共變，即內浮塵根。初唯自第八變，名'不共'；變生已後，他人亦有受用義，復名為'共'。"❶雖此根身是不共種所成，然於不共種中，復有一分共相種子成熟之力，能於他人身處，亦變似彼他人浮塵根為己受用。不爾，應無受用他人之義。問：若許受用他人浮塵者，何名唯識，以心外取法故？答：受用他人浮塵時，自識先變一重相分在他人身上。若受用時，還受用自相分。心外無法，得成唯識。❷問：本識各變自根，還變他根否？答：有二師義。有師云：不但變自根，亦能變他根。以《辯中邊論》中說"似自、他身五根現"故。既曰他身五根，即是能變他人浮塵、勝義根也。有師申正義云：此本識唯能變似他人浮塵根為我受用，決不能變他人勝義根為我受用，以他淨色根無我受用理故。若無用亦變，何不變七識耶？以無緣慮用而得緣故。然則說"自他根現"文如何通耶？曰：言"自、他"者，謂自、他八識，各各自變為根耳，非自變他根也。一則無用不變他根，二由不定說言自身本識變他

---

❶ 此段引文見於《宗鏡錄》卷 49，《大正藏》第 48 冊，2016 號，頁 705 中 14 至 20。然《宗鏡錄》原文謂"又云"，似承前"又《唯識鈔》云……"，但此句未必出自同一部《唯識鈔》。

❷ "問：若許受用他人浮根塵者……得成唯識"，引自《宗鏡錄》卷 49，《大正藏》第 48 冊，2016 號，頁 705 中 20 至 23。

根,故不可為證。[1]"生他地",謂凡位,將捨此身而生他地者也;"般涅槃",謂聖位,入圓寂者也。"生他地"者、"般涅槃"者,其識固已舍舊即新,彼餘尸骸,無能執受,便應滅壞;然不滅壞,猶見久時相似相續,猶是自識引因之力,非他身變。故知但能變似依處,決不能變他人勝義也。

　　前來且說業力所變外器、內身界地差別。若定等力所變器、身,界地、自他則不決定。所變身、器多恒相續,變聲、光等多分暫時,隨現緣力擊發起故。暑說此識所變境者,謂有漏種、十有色處及墮法處所現實色。

　　三、結顯二變,分二。上言業力所變器、身,此言定力所變器、身,即墮法處色也。前來且說眾生業力所變器、身,界地、自他,各有差別,不能移易,以彼眾生定業所感故。若是聖者,定、慧、神通等力所變器、身界地,或自身為他,或他身為自,或自界為他,或他界為自,則不決定。若約所變身土,自受用故,窮未來際無有盡時,故多恒相續。若約放光動地等事,為利他故,隨眾生緣感之力得發起故,多分暫時,是故不定。下總結四類性境,暑說本識所變之境:有漏種子,一也;有根之身,二也;五塵器界,三也;墮法處所現實色,四也。以定果色亦是法處色所攝故,亦名定自在所生色,如十徧處定,乃至魚、米、肉、山、長河、酥酪、大地、黃金等,皆此色攝。

---

❶ "若無用亦變……不可為證",或改寫自《宗鏡錄》卷49,《大正藏》第48冊,2016號,頁705下22至26。

何故此識不能變似心、心所等為所緣耶？有漏識變畧有二種：一、隨因緣勢力故變；二、隨分別勢力故變。初必有用，後但為境。異熟識變，但隨因緣，所變色等，必有實用；若變心等，便無實用，相分心等不能緣故。須彼實用，別從此生。變無為等，亦無實用。故異熟識不緣心等。至無漏位，勝慧相應，雖無分別，而澄淨故，設無實用，亦現彼影。不爾，諸佛應非遍知。故有漏位，此異熟識但緣器、身及有漏種。在欲、色界，具三所緣；無色界中，緣有漏種，厭離色故，無業果色；有定果色，於理無違，彼識亦緣此色為境。

此明本識二變中是因緣變也。問云：此識既能變似依處而為所緣，何故不變似心、心所相應無為等為所緣耶？"有漏識變"下，皆是答詞。因緣變者，謂由先業及名言實種，即要有力，唯任運心，非由作意，其心乃生，即五、八識，隨其增上、異熟因為緣，名言種為因，故變於境。分別變者，謂作意生心，是籌度心，即六、七識，隨自分別作意生故。由此六、七緣時，影像相分，無有實體，未必有用。初隨因緣變，必有實體用，即五、八等所變之境；後隨分別變，但能為境，非必有用，即第七識等。又解：初唯第八，異熟生故，所熏處故，能持種故，變必有用；後餘七識所變色觸等，皆無實用，似本質用，如鏡中光。於三境中，性境不隨心，因緣變攝；獨影、帶質，皆分別變。"異熟識變"等，顯變色等從實種生，故所變法必有體用。若相分心、心所，如化心等，故不緣之，緣便無用。《解深密經》說：諸變化心，無自依心，有依他心。《佛地論》云：無自緣慮實體之心，有隨見分所變相分似慮之心，如鏡中光。此即分別變。四句分別者：一、因緣變非分別變，即五識心、心所，及第八識心王，為所緣相分從自種生故；二、唯分別變非因緣變，即有漏第七識，及第八、五心所是，為所變相分唯從分別心生故；三、俱句，即有漏第六，及無漏八識，以能通緣假實法故；四、俱非，即不相應行是，以無實體故，不與能緣同種生故。❶問：變心、心所，是假相分，第八不緣三種無為與不相應，何不變緣？答：若實無為，因位未證，若變無為，亦無實用，故不變緣；不相應法，分位假立，亦無實用，亦不變緣。故異熟識不緣心等，但緣實色，然此亦約有漏位說。若無漏位，第八異熟轉成鏡智，雖無分別，而鏡體澄淨，故諸影像雖無實用，亦從彼現，不爾，諸佛不名正徧知故。故有漏位，此異熟識，在欲、色界，皆緣三類性境；若無色界，唯緣漏種，不緣身、器，以厭色故，無業果色，故根身、器界、十有漏色皆非所緣，唯墮法處定果實色是彼所緣，彼界異熟以此色為境故，亦具三緣。

通上，釋"執受、處、了"，境❷。

　　"不可知"者，謂此行相極微細故，難可了知；或此所緣內執受境，亦微細故，外器世間，量難測故，名不可知。云何是識取所緣境行相難

---

❶ "因緣變者，謂由先業……同種生故"，引自《宗鏡錄》卷 49，《大正藏》第 48 冊，2016 號，頁 706 上 29 至中 26。

❷ "境"，底本、校本皆作"境"，當作"竟"。

知？如滅定中，不離身識，應信為有。然必應許滅定有識，有情攝故，如有心時。無想等位，當知亦爾。

二、別釋不可知門。此有二說：一、謂行相微細難知，故不可知。行相即了別，即能緣見分也。一、謂內根既微細難知，外器又廣大難測，故不可知，即所緣相分也。所以者何？謂阿賴耶識，於欲界中緣狹小執受境，於色界中緣廣大執受境，於無色界空無邊處、識無邊處緣無量執受境，於無所有處緣微細執受境，於非非想處緣極微細執受境，由此識緣境微細，世聰慧者亦難了故，故曰"不可知"也。"云何"下，徵。"如滅"下，約滅定以顯不可知。以滅定中，恒行心所與不恒行心所悉皆滅盡，尚云識不離身，如有心等，以有微細一類相續異熟心在，故滅定中，此識相顯。取此以見八識行相，微細幽隱，甚深難了。"應信為有"，勸生信也。遂申量云："滅定有識"，"有情攝故"，"如有心時"。"無想"下，例明。

成唯識論卷第二

成唯識論證義卷第三

金壇居士王肯堂證義

此識與幾心所相應？常與觸、作意、受、想、思相應。阿賴耶識，無始時來，乃至未轉，於一切位，恒與此五心所相應，以是遍行心所攝故。

三、釋相應門，分二[❶]。先問起，次舉頌答，次釋。先總釋。金剛道前，皆名"未轉"。聖凡、生死、流轉、還滅、升沉、定散，名"一切位"。於此位中，恒與此五心所相應，以五心所是遍行心所攝故，決定相應。雖復不增，亦不可減，定俱生滅名"遍行"故。[❷]若廣說者，遍四一切。四一切者：一、性一切，即善、惡、無記三性；二、地一切，即九地；三、時一切，時即同一刹那時也，此作意等五心所，皆同時起故，名時一切；四、俱一切，即遍諸心等，與八識俱，意云，此作意等五遍行法，八識心王俱起時，必有同時

---

❶ "二"，底本、校本皆作"二"，疑應作"三"，即"問起""舉頌答""釋"三部分。

❷ "以五心所……名'遍行'故"，或改寫自《宗鏡錄》卷 47，《大正藏》第 48 冊，2016 號，頁 695 下 8 至 10。

相應五數，又如八識俱起時皆有徧行五數，故名俱一切。即四一切，是所行所徧；觸等五數，是能行能徧。"徧"者是圓義，"行"者是遊履義、緣境義。❶

  觸，謂三和，分別變異，令心、心所觸境為性，受、想、思等所依為業。謂根、境識更相隨順，故名"三和"。觸依彼生，令彼和合，故說為彼。三和合位，皆有順生心所功能，說名"變異"。觸似彼起，故名"分別"。根變異力，引觸起時，勝彼識境，故《集論》等但說分別根之變異。和合一切心及心所，令同觸境，是觸自性。既似順起心所功能，故以受等所依為業。《起盡經》說：受、想、行蘊一切皆以觸為緣故。由斯故說，識、觸、受等，因二、三、四和合而生。《瑜伽》但說與受、想、思為所依者，思於行蘊為主勝故，舉此攝餘。《集論》等說為受依者，以觸生受，近而勝故。謂觸所取可意等相，與受所取順益等相，極相隣近，引發勝故。然觸自性，是實非假，六六法中心所性故，是食攝故，能為緣故，如受等性，非即三和。

  二、別釋五所。初釋"觸"。先正釋。"謂根"下，次轉釋。

---

❶ "徧四一切……緣境義"，或改寫自《宗鏡錄》卷 57，《大正藏》第 48 冊，2016 號，頁 746 上 15 至 25。

先釋"三和"。"觸，謂三和"者，即根、境、識體異名"三"，不相乖返，更相涉入，名為"隨順"，"根"可為依，"境"可為取，"識"二所生，可依於根而取於境。❶是故此三更相隨順，如位依人而得建立，人復因位而行政令，今依三生令三和合，故說為"位"。

次釋"分別變異"。生故，名"變異"，如心生諸法，皆名為"變異"。似故，名"分別"，如識似彼生，即名"分別彼"。《宗鏡》云："此三之上，皆有順生一切心所功能作用，名為變異。《瑜伽》三，有二種變異性：一、異性變異性，由有相似生故；二、變性變異性，由不相似生故❷。分別之用，是觸功能。謂觸之上，有似前三順生心所變異功能，說名'分別'。'分別'即是'領似'異名，如子似父名'分別父'。"❸

"根變"下，次釋疑。疑云：觸既分別三之變異，何故《集論》等但說"分別根"？釋此如文。《宗鏡》問："何故三和唯根獨勝？答：一、由主故，有殊勝能，名之為'主'；二、由近故，能近生心及心所故；三、由徧故，不唯心所，亦能生心故；四、由續故，常相續有，境、識不爾故。境體雖能生心、心所，以非主故，又非近故，偏闕二義，不名為勝；心雖是主，近生心所，不能生心，不自生故，非徧也，偏闕一義，故非勝。境、識皆不續。識，有境生

---

❶ "'觸，謂三和'者……而取於境"，引自《宗鏡錄》卷47，《大正藏》第48冊，2016號，頁695下10至13。

❷ 小注出自《瑜伽師地論》卷3："即此變異性，名'老'有為相。此復二種：一、異性變異性。二、變性變異性。由有相似生故，立異性變異性。由有不相似生故，立變性變異性。"（《大正藏》第30冊，1579號，頁291下24至27）

❸ 引文見《宗鏡錄》卷47，《大正藏》第48冊，2016號，頁695下13至17。源自《成唯識論述記》卷3，《大正藏》第43冊，1830號，頁328下24至27。

故，俱缺續義，非得勝名。唯根獨勝。" ❶

"故《集》下，引證。

次釋"令心、心所觸境為性"。"和合一切心及心所令同觸境，是觸自性"，故曰"令心、心所觸境為性"。

次釋"受等所依為業"。既有似順生起心所功能，則受、想等依之而起，故以受想思等所依為業。

下會通經論。《起盡經》說，受、想、行蘊，一切皆以觸為緣故而得生起。由斯故說，二和生識、三和生觸、四和生受想行，而不言"思"者，以"行"之一字，總該七十三法故。《五蘊論》云，行蘊有七十三數。五十一心所中，除去受、想二蘊，餘四十九法，合不相應行二十四法，共有七十三數，皆名行蘊。今言"受、想、行蘊一切"者，是除觸法，則有七十四法。以觸為緣，識、觸、受等二、三、四生者，謂根、境二法生識，根、境、識三法生觸，根、境、識、觸四法生受。受等以下一切諸法，皆四法生。《瑜伽》唯言思，不言行蘊者。思於行蘊為主，舉思一法，攝餘七十二法。《俱舍》亦云："'行'名造作。思是業性，造作義強，故為最勝。是故佛說，若能造作有漏有為，名行取蘊。" ❷但舉一思，便攝行蘊。問：何故心所法中，除去受、想，餘皆行蘊？答：受著諸欲，想著諸見。味受力故，貪著諸欲；倒想力故，貪著諸見。又生死法，以受及想為最勝因，由耽著受、起倒想故，生死輪迴。由此二因，故

---

❶ 引文見《宗鏡錄》卷 47，《大正藏》第 48 冊，2016 號，頁 695 下 17 至 25。源自《成唯識論述記》卷 3，《大正藏》第 43 冊，1830 號，頁 329 上 29 至中 9。

❷ 引文見《阿毘達磨俱舍論》卷 1，《大正藏》第 29 冊，1558 號，頁 4 上 9 至 11。

別立受、想為蘊。❶《集論》但說觸為受依者，以觸境時必有領納，受所依近，引發勝故，所以偏說。

問：觸自性，是實是假？答：此觸自性是實非假，六六法中心所性故。《身足論❷》云六六者，謂六識、六觸、六受、六想、六思、六愛也。如眼觸所生受，乃至意觸所生受；眼觸所生愛，乃至意觸所生愛故。又是四食中觸食性故。又七十四法皆以觸為緣故。又十二緣中觸緣受故。如受、想等各別有性，非即三和，若即三和，應同得等。立量云：「觸所自性非即三和」，「六六法中心所性故」，「是食攝故」，「能為緣故」，「如受等性」。

> 作意，謂能警心為性，於所緣境引心為業。謂此警覺應起心種，引令趣境，故名作意。雖此亦能引起心所，心是主故，但說「引心」。有說：令心迴趣異境，或於一境持心令住，故名作意。彼俱非理，應非遍行，不異「定」故。

次釋作意。先正釋。心未起時，警心令起，是作意體性；心既起已，引令趣境，是作意業用。次轉釋。「謂此警覺應起心

---

❶ "受著諸欲……受、想為蘊"，解釋源自《阿毘達磨俱舍論》卷 1，《大正藏》第 29 冊，1558 號，頁 5 中 10 至 17。《俱舍論》原文除此二因外，另有"次第因"。

❷ "《身足論》"，通潤《成唯識論集解》亦有此說。窺基《成唯識論述記》卷 3 對"六六法"的解釋是："《俱舍》第十《正理》等云，謂六內處、六外處、六識身、六愛身、六觸身、六受身。今取《界身足論》六六，謂六識、六觸、六受、六想、六思、六愛。"（《大正藏》第 43 冊，1830 號，頁 330 上 16 至 20）明代注釋引用或有來由，待考。

種"者，明此作意在種位能警心也。設有問言：作意為在種位能
警心，為在現行能警心？即答言：在種位能警心，以作意自性明
利，雖在種位，若有境至，而能警心、心所種，令生起現行。喻如
多人同一室宿，外邊有賊來時，眾中有一人為性少睡，便能警覺
餘人，此人雖自身未起，而能警覺餘人令。亦如內心相分，雖
與見分同起，法爾有能牽心功能。今作意亦爾，其作意種子，既
警彼諸心、心所種生現行已，作意現行又能引心現行令趣前境。即
此作意有二功能：一、心未起時能警令起，二、若起已能引令趣
境。❶作意亦能引起心所，而但言"心"者，心是主故。如言"王
來"，非無臣佐等。"有說"下，出偏義。"迴趣異境"者，正緣此
境時，引轉向餘也。"持心令住"者，專注一境也。有以令心迴趣
異境為作意者，有以持心一境為作意者，二俱非理。若令心住，不
異別境"定"心所故；若言迴趣，應非徧行所攝性故。

　　受，謂領納順、違、俱非境相為性，起愛為
業，能起合、離、非二欲故。有作是說：受有二
種。一、境界受，謂領所緣；二、自性受，謂領俱
觸。唯自性受是受自相，以境界受共餘相故。彼
說非理，受定不緣俱生觸故。若"似觸生名領
觸"者，似因之果應皆受性。又既受因，應名"因
受"，何名"自性"？若謂"如王食諸國邑，受能
領觸，所生受體，名自性受"，理亦不然，違自所

---

　　❶ "設有問言……引令趣境"，或改寫自《宗鏡錄》卷 57，《大正藏》
第 48 冊，2016 號，頁 746 中 6 至 16。

執不自證故。若"不捨自性，名自性受"，應一切
法皆是受自性。故彼所說，但誘嬰兒。然境界受，非
共餘相，領順等相定屬己者，名境界受，不共餘故。

次釋受。先正釋。受以"領納"為義。"領"謂"收領"，"納"謂
"容納"。若領納違境，則起心欲離；若領納順境，則起心欲合；若
領納非違非順境，則起心平平，雖不欲合，亦不欲離。此受性也。為
欲所依，故能起愛，是受用也。❶"有作"下，敘異見。❷"一、
境界受"者，即前"領納違、順、俱非"者是；"二、自性受"者，即
是彼所執"領納俱生觸"者是。觸與受俱生，謂之"俱生觸"。此
受不納外境，唯納俱生之觸，即以觸為自性，名"自性受"。唯自
性受是受所緣自相之境，不與心王共緣故。若境界受，王、所共
緣，故以緣境界者名境界受，緣俱觸者名自性受也。論主破云：受
雖曰"依觸而生"，而觸以三和分別變異為性，受以領納為性，各
各自能緣境，故同列為五數，受定不緣俱生觸也，豈有父生子而
子納父者哉？若謂"此受似觸而生，故受能領觸，名自性受"者，則
觸為因，而受為果。果似因起，名為"領彼"。凡似因果，皆應領
因，領故名受，應皆受性。觸既是受因，應名"因所生受"，不得

---

❶"'領'謂'領納'……是受用也"，或改寫自廣益《百法明門論纂》，《新
纂卍續藏》第 48 冊，803 號，頁 316 下 13 至 16。

❷ 此段關於"受"的討論，明代注釋與唐代注釋差異較大。依唐代注釋，此
處的異見可見於《順正理論》（《俱舍論》對"受"心所的定義也是"領納隨
觸"），具體主張是，"境界受"指對境界（認識對象）的受，一切心、心所皆
有，所以不能作為"受"心所的自性（獨特的性質）；"自性受"指對俱生的
觸的受，只有受心所才有，是"受"心所的自性。

名"自性受"，以觸非受之自性故。若謂"自性受如王，觸如國邑，受能領觸，如王食諸國邑，所生受體名自性受，非以觸為自性"者，理亦不然，以彼執"'領納俱生觸'為自性"故。今以觸所生受名為自性，則受無有自證之境，彼執俱生觸為自相境故。若謂"受雖領觸，不捨受之自性，即領自性名自性受"者，則一切法皆不捨自性，皆是領自性，亦皆可謂之自性受乎？次明境界受為受自相。然謂"境界受共餘相"者，理亦不然，如領順境時，其順境相定屬於己，名順境受。此領受時，不領違、捨。若領違、捨，定不領順，豈共餘相哉？

想，謂於境取像為性，施設種種名言為業。謂要安立境分齊相，方能隨起種種名言。

次釋想。初正釋。《顯揚論》云："想者，謂名、句、文身熏習為緣，從阿賴耶識種子所生，依心所起，與心俱轉，相應取相為體，發言議為業。"❶次轉釋。先安境相高下、美惡，方施種種名字言說。彼有如是相，名為"瓶""衣"等。"安立"，即是"取像"異名。想，能安立自境分劑。若心起時無此想者，應不能取境分劑相❷，謂"此是青""非青"等。作分劑而取其相，名為"安立"。由此取像，便起名言"此是青"等，性類眾多，故名"種種"。

思，謂令心造作為性，於善品等役心為業。謂

---

❶ 引文見《顯揚聖教論》卷1，《大正藏》第31冊，1602號，頁481上26至28。

❷ "想，能安立自境界……境分劑相"，或改寫自《宗鏡錄》卷57，《大正藏》第48冊，2016號，頁746中25至26。

能取境正因等相，驅役自心，令造善等。

次釋思。初正釋，次轉釋。"善品等"者，謂善品、不善品、非善非惡品。"正因等"者，謂正因、邪因、非正非邪因。《顯揚論》云："思者，謂令心造作得、失、俱非意業為體，或為和合，或為別離，或為隨與，或為貪愛，或為瞋恚，或為棄捨，或起尋伺，或復為起身、語二業，或為染污，或為清淨，行善、不善、非二為業。"❶"得"即正因，"失"即邪因。問：作意與思有何分別？曰：心恒動行，名為"作意"；思惟籌量可行、不可行，令心成邪、成正，名為"思惟"。作意如馬行，思惟如騎者。馬但直行，不能避就是非❷。由騎者故，令其離非就是。思惟亦爾，能令作意離漫行也。❸

此五既是遍行所攝，故與藏識決定相應。其遍行相，後當廣釋。此觸等五與異熟識，行相雖異，而時、依同，所緣、事等，故名相應。

次總結。此五法，心起必有，故是徧行，故決定與藏識相應。廣

---

❶ 引文見《顯揚聖教論》卷 1，《大正藏》第 31 冊，1602 號，頁 481 上 29 至中 4。

❷ "避就是非"，校本校勘記謂"'就是非'疑'非就是'"，本段引自《轉識論》，或系轉引自《宗鏡錄》卷 56，《大正藏》本《轉識論》《宗鏡錄》皆作"避就是非"。

❸ "心恒動行……離漫行也"，或改寫自《轉識論》卷 1："心恒動行，名為'作意'。受但是捨受。思惟籌量可行、不可行，令心成邪、成正，名為'思惟'。作意如馬行，思惟如騎者。馬但直行，不能避就是非。由騎者故，令其離非就是。思惟亦爾，能令作意離漫行也。"（《大正藏》第 31 冊，1587 號，62 上 6 至 11）

釋在第五卷。"此觸"下，釋"相應"義。問：心與心所各有行相，何名"相應"？如第八以"了別"為行相，受以"領納"為行相等。答：此觸等五，與異熟識行相雖異，而定同時起，同依一根，所緣亦❶等，自體相似，故名相應。今約見分為行相，影像相分為所緣，自體名事。"等"者，相似義。體各惟一❷，境相相似，故"所緣""事"皆名為"等"。以觸等五相託本識相生，所緣既相似，故名為"等"。唯識為宗，不約本質名為所緣，亦非影像名為行相。"時"，謂剎那，定同一世。"依"，謂根，俱無有間。❸

此識行相，極不明了，不能分別違、順境相，微細、一類、相續而轉，是故唯與捨受相應。又此相應受唯是異熟，隨先引業轉，不待現緣，任善、惡業勢力轉故，唯是捨受。苦、樂二受，是異熟生，非真異熟，待現緣故，非此相應。又由此識常無轉變，有情恒執為自內我，若與苦、樂二受相應，便有轉變，寧執為我？故此但與捨受相應。若爾，如何此識亦是惡業異熟？既許善業能招捨受，此亦應然。捨受不違苦、樂品故，如無記法，善、惡俱招。

四、釋受俱門。有三釋。先約行相以定捨受。捨受五相，與此

---

❶ "亦"，底本難辨，據校本定。

❷ "一"，底本難辨，本句或引自《宗鏡錄》卷47，據校本及《大正藏》本《宗鏡錄》卷47定。

❸ "今約見分……俱無有間"，或改寫自《宗鏡錄》卷47，《大正藏》第48冊，2016號，頁696上21至27。

第八行相皆同，故為相應：一、不明了，二、不能分別違順境相，三、微細，四、一類，五、相續轉。"不明了"者，是捨受相；若苦、樂受，必了明故。"不能分別順、違境相"者，取中容境，是捨受相；若是餘受，取順、違境故。"微細"者，相不顯故；若是餘受，行相必麤。"一類"者，無易脫故；若是餘受，必是易脫；此行相定，故成一類。"相續轉"者，無間斷故；若是餘受，必有間斷；此恒相續，故唯捨受。若能分別違、順境相，非真異熟，異熟者取境定故。若麤動者，如餘心，非異熟主，顯行相難知，異餘識也。由此五義必有故，便能受熏、持種、相續。又解：此識極不明了，曾無慧、念，慧、念行相極明了故；不能分別順、違境相，顯唯捨受，非苦、樂俱，及簡不與善、染等並；相續而轉，顯無有欲，今有希望，方有欲起，此相續故，無有欲也。由此五義，第二義正顯唯捨受義，所餘四義，因簡別境等，故唯與捨受俱。❶次約體性以定捨受。此識相應受，唯是異熟性。異熟性者，隨先業轉，不待現緣。既隨業力，不待現緣，故唯捨受。苦、樂二受非真異熟，不任業力，要待現緣，故非此識之所相應。次約執藏以定捨受。此識一類恒無轉變，末那恒執為自內我。若苦、樂受，轉變無常，寧可執以為自內我？以第七識亦是捨受，是故唯與捨受相應。問：此五徧行，受何別開，不及餘四？答：受體雖一，義用有三，是故別開，餘四不爾。例如無記，有覆、無覆義用不同，故亦別開。外人難云：此識既與捨受相應，是無記寂靜法，如何又為惡業果耶？汝前既許善業能招捨受，則惡亦應然故。答云：捨雖寂靜，不違善、惡二種

---

❶ "一、不明了……與捨受俱"，或改寫自《宗鏡錄》卷47，《大正藏》第48冊，2016號，頁696上28至中15。源自《成唯識論述記》卷3，《大正藏》第43冊，1830號，頁332下23至頁333上2。

故，得為惡果。不同禪定寂靜，能斷障染，故於苦、樂俱不相違；此無所能為，故通惡業惑。餘七轉識，設起苦、樂，此識皆俱，以捨不違苦、樂品故。若或苦、樂不俱，於人天中應不受苦果，以相違故；三惡趣中應不受樂果，亦相違故。此中苦、樂皆是別招，故捨不違。❶立量云："捨受善、惡俱招"，"不違苦、樂品故"，如無記法。"不違、苦樂"者，此與轉識同一剎那三受俱轉。

如何此識非別境等心所相應？互相違故。謂欲，希望所樂事轉；此識任業❷，無所希望。勝解，印持決定事轉；此識瞢昧，無所印持。念，唯明記曾習事轉；此識昧劣，不能明記。定，能令心專注一境；此識任運，剎那別緣。慧，唯簡擇德等事轉；此識微昧，不能簡擇。故此不與別境相應。此識唯是異熟性故，善、染污等亦不相應。惡作等四無記性者，有間斷故，定非異熟。

此相應簡別。問：此異熟識，何故但與徧行相應，不與別境五位？答：以別境等互相違故。謂別境之"欲"，希望所好樂事；此識任彼善、惡業轉，無所好樂，故不與欲相應。"勝解"，是印證守持決定之事；此識昏昧，不能印證持守，亦無決定，故不與勝解相應。"念"，是明記過去曾習之事，使不忘失；此識昧劣，不能

---

❶ "此識既與捨受相應……故捨不違"，或改寫自《宗鏡錄》卷47，《大正藏》第48冊，2016號，頁696中15至24。

❷ "業"，底本作"業"，《大正藏》本《成唯識論》卷3作"運"，校勘記謂《宋》《元》《明》《宮》四本作"業"，當作"運"。

明記，故不與念相應。"定"，雖影像相分剎那新起，至加行時，所觀本質，前後相續，但專注境；此識任運，不作加行專注本質，恒緣現在影像所緣，但新新起。且定行相，一一剎那深取專注，趣向所緣；此識浮疎，行相不爾，故不與定相應。"慧"，為簡擇德、非德事；此識微細昧畧，不能簡擇，故不與慧相應。且"別境"者，別別緣境而得生故；此識唯是一類相續，故不與別境相應也。此識唯是異熟無記，非善性故，不與善十一相應；非惡性故，不與煩惱等相應。"惡作等四"，雖通無記，非一切時常相續故，定不與異熟相應。然不遮異熟生，異熟生中有此四故。❶

通上，釋相應，竟。

法有四種，謂善、不善、有覆無記、無覆無記。阿賴耶識何法攝耶？此識唯是無覆無記，異熟性故。異熟若是善、染污者，流轉、還滅應不得成。又此識是善、染依故。若善、染者，互相違故，應不與二俱作所依。又此識是所熏性故。若善、染者，如極香、臭，應不受熏，無熏習故，染淨因果俱不成立。故此唯是無覆無記。"覆"謂染法，障聖道故，又能蔽心令不淨故；此識非染，故名"無覆無❷記"。謂善、惡，有愛、非愛果及殊勝自體可

---

❶ 本段解釋或改寫自《宗鏡錄》卷 47，《大正藏》第 48 冊，2016 號，頁 696 中 24 至下 12。

❷ "無"字，底本有，《大正藏》本《成唯識論》卷 3 無此字，校勘記謂《宋》《元》《明》《宮》四本有。"此識非染，故名'無覆無記'。謂善、

記別故。此非善、惡，故名"無記"。

五、釋三性門。標舉三性，分為四法。先問起。能為此世、他世順益，故名為"善"；能為此世、他世違損，故名"不善"；"障礙聖道，隱蔽自心，說名'有覆'"❶；"無覆"反此。非善、不善，故名"無記"。

次舉頌答。次釋。先釋"是無覆無記"。初"異熟性故"。謂此本識，於上四法，唯第四攝。流轉屬染，還滅屬淨。由業故生死流，由苦故生死轉，由道故還，由滅故滅。異熟既是善，應不生不善，恒生善故，即無流轉惡趣之義。惡趣翻亦然，既恒生惡，應無還滅。以故，異熟定非善、染二性。此約異熟顯無記也。次"善、染依故"。此識既是果報之主，既恒是善，應不為惡依；是惡，亦應不為善依，互相違故。由非善、染故，能為善、染依。此約善、染所依顯無記也。次"所熏性故"。此識是所熏性，以非善、染，而能受善、染熏。若是善、染應非受熏，熏習既無，即無種子，種子若無，即是無因，因既無故，其果亦無，故曰"染淨因果俱不成立"。此約所熏顯無記也。具上三義，證知第八唯是無覆無記性攝。言"無覆"者，"覆"，謂染法，有障礙義，有蓋蔽義，障礙聖道不得生起，蓋蔽真心不得清淨。此識無此二義，故名"無覆"。言"無記"者，謂善因感可愛之果，惡因感非愛之果，彼二皆有殊勝

惡，有愛、非愛果及殊勝自體可記別故"，此處標點是底本的句讀。然據唐代注疏，及本書此段所引《宗鏡錄》卷49"言'無覆'者，'覆'，謂染法……此識無此二義，故名'無記'"的解釋，當無"無"字，標點作"此識非染，故名'無覆'。'記'謂善、惡，有愛、非愛果及殊勝自體可記別故"。

❶"能為此世、他世順益……說名'有覆'"，改寫自《成唯識論》卷5。

強盛之體可記可別，此識無此二義，故名"無記"。無記有三：一、相應無記，謂諸無記心、心所法；二、不相應無記，謂無記色不相應法；三、真實無記，謂虛空、非擇滅。又廣辯四種無記：一、能變無記，即無記心、心所法是；二、所變無記，即諸色法及諸種子等是；三、分位無記，即二十四不相應行中，有假無記法分位立者是；四、勝義無記，即虛空、非擇滅無為是。又就第一能變無記中，更有四種無記：一、異熟，二、威儀，三、工巧，四、變化。異熟無記者，"異"者，別異，即因果性別，因通善、惡，果唯無記；"熟"者，成熟，此唯屬果，因果合說，名為異熟。"無記"者，不能記別當果名為無記，或於善、惡中無所記別名無記。此業感真異熟無記，即第八識。"業"即善、惡二思，"感"者集義、招義。為此現行思，能造作感集當來總報識等五果種子，又能招感當來異熟五蘊現行果，故名"業感"。言"真"者，實也。簡"命根"雖是異熟而且是假。又"真"者，常也。體常相續，更不間斷，徧界地有者，名"真異熟無記"。又若法體是異熟，從異熟識起而無間斷，徧界地有者，名"真異熟"，亦名"異熟生"。若法體是異熟，從異熟識起，有時間斷，又不徧界地者，但名"異熟生"，不得名"真異熟"，即簡六識體。若體非異熟，又有間斷，又不徧界地，雖從異熟識起，不名"真異熟"，但得名"異熟生"。若威儀、工巧、變化等，雖有能作，而不招善惡等果，故名無記。❶

"觸等亦如是"者，謂如阿賴耶識，唯是無覆無記性攝，觸、作意、受、想、思亦爾，諸相應法必

---

❶ "由業故生死流……故名無記"，或改寫自《宗鏡錄》卷 49，《大正藏》第 48 冊，2016 號，頁 706 下 10 至頁 707 上 15。

同性故。又觸等五，如阿賴耶，亦是異熟，所緣、行相俱不可知，緣三種境，五法相應，無覆無記，故說"觸等亦如是"言。有義：觸等如阿賴耶，亦是"異熟"及"一切種"，廣說乃至"無覆無記"，"亦如是"言無簡別故。彼說非理，所以者何？觸等依識不自在故，如貪、信等，不能受熏，如何同識能持種子？又若觸等亦能受熏，應一有情有六種體。若爾，果起，從何種生？理不應言從六種起，未見多種生一芽故。若說"果生唯從一種"，則餘五種便為無用。亦不可說"次第生果"，熏習同時、勢力等故。又不可說"六果頓生"，勿一有情一剎那頃六眼識等俱時生故。誰言"觸等亦能受熏、持諸種子"？不爾，如何"觸等如識名一切種"？謂觸等五，有似種相，名一切種。觸等與識所緣等故，無色觸等有所緣故，親所緣緣定應有故。此似種相，不為因緣生現識等，如觸等上似眼根等，非識所依。亦如似火，無能燒用。彼救非理。觸等所緣、似種等相，後執受處方應與識而相例故。由此前說"一切種"言，定目受熏、能持種義。不爾，本頌有重言失。又彼所說"'亦如是'言無簡別，故咸相例"者，定不成證。勿"觸等五亦能了別""觸等亦與觸等相應"。由此故知，"亦如是"者，隨所應說，非謂一切。

六、釋心所例王門。謂如阿賴耶識，唯是無覆無記性攝，此釋"是"字。諸凡相應心所，必與心王同一性故，故曰"亦如是"，判為心所例王門也。此單就無覆無記言也。此為正義。又一說，通前所緣門、行相門、不可知門，是觸等五心法皆與相應，不但無覆無記，故說"亦如是"言。又一說，通因相門一切種亦在其中，以"亦如是"言與阿賴耶無簡別故。故破之云：觸等五所，依識而有，如臣依王，非若王之自在也。且觸等五，即與善、染諸心所同，何能受熏？如何同識能持種子？故知受熏、持種，必是異熟，而五所不預也。遂申量云："觸等不能受熏"，"依識不自在故"，"如貪、信等"。又若觸等亦能受熏，則應一有情五所、一王共有六種。種體既六，果從何種而生？終不應言"六種共生一果"，多種一芽未曾有故。若言"果生唯從一種"，則餘五無用，何同受熏？又不可說"一一種中，次第漸生六果"，以王、所熏習同時，勢力均等，無次第故。既不可說"次第生果"，又不可說"六種一時頓生六果"。若六種一時頓生六果，則一有情一剎那頃六眼識等亦可一時頓生耶？外人辯云：誰言"觸等亦能受熏持諸種子"耶？論主云：設若不許受熏、持種，如何謬執"觸等亦如賴耶，名'一切種子'"？外人救云：阿賴耶識緣種子時，相應觸等變似種相，領以為境，名一切種，非如心王真能持種。心王緣種子時，五心所必同緣故。如無色界，無色可託以為本質，其觸等心所必有所緣，不緣種子而緣誰耶？若託王三境為質而緣，即是疏所緣緣，故曰"親所緣緣定應有故"，以證成觸等必緣種子也。此似種相，不生現識，如似根等非識所依，亦如似火無能燒用，只成所緣緣，不成因緣，即

213

無受熏、持種義。其遮前難，意出於此。"似眼根等"者，本識緣眼根等，相應觸等，託根為質，變似眼等，非識所依，以有親根為所依故。論主破云：觸等所緣似種似根等相，必須賴耶既受熏已，然後得有種子根等執持、領受；若第八未曾執受真實種子，則觸等似種依何變起？且所緣乃是第五門，於後執受處方應與本識相例言之，何於三因相門即預言之耶？故知前說一切種言，必指受熏、持種義。若不指受熏、持種而但所緣上說者，則執受中又有種子作所緣說何耶？是本頌有重言失矣。又彼所說"'亦如是'言通前一例，更無簡別"者，則心王能了別，觸等五所亦應能了別，心王與觸等相應，觸等亦應各與觸等相應，豈理也哉！由此故知，"亦如是"者，隨所應例而例之，非謂一切無簡別也。

阿賴耶識為斷為常？非斷非常，以恒轉故。"恒"謂此識無始時來，一類相續，常無間斷，是界、趣、生施設本故，性堅持種令不失故。"轉"謂此識無始時來，念念生滅，前後變異，因滅果生，非常一故，可為轉識熏成種故。"恒"言遮斷，"轉"表非常。猶如暴流，因果法爾。如暴流水，非斷非常，相續長時，有所漂溺；此識亦爾，從無始來，生滅相續，非常非斷，漂溺有情，令不出離。又如暴流，雖風等擊，起諸波浪，而流不斷；此識亦爾，雖遇眾緣，起眼識等，而恒相續。又如暴流，漂水上下魚、草等物，隨流不捨；此識亦爾，與內習氣、外觸等法，恒相隨轉。如是法喻，意顯此識無始因果非斷、常義。謂此識性，無始時來，剎那剎那，果生因滅，果生故非斷，因滅故非常，非斷非常是緣起理。故說此識，恒轉如流。過去、未來，既非實有，非常可爾，非斷如何？斷豈得成緣起正理？過去、未來，若是實有，可許非斷，如何非常？常亦不成緣起正理。豈斥他過己義便成？若不摧邪，難以顯正。前因滅位，後果即生，如稱❶兩頭，低、昂時等。如是因果相續如流，何假去、來方成非斷？因現有位，後果未生，因是誰因？果現有時，前因已滅，果是誰果？既無因果，誰離斷常？若有因時已有後果，果既本有，何待前因？因義既無，果義寧有？無因無果，豈離斷、常？因、果義成，依法作用。故所詰難，非預我宗。體既本有，用亦應然，所待因緣亦本有故，由斯，汝義因果定無。應信大乘緣起正理。謂此正理，深妙離言，"因果"等言皆假施設。觀現在法，有引後用，假立"當果"，對說"現因"。觀現在法，有酬前相，假立"曾因"，對說"現果"。"假"，謂現識似彼相現。如是因果，理趣顯然，遠離二邊，契會中道。諸有智者，應順修學。有餘部說：雖無去、來，而有因果恒相續義。謂現在法，極迅速

---

❶"稱"，底本作"稱"，《大正藏》本《成唯識論》卷3作"秤"，"稱"通"秤"。

者，猶有初、後生滅二時，生時酬因，滅時引果。時雖有二，而體是一，前因正滅，後果正生，體相雖殊，而俱是有。如是因果，非假施設，然離斷常，又無前難，誰有智者捨此信餘？彼有虛言，都無實義。何容一念而有二時？生、滅相違，寧同現在？滅若現在，生應未來。有故名生，既是現在，無故名滅，寧非過去？滅若非無，生應非有。生既現有，滅應現無。又二相違，如何體一？非苦、樂等，見有是事。生、滅若一，時應無二；生、滅若異，寧說體同？故"生、滅時，俱現在有，同依一體"，理必不成。經部師等因果相續，理亦不成，彼不許有阿賴耶識能持種故。由此應信大乘所說因果相續緣起正理。

七、釋"恒轉如暴流"。即因果法喻門。先釋法。"阿賴耶識為斷為常"，問也。謂阿賴耶識，若常則無轉變，若斷則不相續，如何會通，得合正理？故答云："非斷非常，以恒轉故。"恒故非斷，轉故非常。何謂"恒"？曰"此識無始時來一類相續"等故。"一類"者，常無記義；"相續"者，未曾斷義。"界趣生本"者，即是依此識故，施設三界、五趣、四生，是引果故，識是界趣生之本。所以能施設者，以彼賴耶是無記性，能堅執持一切有漏種子令不散失故。何謂"轉"？曰"此識無始時來念念生滅"等故。新新不住，因滅果生，果生因滅，前後變異，非常非一。因果性故，簡非我也；有生滅故，簡常非自性也。常一之法無因果。若無因果，即是斷、常。以是常故，如虛空等應不受熏。若不受熏，即無涅槃、生死差別。若受熏，須具四義：一、無記，二、堅住，三、可熏，四、非常一。是四相應，可為轉識熏也。❶是知由恒故轉，由轉故恒。由恒故能持種，由轉故能受熏。恒以體言，轉以用言。恒以遮斷滅之見，轉以遮確定死常。立量云："阿賴耶識"是有法，"非斷非常"是宗，因云"恒隨轉故"，同喻"如暴流"。以彼暴流波相、水相不相捨離，故云"阿陀那識甚微細，習氣種子如暴流"。

"如暴流"下，次釋喻。"相續長時"即非斷，"有所漂溺"即非常。"又如暴流，雖風等擊"下，喻果生非斷。"風等"喻眾緣，"波浪"喻轉識，"而恒相續"顯非斷義。"又如暴流，漂水上下"下，喻因滅非常。"漂水上下"，喻善、惡種，即內因習氣。上生人天，猶如漂草；下沉三塗，猶如溺魚❷。"魚草等物"，喻善、惡五趣。以五趣中苦、樂受由觸而生，故曰"外觸"，揀非內觸也。"恒相隨轉"，顯非常義。

"如是法喻"下，雙結法喻。此法喻，正約現在第八一剎那間，為因為果，遮斷遮常，成緣起義，緣起之理即非斷、常。《宗鏡》七十一云："緣起者，順性無分別，即是相即相融，顯平等義，正順第一義諦體也。"❸

"過去、未來"下，此破薩婆多部、一切有部、雪山部等所立法

---

❶ "謂阿賴耶識，若常則無轉變……可為轉識熏也"，或改寫自《宗鏡錄》卷49，《大正藏》第48冊，2016號，頁707上15至12。

❷ "上生人天……"或引自《大方廣佛華嚴經隨疏演義鈔》卷20，《大正藏》第36冊，1736號，頁158中9至10。

❸ 引文見《宗鏡錄》卷71，《大正藏》第48冊，2016號，頁814上1至5。今文獻最早見於表員《華嚴經文義要決問答》卷2，《新纂卍續藏》第8冊，237號，頁421下23至下2。

有我無宗也❶。彼宗設難謂：汝言"果生因滅"者，有生、滅，即有去、來，即非實有，云何非斷？斷豈得成緣起正理？彼意謂：因果之道，須三世相續不斷，方成因果。過去為因，現在為果；現在為因，未來為果。大乘過、未無體，現唯一念，如何得成因果相續❷耶？論主答云：汝言"過去、未來皆是實有，可名非斷"，既曰非斷，便是死常，安得非常？常亦豈成緣起正理？我非好為辯說，斥他過以成己義❸。但不推破迷謬邪宗，難顯大乘深妙緣起，前之辯析意在於斯。且汝不解大乘現在因果相續緣起正理，執為斷滅，我更為汝重明梗槩。然我前言"因滅果生"，是約現在前因滅位，即有後果，如種生芽，如形現影，因、果體異，生、滅事殊，同在一時，更非前、後，非謂"待因滅盡而後果生"也。若"待因滅而後果生"，可成斷、滅。今因、果同時，種、現相生，更無前、後，安得斷滅？正如秤之兩頭，低、昂時等。"秤"，喻本識；"兩頭"，喻因果；"低、昂"，喻生、滅；"時等"，喻剎那不異。如是因果，念念皆爾相續，如暴流水，何假"過、未是真實有"方成非斷？小乘復難云：若"因果不約三世，唯立'現在因滅果生'為因果"者，因

---

❶ 據唐代注釋，提出"過去、未來，既非實有，非常可爾，非斷如何？斷豈得成緣起正理"質疑的是說一切有部與正量部。此處"薩婆多部"之薩婆多（sarvāsti）即"一切有"的音譯。

❷ "因果之道，須三世相續不斷，方成因果。過去為因，現在為果；現在為因，未來為果。大乘過、未無體，現唯一念，如何得成因果相續"，引自《唯識開蒙問答》卷下，《新纂卍續藏》第 55 冊，888 號，頁 364 下 13 至 15。

❸ "我非好為辯說，斥他過以成己義"，本句應是注釋"豈斥他過己義便成"，然據唐代注釋，此句仍是論敵的反問，意為："雖然你指出了我們'過去、未來實有，故非斷'觀點的錯誤，但你的理論並不因破斥了我的錯誤便能成立。"

是現在所，後果猶未生，後果既未生，此因是誰因？如未生子不可名父。果是現在果，前因亦已滅，前因既已滅，此果是誰果？既因中無果，果中無因，是成斷滅，安得謂之離斷離常？論主答云：若非同時因滅果生，而執因時已有後果，果既本有，何用因為？因本辦果，果為酬因。因義既無，果義寧有？無因無果，豈離斷常？故《顯揚論》云：若謂"因中有果"者，"我今問汝：因、果二相，為異，不異？若不異者，即無決定因、果二體，由此二相無差別故。而言因中有果，不應道理。若異相者，因中果體為未生相，為已生相？若未生相者，於彼因中果猶未生，而說是有，不應道理。若已生相者，則果體已生，復從因生，不應道理。是故因中非先有果，然要有因，故待緣而生。"❶由斯理趣，汝義不成。若欲因果義成，必依現在有法作用而得顯示，故我前云"果生因滅，相續如流，如秤兩頭，低昂時等"。今汝以三世因果而生詰難，此非預我大乘緣起唯識正宗。所以者何？由汝執體用因緣皆是本來實有，墮在死常，常無轉變，因果定無。是故應信大乘現在生滅緣起正理。何謂大乘緣起正理？即一切法自相離言，因之與果皆是假說，自無始之始，至無終之終，無去無來，唯有現在一念。觀現在法有酬前相，假說現在為前因之果；觀現在法有引後用，假說現在為後果之因。故將現在一念，說成因果相續不斷耳。云何引後用？曰有能引生當果之用。當果雖無，而現在法有引後用。"用"者，功能。行者尋見現法之上有此功用，觀此法果，遂心變作未來之相，此似未來，實是現在，即假說此所變未來，名

---

❶ 引文畧有修改，見《顯揚聖教論》卷 9，《大正藏》第 31 冊，1602 號，頁 521 下 11 至 18。

為當果。對此假當有之果，而說現在法為因。此未來果，即觀現在法功能而假變也，其因亦爾。觀此現法有酬前之相，即異熟變相等，觀此所從生處，而能變為過去，實非過去，而是現在。假說所變為現法，即對此假曾有過去因，而說現在為果。而實所觀，非因非不因，非果非不果。且如於自性離言故，非實是因。有功能故，非定不同。果亦如是。^❶

　　"有餘部說"下，此破<u>大眾</u>、<u>雞胤</u>等七部所執法無去來宗也^❷。彼計實有現在法，及無為法，其過、未法體用俱無。雖無去、來，就於現在一法體上有生、滅二時之相，故有因果恒相續義。謂現在法，如擊石火極迅速者，猶有初生、後滅二時，況稍遲者。初生起時，酬能引因，即名為"果"，何假曾因，對說現果？後變滅時，引所生果，即名為"因"，何假當果，對說現因？雖有初後生死二時，此之因果法體唯一，後所有法應知亦然。又前引果之因正滅，此後酬因之果正生，此之因、果體相雖殊，即滅即生而時是一，前後交互，相續如流，遠離斷常，成緣起理，豈有智者捨此而信餘宗之說哉？此宗立"現在，一體二時，皆是實有"者，一以避餘乘三世無體之過，一以出大乘過去、未來之假，豈知終墮斷滅之見而不能出也。"彼有虛言"下，論主破詞。先破"初、後二時俱生現在"，故云"何容一念而有二時"。次破"生、滅同在現在"，故云"生滅相違，寧同現在"。以現在一念屬生不屬滅故。若

───────────────

❶ "自相離言……果亦如是"，或改寫自《宗鏡錄》卷 49，《大正藏》第 48 冊，2016 號，頁 707 下 16 至 28。

❷ 據唐代注釋，"有餘部說……捨此信餘"一段是上座部之救，"雖無去、來"只是用大乘義假說。南傳上座部亦可見將"現在"再細分的理論。明代注釋或據"無去、來"故推測是大眾部等的說法。

謂"念滅屬現在"者，則應念生屬未來。若謂"一念有故名生，是現在"者，則應一念無故名滅，寧非過去？若謂"過去之滅屬現在有"，則應現在之生屬過去無。若謂"生時名現在有"，則應滅時名現在無。由是而推，"現在一念具有生、滅二時"，決無是理。又次破"二相一體"云：生滅二相，敵體相違，生相無滅，滅相無生，如何可說一體而有生滅二相？即以世間苦、樂論，則苦時無樂相，樂時無苦相，豈容現在一念而有苦、樂二相具在者乎？又次破"二時一體"不應同立。若謂"生滅是一"，則生不異滅，滅不異生，不應復立二時。若謂"生滅是異"，則生屬現在，滅屬過去，不可謂是一體。故《顯揚》云，若謂去來是實有者，"去、來二相與現在相，為異，不異？若不異者，立三世相，不應道理；若異相者，性相實有，不應道理。又此二世法，為常，無常？若言常者，墮於三世，不應道理。若無常者，於三世中恒是實有，不應道理"❶。"故生"下，結破。

"經部師"下，此破經部、說假部❷所立現通假實宗也。彼立

---

❶ 引文改寫自《顯揚聖教論》卷9，《大正藏》第31冊，1602號，頁522中27至下3。

❷ 據唐代注釋，"經部師等"一段即破經量部，"等"字指經部師有眾多異論，並非指別部。此處謂"經部、說假部所立現通假實宗"，或源自對《大方廣佛華嚴經疏》卷3"四、現通假實宗，謂說假部，就前現在之中法在蘊為實，在界、處為假，其《成實論》經部師即是此類"（《大正藏》第35冊，1735號，頁521中23至25）的誤讀。經量部多認為"聚集即假"，故以"蘊（積聚）"為假。《大方廣佛華嚴經隨疏演義鈔》卷14亦有說明："《疏》'四、現通假實宗'等者，一全、一少分。'一全'者，即說假部。'一少分'，即末經部，以根本經部是第一宗攝故。其《成實論》，先是數論弟子，以所造為能造，後出家入佛法時經部攝，故三藏云'經部細實而麤假'，實義同故，現

現在之法，在蘊為實，在界、處為假，但依六識、三毒，建立染、淨因果相續不斷。以彼不許有阿賴耶識能持種故，不知因果相續，理必受熏，從熏成種，從種起現，現又熏種，是相續義。今既無受熏、持種之識，則相續之說亦祇虛言耳。"由此應信"下，結勸生信。

此識無始恒轉如流，乃至何位，當究竟捨？阿羅漢位，方究竟捨。謂諸聖者，斷煩惱障究竟盡時，名"阿羅漢"。爾時，此識煩惱麁重，永遠離故，說之為"捨"。此中所說阿羅漢者，通攝三乘無學果位，皆已永害煩惱賊故，應受世間妙供養故，永不復受分段生故。云何知然？《決擇分》說諸阿羅漢、獨覺、如來皆不成就阿賴耶故，《集論》復說"若諸菩薩得菩提時，頓斷煩惱及所知障，成阿羅漢及如來故"。若爾，菩薩煩惱種子未永斷盡，非阿羅漢，應皆成就阿賴耶識，何故即彼《決擇分》說不退菩薩亦不成就阿賴耶識？彼說二乘無學果位迴心趣向大菩提者，必不退起煩惱障故，趣菩提故，即復轉名"不退菩薩"，彼不成就阿賴耶識，即攝在此"阿羅漢"中，故彼論

通假實攝。此說假與一說、說出世別。此謂真諦中有假、實，蘊門明義是實者，實積聚故；界、處門明義是假者，假積聚故。今《疏》云'其《成實論》'，即是少分末經部也。"（《大正藏》第36冊，1736號，頁107上27至中6）

文不違此義。又不動地以上菩薩，一切煩惱永不行故，法駛流中任運轉故，能諸行中起諸行故，剎那剎那轉增進故，此位方名不退菩薩。然此菩薩，雖未斷盡異熟識中煩惱種子，而緣此識我見、愛等，不復執藏為自內我，由斯永捨"阿賴耶"名，故說"不成阿賴耶識"，此亦說彼名阿羅漢。有義：初地以上菩薩，已證二空所顯理故，已得二種殊勝智故，已斷分別二重障故，能一行中起諸行故，雖為利益起諸煩惱，而彼不作煩惱過失，故此亦名不退菩薩。然此菩薩雖未斷盡俱生煩惱，而緣此識所有分別我見、愛等，不復執藏為自內我，由斯亦捨"阿賴耶"名，故說"不成阿賴耶識"，此亦說彼名阿羅漢。故《集論》中作如是說，"十地菩薩，雖未永斷一切煩惱，然此煩惱，猶如呪藥所伏諸毒，不起一切煩惱過失。一切地中，如阿羅漢已斷煩惱"，故亦說彼名阿羅漢。彼說非理。七地已前猶有俱生我見、愛等，執藏此識為自內我，如何已捨"阿賴耶"名？若"彼分別我見、愛等不復執藏，說名為'捨'"，則預流等諸有學位，亦應已捨"阿賴耶"名，許便違害諸論所說。地上菩薩所起煩惱，皆由正知，不為過失，非預流等得有斯事，寧可以彼例此菩薩？彼六識中所起煩惱，雖由正知，不為過失，而第七識有漏心位，任運現行，執藏此識，寧不與彼預流等同？由此故知，彼說非理。然阿羅漢斷此識中煩惱麁重究竟盡故，不復執藏阿賴耶識為自內我，由斯永失"阿賴耶"名，說之為"捨"，非捨一切第八識體。勿阿羅漢無識持種，爾時便入無餘涅槃。

八、釋阿羅漢位捨。即十二伏斷位次門。先問起，次舉頌答。"謂諸"下，次解釋。阿羅漢因果位次有五。一、資糧位。其位有三：一、五停心，二、別相念，三、總相念。若欲出於三界，必以此三種觀法而為資糧也。五停心者：一、多貪眾生，不淨觀；二、多嗔眾生，慈悲觀；三、多散眾生，數息觀；四、愚癡眾生，因緣觀；五、多障眾生，念佛觀。別相念、總相念者，謂四念處：一、觀身不淨，二、觀受是苦，三、觀心無常，四、觀法無我。若各觀察，則名"別相念"；若總觀察，則名"總相念"。三界者，欲界、色界、無色界也。二、加行位，其位有四：一、煖位，如木鑽火，未見火出，先得煖相。以喻加行位人，未見智火，已得煖相。二、頂位，觀行轉明，如登山頂，悉皆明了。三、忍位，忍，即忍可之義。謂於苦、集、滅、道四諦之法，忍可而樂修也。四、世第一位。於理雖未能證，而於世間最勝。謂此四位加功用行、取證道果也。三、見道位，即聲聞初果也，謂斷三界見惑，而見真空之理，故名"見道"也。初果即須陀洹也。四、修道位，謂修四諦道法，斷欲界思惑，而證第二、第三果，故名"修道"也。第二果，即斯陀含；第三果，即阿那含也。五、無學位，即聲聞第四果阿羅漢也。此位斷三界見、思惑盡，真理究竟，無法可學，故名"無學"也。梵語"阿羅漢"，華言"無學"，又云"無生"。詳見《天台四教儀集註》。❶此中阿賴耶識，至阿羅漢位，方究竟捨，以彼已斷三界見、思煩惱，分別、俱生我執種、現皆已盡故。此中所說阿羅漢位，非但聲聞之第四果，通攝三乘無學果位。以阿羅漢有三義故，所謂“殺賊”“應供”“不生”。三乘無學，皆有此義，通得此名。“麤重”即種子，此識含藏雜染種子，究竟離故，說之為“捨”。“三乘”者，謂緣覺乘、聲聞乘、菩薩乘。彼三乘人，至無學位，俱無煩惱，事業皆同，故釋成云：“皆已永害煩惱賊故。”以彼煩惱劫法財故，名之為“賊”。“應受世間妙供養”者，堪作福田故。“永不復受分段生”者，唯有變易死故。“分段生死”者，隨因緣力，壽命短長，有定齊限，故名“分段”。“變易生死”者，由悲願力，改轉身命，無定齊限，故名“變易”。如改麤身為細質，易短壽作長年。覺知報盡為死，入定還資為生❷。云何知然？以《瑜伽論·決擇分》及《集論》所言而知之。阿羅漢、獨覺，即鈍、利二根。斷煩惱有二種：一、斷現行，一、斷種子。成阿羅漢時，種、現俱斷。菩薩登八地時，但斷現行，名阿羅漢；成如來時，方斷種子。外人問云：若謂“菩薩得菩提時頓斷煩惱”者，則菩薩位煩惱未斷，應皆成就阿賴耶識，何故《論》說“不退菩薩不成就阿賴耶識”耶？論主釋云：《決擇分》言“不退菩薩”者，謂二乘斷盡煩惱、證無學果而迴趣大乘者也。必不退位起煩惱障故，名為“不退”；趣大乘故，名為“菩薩”耳。故應攝在此阿羅

---

❶ “一、資糧位……詳見《天台四教儀集註》”，或改寫自一如等編《大明三藏法數》卷16“小乘五位”詞條，《永樂北藏》第182冊，1615號，頁81下1至頁82上9。然此處“阿羅漢”原意是通於三乘無學，用小乘五位來解釋並不恰當。

❷ “‘分段生死’者……入定還資為生”，或改寫自《唯識開蒙問答》卷下，《新纂卍續藏》第55冊，888號，頁370下2至11。

漢中，同不成就阿賴耶也。故二論不同，義則是一。又不動地以上菩薩，如善慧、法雲、等覺，皆是不退。"一切煩惱"，修道所斷俱生障也。"永不行"者，則永遠離諸現纏也。"法駛流"者，法執漂溺如暴流也。"任運轉"者，能於駛流得自在也。"能諸行中起諸行"者。一行攝一切行也。"剎那剎那轉增進"者，念念流入薩雲海也。以此四因，證不動等名為"不退"。"我見、愛"等，謂我癡、我見并我慢、我愛，即俱生惑也。此謂本頌，彼謂不退，謂此菩薩，雖未斷盡異熟識中煩惱種子，而緣此識我見、愛等現行已伏，不執內我，故亦永捨"阿賴耶"名，名阿羅漢。

"有義：初地"下，此出偏義。有師，指初地已上菩薩，已證分別我、法二種空，已得根、後二種智，已斷分別我、法二種障，已脩一行一切行，為利生故，雖有現行煩惱，而無過失，此等菩薩，亦名不退。然此菩薩，雖未斷俱生，已斷分別，由斯亦得捨"賴耶"名，亦名阿羅漢。"故《集論》"下，引證。《集論》全文云："諸菩薩已得諦現觀，於十地修道位，唯修所知障對治道，非煩惱障對治道。若得菩提時，頓斷煩惱障及所知障，頓成阿羅漢及如來。此諸菩薩，雖未永斷一切煩惱，然此煩惱，猶如呪藥所伏諸毒，不起一切煩惱過失。一切地中，如阿羅漢已斷煩惱。"❶ "呪"喻禪定，"藥"喻智慧，"毒"喻煩惱，雖有種子，被禪定、智慧所伏，以故不為煩惱過失。"彼說非理"下，論主破詞。謂七地以前，雖斷分別，尚有俱生我見等，執第八為自內我，如何得捨"阿賴耶"名？若"斷分別名為捨"者，則預流等亦斷分別，應亦名捨，以

---

❶ 引文見《大乘阿毘達磨集論》卷7，《大正藏》第31冊，1605號，頁692下5至10。

預流果永斷分別我見愛故。外人救云：地上菩薩得殊勝智，已有正知，故雖起煩惱，不為過失，豈可與預流等相較量耶？復破云：雖地上菩薩斷分別惑，不起諸見，於第六識能起正知，不生過失。而第七識中俱生未斷，任運執藏，寧不與彼預流等同？故知彼說"前七地中名阿羅漢"，決定非理。然此中言"捨"者，謂彼俱生煩惱種子悉已斷盡，不執為我，證阿羅漢，名之為"捨"。非捨一切第八識體，以彼異熟未空，尚持俱生法執種子故。若無此種，爾時便入無餘涅槃，何不名佛，乃名阿羅漢果也耶？

然第八識，雖諸有情皆悉成就，而隨義別立種種名。謂或名"心"，由種種法熏習種子所積集故；或名"阿陀那"，執持種子及諸色根令不壞故；或名"所知依"，能與染淨所知諸法為依止故；或名"種子識"，能遍任持世、出世間諸種子故。此等諸名，通一切位。或名"阿賴耶"，攝藏一切雜染品法令不失故，我見、愛等執藏以為自內我故。此名唯在異生、有學，非無學位，不退菩薩有雜染法執藏義故。或名"異熟識"，能引生死、善、不善業異熟果故。此名唯在異生、二乘、諸菩薩位，非如來地猶有異熟無記法故。或名"無垢識"，最極清淨諸無漏法所依止故。此名唯在如來地有，菩薩、二乘及異生位，持有漏種，可受熏習，未得善淨第八識故。如契經說："如來無垢識，是淨無漏界，解脫一切障，圓鏡智相應。""阿

227

賴耶”名過失重故，最初捨故，此中偏說。“異熟
識”體，菩薩將得菩提時捨，聲聞、獨覺入無餘依
涅槃時捨。“無垢識”體，無有捨時，利樂有情無
盡時故。“心”等通故，隨義應說。

次明第八異名。先牒上正釋“捨”者，捨名不捨體故。又廣
說多名。“積集”義是“心”義，“集起”義是“心”義，以能集
生多種子故，或能熏種於此識中。既能積集，復起諸法，故說此
識名為“心”義。❶“阿陀那”者，有三義：一、執持，謂能執持
諸法種故；二、執受，謂能執受色根、依處故；三、執取，謂能執
取結生相續故。❷“所知依”，三自性者❸染、淨諸法為識所知，此
為彼依，名“所知依”，或學大乘者所應知故。“種子識”者，此
識因中，持新舊漏、無漏種子，念念受熏故，果中，唯持舊無漏種，不
受新熏故。此“種子識”與“心”義別，取第八現名“種子”故。故
古德云：前名“心”者，望種“積集”；此“種子識”，唯望能生，故
不立也。❹以上四名，皆通凡、聖。“阿賴耶”者，依自相立名，攝
藏雜染為自相故，一切異生、謂於聖法不得，名“異生性”。聲聞有學、七

---

❶ “‘積集’義是‘心’義……名為‘心’義”，引自《宗鏡錄》卷50，《大
正藏》第48冊，2016號，頁711上24至27。源自《成唯識論述記》卷3，《大
正藏》第43冊，1830號，頁343下24至25。

❷ “‘阿陀那’者……相續故”，改寫自《成唯識論》卷3。

❸ “‘所知依’，三自性者”，通潤《成唯識論集解》作“‘所知依’，三
自性等”，本句或改寫自《宗鏡錄》卷50：“‘所知依’者，即三性與彼為依，名
‘所知依’。”（《大正藏》第48冊，2016號，頁711上28）“者”，疑應作“等”。

❹ “前明‘心’者……故不立也”，或引自《大方廣佛華嚴經隨疏演義
鈔》卷66，《大正藏》第36冊，1736號，頁528下25至26。

地已下菩薩，皆共此名，三乘無學無此名故。"異熟識"者，依果相立名。此是善、惡業果位，以善、惡業果為因，即招感得此引果故。前世業為因，因是善、惡；今世感第八識，是無記。異熟即果，果異於因，故名"異熟"。又具四義：一、實，二、常，三、徧，四、無雜。是名真異熟識。問：第八真異熟識，如何名引果？答：為善、惡業為能引，第八為所引，是能引家之果，故名"引果"，故是總報主。前六識名為滿果，有一分善、惡別報來滿故。此滿業所招，名"異熟生"，非真異熟也，不具四義。唯第八是引果，真異熟識，具四義故。此通異生、二乘無學、十地菩薩，皆有"異熟識"名，唯除如來，以如來唯善，無無記故。解脱道中，即成"無垢識"，名"阿摩羅"，即果中第八識，一純無漏，不攝一切染法種子故，不與雜染種現為所依故，唯與鏡智相應，名"無垢識"❶。"如契經說"下，引《如來功德莊嚴經》證"無垢識"名、義。言"淨無漏界"，"漏"即垢染，既言"無垢識"，則有識矣。"圓鏡智相應"者，明有心王與所相應，非所獨立也。❷ "'阿賴耶'名"下，釋成頌意。問云：既第八識有種種名，何故唯說"捨阿賴耶"？答：以阿賴耶具三"藏"義，異生位中過失重故，最先捨故，此中偏說。"過失重"者，與雜染法互相攝藏，亦為有情執藏為我，故說此識名"阿賴耶"。"最初捨"者，未捨餘名、先捨此故，是故先捨。"異熟識"體，菩薩金剛道後方捨，無學位中入無餘時捨。"無垢識"體，無有捨時。若夫"心"等通一切位者，隨

---

❶ "'異熟識'者……名'無垢識'"，或改寫自《宗鏡錄》卷 50，《大正藏》第 48 册，2016 號，頁 711 下 13 至 28。

❷ "言'淨無漏界'……非所獨立也"，或改寫自《大方廣佛華嚴經隨疏演義鈔》卷 79，《大正藏》第 36 册，1736 號，頁 618 上 20 至 24。

義而說，不必局也。古德云："阿賴耶識"名為"藏"義。良以真
心不守自性，隨熏和合，似一似常，故諸愚者以似為真，取為內
我，我見所攝，故名為"藏"。又能藏自體於諸法中，又能藏諸法
於自體內。二種我見永不起位，即失"賴耶"名。又云：第八識
名者，八地已上無"阿賴"名，唯有"異熟識"，第七但執"異熟
識"為法。又第八識本無"阿賴耶"名，由第七執第八見分為我，令
第八得阿賴耶名；若不執時，但名"異熟識"。第八或名為"心"者，由
種種法積集種子，故名為"心"。雖受熏、持種，"積集""集起"義，得
名"心"者，唯自證分也。喻如倉庫能藏諸物，能持一切種子故。後
令種子生起現行，與種子為依持、生起二因也。即知第八受熏持、
種得名"心"也。因中，持新舊種子，故名為"心"；果位，持舊
種一切無漏種子，故名"心"也。此亦名"持種心"，或名"質多"，此
名"有為心"。或名"牟呼栗多"，此云"真實心"，即是真如，此
是無為心。或名"阿陀那"，此云"執持識"，能執持種子、根身、
生相續義，即是界、趣、生義，此通一切位。❶又廣釋："一、集起
名心"者，即第八識，集諸種子、起現行故。言"集諸種子"者，即
色、心、人、天、三界、有漏、無漏一切諸法種子，皆是他第八識能
集，猶如世間人庫藏。言"起現行故"者，為三界、五趣、有漏、
無漏、一切色、心等現行，皆從第八識生起，即第八識是能集起，一
切色心等種子是所集起。今但取能集起名心。今正取第八心王自
證分名集起心，相分是色、見分是用、證自證分落後邊故。為自證
分能集諸法種子令不散失，復能起諸種現行功能，從無始來更不

---

❶ "古德云：'阿賴耶識'明為'藏'義……此通一切位"，或改寫自《宗
鏡錄》卷50，《大正藏》第48冊，2016號，頁711上29至中19。

間斷，故獨有"集起"義。即知第八自證分，與識中種子為二因，便是此中"集起"二義：一、為依持因，即是集義；二、與力令生起因，即是起義。"二、積集名心"者，亦第八識中持諸三界、五趣種子故，第八得名"含藏""積集"，即第八自證分能持舊種故名"積"，又能集新熏故名"集"。即知"積集""集起"以解"心"。第八識獨名"心"，為正義故，故云"能徧任持世、出世間諸法種故，是藏識義"。即自證分是能任持、能積集，一切種子是所任持、所積集。前七名"轉識"者，"轉"為改轉，是不定義，即三性、三量、三境易脫不定，方名"轉識"。今第八唯是一類、無記，又唯性境，唯現量，故名不轉識。又"集起名心"，亦屬第七轉識。"集"者，為集前七現行。言"起"者，即前七現行各自有力，能熏生新種，名"起"。且如眼識緣色時，必假同時意識共集熏種，餘四識亦爾。問：若明了意識與五同緣所名"共集"，且如獨頭意識緣十八界時，不與餘識同緣，亦熏起種，何有"共集"之義？答：由第七為所依，第六方轉熏種，亦名"共集"。"三、緣慮名心"者，謂能緣慮自分境故，即八箇識名能緣慮自分之境。"緣"謂緣持，"慮"即思慮。若"緣慮"以解"心"，是通名。前五識，唯緣五塵是自分境，除諸根互用及佛果位；第六識，緣十八界及三世法，并一切有漏、無漏、世、出世間法為自分境；第七識，緣第八見分為自分境；第八識，緣三境為自分境，是頓常緣三境。以第八是常，識境常有故，不同前六識有間斷、所緣境又非常有。其第八正義，若欲界繫者，即緣欲界根身、器界為自分境；若種子，即通緣三界為自分境。上二界亦爾。只除無漏種不能緣，以有漏無、漏種不相順故，由是但能持而不能緣，以"持"義通"緣"義狹。喻如赤眼人把火，亦如頂上戴物，但持而不緣，只持令不散，不離

識故。❶

　　然第八識總有二位：一、有漏位，無記性攝，唯
與觸等五法相應，但緣前說執受、處境；二、無漏
位，唯善性攝，與二十一心所相應，謂遍行、別境
各五，善十一，與一切心恒相應故，常樂證智所
觀境故，於所觀境恒印持故，於曾受境恒明記
故，世尊無有不定心故，於一切法常決擇故，極
淨信等常相應故，無染污故，無散動故，此亦唯
與捨受相應，任運恒時平等轉故，以一切法為所
緣境，鏡智遍緣一切法故。

又因前說七名，約為二位：一、約因位為“有漏位”，性唯無
記，相應唯五心所，境但有三，以“執受”中是“種子”“根身”二
境，“處”是“器界”一境。二、約果位，為“無漏位”，性唯是善，相
應心所增十六數，徧行合別境五、善十一，合二十有一，與一切心
恒相應故。既云“一切”，即通漏、無漏，故亦有五徧行。“常樂證
知所觀境故”，與“欲”相應；“於所觀境恒印持故”，與“勝解”相
應；“於曾習境恒明記故”，與“念”相應；“世尊無有不定心故”，與
“定”相應；“於一切法常決擇故”，與“慧”相應；“極淨信等常
相應故”，與善十一法相應；“無染污故”，不與根、隨二十六所相
應；“無散動故”，不與不定四所相應。因果位中皆唯捨受，故云

---

　　❶ “又廣釋云……不離識故”，或改寫自《宗鏡錄》卷 50，《大正藏》
第 48 冊，2016 號，頁 711 下 28 至頁 712 中 21。

"此亦唯與捨受相應"。問：因中非善非惡，得與捨受相應；今果中既與善所相應，何故相應唯與捨受？答：佛果位中，雖行一切善，若空谷答響，春工肖物，平等轉故，無著心故，得與捨受相應。問：若爾，何故因中唯與徧行相應，果上復加別境、善十一？答：因中唯緣三類性境，故唯五所；果上能緣一切境，故與別境、善十一相應，以大圓鏡智無法不照，無法不現故。

云何應知此第八離眼等識有別自體？聖教、正理為定量故。謂有《大乘阿毘達磨契經》中說："無始時來界，一切法等依。由此有諸趣，及涅槃證得。"此第八識自性微細，故以作用而顯示之。頌中初半，顯第八識為因緣用；後半，顯與流轉、還滅作依持用。"界"是"因"義，即種子識，無始時來展轉相續，親生諸法，故名為"因"。"依"是"緣"義，即執持識，無始時來與一切法，等為依止，故名為"緣"。謂能執持諸種子故，與現行法為所依故，即變為彼，及為彼依。"變為彼"者，謂變為器及有根身；"為彼依"者，謂與轉識作所依止。以能執受五色根故，眼等五識依之而轉。又與末那為依止故，第六意識依之而轉。末那、意識，轉識攝故，如眼等識依俱有根。第八理應是識性故，亦以第七為俱有依。是謂此識為因緣用。"由此有"者，由有此識。"有諸趣"者，有善、惡趣。謂由有此第八識故，執持一切順流轉法，令諸有情流轉生死。雖惑、業、生皆是流轉，而趣是果，勝故偏說。或"諸趣"言，通能、所趣，諸趣資具亦得"趣"名。諸惑、業、生，皆依此識，是與流轉作依持用。"及涅槃證得"者，由有此識，故有涅槃證得。謂由有此第八識故，執持一切順還滅法，令修行者證得涅槃。此中但說能證得道，涅槃不依此識有故；或此但說所證涅槃，是修行者正所求故；或此雙說涅槃與道，俱是還滅品類攝故，謂"涅槃"言顯所證滅，後"證得"言顯能得道。由能斷道，斷所斷惑，究竟盡位，證得涅槃。能所、斷證，皆依此識，是與還滅作依持用。又此頌中，初句顯示此識自性無始恒有，後三顯與雜染、清淨二法總、別為所依止。"雜染法"者，謂苦、集諦，即所、能趣生及業、惑。"清淨法"者，謂滅、道諦，即所、能證涅槃及道。彼二皆依此識而有，依轉識等理不成故。或復初句顯此識體無始相續，後三顯與三種自性為所依止，謂依他起、遍計所執、圓成實性，如次應知。今此頌中諸所說義，離第八識，皆不得有。

三、證有本識，分五：一、總問，二、總答，三、引聖教，四、顯正理，五、總結。"云何應知此第八識離眼等識有別自體"，總問也。"聖教、正理為定量故"，總答也。此第八識，非是世間現量所見之境，唯憑聖言量，及以真正道理，而知有之。❶ "謂有大乘"下，引聖教，分為六段，今初。"阿毗達磨"，此云"無比法"。引此經有二頌。初頌，以能持種、生現義，言"無始時來界"；以能變為身、器、執受根身、與一切法為增上緣依義，言"一切法等依"；以與有漏流轉法為依持用故，言"由此有諸趣"；以與無漏還滅法為依持用故，言"及涅槃證得"。為此識自性，微細難知，故以"因緣""依持"之作用而顯示之。先以"因緣"用顯此識。"'界'是'因'義"，此釋初句。為第八識從無始至今，能持一切漏、無漏、色、心等諸法種子，又能與漏、無漏種子力，令生現行，即第八與一切種子為依持、生起二因，故名為"因"。"'依'是'緣'義"，此釋次句。為第八識能變為身、器，作有情依，與一切漏、無漏現行法而為所依，以能執受五色根身，與前七識現為俱有依故，即第八識能與一切現行色、心等法為增上緣依也。❷然所以為因者，謂能執持諸種子故；所以為緣者，與現行法為所依故。具此二義，故能變為彼，及為彼依。云何"變"？云何"依"？謂變器界為根身依❸，變根身為五識依，變第七為第六依，故曰"即變為彼及為彼依"也。且小乘不信有"末那"，復立量以示之。立量云："末那、意識依俱有根"，"轉識攝故"，"如眼等識"。末那、意識，同

---

❶ "此第八識，非是世間……而知有之"，或引自《宗鏡錄》卷47，《大正藏》第48冊，2016號，頁692上27至29。

❷ "'界'是'因'義，此釋初句……增上緣依也"，或改寫自《宗鏡錄》卷47，《大正藏》第48冊，2016號，頁692中3至10。

❸ "變器界為根身依"，此解釋與《成唯識論》原文難以對應，"器世間"與"有根身"彼此之間沒有"依"的關係。

是轉識，既同前五有俱有根。第八理應是識性故，亦應第七作所依根。前七依八，第八為因，前七為緣；八依第七，第七為因，第八為緣。是故第八有因緣用。次以"依持"用顯此識。"由有"下，釋第三句。"順流轉法"，即有漏位中善、惡法也，由第八識持善、惡種，起現、受熏，故令有情流轉生死。然惑、業、生，皆是流轉，而獨言"趣"者，以趣是果，苦、樂顯勝，故偏說也。或"諸趣"言，雙通能、所，以惑、業是趣之資糧，器具為能趣，亦得"趣"名。"諸惑"下，結。"及涅槃"下，釋第四句。言"順還滅法"者，即一切無漏善法也。有說：此"證得涅槃"，是說能證得道之人，不說所證涅槃，以涅槃法依無垢識，不依藏識故。或此但說所證，是脩行者尅期求證故。有義：雙說，就能證之道言還，就所證之滅言滅，故雙說為正也。頌言"涅槃"，即顯所證之滅。頌言"證得"，即顯能證之道。"由能"下，結。"又此頌中"下，重釋頌意。"界"是自性義，初句是顯自性恒有，次句顯無始來有此識性，能與一切染、淨法為總依止。後二句顯染、淨別依止。此以後三分總、別。或以後三分三性，第二句是依它起，第三句是偏計執，第四句是圓成實。"今此"下，總結。以上所說義，若無第八識，皆不得成。

即彼經中復作是說："由攝藏諸法，一切種子識，故名阿賴耶，勝者我開示。"由此本識具諸種子，故能攝藏諸雜染法，依斯建立"阿賴耶"名。非如"'勝性'轉為'大'等"，種子與果體非一故，能依、所依俱生滅故。與雜染法互相攝藏，亦為有情執藏為我，故說此識名"阿賴耶"。已入見道諸菩

薩眾，得真現觀，名為"勝者"。彼能證解阿賴耶
識，故我世尊正為開示。或諸菩薩皆名"勝者"，雖
見道前未能證解阿賴耶識，而能信解，求彼轉
依，故亦為說。非諸轉識有如是義。

此即前經第二頌。前三句，顯第八識含藏諸法種子，得"阿
賴耶"名。第四句，顯為菩薩乘說。得真見道，方名"勝者"。由
第八識自證分能持種故，名"種子識"。以能攝藏諸雜染法故，名
"阿賴耶"。此第八識，非如數論"'勝性'轉為'大'等"之說，相
雖轉變而體是一，果雖生滅而因常一也。阿賴耶識含藏法種，從
種生現，從現生種，因、果二體，非即是一。以種屬第八，現行屬
前七，故能依諸法與所依識俱生俱滅，非即是異。以因滅果生，果
生因滅故，故異邪執，能顯正理。"與雜"下，約三"藏"釋，解
見前文。"已入"下，次釋第四。生❶便繫屬彼故，亦如磁毛石吸
鐵，鐵如父、母精血二點，第八識如磁毛石，一刹那間便攬而住，同
時根、塵等種從自識中亦生現行，名為"執取結生"。❷故《雜集
論》云："相續力者，有九種命終心與自體愛相應，於三界中各令
欲、色、無色界生相續。謂從欲界沒，還生欲界者，即以欲界自體
愛相應命終心結生相續；若生色、無色界者，即以色、無色界自體
愛相應命終心結生相續。如是從色、無色界沒，若即生彼，若生餘

---

❶ "次釋第四。生"，底本句讀作"次釋第四生。""生便繫屬"一段或引
自《宗鏡錄》卷50，《大正藏》本《宗鏡錄》作"於母腹中一念受生便繫屬
彼故"。

❷ "生便繫屬……執取結生"，或引自《宗鏡錄》卷50，《大正藏》第
48冊，2016號，頁711中23至26。

處，有六種心，如其所應盡當知。又此自體愛，唯是俱生，不了所緣境，有覆無記性攝，而能分別我自體生差別境界，由此勢力，諸異生輩，今無間中有相續，未離欲聖者亦爾，臨命終時，乃至未至不明了想位，其中能起此愛現行。然能了別，以對治力之所攝伏。已離欲聖者，對治力強故，雖未永斷，然此愛不復現行。彼由隨眠勢力，令生相續。中有初相續剎那，唯無覆無記，以是異熟攝故。從此已後，或善、或不善、或無記，隨其所應，除彼沒心。以中有沒心常是染污，猶如死有。生有相續心剎那，亦唯無覆無記。若諸菩薩願力受生者，命終等心，當知一切一向是善。"❶由此執持三義故名句。"得真現觀"者，現觀有六，謂思、信、戒、智諦、邊智諦、究竟現觀。地前名"似"，地上名"真"，即菩薩見道後所起根本、後得智也。得此智已，能證能解阿賴耶識，方名"勝者"，世尊正為彼說此識。或地前亦名"勝者"，資糧位中已能信解唯識性相，發起最勝猛利樂欲，希求見道轉依，世尊亦為彼說。

"非轉識等有如是義"，結顯頌中唯詮第八。

《解深密經》亦作是說："阿陀那識甚深細，一切種子如瀑流。我於凡愚不開演，恐彼分別執為我。"以能執持諸法種子，及能執受色根、依處，亦能執取結生相續，故說此識名"阿陀那"。無性有情，不能窮底，故說甚深；趣寂種性，不能通達，故

❶ 引文見《大乘阿毘達磨雜集論》卷5，《大正藏》第31冊，1606號，頁714中27至下16。"'已入'下，次釋第四……明句"一段，似無法與《成唯識論》對應。

名甚細。是一切法真實種子，緣擊便生轉識波浪，恒無間斷，猶如瀑流。"凡"即無性，"愚"即趣寂。恐彼於此起分別執，墮諸惡趣，障生聖道，故我世尊不為開演。唯第八識有如是相。

此第三《解深密經》偈。"阿陀那"者，此云"執持"。"執持"有三：一、"執持諸法種子"，令不散失；二、執持色根及根依處，即身，即浮塵根。令不爛壞；三、"執取結生相續"者，即有情於中有身臨末位，第八識初一念受生時，有執取結生相續義。"結"者，繫也，屬也。於母腹中一念受此識，為"阿陀那"。言"無性"者，不信第八為諸法自性故。若無第八，即無佛性，故名"無性闡提"也。西天外道，由不信此識為諸法本，或執"冥性"，或執"大有性"，或執"常性"，或執"斷性"，為此漂蕩令不出離，故不能窮其底，故名"甚深"。趣寂聲聞，不達其相，計六識、三毒為諸法本，為此沉溺而不覺知，故不能通達，故曰"甚細"。❶ "是一切法真實種子"下，釋第二句。"緣擊便生"者，如眼識九緣生等。《經》云："廣慧，阿陀那識為依止、為建立故，六識身轉，謂眼識、耳、鼻、舌、身、意識。此中有識，眼及色為緣，生眼識；與眼識俱隨行，同時、同境，有分別意識轉。有識，耳、鼻、舌、身及

---

❶ "言'無性'者……故曰'甚細'"，本段解釋《成唯識論》"無性有情"與"趣寂種性"，與唐代注釋有異。據唐代注釋，"無性有情"為五種性之一，即沒有本有無漏種子或畢竟二障種子、不能依於三乘修行的有情；"趣寂種性"指五種性中的趣寂聲聞、趣寂緣覺二種，只有能斷畢竟煩惱障的本有無漏種，沒有能斷畢竟所知障的本有無漏種，最終只能得對應的二乘無學果。無性有情與趣寂二乘被認為不能迴小向大，最終不能成佛。

聲、香、味、觸為緣，生耳、鼻、舌、身、識；與耳、鼻、舌、身識俱隨行，同時、同境，有分別意識轉。廣慧，若於爾時一眼識轉，即於此時唯有一分別意識，與眼識同所行轉；若於爾時二、三、四、五諸識身轉，即於此時唯有一分別意識，與五識身同所行轉。廣慧，譬如大暴水流，若有一浪生緣現前，唯一浪轉；若二、若多浪生緣現前，有多浪轉。然此暴水自類恒流，無斷無盡。又如善淨鏡面，若有一影生緣現前，唯一影起；若二、若多影生緣現前，有多影起。非此鏡面轉變為影，亦無受用減盡可得。"❶

《入楞伽經》亦作是說："如海遇風緣，起種種波浪，現前作用轉，無有間斷時。藏識海亦然，境等風所擊，恒起諸識浪，現前作用轉。"眼等諸識，無如大海恒相續轉，起諸識浪，故知別有第八識性。此等無量大乘經中，皆別說有此第八識。諸大乘經，皆順無我，違數取趣；棄背流轉，趣向還滅；讚佛法僧，毀諸外道；表"蘊"等法，遮"勝性"等。樂大乘者許能顯示無顛倒理契經攝故，如《增壹》等，至教量攝。

四、引《入楞伽經》頌，即牒上意而言。第八如海，外境界風飄動心海，恒起種種轉識波浪。然則波相有間斷，海水常相續；轉識有間斷，第八恒相續。故知別有如海藏識也。以眼等識，轉易

---

❶ 此段引文見玄奘譯《解深密經》卷1，《大正藏》第16冊，676號，692中18至下4。

間斷，不能為作諸識依止，無如大海恒相續轉、起識浪義故。"此等無量大乘經中"下，總顯聖教量散見不一，何止前來所引數偈。諸大乘經，皆順無我而違我執，避流轉而趨還滅，讚三寶而訶外道，表五蘊、十二處、十八界而遮二十五諦、六句義等。是大乘法，理無顛倒，樂大乘者，方許開示。不但大乘，如小乘部中《增一》等經，皆至教量攝，亦密言說此名"阿賴耶"，詳見下文。為小乘不信有阿賴耶，故委曲開導如此。立量云："諸大乘經，至教量攝"，"契經攝故"❶，"如《增一》等"。

又聖慈氏，以七種因，證大乘經真是佛說。一、先不記故。若"大乘經，佛滅度後，有餘為壞正法故說"，何故世尊非如當起諸可怖事先預記別？二、本俱行故。大、小乘教，本來俱行，寧知大乘獨非佛說？三、非餘境故。大乘所說，廣大甚深，非外道等思量境界，彼經論中曾所未說，設為彼說亦不信受，故大乘經非非佛說。四、應極成故。若謂"大乘是餘佛說，非今佛語"，則大乘教是佛所說，其理極成。五、有無有故。若有大乘，即應信此諸大乘教是佛所說，離此大乘不可得故；若無大乘，聲聞乘教亦應非有，以離大乘決定無有

---

❶ "契經攝故"，唐代注釋將"①皆順無我、違數取趣，②棄背流轉、趣向還滅，③讚佛法僧、毀諸外道，④表'蘊'等法、遮'勝性'等，⑤樂大乘者許能顯示無顛倒理契經攝故"視為五因，且必須由"樂大乘者許能顯示無顛倒理契經攝故"中的"樂大乘者許"作為簡別來避免不定因的過失。

得成佛義，誰出於世說聲聞乘？故聲聞乘是佛所說，非大乘教，不應正理。六、能對治故。依大乘經勤修行者，皆能引得無分別智，能正對治一切煩惱，故應信此是佛所說。七、義異文故。大乘所說，意趣甚深，不可隨文而取其義，便生誹謗，謂非佛語。是故大乘真是佛說。如《莊嚴論》頌此義言："先不記、俱行、非餘所行境、極成、有無有、對治、異文故。"

五、引慈氏七因。既引現在釋迦，又引未來慈氏，以證大乘是佛所說。"一、先不記"者。謂小乘人說：大乘經不是佛說，佛滅度後，有餘人，為壞小乘正法故，說此大乘。慈氏破云"何故世尊先不授記，言諸可怖事"者，佛於經中說"末法世時，有諸魔王，入我法中，著我袈裟，破我正法，法必盡滅"，諸如是等，佛先授記；若大乘經是佛滅後壞法者說，何故不同諸可怖事預先記別？"二、本俱行"者，大乘、小乘，被二等機，本俱流行。機既有二，乘何唯一？何許小乘是佛所說，獨言大乘不是佛語？"三、非餘境"者，謂大乘教，唯大根器智慧人知，非餘人境界，故不為彼說，說亦不信。"四、應極成"者，今佛、餘佛同一佛故。若謂"大乘是餘佛說，非今本師釋迦佛說"，則大乘經是佛所說，其理極成，無容異議。"五、有無有"者，若許有大乘，應信此經是佛所說，離此等經，別求大乘不可得故；若無大乘，小乘亦無，所以者何？以離大乘，無成佛理，誰出于世，說大、小乘？故許小乘是佛所說，非大乘教，理不應然。"六、能對治"者，智有二，曰

"如理""如量"，曰"根本""後得"，曰"一切""道種"。"如理""根本""道種"，即無分別智；"如量""後得""一切"，即有分別智。無分別智，不依於心，不緣外境，了一切法皆是真如，境、智無異，故依大乘勤修行者，乃能引得此智。此智起時，乃能正對治根、隨煩惱。非佛所說，其孰能之？"七、義異文"者，大乘所說，理趣幽深，淺涉其文，未了其義，遂生誹謗，謂非佛語，此則愚者之咎耳。《莊嚴論》有頌，即頌此七義，"先不記"是第一因，"俱行"是第二因，"非餘所行境"是第三因，"極成"是第四因，"有無有"是第五因，"對治"是第六因，"異文故"是第七因。

餘部經中，亦密意說阿賴耶識有別自性。謂大眾部《阿笈摩》中，密意說此名"根本識"，是眼識等所依止故，譬如樹根是莖等本。非眼等識有如是義。上座部經分別論者，俱密❶說此名"有分識"。"有"謂三有，"分"是因義，唯此恒遍，為三有因。化地部說此名"窮生死蘊"，離第八識無別蘊法窮生死際，無間斷時。謂無色界諸色間斷，無想天等餘心等滅，不相應行離色、心等無別自體，已極成故，唯此識名窮生死蘊。說一切有部《增壹經》中，亦密意說此名阿賴耶，謂"愛阿賴耶、樂阿賴耶、欣阿賴耶、憙阿賴耶"。謂阿賴耶識是貪總、別三世境故，立此四名。有情執為真

---

❶ "密"字下，《大正藏》本《成唯識論》卷3有"意"字，校勘記謂《宋》《元》《明》《宮》四本無。

自內我，乃至未斷恒生愛著，故阿賴耶識是真愛著處。不應執餘五取蘊等，謂生一向苦受處者，於餘取蘊不生愛著，彼恒厭逆餘五取蘊，念我何時當捨此命、此眾同分、此苦身心，令我自在受快樂故；五欲亦非真愛著處，謂離欲者，於五妙欲雖不貪著，而愛我故；樂受亦非真愛著處，謂離第三靜慮染者，雖厭樂受，而愛我故；身見亦非真愛著處，謂非無學信無我者，雖於身見不生貪著，而於內我猶生愛故；轉識等亦非真愛著處，謂非無學求滅心者，雖厭轉識等，而愛我故；色身亦非真愛著處，離色染者，雖厭色身，而愛我故；不相應行，離色、心等無別自體，是故亦非真愛著處。異生、有學起我愛時，雖於餘蘊有愛、非愛，而於此識，我愛定生，故唯此是真愛著處。由是彼說"阿賴耶"名，定唯顯此阿賴耶識。

六、引小乘四部。"密意說"者，恐彼分別起執，故暗指而不顯言。今論主標出，皆是此第八識。"大眾部"，是小乘經中部名。"阿笈摩"，是大眾部中經名。此經言"根本識"，即是第八識。言"根本"者，依此識而生眼識等，如依樹根而有莖、有條、有葉故。非意識能為眼識等所依止，以不恒故，不能為根生莖等故。二、上座部說有"有分識"，便是第八識。此有分識體，常不間斷，徧三界

有，故曰"三有"。"分"者，"因"義，即三有之因皆由此識。❶
三、化地部中說有"窮生死蘊"，即是第八識，"蘊"有三種。一者、一念
頃蘊，謂一刹那有生滅法；二者、一期生蘊，謂乃至死恒隨轉法；三者、窮生死蘊，謂乃至
得金剛喻定恒隨轉法。❷緣此第八徧三界九地恒常有故，但有生死處，即
常徧為依。直至大乘金剛心末煩惱盡時方捨，故名"窮生死蘊"。❸
謂色界無色蘊❹故，不窮生死；受、想滅故，受、想不窮生死；不
相應行，離此色、心不可得故，行蘊不窮生死。然則窮生死蘊，捨
第八而誰耶？ 四、一切有部說此識名"阿賴耶"，有
"愛""樂""欣""喜"四種阿賴耶。謂第七末那貪彼第八，總、
別緣彼為三世境，立此四名，"愛"是總緣，餘三別緣，謂樂過去
我，欣現在我，喜未來我。❺謂此第七與彼第八有情如此，故認
假為真，念念貪著為真愛處，決不執取五蘊為真愛樂❻。以生苦
處者，雖於自蘊極生厭逆，而於自我未嘗捨離，故知所厭在蘊，所
愛在我；五欲亦非真愛著處，為生初禪者，不愛五欲而愛我故；樂

---

❶ "上座部說有'有分識'……皆由此識"，或改寫自《宗鏡錄》卷47，《大
正藏》第48冊，2016號，頁692中28至下1。

❷ "'蘊'有三種……恒隨轉法"，或改寫自玄奘譯《攝大乘論釋》卷2，《大
正藏》第31冊，1598號，頁386上22至25。

❸ "化地部中說有'窮生死蘊'……故名'窮生死蘊'"，或改寫自《宗
鏡錄》卷47，《大正藏》第48冊，2016號，頁692下1至5。

❹ "謂色界無色蘊故"，本句應是解釋"無色界諸色間斷"，疑應作"謂
無色界無色蘊故"。

❺ "一切有部說此識名'阿賴耶'……喜未來我"，或改寫自《宗鏡錄》
卷47，《大正藏》第48冊，2016號，頁692下7至11。

❻ "決不執取五蘊為真愛樂"，本句應是解釋"不應執餘五取蘊等"，阿
賴耶識本屬於五蘊之識蘊，疑應作"決不執取餘五蘊為真愛樂"。

受亦非真愛著處，以脩四禪具靜慮者，雖離妙樂如棄雜毒，然猶愛我，勿令彼樂染汗於我故；身見亦非真愛著處，謂初果以至三果，斷分別惑，身見不生，未盡思惑，猶執內我故；轉識亦非真愛著處，謂脩滅盡定者，雖厭前七，猶執我故；色身亦非真愛著處，無色界中雖不愛，亦愛我故；不相應行亦非真愛樂處，無實體故。問云：現見有情愛著諸蘊及樂五欲等，何非愛處？答：是依蘊等愛阿賴耶，非愛蘊也。如人愛著其家以為"我家"，其家火焚，棄之而走，為愛其身，此亦如是。五取蘊等，俱餘師所執，故歷破之。陳譯《攝論》云："復有餘師，執是如來說世間喜、樂阿黎耶，如前所說，此中有五取陰，說名阿黎耶。復有餘師，執樂受與欲相應，說名阿黎耶。復有餘師，執身見說名阿黎耶。如此等諸師，迷阿黎耶，由阿含及脩得，是故作如此執。由隨小乘教，及行是師所立義，不中道理。若有人不迷阿黎耶，約小乘名，成立此識，其義最勝。云何㝡勝？若執取蘊名阿黎耶，於惡趣隨一道中一向苦受處，於彼受生，此取陰㝡可惡逆，是取陰中，一向非可愛，眾生喜樂，不應道理。何以故？彼中眾生，恒願取陰斷絕不生。若是樂受與欲相應，從第四定，乃至上界，皆無此受。若人已得此受，由求得上界，則生厭惡。是故眾生，於中喜樂，不稱道理。若是身見，正法內人，信樂無我，非其所愛，於中不生喜樂。此阿黎耶識，眾生心執為自內我。若生一向苦受道中，其願苦陰永滅不起。阿梨耶識，我愛所縛，故不曾願樂滅除自我。從第四定以上受生眾生，雖復不樂，有欲樂受，於阿梨耶識中是自我愛，隨逐不離。復次，正法內人，雖復願樂無我，違逆身見，於阿梨耶識中，亦有自我愛。"❶ "由此愛著處名，比度諸師執，名、義不相稱。若取此名，比度第一，名、義相稱。故引彼所立名，成立本識，則為冣勝。"❷

通上，三、引聖教，竟。

　　已引聖教，當顯正理。

結上起下。四顯正理分十一：一、持種心，二、異熟心，三、界趣生體，四、有執受，五、壽煖識三，六、生死時有心，七、引緣起依，八、引識食，九、引滅定有心，十、引染淨心，十一、總結。

　　謂契經說：雜染、清淨諸法種子之所集起，故名為"心"。若無此識，彼持種心不應有故。謂諸轉識，在滅定等有間斷故，根、境、作意、善等類別，易脫起故，如電光等，不堅住故，非可熏習，不能持種，非染、淨種所集起心。此識一類恒無間斷，如苣蕂等，堅住可熏，契當彼經所說"心"義。若不許有能持種心，非但違經，亦違正理。謂諸所起染、淨品法，無所熏故，不熏成種，則應所起唐捐其功。染、淨起時，既無因種，應同外道執自然生。色、不相應，非心性故，如聲、光等，理非染、

<hr/>

❶ 引文見真諦譯《攝大乘論》卷1，《大正藏》第31冊，1593號，頁114下13至頁115上6。
❷ 引文見真諦譯《攝大乘論釋》卷2，《大正藏》第31冊，1595號，頁162上21至24。

淨內法所熏，豈能持種？又彼離識無實自性，寧可執為內種依止？轉識相應諸心所法，如識間斷，易脫起故，不自在故，非心性故，不能持種，亦不受熏。故持種心，理應別有。

一、持種心，分二：一、出正義，二、破執。今初。雖謂顯理，亦引經中佛所說義，以理比量，故引經說"集起名'心'"之義。謂經言"集起"者，集有漏、無漏種子，起染、淨現行，故名為"心"。若無第八，彼經所說持種之心不應有故。為轉識間斷，不當契經所說心義。立量云："前七轉識"是有法，"非可熏習不能持種"是宗，因云"在滅定等有間斷故"，"根等❶、作意、善等類別，易起脫故"，"不堅住故"，喻"如電光"。言"滅定等"者，"等"取五位無心。言"根、境、作意"者，生識之緣各別。言"善等類別"者，善、惡等性亦別。由類各別，故易起易脫。又以各別故，六種轉識不定俱生。不俱生故，無定相應。無相應故，何有能熏、所熏？焉能持種耶？唯第八識常無間斷，堅住可熏，契彼經言"持種心"義。立量云："此第八識"是有法，"是可熏性"是宗，因云"一類堅住恒無間斷故"，喻"如苣藤"等。"一類"簡類別，"無間斷"簡有間斷，"恒"簡易脫，"堅住"簡不堅住。次總推若無第八受熏，則彼所起染、淨現行不熏成種。既無種子，則應所起現行之功竟成虛棄。何以故？以無第八受熏故。若前七不能熏，第八不受熏，則無因種。既無因種，亦無現果，所起染、淨，是無因生，與彼外道自然之執何以異哉？次推色、不相應不能持種。立量云："色、不

---

❶ "等"，疑應作"境"。

相應，非所熏習，不能持種”，“非心性故”，“如聲、光等”，以色法非情，不相應假法故。次推轉識心所不能持種。立量云：“轉識相應諸心所法”是有法，“不能持種、受熏”是宗，因云“易脫起故”，“不自在故”，“非心性故”，喻“如識間斷”。所亦如王，“易脫起故”；既名“心所”，無“自在”義；又非心體，如何能持種受熏耶？四者既不能持種，則持種之別有心，其理明矣。

有說：六識無始時來，依根、境等前、後分位，“事”雖轉變而“類”無別，是所熏習，能持種子。由斯，染、淨因果皆成，何要執有第八識性？彼言無義。所以者何？執“類”是實，則同外道；許“類”是假，便無勝用，應不能持內法實種。又執“識類”，何性所攝？若是善、惡，應不受熏，許有記故，猶如擇滅；若是無記，善、惡心時無無記心，此類應斷，非“事”善、惡“類”可無記，別“類”必同別“事”性故。又無心位，此“類”定無，既有間斷，性非堅住，如何可執持種、受熏？又阿羅漢或異生心，“識類”同故，應為諸染、無漏法熏，許便有失。又眼等根，或所餘法，與眼等識，根、法“類”同，應互相熏，然汝不許，故不應執識類受熏。又六識身，若“事”若“類”，前、後二念既不俱有，如隔念者非互相熏，能熏、所熏必俱時故。執唯六識俱時轉者，由前理趣，既非所熏，故彼亦無能持種義。

二、破異執，分四。一、破執第六為所熏。蓋小乘執前六識及彼貪等煩惱，前、後分位熏習成種，不由第八也。先敘計。言"依根、境等前、後分位"者，謂前六識別別所依，別別所緣，別別作意，及煩惱隨煩惱等前、後各有分位，不相雜亂。"'事'雖轉變而'類'無別"，是所熏習。"能持種子"者，謂雖作意、煩惱、隨煩惱等，熏習諸識，見色、聞聲各各不同，而諸識類前、後是一，無有差別。是則煩惱等為能熏，識類為所熏，亦能持種。❶由斯，染、淨因果皆得成就，何要建立第八受熏持種？

"彼言無義"下，論主辯破。先約假實破。言汝所謂識類者，實耶，假耶？實，則同於外道；以彼執"'冥性'、'勝性'皆實有"故。假，則便無勝用，豈有假法能持實種？故《攝論》云"若立眼識貪等煩惱及隨煩惱俱生俱滅，此由彼熏成種，非餘。即此眼識若已謝滅、餘識所間，如是熏習、熏習所依皆不得"❷等。次約三性破。初破

---

❶"謂前六識別別所依……亦能持種"，或改寫自世親造、玄奘譯《攝大乘論釋》卷2："'六識無相應'者，謂彼諸識有動轉故。'三差別相違'者，謂彼諸識別別所依、別別所緣、別別作意，復有餘義，別別行相，一一轉故。譬喻論師欲令前念熏於後念，為遮彼故，說言'二念不得俱有'，無二剎那一時而有，俱生俱滅熏習住故。若謂'此識種類如是，雖不相應，然同識類亦得相熏'，如是例餘，應成過失。謂餘種類，例亦應爾。以眼等根同淨色類，亦應展轉更互相熏。此意說言：眼、耳兩根同有淨法，二淨展轉應互相熏，餘亦如是，然汝不許。雖同淨法，異相續故，不得相熏，識亦應爾，雖同識法，何得相熏？"（《大正藏》第31冊，1597號，頁330上6至18）

❷此處引文出自無著造、玄奘譯《攝大乘論本》卷上，《大正藏》第31冊，1594號，頁135中28至下1。文字上與《續藏經》中所收《攝論》署有出入。

善、惡。立量云：“若此識類善、不善性，應不受熏”，“許有記故”，喻“如擇滅”，如何受熏，以諸擇滅揀擇善、惡故。若無記性者，此六識身，必起善、惡，善、惡起時，無記心斷，類亦應斷，如何受熏？不可謂“事雖善、惡而類可無記”也。類可無記，應是別類。若是別類，必同別事，何成所熏？能熏、所熏類必同故。三、約間斷破。若謂“識類可能持種”，至無心位，六種轉識皆已間斷，此類定無，將何持種？誰為受熏？四、約漏無漏破。若謂“識類能受熏”者，應阿羅漢熏成有漏，諸異生性熏成無漏，以不立第八，聖、凡皆同無記識類故。立量云：“阿羅漢心，受諸染熏”，“類無記故”，“如異生心”；“又異生心，受無漏熏”，“類無記故”，“如阿羅漢”。五、約根識互熏破。若謂“識類無別”，則眼等六根，例眼等識，應互相熏。《攝論》云：“若謂‘此識種類如是，雖不相應，然同識類亦得相熏’，如是例餘，應成過失。謂餘種類，例亦應爾。以眼等根同淨色類，亦應展轉更互相熏。此意說言：眼、耳兩根同有淨法，二淨展轉應互相熏，餘亦如是，然汝不許。雖同淨法，異相續故，不得相熏，識亦應爾，雖同識類，何得相熏？”❶以彼二念不俱有故。既不俱有，非定相應，猶如他念與自念隔，無有能熏及所熏性，以能熏、所熏必俱時故。《攝論》云：“譬喻論師欲令前念熏於後念，為遮彼故，說言‘二念不得俱有’，無二剎那一時而有，俱生俱滅熏習性故。”❷“釋曰：眼識不得熏習眼識，何

---

❶ 引文見世親造、玄奘譯《攝大乘論釋》卷2，《大正藏》第31冊，1597號，頁330上11至18。

❷ 引文見世親造、玄奘譯《攝大乘論釋》卷2，《大正藏》第31冊，1597號，頁330上9至11。“俱生俱滅熏習性故”，《大正藏》本《攝大乘論釋》作“俱生俱滅熏習性故”。《卍續藏》本通潤《成唯識論集解》卷3亦作“俱

以故？一時中二眼識不得並生。若不並生，則無俱滅。故熏習義不成，是故眼識等不為欲等大小諸惑所熏，亦不為同類識所熏。"❶立量云："六識事類非互相熏"，"前、後二念不俱有故"，喻"如隔念"。汝執六識俱時而轉，為所熏性，為能持種，由前理趣，皆不得成。

> 有執：色、心自類無間，前為後種，因果義立。故先所說，為證不成。彼執非理，無熏習故。謂彼自類，既無熏習，如何可執前為後種？又間斷者應不更生。二乘無學應無後蘊，死位色、心為後種故。亦不應"執色、心展轉互為種生"，轉識、色等非所熏習，前已說故。

二、破經部師執"色、心前後自類相生，不由第八"。先敘計。謂彼執言：從前剎那色能為種子，後剎那色因彼而生，前剎那心能為種子，後剎那心及相應法因彼而生，此中因果義立，不必受熏，何用復執阿賴耶識為諸法因？故先所說"集起名心，為染、淨種"，為證不成。先斥，次破。種從熏習而得生長，自類既無能、所熏義，即無種子、現行可得，如何可執前為後種？若無種子，則間斷者應不更生。如無色界沒，色復生時，前色種子能生後色，理不得成，色久斷滅無色種故；從無想沒，想心生時，及滅定等出心生時，前

生俱滅熏習住故"。

❶ 引文見世親造、真諦譯《攝大乘論釋》卷3，《大正藏》第31冊，1595號，頁168下4至10。

心種子能生後心，皆不應理，以久斷滅無心種故[❶]。若執"前剎那色、心為種子，能生後剎那色、心"，二乘羅漢應無後蘊，終不能得無餘涅槃，色、心兩因永斷盡故，由彼不以八識為種，而以死位色、心為後種故。死位既無色、心，以何為種而生後蘊？其誰復證無餘涅槃？殊不知前色望後色，前心望後心，容有等無間，無有因緣也。[❷]亦不應執"色、心二法展轉互為種生"，色法不能熏心種，心法不能熏色種，如前根、識等不互熏故。

有說：三世諸法皆有，因果感赴無不皆成，何勞執有能持種識？然經說"心為種子"者，起染、淨法勢用強故。彼說非理。過去、未來，非常非現，如空華等，非實有故。又無作用，不可執為因緣性故。若無能持染淨種識，一切因果皆不得成。

三、破薩婆多部所執：三世諸法，皆是實有，為因果性，過去諸法能感為因，現在諸法所赴為果，現在能感為因，未來所赴為果，三世因果自然感赴，何勞別執第八持種？大乘難云：若無第八能持種者，何故經說"集起名心，能持種子"？故此答云：經說"心為種子"者，以彼能生染淨諸法，勢力最強，故說心能持種。先斥。次立量破云："過去、未來非真實有"，"非常、現故"，"如

---

❶ "無色界沒，色復生時……無心種故"，或改寫自無性造、真諦譯《攝大乘論釋》卷3，《大正藏》第31冊，1598號，頁396下1至5。

❷ "終不能得無餘涅槃……無有因緣"，或改寫自世親造、玄奘譯《攝大乘論釋》卷3，《大正藏》第31冊，1597號，頁336上18至21。

空華等"。又量云："過去、未來非因緣性"，"無作用故"，"如空華等"❶。既過、未不屬現在，又非常法，又無能生之用，豈可執為親生種子而生諸法？故知若無第八持種，則剎那生滅，不相關涉，一切因果，何由得成？

> 有執大乘遣相空理為究竟者，依似比量，撥無此識及一切法，彼特違害前所引經，智、斷、證、脩、染淨因果，皆執非實，成大邪見。外道毀謗染淨因果，亦不謂全無，但執非實故。若一切法皆非實有，菩薩不應為捨生死，精勤修集菩提資糧。誰有智者，為除幻敵，求石女兒，用為軍旅？故應信有能持種心，依之建立染淨因果，彼心即是此第八識。

四、破一類大乘菩薩，執破相宗空理，撥無第八識。"似比量"者，即非量也。論主破云：眾生著相，迷真實理，佛說空法，遣彼著心，愚者不知為對治故，執遣相空為究竟法，依似比量，不能正解，撥無此識及一切法，違害前引諸大乘經，便謂無能斷之智、無所斷之惑、無所證之果、無能脩之因，但有言說，都不可得，豈不違害聖教，成大邪見？何以故？以外道毀因謗果，亦不謂全無如兔角然，但執因果非是實有。若謂"生死、涅槃一切諸法皆非實有"，菩薩不應為斷幻化生死，勤集夢影資糧，期證空花佛果。譬

---

❶"又量云……如空華等"，窺基《成唯識論述記》卷4給出的比量是："其去、來世非因緣性，以無取果用故，如無為等。"（《大正藏》第43冊，1830號，頁358下26至27）

如有人欲除幻敵，用石女兒以為軍旅，誰有智者行此事耶？

"故應"下勸信。《宗鏡》云："不達真異熟正唯識人，多執俗有真無，強生異見，不知諸佛密意，執遣相空理以為究竟。此乃破徧計情執，是護過遮詮，便撥依他圓成，悉作空花之相。若無依、圓本識及一切法，皆則無體，既非實有，成大邪見。"❶

又契經說：有異熟心，善惡業感。若無此識，彼"異熟心"不應有故。謂眼等識有間斷故，非一切時是業果故，如電光等，非異熟心。異熟不應斷已更續，彼命根等無斯事故。眼等六識，業所感者，猶如聲等，非恒續故，是異熟生，非真異熟。定應許有真異熟心，酬牽引業，遍而無斷，變為身、器，作有情依，身、器離心，理非有故。不相應法無實體故，諸轉識等非恒有故，若無此心，誰變身、器？復依何法恒立有情？又在定中、或不在定，有別思慮、無思慮時，理有眾多身受生起，此若無者，不應後時身有怡適，或復勞損。若不恒有真異熟心，彼位如何有此身受？非佛起餘善心等位，必應現起真異熟心，如許起彼時，非佛有情故。由是恒有真異熟心，彼心即是此第八識。

二、異熟心。前持種心，約因；此異熟心，約果。異熟心，即

❶ 引文見《宗鏡錄》卷50，《大正藏》第48冊，2016號，頁708上23至28。

第八識。謂前世中以善、不善為因，招感得今生第八異熟心是果。先引經證。"若無"下，次立第八為異熟心。"謂眼"下，次破眼等非異熟心。立量云："眼等諸識非異熟心"，"有間斷故"，"非一切時是業果故"，"如電光等"。又立量云："異熟不應斷而復續"，"無斯事故"，"猶如命根" ❶。命根既非斷而復續，異熟可知。問：眼等六識，亦有一分善、惡，滿業所招，名為滿果，是別報主，何非異熟？❷立量答云："眼等六識業所感者"是有法，"是異熟生，非真異熟"是宗，因云"非恒續故"，喻"如聲等"。故知定有真異熟心，酬牽引業，為總報主，徧而無斷，內變為身，外變為器，作有情依，令諸有情內依根身、外依器界，身、器離心理非有故，若無此心，誰變身、器？不相應法無有實體，故不可變。諸轉識等非恒有故，亦不可變。若無此心，復依何法恒立有情不相應行？意指"命根"及"眾同分"。下約身受推破。又諸異生，若在定中，無思慮時身便輕安，則生樂受；若不在定，有別思慮，身便勞損，則生苦受。然令此身生苦、樂受，皆由第八執受此身。若無第八執受此身，彼位如何有此身受？不應在定後時身有怡適，不定後時身有勞損，以除佛之外，其餘在善、不善位者，必應現有真異熟心持此身故。恐彼難云"若爾，佛起善心等位，必應現起真異熟心，方生怡適輕安身受"，故此釋云：如許佛有起異熟時，即非是佛，是

---

❶"'異熟不應斷而復續'，'無斯事故'，'猶如命根'"，本句應是解釋"異熟不應斷已更續，彼命根等，無斯事故"。唐代注釋不將此句視為比量，而是如本注釋下句，理解為：因為命根等（"等"字指包括五根在內的諸異熟）異熟沒有斷後重續，所以異熟不應該斷後重續。

❷"眼等六識，亦有一分善惡……何非異熟"，或改寫自《宗鏡錄》卷50，《大正藏》第48冊，2016號，頁711下18至22。

有情攝，以金剛道後異熟已空，故佛"無垢識"能持身受。❶此不說者，非所急故。"由是"下，結成前義。

又契經說：有情流轉五趣、四生。若無此識，彼趣生體不應有故。謂要實有、恒、遍、無雜，彼法可立正實趣、生。非異熟法，趣、生雜亂，住此起餘趣、生法故。諸異熟色及五識中業所感者，不遍趣、生，無色界中全無彼故；諸生得善及意識中業所感者，雖遍趣、生，起無雜亂，而不恒有；不相應行，無實自體，皆不可立正實趣、生。唯異熟心及彼心所，實、恒、遍、無雜，是正實趣、生。此心若無，生無色界，起善等位，應非趣生。設許趣、生，攝諸有漏，生無色界，起無漏心，應非趣、生，便違正理。勿有前過，及有此失，故唯異熟法是正實趣、生。由是，如來非趣、生攝，佛無異熟無記法故；亦非界攝，非有漏故，世尊已捨苦、集諦故，諸戲論種已永斷故。正實趣、生，既唯異熟心及心所，彼心、心所離第八識，理不得成，故知別有此

<hr>

❶"又諸異生，若在定中……能持身受"，與唐代注釋不同。唐代注釋，將"在定中、不在定中""有別思慮、無思慮時"各自分別解釋，"在定"未必對應於"無思慮"；"後時身有怡適，或復勞損"，被解釋為在"出定後時"；"非佛起餘善心等位，必應現起真異熟心，如許起彼時，非佛有情故"，被解釋為比量，宗為"非佛起餘善心等位，必應現起真異熟心"，因為"非佛有情故"，喻為"如許起彼時"。

第八識。

三、界趣生體。前明因果相酬，此言趣、生之體。以有因果必有體，故次言之。先引經證。"若無"下，次立第八是趣、生體。"謂要"下，次推前七非趣生體。謂第八識為三界、九地、五趣、四生之體。若無此識，即一切有情不應有故。[1]然趣、生體，要具四義：一、實有，二、恒，三、徧，四、無雜。第八具上四義，可立正實趣、生。言"無雜"者，彼此異熟不相濫故。若無具足四義真異熟法為趣生體，而立餘識，則趣、生體應皆混雜，如住人趣胎生法中，忽起他趣餘生法故。次推色法非趣生體。"諸異熟色"者，是第六善惡、業所感無記異熟果色，及前五識中一分善、惡業所感無記果色，皆不徧趣生，以無色界無彼色故。次推二善非趣生體。"諸生得善"者，謂先修習為因緣故，後於此中生便即得[2]，名俱生善，不待修成，性中本具故。《仁王護國般若經》云："眾生識初一念異木石，生得善，生得惡，惡為無量惡識本，善為無量善識本。"[3]《集論》二中說十三善法，一"自性善"，即信等十一心所，乃至十三"等流善"等。今"生得善"，即第七"生得善"也。"何等生得善？謂即彼諸善法，由先串習故，感得如是報。由此自性，即於是處不由思惟，任

---

❶ "謂第八識為三界、九地、五趣、四生之體。若無此識，即一切有情不應有故"，或改寫自《宗鏡錄》卷47，《大正藏》第48冊，2016號，頁692下25至27。

❷ "謂先修習為因緣故，後於此中生便即得"，或改寫《瑜伽師地論》卷69："生得者。謂生色界，由先修習為因緣故，後於此中生便即得。"（《大正藏》第30冊，1579號，頁683下10至11）

❸ 引文見《佛說仁王般若波羅蜜經》卷上，《大正藏》第8冊，245號，頁828下1至3。

運樂住"❶。"業所感善"者，是過去脩善業所感者。此二種善雖徧
趣生，亦無雜亂，但有間斷，而非一類恒有，亦非趣、生。不相應
行是假立故，無實有義。唯異熟心、心所具四義故，是正實趣、生
也。此下推出趣、生之體。若無此異熟法為趣、生體者，生無色界，起
染、善心，皆同佛果，應非趣、生，以無異熟趣生體故。《攝論》
云："生無色界，若離異熟，染、污善心應無種子，染汙、善心應
無依持。'染污、善心'者，謂能愛味，名為'染污'；有等至故，名為'善'也。又
即於彼，於無色界。若出世心，謂無漏心。正現在前，謂生無漏。餘世間
心謂有漏。皆滅盡故。一切永滅。爾時，便應滅離彼趣。彼趣所攝異熟無故，不
由功用，自然應得無餘涅槃，能治現前，一切所治皆永斷故。"❷設許有趣、生體攝
有漏種子，生無色者，忽於有漏心中發起無漏，彼世間心爾時皆
滅，則彼無色趣生之體，不由功用，便應捨離，自然證得無餘涅
槃，所攝異熟空故。若許無色空異熟識者，便違唯佛一人無趣、
生體。若不立異熟為趣、生體，既犯前不徧、不恒等失，又犯無色
無趣生失。若立異熟，諸失皆無。由此理故，佛非趣生。所以者
何？佛無異熟無記法故。亦非界攝。所以者何？界是有漏，如來
諸漏已永盡故。界因、界果，是苦、集諦，世尊已捨苦、集諦
故。"界"是因義，即有漏種，諸戲論種佛永斷故。是故如來不屬
趣、生，其餘皆是趣、生體攝。"故知"下，結成前義。

---

❶ 引文見《大乘阿毗達磨集論》卷2，《大正藏》第31冊，1605號，頁
669中5至7。

❷ 引文見玄奘譯《攝大乘論本》卷上，《大正藏》第31冊，1594號，頁
136上24至27。小注見無性造、玄奘譯《攝大乘論釋》卷3，《大正藏》第
31冊，1598號，頁393下11至16。

又契經說：有色根身是有執受。若無此識，彼能執受不應有故。謂五色根及彼依處，唯現在世，是有執受，彼定由有能執受心。唯異熟心，先業所引，非善、染等，一類、能遍、相續執受有色根身。眼等轉識，無如是義。此言意顯眼等轉識，皆無一類、能遍、相續執受自內有色根身。非顯能執受唯異熟心，勿諸佛色身無執受故。然能執受有漏色身，唯異熟心，故作是說。謂諸轉識，現緣起故，如聲、風等；彼善、染等，非業引故，如非擇滅；異熟生者，非異熟故，非遍依故，不相續故，如電光等，不能執受有漏色身。諸心、識言，亦攝心所，定相應故，如"唯識"言。非諸色根、不相應行可能執受有色根身，無所緣故，如虛空等。故應別有能執受心，彼心即是此第八識。

四、有執受。趣、生無雜，由有執受，故次言之。先引經證。"若無"下，次立第八為執受心。謂有色界中有情，有五色根及內五塵，是第八親相分，唯第八識能執受，若是餘識即無此能。"五色根"者，勝義根也。"彼依處"者，浮塵根也。過去、未來，已滅、未生，故無執受。唯現在世有實體故，定有執受。有執受故，決定應有能執受心。先推異熟是能執受。唯異熟心，是由先世善、惡二業所招引者，是無記性，非善、染等故。於善、惡趣中，一類、能徧、相續執受有色根身。眼等轉識，無執受義。為有難云"佛無異熟，諸佛色根應非執受"，故又釋云：此"無如是義"之言，意顯眼等轉識皆無"一類"等義，非顯能執受唯異熟心。以諸如來無漏色身，有"無垢識"能執受故，故"執受"名通一切位。若爾，何故前云"唯異熟心，一類、能徧、相續執受有色根身"？釋云：然有漏身，唯異熟心是能執受，故契經中作如是說。以契經為有漏說，非無漏故，非謂諸佛無漏色身無執受也。次立量破轉識無執受義。立量云："諸轉識等，不能執受有漏色身"，"現緣起故"，"如風聲等"。"現緣起"者，假現在緣而得生起，謂眼識九緣等。次破三性非執受。立量云："彼善、染等不能執受"，"有漏色身非業引故"，"如非擇滅"。以三性是自力招，非業所引，正如非擇滅無為，是自性清淨，非由智力斷惑所顯。三、破異熟生非執受。立量云："異熟生者不能執受有漏色身"，"非異熟故"，"非遍依故"，"不相續故"，"如電光等"。四、破心所非執受。立量云："諸心所法不能執受"，"與諸心識定相應故"，"喻如'唯識'"。❶轉識既不能執受，轉識心所亦不能執受故。五、破色與不相應行亦非執受。立量云：諸有色根不相應行，不能執受，有色根身，無所緣故，如虛空等。無所緣者，以彼色根不相應行，非能緣心，故不能緣所緣。不❷能緣所緣，安能執受？"故應"下，結顯彼經說執受心即是第八。

---

❶ "'諸心所法不能執受'，'與諸心識定相應故'，'喻如唯識'"，本句應是解釋"諸'心''識'言，亦攝心所，定相應故，如'唯識'言"，唐代注釋未將此句視為比量，而是解釋為：前文所說的"（異熟）心""（轉）識"等詞，實際也包含心所，因為心與心所相應，就像"唯識"一詞的"識"字實際也包含心所。如果要建立為比量，宗應是"諸'心''識'言，亦攝心所"。

❷ "不"，底本難辨，據校本定。

又契經說：壽、煖、識三，更互依持，得相續住。若無此識，能持"壽""煖"，令久住"識"不應有故。謂諸轉識，有間有轉，如聲、風等，無恒持用，不可立為"持壽、煖'識'"。唯異熟識，無間無轉，猶如壽、煖，有恒持用，故可立為"持壽、煖'識'"。經說三法更互依持，而壽與煖一類相續，唯識不然，豈符正理？雖說三法更互依持，而許唯煖不遍三界，何不許識獨有間轉？此於前理非為過難。謂若是處，具有三法無間轉者，可恒相持；不爾，便無恒相持用。前以此理顯三法中所說"識"言，非詮"轉識"。舉煖不遍，豈壞前理？故前所說，其理極成。又三法中，壽、煖二種，既唯有漏，故知彼識，如壽與煖，定非無漏。生無色界，起無漏心，爾時何識能持彼壽？由此故知，有異熟識，一類恒遍，能持壽、煖。彼識即是此第八識。

五、壽煖識三。言不但持根身，且持壽、煖，故次言之。先引經證。"若無"下，次立第八是"持壽、煖'識'"。"壽、煖、識三"者，據小乘釋，"壽"者謂出入息，即風大也；"煖"者，即火大，謂業持火大、地大等色而不壞爛也；"識"者，即剎那覺知心也。❶據

---

❶ "據小乘釋……剎那覺知心也"，此解釋源自天台宗對《大方等大集經》的解釋，或改寫自宋代後的天台文獻，如參見法雲《翻譯名義集》卷6，《大

大乘釋：謂阿賴耶識相分色法，身根所得，名"煖"；此識之種，名"壽"，以能持識故；現行識，是"識"。❶今依小乘釋之，論義方明。謂壽、煖乃風、火二大假合，若無久住識持之，行亦安能相續久住乎？如諸轉識，有間斷故，有轉變故，此決不能常持壽、煖。持壽煖者，非異熟識而誰？立量云："諸轉識"是有法，"不可立為'持壽暖識'"是宗，因云"有間有轉、無恒持用故"，喻"如聲風等"。又立量云："唯異熟識定可立為'持壽暖識'"，"無間無轉、有恒持用"，喻"如壽暖"。問云：契經說"壽、暖、識三，更互依持"，或是詮有間轉識，何由定知詮無間轉者？答：經說"壽、暖、識三，更互依持"，若壽、暖二法既是一類無間相續，而識獨是有間轉者，豈得符合三法更互依持之理？故以理推，必是無間轉識也。外又問云：既說三法一類相續，更互依持，則此三法或皆應徧、皆無間轉，或皆不徧、皆有間斷，何故唯許暖不遍界，不許識有間轉？此以理推，不為過難，以無色界無暖相故。論主答云：謂若是處，具有三法，於中必有一類無間無轉恒相持者為異熟識。若無此識，則於壽、暖無恒持用。前以理推，定知三法所說之識，必是一類無間異熟，非詮轉識有間轉者。縱使舉"暖不徧三界"而為詰難，豈壞前理？以捨暖時，餘二不捨；餘二若捨，暖必隨捨。故我以前持壽、暖者為無間異熟，其理極成。若謂"三法中持壽、暖者必是有間轉識，非無間"者，則三法中所持壽、暖既唯有漏，能

正藏》第 54 冊，2131 號，頁 1160 中 8 至 12，知礼《金光明經文句記》卷 4，《大正藏》第 39 冊，1786 號，頁 129 上 14 至 17。

❶ "據大乘釋……是'識'"，或改寫自《宗鏡錄》卷 50，《大正藏》第 48 冊，2016 號，頁 710 上 12 至 14。源自《成唯識論述記》卷 2，《大正藏》第 43 冊，1830 號，頁 281 中 2 至 4。

持之識亦是有漏，定非無漏。若生無色界，起無漏心者，有漏六識既已不行，不知更用何識，能持彼有漏壽耶？由此故知有異熟識能持壽、暖也，以第八因中恒屬有漏故。

又契經說：諸有情類，受生、命終，必住散心，非無心、定。若無此識，生死時心不應有故。謂生死時，身、心惛昧，如睡無夢、極悶絕時，明了轉識必不現起。又此位中，六種轉識行相、所緣不可知故，如無心位，必不現行。六種轉識行相、所緣，有必可知，如餘時故。真異熟識，極微細故，行相、所緣，俱不可了，是引業果，一期相續，恒無轉變，是散、有心，名生死心，不違正理。有說：五識，此位定無；意識取境，或因五識，或因他教，或定為因，生位諸因既不可得，故受生位意識亦無。若爾，有情生無色界，後時意識應永不生，定心必由散意識引，五識、他教彼界必無，引定散心無由起故。若謂「彼定，由串習力，後時率爾，能現在前」，彼初生時，寧不現起？又欲、色界，初受生時，串習意識亦應現起。若「由惛昧，初未現前」，此即前因，何勞別說？有餘部執：生死等位，別有一類微細意識，行相、所緣俱不可了。應知即是此第八識，極成意識不如是故。又將死時，由善、惡業，下、上身分冷觸漸起。若無此識，彼

事不成，轉識不能執受身故。眼等五識，各別依
故，或不行故；第六意識，不住身故，境不定故，遍
寄身中恒相續故。不應冷觸由彼漸生。唯異熟
心，由先業力，恒遍相續，執受身分，捨執受處，冷
觸便生，壽、煖、識三不相離故。冷觸起處，即是
非情，雖變亦緣，而不執受。故知定有此第八識。

六、生死時有心。現持根身、暖、壽，猶有疑混，唯有受生及
命終時，法後來先，一毫不得假借，故次明之。先引經證。"若
無"下，次立第八為散有心。《宗鏡》："問：受生命終，既依本
識，生時死時，復住何心？答：夫論生滅之事，必住散動之心。經
云：有念即魔網，不動即法印。魔網立生死之道，法印成涅槃之
門。故知散亂、寂靜二途，皆依本識而有。"❶即此所云"必住散
心，非無心、定"之旨也。"散"則非"定"，"有"則非"無"。故
散有心，非無心、定。若無第八，生死散心不可得。"謂生"下，推
生死時無轉識，謂生死、昏昧、悶絕之時，明了意識必不現起，如
人熟睡、極悶絕時明了意識必不起故。立量云："生死位時，明了
意識"是有法，"必不起現"是宗，因云"身心昏昧極悶絕故"，喻
"如睡無夢"❷。"明了意識"，獨指第六言也。又眼、耳、鼻、舌、
身、意六種轉識，見分、相分皆不可知，如當是時，六種轉識尚現

---

❶ 引文見《宗鏡錄》卷 50，《大正藏》第 48 冊，2016 號，頁 708 中
28 至下 4。

❷ "生死位時，明了意識……如睡無夢"，唐代注釋將"睡無夢"與"極
悶絕"視為兩種無心位的例子，即《成唯識論》卷 7 所謂的"五無心位"，而
廣義的"悶絕"包括生死，此處"極悶絕"特指因鬼、藥導致的悶絕。

行者，必有見、相二分顯了可知，如餘時矣。而今不然，故知別有
心也。量云："又此位中六種轉識"是有法，"定不現行"是宗，因
云"行相、所緣不可知故"，喻"如無心位"。"又此位中六種轉識，若
定現行"，"行相、所緣有必可知故"❶，喻"如餘時"。言"餘時"者，尋
常時也，以六種識尋常現起，行相、所緣皆可了知；至於生死位
時，定不現行，故行相、所緣皆不可知。下推生死心定是異熟。問：死
位第六，行相、所緣既不可了，名為無者，死位異熟，行相、所緣
亦不可知，云何非無？ 答：真異熟識極微細故，行相、所緣俱不可
了，非謂"無心，名不可了"，以此異熟，是訓前六善、惡引業，為
總報主，一期生死相續不斷，恒無轉變，是故色、心散壞，此識不
壞，名"散有心"，非無心也。"一期"者，一報始終時也。下破
小乘執受生位無散有心，彼以第六為散有心故。先敘外計。受生
位中定無五識。所以者何？ 意識取境，或藉前五為明了門方取境
故，或藉他言教方取境故，或藉定力而取境故，此皆生位意識之
因。今生位三因既不可得，故受生位意識亦無，云何說言"受生、
命終，必住散心"？ 下破云：若"受生位，諸因無故，意識不起"，則
諸有情生無色時，既無五識，又無他教，後時意識永不復生。若
謂"雖無五識、他教，以定為因，得引起"者，此亦不然，定心亦
由散亂意識方得引起。五識、他教，彼界定無，引定散心無由起
故，既無散意，定心亦無，定心無故，意識亦無。然今無色在定
散心，時時現起，何得言無？ 若謂"彼定不由散意引起，而由意
識尋常久串熏習定力，後生彼界，率爾現起"，則彼初生無色界

---

❶ "'又此位中六種轉識，若定現行'，'行相、所緣有必可知故'"，此處
原文並非比量，故難以嚴格劃分宗、因。

時，亦應串習率爾現起，無色既爾，即欲、色界初受生時，串習意識，亦應現起，何獨不然？若謂"初受生時，串習意識由昏昧故，未即現前"者，即此昏昧，便是不可了知生死散心，何勞別說有意識在耶❶？"有餘部執：生死位中別有一種微細意識，行相、所緣俱不可知"，非此所謂第八而何？若名"意識"，不極成矣，以第六識行相、所緣可了知故。"又將死時"下，引經論破死位無散意識。《雜寶藏經》頌云："頂聖、眼生天、人心、餓鬼腹、傍生膝蓋離、地獄脚板出。"此驗六趣差別也。《攝論》頌云："善業從下冷，惡業從上冷。二皆至于心，一處同時捨。"此明善、惡兩途也。❷若無第八識，彼經論中"冷觸漸起"事不得成，以轉識爾時雖附此身，不執身分故。眼等五識，各依五根，非共依故，或俱不行，悶絕位故。第六意識，不住此身，所見之境亦無定准，皆亂緣故，由彼一向遍寓此身，雖恒相續，不能為主，亦不執受。"不應冷觸由彼漸生"下，明唯異熟識為命終心。唯異熟識，由先世善、惡業力，恒

---

❶ "何勞別說有意識在耶"，本句應是解釋"何勞別說"，唐代注釋則為不應再說共許的"初受生時意識因昏昧而不現起"。

❷ "《雜寶藏經》……善、惡兩途也"，或改寫自普泰《八識規矩補註》卷 2，《大正藏》第 45 冊，1865 號，頁 475 下 24 至 476 上 1。此處"《雜寶藏經》頌""《攝論》頌"，不見於今《大正藏》本《雜寶藏經》、諸譯《攝大乘論》及《攝大乘論釋》，《八識規矩補註》卷 2 小注謂是"經義"與"二論之義"，"二論"指《瑜伽師地論》與《攝大乘論》，或本書改寫時省略。"善業從下冷，惡業從上冷"，見於窺基《成唯識論述記》卷 4："《論》'又將死時'至'冷觸漸起'。述曰：下第五、難死漸捨識。世親、無性《攝論》皆云：善業從下冷，惡業從上冷，由生勝趣、惡趣別故。《瑜伽》第一云：隨下、上冷，後至於心，此處初生最後捨故。"（《大正藏》第 43 冊，1830 號，頁 365 中 25 至 29）《八識規矩補註》說法或有淵源。

徧相續執受身分，由彼執受，身有暖觸；捨執受處，冷觸便生，以壽、暖、識三不相離故。"冷觸起處，即是非情"，雖是第八所變，亦可緣彼為境，而不執受，同於器界矣。"故知"下，結顯第八是散有心。

又契經說：識緣名色，名色緣識，如是二法，展轉相依，譬如蘆束，俱時而轉。若無此識，彼識自體不應有故。謂彼經中自作是釋："名"謂非色四蘊，"色"謂羯邏藍等。此二與識，相依而住，如二蘆束，更互為緣，恒俱時轉，不相捨離。眼等轉識攝在"名"中。此識若無，說誰為"識"？亦不可說"'名'中'識蘊'謂五識身，'識'謂第六"，羯邏藍時無五識故。又諸轉識，有間轉故，無力恒時執持名色，寧說恒與名色為緣？故彼識言，顯第八識。

七、引緣起依。前約正生、正死位，此約中有投胎位，此位在命終之後，受生之前。先引經證。"若無"下，次立第八為名色外識。"識緣名色"等，皆經中語。"識"即第八識，"名"即受、想、行、識四蘊，"色"即色蘊。"二法"者，"識"是一法，"名、色"共是一法。"如束蘆"者，如立二束之蘆，二頭相依，方得安立，去東西倒，去西東倒，名色與識互依，其義亦然。❶梵語"羯邏藍"，此

---

❶ "'如束蘆'者……其義亦然"，或改寫自《大方廣佛華嚴經隨疏演義鈔》卷65，《大正藏》第36冊，1736號，頁521下18至20。

云"凝滑"，又云"雜穢"，父母不淨為"雜"，深可厭惡為"穢"。而言"等"者，此上初位，"等"餘四位，所謂"頞部曇"，此云"胞"也；"閉尸"，此云"軟肉"也；"健南"，此云"堅肉"也；"鉢羅奢佉"，此云"支節"也。❶《瑜伽》云：若初七日內，已凝結前內稀，名"羯羅藍"；二七日內，表裏如酪，未至肉位，名"頞部曇"；三七日內，若已成肉，仍極柔軟，名"閉尸"；四七日內，若已堅厚，稍堪摩觸，名"健南"；五七後，皆屬形位，即此肉團增長，支分相現，名"鉢那賒位"；從此已後，髮毛爪現，名"髮毛爪位"；從此已後，眼等根生，名為"根位"；從此已後，彼所依處分明顯現，總名"形位"。❷此之名色，與識相依而住，不相捨離。立量云："名色與識更互為緣"，"相依住故"，"如二蘆束"。既以非色四蘊為"名"，則"名"支之中已有識竟，云何復有"識與名色互為緣"耶？即此明知有第八也。故論主云：眼等轉識攝在"名"中，此識若無，說誰為"識"？故以第八為識支也。恐有救云："名"中"識蘊"是眼等五，"識"支即是第六識故。故次論云：亦不可說"'名'中'識蘊'謂五識身，'識'謂第六"，羯羅藍時，根未具足，境未現前，無五識故。大小共許初七日內無五識故，故大乘以第七識為"名"中識。縱許"'名'中之識是前五，而'名'外之識是第六"者，即諸轉識有間斷故，無力恒時執持名色，寧得說"與名色為緣"？故能持名色，定是第八也。《俱舍》亦云，名謂非色，即是四蘊。然其識蘊，意在第六。又《俱舍》說，唯約位說在於識後，不說與

---

❶ "又云'雜穢'……此云'支節'也"，或改寫自《大方廣佛華嚴經隨疏演義鈔》卷65，《大正藏》第36冊，1736號，頁521上9至14。

❷ "《瑜伽》云……總名'形位'"，改寫自《瑜伽師地論》卷2，《大正藏》第30冊，1579號，頁284下28至頁285上6。

識同時互依。❶《瑜伽》問云："已說一切支非更互為緣，何故建立名色與識互為緣耶？答：識於現法中用名色為緣故，名色復於後法中用識為緣故。所以者何？以於母腹中，有相續時，說互為緣故，用識為緣，於母腹中，諸精血等名色所攝受❷，和合共成羯羅藍性，即此名色為緣，復令彼識於此得住。"❸四蘊何獨皆稱為"名"？第一師釋云：在胎蒙昧，未辨苦樂，微有名而已。此依分位，"六處"之前，"識支"之後，可爾。既二相依，從生至死，皆"名色"攝，何得稱"名"？《俱舍論》云，"名"唯"行"攝，何四皆名？總有四釋"四蘊稱名"之意。一師云："隨所立名，根、境勢力，於義轉變，故說為'名'"。問："云何隨名勢力轉變？"答："謂隨種種勢❹共立名，於彼彼義，轉變詮表，即如'牛''馬''色''味'等名。"問："此復何緣，標以'名'稱？"答："於彼彼境，轉變而緣。"解云：已上《論》文。此師意者，如今時名，隨於古昔名之勢力，得於義轉變詮表。或詮此境，或詮彼境，名

---

❶ "《瑜伽》問云……大小共許……同時互依"，或改寫自《大方廣佛華嚴經隨疏演義鈔》卷65，《大正藏》第36冊，1736號，頁521上5至8。

❷ "諸精血等名色所攝受"，底本、校本皆如此，本句引自《大方廣佛華嚴經隨疏演義鈔》卷65，《大正藏》本亦如此。引文源自《瑜伽師地論》卷10，《大正藏》本《瑜伽師地論》卷10作"諸精血色、名所攝受，和合共成"，當作"諸精血色、名所攝受，和合共成"。

❸ 引文見《瑜伽師地論》卷10，《大正藏》第30冊，1579號，頁328上5至11。

❹ "勢"，底本、校本皆作"勢"，本句引自《大方廣佛華嚴經隨疏演義鈔》卷65，《大正藏》本亦作"勢"，且下引文中解釋亦作"隨於古昔名之勢力"。然據《俱舍論》卷10《俱舍論》梵文本及唐代注釋，應作"世"，即隨於種種法，世間共同立名。

為"轉變"。"名"既如此,四蘊亦然。謂受等四蘊,隨根、境勢力,於境轉變而緣,轉變如"名",故標"名"稱。言"轉變緣"者,謂緣此緣彼,名"轉變緣"也。第二師云:"又隨類名。"此解意者,謂一切法,不通二類:一者、色類,二者、非色類。"四蘊"與"名",同非色類,以似名故,"四蘊"名"名"。第三師云:"隨名顯故。"此解意者,謂色法麤著,不須名顯,如眼見也;四蘊微細,要須名顯,必藉名故,故標"名"稱也。第四師云:"有餘師說,四無色蘊,捨此身已,轉趣餘生,轉變如'名',故標'名'稱。"解云:此師約捨身名"轉變",初師據緣境名"轉變"。"轉變"雖同,二釋別也。上皆《俱舍論疏》,不斷得失。若取易知,第二、三師理易顯明,任情去取。❶

成唯識論卷第三

---

❶ "任情去取",引自《大方廣佛華嚴經隨疏演義鈔》卷 65,《大正藏》第 36 冊,1736 號,頁 521 下 23 至頁 522 中 1。中引《俱舍論》原文,見《阿毘達磨俱舍論》卷 10,《大正藏》第 29 冊,1558 號,頁 52 上 27 至中 5。解釋與今存法寶《俱舍論疏》卷 10 對應部分(《大正藏》第 41 冊,1822 號,606 中 3 至下 4)大異,或另有出處。

成唯識論證義卷第四

金壇居士王肯堂證義

又契經說：一切有情皆依食住。若無此識，彼識食體不應有故。謂契經說，食有四種：一者、段食，變壞為相。謂欲界繫香、味、觸三，於變壞時，能為食事。由此色處，非段食攝，以變壞時色無用故。二者、觸食，觸境為相。謂有漏觸纏取境時，攝受喜等，能為食事。此觸雖與諸識相應，屬六識者，食義偏勝，觸麤顯境，攝受喜、樂及順益捨，資養勝故。三、意思食，希望為相。謂有漏思與欲俱轉，希可愛境，能為食事。此思雖與諸識相應，屬意識者，食義偏勝，意識於境希望勝故。四者、識食，執持為相。謂有漏識，由段、觸、思勢力增長，能為食事。此識雖通諸識自體，而第八識食義偏勝，一類相續、執持勝故。由是《集論》說：此四食，三蘊、五處、十一界攝。此四能持有情身命，令不壞斷，故名為“食”。段食唯於欲界有用，觸、意思食，雖遍三界，而依識轉，隨識有無。眼等轉識，有間有轉，非遍恒時能持身命，謂無心定、熟眠、悶絕、無想天中有間斷故。設有心位，隨所依、緣，性、界、地等有轉易故，於持身命，非遍非恒。諸有執"無第八識"者，依何等"食"，經作是言"一切有情皆依食住"？非"無心位，過去、未來識等為食"，彼非現、常，如空花等，無體用故。設有體用，非現在攝，如虛空等，非食性故。亦不可說"入定心等，與無心位有情為食"，住無心時彼已滅故，過去非食已極成故。又不可說"無想定等不相應行，即為彼食"，段等四食所不攝故，不相應法非實有故。有執"滅定等，猶有第六識，於彼有情，能為食事"，彼執非理，後當廣破。又彼應說：生上二界無漏心時，以何為食？無漏識等，破壞有故，於彼身命不可為食。亦不可執無漏識中有有漏種，能為彼食，無漏識等，猶如涅槃，不能執持有漏種故。復不可說"上界有情身、命相持，即互為食"，四食不攝彼身、命故。又無色無身，命無能持故，眾同分等無實體故。由此定知，異諸轉識有異熟識，一類恒遍，執持身命，令不壞斷。世尊依此，故作是言："一切有情皆依食住。"唯依取蘊建立有情，佛無有漏，非有

情攝。說為有情，依食住者，當知皆依示現而說。既
異熟識是勝食性，彼識即是此第八識。

八、引識食。前約生、滅位，此約住位，故次言之。先引經證，次
立第八為識食，次引經釋。

“食”是資益義、任持義。以第八識資益任持色根身故，故以
為食。故《攝論》云：“若離異熟識，已生有情識食不成，何以
故？以六識中隨取一識，於三界中已生有情能作食事，不可
得故。”❶

如世尊說，食有四種，一者、段食。其相云何？變壞為
相。“段”即“分段”，一分一段可飲啜故。此段食相，取變壞時，非
受用時，故曰“變壞為相”。以香、味、觸變壞之時，方能資長諸
根大種，故此段食體，以香、味、觸三塵為體。問：色、聲二塵，何
不為體？答：眼、耳二識，離中取境。色、聲二塵，不與根合，不
能資得諸根大種，故不為體。鼻、舌、身三，合中取境，境與根合，故
能資得諸根大種。所以三塵偏為食體。❷故《大論》云：“是故段
食三處所攝，謂香、味、觸，建立為食，不立色處。由彼要至味勢
熟等變壞之位，方損益故。或有段物，於受用時有所損害，於變
壞時方能攝益，如苦、辛等。或有段物，於受用時暫為攝益，於變
壞時乃為損害，如有甘美所不宜物。故變壞時方立為食，非受用

---

❶ 引文見《攝大乘論本》卷上，《大正藏》第 31 冊，1594 號，頁 136
上 18 至 20。

❷ “段即分段……偏為食體”，本段或改寫自《唯識開蒙問答》卷下，《新
纂卍續藏》第 55 冊，888 號，頁 365 上 14 至 20。

時。”❶又云：“復次，此中段食，當言香、味、觸處所攝。何以故？由香、味、觸，若正消變，便能長養；不正消變，乃為損減。色等餘法，無有長養、損減、消變，是故說彼非段食性。若諸段物，於吞咽時，令心歡喜，諸根說❷豫，當於爾時，不名段食，但名觸食。若受用已，安隱消變，增長喜樂，於消變時，乃名段食。若有熟變，不能長養諸根安樂，彼雖熟變，不名段食。若諸段物，於吞咽時，不生歡喜，亦不能令諸根悅豫，當於爾時都不名食。即彼後時安隱熟變，增長安樂，彼於爾時乃名段食。若有熟變，不長安樂，彼雖熟變，亦不名食。如其所應，當作四句：或有段物而非是食，謂諸段物不能長養諸根大種；或有是食而非段物，謂觸等三食；或有是食亦是段物，謂諸段物能令諸根大種長養；或非段物亦非是食，謂觸、意思及識不能長養諸根大種。如是所餘觸、意思、識，隨其所應，皆作四句。”❸

　　二者、觸食。其相云何？觸境為相。“觸”謂“觸對”，取六識中相應觸數，所對前境色等諸塵，柔、軟、細、滑、冷、煖等觸，而生喜樂，俱能資益諸根大種，名為“觸食”❹。此即正取受用之時，如前已辨。“此觸能徧一切心故，雖與八箇識相應，而屬六識

---

❶　《瑜伽師地論》卷57，《大正藏》第30冊，1579號，頁620上5至11。

❷　“說”，《大正藏》本《瑜伽師地論》作“悅”，校本校勘記謂“‘說’通‘悅’”。

❸　引文見《瑜伽師地論》卷66，《大正藏》第30冊，1579號，頁664中13至下4。

❹　“‘觸’謂‘觸對’……名為‘觸食’”，或改寫自《大明三藏法數》卷13，《永樂北藏》第181冊，1615號，頁872下6至8。

者食義偏❶勝。"此"六識",即眼、耳、鼻、舌、身、意六箇識,非第六識也。以所觸之境,相麤顯故,別能攝受喜、樂受故,能生順、益身之捨故,是"偏勝"義。七、八俱觸境微細故,全不能生喜、樂受故,雖生捨受,但不為損而非益故。由此義顯觸生憂、苦,非順、益捨,即非食體,不資養故。❷通慧云:如有❸與女相對為觸,觸能資身,故得食名。準僧祇見色愛著名食,豈非觸食義耶?設非觸食,何以觀戲劇等終日不食而不饑耶?❹

三、意思食。其相云何?希望為相。別境中"欲",徧行中"思",二數俱轉,能希望彼可愛境故。由希望故,饒益所依,如遠見水,雖渴不死,懸沙療飢,望梅止渴。傳記所載,皆其證也。問:欲何非食?曰:思慮益根,非欲能故。問:思亦徧行,八識皆具,何識之思能為食事?曰:屬意識者,食義偏勝,以第六於境希望勝故。❺《起世經》云:"若有眾生,意思資潤,諸根增長,如魚、鱉、蝦、蟇、伽羅瞿陀等,及餘眾生,以意思潤益諸根

---

❶ "徧",底本、校本皆作"徧",校本原校勘註謂"'徧'疑'偏'",整理者據前《成唯識論》文及文義改。

❷ "以所觸之境,相麤顯故,別能攝受喜、樂受故……不滋養故",或改寫自《宗鏡錄》卷50,《大正藏》第48冊,2016號,頁709上26至中2。源自《成唯識論述記》卷4,《大正藏》第43冊,1830號,頁367中17至24。

❸ "有",引自法雲編《翻譯名義集》卷7,《大正藏》本《翻譯名義集》作"男"。

❹ "通慧云……而不饑耶",引自法雲編《翻譯名義集》卷7,《大正藏》第54冊,2131號,頁1172中29至下1。

❺ "別境中'欲'……希望勝故",或改寫自《唯識開蒙問答》卷下,《新纂卍續藏》第55冊,888號,頁365上22至下2。

壽命者，此等用思為食。" ❶

　　四者、識食。其相云何？執持為相。識即第八執受之相，由前三食勢分所資。今此識增勝，用能長養諸根大種，故曰："此識雖通諸識自體，而第八識食義偏勝。"何以故？一類相續、執持勝故。"由執持故，所依久住。若不爾者，應同死屍，不久爛壞，是故應許識亦是食，能作所依饒益事故。" ❷

　　此三食，以三世揀之，即"段"屬過去，"觸"屬現在，"意思"屬未來。"識食"者，由前三食勢力分故，其體增盛，及緣現在、未來生故，識復長養諸根大種 ❸，即知識食通三世也。《集論》云："云何食？幾是食？為何義故觀食耶？謂變壞故，有變壞者境界故，有境界者希望故，有希望者取故，有取者是食義。三蘊、十一界、五處一分是食。為捨執着，由食住我，故觀察食。" ❹ "三蘊"者，段食是色蘊，觸、思二食是行蘊，識食是識蘊。"五處"者，段是香、味、觸三處，觸、思是法處，識是意處。"十一界"者，段，攝

---

　　❶ 此處引文與闍那崛多等譯《起世經》卷7 或達摩笈多《起世因本經》卷7 的相關文字有出入，或轉引自法雲編《翻譯名義集》卷7，《大正藏》第54 冊，2131 號，頁1172 下3 至4，或道世《法苑珠林》卷3，《大正藏》第51 冊，2122 號，頁291 下19 至21。

　　❷ "由執持故……此等用思為食"，引自世親造、玄奘譯《攝大乘論釋》卷3，《大正藏》第31 冊，1597 號，頁332 中14 至16。

　　❸ "其體增盛，及緣現在、未來生故，識復長養諸根大種"，或改寫自《瑜伽師地論》卷57："由體增盛，及緣現在、未來生故，識復長養諸根大種，故立四食。"（《大正藏》第30 冊，1579 號，頁619 下11 至12）

　　❹ 引文見《大乘阿毘達磨集論》卷3，《大正藏》第31 冊，1605 號，頁672 中6 至9。

香、味、觸三界；觸、思，法界；識，七心界，謂意根界及六識界。❶

　　"此四能持有情身命令不斷壞，故名為食"，結成"食"義。"段食唯於欲界有用"下，簡前三食不恒不徧，非有情依。"段食唯於欲界有用"，上界不用此段食故，不能徧恒。觸、思二食，雖徧三界，而有間斷，故不能恒。"眼等轉識"下，此簡轉識有間有轉，亦非有情依。云何有間？一、無心定，二、熟眠，三、悶絕，四、無想天。有間斷故，即非徧也。云何有轉？謂有心位，隨所依根及所緣境，於三性、三界、九地等有轉變故，即非恒也。非徧恒時能持身命，即非識食義矣。故凡不信有第八識者，於此一食便無所依，則經言"一切有情皆依食住"者非耶？外人轉計云：無心位中，雖無六識，而未入定以前謂之"過去"，既出定以後謂之"未來"，即六識非無，故有食義。立量破云："過去、未來識等非無心位為食"，"彼非現常、無體用故"，"如空華等"。又量云："過去、未來識等非無心位為食"，"設有體用，非現在攝，非食性故"，"如虛空等"。又轉計云：能引定心，與入定者作持身食。故《攝論》云："非入定等諸心、心法可名為食，經不說故，以滅無故。"❷立量破云："入定心等不與無心位有情為食"，"住無心時彼已滅故，'過去'非食已極成故，如已滅無故❸"。亦不可說"無想、滅盡二定是不相應行，即與無想等有情為食而住"，段等四食不攝無

---

　　❶ "'三蘊'者……及六識界"，或改寫自《大方廣佛華嚴經隨疏演義鈔》卷48，《大正藏》第36冊，1736號，頁379上19至23。

　　❷ 引文見無性造、玄奘譯《攝大乘論釋》卷3，《大正藏》第31冊，1598號，頁393中15至16。

　　❸ "'過去'非食已極成故，如已滅無故"，本書的解釋似乎是將"如已滅無故"當作"'過去'非食"的因，而非整個論題的因。

想等，又不相應行是依色法分位假立❶，豈有食義耶？如是而推，決定無有六識於彼有情能為食事。汝執為有，甚為非理。執"滅定等猶有第六"，廣破在後章。"又彼"之"彼"，即指執"滅定等有第六"者。且汝應言：生上二界無漏心時，以何為食？若以無漏識等為食，無漏識等破壞有漏，於彼身命不可為食。亦不可謂無漏識中有有漏種能為食事，無漏識等不能執持有漏種故。立量云："無漏識等不能執持有漏種子"，"破壞有故❷"，"猶如涅槃"。復不可說"上界有情以身持命，以命持身，即互為食"，四食所攝無身命故，若謂"身命相持互為食"者，無色界中既無色身持命，命無能持，應成滅斷，云何為食？又不可以"同分"為食，眾同分等無實體故，云何為食？由此定知，異諸轉識別有異熟執持身命，令不斷壞，故說"一切有情皆依食住"。恐彼難云：佛亦依食，應是有情。故云：唯依有漏五取蘊故，建立有情，諸佛取蘊皆空，不墮有漏，非有情攝。設使諸佛作有情類，亦依食住。當知皆是大慈示現，非實有情，不依食住。《集論》三云："又此四食差別建立，畧有四種：一、不淨依止住食，二、淨不淨依止住食，三、清淨依止住食，四、示現住食。"❸所以《維摩經》云："迦

---

❶ "依色法分位假立"，不相應行法一般被解釋為依據色法、心法的不同狀態（分位）而假立，此處的"無想定""滅盡定"主要是依心法假立，疑應作"依色、心分位假立"。

❷ 此處作者可能看錯文句，"破壞有故"，對應《成唯識論》原文"無漏識等，破壞有故，於彼身命不可為食"，原意謂，無漏識會破壞有情的有漏身命，因此無漏識不能作為識識；本句的論題、喻都見於下句"亦不可執無漏識中有有漏種，能為彼食，無漏識等，猶如涅槃，不能執持有漏種故"，因是"無漏識等……不能執持有漏种故"。

❸ 引文見《大乘阿毘達磨集論》卷3，《大正藏》第31冊，1605號，頁

葉，住平等法，應次行乞食；為不食故，應行乞食；為壞和合相故，應取摶食；為不受故，應受彼食。"❶斯皆是破五陰法，成涅槃食，所謂"示現住食"者也。

又契經說：住滅定者，身、語、心行無不皆滅，而壽不滅，亦不離煖，根無變壞，識不離身。若無此識住滅定者，"不離身識"不應有故。謂眼等識，行相麤動，於所緣境，起必勞慮，厭患彼故，暫求止息，漸次伏除，至都盡位，依此位立住滅定者，故此定中，彼識皆滅。若不許有微細一類、恒遍執持壽等識在，依何而說"識不離身"？若謂"後時，彼識還起，如隔日瘧，名不離身"，是則不應說"心行滅"，識與想等起滅同故。壽、煖、諸根，應亦如識，便成大過。故應許識，如壽、煖等，實不離身。又此位中，若全無識，應如瓦礫，非有情數，豈得說為住滅定者？又異熟識，此位若無，誰能執持諸根、壽、煖？無執持故，皆應壞滅，猶如死屍，便無壽等。既爾，後識必不還生。說"不離身"，彼何所屬？諸異熟識，捨此身已，離託餘身，無重生故❷。又若此位無持種識，後識無

672 中 9 至 12。

❶ 引文見鳩摩羅什譯《維摩詰所說經》卷上，《大正藏》第 14 冊，475 號，頁 540 上 29 至中 2。

❷ "諸異熟識，捨此身已，離託餘身，無重生故"，標點據文本解釋，準

種，如何得生？過去、未來、不相應法非實有體已
極成故，諸色等法離識皆無，受熏、持種亦已遮
故。然滅定等無心位中，如有心位，定實有識，具
根、壽、煖，有情攝故。由斯理趣，住滅定者，決
定有識，實不離身。若謂「此位有第六識，名不
離身」，亦不應理，此定亦名「無心定」故。若「無
五識，名無心」者，應一切定皆名「無心」，諸定
皆無五識身故。意識攝在六轉識中，如五識身，滅
定非有。或此位識行相、所緣不可知故，如壽、煖
等，非第六識。若此位有行相、所緣可知識者，應
如餘位，非此位攝。本為止息「行相、所緣可了知
識」入此定故。又若此位有第六識，彼心所法為
有為無？若有心所，經不應言「住此定者心行皆
滅」，又不應名「滅受想定」。此定加行但厭受、
想，故此定中唯受、想滅，受、想二法資助心強，諸
心所中獨名「心行」，說「心行滅」，何所相違？無
想定中應唯想滅，但厭想故，然汝不許。既唯受、
想資助心強，此二滅時，心亦應滅。如身行滅而
身猶在，寧要責心令同行滅？若爾，語行尋、伺滅
時，語應不滅，而非所許。然行於法，有遍、非遍。遍
行滅時，法定隨滅；非遍行滅，法或猶在。非遍

行者，謂入出息，見息滅時身猶在故。尋、伺於語，是遍行攝，彼若滅時語定無故。受、想於心，亦遍行攝，許如思等大地法故。受、想滅時，心定隨滅，如何可說彼滅心在？又許思等是大地法，滅受、想時，彼亦應滅。既爾，信等此位亦無，非"遍行滅餘可在"故。如何可言有餘心所？既許思等此位非無，受、想應然，大地法故。又此定中，若有思等，亦應有觸，餘心所法無不皆依觸力生故。若許有觸，亦應有受，觸緣受故。既許有受，想亦應生，不相離故。如受緣愛，非一切受皆能起愛，故觸緣受，非一切觸皆能生受。由斯所難，其理不成。彼救不然，有差別故。謂佛自簡"唯無明觸所生諸受為緣生愛"，曾無有處簡"觸生受"。故若有觸，必有受生，受與想俱，其理決定。或應如餘位，受、想亦不滅，執此位中，有思等故。許便違害"心行滅"言，亦不得成"滅受想定"。若無心所，識亦應無，不見餘心離心所故，餘遍行滅法隨滅故，受等應非大地法故，此識應非相應法故，許則應無所依、緣等，如色等法，亦非心故。又契經說：意、法為緣，生於意識，三和合觸，與觸俱起，有受、想、思。若此定中有意識者，三和合故，必應有觸，觸既定與受、想、思俱，如何有識而無心所？若謂"餘時，三和有力，成觸生觸，能起受等；由此定前厭患心所，故在定位，三事無能，不成生觸，亦無受等"，若爾，應名"滅心所定"，如何但說"滅受、想"耶？若謂"厭時唯厭受想，此二滅故，心所皆滅，依前所厭，以立定名"，既爾，此中心亦應滅，所厭俱故，如餘心所。不爾，如何名無心定？又此定位，意識是何？不應是染或無記性，諸善定中無此事故，餘染、無記心必有心所故，不應厭善起染等故，非求寂靜翻起散故。若謂是善，相應善故，應"無貪"等善根相應。此心不應是自性善，或勝義善，違自宗故，非善根等及涅槃故。若謂"此心是等起善，加行善根所引發故"，理亦不然，違自宗故，如餘善心非等起故。善心無間起三性心，如何善心由前等起？故心是善，由相應力。既爾，必與善根相應，寧說此心獨無心所？故無心所，心亦應無。如是推徵，眼等轉識於滅定位非不離身，故契經言"不離身"者，彼識即是此第八識。入滅定時，不為止息此極寂靜執持識故。無想等位，類此應知。

九、引滅定有心。前依流轉門顯第八，此以還滅門顯也。先引經證。謂入滅定聖人，身、語、心行無不皆滅。即出入息是身加行,受、想是心加行,尋、伺是語加行❶,此三加行與第六識相應,在滅定中皆悉滅故。"而壽不滅"者,即第八識種上有連持一報色心不斷功能,名"壽"。言"亦不離煖"者,煖觸是第八識相分。即此二法,皆不離第八識。既在滅定中,六識身、語、心加行皆悉不行,而有壽、煖在者,明知即是第八識與壽、煖為依。

次立第八名"不離身識"。住滅定者,心行既滅,眼等諸識皆不應有,若不許有一類微細恒徧執持壽暖識在,依何識說識不離身耶?小乘云:不離身識,是滅定位後時復生,非第八識。遂立量云:"住滅定識"❷是有法,"名不離身"是宗,因云"後時還起故",喻"如隔日瘧"。大乘云:若爾,契經不應說"心行滅",汝言"識滅後時還起",則心行滅後亦還起,以識與想等起滅同故。若謂"識滅後時還起",壽、暖、諸根亦應如識,滅已復起,便成大過。立量破云:"壽、暖、諸根"是有法,"名不離身"是宗,因云

---

❶ 本段的"身、語、心行"並非"加行(prayoga)",而是指身、口、意三類行為,即對應十二因緣中的"行(saṃskāra)",《成唯識論》與唐代注疏的解釋或皆源自《瑜伽師地論》卷56解釋十二因緣的相關文字:"如世尊言:'行有三種,謂身行、語行、意行。'當知此中:入出息風,名為'身行',風為導首身業轉故;身所作業,亦名'身行'。由愚癡者先起隨順身業風已,然後方起染污身業,如入出息,能起身業,故名'身行'。如是尋、伺與諸語業俱名'語行'。受、想與意業俱名'意行'。如是一切總說身行、語行、意行。"(《大正藏》第30冊,1579號,頁612上27至中4)

❷ 本句對應《成唯識論》"後時,彼識還起,如隔日瘧,名不離身",意為"入滅定之前的意識,在入滅盡定時中斷,在後來出滅盡定時再生起,依據'出滅盡定後識還生起'說'識不離身',就像得了皮膚病,一段時間沒有發病,一天后又再發病,仍說並未離於皮膚病",因此,這個論證還是否定"滅盡定有識",此處以"住滅盡識"為宗有法並不準確。

"後時還起故"，喻"應亦如識"。曾見有人暖、壽、諸根既滅而復生者乎？故應許識如壽與暖實不離身，不同轉識滅已還起。夫隔日瘧不發之日，亦不謂無病之人，以有身根任持病故，喻如第八任持種子。此喻滅定本無過失，失在不信有第八耳。

次約無情破。又此位中前六既滅，若無第八執持此身，應如瓦礫無知之物，豈得稱為入滅定之聖人乎？立量破云："住滅定者非有情數"，"全無識故"，喻"如瓦礫"。

次約無執受破。若無異熟執持，諸根即應壞爛，便無壽、煖，如死屍等，無復生理，何得後時彼識還起？量云："住滅定位諸根、壽、暖皆應滅壞"，"無執持故"，喻"如死屍"。契經所說"不離身識"竟何所屬哉？何謂"後識必不還生"，以異熟識捨此身已，投託他身，無復重來生此身理。不然，世之白骨皆可肉矣。❶

次約無執持破。又若此位無持種識，後識不生，以無種故。必有第八持種，然後如隔日瘧者，方始得生。過去、未來、不相應法，前

---

❶ "何謂'後識必不還生'……皆可肉矣"，"何謂"疑應作"若謂"或"何哉"，本句似是解釋《成唯識論》"又異熟識，此位若無，誰能執持諸根、壽、煖？無執持故，皆應壞滅，猶如死屍，便無壽等。既爾，後識必不還生。說'不離身'，彼何所屬？諸異熟識，捨此身已，離'託餘身'無重生故"，將"後識必不還生"解釋為"諸異熟識，捨此身已，離託餘身，無重生故"，意謂"異熟識在離此身投託他身後，就不能重在此身生起"，此解與唐代注疏解釋不同，據唐代注疏，"既爾，後識必不還生。說'不離身'，彼何所屬？"意謂"既然你們認為滅盡定中異熟識，那麼後來出滅盡定後識必不能再生起。這樣，契經中說'識不離身'的'識'就無法解釋了"，"諸異熟識捨此身已，離'託餘身'無重生故"則是指"如果認為在入滅盡定時異熟識斷滅了，就會導致出定時重新生起了新的異熟識，但異熟識只有在離開自身、投託他身時才會重新生起，除此之外沒有其他'異熟識重生'的道理"。

章已破非實有法，其理極成。諸色等法離識皆無，亦無受熏持種之義。皆非"持壽、暖，不離身之識"也。則此位中"能持壽、暖，不離身"者，非第八而誰屬哉？

總申一量云："住滅定等無心位中，定實有識，具根、壽、暖"，"有情攝故"，"如有心位"。

"若謂此位有第六識"下，正前章所謂廣破者也。首破前六云：若謂"不離身識即第六"者，於理不然。此定立名"無心定"者，是無第六，豈有第六又名無心耶？若謂"'無心'唯無五識，非無第六"者，應一切定皆名無心。何以故？凡入定時，眼等五識必不生故。意識攝在六轉識中，既無五識，意識亦無。立量云："滅定位中意識非有"，"攝在六轉識中故"，"如五識身"。又此位中不離身識，甚深微細，行相、所緣皆不可了，故知滅盡所餘之識，決非第六。立量破云："此位中識非第六識"，"行相、所緣不可知故"，"如壽、暖等"。若無心位尚有可知識者，應如四禪八定，非此位攝。何以故？以入此定者，本為止息可了知識故。非為對治不明了識而入此定。既有此識，應非此定。立量云："住滅定位非此位攝"，"有行相、所緣可知識故"，"應如餘位"。

次約心所有無以顯第六有無云：又若此位有第六者，彼心所法。有耶？無耶？若云有者，即是違經，經言"此定心行皆滅"，一切心所皆屬"行"故，名"滅受想定"，受、想乃是大地法故。執者救云：此定位中加行有三：一、身加行，謂出入息，入第四定，身行則斷；二、語加行，謂尋、伺，入第二定，言行則斷；三、意加行，謂受、想，入滅心定，心行則斷。●此定加行但厭受、想，故

---

❶ "如第四定，身行則斷……心行則斷"，或改寫自<u>世親</u>造、<u>真諦</u>譯《攝

此定中唯滅受、想。以此受、想二心所法，資助心強諸心所法，獨名"心行"。今滅受、想說"心行滅"，有餘心所，何所相違？論主破云：若"但厭受、想，獨滅受、想，不滅前六，名滅盡"者，則無想定中，亦唯厭想，應唯想滅，不滅前六，名無想定，然汝不許彼有六識。何哉？既唯受、想資助心強，受、想滅時，所資助心亦應同滅，何執此位有第六耶？外人救云：猶如身中出入息滅而身不滅，寧責心王同心行滅？若尋、伺語行滅，語則不轉；想、受等意行滅，而意猶在，不可例言。論主破云：若如爾說"身行滅時，其身不滅，例心不滅"者，亦應語行尋、伺滅時語亦不滅，而汝不許矣。且行於法有徧、不徧，勿互相例，違害正理。若徧行滅時，則法定隨徧行滅；非徧行滅，則行雖滅而法猶在。何謂非徧行？謂出入息，以此息不徧身法，故有息滅而身在者。尋、伺於語是徧行法，故尋、伺滅時語亦定滅。若以尋、伺例受、想，受、想既滅，心亦應滅，以受、想是大地徧行法故。立量破云："受、想於心亦徧行攝"，"大地法故"，"許如思等"。豈有受、想滅而心在者乎？復以心所例破。"思等"者，"思"與"欲"俱，等於"欲"等五所。以他處言徧行、別境十所是大地法，信等十一是大善地法，貪

<hr>

大乘論釋》卷4，《大正藏》第31冊，1595號，頁175中29至下4。此處仍是混淆了定中中斷的身、語、意三行與"加行"。此處"加行"大意指修行時著重用力的方式，定的加行是入定的原因。本段注釋《成唯識論》中"此定加行但厭受、想，故此定中唯受、想滅，受、想二法資助心強，諸心所中獨名'心行'，說'心行滅'，何所相違"論敵的主張，意為"修滅盡定時採用的加行重在滅除受、想二心所，因此在進入滅盡定後只是使受、想這兩個心所中斷，其他心所仍在；同時，因為受、想這兩個心所對心的影響比較強，因此在所有心所中只有受、想才被稱為'心行'，故而滅盡定中滅除了受、想就可以說'心行滅'，而不一定要滅除所有心所"。

等二十六所是大染地法，故云：既許思等是大地法，受、想滅時，餘大地法亦應皆滅。既滅大地法，信等大善地法亦無，非大地法滅餘可在故，如何可說唯受想滅而餘心所猶在耶？既許思等此位非無，則受、想亦非無。何以故？大地法故。以有思等必有觸，以觸是心所之根故；有觸必有受，以觸能緣受故；有受必有想，受、想二法不相離故。是受想餘心，無則俱無，有則俱有。而謂但滅受想，不滅餘心，有是理哉？彼又救云：如十二因緣之"受緣愛"者，此受若見可喜、可樂之境，然後緣愛，若見可憎、可厭之境，此受決不緣愛，豈一切受皆能緣愛？以此例"觸生受"，亦然，觸可意之境則生喜受，觸不可意之境豈亦生喜受乎？故汝所言"觸為大地法"者，其理不成。❶論主破云：汝救不然，有差別故。云何差別？謂佛經中自有簡別，唯簡"受緣愛，有不愛"者，曾未有處簡"觸生受，有不受"者。故有觸必有受，有受必有想，其理決定是大地法。故知受想不滅，思等亦不滅也。立量破云："此滅位中受、想亦不滅"，"有思等故"，"如餘有心位"。若汝許"有心"，便違"此位心行滅"言，亦不得成"滅受、想"等。若此位中無心所法，識亦應無，心所與心不相離故，大地法滅時心法亦滅故。若"徧行滅而法不滅"者，受等不名大地法故。"心所滅而心不滅"者，此識亦非相應法故。若許心與心所非相應法，則應

---

❶"如十二因緣之'受緣愛'者……其理不成"，本段是對"如受緣愛，非一切受皆能起愛，故觸緣受，非一切觸皆能生受。由斯所難，其理不成"的注釋，意謂"可憎惡、可厭惡的受不能作為因而產生愛，與此類似，觸不可意之境不能作為因而產生喜受"，此解釋與唐代注釋不同，因為沒有根本說明有非"受緣愛"的特例，依據十二因緣，世俗意義上的可憎惡、可厭惡的受實際上也會起愛，唐代注釋則僅謂"無漏的善受可能不作為愛之因"。

此識不得言與心所同所依根、同所緣境、同時、同事，便如色等。立量云："此識應無所依、緣等"，"亦非心故"，"如色等法"。❶

"又契經"下，前約心所破心王，此約心王破心所。先引經證"有心必有心所"。"若此定中"下，證成經意，責彼妄執。縱彼轉計"餘時根、境、識三和合有力，成觸、生觸，因觸能起受、想、思等，而定中不然，由此定前加行厭患麤動心所，故在定位三事無能，不成生觸，觸既不生，亦無受等，無諸心所"者，應名"滅心所定"，如何契經但說此定"滅受想"耶？縱彼轉計"定前厭時，緣厭受、想，是故立名'滅受想定'，餘心所法是隨滅，故不立名"者，即此心王亦應隨滅，為與所厭受、想俱故，如餘心所隨受、想滅。量云："住滅定心亦應俱滅"，"所厭俱故"，"如餘心所"。大都滅定有此二名，滅心無王，滅受無所，故以二定雙收王所。

下約三性破。又此定中若有意識，於三性中是何性耶？不應是染及無記性，定是善故。非染、無記，染、無記心必有心所，無心位中無是事故。本意厭染而脩善，不應猒善而起染；本意厭散而求寂，不應求寂而起散。故《攝論》云："此定不離身識，決非意識，以善、不善及無記性皆不成故……若非不善，定是善故。無想定中尚不許有一切不善，況滅盡定而有不善？亦非無記。若許

---

❶ "若此位中無心所法，識亦應無……如色等法"，本地是對《成唯識論》"若無心所，識亦應無，不見餘心離心所故，餘遍行滅法隨滅故，受等應非大地法故，此識應非相應法故，許則應無所依、緣等，如色等法，亦非心故"的注釋，與唐代注疏有異。據唐代注疏，"不見餘心離心所故……此識應非相應法故"每一個以"故"字結尾的短句，都是"若無心所，識亦應無"的並列的原因。本書最後將"亦非心故"作為因，唐代注疏則謂"非相應法故"是因，即假設承許"此識應非相應法"。

此中是無記性，則是成立阿賴耶故。"❶ 又 "此意識決定是善，非不善"者，此善是何？若相應善，應心、心所要與慚、愧及三善根相應，方成善性。若不相應❷，善性不成。自性善、勝義善、等起善、加行善者，《大乘阿毘達摩集論》二卷中有十三善法，此 "自性善"，即彼第一 "自性善"也。自性善者，即信等十一心所有法。此 "勝義善"，即彼第六 "勝義善"也。勝義即真如涅槃。此 "等起善"，即彼十三 "等流善"也。等流善者，謂已得寂靜者，由此增上力故，發起勝品神通等世、出世、共、不共功德。此 "加行善"，即彼第八 "加行善"也。加行善者，謂依止親近善丈夫故，聽聞正法，如理作意，修習淨善法隨法行。❸ 若謂 "此識不與三善根相應，而與自性善、勝義善相應"❹ 者，亦不然，違自宗故。以自性

---

❶ 引文或改寫自無性造、玄奘譯《攝大乘論釋》卷 3，《大正藏》第 31 冊，1598 號，頁 396 上 18 至中 17。"若非不善"，《大正藏》本《攝大乘論釋》作 "亦非不善"。

❷ "應"，底本、校本皆作 "所"，本段亦見於通潤《成唯識論集解》卷 4："若不相應，善性不成。"（《新纂卍續藏》第 50 冊，821 號，頁 711 下 17）整理者據此及文義改。

❸ "《大乘阿毘達摩集論》二卷中有十三善法……法隨法行"，參見《大乘阿毘達磨集論》卷 2，《大正藏》第 31 冊，1605 號，頁 669 上 26 至中 21。本書謂 "等起善" 即《集論》的 "等流善"，有誤。"等起（samutthāna）" 指由心能發起某些法，等起善就是由心所發起的善。唐代注釋認為 "等起善" 指能生善法的種子，但對應於《集論》中的 "發起善" 而非 "隨逐善"。

❹ "此識不與三善根相應，而與自性善、勝義善相應"，或是對《成唯識論》"此心不應是自性善，或勝義善，違自宗故，非善根等及涅槃故" 的解釋，據本書接下來的文字，可能是沒有準確把握四種善的定義，本句所要破斥的主張是 "滅盡定中的意識就是自行善，或就是勝義善"，而非 "與自性善、勝義善相應"。

善唯慚與愧及三善根入其數故。由彼體性是善，猶如良藥，不待相應及等起故。若勝義善，唯有真如涅槃是決定故，謂真解脫，以涅槃中冣極安隱，眾苦永寂，猶如無病故。❶若謂"此心非自性、勝義二善，是等起善，由加行善根之所引發，不由無貪等善根之力"者，亦不然，亦違自宗故。以自宗滅定，厭患麤動，想等不行，不由加行作意善根引發；若由加行善根引發，則如餘善心，不名等起。立量破云："住滅定心是等起善"，"加行善根所引發故"，"違自宗故"，"如餘善心"❷。"善心無間起三性心"者，《俱舍》云："如欲界善心無間生九，謂自界，四心；色界，二心，於入定時及續生時生善、染心；無色界，一，於續生位欲善無間生彼染心，不生彼善，以極遠故；及學、無學等。"❸既善心能起三性心，如何善心由前等起，是加行善根所引發耶？故心是善，必由善根相應之力。《攝論》云："或復有執'加行善根所引發故，定

---

❶ "以自性善唯慚與愧及三善根入其數故……猶如無病故"，或改寫自無<u>性造</u>、玄奘譯《攝大乘論釋》卷3（《大正藏》第31冊，1598號，頁396上28至中1）與世親造、玄奘譯《阿毘達磨俱舍論》卷13（《大正藏》第29冊，1558號，頁71上22至25）。

❷ "立量破云……如餘善心"，此處總結的比量本身不構成論證，"違自宗故"所能證成的命題應是"'住滅定心是等起善'是錯誤的"；"如餘善心"原意是指"所有的心都是不是等起善，就像除了滅盡定中的意識之外其他的心識都不是等起善"，也難以視為論證的同喻。此處《成唯識論》破斥的原意謂：論敵認為"等起善"意指由心所發動的善法，因此"心"本身不是"等起善"，故而滅盡定中的心識肯定不能是等起善，如果論敵又程序"滅盡定中未滅的意識是等起善"，就違背了前述的基本理論。

❸ 引文改寫自《阿毘達磨俱舍論》卷7，《大正藏》第29冊，1558號，頁38下10至15。

心名善，不由善根相應之力'，此與彼論'由相應力心得成善'安立相違。"❶若爾，則此定心必與三善根相應。既與善根相應，亦應必與受、想相應，無異因故，故曰"非無心所"。若無心所，心亦應無。如是推求，眼等轉識於滅定位決定離身，其不離者，定是第八。以入滅定時，正為止前散動眼等轉識，不為止息極靜執持識故。問：入滅定時，唯滅散動轉識，不滅極靜執持識者，亦有心定，何名"無心"？答：《成業論》云：心有二種：一、集起心，無量種子集起處故；二、種種心，所緣行相差別轉故。滅定等位，闕第二心。名無心位，如四足馬。闕一足故，亦名無足。❷滅定既爾，無想應知。

又契經說：心雜染故，有情雜染；心清淨故，有情清淨。若無此識，彼染、淨心不應有故。謂染、淨法，以心為本，因心而生、依心住故，心受彼熏、持彼種故。然雜染法，略有三種，煩惱、業、果種類別故。若無此識持煩惱種，界、地往還，無染心後，諸煩惱起，皆應無因，餘法不能持彼種故，過去、未來非實有故。若諸煩惱無因而生，則無三乘

---

❶ 引文見無性造、玄奘譯《攝大乘論釋》卷3，《大正藏》第31冊，1598號，頁396上24至26。

❷ "問：入滅定時……亦名無足"，改寫自《宗鏡錄》卷50（《大正藏》第48冊，2016號，頁709下5至9）或《宗鏡錄》卷55（《大正藏》第48冊，2016號，頁736中10至16），或源自《成唯識論掌中樞要》卷2，《大正藏》第43冊，1831號，頁636下16至19。參見世親造、玄奘譯《大乘成業論》，《大正藏》第31冊，1609號，頁784下7至10。

學、無學果，諸已斷者皆應起故。若無此識持業果種，界、地往還，異類法後，諸業果起，亦應無因，餘種、餘因前已遮故。若諸業果無因而生，入無餘依涅槃界已，三界業果還復應生，煩惱亦應無因生故。又"行緣識"應不得成，"轉識受熏"前已遮故，結生染識非行感故，應說"名色，行為緣"故，時分懸隔無緣義故。此不成故，後亦不成。諸清淨法，亦有三種：世、出世道、斷果別故。若無此識持世、出世清淨道種，異類心後，起彼淨法，皆應無因，所執餘因前已破故。若二淨道無因而生，入無餘依涅槃界已，彼二淨道還復應生，所依亦應無因生故。又出世道，初不應生，無法持彼法爾種故，有漏類別非彼因故，無因而生非識❶種故。初不生故，後亦不生，是則應無三乘道果。若無此識持煩惱種，轉依斷果亦不得成。謂道起時，現行煩惱及彼種子俱非有故，染、淨二心不俱起故。道相應心不持彼種，自性相違如涅槃故。去、

---

❶ "識"，底本作"識"，《大正藏》本《成唯識論》作"釋"，而校勘記謂《宋》《元》《明》《宮》四本作"識"。據後文釋義，明人將"無因而生非識種故"解為"識的種子即'因'，因此'無因而生'與'種子'矛盾"。然據唐代注疏，當作"無因而生非釋種故"，參見窺基《成唯識論述記》卷4："《論》：'無因而生非釋種故。'述曰：說'有因生'釋迦子故。不爾，便同自然外道。"（《大正藏》第43冊，1830號，頁376上4至5）

來、得等非實有故，餘法持種理不成故。既無所斷，能斷亦無，依誰、由誰而立斷果？若"由道力，後惑不生，立斷果"者，則初道起，應成無學，後諸煩惱皆已無因永不生故。許有此識，一切皆成，唯此能持染淨種故。

十、引染淨心。此總收前九章義，前九不出流轉還滅故。先引經證，次立第八心為染淨本。先總明。"以心為本"者，即一切染、淨、有為、無為法，皆以第八識為根本。"因心而生、依心住"者，謂能執持諸種子故，與現行法為所依故，即變為彼及為彼依。即前七現行，皆依第八識而住。"受彼熏"者，即第八識受彼前七識熏。"持彼種"者，即第八能持前七三性染淨種子。❶由此義故，故說第八為"染、淨心"。

下分染、淨，破無第八。先釋雜染。染法三種，即惑、業、苦。"煩惱"即"惑"，是十二緣中"無明""愛""取"三支。"業"即"行""有"二支。"果"即是"苦"，即"識"等五支并"生"等二支。由惑發業，因業感果。惑、業、苦三，種類差別。種為現行之因，現行為種之果。若無第八持煩惱種，則有情三界九地往還、無染心後煩惱現行，應無種子自然而生。如鬱頭藍弗生非非想已滅轉識，命終之後，墮飛狸身，上食林鳥，下噉淵魚，此等煩惱現行，皆應無因而生。❷以第八之外，餘心色不相應等法，皆無持種義故。已

---

❶ "'以心為本'者……染淨種子"，引自《宗鏡錄》卷47，《大正藏》第48冊，2016號，頁693中11至16。

❷ "染法二種，即惑、業、苦……無因而生"，明昱《成唯識論俗詮》卷4（《新纂卍續藏》第50冊，820號，頁563下3至10）有相似文字。將煩

滅、未生之識既非實有，亦無持種義故。若諸煩惱無因而生，則三乘無學，煩惱久已斷盡，亦當無因皆得生起。此既不然，彼云何爾？若無此識能持業果種子，則三界九地往還不斷，如披毛、戴角、針喉、皷腹、人、天、鬼、畜諸業果報，亦應無因，以他識不能持種不能為因故 ❶。如鬱頭藍弗初習定時，一念之瞋獲飛狸報，一念之瞋，即業果種。若無第八持此種者，此飛狸身即應無因而得。豈但非非想天人不自保，即佛、阿羅漢亦不自保，入無餘依涅槃界已，三界業果還復應生。何以故？煩惱亦應無因生故。此煩惱，即果上所起現行煩惱。如上食林鳥、下啖淵魚之類，即來業也。"又行緣識"下，以十二緣難破。若無此識持業果種，則"行緣識"應不得成。"行"，謂正感後世善惡之業；"識"，謂本識內親生當來異熟果攝，異熟識種，識中業種，皆名識支。經說，識支通能、

惱、業、果分別解釋為惑、業、苦，又匹配於十二因緣，或源自明人對《成唯識論》卷 8 的解讀。唐代注疏直接將此句對應於《攝大乘論》中"煩惱""業""生"三種雜染，並進行解釋，參見窺基《成唯識論述記》卷 4："染中有二：初，總舉；後，別破。即攝《攝論》三種雜染。三界見、修所有煩惱，名'煩惱'；一切有漏善、不善業，名'業'；此業所得總、別異熟，名'果'。"（《大正藏》第 43 冊，1830 號，頁 374 中 3 至 6）關於惑、業、苦與十二因緣的對應，《大乘阿毗達磨雜集論》卷 4 有不同的說法："支雜染攝者，若無明、若愛、若取，是煩惱雜染所攝；若行、若識、若有，是業雜染所攝；餘，是生雜染所攝。"（《大正藏》第 31 冊，1606 號，頁 712 中 4 至 6）

❶ "以他識不能持種不能為因故"，本句應是解釋《成唯識論》"餘種、餘因前已遮故"，唐代注疏解釋為，"色等持種"（餘種，針對經部）或"過去、未來實有"（餘因，針對有部）已經在前文被破斥，不僅限於"他識不能持種"。同時此處未解釋"異類法後"，據後文，本書將"異類法"理解為"異生法"，與唐代注疏不同。

所引，業種、識種俱名識故。❶既無本識，無法能持業種、識種，則"行緣識"決不得成。此既不成，則結生染識亦不得成。以第六不能受熏，不持業種，既無業種，誰生"名色"？問：結生相續起憎愛識，豈不由此行為緣耶？答：結生引識非行感故。無識持種，故無種識。設爾，行感亦有何失？答：若爾，不名"識緣名色"，應說"名色，行為緣"故，名色與行時分相隔，無緣義故。《瑜伽》云："問：何因緣故，'無明'等諸有支，作如是次第說？答：諸愚癡者，要先愚於所應知事，次即於彼發起邪行。由邪行故，令心顛倒。心顛倒故，結生相續。生相續故，諸根圓滿。根圓滿故，二受用境。受用境故，若躭著，若希求。由希求故，於方覓時煩惱滋長。煩惱滋長故，發起後有愛、非愛業。由所起業滋長力故，於五趣生死中苦果生。苦果生已，有老死等苦，謂內身變異所引老死苦，及境界變異所引憂歎熱惱之苦。是故世尊如是次第說十二支。"❷行與名色既非次第，時分懸隔，不得為緣。此"行緣識"不成就故，後諸有支亦不得成。

"諸清淨法"下，次釋清淨。淨法三種，謂世間淨道、出世淨

---

❶ "'識'，謂本識內親生……俱名識故"，本句改寫自《成唯識論》卷8對十二因緣的四組區分的第二組："二、所引支，謂本識內親生當來異熟果攝'識'等五種，是前二支所引故。此中識種，謂本識因。除後三因，餘因皆是名色種攝。後之三因，如名次第，即後三種。或名色種總攝五因，於中隨勝立餘四種。六處與識，總、別亦然。《集論》說，識亦是能引，識中業種名識支故，異熟識種名色攝故。經說，識支通能、所引，業種、識種俱名識故，識是名色依、非名色攝故。"

❷ 引文見《瑜伽師地論》卷10，《大正藏》第30冊，1579號，頁324上16至26。

道、轉依斷果。地前名"世"，地上名"出世"，"異類"即異生類❶，"淨法"即三賢十聖所脩證法，異生之類初發信心，起世、出世二種淨法為心後故。若無第八持二淨種，彼二淨道起即無因，餘法持種前已破故。故《攝論》云："謂未離欲纏貪、未得色纏心者，即以欲纏善心，為離欲纏貪故，勤脩加行。此欲纏加行心，與色纏心，不俱生滅，故非彼所熏，為彼種子不應道理。又色纏心，過去多生餘心間隔，不應為今定心種子，唯無有故。是故成就色纏定心，一切種子異熟果識展轉傳來為今因緣，加行善心為增上緣。如是一切離欲地中，如應當知。如是世間清淨，若離一切種子異熟識，理不得成。"❷若二淨道無因而生，則入無餘涅槃界已，彼二淨道還應復生。何以故？所依亦應無因生故。有漏所依，畧有八種：一、施設依，二、攝受依，三、住持依，四、流轉依，五、障礙依，六、苦惱依，七、適悅依，八、後邊依。有餘依涅槃地，即全取一最後邊依，除六攝事、流轉、障礙，取餘一分。無餘依涅槃地，一切有漏餘依皆捨，二乘有為無漏亦捨。如來雖有有為無漏，而無一切有漏餘依，故亦說名"無餘依地"。❸故就分位建立門，則無心睡

---

❶ "'異類'即異生類"，本句是對《成唯識論》"異類心後"的解釋，與唐代注疏不同，據唐代注疏，此處"異類心後彼淨法"與前文"異類法後諸業果起"思路一致，即若無能作為雜染、清淨依據的第八識，則有雜染後則無清淨之因，則雜染心後不能淨法；有清淨則無雜染，不應有在證得清淨之後又再退生下地、復起雜染。簡而言之，若有情只有或染或淨的同一的某種性質，則無法解釋向異類的轉變。

❷ 引文參見無著造、玄奘譯《攝大乘論本》卷 1，《大正藏》第 31 冊，1594號，頁 136 中 6 至 15。

❸ "有漏所依，畧有八種……無餘依地"，改寫自最勝子等造、玄奘譯《瑜伽師地論釋》，《大正藏》第 30 冊，1580 號，頁 887 下 2 至 23。

眠位、無心悶絕位、無想定位、無想生位、滅盡定位，及無餘依涅槃界位，皆得名無心地。若就真實義門，則唯無餘依涅槃界中諸心皆滅，名無心地。餘位由無諸轉識故，假名無心；由第八識未滅盡故，名有心地。❶是無餘依涅槃地中，異熟亦無，唯是大圓鏡智，豈有還生所依之理？又出世道必從本有無漏種生，若無第八持法爾種，則最初生起出世道心應不得有。問云：有漏種子亦可生出世道，何必法爾無漏種子？答：有漏、無漏二類各別，有漏種不生無漏故。問：雖非本有無漏種子，亦是新熏聞所成種，何謂類別而非彼因？答：無因而生非識種故。謂諸有情無始時來有無漏種，不由熏習，法爾成就，後勝進位，熏令增長，無漏法起，以此為因。無漏起時，復熏成種。聞熏所成，無淨種生，故非識中出世道種。既無種子，則初不應生出世道，後亦不能生出世果。是則三乘道果，皆成斷滅。此上言“二淨道”。

此下言“斷果”。轉依斷果，因斷煩惱，方得成滿。若無此識持煩惱種，即皆散失，誰為所斷乎？謂淨道起時，明來暗謝，智起惑亡，煩惱種現俱非有故，“斷果”之名由此立耳。問：道相應心，應持彼種，何煩第八？立量答云：“道相應心不持彼種”，“自性相違故”，喻“如涅槃”。過去、未來、得、非得等不相應行，非實有故，不能持種。若除異熟，餘法持種，理不成故。既無種子，惑智亦無。惑智既無，依誰由誰而立斷果？故知惑由此斷，智依此生，果依此立。生死因，解脫本，盡在乎此。是則第八為染淨根本明矣！若謂“斷果不由第八而立，由出世道力一現前時，遮礙

---

❶“故就分位建立門……名有心地”，改寫自最勝子等造、玄奘譯《瑜伽師地論釋》，《大正藏》第30冊，1580號，頁887上19至中8。

後惑不得續生,假立斷果"者,則初見道時,便應遮礙後惑不生,不勞修進即成無學,後諸煩惱皆永不生,以無異熟持種子故。許有第八,一切皆成,故知別有第八能持染淨種子。

如上廣引經論,共立第八本識,真如一心,廣大無邊,體性微細,顯心原而無外,包性相以該通,擅持種之名,作總報之主,建有情之體,立涅槃之因,居初位而總號"賴耶",處極果而唯稱"無垢",備本、後之智地,成自、他之利門,隨有執、無執而立多名,據染緣、淨緣而作眾體,孕一切而如木虛包納,現萬法而似大地發生,則何法不收,無門不入。但以迷一真之解,作第二之觀,初因覺明能了之心,發起內外塵勞之相,於一圓湛,柝出根塵,聚內四大為身,分外四大為境,內以識情為垢,外因想相成塵。無念而境觀一如,有想而真成萬別。若能心融法界,境豁真空,幻翳全消,一道明現,可謂裂迷途之緻網,抽覺戶之重關。悟夢醒而大覺常明,狂性歇而本頭自現。❶

通上,二、顯正理,竟。

證此識有,理趣無邊,恐厭繁文,畧述綱要。別有此識,教、理顯然。諸有智人,應深信受。

三、總結。

通上,初能變,竟。

下,二能變,分三。

---

❶ "如上廣引經論……本頭自現",改寫自《宗鏡錄》卷51,《大正藏》第48冊,2016號,頁720中13至29。"若能心融"之"能","可謂裂"之"可""裂",底本皆缺,據校本、《大正藏》本《宗鏡錄》補。

如是已說，初能變相，第二能變，其相云何？

一、結前標問。

頌曰：

次第二能變，是識名末那。

依彼轉緣彼，思量為性相。

四煩惱常俱，謂我癡我見，

并我慢我愛，及餘觸等俱，

有覆無記攝，隨所生所繫。

阿羅漢滅定，出世道無有。

二、天親第五、六、七三頌。有十門：一、釋名門，即首二句；二、所依門，即依彼轉；三、所緣門，即緣彼；四、體性門，即思量為性；五、行相門，即思為量相；六、染俱門，即四煩惱等三句；七、餘相應門，即及餘觸等俱；八、三性門，即有覆無記攝；九、界繫門，即隨所生所繫；十、伏斷門，即末二句。❶

論曰：次初異熟能變識後，應辯思量能變識相。是識，聖教別名"末那"，恒審思量勝餘識故。此名何異第六意識？此持業釋，如"藏識"名，"識"即"意"故；彼依主釋，如"眼識"等，"識"異"意"故。然諸聖教，恐此濫彼，故於第七，但立"意"名。又

❶ 此處科判引自《唯識開蒙問答》卷上，《新纂卍續藏》第55冊，888號，頁349下10至13。

標"意"名，為簡"心""識"，"積集""了別"劣
餘識故；或欲顯此與彼意識為近所依，故但
名"意"。

三、廣釋頌意。分三：一、正釋頌意，二、別釋差別，三、證有
識體。今初，正釋頌意，分八：一、釋名，即第一門也。首二句，釋
頌中"次"字。此二能變，即是意識，聖教別名"末那"者，"末
那"，此翻"染污"，與四煩惱恒共相應，雜染所依故。餘識皆有
染污，而獨此名染污者，以恒審思量勝餘識故。"恒"者不間
斷，"審"者決定執我、法故。問：第八亦無間斷，第六決定有思
量，何劣於第七耶？曰：有四句：一、恒而非審，即第八恒無間斷，不
審思量我、法故；二、審而非恒，即第六雖審思量而有間斷故；前
五，俱非，非恒非審；第七，俱攝，而恒審故獨勝也。恒言第七
相應立號，謂四惑也。

設問云：此名"意識"，第六亦名"意識"，有何分別？故答
云：此持業釋，彼依主釋，故自不同。此識體上親持恒審思量業
用，故"識即是意，名為意識"，如"藏識"名，"識"者是體，"藏"者
業用，用能顯體，體能持業，"藏即識故，名為藏識"，持業釋也。第
六識者，以意為根，識依根起，所依為主，如"眼識"等，舉眼
之主以表於識，"即眼之識，故名眼識"，依主釋也。量云："末那
意識是持業釋"，"識即意故"，喻"如藏識"；"第六意識是依主
釋"，"識異意故"，"如眼識等"❶。然聖教中恐二識一名，混濫

---

❶ 此處是梵語複合詞的解釋，並非因明論證，因為因明中的同喻本身要
符合因，如果將此處解釋為因明，則會導致因變成"凡是符合'識即意'的
都是持業釋，如藏識"。

無別，故於第七但立"意"名而去"識"字，以別於第六也。又標"意"名，為揀別第八、第六，為不如第八心能"積集"故，不如第六識能"了別"故❶，或顯此識與第六為根故，故去"識"名，單名"意"也。

"依彼轉"者，顯此所依。"彼"謂即前初能變識，聖說此識依藏識故。有義：此意以彼識種而為所依，非彼現識，此無間斷，不假現識為俱有依方得生故。有義：此意以彼識種及彼現識俱為所依，雖無間斷而有轉易，名轉識故，必假現識為俱有依方得生故。"轉"謂流轉，顯示此識恒依彼識，取所緣故。

二、釋所依，即第二門也。首二句，提出"所依"二字。"彼"即第八。言七以八為俱有依者，聖教說第七唯依藏識故。問：七依第八，為依現行，為依種耶？一師言：第七依藏識種子為俱有依，不依現行，以彼執第八種子為自內我，亦恒亦審、無間斷故，不依現行方得生故。一師言：第七以彼藏識種子、現行俱為所依，以彼第七雖無間斷，然亦有時轉變改易，以能熏轉識之所熏故，必假現行識為俱有依方得生故。"'轉'，謂流轉"，"流"是相續義，"轉"是生起義，謂依第八或種或現相續起義，顯此第七恒依第八取為所緣境故。

---

❶ "不如第六識能'了別'故"，本句應是注釋《成唯識論》"為簡……'識'……'了別'劣餘識故"，依據唐代注釋，本句不限於簡別第六識，而是可以簡別前六識。

諸心、心所，皆有所依。然彼所依，總有三
種：一、因緣依，謂自種子，諸有為法皆託此依，離
自因緣必不生故；二、增上緣依，謂內六處，諸心、
心所皆託此依，離俱有根必不轉故；三、等無間緣
依，謂前滅意，諸心、心所皆託此依，離開導根必
不起故。唯心、心所具三所依，名"有所依"，非
所餘法。

此下廣釋所依，分二：初，總釋；次，別釋。今初。謂八種
識及諸心所，生必有依，然為三種：

一、"因緣依"者，對果得名。"因"即是"緣"，即不取"因
由"之義。此因是果之所依故，即現行名"果"，能生種子名"因
緣"。又"因"者，是現行果之因；"緣"者，即此因有親生現行
果之用，名"緣"。此因緣依與因緣何別？答："依"狹，"緣"寬。若
因緣，即有三義：一、種生種，二、種生現，三、現熏種。若"因
緣依"，止惟取"種生現"一義是真因緣依。若"現熏種""種生
種"，但名"因緣"，不得名"依"，以是異念因果故。即前念無住，非
"依"；定須種現同時，方名"依"也。問：且如"現熏種"，亦是
同念因果，何不為"依"？答："現熏種"雖同念，然又闕"因沈
隱、果顯現"義，亦非因緣依。故知唯取真因緣義名依。都具三義，方
名因緣依：一、是主，即種是主，是簡現生現；二、因沈隱、果顯
現，即簡現熏種；三、因果同時，即簡種生種。問：此種子為因緣
依體者，取何法為能依？答：諸有為法皆託此依，即一切有為緣
生法，色之與心，皆須託自種為依，有此種故，一切色心現行方

始得生。"離自因緣必不生故"，意云：心現，若親自心，種必不生，色法亦爾。二、"增上緣依"者，若"增上緣"即寬，謂通有力、無力及疎增上；若為"依"，即狹，唯取有力及親增上，以五色根并意根處，唯此內六處為增上依體，即簡"外六處"。以外六處望心、心所法，但為增上緣，即不得為依體。又唯取同時八識心王為意根處，以意根處緣得八箇識故。若是"等無間意"，即自為一依，故不取。即此增上依須具三義：一、有力，二、親，三、內。其外六處以不具三義，但為"緣"，非"依"。若能依法，即諸心、心所皆託此依。言"諸心、心所"者，即簡色、不相應行、無為後三位，皆無增上依。問：其一切心、心所法，若無內六處時，亦得轉否？答：離俱有根，必不轉故。意云：若無所依根時，其心、心所定不得轉。三、"等無間緣依"者，"等無間依"即狹，唯取心王，心王有主義故；若四緣中"等無間緣"，即寬，雙通心、心所，為前念心王有力，能引生後念一聚心、心所法名"等"，以力用齊等故，無自類為間隔，名"無間"。問：此依以何為體？答：以前念八識心王總名"等無間"，此是依體，即前念心王與後念心、心所為依。問：前念心法已滅無體，何得為依？答：彼先滅時，已於今識為開導故，<small>此後章語</small>。即現在一念有行後功能，以為法體，非取過去已滅無體法為依。問：其前念心王有引後力用名為依者，未審將何法為能依？答：諸心、心所皆託此依，即一切心、心所法起，定能須託此前滅意為依方起。問：諸心、心所，若不依前滅心王，亦得起否？答：離開導根必不起故。意云：心、心所若不得前念心王為開闢引導，即無因得起。問：心法四緣生，何故三緣別

立為依，所緣緣不爾？答：三緣有常義、主義，故亦"緣"亦"依"。所緣緣皆有常義，闕主義，故但為緣不為依也。❶

然此三依，言"生""轉""起"，別相云何？"生"約依種辨體而生，"轉"約隨順與力令轉，"起"約由前開路令後得起❷，此三別相也。

> 初種子依。有作是說：要種滅已現果方生，"無種已生"《集論》說故，種與芽等不俱有故。有義：彼說為證不成，彼依引生後種說故，"種生芽"等非勝義故，"種滅芽生"非極成故，焰、炷同時互為因故。然種自類，因果不俱；種現相生，決定俱有。故《瑜伽》說："無常法與他性為因，亦與後念自性為因，是因緣義。""自性"言顯種子自類前為後因，"他性"言顯種與現行互為因義。《攝大乘論》亦作是說："藏識染法互為因緣，猶如束蘆，俱時而有。"又說："種子與果必俱。"故種子依，定非前後。設有處說"種果前後"，應知皆是隨轉理門。如是八識及諸心所，定各別有種子所依。

---

❶ "一、'因緣依'者……不為依頁"，引自《宗鏡錄》卷72，《大正藏》第 48 冊，2016 號，頁 817 中 17 至頁 818 上 10。

❷ "然此三依……令後得起"，引自《大方廣佛華嚴經隨疏演義鈔》卷32，《大正藏》第 36 冊，1736 號，頁 245 上 6 至 9。

次別釋分三。一、種子依，即因緣依。《集論》二卷，有二十四種"已生"，十二"有種已生"，十三"無種已生"，說者遂取此十三已生為"種滅現生"之證。"種與芽等不俱有故"，此約外種子望於莖等為能引因，非望芽等為能生因。

"有義：彼說"下，即正義也。"彼"即《集論》。《集論》所說"無種已生"，乃依"前種引生後種"，是"種生種"，故有前後，非謂"種滅而後果生"也。❶外種生芽，乃世俗種，以喻勝義，豈極成之論哉？然則當以何喻耶？曰：如燈炷生焰、燈焰燒炷，同時更互而為因果。"焰"喻"現行"，"炷"喻"種子"。種生現行，現行熏種，同一時中互為因故。然種子自類，雖是因緣，前、後相生，因、果不俱，以異時故。若"種生現，現生種"，決定同時。下引論雙證二因。彼論意說，諸種子法，引生自類，亦生現果。說"自性"言，顯種自類前為後因，因果不俱；說"他性"言，顯種與現互為因義，因果俱有。又引《攝論》獨證"種現相生，必俱時有"。設有處言"種果不俱，有前後"者，皆是隨機轉變方便之談，非實論也。"如是八識"下，結成前義。

---

❶ 此處將《成唯識論》"依引生後种說"解釋為"《集論》中'無種已生'是指前念種生後念種的自類相生，並非種子與現行識"，是將"無種已生"正面解釋為"種生種"，與唐代注疏不同。《集論》的"無種已生"指阿羅漢的最後蘊（將入無餘依涅槃前的最後一剎那的現行）。據唐代注疏，難陀論師將《集論》的"無種已生"解釋為"使得阿羅漢最後蘊生起的種子進入過去，是'無種'；阿羅漢最後蘊現在已生，是'已生'"，以此論證"種滅而果生"的異時因果。此處的破斥是護法的解釋，其將"無種已生"解釋為"阿羅漢最後蘊仍是種、現同時，只是由於下一剎那就進入無餘涅槃，故此剎那的種子闕緣，不會再引生後種，從'種子在過去、闕緣不再引生'的角度說'無種'"，因此"無種已生"被解釋為對"種生種"的否定。

次俱有依。有作是說：眼等五識，意識為依，此現起時必有彼故；無別眼等為俱有依，眼等五根即種子故。《二十唯識》伽他中言："識從自種生，似境相而轉，為成內、外處，佛說彼為十。"彼頌意說：世尊為成十二處故，說五識種為眼等根，五識相分為色等境。故眼等根即五識種。《觀所緣論》亦作是說："識上色功能，名五根應理。功能與境色，無始互為因。"彼頌意言：異熟識上能生眼等色識種子，名"色功能"，說為"五根"，無別眼等。種與色識，常互為因，能熏與種遞為因故。第七、八識，無別此依，恒相續轉，自力勝故。第六意識，別有此依，要託末那而得起故。有義：彼說理教相違。若五色根即五識種，十八界種應成雜亂，然十八界各別有種，諸聖教中處處說故。又五識種各有能生相、見分異，為執何等名眼等根？若見分種應識蘊攝，若相分種應外處攝，便違聖教"眼等五根皆是色蘊、內處"所攝。又若五根即五識種，五根應是五識因緣，不應說為增上緣攝。又"鼻、舌根即二識種"，則應鼻、舌唯欲界繫，或應二識通色界繫，許便俱與聖教相違。"眼、耳、身根即三識種"，二地、五地為難亦然。又五識種既通善、惡，應五色根非唯無記。又五識種無執

受攝，五根亦應非有執受。又五色根若五識種，應
意識種即是末那，彼以五根為同法故。又《瑜伽
論》說，眼等識皆具三依，若五色根即五識種，依
但應二。又諸聖教說，眼等根皆通現、種，執“唯
是種”，便與一切聖教相違。有避如前所說過難，朋
附彼執，復轉救言：異熟識中能感五識增上業
種，名五色根，非作因緣生五識種，妙符二頌，善
順《瑜伽》。彼有虛言，都無實義。應五色根非無
記故，又彼應非唯有執受，唯色蘊攝、唯內處
故，鼻、舌唯應欲界繫故，三根不應五地繫故，感
意識業應末那故，眼等不應通現、種故，又應眼等
非色根故。又若“五識皆業所感”，則應一向無記
性攝。善等五識既非業感，應無眼等為俱有依。故
彼所言，非為善救。又諸聖教，處處皆說“阿賴
耶識變似色根及根依處、器世間”等，如何汝等撥
無色根？許“眼等識變似色等”，不許“眼等藏識
所變”，如斯迷謬，深違教理。然伽他說“種子功
能名五根”者，為破離識實有色根。於識所變似
眼根等，以有發生五識用故，假名種子及色功
能，非謂色根即識業種。又緣五境明了意識，應
以五識為俱有依，以彼必與五識俱故。若彼不依
眼等識者，彼應不與五識為依，彼此相依勢力等

故。又第七識雖無間斷，而見道等既有轉易，應如六識有俱有依，不爾，彼應非轉識攝，便違聖教“轉識有七”。故應許彼有俱有依，此即現行第八識攝。如《瑜伽》說：“有藏識故，得有末那。末那為依，意識得轉。”彼論意言：現行藏識為依止故，得有末那，非由彼種。不爾，應說“有藏識故，意識得轉”。由此，彼說，理、教相違。是故應言：前五轉識，一一定有二俱有依，謂五色根、同時意識。第六轉識，決定恒有一俱有依，謂第七識；若與五識俱時起者，亦以五識為俱有依。第七轉識，決定唯有一俱有依，謂第八識。唯第八識，恒無轉變，自能立故，無俱有依。有義：此說猶未盡理。第八類餘，既同識性，如何不許有俱有依？第七、八識，既恒俱轉，更互為依，斯有何失？許現起識以種為依，識種亦應許依現識。能熏異熟為生、長、住依，識種離彼不生、長、住故。又異熟識，有色界中，能執持身，依色根轉。如契經說：“阿賴耶識，業風所飄，遍依諸根，恒相續轉。”《瑜伽》亦說：“眼等六識，各別依故，不能執受有色根身。”若異熟識不遍依止有色諸根，應如六識，非能執受，或所立因有不定失。是故藏識，若現起者，定有一依，謂第七識；在有色界，亦

依色根。若識種子，定有一依，謂異熟識；初熏
習位，亦依能熏。餘如前說。

二、俱有依。"俱有"者，根、識同時，名"俱有"也，即所
依與能依俱時而有。先，三師異計；後，護法正義。

第一師執：眼等五識皆以第六意識為俱有依，以五識現起時
必有同時意識故。不許前五以五根為俱有依，彼計五根即是識種
故。《二十唯識頌》言"識從自種生"者，即五識自證分現行各
從五識自種而生。將"五識自種"便為"五根"。言"似境相而
轉"者，即五識自證分從自種生已，而能變似二分現，其所變見
分說名五識，所變相分似外境現，說名五境。此是假將"五識種
子"為"五根"，答經部師，以經部許有種子故。❶說者引此以證
己"五根即種"之義。《觀所緣緣論》頌云"識上色功能，名五
根應理"者，以能發識比知有根，此但功能，無色可對，假說為
色，故本識上五色功能，名眼等根，亦不違理，以能發識功能勝
故。"功能與境色，無始互為因"，此根功能與前境色，從無始際
展轉為因，謂此功能至成熟位，生現識上五內境色。此內境色，復
能引起異熟識上五根功能。❷說者引此以證"前五識無眼等五根
為俱有依"。兩釋頌意，及"第七、八識皆無俱有依"，其說皆謬。"第
六意識以第七為俱有依"，義亦未足。

第二師破之云：六根、六塵及六種識成十八界，各別有種，生

---

❶ "《二十唯識頌》言'識從自種生'者……有種子故"，改寫自《宗鏡
錄》卷63，《大正藏》第48冊，2016號，頁774中18至27。

❷ "以能發識比知有根……五根功能"，改寫自陳那造、玄奘譯《觀所緣
緣論》，《大正藏》第31冊，1624號，頁888下29至頁889上8。

各現行，諸聖教中處處說之。若以識種為五根者，十八界種應成雜亂，以彼色、心互相生故。殊不知色有色種，心有心種，色、心二種不互相生，豈有色種能生識哉？違教一也。若五色根即五識種，各各能生相、見二分，為執相分種為眼等根耶，為執見分種為眼等根耶？若見分種為眼等根者，則眼等根是識蘊攝；若相分種是眼等根者，則眼等根是外處攝。許則便違聖教說「眼等根是色蘊攝而非識蘊，是內處攝而非外處」。若以理推，則五根有一分生識功能，假名種子，非親生種。違教二也。聖教說，五色根，增上緣攝。若即五識種者，應是因緣而非增上。違教三也。聖教說：欲界一地，具有八種識；色界初禪一地，只有六識，無鼻、舌二識**❶**；二禪已上，乃至無色界，唯有後三**❷**識，無前五識。**❸**然凡種子，皆通三界，現行則有起與不起。若「鼻、舌根即二識種」，二識唯欲界繫，則應鼻、舌二根唯欲界繫，不應通色界繫，以根種如現識故；今二根既通色界，則應鼻、舌二識亦通色界，以現識如根種故。若眼、耳、身根即三識種，則應眼、耳、身根唯二地繫，不應通上三地，以根種如現識故；今根既通五地，則應三識亦通五地，以

---

❶ "無鼻、舌二識"，底本、校本皆作"與鼻舌一識"，本段引自《宗鏡錄》卷 55（《大正藏》第 48 冊，2016 號，頁 737 下 2 至 6），《大正藏》本《宗鏡錄》作"無鼻、舌二識"，本書卷 7 亦引用此句作"無鼻舌二識故"，文意謂色界初禪只有六個識，即八識減去鼻、舌二識，據後文《宗鏡錄》及文義改。

❷ "三"，底本、校本皆作"二"，本段引自《宗鏡錄》卷 55（《大正藏》第 48 冊，2016 號，頁 737 下 2 至 6），《大正藏》本《宗鏡錄》作"三"，後文亦謂"無前五識"，文意謂色界二禪至無色界只有三個識，即意識、末那識、阿賴耶識，而無前五識，據後文、《宗鏡錄》及文義改。

❸ "欲界一地……無前五識"，引自《宗鏡錄》卷 55，《大正藏》第 48 冊，2016 號，頁 737 下 2 至 6。

現識如根種故。違教四也。聖教言，五色根，無記性攝，而五識種乃通善惡。今根即種，亦應通善惡非唯無記。違教五也。聖教說，五識種是第八識"領以為境""持令不散"而無"攝為自體""令生覺受"二義，若五根者，具此四義。今五根既是種子，應非第八執受。違教六也。聖教即無"末那為第六識種"之文。今五色根即五識種，則意識種即是末那，為"意識以末那為根"法，與"眼等識以眼等為根"同一法故。違教七也。又《瑜伽論》說，眼等識悉具三依。若五色根即五識種，即唯有因緣依、等無間緣依，而缺增上緣依。違教八也。又諸聖教說，眼等根皆通現、種。《瑜伽論》亦云，皆以現行及種子二法為眼等根，由本熏時，心變似色，從熏時為名。今執唯是種子，更無能熏現行，豈成根義。違教九也。

有代為救者云：前言"五色根為種"者，是異熟識中能感五識增上業種名五色根，非是親生種子。言"增上業"者，即前五識善、惡所熏異熟習氣，能感當來異熟果攝無記五識。❶即如有情一切工巧智，能造世間種種器具者，亦此業攝。如眼識有此工巧智種，後時眼識現行，便能造作種種器具。故以業種為五色根，作增上依，助生五識。非是將"五色根"作"親因緣、為能生五識之種子"也。若以增上業種為根，既合《唯識》"根唯自種"，亦契《緣論》"即色功能"，又順《瑜伽》"三依皆具"。

第二師破云：業通善、惡，根唯無❷記。若以業種為根，根亦

---

❶ "言'增上業'者……無記五識"，此處僅將"增上業種"解釋為"前五識"所熏異熟習氣，或不準確。"異熟習氣"指由善、惡業有熏成的種子，善、惡業的發動則需要以第六識相應的思心所參與，所以雖然此處是解釋作為五色根的增上緣的業種，也未必限定於前五識。

❷ "無"，底本、校本皆作"五"，校本校勘記謂"'五'疑'無'"。本句

應通善、惡，非唯無記，即前第五違教也。又五色根應非執受，增上業種無執受故，即前第六違教也。又五色根應非色蘊，應非內處，以業種非色蘊、非內處故，即前第二違教也。鼻、舌二識，如增上業種，應通二地，眼、耳、身三識，如增上業種，應通三地，即前第四違教也。既感五識業為五根，應感意識業是末那，即前第七違教也。五根既是增上業種，即無因緣"種生現、現熏種"義，聖教不應說通現、種，即前第九違教也。又應眼等不名色根，以彼業種非色法故。又若五識皆業所感，則應一向無記性攝，以無能招記性業故。不應復通善、染二性。三性五識既非業感，應無眼等為俱有依，"識通善、惡，根可無記"無是理故，彼但為救第八違教，而犯一切違教，豈為善救哉？

於是立自義云：又諸聖教處處皆說"阿賴耶識，變似根身、器世界"等，如何汝等撥無色根為俱有依耶？且汝既許"眼等五識能變似色聲等為相分境"，而不許"眼等五根藏識所變"，是許"子能生孫"而不許"父能生子"也，何異？既迷"眼等不從識變"，而又謬執"眼等是增上業種"，豈不深違教理？問云：若爾，何故前二伽他中，一說種子為五根，一說功能為五根？答：此正為外道小乘定離識外實有色根，故說"藏識所變似眼等根"。此似根上有一分生識之用，假名種子，及色功能，故曰"色從自種生"，又云"識上色功能，名五根應理"，非謂"色根即是感五識之增上業種"也。故知"極成五根為五識俱有依"。

下，又出"第六明了意識以前五識為俱有依"，以彼起時必與五識俱起故。若彼不依前五，前五亦不依彼，彼此相依勢力等故。下

是對《成唯識論》"應五色根非無記故"的注釋，整理者據文義改訂。

又出第七以第八為俱有依。前師云：第七、八識無別此依，恒相續轉，勢力勝故。故此通云：第七雖無間斷，至菩薩見道位六、七分別頓盡，至脩道位六、七俱生漸漸除滅，亦有轉易。既有轉易，應如六識有俱有依。若第七無俱有依，不名轉識，便違聖教，故許第八現行為俱有依。下引《瑜伽》證成"八為七依，七為六依"。又出論，意云：彼《瑜伽》言"第七以現行藏識為俱有依"，不依藏識種子，是亦不當以種為根。若言第七無俱有依，彼論應言"有藏識故，意識得轉"，不應言"有藏識故，得有末那，末那為依，意識得轉"，由此論意，則彼所說"以種為根"及"第七無俱有依"，教、理兩違。

"是故"下，斷定。謂前五，二依，缺染淨、根本。第六，一依，闕根本。第七，一依。第八，無依。故曰："前五，二；六，一；七，一；八，無依。"此師雖補出第七有俱有依，第三師又補出第八現行種子皆有俱有依，故先斥彼究理不盡。次復破云：第八與餘同一識性，餘既有俱有依，如何第八獨無耶？既七、八二識恒時俱轉更互為依，則第八定有俱有依，汝何不立此正義也？第二計云：既許第八現行識即為第八識中種依，則第八識種亦應許依第八現識。此即正當後第四義令心、心所取自所緣簡中矣。第三計云：異熟識種既依前七能熏而生而長而住，則異熟識種亦應以前七能熏為俱有依。此即正當第一決定簡中第三所簡矣。第四計：五色根為第八識所依。又異熟識，有色界中依色根轉，以能執受色根故。既異熟依色根轉，汝何不立為俱有依？下引經證成第八遍依色根，次引《瑜伽》明前六不遍依，次立量以顯第八遍依。量云："眼等六識"是有法，"不能執受有色根身"是宗，因云"不徧依止各別依故"。若異熟識不徧依止有色諸根，則與六識為同法故，應如六識非能執受。若執異熟為能執受而不徧依有色根身，則所立因有不定失。以"執受""非執受"二宗共一因故。此即正當第一決定簡中第二所簡矣。"藏識若現起者，必以第七為俱有依"，此結第一計，此計為正，無所簡別。"在有色界，亦依色根，即以色根為俱有依"，此結第四計。"若第八識種子，定以異熟為俱有依，即第八現識"，此結第二計。"初熏習位，亦依能熏前七現識"，此結第三計。

有義：前說皆不應理，未了"所依"與"依"別故。"依"，謂一切有生滅法，仗因託緣而得生、住，諸所仗託，皆說為"依"，如王與臣互相依等。若法，決定、有境、為主、令心、心所取自所緣，乃是"所依"，即內六處，餘非有境、定、為主故。此但如王，非如臣等。故諸聖教，唯心、心所名"有所依"，非色等法，無所緣故。但說"心所，心為所依"，不說"心所為心所依"，彼非主故。然有處說"依"為"所依"，或"所依"為"依"，皆隨宜假說。由此五識俱有所依，定有四種，謂五色根、六、七、八識，隨闕一種必不轉故，同境、分別、染淨、根本所依別故。聖教唯說依五根者，以不共故，又必同境，近相順故。第六意識俱有所依，唯有二種，謂七、八識，隨闕一種必不轉故。雖五識俱取境明了，而不定有，故非所依。聖教唯說依第七者，染淨依故，同轉識攝，近相順故。第七意識俱有所依，但有一種，謂第八識，藏識若無定不轉故。如伽他說："阿賴耶為依，故有末那轉。依止心及意，餘轉識得生。"阿賴耶識俱有所依，亦但一種，謂第七識，彼識若無，定不轉故，《論》說藏識恒與末那俱時轉故，又說藏識恒依染污，此即末那。而說三位無末那者，依有覆說，如言四位無阿賴耶，非無第八，此亦應爾。雖有色界亦依五根，而不定有，非"所依"攝。識種不能現取自境，可有"依"義，而無"所依"。心所所依，隨識應說，復各加自相應之心。若作是說，妙符理教。

此護法正義。謂前所執，皆由未了"依"與"所依"一[1]者差別，而混言之。言"依"，即廣攝一切有生滅法，王、臣俱該。若言"所依"，即狹，獨具"決定"等四義故，如王非臣，故不同也。立量云："一切生滅諸所仗託，皆說為依"，"互相依故"，"如王與臣"[2]。"所依"四義，今當詳辯。云何四義？曰：一、"決定"，二、"有境"，三、"為主"，四、"令心、心所取自所緣"，方名"所依"。此四"依"各有所簡。且第一義者，若法"決定"，此正簡將前五識與第六識作不定依。夫為所依者，且須決定有，方得。今有第六

---

❶ "一"，疑應作"二"。

❷ 此處難以解釋為因明論事，因為論題"一切生滅諸所依託，皆說為依"本身是全稱命題，"王與臣"被包括在"一切生滅"中，無法作為同喻。

時，不決定有前五故。亦簡將五色根與第八為依，亦是不定有，如生無色界第八，即無色根為依。又簡將能熏七現與所熏種子為生長依等，即此能熏現識有間斷故，無"決定"義。問：若有"決定"義便是"所依"者，即如四大種及命根、五塵等，及種子，皆有"決定"義，應是所依，有現行識時，必決定有種子故。答：將第二義簡，云"有境"。言"有境"者，即有照境緣境功能。除心、心所及五色根、識，餘法皆非"有境"。今四大、五塵、命根等，雖有"決定"義，而闕"有境"義，故非所依。問：若具二義即名"所依"者，且如徧行五數亦具"決定""有境"二義，應與心、心所為"所依"？答：將第三義簡，云"為主"。今徧行五數雖有二義，闕"主"義故，亦非"所依"。問：若具三義便成所依者，且如第八識現行，望識中種子，亦有"決定""有境""為主"三義，即此等八識現行應與種子為俱有依？答：將第四義簡，云"令心、心所取自所緣"，即令能依心、心所緣取自所依家境，方成"所依"。今第八現行識，不能令種子取自所緣，故非"所依"。今第八識中種子無緣慮，不能取自所緣，故第八非種子所依，但為依義。問：未審何法具此四義足，得名所依？答：為五色根，及意處，即此六處具前四義足，獨名"所依"。問：內六處為俱有依，與六根體義何別？答：俱有依，唯取六處現行，不取種子，闕"有境"義故。若但言"六根"，即通種、現。又"俱有依"取"所依"義，若言"六根"即取"生長"義，各據勝以論。又若心、心所法生時、住時，即具俱有依；若色法生時、住時，但有因緣依即得，定無俱有依，以色法無所緣故，自體不是能緣法故。❶又非心與心所互

---

❶ "此四依各有所簡……能緣法故"，引自《宗鏡錄》卷72，《大正藏》

相為依，以彼心所無"主"義故。然亦有處，"依"與"所依"互相說者，皆是隨宜方便之談，非決定也。故"能依""所依"，有四句分別：一、唯能依非所依，即心所法；二、唯所依非能依，即內六處；三、俱句，即八識心王；四、俱非，即外色等。由此，五識有四俱有依，謂五色根、六、七、八識，即五識各依自根，若後三識即通與五識為依。問：五色根、六、七、八識四重所依各有何用，而言"隨闕一種即便不轉"？答：謂"一、同境""二、分別""三、染淨""四、根本"等所依別故。言"同境"者，即自五色根是，如眼根照青色境時，眼識亦緣青色境，以青色境同，故名"同境"，乃至身根識亦爾。言"分別"者，即第六識能與前五為分別依，同緣境時起分別故。此是第六自體與五識為分別依。《瑜伽論》云，有分別，無分別，同緣現在境故。即第六名"有分別"，前五名"無分別"。《解深密經》云：五識起時，定有意識同緣境。言"染淨"者，即第七識。第七識能與五識為染淨依。第七若在有漏位中，即與五識為染依；若成無漏時，即與前五為淨依。有此染淨依，前五方轉；若無，即不得生。言"根本"者，即第八識。第八識與前五識為根本依。前五識是枝條。又第八能持前五識種，種方生現，推功歸本，皆從第八識中成故。此第八不唯與前五識為根本依，亦與萬法為根本，以能持萬法種故，於因果位中，第八皆為根本。此四重依，各各不同。即八識俱有所依，四種名義不同者，如眼等五識，即同境等四種所依，各有"決定"義。且如眼識，以眼根為"決定同境依"，以決定共取一境故；餘四境與四根各決定取自境，亦爾。以第六識為"決定分別依"，以第七識為"決定染淨依"，以

第八識為"決定根本依"。 ❶

"聖教唯說依五根者"至"近相順故"，此會違也。謂《對法》第一，但言"眼識依色根"。會云"不共"者，眼根但為眼識依故，非餘識依，餘四亦然。六、七、八識通餘識依。"又必同境"者，根必與識同緣境故。"又近相順"者，六、七等識即是遠故。是故五識定有四依。

"第六意識俱有所依"至"近相順故"，此條有三：初、正明；次、"雖五識"下，通外問。謂有問云：意識得五，緣境明了，何不亦用五識為依？故答云"不定有故"，意識不得五識之時能獨緣故。"聖教唯說依第七者"下，會通餘教，亦是《對法》，通亦有三：初、明是彼染淨根故；二者、六七同是轉識故，三、多引意識起染污執，故名"相順"。

"第七意識俱有所依"至"此亦應爾"，此明七、八一俱依，謂七、八更互為俱有依也。所引"伽陀"，即《楞伽經》；所引"論"，即《瑜伽論》。 ❷

"三位"，即阿羅漢位、滅盡定位、出世道位。設有問云：《論》言"藏識恒與末那俱時轉故"，又說"藏識恒依染污"，而却言三位無末那者，何耶？故此通云：此依有覆染末那說，如言四位無阿賴耶，豈無淨八哉？八既非無，七亦應爾。四位者，阿羅漢、獨覺、菩薩與如來，為四也。問：前云有色界中第八能執持身依色

---

❶ "'能依' '所依'，有四句分別……決定根本依"，改寫自《宗鏡錄》卷 72，《大正藏》第 48 冊，2016 號，頁 818 中 29 至 29。

❷ "'聖教唯說依五根者'至'近相順故'，此會違也……即《瑜伽論》"，改寫自《大方廣佛華嚴經隨疏演義鈔》卷 32，《大正藏》第 36 冊，1736 號，頁 245 上 16 至中 11。

根轉，今不言依色根而言依第七者，何故？答：雖有色界亦依五根，而不定有。生無色界，則無色根為所依故。此以"決定"第二義，簡前第四執也。問：色根雖不決定，而識種是決定，何故亦非所依？答：識種雖有"決定"一義，而無第二"有境"義。識種不能緣取自境，可與異熟為"依"，不可與異熟為"所依"。此以第四"令心、心所取自所緣"一義，簡前第二執也。問：心所具上二義，應名所依？答：雖心所具有二義，而非"為主"，以隨識故。故心所所依，隨識應說。如前五識有四所依，心所亦然。六識，二所依；七、八，各一所依。心所亦然。復各加自相應心者，何等心所隨何等心王也。❶

末二句，結顯正義。

後開導依。有義：五識，自、他前後不相續故，必第六識所引生故，唯第六識為開導依。第六意識，自相續故，亦由五識所引生故，以前六識為開導依。第七、八識，自相續故，不假他識所引生故，但以自類為開導依。有義：前說未有❷究理。且前五識未自在位，遇非勝境，可如所說；若自在位，如諸佛等，於境自在，諸根互用，任運決定，不假尋求，彼五識身寧不相續？等流五

---

❶ "問：前云有色界中……何等心王也"，亦見於通潤《成唯識論集解》卷4，《大正藏》第50冊，821號， 頁717上7至17。

❷ "有"，底本、《大正藏》本《成唯識論》卷4皆作"有"，《大正藏》本校勘記謂《宋》《元》《宮》四本作"為"。

識，既為決定、染淨、作意勢力引生，專注所緣，未能捨頃，如何不許多念相續？故《瑜伽》說，決定心後，方有染淨，此後乃有等流眼識善、不善轉，而彼不由自分別力，乃至此意，不趣餘境。經爾所時，眼、意二識，或善或染，相續而轉，如眼識生乃至身識，應知亦爾。彼意定顯經爾所時，眼、意二識，俱相續轉。既眼識時非無意識，故非二識互相續生。若增盛境相續現前，逼奪身心，不能暫捨，時五識身理必相續，如熱地獄、戲忘天等。故《瑜伽》言：若此六識為彼六識等無間緣，即施設此名為意根。若"五識前後定唯有意識"，彼論應言"若此一識為彼六識等無間緣"，或彼應言"若此六識為彼一識等無間緣"。既不如是，故知五識有相續義。五識起時，必有意識能引後念意識令起，何假五識為開導依？無心睡眠、悶絕等位意識斷已，後復起時，藏識、末那既恒相續，亦應與彼為開導依。若彼用前自類開導，五識自類何不許然？此既不然，彼云何爾？平等性智相應末那，初起必由第六意識，亦應用彼為開導依。圓鏡智俱第八淨識，初必六、七方便引生。又異熟心依染污意，或依悲願相應善心。既爾，必應許第八識亦以六、七為開導依。由此，彼言都未究理。應

說五識，前六識內隨用何識為開導依。第六意
識，用前自類或第七、八為開導依。第七末那，用
前自類或第六識為開導依。阿陀那識，用前自類
及第六、七為開導依。皆不違理，由前說故。

三、開導依，即等無間緣依。"開"者，"闢"也，即開闢處
所；"導"謂"導引"，導引令生。即前念心王臨滅時，開闢處所，引
後念心、心所令彼生起，即後念心、心所，託前念開導心王所依而
生，名"開導依"。❶問：開導依有差別否？答：有三師故，謂難
陀、安慧、護法，三師有異。問：三師不同，大意如何？答：難陀、
安慧，八識相望，互為開導；護法，八識各自開導。此大意也。問：難
陀、安慧互開既同，取理同否？答：不同。難陀以相續為理，相續
者與間斷者為開導依；安慧以有力為理，以有力者與無力者為開
導依。問：護法菩薩既迥不同，以何為理？答：三義為理：一、
有緣法，二、要為主，三、能作等無間緣。問：立理既爾，開導如
何？答：八識各類自為開導，非互相望。❷

此中"有義：五識，自、它前後不相續"至"但以自類為開導
依"，此難陀之文。一識為"自"，餘識為"他"，已滅為"前"，未
生為"後"。如眼識為自，對耳等識為他。以前五有間斷，第六無
間斷故，前五唯以第六為開導依；第六雖是前念引後念自無間

---

❶"'開'者，'闢'也……名'開導依'"，引自《宗鏡錄》卷72，《大
正藏》第48冊，2016號，頁818下29至頁819上4。

❷"問：開導依有差別否……非互相望"，引自《唯識開蒙問答》卷上，《新
纂卍續藏》第55冊，888號，頁355下7至15。本書此段的科判及解釋，基
本是參照《唯識開蒙問答》"開導差別"章。

斷,亦由前五引生,故兼自、他為開導依。此二義偏。七、八二識,自無間斷,不假他識引生,但以自類為開導依,此義恰正。❶

"有義:前說未有究理"下,安慧難難陀之文。第一難云:汝言"前五自他不續,唯用第六為開導依"者,如凡夫未自在位,可如所說;若自在位中,六根互用時,任運決定,不假尋思求索,彼五識身寧不相續?第二難云:若率爾遇境,可不相續;等流五識,豈不相續?❷謂緣境時有五種心:一、率爾心,二、尋求心,三、決定心,四、染淨心,五、等流心。謂如耳識聞說"諸"字,有率爾、尋求二心,然未定知"諸"字所屬,無決定心。次說"行"字,由先熏習連帶解生,有三心起,謂率爾、尋求、決定,以決定知"諸"字所屬一切"行"故。聞"諸行"字,雖知自性,然未知義。為令知義,復說"無"字,但有二心,謂率爾、尋求,未有決定,以未定知"無"字所屬。後說"常"字,由前字力,展轉熏習連後字生,具起五心,如茲後時,四字周圓,方能解義。❸此五心,初、後通六識,中三唯意識。又前三唯無記,後二通善惡。又率爾五識後,必有尋求。尋求心後,或散或不散,散即復起率爾識,不散即起第三決定乃至等流。❹《瑜伽》云:作意勢力引生者,由

----

❶ "一識為'自'⋯⋯此義恰正",亦見於通潤《成唯識論集解》卷4,《新纂卍續藏》第50冊,821號,頁717上21至下2。

❷ "第一難云⋯⋯豈不相續",改寫自《唯識開蒙問答》卷上,《新纂卍續藏》第55冊,888號,頁355下19至23。

❸ "謂如耳識聞說'諸'字⋯⋯方能解義",改寫自《大方廣佛華嚴經疏》卷3,《大正藏》第35冊,1735號,頁519中27至下7,源自窺基《成唯識論述記》或《大乘法苑義林章》對"教體"的解釋。

❹ "此五心,初、後通六識⋯⋯三決定乃至等流",改寫自《大方廣佛華嚴經隨疏演義鈔》卷13,《大正藏》第36冊,1736號,頁96上9至13。

四因故：一、由欲力，若於是處心有愛著，心則於彼多作意生；二、由念力，若於彼已善取其相，已極作想，心則於彼多作意生；三、由境界力，若彼境界或極廣大，或極可意，正現在前，心則於彼多作意生；四、由數習力，若於彼境界已極串習，已極諳悉，心即於彼多作意生。若異此者，應於一所緣境，唯一作意，一切時生。又非"五識身有二剎那相隨俱生"，亦無"展轉無間更互而生"。又一剎那五識身生已，從此無間，必意識中第二決定心生，由此尋求、決定二意識故，分別境界。❶"或善或染"等，今等流五識，既為決定、染淨作意勢力引生，是則等流五識專注所緣善、惡之境，無少頃離，如何不許多念相續？下引證前五不用第六引生。故《瑜伽》云："由眼識生，三心可得，如其次第，率爾、尋求、決定。初是眼識，二在意識。決定心後，方有染、淨。此後乃有等流眼識，善、不善轉。而彼等流眼識，不由自分別力，全由決定、染淨勢力。與此同時意識同趣一境，不趣餘境，以決定故。經爾所時，眼、意二識，或善或染，相續而轉。"❷"如眼"下，例同諸識。"彼意"下，以己意釋《瑜伽》。謂論主作如是說，定顯經爾所時，眼、意二識俱相續轉。既曰"俱相續轉"，定無前後，是則有眼識時非無意識。非是意識引生前五，亦非前五引生第六，則汝以識互相續義，兩俱不成。第三難云：若非勝境，有不相續；若增盛境，寧不相續？何謂"增盛境"？曰：如炎熱地獄。何謂"相續"？曰：猛火熾然，逼

---

❶ "一、由欲力……分別境界"，改寫自《瑜伽師地論》卷3，《大正藏》第30冊，1579號，頁291上20至中6。

❷ 引文見《瑜伽師地論》卷1，《大正藏》第30冊，1579號，頁280上22至27。

奪身心，經一劫等燒煮不絕。此五識身，理必相續。❶"戲忘天"，即善道增盛境也。❷二增盛境，於五根門，應接不暇，豈有間斷不相續耶？下又引證前五不用第六引生。故《瑜伽》言：若此前念六識滅意，為彼後念六識作等無間緣。即施設此"前滅意"為開導依，非謂互相引也。若汝執言"五識前後定有意識為開導依"，彼論應言"若此前念第六一識為彼後念六識作等無間緣"；若汝執言"五俱意識，亦由五識為開導依"，彼論應言"若此前念六識為彼後念第六一識作等無間緣"。彼論既不作如是說，故知五識各自有相續義，非謂"意識與前五識作開導依"也。五俱意識亦自相續，非謂"前五引生為開導依"，故知五識起時，必有前念五俱意識，能引後念意識令起，何假前五而為開導？已上破前六不互相開導。次難第六云：無心等位，第六既斷，後復起時，若用相續為開導者，七、八恒續，何不用彼與第六為開導依，何用前五？若"彼第六不用七、八，用自類"者，五識自類，何不許然，乃執第六為開導耶？難第六已。難第七云：若謂"第七平等性智相應末那初轉依時，必由第六人❸二空觀導引彼智，令得現前"，如是則第七識亦應用彼第六為開導依，何故不許？難第八云：圓鏡智俱第八淨識，必由

---

❶ "若非勝境，有不相續；若增盛境，寧不相續……理必相續"，改寫自《唯識開蒙問答》卷上，《新纂卍續藏》第 55 冊，888 號，頁 355 下 22 至頁 356 上 1。

❷ "戲忘天，即善道增盛境也"，本段解釋亦見於明昱《成唯識論俗詮》卷 4，或為明人常見解釋。據唐代注疏，此處"戲忘天等"指戲忘天、瞋恚天等欲界天的有情，戲忘天有情長時躭著戲樂，因而喪失正念，從其長時戲樂的角度說其"增盛境現前"，並非"善道"。

❸ "人"，底本、校本皆作"人"，疑應作"入"。

六、七方便引生，此上約果位。又異熟心此約因位。依染污意，第七。或依悲願相應善心，第六。亦由六、七染淨引生，應許第八亦以六、七為開導依。何故汝又不許？若據第六以五識引生可為開導者，即有以上諸過，故曰"都未究理"。

既難破前，申自義云："應說五識，前六識內，隨用何識為開導依"，即知前五有六重依也。"第六意識，用前自類或七、八識為開導依"，明知第六有三重依也。"第七末那，用❶前自類或第六識為開導依"，即七有二重矣。"阿陁那❷識，用前自類及第六七為開導依"，即八有三重矣。❸

> 有義：此說亦不應理。開導依者，謂有、緣法❹、為主、能作等無間緣。此於後生心、心所法開避引導，名開導依。此但屬心，非心所等。若"此與彼無俱起義，說此於彼有開導力"，一身八識既容

---

❶ "用"，底本、校本皆作"雨"，校本校勘記謂"'雨'疑'用'"，本句系引用《成唯識論》"第七末那，用前自類或第六識為開導依"，本段亦是引自《唯識開蒙問答》卷上，《大正藏》本《唯識開蒙問答》作"用"，整理者據《成唯識論》《唯識開蒙問答》及文意改訂。

❷ "陁那"，底本、校本皆作"脩那"，校本校勘記謂"'脩那'疑'賴耶'"，本句系引用《成唯識論》"阿陀那識，用前自類及第六、七為開導依"，本段亦是引自《唯識開蒙問答》卷上，《大正藏》本《唯識開蒙問答》作"陁那"，據唐代注疏，此處用"阿陀那識"而非"阿賴耶識"是由於"阿陀那"通於有漏、無漏，整理者據《成唯識論》《唯識開蒙問答》及文意改訂。

❸ "無心等位，第六既斷……八有三重矣"，改寫自《唯識開蒙問答》卷上，《新纂卍續藏》第 55 冊，888 號，頁 356 上 3 至 13。

❹ "有、緣法"，此處標點據本書採用的解釋；據唐代注疏則與後文引用的《唯識開蒙問答》，應作"有緣、法"，即有所緣、有法體（有力用）。

俱起，如何異類為開導依？若許為依，應不俱起，便同異部"心不並生"。又一身中諸識俱起，多少不定，若容互作等無間緣，色等應爾，便違聖說"等無間緣唯心、心所"。然《攝大乘》說"色亦容有等無間緣"者，是縱奪言，謂假縱小乘"色、心前後有等無間緣"，奪因緣故。不爾，"等"言應成無用。若謂"'等'言非遮多少，但表同類"，便違汝執"異類識作等無間緣"。是故八識各唯自類為開導依，深契教理，自類必無俱起義故。心所，此依，應隨識說。雖心、心所，異類並生而互相應，和合似一，定俱生滅，事業必同，一開導時，餘亦開導，故展轉作等無間緣。諸識不然，不應為例。然諸心所，非開導依，於所引生無"主"義故。若"心、心所等無間緣各唯自類"，第七、八識初轉依時相應信等，此緣便闕，則違聖說"諸心、心所皆四緣生"。無心睡眠、悶絕等位，意識雖斷，而後起時，彼開導依即前自類。間斷五識，應知亦然。無自類心於中為隔名"無間"故，彼先滅時已於今識為開導故，何煩異類為開導依？然聖教中說前六識互相引起，或第七、八依六、七生，皆依殊勝增上緣說，非等無間，故不相違。《瑜伽論》說"若此識無間，諸識決定生，說此為彼等無間緣"，又

"此六識為彼六識等無間緣，即施設此名意根"者，言總意別，亦不相違。故自類依，深契教理

難陀執"前五互為開導"，第六、七、八自類相續。安慧反前義，謂"前五有自類相續，第六、七、八互為開導"。故護法菩薩折衷前說，以立正義。先、斥破；次、立義。開導依者，有三義：一、有，二、緣法，三、為主，能作等無間緣❶。何故立三義耶？曰：各有所揀故。"有"字揀於不相應行，由彼無體，故"有"字揀。"緣"字揀色及無為法，彼非能緣，故"緣"字揀。揀彼意者，要有所緣及有力者，能引生故。"為主"二字，揀心所法，彼非主故。要是其主及有力者，方可為依，能作無間。何所揀耶？曰：揀前二師"異類之識為自識依"，及揀"自類後念之識不與前念自識為依"。"等無間緣"，即唯自類及自前念也。問：此中能作等無間緣，與四緣中等無間緣，是同是別？曰：是別。有是開導依必是等無間緣，有是等無間緣非開導依。此寬彼狹，故云別也。何類是等無間緣非開導依耶？謂前念滅自類心所，是前滅後生，等而開導，不自在故，非是所依。何故揀色及不相應耶？曰：皆無力故。何揀

---

❶ "開導依者，有三義：一、有，二、緣法，三、為主"，本段大同通潤《成唯識論集解》卷4，《集解》作"开导依者，谓'有缘法为主'。具此三义，能作等无间缘"，錯解"有缘、法、为主"視為"能作等無間緣"的定義，本書則修正了此說法，對開導依的三義進行了進一步劃分，但此劃分及解釋源自《唯識開蒙問答》卷上："三義為理：一、有緣、法；二、要為主；三、能作等無間緣。"（《新纂卍續藏》第55冊，888號，頁355下13至14）仍有出入，並與唐代注疏有異。本書或因《問答》分別解釋"有""緣""為主"而將其視為三個條件。

無為耶？曰：無前後故。因前安慧難云"既眼識時非無意識，故非二識互相續生"，故先縱，後奪云：若此類識起，不容彼類俱起，可說此識與彼識有開導力，則用異類為開導依，猶之可也；一身八識既容俱起，則此與彼無開導力，如何將此異類而為開導乎？此難意謂：八識相望，他現生處，不障我路，何用他識與自開導也？又難云：若許異類互為開導，一身八識應不俱起。前師問云：不俱何失？答云：便同小乘"心不並生"。❶以經部師謂"諸色、心前後次第相續生故"❷。又一身中諸識俱起，或二、三、四，乃至七、八，多少不定。若不簡異類，於諸識中隨用何識而為開導，則應色等異類，皆可互作等無間緣，便違聖教所說等"無間緣唯心、心所"，色等皆不可立等無間緣，不等生故。彼引證云：《攝論》不云色亦容有等無間緣耶？護法釋云：是縱奪之言耳。《攝論》云"色、心前後"者，謂經部師作如是執，謂諸色、心前後次第相續而生，是諸有為能生因性。謂彼執言，從前刹那色，後刹那色無間而生；從前刹那心，後刹那心及相應法無間而生。此中因果道理成就，何用復計阿賴耶識是諸法因？為遮此執，故假縱云：若爾，無色界沒，色界生時，前色種子能生今色，理不得成，久斷滅故；從無想沒，心想生時，及滅定等出心生時，前心種子能生

---

❶ "何故立三義耶……心不並生"，改寫自《唯識開蒙問答》卷上，《新纂卍續藏》第 55 冊，888 號，頁 356 上 15 至下 11。

❷ "以經部師謂諸色心前後次第相續生故"，本句不見於《唯識開蒙問答》，"心不並生"乃是有部、經部等小乘派別的通義，窺基《成唯識論述記》此處即引有部，有部的"心不並生"強調"同類的心、心所不能同時生起，異類的心、心所則可"，經部中則有更為徹底的"同類、異類的心、心所都不能同時生起"，乃至認為"心所即心"。

後心，皆不應理，久斷滅故。又若離其俱生俱滅攝受種子相應道
理，但執"前刹那心能為種子，引生無間後刹那心"，即阿羅漢後
心不成，不應得入無餘依妙涅槃界，由最後心能為種子等無間緣
生餘心故，如是即應無無餘依妙涅槃界。是故色、心前後相生，但
應容有等無間緣，及增上緣，無有因緣。❶此上，皆為奪因緣故。縱
彼容有等無間緣，夫"等"之為言，以"力用齊等"故，色與心
法力用不等，非此緣性，故曰"不爾，'等'言應成無用"。"非遮
多少"者，即前中言"多少不定"，"多少不定"即"力用不等"。若
謂"'等'言非遮力用，但遮異類"者，又違汝宗"異類識作等無
間緣"。是故八識各唯自類前後為開導依，自類必無俱起義故。"心
所，此依，隨識應說"者，識開導時，彼亦開導故。難云：此識、
彼識異類俱起，既不許為開導依，此心、彼所亦是異類俱起，云何
乃許王所而為開導？論主答云：雖心、心所異類俱起，雖心、心所
異類並生，而互相應，和合似一，<small>同一所緣，及同一依，同一時轉，同一性</small>
<small>攝</small>。❷<small>定俱生滅，心王生，心所亦生；心王滅，心所亦滅。</small>事業必同，<small>同一體事，同</small>
<small>一緣境業用</small>。一開導時，餘亦開導，<small>前一念心王開導時，即諸一切心、心所起，故</small>
<small>曰"餘亦開導"</small>。具此五義，是故心與心所，心所與心，展轉亦得互作
等無間緣。諸識不具五義，不應為例。此釋諸識相應難也。外又
難云：若王與所異類相望既為開導，則所與王異類相望亦應為開
導。論主答云：然諸心所非開導依。何以故？是彼心王之所引生，無

<hr>

❶ "《攝論》云'色、心前後'者……無有因緣"改寫自<u>無性造</u>、<u>玄奘</u>譯
《攝大乘論釋》卷3，《大正藏》第31冊，1598號，頁396中20至下11。

❷ "同一所緣……同一性攝"，引自《宗鏡錄》卷70，《大正藏》第48
冊，2016號，頁809上18至19，源自《成唯識論述記》卷7，《大正藏》
第43冊，1830號，頁497下20至25。

"主"義故。"依"是"主"義，心所非依。"緣"是"由"義，心所亦爾。此釋心所成依難也。有著名沙門來難云：如我所見，前念一法，引後自一，名之為"等"；汝前一法，引後一聚，何得名"等"？論主答云：若心、心所等無間緣，各唯自類，其七、八識初轉依時相應信等，此緣便闕。問：云何便闕？答：七、八有漏，無有信等。無漏信等，誰為此緣？設此緣闕，亦何傷理？論答云：則違聖說諸心、心所皆四緣生。何以故？闕此一緣。唯三緣故❶。以因中七、八，無信等心所故。當轉依位，信等心所起時，便無自類為開導依，即四緣中缺無間緣，便違聖教。此釋應各為緣難也。外又難云：若七、八二識初轉依時相應信等，依彼引生，無心等位意識既斷，七、八二識應為開導。論主答云：五無心位，意識雖斷，而後起時，彼開導依即前自類，不依七、八。問：心既久滅，何得為依？論主答云：無異類心於中為隔，名"無間"故，何不得為？問：何故不用七、八為依？論主答云：彼第六識當先滅時，已於今識為開導故，何煩異類為開導依？❷《論》意謂，彼前念心王臨欲滅時有其力用，能引後念令生，作此功能了，便滅，即現在一念有引後功能，以為法體，非取過去已滅無體法為依。❸此釋後起由他難也。前師難云：若爾，何故《佛地

---

❶ "問：云何便闕……謂三緣故"，引自《唯識開蒙問答》卷上，《新纂卍續藏》第55冊，888號，頁356下2至5。"謂三緣故"之"三"，底本、校本皆作"二"，校本校勘記謂"'二'疑'三'"，《問答》作"三"，文義謂四緣缺一則應是"三"，整理者據《問答》及文義改訂。

❷ "此識、彼識異類俱起……為開導依"一段正文，改寫自《唯識開蒙問答》卷上，《新纂卍續藏》第55冊，888號，頁356下13至下9。

❸ "《論》意謂，彼前念……無體法為依"，引自《宗鏡錄》卷72，《大正藏》第48冊，2016號，頁817下26至頁818上1。

論》等皆云"諸識互相引生"？或說"第七依第六生"？或說"第八依六七生"？論主答云：然聖教中說"前六識互相引起"，或"第七、八依六、七生"，皆依殊勝增上緣說，非等無間緣，故不相違。問：何故《瑜伽論》說"若此識無間，彼識決定生"等？答：言總意別，以"此""彼"二❶字，言雖總而意各別。一往觀之，如六識異類互相為開導依。若細而察之，"此、彼"二字，是此識自類前念與彼自類後念為開導依。❷此釋諸教相違難也。既無違難，結正義云："故自類依，深契教理。"問："開導依"名作何釋？答："依"字是通，通三依故。"開導"二字是別，唯此一依。以別揀通，"開導之依"，揀非二依，通別，依主。又"開導"是總，總通王、所，所亦"開導"，然非為"依"。"依"字是別，唯局心王。總別，依主，是"開導家之依"，揀開導中非依者，即心所也。若"開"謂"開闢"，"導"謂"導引"，二皆是用，依同一體，亦"開"亦"導"，同"依"，持業也。又"依"體之上有"開導"用，以用墮體，"開導即依"，體用，持業。難"持業"云："開導"二字通其王、所，"依"之一字唯是心王，今作"持業"者，豈無以寬即狹之過也。答：即一分故，無此過咎。舉例難云："所知障"者，"所知"二字通一百法，"障"之一字唯二十六惑，彼名何不作持業釋，即一分也？答："所知"二字，不通一百法，唯七十四，無二十六惑，何

---

❶ "二"，底本、校本皆作"一"，校本校勘記謂"'一'疑'二'"。整理者據後文"'此彼'二字"及文義改訂。

❷ "問：何故《瑜伽論》說……為開導依"一段，不見於《唯識開蒙問答》。本書將"言總意別"的"言"解釋為"此""彼"這兩個字，與唐代注疏不同。據唐代注疏，"言"指整段話，"言總意別"意謂"雖然《瑜伽論》這段話字面上是說'六識'總體，但真實的意思是分別談論六識"。

以故無？答：二十六惑為"障"之時，未為"所知"；為"所知"時，已不為"障"。既為"障"時不為"所知"，是故"障"非"所知"也；為"所知"時已不為"障"，即"所知"非"障"也。所以左右不成持業。問：何義"為'障'之時不為'所知'"等？答："所知障"者，障智不生。智既不生，誰是能知，知是其"障"？故"障"非"所知"。若智已生，"障"是智家所知之境，"障"卻不能障其知，所以云❶"為'障'之時不為'所知'"等也。問：古云，"所知"不是"障"，被"障"障所知。據此所說，二十六惑只為"能障"，不為"所知"？答：是。問：何故卻說通一百法？答：約智已生，說通百法；智未生時，被"障"障之。若爾，應云"被'障'障能知"，何云"障所知"也？答：障所知境，令智不知，名"障所知"，其實亦障能知之智。又解："被'障'障所知"者，不望能知。據此所說，亦無百法。何以故？二十六惑既為能障，明非所知。智若生時，惑已亡故，所知於何？問：何故皆說通一百法，惑已亡故？答：惑雖已亡，其惑名狀，智亦能知。故說"所知通百法"來。問：泛言，但將"開導"來解"依"，不將"所知"來解"障"，其義者何？答：本說心王為開導依。由開導依三義之中，"為有緣、法""作等無間緣"，此之二義通其心所，仍來非是開導家依，故云"但將'開導'來解'依'"也。問：何故心所非開導依？答：不自在故，不得為依。問：不將"所知"來解"障"？答：本說煩惱為能障法，智所知境是所障法。今名"所知障"者，能障煩惱，從所障所知境以彰名。其"所知"二字，非正談故，所以道"不將

---

❶"云"字下，底本、校本皆有空格，校本校勘記謂"'云'下宜連續歟"。本段引自《唯識開蒙問答》卷上，《大正藏》本《問答》作"所以云云'為障之時不為所知'等也"，故空格或脫"云"或重文，整理者今據文義去除空格。

‘所知’來解‘障’”也。古云：“‘所知’不是‘障’，被‘障’障所知。”正相符順。故“所知之障”，“開導即依”，此之謂歟？ **❶**

傍論已了，應辯正論。此能變識雖具三所依，而“依彼轉”言，但顯前二，為顯此識依、緣同故，又前二依有勝用故，或開導依易了知故。

三、結成所依，正釋頌中“依彼轉”三字。言此識雖具三種依，但顯前二者，為第七所依、所緣同一第八故。而“依彼轉”三言，但顯因緣、俱有二依，謂此識以第八為俱有依，即以俱有依而為所緣；又因緣依有親生勝用，增上緣依有引生勝用，故獨顯之；或“前滅後生”之義，人易了知，故不須顯也。

通上，二、釋所依，竟。

如是已說此識所依。所緣云何？謂即“緣彼”。“彼”謂即前此所依識，聖說此識緣藏識故。有義：此意緣彼識體及相應法，《論》說“末那，我、我所執恒相應”故。謂緣彼體及相應法，如次執為“我”及“我所”。然諸“心所”，不離“識”故，如“唯識”言，無違教失。有義：彼說理不應然。曾無處言“緣觸等”故。應言此意但緣彼識見及相分，如次執為“我”及“我所”。相、見俱以識為體故，不違聖說。有義：此說亦不應理。五色根、

---

❶ “此釋諸教相違難也……此之謂歟”，引自《唯識開蒙問答》卷上，《新纂卍續藏》第 55 冊，888 號，頁 356 下 14 至頁 357 下 4。

境非識蘊故，應同五識亦緣外故，應如意識緣共境故，應生無色者不執"我所"故，厭色生彼不變色故。應說此意但緣藏識及彼種子，如次執為"我"及"我所"，以"種"即是彼識功能，非實有物，不違聖教。有義：前說皆不應理。色等種子非識蘊故，《論》說種子是實有故，假應如無非因緣故。又此識俱薩迦耶見，任運一類恒相續生，何容別執有"我""我所"？無一心中有斷、常等二境別執俱轉義故。亦不應說二執前後，此無始來一味轉故。應知，此意但緣藏識見分，非餘。彼無始來，一類相續，似常、一故，恒與諸法為所依故。此唯執彼為自內我，乘語勢故，說"我所"言。或此執彼是"我"之"我"，故於一見，義說二言。若作是說，善順教理，多處唯言"有我見"故，"我""我所"執不俱起故。未轉依位，唯緣藏識；既轉依已，亦緣真如及餘諸法，平等性智證得十種平等性故，知諸有情勝解差別示現種種佛影像故。此中且說未轉依時，故但說此緣彼藏識。悟、迷、通、局，理應爾故。無我、我境，遍、不遍故。如何此識緣自所依？如有後識即緣前意，彼既極成，此亦何咎？

三、釋所緣。七緣第八，有四師異：難陀主"緣王、所"，火

辯主"緣相、見二分",安慧主"緣種、現",唯護法主"緣見分"為正義也。❶

第一"有義",即難陀執,謂緣心王執之為"我",緣心所時執為"我所",故說"如次"。

第二"有義",即火辯難難陀之文,聖說此識緣藏識故,曾無處說七緣第八五心所故,故彼所說,理不應然,立自義云:應緣相、見,緣見分時執之為"我",緣相分時執為"我所"。何以故?相、見俱以識為體故,不違聖說"緣藏識"義。

第三"有義",即安慧難火辯之文,云:亦不應理,所以者何?相分即是五根、五境,是色蘊攝,非是識蘊,不應理一也。聖教言七唯內緣,若緣相分,即是緣外,與五識何異,不應理二也。應如第六緣共相境❷,不應理三也。既緣根身起"我所"執,生無色者應無"我所"。何以故?無色界中無色相故,不應理四也。立自義云:應緣種、現,謂緣藏識執之為"我",及緣種子執為"我所"。問:第七不緣實境,云何緣種?答:以種即是彼識上一分生識功能,非實有物,是故可緣。

第四"有義",即護法正義。難安慧云:汝執第七緣種子者,色等種子是實有法,非識蘊攝,七不能緣。執"種非實"又違論故。若說種子是假物者,不名因緣,以因緣法必是真故。又總難云:第七我見,任運一類,恒相續生,何容別執有"我""我所"?無一

---

❶ 本段的科判與解釋,依據《唯識開蒙問答》卷上"四師異說"章,《新纂卍續藏》第55冊,888號,頁348下15至頁349上21。

❷ "應如第六緣共相境緣共相境",應是對《成唯識論》"應如第六緣共境"的解釋,不見於《唯識開蒙問答》。據唐代注釋,"緣共境"指意識可以緣五境,即與前五識同,而非指"共相境"。

心中具現、種識斷、常二境。若有二境，豈能別執而俱轉耶？若謂
"前斷後常相續不俱轉"者，此俱生見，從無始來一味恒轉，無有
前後，何容二執相續而生？申正義云：應知第七唯緣第八見分，非
餘相分、種子、心所等。所以者何？謂無始來，微細一類，似常似
一。不斷故，"似常"，簡境界，彼色等法皆間斷故，種子亦然，或
被損伏，或時永斷，由此遮計餘識為我。"似一"，簡心所，心所
多法故。問：何故不緣餘識？曰：夫言"我"者，有作用相，見
分受境，作用相顯，似於"我"故，不緣餘識。自證等用，微細
難知。問：何不但緣一"受"等為我，亦常、一故？曰：夫言"我"者，是
"自在"義，"萬物主"義，與一切法而為所依。心所不然，不可
為"我"，唯心王是所依故。此第七識恒執為內我，非色等故，不
執為外我。若唯"緣識"，即唯起"我"，無有"我所"。❶前師難❷
云：汝說第七不執我所，《大論》何說"第七末那，我、我所執恒
相應故"？護法會云：乘語勢故。何謂"語勢"？曰：順文便故，言
穩易故，此是"語勢"。如說"弟"時，便言"兄弟"，此穩易之
謂也。❸說"我所"言，非是離"我"別起"我所"執，唯執第
八是"我"之"我"。前五蘊假者，是第六所緣之"我"。後"我"，第
七所計。或前"我"前念，後"我"後念，二俱第七所計。或即
一念計此即是，此唯第七所計。或前是體，後是識用。於一"我

---

❶ "應知第七唯緣第八見分，無有'我所'"，改寫自《宗鏡錄》卷52，《大
正藏》第48冊，2016號，頁720下20至頁721上3。

❷ "師難"，底本漫漶，校本作"師難"，本段引自《唯識開蒙問答》，《大
正藏》本《問答》作"師難"，據校本及《問答》補。

❸ "前師難云……此穩易之謂也"，引自《唯識開蒙問答》卷上，《新纂
卍續藏》第55冊，888號，頁349上8至12。

見"之上，亦義說之為"我"及"所"二言，實但一我見。**❶**故結難**❷**云："若作是說，善順教理。"何謂"順教"？曰："多處唯言有我見故"，此順教也。何謂"順理"？曰："我、我所執不俱起故"，此順理也。**❸**"多處唯言有我見"者，《瑜伽論》云："由此末那，我見、慢等恒共相應。"《顯揚論》云："由此意根，恒與我見、我慢等相應。""'我''我所'執不俱起"者，行相及境，二俱別故，不可並生，無此事故。**❹**又"我""我所"，猶如王、臣，"我"正如王，"所"正如臣。既執為"我"，決不是"所"。如正南面，何却朝北？故不俱也。**❺**若已轉依位善心者，可然，彼非執故。亦不可例人、法二執，境是一故。若未起對治，斷其我執，若**❻**未轉依，唯緣藏識。初地已去，既轉依已，入無漏心，亦緣真如及一

---

❶"說'我所'言，非是離'我'……實但一我見"，引自《宗鏡錄》卷 52，《大正藏》第 48 冊，2016 號，頁 721 上 3 至 9。

❷"難"，底本、校本皆作"難"，本段引自《唯識開蒙問答》，《卍續藏》本《問答》作"歎"，[清]智素《成唯識論音響補遺》卷 4 亦將此處科判為"三、結歎"（《新纂卍續藏》第 51 冊，826 號，頁 609 下 12 至 13），據文義此句即總結前文、讚歎正義，應作"歎"。

❸"故結難云……此順理也"，改寫自《唯識開蒙問答》卷上，《新纂卍續藏》第 55 冊，888 號，頁 349 上 12 至 15。

❹"'多處唯言有我見'者……無此事故"，引自《宗鏡錄》卷 52，《大正藏》第 48 冊，2016 號，頁 721 上 9 至 13。

❺"又'我''我所'，猶如王、臣……故不俱也"，改寫自《唯識開蒙問答》卷上，《新纂卍續藏》第 55 冊，888 號，頁 349 上 15 至 17。

❻"若"，本句引自《宗鏡錄》，《大正藏》本《宗鏡錄》作"名"，校勘記謂《明》本作"若"。前文"……境是一故"，源自窺基《成唯識論述記》，故"若未起對治，斷其我執"應連下讀，故"未起對治，斷其我執"應是"未轉依"的定義，疑應作"名"。

339

切法。二乘無學等，唯緣異熟識。"證得十種平等性"者，《佛地經》云：一、諸相增上喜愛；二、一切領受緣起；三、遠離異相非相；四、弘濟大慈；五、無待大悲；六、隨諸有情所樂示現；七、一切有情我愛所說；八、世間寂靜皆同一味；九、世間諸法苦樂一味；十、修植無量功德究竟。證此性已，即知十地有情勝解意樂差別，能起受用身之影像❶，說法利彼，故曰："如來現起他受用，十地菩薩所被機。"❷問：既爾，何故此中但緣藏識？答：此中但言緣藏識者，約未轉依說，故局，以悟則境通，迷時境局，無我則境遍，有我則境不遍故。問：如何此識既依彼生、仍復緣彼？答：如後念識，依前意生，復緣前意，前滅意是等無間緣，得與後識作所緣緣。此所依、緣，是增上緣，作所緣緣，亦復何咎？問：第七何故但緣第八見分，不緣內二分？答：內二分作用沉隱難知故，見分作用顯現故。問：第七自有相分，如何不緣，反緣第八見分為我？答：言"緣見分"者，即是疏緣。問：設許第七緣疏緣者，且第七自識，於何法上起執？答：於自識相分起執。問：第七緣第八本質見分，是實是假？答：第七緣第八見分不著，但緣得中間假我相分，是假非實。問：中間相分是實是假？答：中間相分，無實種生，但從兩頭起此相分，仍通二性。若一半從本質上起者，是無覆性：若一半從自能緣第七見分上起者，是有覆性。但從兩頭心法爍起成一相分，密合一處。若是第七，但自執妄起徧計有覆

---

❶ "若已轉依位善心者……身之影像"，改寫自《宗鏡錄》卷 52，《大正藏》第 48 冊，2016 號，頁 721 上 13 至 24。"若已轉依位善心者……境是一故"，源自《成唯識論述記》卷 5，《大正藏》第 43 冊，1830 號，頁 394 上 3 至 6。

❷ 本頌文出自《八識規矩頌》。

性假相分為自內我，不執無覆性相分。如水中鹽味，但執是水，不執於鹽，水與鹽味元不相離。問：第七緣八，是何量攝？答：是非量境攝，不稱心故。以第八見分本非是我，妄執為我，即不稱本質。又親緣第八見分不著變相分緣。相分本非是我，又妄執為我，又不稱相分，即兩重不稱境，故知非量。**❶**故《密嚴經》偈云："末那緣藏識，如磁石吸鐵，如蛇有二頭，各別為其業。染意亦如是，執取阿賴耶，能為我事業，增長於我所，復與意識俱，為因而轉謝。於身生暖觸，運動作諸業，飲食與衣裳，隨物而受用。騰躍或歌舞，種種自嬉遊，持諸有情身，皆由意功力。如火輪垂髮，乾闥婆之城，不了唯自心，妄起諸分別。身相器世間，如動鞦韆勢，無力不堅固，分別亦復然，分別無所依，但行於自境。譬如鏡中像，識種動而見，愚夫此迷惑，非諸明智者。仁主應當知，此三皆識現，於斯遠離處，即是圓真實。"**❷**

頌言"思量為性相"者，雙顯此識自性、行相，"意"以"思量"為自性故，即復用彼為行相故。由斯兼釋所立別名，"能審思量"名"末那"故。未轉依位，恒審思量所執"我"相；已轉依位，亦審思量"無我"相故。

❶ "問：第七何故但緣第八見分……故知"，改寫自《宗鏡錄》卷52，《大正藏》第48冊，2016號，頁723中18至下18。

❷ 引文見不空譯《大乘密嚴經》，《大正藏》第16冊，682號，頁754上17至中6。末句"即是圓真實"，《大正藏》本《大乘密嚴經》作"即是圓成實"。

341

四、釋體性、行相二門。《攝論》云"思量是意","意"即是"性"。前第八識,"了別"是行相。今既言"意",故知即是第七行相,即是見分。體性難知,以行相顯其實,"思量"但是行相,其體即是識蘊攝。故初地以前,二乘有學恒審思量"我"相,名"有漏末那";已轉依位,亦審思量"無我"相故,亦名"末那"。《論》問:如世尊言出世末那,云何建立?答:有二義。一、名不必如義。彼無漏第七,不名"末那",名是假故。二、能審思量"無我"相故,亦名末那,顯通無漏,即知此名非唯有漏。❶問:第七四分,何分名思量?答:有二義。第一義:見分名"思量",不"名意",二分名"意",不名"思量"。"思量"是用故,見分能思量我、無我;意是體故,內二分不能思量我、無我。第二義:見分是"思量相","相"者謂"體相""相狀",二分是"思量性"。即內、外皆名"意",三分皆名"思量",但除相分,是所量境、無能緣用故。問:見分緣"我"相分,即思量我,可名"思❷量";自證分不緣"我"相分,如何亦名思量?答:自證分證彼見分"思量我執",故亦名"思

---

❶ "《攝論》云'思量是意'……非唯有漏",改寫自《宗鏡錄》卷52,《大正藏》第48冊,2016號,頁721上26至中6。"思量是意"四字不見於今各本《攝論》,應是由於"《攝論》云……識蘊攝故"一段,源自《成唯識論述記》卷5:"《論》'意以思量'至'為行相故'。述曰:第七末那,以'思量'為自性故。《對法》第二、《攝論》第一、《六十三》皆云'思量是意',即自證分。前第八識,'了別'是行相。今既言'意',故'意'即是第七行相,即是見分。體性難知,以行相顯。其實'思量'但是行相,其體即是識蘊攝故。"(《大正藏》第43冊,1830號,頁394中12至17)

❷ "思",底本缺,校本作"思",本句引自《宗鏡錄》,《大正藏》本《宗鏡錄》作思,整理者據此補。

量"也。❶

此意相應有幾心所？且與四種煩惱常俱。此中"俱"言，顯"相應"義，謂從無始至未轉依，此意任運恒緣藏識，與四根本煩惱相應。其四者何？"謂我癡、我見，并我慢、我愛"，是名四種。"我癡"者，謂無明，愚於我相，迷無我理，故名"我癡"；"我見"者，謂我執，於非我法妄計為我，故名"我見"；"我慢"者，謂倨傲，恃所執我，令心高舉，故名"我慢"；"我愛"者，謂我貪，於所執我深生耽著，故名"我愛"。"并"表"慢""愛"有"見""慢"俱，遮餘部執無相應義。此四常起，擾濁內心，令外轉識恒成雜染，有情由此生死輪迴不能出離，故名"煩惱"。彼有十種此何唯四？有我見故，餘見不生，無一心中有二慧故。如何此識，要有我見？二取邪見，但分別生，唯見所斷；此俱煩惱，唯是俱生，修所斷故。我所、邊見，依我見生；此相應見，不依彼起。恒內執有我，故要有我見。由見審決，"疑"無容起。愛著我故，"瞋"不得生。故此識俱，煩惱唯四。見、慢、愛三，如何俱起？行相無違，俱起何失？《瑜伽論》說"貪

---

❶"問：第七四分……故亦名'思量'也"，改寫自《宗鏡錄》卷52，《大正藏》第48冊，2016號，頁723上27至中12。

令心下，慢令心舉"，寧不相違？分別、俱生，外境、內境，所陵、所恃，麁、細有殊，故彼、此文，義無乖返。

五、釋染俱門。先、總問；"且與"下，次、別答。言"且"者，以有餘心所故，此四最重，且先言之。"此中"下，釋當俱義：一者、"我癡"，即是無明。為自心變"我"相所愚，迷於"無我"真如之理，故名"我癡"。二者、"我見"，即是我執。於識見分"非我"之上，起妄計度，執為"實我"，故名我見。三者、"我慢"，即是倨傲，恃己所執真自內我，令能緣心貢高自大，故名"我慢"。四者、"我愛"，即是我貪，於己所執內我相境，深生躭玩，固起染著，故名"我愛"。言"并"者，表我慢、我愛定與我見相應，以我慢恃我見而起，我愛亦恃我見而起，故慢與愛決定相應。此遮薩婆多部計"愛、慢、見三不得俱起，無相應義"。由此四種昏[1]煩之法，擾亂內心，令外六種轉識不得清淨，恒成雜染。有情由此，於生死中頭出頭沒，不得出離，故名"煩惱"。[2]此第七意。除四惑外，不與餘心所相應者，一、恒故，二、內執故，三、一類境生故，所以不作意而向外馳求，唯任運而一向內執。[3]問：煩惱有十種，此

---

[1] "昏"，底本、校本皆作"明"，校本校勘記謂"'民'疑'昏'"，本段亦見於通潤《成唯識論集解》，《卍續藏》本《成唯識論集解》作"昏"，整理者據《集解》及文義改訂。

[2] "'我癡'者……故名'煩惱'"，大同於通潤《成唯識論集解》卷4，《新纂卍續藏》第50冊，821號，頁720下3至13。

[3] "此第七意，除四惑外……一向內執"，引自《宗鏡錄》卷52，《大正藏》第48冊，2016號，頁721中14至17。

何唯四耶？答云：有我見故，其餘四見皆不生起。何以故？無一心中有二慧故，諸見皆以慧為體故。問：如何此識要有我見耶？答：見、戒禁取、邪見三種，是第六識分別我執，此在見道已頓斷故；我見本是俱生我執，修道位中方得盡斷，故不與彼三種相應。我所、邊見，要依相應我見方得生起，故有邊見決有我見。此相應我，不依邊見，是故不與邊見相應。問：何故此識不與疑、瞋二種煩惱相應？答：由我見故，審詳明決，"疑"無容起，故不與"疑"相應。由我愛故，深生躭著，"瞋"不得生，故不與"瞋"相應。是故此識，十煩惱中相應唯四。又問：見、慢、愛三，如何俱起耶？答云：行相無違故。又問："貪令心下，慢令心舉"，一高一下，豈不相違？❶答云：見有分別、俱生，貪有外境、內境，慢有所陵、所恃，三者麤、細俱各有殊❷，麤屬六識，細屬七識，是即"行相不相違"義。❸

---

❶ "問：煩惱有十種……豈不相違"，大同於《成唯識論集解》卷4，《新纂卍續藏》第50冊，821號，頁720下13至頁721上3。

❷ "殊"，底本、校本皆作"佅"，校本校勘記謂"'佅'疑'殊'"，本句是對《成唯識論》"麤、細有殊"的解釋，整理者據《成唯識論》及文義改訂。

❸ "答云：見有分別、俱生……是即'行相'不相違義"，本段是對《成唯識論》"分別、俱生，外境、內境，所陵、所恃，麤、細有殊，故彼、此文，義無乖返"的注釋，將"分別、俱生""內境、外境""所陵、所恃"分別匹配於"我見""我愛""我慢"，進而說此三心所彼此"麤、細有殊"，此解釋亦見於明昱《成唯識論俗詮》卷4（《新纂卍續藏》第50冊，820號，頁571下2至5），不同於其他明人注釋，亦不同於唐代注疏。據唐代注疏，"分別、俱生"是指，作為分別我執的貪、慢彼此相違，但是作為俱生我執的貪、慢，微細、相續，可以相應；"外境、內境"是指，緣外境的貪所生愛與慢不相應，但緣內身為境時，因為自愛故"愛"並不卑下，可以與"慢"相應；"所陵、所恃"是指，當陵彼而起慢時，必不生起對彼之愛，但陵彼起慢之時可以恃己生愛，故

此意心所唯有四耶？不爾，"及餘觸等俱"故。有義：此意心所唯九，前四及餘觸等五法，即觸、作意、受、想與思，意與遍行定相應故。前說觸等異熟識俱，恐謂同前亦是無覆，顯此異彼，故置"餘"言。"及"是"集"義，前四後五合與末那恒相應故。此意何故無餘心所？謂"欲"希望未遂合事，此識任運緣遂合境，無所希望，故無有欲；"勝解"印持曾未定境，此識無始恒緣定事，經❶所印持，故無勝解；"念"唯記憶曾所習事，此識恒緣現所受境，無所記憶，故無有念；"定"唯繫心專注一境，此識任運剎那別緣，既不專一，故無有定；"慧"即我見，故不別說。善是淨故，非此識俱。隨煩惱生，必依煩惱前後分位差別建立，此識恒與四煩惱俱，前後一類，分位無別，故此識俱無隨煩惱。"惡作"追悔先所造業，此識任運恒緣現境，非悔先業，故無惡作；"睡眠"必依身心重昧，外眾緣力，有時暫起，此識無始一類內執，不假外緣，故彼非

慢與愛可以相應；"粗、細"是指，行相麤的慢、愛、見不能相應，但行相細的可以相應。

❶ "經"，底本、《大正藏》本《成唯識論》卷 4 皆作"經"，《大正藏》本校勘記謂《宋》《宮》《聖乙》三本作"無"，當作"無"。

有；"尋""伺"俱依外門而轉，淺、深推度，麤、細發言，此識唯依內門而轉，一類執我，故非彼俱。有義：彼釋"餘"義非理，頌別說此有覆攝故。又闕意俱隨煩惱故，煩惱必與隨煩惱俱，故此"餘"言顯隨煩惱。此中有義：五隨煩惱，遍與一切染心相應。如《集論》說："惛沈、掉舉、不信、懈怠、放逸，於一切染污品中恒共相應。""若離無堪任性等，染污性成，無是處故。"煩惱起時，心既染污，故染心位必有彼五。煩惱若起，必由無堪任、囂動、不信、懈怠、放逸故。"掉舉"雖遍一切染心，而貪位增，但說貪分。如眠與悔，雖遍三性心，而癡位增，但說為癡分。雖餘處說"有隨煩惱，或六或十，遍諸染心"，而彼俱依別義說遍，非彼實遍一切染心。謂依二十隨煩惱中，解通麤、細，無記、不善，通障定、慧相顯，說六；依二十二隨煩惱中，解通麤、細，二性，說十。故此彼說，非互相違。然此意俱心所十五，謂前九法，五隨煩惱，并別境慧。我見雖是別境慧攝，而五十一心所法中，義有差別，故開為二。何緣此意無餘心所？謂"忿"等十行相麤動，此識審細，故非彼俱；"無慚""無愧"唯是不善，此無記故，非彼相應；"散亂"令心馳流外境，此恒內執一類境生，不外馳流，故彼非有；"不正知"者，謂起外門身、語、意行，違越軌則，此唯內執，故非彼俱；無餘心所，義如前說。有義：應說六隨煩惱遍與一切染心相應。《瑜伽論》說："不信、懈怠、放逸、忘念、散亂、惡慧，一切染心皆相應故。""忘念""散亂""惡慧"若無，心必不能起諸煩惱，要緣曾受境界種類，發起忘念及邪簡擇，方起貪等諸煩惱故。煩惱起時，心必流蕩，皆由於境起"散亂"故。"惛沈""掉舉"，行相互違，非諸染心皆能遍起。《論》說"五法遍染心"者，解通麤、細，違唯善法，純隨煩惱通二性故❶。說"十遍"言，義如前說。然此意俱心所十九，謂前九法、六隨煩惱，并念、定、慧，及加惛沈。此別說"念"，准前慧釋；并有"定"者，專注一類所執我境，曾不捨故；加"惛沈"者，謂此識俱無明尤重，心惛沈故；無"掉舉"者，此相違故；無餘心所，如上應知。有義：復說十隨煩惱遍與一切染心相應。《瑜伽論》說："放逸、掉舉、惛沈、不信、懈怠、邪欲、邪勝解、邪念、散亂、不正知，此十，一切染污心起，通一切處，三界繫故。"若無"邪欲""邪

---

❶"純隨煩惱通二性故"，本句標點據本書解釋，若據唐代注疏，應作"純隨煩惱，通二性故"，即"純隨煩惱"與"通二性"是兩個不同的簡別標準。

"勝解"時，心必不能起諸煩惱，於所受境要樂合離，印持事相，方起貪等諸煩惱故。諸疑理者，於色等事必無猶豫，故"疑"相應亦有"勝解"。於所緣事亦猶豫者，非煩惱疑，如疑人杌。餘處不說此二遍者，緣非愛事，"疑"相應心，"邪欲""勝解"非麤煩❶故。餘互有無，義如前說。此意心所有二十四，謂前九法、十隨煩惱，加別境五，准前理釋。無餘心所，如上應知。有義：前說皆未盡理。且疑他世為有為無，於彼有何"欲""勝解"相？煩惱起位，若無"惛沈"，應不定有無堪任性。"掉舉"若無，應無囂動，便如善等非染污位。若染心中無"散亂"者，應非流蕩，非染污心。若無"失念""不正知"者，如何能起煩惱現前？故染污心決定皆與八隨煩惱相應而生，謂惛沈、掉舉、不信、懈怠、放逸、忘念、散亂、不正知。忘念、不正知，念、慧為性者，不遍染心，非諸染心皆緣曾受、有簡擇故；若以無明為自性者，遍染心起，由前說故。然此意俱心所十八，謂前九法、八隨煩惱并別境慧，無餘心所。及論三文，准前應釋。若作是說，不違理教。

---

❶ "煩"，底本作"煩"，《大正藏》本《成唯識論》卷4皆"顯"，校勘記謂《明》本作"煩"，當作"顯"。

六、釋餘相應。先，問；"不爾"下，舉頌以答。下分五義：

第一、執"唯九"，所謂四煩惱及觸等五大地法，定相應故。問云：既與觸等相應，應云"及與觸等俱"，何故言"及餘"？答：以前異熟觸等五所是無覆性，恐此五所混同第八亦是無覆，故置"餘"言。"及"是"集"義，前四煩惱，後五徧行，定相應故。解"餘"字非，解"及"字半是半非。問：此意何故不與別境相應？答："欲"是希望未遂合事，此識恒與第八和合，緣以為境，更無希望，故不與欲相應；"勝解"事在未定，起決定解，印證持守，此識決定恒執第八為自內我，更無異念，不煩印持，故不與勝解相應；"念"唯記憶過去所習事業，此識恒緣第八現境，不煩記憶，故不與念相應；"定"唯一意專注一境，此識任運刹那，念念別緣，不專不一，故不與定相應；"慧"即是見，故不別開。上四解是，解"慧"字非。問：何故不與善十一心所相應？答：善是淨故，此識染污，故不與善相應。問：何故不與二十隨煩惱相應？答：隨煩惱者，必隨根本煩惱一分一位差別建立，此識唯與四煩惱俱，故不與隨煩惱相應。此說謬甚。問：何故不與四不定相應？答："惡作"是追悔過去所作事業，此識恒緣現在第八，無有疑悔，故不與惡作相應；"睡眠"是藉外緣辛苦勤勞，身不自在，心極昧劣，有時暫現，此識一類內執第八為我，不假外緣，故不與睡眠相應；"尋""伺"者，"尋"謂"尋求"，令心悤遽，於意言境麤轉為性，"伺"謂"伺察"，令心悤遽，於意言境細轉為性，此識唯依內門而轉一類執我，不假尋伺，故非彼俱。

先斥前師"餘"義不當，以此頌中自明此識有覆無記故。又關此識與隨煩惱俱故，既有根本，必有枝葉故。故此"餘"言，是顯與隨煩惱俱，不簡無覆，猶是混說。此師據《集論》說"有五隨煩惱在一切染污品中恒共相應"❶，若離無堪任性，不寂靜性、穢性、懶惰性、縱蕩性，則染污性不得成就。煩惱起時心既染污，染污位中必有彼五，故必與五隨相應。問："掉舉"一法徧諸染心，何不列入四煩惱中，而入隨煩惱位？答：雖徧諸染心，而貪分為多，但說貪分，以多欲者必多思故。如眠與悔，雖徧貪、瞋、癡三心，而癡位增勝，故但說痴分耳。問：餘處說有六隨、十隨徧諸染心，此何說五？答：雖《瑜伽》說有隨煩惱或六或十徧諸染心，而彼俱依別義，方便說徧，非若《集論》說五實徧也。何謂別義？曰：或說六者，謂依二十隨煩惱中解通麤、細二惑，徧染二性，通障二輪相顯，說六徧諸染心，如後文不信、懈怠、放逸、失念、散亂、惡慧是也。簡小隨十者，小隨相麤，第七相細故。簡中隨二者，中隨是不善性，第七無記性故。簡大障中"昏""掉"者，"掉舉"障定，"昏沉"障慧，第七於定、慧中亦恒執我，故唯與大隨六種相應。或說十者，若依二十二隨煩惱中，解通麤、細二惑，徧染二性，故說為十。以除小隨十、中隨二，獨取大隨，復加"邪欲""邪解"，故說十隨與第七相應。然彼說六、說十而此說五，各自有義。故《集論》《瑜伽》之說，非互相違也。立自義云：此第七俱"十五心所"，謂五徧行、四根本、五隨，并別境中慧也。設有問云：我見即慧，何複開耶？故此釋云：我見雖是慧之所攝，而我見唯染，慧

---

❶ 引文見《大乘阿毘達磨集論》卷 4，《大正藏》第 31 冊，1605 號，頁 676 中 22 至 23。《成唯識論》原文為："如《集論》說：'惛沈、掉舉、不信、懈怠、放逸，於一切染污品中恒共相應。''若離無堪任性等，染污性成，無是處故。'""若離無堪任性等……無是處故"亦見於《大乘阿毘達磨雜集論》卷 6（《大正藏》第 31 冊，1606 號，頁 723 上 28 至中 1），唐代注釋則謂《成唯識論》文與《雜集論》同。

通善、染，義有差別，故宜別開。問：隨煩惱有二❶十，何故此識無餘心所？答：謂忿等十，行相麤動，此識微細，故不與小隨相應；中隨有二，唯是不善、不徧染性，此識無記，故不與中隨相應；大隨有八，而無"散亂""不正知"者，"散亂"馳外，此識執內，故不與散亂相應，"不正知"是隨外門起三業行，不合軌範，此唯內執，故不相應。此二語錯。四不定，併十煩惱中餘六，皆如前說。

第三、執"十九所"，此師據《瑜伽》說此識與六隨相應，去"掉舉""昏沉"二法，加"失念""散亂""惡慧"三法，何故有三法耶？曰：此三若無，煩惱不起故。謂此第七一向內執，即曾習境，即"念""失念"所緣境也。若非此境，有何揀擇？故"邪揀擇"亦由此起，乃至"貪"等根本煩惱亦由此起。起煩惱時心必流蕩，故"散亂"心亦由此起。何無"昏沉""掉舉"二心所耶？曰："昏""掉"二相，靜、動相違，沉、浮相反，闇、明不一，即不徧染心，故在所簡耳。《論》說此徧染心者，亦約別義，非是實徧。以此五法，解通麤、細二惑，唯與善法相違，純通二性故。問：何故不通餘惑？答：謂十隨麤，而七識細，故揀；中二唯是不善性，與善相違，不通無記，故揀；以純隨煩惱必通二性故，今此六隨既通不善、有覆二性，故與第七相應。❷《瑜伽》又

---

❶ "二"，底本、校本皆作"一"，校本原校勘記謂"'一'疑'二'"，據後文"忿等十""中隨有二""大隨有八"，知此處追問的是二十個隨煩惱，整理者據文義改訂。

❷ "以此五法，解通麤、細二惑……故與第七相應"，是對《成唯識論》"《論》說'五法遍染心'者，解通麤、細，違唯善法，純隨煩惱，通二性故"的解釋，將此處解為"解通粗、細""違唯善法""純隨煩惱通二性故"三個簡別標準，依次簡別"忿"等十小隨煩惱、二中隨煩惱、"此六"本身，此解有

說遍十隨者，義如前師所說。然此意俱心所十九，謂四根本、五徧行、六隨，併別境中念、定、慧三，復加惛沉。問："念"與"忘念"何得相應，加"定""惛沉"，又何如說？答：以"忘念"唯染，"念"通染淨，如前"慧"釋，"我見"是染，"慧"通染淨故。復加"定"者，以此識決定專注第八為自內我，曾無捨頃故。加"惛沉"者，以此識無明最重故。除"掉舉"者，此與惛沉正相違故。無餘心所，准上應知。

第四、執"二十四所"。此師亦據《瑜伽》說與十隨相應，大隨之外復加"邪欲"及"邪勝解"故。由貪煩惱，於所受境必藉樂"欲"，或合或離，及有"勝解"印持事相，然後方起。樂合離者，樂受欲合，苦受欲離，即"邪欲"也。印持事相，"邪勝解"也。"疑"煩惱中無有"勝解"，互相違故，如何徧耶？曰：理無猶豫為"正勝解"，事無猶豫為"邪勝解"。故疑理者未必疑事，如迷法者未必迷人，故"疑"相應亦有"勝解"。若於所緣色等事上生疑惑者，必無"勝解"，以迷人者必迷法故，如疑人為杌。此疑不在俱生煩惱中攝，是分別煩惱中攝故。今第七識是疑諦理，故有"勝解"。問：何故餘處不說"欲、解遍一切染"？答：以"欲"希

誤。此處的"五法"，是指《阿毗達磨集論》中提到的"惛沉、掉舉、不信、懈怠、放逸"五法，而非此處最後的"此六"，本書或是誤認作前文《瑜伽師地論》提到的"不信、懈怠、放逸、忘念、散亂、惡慧"。據唐代注疏，應分為"解通粗、細""違違善法""純隨煩惱""通二性故"四個簡別標準，"解通粗細"簡別十小隨煩惱，"違唯善法"指此處五心所（不信、挾帶、惛沉、掉舉、放逸）依次與對應的善心所（信、精進、輕安、捨、不放逸）相違，"純隨煩惱"指簡別根本煩惱與不定心所（由此鑒別了《瑜伽論》六種中的"惡慧"），"通二性"簡別無慚、無愧。

望未遂合事，"解"是印持曾未定境，由此二法緣非愛事，故麤煩惱決無"欲""解"。今第七緣第八為自內我，是真愛樂，是真勝解，必無疑惑，是故定與"欲""解"相應，非麤煩惱故。其餘心所互有互無，義如前說。此意心所有二十四，謂四根本、五徧行、十隨、別境五。

第五、護法正義，唯"十八所"。先破第四論師所執"邪欲"及"邪勝解"云：此識無始來一類執我，雖曰"執我"，而生不知所從來，死不知所從去，未生以前，既死以後，皆屬"他世"，為有為無，茫昧難知，安有所謂"欲"與"勝解"者哉❶？次"煩惱起位"下，破第三師，以彼不許"昏""掉"相應故。又次"若染心"下，破第二師，以彼不許"散亂""失念""不正知"三所相應故。不辯"不信""懈怠""放逸"三所，以前三師互許，理極成故。"忘念""不正知"，各有二性：若以念、慧為性，如前別開

❶ "此識無始來一類執我……與'勝解'者哉"，本句是解釋《成唯識論》"且疑他世為有為無，於彼有何'欲''勝解'相"，本書解釋為對於輪迴意義上的"他世"我們無法產生確定的理解（印解），與唐代注疏不同。據唐代注疏，此處"他世"是指《瑜伽師地論》卷 58 提到的"疑"之"五相"："'疑'者，猶豫二分不決定心所為性。當知此疑署由五相差別建立，謂於他世、作用、因果、諸諦、寶中心懷猶豫。"（《大正藏》第 30 冊，1579 號，頁 622 上 17 至 19）這"五相"被認為是"事"，據此以破斥前師"諸疑理者于色等事必无犹豫，故疑相应亦有胜解"的觀點，"他世"就是指過去、未來，並非一定指輪迴意義上的"他世"。而以疑於"他世"與"有無"來駁斥疑與"欲""勝解"相應，並非因為"他世"對於"此世"來說難知，而是有許多細緻的理由，比如：如果"疑未來"時候可以在現在生起"勝解"，那麼在"疑未來是有是無"時也應可以生起"我見"，但"我見"是"推求"，與"疑"相矛盾；同時，如果疑於他世時有勝解，那麼將人形物體誤認為人時也應有勝解，這就導致勝解實際上成為遍行心所。

者，不徧染心，通淨心故，非唯染心皆緣曾受、皆有簡擇，即一切淨心亦緣曾受、亦有簡擇故；若以無明為性者，決徧染心，任運現緣無曾受故，一類執我無簡擇故，《瑜伽》說此一切染心皆相應故。"意俱"下，出正義。謂七識緣境之時，相應心所唯一十八，謂四惑之外，唯徧行五、別境之慧、大隨八。無餘心所，如前簡別。"及論三文"者，《集論》一文立五隨，《瑜伽》二文立六隨、十隨，並準前釋。

成唯識論卷第四終

成唯識論證義卷第五

金壇居士王肯堂證義

此染污意，何受相應？有義：此俱唯有喜受，恒內執我生喜愛故。有義：不然。應許"喜受乃至有頂"，違聖言故。應說此意，四受相應，謂生惡趣，憂受相應，緣不善業所引果故：生人、欲天、初、二靜慮，喜受相應，緣有喜地善業果故；第三靜慮，樂受相應，緣有樂地善業果故；第四靜慮乃至有頂，捨受相應，緣唯捨地，善業果故。有義：彼說亦不應理。此無始來，任運一類緣內執我，恒無轉易，與變異受不相應故。又此末那與前藏識義有異者，皆別說之，若四受俱，亦應別說。既不別說，定與彼同，故此相應唯有捨受。未轉依位，與前所說心所相應，已轉依位，唯二十一心所俱起，謂遍行、別境各五，善十一，如第八識已轉依位，唯捨受俱，任運轉故，恒於所緣平等轉故。

七、釋受俱門。先、徵；次、釋。有三師義。一師言：此識唯與喜受相應，恒內執第八生喜愛故，謂喜阿賴耶、愛阿賴耶等故。第二師言：喜受但通第二靜慮，若與末那恒共相應，應許喜受通至有頂，便違聖言喜唯二禪。此識應與四受相應：若生三惡趣中，應與憂受相應，以受三途苦報故；若生人中，及欲界六天、初禪、二禪者，此識皆與喜受相應，以初靜慮是“離生喜樂”，第二靜慮是“定生喜樂地”故；若生第三禪，唯與樂受相應，以此地是離喜妙樂故；若生四禪乃至色究竟天，皆與捨受相應，以是捨念清淨地故。二師所言，皆非正義。正義惟捨受耳。何以言之？此識無始內執任運一類無轉易故，憂、喜、樂三變異受不相應也。一也。又此識與前藏識義各別者，則本論主皆別開明，如七、八二識，俱是無記，而分有覆、無覆。若此識與四受俱，則本頌中亦應別說。既不別說，定與藏識同是捨受。二也。第八因中唯五心所，轉依位中具二十一，第七因中十八心所，轉依位中亦二十一，轉依心所既同第八，亦應與彼轉依第八同是捨受，任運而轉，以彼證得十種平等性故，恒以十種為所緣境平等轉故。三也。

末那、心所，何性所攝？有覆無記所攝，非餘。此意相應四煩惱等是染法故。障礙聖道，隱蔽自心，說名“有覆”。非善、不善，故名“無記”。如上二界諸煩惱等，定力攝藏，是無記攝。此俱染法，所依細故，任運轉故，亦無記攝。若已轉依，唯是善性。

八、釋三性，即頌“有覆無記攝”。先、問；次、舉頌答，是有覆無記，非餘三性；次、釋。以此末那恒與四根本煩惱及大八隨煩惱相應，既能障礙出世聖道，復能隱蔽妙明真心❶，故名"有覆"。此識既非善性，又非不善，無可記錄，故名"無記"。"如上"下，次、通妨難，云：根、隨煩惱，通染二性，何唯有覆無記性攝？釋云：例如色、無色界，雖有根、隨煩惱，由禪定力攝伏藏覆，雖是不善，亦無記攝。此意相應根、隨亦爾，由所依識極微細故，無強計度，任運而轉，故雖不善❷，亦是無記。若已轉依，唯善性攝。

　　末那、心所，何地繫耶？隨彼所生，彼地所繫。謂生欲界，現行末那、相應心所，即欲界繫，乃至有頂，應知亦然，任運恒緣自地藏識執為內我，非他地故。若起彼地異熟藏識現在前者，名"生彼地"。染污末耶，緣彼執我，即繫屬彼，名"彼所繫"。或為彼地諸煩惱等之所繫縛，名"彼所繫"。若已轉依，即非所繫。

　　九、釋界繫。先，問；"隨彼"下，次，答；"謂生"下，次，釋。

---

❶ "復能隱蔽妙明真心"，本句是對《成唯識論》"隱蔽自心的解釋"，將"自心"解釋為"妙明真心"，與唐代注疏不同。唐代注疏沒有對"隱蔽自心"的明確解釋，但一般將"障礙聖道，隱蔽自心"單獨視作"有覆"的定義，對本段整體的解釋則是，依據與末那識相應的四染污煩惱，來說末那識是染污，但末那識本身並非染污，以及心王本身無染，依據心所說染污。因此，此處的"自心"在唐代注疏就是指心王，不會被解釋為"妙明真心"。

❷ "故雖不善"，本句是解釋謂末那識為何是有覆無記，這裡謂末那識本身雖然是"不善"，但仍被稱為"無記"，與唐代注疏不同。據唐代注疏，末那識本身並非不善，只是被相應心所覆故顯現為"有覆"。

"彼"，即第八識。謂隨八識生在何處，即於彼地所繫執我。若生欲界，則現行末那及諸心所即繫屬欲界第八，乃至藏識若生有頂，現行末那及諸心所即繫屬有頂第八。問：為何如此？答：末那、心所任運恒緣自地藏識執為內我，非任運緣他地藏識執為我故。若欲界藏識，復起上界訓先引業異熟藏識現在前者，此之藏識雖在欲界，名"生彼地"，則此末那亦緣彼地藏識執為內我，此染污意即是繫屬彼地藏識，亦名"彼地所繫"，故曰"隨所生所繫"。或是雖生此地，或為彼地根、隨繫縛，亦名為"彼所繫"。❶若已轉依，即非煩惱之所繫縛，故非所繫。

此染污意無始相續，何位永斷或暫斷耶？"阿羅漢、滅定、出世道無有。""阿羅漢"者，總顯三乘無學果位。此位染意種及現行俱永斷滅，故說"無有"。學位"滅定""出世道"中，俱暫伏滅，故說"無有"。謂染污意無始時來，微細一類，任運而轉，諸有漏道不能伏滅，二❷乘聖道有伏、滅義，真無我解違我執故。後得無漏現在前時，是

---

❶ "若欲界藏識，復起上界……亦名為彼所繫"，本段是對《成唯識論》"若起彼地異熟藏識現在前者……名彼所繫"一段的解釋，本書將"起彼地"等解釋為"識在此地，復起彼地"的特殊情況，因此有"雖生此第，或為彼第……"這種說法，與唐代注疏不同。據唐代注疏，此處的"彼"實際上作為不定代詞，本段就是對"所生""所繫"兩個詞的定義，即在某地生起藏識就叫做"生於某地"，末那識緣某地的藏識就叫做"被某地藏識繫縛"。

❷ "二"，底本作"二"，本書後文亦皆作"二"，《大正藏》本《成唯識論》作"三"，校勘記謂《明》本作"二"。當作"三"。

彼等流，亦違此意。真無我解及後所得俱無漏故，名"出世道"。"滅定"既是聖道等流，極寂靜故，此亦非有。由未永斷此種子故，從滅盡定，聖道起已，此復現行，乃至未滅。然此染意相應煩惱，是俱生故，非見所斷；是染污故，非非所斷；極微細故，所有種子與有頂地下下煩惱，一時頓斷，勢力等故。金剛喻定現在前時，頓斷此種，成阿羅漢。故無學位永不復起。二乘無學迴趣大乘，從初發心至未成佛，雖實是菩薩，亦名阿羅漢，應義等故，不別說之。此中有義：末那唯有煩惱障俱，聖教皆言三位無故，又說四惑恒相應故，又說為識雜染依故。有義：彼說教、理相違。"出世末那"經說有故。無染意識，如有染時，定有俱生不共依故。《論》說："藏識決定恒與一識俱轉，所謂末那；意識起時，則二俱轉，所謂意識及與末那；若五識中隨起一識，則三俱轉；乃至或時頓起五識，則七俱轉。"若住滅定無第七識，爾時藏識應無識俱，便非恒定一識俱轉。住聖道時，若無第七，爾時藏識應一識俱，如何可言"若起意識，爾時藏識定二俱轉"？《顯揚論》說："末那恒與四煩惱相應。或翻彼相應，恃舉為行，或平等行。"故知此意，通染、不染。若"由《論》

361

說阿羅漢位無染意故，便無第七"，應由《論》說
"阿羅漢位捨藏識故"，便無第八。彼既不爾，此
云何然？又諸論言，轉第七識得平等智。彼如餘
智，定有所依相應淨識。此識無者，彼智應無，非
離所依有能依故。不可說彼依六轉識，許佛恒行
如鏡智故。又無學位若無第七識，彼第八識應無
俱有依，然必有此依，如餘識性故。又如未證補
特伽羅無我者，彼我執恒行，亦應未證法無我
者，法我執恒行，此識若無，彼依何識？非依第
八，彼無慧故。由此應信，二乘聖道、滅定、無學，此
識恒行，彼未證得"法無我"故。又諸論中，以
五同法，證有第七為第六依。聖道起時及無學
位，若無第七為第六依，所立宗、因便俱有失。或
應五識亦有無依，五恒有依，六亦應爾。是故定
有無染污意，於上三位恒起現前。言"彼無
有"者，依染意說，如說"四位無阿賴耶"，非無
第八，此亦應爾。

十、釋伏斷門。即頌"阿羅漢、滅定、出世道無有"。先、問；次、
答；次、釋。先釋無染意，分二：初、畧釋；後、別釋。"阿羅漢"者，此
云"無生"，以彼煩惱永不生故。此名通三乘者，聲聞有二：一者、
根鈍，漸斷煩惱，為"緣覺乘"；二者、根利，頓斷煩惱，為"獨

覺乘"。菩薩唯一，於八地中方永斷故。❶此三雖有大小、利鈍，斷
惑同故，總名"無學"。此無學位，染意煩惱種現俱滅，名"阿羅
漢"，故言"無有"。"學位滅定"及在"修道見道位"者，雖亦研
真斷惑，俱是暫伏，亦說"無有"，非如阿羅漢之永斷不復生也。次、
別釋出世道暫伏、滅義。問：無學位中此識永斷，可名無有；有學
位中俱暫伏滅，如何亦名無有？答：謂染污意識微細恒行，界地
所繫，諸有漏道不能伏、滅，二乘聖道有伏、滅義，由初見道位前
發真無我勝解，違染污意計我執故。此解脫生，得根本智。得根
本已，後得無漏現在前時，是彼真無我解等流，是故亦違此染污
意。真無我解及後所得俱無漏故，名出世道染意無有。次、別釋滅
定暫伏、滅義。滅定既是聖道等流，已離煩動，最極寂靜，故此染
意亦復非有。雖則非有，由未永斷此種子故，從此起已，此諸染
法猶復現行，乃至此識未永滅位，恒相續轉，故知見道脩道位中
皆名暫滅。下別釋無學名真滅義。然此末那及相應煩惱，是俱生
惑，非是見道所斷；是染污性，又非是非所斷，是脩所斷故。《集
論》云："云何見所斷？幾是見所斷？為何義故，觀見所斷耶？謂
分別所起染污見、疑，見處、疑處，及於見等所起邪行煩惱、隨煩
惱，及由見等所發身、語、意業，并一切惡趣等蘊、處、界，是見所
斷義。一切一分是見所斷。為捨執著，見圓滿我故，觀察見所斷。云
何修所斷？幾是修所斷？為何義故，觀脩所斷耶？謂得見道後見
所斷相違諸有漏法，是脩所斷義。一切一分是脩所斷。為捨執著、

---

❶ "'阿羅漢者'，此云'無生'……方永斷故"，本段亦見於明昱《成
唯識論俗詮》，此解未知何據，但顯有誤。聲聞、緣覺／獨覺、菩薩是並列的
三乘，三乘無學位分別是指聲聞乘得阿羅漢果、緣覺／獨覺乘得辟支佛果、菩
薩乘得佛果。

脩圓滿我故，觀察脩所斷。云何非所斷？幾是非所斷？為何義故，觀非所斷耶？謂諸無漏法，除順決擇分，是非所斷。十界、四處、諸蘊❶分。是非所斷，為捨執著、成滿我故，觀察非所斷。"❷何須必在脩道斷耶？由此煩惱極微細故，所有種子與有頂地九品惑中下下品惑一時頓斷。何故七十二品一時能斷耶？種子與彼勢力等故。故大小乘觀察斷惑，皆至金剛喻定現前。當此之時，頓斷此種，成阿羅漢，故無學位永不復起，名阿羅漢染意無有。二乘無學趣大乘者，雖是菩薩，以盡煩惱等無生故，故此頌中不說。從初發心以至等覺，雖是菩薩，亦名羅漢。"應義等"者，皆已永害煩惱賊故，應受世間妙供養故，永不復受分段身故，有此等義故，仍名羅漢，而不別說為菩薩也。

然此三位中無第七，有安、護師二說不同。若安慧說，染、淨俱無，故說滅定滅六盡七。若護法說，唯無染七，故說滅定滅六淨七。第一"有義"，即安慧說。設有問言：憑何而說無淨七耶？安慧答言：由說七唯人執，《對法》等說三位皆無煩惱障故。《顯揚論》說四惑相應，四是根本煩惱攝故。《攝論》說為雜染所依，雜染即是煩惱義故。憑此教理，故知三位無淨七也。第二"有義"，護法破詞。初、總斥。先、標；"出世"下、釋違教；"無染"下、釋違理；"論說"下、次別破。今初釋違教。"經"即《解脫經》。❸先

---

❶ "蘊"字下，底本、校本皆有空格，本段引自《大乘阿毘達磨集論》，《大正藏》本《集論》作"十界、四處、諸蘊一分"，即謂"非所斷"的範圍是此十界、四處、諸蘊中的一部分，故此處應脫"一"字。

❷ 引文見《大乘阿毘達磨集論》卷2，《大正藏》第31冊，1605號，頁670中28至下12。

❸ "然此三位中無第七……即《解脫經》"，改寫自《唯識開蒙問答》卷

立量以證有淨七。量云："出世末那，經定說有"，"定有俱生不共依故"，"如有染時"❶。染時六、八皆以七為俱生不共依，淨時亦爾。故《攝論》云："此識是餘煩惱識依止。此煩惱識，由第一依止生，由第二染污。釋云：第二識名染污者，煩惱依止故。若人正起善心，亦有此識。"❷次《瑜伽》，先、引；次、釋。住滅定位，六識俱無。若無第七，爾時藏識應無識俱，便非"恒定一識俱轉"。住聖道時起第六識，若無第七，爾時藏識應一識俱，無有二識，如何可言"若起意識，爾時藏識定二俱轉"？問：若爾，何故《顯揚論》中但說四惑相應，不說淨位？答：言彼雖說恒與四煩惱相應，然有論師翻彼相應，恃舉之行為平等行者。恃舉為行，則是染相應。平等為行，則是淨相應。故知此意通染淨位，不特染也。"若由"下，顯阿羅漢位亦有淨七。又"諸論"下，顯佛果位中亦有淨七，以轉第七成平等性智故。彼平等智，亦如成所作、妙觀察、大圓鏡智定有相應淨識。若無淨識，彼平等智亦應無有。以智是能依，淨識是所依，非離所依有能依故。既無相應淨識為彼

上，《新纂卍續藏》第 55 冊，888 號，頁 357 下 18 至 24。

❶"量云……如有染時"，是對《成唯識論》"'出世末那'經說有故，無染意識如有染時，定有俱生不共依故"的解釋，本書將此句視作一個比量，誤。就本書給出的比量來說，如果要以此宗、因來還原論證，實際應是"凡有俱生不共依者皆經說定有，出世末那有俱生不共依，故出世末那經說定有"，顯誤，因為"俱生不共依"就是指的"末那"。原文應是兩個論證，"'出世末那'經說有"是教證，"無染意識如有染時，定有俱生不共依故"則是理證，謂無染污的第六意識也應像有染的第六識一樣有俱生不共依，因此在無染位也應有第七末那。此處本身並非因明比量。

❷引文改寫自世親造、真諦譯《攝大乘論釋》卷 1，《大正藏》第 31 冊，1595 號，頁 158 中 5 至 10。

智所依，不可說彼平等性智依六轉識，六識間斷，智亦間斷，理不應爾。所以者何？許佛恒行平等性智，如圓鏡智無間斷故。立量云："此平等智定有所依相應淨識"，"非離所依有能依故"，"如餘三智"。"又無"下，次釋違理。又無學位若無淨七，彼第八識應無俱有依，第八以七為俱有依故。如餘識有俱有依，第八亦應有故。立量云："第八藏識有俱有依"，"是識性故"，"如眼識等"。又以二執例三位皆有淨七，又如異生有學，未證人無我，必有我執，則應無學位未證法無我，應有法執。此識若無，則此法執依何識起？不應法執依第八識，彼第八識是無記性，又無計度分別慧數，不起法執。"由此"下，勸信。彼執但與煩惱障俱，聖教皆言三位無故，應信三位不無末那，彼未證得法無我故。又諸論中以五同法證有第七為第六依。五同法者，如眼識依眼根，乃至身識依身根。申量云："第六意識定有俱生不共依"，"極成六識隨一攝故"，喻"如五同法"。今三位若無第七，第六便無所依，則宗有"能別不極成"過，因中便有"共不定"過，若許前五，六無有依，因中便有相違之過。❶今五同法恒有所依，定應許六此依恒有，是

---

❶ "申量云：'第六意識定有俱生不共依'……相違之過"，此處的比量與過失的分析亦見於其他明人注疏，如通潤《成唯識論集解》、大惠《成唯識論自考》、智旭《成唯識論觀心法要》，只有《觀心法要》對過失給出了具體說明："今若謂'二乘聖道及無學位，但有第六識相應之生空智慧，而無第七淨識為俱有依'，則宗上有'能別不極成'之過，以俱有依不必定有故。因中犯'共不定'之失，以前六識共是'轉識攝故'之因，而五識定有所依，第六於無漏位不定有依。"（《成唯識論觀心法要》卷5，《新纂卍續藏》第51冊，824號，頁357上20至下1）明代注疏對過失的分析存在問題。"能別不極成"是指宗中之法"俱生不共依"雙方不共許，如果"有第七淨識"才能保證論辯雙方共許"不共俱有依"，那正說明論敵也承認"第七淨識"，反

故定有第七淨意，於三位中恒行不斷。安慧質曰：《對法》何說三位無七？護法會曰：言彼無者，說無染七，名無第七，非無淨七。安慧難曰：教明說無，何理敢違？護法例云：如說"四位無阿賴耶"，非無第八識體，七亦應爾❶，何疑之有？

通上，一、正釋頌意，竟。

> 此意差別，畧有三種。一、補特伽羅我見相應，二、法我見相應，三、平等性智相應。初通一切異生相續、二乘有學、七地以前一類菩薩有漏心位，彼緣阿賴耶識，起補特伽羅我見。次通一切異生、聲聞、獨覺相續、一切菩薩法空智果不現前位，彼緣異熟識起法我見。後通一切如來相續、菩薩見道及修道中法空智果現在前位，彼緣無垢、異熟識等，起平等性智。補特伽羅我見起位，彼法我見亦必現前，我執必依法執而起，如夜迷杌等方謂人等故。我、法二見，用雖有別而不相違，同

而有"相符極成"的過失，《觀心法要》本身的解釋也與"能別不極成"無關。因的"共不定"是指因能證成相反的兩個論題，這一點可以成立，《觀心法要》的解釋似是"轉識攝故"既能證成"必有所依"也能證成"必無所依"。據唐代注疏，此處的論敵是安慧，其觀點是"三位無淨末那"，"所立宗因"則是指將經論的論證解釋為論式，過失有很多，如"自語相違"，即安慧既承認第六識有不共俱有依卻又認為三位無末那；如果安慧簡別說"除了三位，第六識都有不共俱有依"，則有比量相違。

❶ "安慧質曰：《對法》何說三位無七……七亦應爾"，改寫自《唯識開蒙問答》卷上，《新纂卍續藏》第 55 冊，888 號，頁 357 下 1 至 4。

依一慧，如眼識等，體雖是一，而有了別青等多用，不相違故，此亦應然。二乘有學聖道、滅定現在前時，頓悟菩薩於修道位，有學漸悟生空智、果現在前時，皆唯起法執，我執已伏故。二乘無學，及此漸悟法空智、果不現前時，亦唯起法執，我執已斷故。八地以上一切菩薩，所有我執皆永不行，或已永斷，或永伏故。法空智、果不現前時，猶起法執，不相違故。如有經說："八地以上，一切煩惱不復現行，唯有所依所知障在。"此所知障是現非種。不爾，煩惱亦應在故。法執俱意，於二乘等雖名不染，於諸菩薩亦名為染，障彼智故。由此，亦名"有覆無記"。於二乘等說名"無覆"，不障彼智故。是異熟生攝，從異熟識恒時生故，名"異熟生"，非異熟果。此名通故，如增上緣，餘不攝者皆入此攝。

二、別釋差別，通明染、淨。染、淨差別，畧有三位：初、我相應意，異生相續、二乘有學、七地以前漸悟菩薩有漏心位，意緣藏識，起人我見；二、法相應意，異生、聲聞、獨覺相續、一切菩薩法空智果不現前位，意緣異熟，起法我見；三、智相應意，如來相續、菩薩見、脩法空智果現在前位，意緣無垢、異熟識等，起平等智。一切有漏，皆是人我見相應位；但成無漏，便非此位。法空智不現

前時，皆法我見相應位；但法空智現在前時，便是平等智相應位。❶

問：何故我執雖除，法見猶在；法見若除，我見不起？答：我見必依法見而起。要先迷法，方起我見，如夜迷杌等方謂人故。故雖除我見，法見猶存，以迷人者必迷法故。此顯初位必帶後位，以初短故。人我位必有法我，人我必依法我起故。人我是"主宰""作者"等用故，法我有自性勝用等故，即法我通，人我局。問：我、法二見，既不相同，用亦差別，豈不相違？答：我、法二見，用雖不同，而體是一，故不相違。以我、法二見同以慧為體，由慧而後起見生執。譬如眼等五識，體雖是一，了別色聲用各不同，亦不相違。立量云："我、法二❷見"是有法，"同依一慧"是宗，因云"用雖有別而不相違"，喻"如眼識等"。❸

下明我、法二執伏、斷不同。二乘有學聖道、滅定現在前時，唯起法執，我執伏故。頓悟菩薩在脩道位，漸悟菩薩在見道位，生空智、果現在前時❹，皆唯法執，我已伏故。若二乘無學阿羅漢，及鈍根漸悟二乘❺法空智、果不現前時，皆法起我斷。八地以上菩

---

❶ "一切有漏，皆是人我見相應位……平等智相應位"，改寫自《唯識開蒙問答》卷上，《新纂卍續藏》第55冊，888號，頁357下12至16。

❷ "二"，底本、校本皆作"一"，整理者前文"我、法二見"及文義改訂。

❸ 此處比量有誤，原文亦非比量。如據此比量，可得出"眼識等同一依慧"，顯誤。如欲建立比量，亦應作："我、法而見同依一法"，"用雖有別而不相違故"，"如見青等眼識"。

❹ "漸悟菩薩在見道位生空智、果現在前時"，本句是對《成唯識論》"有學漸悟生空智、果現在前時"的解釋，"見道位"為本書的補充，與唐代注疏不同。據唐代注疏，此句是指有學漸悟菩薩在"一切位中"生空智及二果現前時。

❺ "及鈍根漸悟二乘"，本句是對《成唯識論》"及此漸悟"的解釋，與

薩，我執皆永不行，或永斷、或永伏故。法空智、果不現前位，猶起法執，無法空智違彼執故[1]。下引經證，此所知障，是指現行，非指種子。若言種子，豈唯所知，煩惱種子亦應在故。以八地菩薩雖不執賴耶為我，猶有異熟微細我執，非斷一切我執故。問：大、小兩乘法執俱在，誰名染意，誰名淨識？答：法執俱意，大、小具有。但小乘器劣，志在斷煩惱證人空而已，故於法執不名為染，不名有覆，非彼智分、不障彼智故；若菩薩，志在斷二障，證二空，故於二乘所謂不染、無覆者，在菩薩名染名有覆，正障彼智故。是故此法執俱意，在菩薩名染，在二乘無學名淨也。問：此識既隨異熟所生所繫，依彼緣彼，亦應是異熟果攝？答：是異熟生攝。以從異熟恒時生故，名異熟生，非異熟果。問：何故六、七皆名異熟生？答：以"異熟生"名通一切故。此異熟生，如四緣中增上緣，所攝者廣，三緣所不攝者，皆此緣攝。此亦如是，餘處所不攝者，皆異熟生攝。

云何應知此第七識離眼等識有別自體？聖教、正理為定量故。謂薄伽梵處處經中說"心""意""識"三種別義。"集起"名"心"，"思

唐代注疏不同。據唐代注疏，是指"漸悟菩薩一切位中"。

❶ "八地以上菩薩，我執皆永不行，或永斷、或永伏故。法空智、果不現前位，猶起法執，無法空智違彼執故"，本句是對《成唯識論》"八地以上一切菩薩，所有我執皆永不行，或已永斷，或永伏故。法空智、果不現前時，猶起法執不相違故"的解釋，與唐代注疏不同。據唐代注疏，八地以上的無學漸悟菩薩我執"已斷"故不行，有學漸悟及頓悟菩薩我執"永伏"故不行，但此階段的菩薩在"法空智"不現前而起"人無我"觀時，還可以有法執現行，因為微細的法執不障礙較粗的人無我觀生起。

量"名"意","了別"名"識",是三別義。如是
三義雖通八識,而隨勝顯:第八名"心",集諸法
種、起諸法故;第七名"意",緣藏識等恒審思量
為我等故;餘六名"識",於六別境麤動、間斷、了
別轉故。如《入楞伽》伽他中說:"藏識說名'心',思
量性名'意',能了諸境相,是說名為'識'。"又
大乘經處處別說有第七識,故此別有。諸大乘經
是至教量,前已廣說,故不重成。《解脫經》中,亦
別說有此第七識。如彼頌言:"染污意恒時,諸惑
俱生滅。若解脫諸惑,非曾非當有。"彼經自釋此
頌義言:"有染污意,從無始來與四煩惱恒俱生
滅,謂我見、我愛及我慢、我癡。對治道生,斷煩
惱已,此意從彼便得解脫。爾時此意相應煩惱,非
唯現無,亦無現在❶、過去、未來無自性故。"如是
等教,諸部皆有,恐厭廣文,故不繁述。

三、證有識體。分二:一、引聖教,二、顯正理。今初。云何
應知此第七識離眼等識別有體耶?以小乘謂"此但是第六入過
去"故,故為此問。"聖教、正理"至"是三別義",皆答詞總釋也。為
小乘謂"未來名'心',過去名'意',現在是'識',種種分別,然

---

❶"現在",底本作"現在",《大正藏》本《成唯識論》作"過、未",校
勘記謂《宋》《元》二本作"見在",《明》作"現在"。據唐代注疏,當作
"現在",標點當作"亦無過、未,過去、未來無自性故"。

無別體"，今顯經證。"如是三義"下，皆別釋。謂雖通八識皆名
"心""意""識"，而隨勝顯，第八名"心"，謂為一切現行所熏是
集諸法種，現行為依、種子為因能生一切，故云"起諸法故"；第
七名"意"，"緣藏識"等者，因中有漏唯緣我境，因中無漏緣於
第八及緣真如，果上許緣一切法故，《論》云"等"也；餘六識
名"識"，於六別境，體是麤動，有間斷法，了別轉故，易了名"麤"，轉
易名"動"，不續名"間"，各有所緣故得別名。引《入楞伽》第
九卷頌、《瑜伽》六十三，亦但有別名。通，則八識皆得
"心""意""識"名。說者應云：若用"集起"以解"心"，第八
獨名"心"；若"積集"以解"心"，八識皆名心；若"思量"以
解"意"，第七獨名意；若用"等無間"以解"意"，八識皆名"意"；若
用"了別麤境"以解"識"，前六獨名"識"，謂了差別六塵境故；若
用"了別"以解"識"，八識皆名"識"，即別識之義。第一疏云：了
別別境及麤顯境唯前六故，對此六塵說六識故，即斯義也。❶"又
大乘經"下，引大乘聖教證有第七。"前已廣說"者，前以七因證
大乘經為至教故。"解脫經中"下，引小乘聖教證有第七。先引
經。"彼經"下，次引釋。先釋前二句。"對治"下，次釋第三句。"爾
時"下，次釋第四句。"無自性"者，此諸煩惱無實自體，非今現
無，本來常寂，但於迷時妄謂為有，至於悟後始知空耳。"如
是"下，次總結。

---

❶ "說者應云……即斯義也"，引自《大方廣佛華嚴經隨疏演義鈔》卷
32，《大正藏》第 36 冊，1736 號，頁 244 下 16 至 24，"第一疏"指窺基《成
唯識論述記》卷 1，引文見《大正藏》第 43 冊，1830 號，頁 238 下 29 至頁
239 上 1。

　　已引聖教，當顯正理。謂契經說：不共無明，微
細恒行，覆蔽真實。若無此識，彼應非有。謂諸
異生，於一切分，恒起迷理不共無明，覆真實義，障
聖慧眼。如伽他說："真義心當生，常能為障礙。俱
行一切分，謂不共無明。"是故契經說："異生類
恒處長夜，無明所盲，惽醉纏心，曾無醒覺。"若
異生位有暫不起此無明時，便違經義。俱異生
位，迷理無明有行、不行，不應理故。此依六識皆
不得成，應此間斷、彼恒染故。許有末那，便無此
失。染意恒與四惑相應，此俱無明，何名"不
共"？有義：此俱我見、慢、愛非根本煩惱，名"不
共"，何失？有義：彼說理、教相違，純隨煩惱中
不說此三故，此三，六、十煩惱攝故，處處皆說染
污末那與四煩惱恒相應故。應說四中無明是主，雖
三俱起，亦名"不共"，從無始際恒內惽迷，曾不
省察，癡增上故。此俱見等應名"相應"，若為主
時應名"不共"，如無明故，許亦無失。有義：此
癡名"不共"者，如"不共佛法"，唯此識有故。若
爾，餘識相應煩惱，此識中無，應名"不共"。依
殊勝義，立"不共"名。非互所無，皆名"不共"。謂
第七識相應無明，無始恒行，障真義智，如是勝
用，餘識所無，唯此識有，故名"不共"。既爾，此

俱三亦應名"不共"。無明是主，獨得此名。或許
餘三，亦名不共，對餘癡故，且說無明。不共無
明，總有二種：一、恒行不共，餘識所無；二、獨
行不共，此識非有。故《瑜伽》說："無明有二：若
貪等俱者，名相應無明；非貪等俱者，名獨行無
明。"是主獨行，唯見所斷。如契經說："諸聖有
學，不共無明已永斷故，不造新業。"非主獨行，亦
脩所斷，忿等皆通見所斷故。恒行不共，餘部所
無；獨行不共，此彼俱有。

首二句，結上起下。"謂契經"下，二顯正理。分七：一、引
不共無明。先引，次證，次釋。先通釋。謂契經說不共無明等者，如
《緣起經》有四無明：一、現，二、種，三、相應，四、不相應。或
有為二，共、不共等。今說不共者，謂此微細常行，行相難知，覆
無我理，蔽無漏智，名"覆蔽真實"。真實有二：一、無我理，二、
無漏見。義有二義：一謂境義，見分境故；二謂義理，真如即理
故。❶"一切分"者，《攝論》云："是善、不善、無記位中常隨縛
義。"❷以彼念念執我，迷無我理，故名"迷理不共無明"。"覆真
實義"者，二空所顯真如之理，為此所覆而不發明。"障聖慧

---

❶ "如《緣起經》……真如即理故"，引自《宗鏡錄》卷52，《大正藏》
第48册，2016號，頁722上17至22。

❷ 引文見無性造、玄奘譯《攝大乘論釋》卷1："俱行一切分者，是善、
不善、無記位中常隨轉義。"（《大正藏》第31册，1598號，頁385上6至7）"常
隨縛義"，《大正藏》本《攝論釋》作"常隨轉義"，《大正藏》本校勘記謂
《宋》《元》《明》《宮》作"當隨縛義"。

眼"者，真無漏道清淨慧眼，為此所障而不開曉。下引伽陀證前覆真義。言真實義正當生起之時，常為障礙不得起者，皆由不共無明於一切時念念俱行無間斷故。是故契經說：異生類皆為無明盲其慧眼，惛醉纏其實心，所以恒處長夜，曾無一念醒覺。若異生位有暫時一念不起此無明時，便與聖教相違。以此迷理不共無明，念念執第八為自內我，無有一息間斷，故名"微細恒行"。汝等小乘不信有此染汙七識，依何識說不共無明？若謂"此不共無明依六識"者，"恒行"之義決不得成，以第六識有間斷故，彼無明者從無始來恒相續故。許有末那，便無間斷之失。"染意"下，次別釋。先問云：染意恒與四惑相應，意俱無明與三共轉，何名不共？"有義"下，次解釋。第一師答：意俱無明，是根本惑；見、慢、愛三，非根本惑。雖四惑俱，三非同類，名為"不共"，亦何所失？第二師斥云：若如彼說，則違理教。若此三者，既非根本煩惱所攝，純隨煩惱何不說之？況此三者，是十根本煩惱中攝，染汙必與四煩惱俱，如何此三而非根本？應說此四俱是根本煩惱，而此四中無明是主，故獨得"不共"名也。"主"是"自在"義，為"因""依"義，與彼為依，故名"不共"。何故無明名為"不共"？謂從無始際，顯長夜常起，恒內惛迷，明一切時不了空理，曾不省察，彰恒執我，無循反時，此意總顯癡"主""自在"義。●此俱我見及愛、慢三，雖亦無明而非癡極，故無"主"義，應名"相應"。若約生死流轉，貪愛為主；若依障初聖道、不受聖教，見、慢為主。見

● "'主'是'自在'義……'主''自在'義"，引自《宗鏡錄》卷52，《大正藏》第48冊，2016號，頁722上29至中4，源自《成唯識論述記》卷5，《大正藏》第43冊，1830號，頁410中29至下2。

則偏執一理，安肯受教？慢既恃己，豈復他求？ **❶** 故此三者，若為主時，亦名「不共」，如彼無明，許亦無失。一師言：無明名不共者，唯此識有故，如「不共佛法」，十八「不共」，唯如來有，餘人所無。此亦如是，唯此識有，他識所無，故名「不共」。第二師斥云：若謂「為此識有、他識所無，名『不共』」者，則應他識所有、此識所無者亦名「不共」。然此「不共」，依殊勝立，非謂「此有、彼無，名『不共』」也。「殊勝義」者，謂此無明念念障彼當生無漏智令不起，有此勝用，餘識所無，唯此識有，故名「不共」。問：「此俱無明，恒行障理，餘識所無，名不共」者，此俱見等，勝用亦然，應名「不共」，何得「無明」偏名「不共」？答：謂此第七相應無明，是障平等性智之主，獨得此名。餘三㤭著、高舉、執我為主之時，亦名不共，為對餘痴顯此勝用，且說無明名「不共」耳。下明不共差別。一、恒行不共，謂與第七俱者名為「恒行」，「不」與第六間斷者「共」，名為「不共」。 **❷** 故《攝論》云：「謂能障礙真智生愚。此於五識無容說有，是處無有能對治故。若處有能治，此處有所治。非五識中有彼能治，於此見道不生起故；非於不染意識中有，由彼此應成染性故；亦非染污意識中有，與餘煩惱共相應時，『不共無明』名不成故。若立意識由彼煩惱成染污

---

❶「若約生死流轉，貪愛為主；若依障初聖道、不受聖教，見、慢為主」，改寫自《大方廣佛華嚴經隨疏演義鈔》卷 40：「見則遍執一理，究徹在心，安受聖教；慢既恃己，豈復他求。」（《大正藏》第 36 冊，1736 號，頁 306 上 27 至 28）

❷「一、恒行不共……名為『不共』」，改寫自《唯識開蒙問答》卷下，《新纂卍續藏》第 55 冊，888 號，頁 367 下 12 至 14。此處「『不』與第六間斷者『共』，名為『不共』」的解釋，不見於唐代注疏。

者,即應畢竟成染污性,諸施等心應不成善,彼煩惱相恒相應故。若說'善心俱轉有彼煩惱,是即一向與彼相應,餘不得有',此染污意識引生對治,不應道理。若說'染污意俱,有別善心能引對治,能治生故,所治即滅',應正道理。"❶故曰"餘識所無"。《宗鏡》又云:"唯此無明,為'長夜'體,餘識皆無'長夜'之義。唯此獨有,故名'不共'。此有四句分別:一、有是'長'而無是'夜',如七俱貪等三,及妙、平二智相應心品等;二、有是'夜'而無是'長',如前六識相應無明;三、亦長亦夜,即七俱無明;四、非長非夜,即前六識餘貪等。今此七俱無明,不但不與餘識共,兼亦不與自聚貪等三共,雖與同聚貪等共起,而貪等三無'長夜'義,以貪等以染著等為義故。此以'長夜'為義,與彼不同,故名'不共'。"❷"二、獨行不共,此識非有"者,《宗鏡》云:"六識中者,無'恒時'義,有'獨起'義,亦名'不共'。"❸又云:"不與貪等俱著,名為'不共'。"❹下引證。《瑜伽》云:"無明有二:一、煩惱相應無明,二、獨行無明。非無愚痴而起諸惑,是故貪等餘惑相應所有無明,名'相應無明'。若無貪等諸煩惱纏,但於苦等諸諦境中,由不如理作意力故,鈍慧士夫補特伽羅,諸不如實揀擇

❶ 引文見無性造、玄奘譯《攝大乘論釋》卷1,《大正藏》第31冊,1598號,頁384上28至中10。

❷ 引文改寫自《宗鏡錄》卷52,《大正藏》第48冊,2016號,頁722中11至23。

❸ 引文改寫自《宗鏡錄》卷52,《大正藏》第48冊,2016號,頁722中24至25。

❹ 此處引文,《宗鏡錄》中無明文,或引自《唯識開蒙問答》卷下:"不與貪等俱者,名獨行不共。"(《新纂卍續藏》第55冊,888號,頁367下14至15)

覆障、纏裏、暗昧等心所性，名‘獨行無明’。”❶此又有二：一、
是主獨行，不與忿等小十俱者，名為“是主”。何以故？忿等十法
自類不俱，各自為主。此之無明，既不與各自為王者俱，獨自行
時，自便為主，故曰“是主”。此屬分別，故在見道一時頓斷。“如
契”下，引證。“非主獨行”者，與忿等俱，名為“非主”，由忿
等各自為主，自無主故。此屬俱生，通見、脩二斷，以隨忿等通見
所斷故。❷故結云“恒行不共，餘部所無；獨行不共，彼此皆
有”也。《俱舍》云：“部有五部：謂見苦諦所斷，具十隨眠；見
集、滅諦所斷，各七，離有身見、邊見、戒取；見道諦所斷八，離
有身見及邊執見；脩所斷四，離見及疑。如是合成三十六種。前
三十二，名‘見所斷’，纔見諦時彼則斷故。最後有四，名‘脩所
斷’，見四諦已，後後時中數數習道彼方斷故。如是已顯十隨眠
中，薩迦耶見，唯在一部，謂見苦所斷。邊執見，亦爾。戒禁取，通
在二部，謂見苦、見道所斷。邪見通四部，謂見苦、集、滅、道所斷。見
取、疑，亦爾。餘貪等四，各通五部，謂見四諦及修所斷。”❸今
言“恒行不共”，唯修所斷，不通餘四部；獨行不共，五部皆通，故
云“彼此皆有”也。❹《宗鏡》問：“恒行不共無明相應有幾種

---

❶ 引文見《瑜伽師地論》卷58，《大正藏》第30冊，1579號，頁622
上11至16。

❷ “此又有二：一、是主獨行……見所斷故”，改寫自《唯識開蒙問答》
卷下，《新纂卍續藏》第55冊，888號，頁367下15至21。

❸ 引文改寫自世親造、玄奘譯《阿毘達磨俱舍論》卷19，《大正藏》第
29冊，1558號，頁99中18至29。

❹ “《俱舍》云……故云‘彼此皆有’也”，本段是對《成唯識論》“恒
行不共，餘部所無，獨行不共，此彼俱有”的解釋，本書或是順上句“非主
獨行亦修所斷”，而將“餘部”理解為了五部煩惱，誤。有部等部派區分五

義？答：有四義。古德云：一、是主者，謂前六識無明是‘客’，有間斷故；第七無明是‘主’，無間斷故。二、恒行者，有漏位中，常起現行，不間斷故，名‘恒行’。三、不共者，不同第六識獨頭名‘不共’。第六不共，但不與餘九煩惱同起，名為‘不共’；若第七名不共者，障無漏法勝故，又恒行不間斷故，以前六識通三性心時，此識無明皆起現行。謂前六識善性心時，於施等不能亡相者，皆是第七恒行不共無明内執我故。令六識等行施時，不能達三輪體空，又以有不共無明常能為障，而令彼當生無漏智不生。此無明與第七識俱有故，至今不捨，故名俱行。"❶

　又契經說：眼、色為緣，生於眼識，廣說乃至意、法為緣，生於意識。若無此識，彼意非有。謂如五識，必有眼等增上不共俱有所依，意識既是六識中攝，理應許有如是所依。此識若無，彼依寧有？不可說色為彼所依，意非色故，意識應無隨念、計度二分別故。亦不可說五識無有俱有所依，彼與五根俱時而轉，如芽、影故。又識與根，既必同境，如心、心所，決定俱時。由此理趣，極成

部煩惱，源自其修行理論，即在見道位時見四諦，故有見四諦所斷的四部煩惱；瑜伽行派則在見道位起根本無分別智親證真如，頓斷分別煩惱，不依據五部來區分煩惱。此處的"餘部"，據唐代注疏，即指小乘。整句意謂"第七識相應的恒行不共無明，其他小乘部派不認可，他們也根本不認可第七識；而獨行不共無明，則是大乘、小乘共許"。

❶ 引文見《宗鏡錄》卷 52，《大正藏》第 48 冊，2016 號，頁 722 中25 至下 9。

意識，如眼等識，必有不共、顯自名處，等無間不
攝、增上生所依、極成六識隨一攝故。**❶**

二、意、法為緣。先、引經；次、證成。"謂如"下，次釋義。謂
眼根、色境為二緣能引發得眼識，乃至意根、法境為二緣能引發得
意識。若無第七識者，即應第六識唯有一法境為緣，應無所依根
緣也。既有俱有根者，明知即是第七識與第六識為俱有根。小乘
云：我宗取肉團心與第六識為依，何要別執有第七識耶？論主破
云：亦不可說第六意識依於色故。肉團是色法，意是心法。第六
既名意識，意即是心非色。又說第六有三分別，隨念、計度、自性
分別故。五識依色，無二分別。若許第六依色住者，即同前五識，亦
無隨念、計度分別。救云：我宗五識，根先識**❷**後，無俱有依，證
六亦無。大乘破云：若謂"五識無俱有依，證六亦無"，亦不可說
五識與根俱時而轉，如芽、影故。但有根者，如芽依種起，芽種俱
時，影藉身生，身影同有，識依根發，理必同時**❸**，無"前念根

---

❶"由此理趣，極成意識⋯⋯隨一攝故"，本段標點據本書解釋，然此解
釋有誤。

❷"先識"二字，底本缺，校本作"先識"，本段改寫自《宗鏡錄》卷
52，意謂經量部堅持"根與識在不同剎那，根先於識"，整理者據校本、《大
正藏》本《宗鏡錄》卷 52 及文意補。

❸"大乘破云⋯⋯理必同時"，本段是對《成唯識論》"亦不可說五識無
有俱有依，彼與五根俱時而轉，如芽、影故"的解釋，改寫自《宗鏡錄》卷
52，但本書似誤將"五識無有俱有依，彼與五根俱時而轉，如芽、影故"全
都當成論敵的解釋，並將"如芽、影故"解釋為"芽與種""影與身"兩個例
子。先據《宗鏡錄》卷 52："論主破云：但有根者，如葉依種起，芽、種俱
時，影藉身生，身、影同有，識依根發，理必同時，無前念根發後念識故。"（《大

發後念識"故。既若五識有俱有根，將證第六亦須有俱有根，非第七識而何哉？ ❶ 小乘云：即不許前念根發後念識，而須許前念能引後念，則等無間意，豈非六識所依之根乎？大乘破云：非"等無間意可為此識依"，識與所依必俱時故。立量云："五識與根決定俱時"，"必同境故"，"如心、心所"。由此理趣，意識決定必有不共俱有所依。立量云："極成意識"是有法，"必有不共、顯自名處"是宗，因云"等無間不攝，增上生所依，極成六識隨一攝故"，喻"如眼等識"。"顯自名處者"，謂"依眼之識，名為眼識"等。"隨一攝"者，謂於六中隨一所攝。眼等五識既依五根各自有名有處，則第六意識必有不共意根顯自名處故。"等無間不攝"者，是揀小乘不許第七為依而生第六，以第六前滅意為根，生後念意識故。"增上生所依"者，以前滅意是等無間緣，根是增上緣故。極成六種識，各隨增上五根所攝，決非等無間緣所攝故。 ❷

正藏》第 48 冊，2016 號，頁 722 下 21 至 24）本句為"論主破云"，即《成唯識論》的觀點。又據唐代注疏，"如芽、影"即指芽與芽之影同時，此比喻亦見於《俱舍論》，不需解釋為兩個例子，而整句意謂"論敵經量部不能說'因為先根後識，根與識不同時／不俱有，所以前五識沒有俱有依'，因為世間現見根與識同時生起，就像芽及其影子同時"。

❶ "謂眼根、色境為二緣……而何哉"，或改寫自《宗鏡錄》卷 52，《大正藏》第 48 冊，2016 號，頁 722 下 11 至頁 723 上 1。

❷ "立量云：'極成意識'是有法……決非等無間緣所攝"，本段是對《成唯識論》"由此理趣，極成意識，如眼等識，必有不共顯自名處等無間不攝增上生所依極成六識隨一攝故"的解釋，然對比量的界定有誤。據唐代注疏，此處的比量應作："（宗）極成意識必有不共、顯自名處、等無間不攝、增上生所依，（因）極成六識隨一攝故，（喻）如極成眼識等。""不共、顯自名處、等無間不攝、增上生"是作用於"所依"的四個簡別詞，"不共"簡別"第八識"，"顯自名處"簡別"外處"（以色法為意根），"等無間不攝"簡別"等

又契經說：思量名意。若無此識，彼應非有。謂若意識現在前時，等無間意已滅非有，過去、未來理非有故。彼思量用，定不得成。既爾，如何說名為意？若謂"假說"，理亦不然。無正思量，假依何立？若謂"現在曾有思量"，爾時名識，寧說為意？故知別有第七末那，恒審思量，正名為意。已滅依此，假立意名。

三、思量名意。先、引經；次、證成。"謂若"下，次釋義。謂教中說有"思量"者，即是第七識。小乘云：但是第六等無間名思量意，何要別說第七為"思量意"耶？論主破云：且如第六意識現在前時，前念等無間意已滅無體，如何有思量用名意耶？所以者何？過去、未來理非有故。彼既非有，則思量用定不得成。既無思量，如何名意？若謂"此意雖則已滅，是假說"者，理亦不然。假名為意，由正思量；無正思量，假依何立？若謂"雖屬過去，現在曾有思量，故名意"者，理亦不然。以第六識居現在時，雖有思量，恒名為"識"、不名"意"故，要待過去方名"意"故。故知第六之外，別有末那，恒審思量，方得名"意"。"意"者，"依止"義。等無間意，依此第七，假得"意"名，俱有依止思量用故。又第七識與四惑俱，名為"染污"。恒審思量，名之為"意"。常有恒行不共無明，故名"染污"。正是有覆性，即覆真實義，蔽淨妙智。"恒審思量"者，此揀第八、前六識。"恒"者，不間

無間緣"，"增上生"簡別"因緣"。

斷，"審"者，決定執我法故。問：第八亦無間斷，第六決定有思量，何不名意？答：有四句：一、恒而非審，即第八，恒無間斷，不審思量我法故；二、審而非恒，即第六雖審思量，而非恒故，不名意也；前五，俱非，非恒非審；第七，俱攝，而恒、審故，獨名意也。問：第七思量何法？答：執第八見分，思量有我、法故；二乘無學無我執，以思量法我執故名意；佛果，我、法二執俱無，恒審思量無我理，佛果第七亦名意。問：為第七自體有思量，為第七相應遍行中"思"名思量意耶？答：取心所思量者，即八識皆有思，何獨第七？問：若唯取自體有思量者，即何用心所中思耶？答：具二義：一、有相應思量，二、亦自體思量。今取自體有思量名意。問：心所與心王一種是常審思量執第八為我，如何不說心所為意？答：言"意"者，"依止"義。心所雖恒審思量，非主，是劣法，非所依止，故不名意也。二者自體，識有思量，與餘七識為所依止，唯取心王，即名"意"也。問：若言"自體有思量名意"者，即第七有四分，何多名思量意？答：有二解。第一，見分名"思量"，內二分不名"思量"，但名"意"。見分不名"意"，有"思量"，以是用故，思量我、無我；內二分不能思量我、無我，但名"意"，以是體故。第二，見分是思量相，"相"者，體相、相狀，內二分是思量性。即內、外皆名意。三分皆思量，但除相分，相分是所量境也。問：何以得知內外三分總是思量？答：《論》云"思量為性相"，內二分是體，名思量性；外見分是思量相，是用。一種是思量，三分皆名意，即不取相分名思量，以無能緣用故。問：見分緣執我、法，即思量我故，得名思量；自證分不緣於我相分，如何自證分亦名思量？答：自證分證彼見分思量我執，故亦名思量也。問：見分思量我，是非量攝。自證分證彼見分思量我，自證分亦是非量耶？答：見分思量我，見分妄執，故名非量；自證是內證見分妄執故，自證體是現量。即體、用皆是"思量"，即內二分亦名"意"，亦名"識"。見分亦名"意"，亦名"識"，是意之用故，"思量"是用，"意"是體。"思量即意"，持業釋也。❶

又契經說：無想、滅定，染意若無，彼應無別。謂彼二定俱滅六識及彼心所，體數無異。若無染意於二定中一有一無，彼二何別？若謂"加行、界、地、依等有差別"者，理亦不然，彼差別因由此有故。此若無者，彼因亦無。是故定應別有此意。

四、無心定別。先、引經；次、證成。"謂彼"下，次釋義。謂彼二定，滅前六識，及彼心所，體數無異，唯染污意於二定中一有一無，則有差別。若無第七，於彼定中為有、為無，彼二種定有何差別？若謂"加行、界、地、依等有差別"者，理亦不然。所以者何？彼差別因由此有故。謂由有此第七識故，若出離想作意為先，令不恒行心、心所滅，"想"滅為首，立"無想"名，此定唯屬第四靜慮；若止息想作意為先，令不恒行、恒行染汙心、心所滅，立"滅盡"名，雖屬有頂，而無染攝。此意若無，彼因寧有？"是故"下，結成。《攝論》云："又無想定與滅盡定差別無有、成過失故。"❷ 無性《釋》云："若有定立有染污意，此有、此無，在凡

---

❶ "教中說有思量者……持業釋也"，改寫自《宗鏡錄》卷 52，《大正藏》第 48 冊，2016 號，頁 722 下 26 至頁 723 中 18。

❷ 引文見無著造、玄奘譯《攝大乘論本》卷 1，《大正藏》第 31 冊，1594

相續、在聖相續，如其次第，二定差別道理成就。若不爾者，俱想、受滅，等有識行，應無差別。不可說在第四靜慮、在第一有地差別故，出離、靜住欲差別故，二定差別由二自相無差別故，心及心法俱滅何異？今此決擇，對經部師少相近故。彼部所立不相應行非實物有，何得二定實有差別？”❶世親《釋》云：“又二定別故。所以者何？若定說有染污意者，無想定中即有此意，餘定中無，故有差別。若異此者，於二定中第六意識並不行故，應無差別。”❷又云：“‘二定別’者，滅盡定中無染污意，無想定中有染污意。此若無者，如是二定差別應無，成大過失。”❸此所云“不可說在第四靜慮、在第一有”，即界、地、依等差別義也。界、地差別，亦因第七方得有故。

又契經說：無想有情一期生中，心、心所滅。若無此識，彼應無染。謂彼長時無六轉識，若無此意，我執便無，非於餘處有具縛者一期生中都無我執，彼無我執，應如涅槃，便非聖賢同所訶厭。初、後有故，無如是失。中間長時無故，有過。去、來有故，無如是失。彼非現、常，無故有

號，頁 133 下 15 至 16。

❶ 引文見無性造、玄奘譯《攝大乘論釋》卷 1，《大正藏》第 31 册，1598 號，頁 384 下 3 至 10。

❷ 引文見世親造、玄奘譯《攝大乘論釋》卷 1，《大正藏》第 31 册，1597 號，頁 326 上 11 至 15。

❸ 引文見世親造、玄奘譯《攝大乘論釋》卷 1，《大正藏》第 31 册，1597 號，頁 326 中 5 至 7。

過。所得無故，能得亦無。不相應法前已遮破。藏
識無故，熏習亦無，餘法受熏已辯非理。故應別
有染污末那，於無想天恒起我執，由斯賢聖，同
訶厭彼。

五、無想天染。先、引經；次、證成。"謂彼"下，次釋義。言
"一期"者，一報始終也。若謂"止許第六，不許立第七"者，即
如無想天中、入無想定，五百劫來心、心所滅，彼天長時無六轉
識，若無第七染污意者，我執便無，何處見有具縛凡夫一期生中
都無我執？無想天人，滅六識時，作涅槃想，自謂已得阿羅漢果，報
盡壽終，六識還起，俱生貪現，謂阿羅漢身遭後有，故諸聖者同
所訶厭。彼既長時無有我執，應如涅槃清淨無漏，便非聖賢同所
訶厭。小乘救云：彼天六識及彼心所，初半劫滅，後半劫生，初、
後有故，無如是失。大乘破云：中間四百九十九劫心、心所滅，無
第六識，而起我執，豈非有過？救云：過去、未來有第六識能執我
故，無如是失。破云：彼第六識既非現在，定非常住，已屬無體，安
能執我？豈非有過？所得無想異熟無故，能得無想有情亦無。無
想因、果，及得、非得，皆屬不相應法所攝。不相應法有實自體，前
已遮破，無庸更談。彼又轉計我執習氣在身相續，而不知彼執無
藏識，何得受熏？若不受熏，寧有習氣，故此破云：藏識無故，熏
習亦無。又此我執，是相分攝，同色法故，無受熏理。故曰："餘
法受熏，已辯非理。"❶《攝論》云："非'生剎那現起意識，我

---

❶ 本段的幾處解釋與唐代注疏不同。唐代注疏謂，"長時"指入無想定
時或無想天的一期生命，並非"五百劫"，也未說無想天、無想定被訶厭的原
因是"無想天人，滅六識時，作涅槃想，自謂已得阿羅漢果"等，而謂因其

執所依為勢引故，名有我執，未永斷故，如有癩等，應正道理'，我執所依俱謝滅故，勢引亦無，餘所依故，不應道理。'我執習氣在身相續'，亦不應理，色法受熏不應理故、無堪能故。"**❶** "故應別有"下，結成彼天定有染意。

又契經說：異生善、染、無記心時，恒帶我執。若無此識，彼不應有。謂異生類三性心時，雖外起諸業，而內恒執我，由執我故，令六識中所起施等，不能亡相，故《瑜伽》說：染污末那為識依止，彼未滅時，相了別縛，不得解脫；末那滅已，相縛解脫。言相縛者，謂於境相不能了達如幻事等，由斯，見分，相分所拘，不得自在，故名相縛。依如是義有伽他言："如是染污意，是識

尚是異生；"初、後有故"是指說一切有部認為，初生無想天與命終之後二位有心、有我執，所以無想天並非無我執，而非"初半劫""後半劫"；"中間長時無故"是指無想天一期生命中，而非"中間四百九十九劫"；"去、來有故"是指除了經部師其他派別認為，過去、未來有我執，所以無想天並非無我執，並未提到"第六識"；"彼非現、常"指小乘所認為的過去、未來的我執，不像現在法一樣是"現"是有，也非無為法那樣是"常"是有，而非"彼第六識既非現在，定非常住"；"所得無故，能得亦無"是指小乘有一派以不相應行法"得"來成立我執，論主破斥謂既然沒有作為"得"之所得的過去、未來我執，也就沒有此"能得"之"得"，而非"所得無想異熟無故，能得無想有情亦無"；"藏識無故，熏習亦無，餘法受熏已辯非理"是破斥小乘在無心位以色根持種的理論，因此說前已破斥了色根等可持種。

❶ 引文見<u>無性</u>造、<u>玄奘</u>譯《攝大乘論釋》卷1，《大正藏》第31冊，1598號，頁384下16至20。

之所依。此意未滅時，識縛終不脫。"又善、無覆無記心時，若無我執，應非有漏，自相續中六識煩惱與彼善等不俱起故，去、來緣縛理非有故，非"由他惑成有漏"故，勿"由他解成無漏"故。又不可說"別有隨眠是不相應，現相續起，由斯善等成有漏法"，彼非實有已極成故。亦不可說"從有漏種生彼善等，故成有漏"，彼種先無因可成有漏故。非"由漏種彼成有漏"，勿"學無漏心亦成有漏"故。雖由煩惱引施等業，而不俱起，故非有漏正因，以"有漏"言表"漏俱"故。又無記業，非煩惱引，彼復如何得成有漏？然諸有漏，由與自身現行煩惱俱生俱滅，互相增益，方成有漏，由此熏成有漏法種，後時現起，有漏義成。異生既然，有學亦爾。無學有漏，雖非漏俱，而從先時有漏種起，故成有漏，於理無違。由有末那恒起我執，令善等法有漏義成。此意若無，彼定非有。故知別有此第七識。

六、異生三性染心，謂有情類，於善、染等三性心時，前六轉識在外門轉，作善、染業，而內第七念念執我，以執我故，令六識中所起善染，不能亡相。如布施等，即前六識善性心時。為是第七恒行不共無明內執我故，令六識等行施時，不能達三輪體空，不能亡相。此我外緣，行相麤動，非第七起，由第七故，第六起此。全

由七生，增明為論。第六識中我執體有間斷，通三性心，間雜生故，第七不緣外境生故。❶

下引《瑜伽》以證染污末那為第六識染污依止。由彼染污末那滅，念念執我，致令前六轉識見分為相所縛，不得解脫；末那滅已，第六相縛便即解脫。何謂"相縛"？謂於目前所作種種善、染諸業，不能了達如夢幻等，認以為實，由斯，第六見分，為彼相分所拘，不得無礙解脫自在，故名相縛。

"依如是"下。引證。大乘難云：若汝等執"有第六而無第七"者，則第六識中善與無覆二心生時，若無第七我執，彼二種心應成無漏。何以故？六識俱生現行煩惱自相續中，與彼善、無記心不俱起故，不熏有漏。過去、未來煩惱緣縛理非有故，不熏有漏。非由他識迷無我理而令善等成有漏故，非由他識解無我理而令善等成無漏故，以顯成染成淨皆由第七執我、不執我，更不由他。❷又不可說別"有隨眠異心、心所，是不相應行蘊所攝，於善等時現相續起，由斯善等成有漏法"。所以者何？以"彼隨眠非實

---

❶ "此我外緣……外境生故"，改寫自《宗鏡錄》卷 52，《大正藏》第 48 冊，2016 號，頁 724 上 12 至 15，源自窺基《成唯識論述記》卷 5："二云：此我外緣，行相麤猛，非第七起，由第七故第六起此。舉由七生，增明為論，非實顯之。彼是第六識中我執體有間斷，遍三性心間雜生故。此解為勝，是根本故，第七不緣外境生故。"（《大正藏》第 43 冊，1830 號，頁 414 上 11 至 16）"全由七生"，疑應作"舉由七生"。

❷ "非由他識……更不由他"，本句是對《成唯識論》"非'由他惑成有漏'故，勿'由他解成無漏'故"的解釋，與唐代註疏不同。據唐代註疏，此句破斥的觀點是"如無學身本已清淨，因為被其他不清淨的有情緣而成有漏，如有漏有情於佛生嗔，此時佛成有漏"，原因是"不能通過緣取其他無漏有情而使得自己成為無漏"。

有體"已極成故**❶**。亦不可說"從有漏種生彼善等,是故善等成有漏法"。所以者何? 由與漏俱,成有漏種;先無我執與善等俱,彼種無因成有漏故。若謂"無始有有漏種,不由熏習,法爾成就,有漏法起,以此為因,有漏起時,復熏成種",是亦不然,非由漏種彼成有漏。所以者何? 勿學無漏心亦成有漏故。學無漏心,亦從有漏種子生起,然彼不熏有漏法種,自相續中非漏俱故。**❷**若謂"善等雖非染俱,而由前六煩惱所引,是故施等成有漏法",此亦不然。雖由煩惱引施等業,而施等業起時,煩惱早已滅,不俱起,故非有漏正因。所以者何? 以"有漏"言表"與有漏種子俱生**❸**",方是正因故。若謂"有漏善心,是彼六識煩惱所引成有漏者,則無記業隨先業轉,不待現緣,非煩惱引",彼復如何得成"有漏"? 下立正義云:"然諸有漏施等諸業,由與自身現行煩惱俱生俱滅,互相增益,方成有漏。""自身",簡非他惑。"現行",簡非隨眠。"俱生俱滅",簡非過、未。"互相增益",簡非漏種。**❹**由此熏成有漏

---

❶ "以'彼隨眠非實有體'已極成故",本句是對《成唯識論》"彼非實有已極成故"的解釋,與唐代註疏不同。據唐代註疏,此處破斥的觀點是"有一種不相應行法作為隨眠,成為此時的有漏之因","彼非實有已極成故"是指前文已論證了"不相應行法非實有"。

❷ "若謂無始有有漏種……非漏俱故",本段是對《成唯識論》"非由漏種……亦成有漏故"的解釋,與唐代註疏不同。據唐代註疏,"由漏種成彼有漏"指"善等種子由於有漏種子隨逐而成有漏","勿無學無漏心亦成有漏"指"無漏心也有有漏種子隨逐,但並不會因此成為有漏"。

❸"與有漏種子俱生",本句是對《成唯識論》"以'有漏'言表'漏俱'故"的解釋,與唐代註疏不同。據唐代註疏,"漏俱"指與第七識俱,由此論證必有第七識。

❹"'自身',簡非他惑……簡非漏種",本段是對《成唯識論》"自身現

法種，後時現行，從此種起，有漏義成。異生既爾，有學俱生有漏亦然。問：異生有學有漏固爾，若無學位又且如何？答：無學有漏已捨"賴耶"，雖無有漏，俱生四惑，法執未忘，而從先時異熟識中猶執法我，有漏種起，雖是無漏，還成有漏，於理無違。❶由有末那恒起我執，故令善、無記二心有漏義成。若無此意，有漏不成。故知別有第七俱生我執，與善無覆為有漏因也。

　　證有此識，理趣甚多，隨《攝大乘》，畧述六種，諸有智者，應隨信學。然有經中說六識者，應知彼是隨轉理門，或隨所依六根說六，而識類別實有八種。

七、結成證義。謂上所引六種，是《攝大乘論》中之意。然有經中說第六識起我執者❷，應知皆是隨俗施設，故作是語。或是隨六根而說六識，究理而論，識類各別，實有八種，非謂識類止有六也。

行煩惱俱生俱滅，互相增益"的解釋，唐代註疏稍異，如窺基《成唯識論述記》卷5："'自身'者，簡他身，不縛己。'現行'，簡種子，唯種不縛……'俱生俱滅'，簡前、後發。'相增益'者，遞為緣相生義。正解'漏'義，簡無漏法。"（《大正藏》第43冊，1830號，頁415上21至26）

❶　"無學有漏……於理無違"，本段是對《成唯識論》"無學有漏……於理無違"的解釋，與唐代註疏不同。據唐代註疏，本段是解釋無學中沒有有漏現行但仍被認為有有漏的原因，即無學的有漏是從之前的有漏種生、作為"漏種類"。

❷　"然有經中說第六識起我執者"，本句是對《成唯識論》"然有經中說六識者"的解釋，與唐代註疏不同。據唐代註疏，本段是為解釋為何一些經文說只有六識，而唯識卻說八識。

已上曇錄第七末那，諸教同詮，羣賢共釋，刱入道者，此意須明。是起凡聖之因，宜窮體性；乃立解惑之本，可究根源。迷之則為人法執之愚，悟之則成平等性之智。於諸識內獨得意名，向有漏中作無明主，不間不斷，無想定治而不消，常審常恒，四空天避而還起，雖有覆而無記，不外執而內緣，常起現行，能蔽真而障道。雖稱不共，但成染而潤生。是以欲透塵勞，須知要徑；將施妙藥，先候病源，若細意推尋，冥心體察，則何塵而不出，何病而不消？斷惑之門，斯為要矣。❶

通上、第二能變，竟。

如是已說第二能變。第三能變，其相云何？

第三能變。先、結前標問。後、頌釋，分四：一頌，釋差別、體、相、三性四門；二頌，釋心所相應、受俱二門；三頌，釋廣顯心所差別；四頌，釋現起分位。

頌曰：

次第三能變，差別有六種，

了境為性、相，善、不善、俱非。

此天親頌。一頌釋差別、體、相❷四門。總有九門：一、差別門，即次第三能變差別有六種；二、體性門，即了別為性；三、行

---

❶ "已上曇錄……斯為要矣"，引自《宗鏡錄》卷52，《大正藏》第48册，2016號，頁724上15至25。

❷ "相"字下，疑脫"三性"二字。

相門，即了別為相；四、三性門，即善不善俱非。餘五在後。❶前二句，謂第六識必同前五緣麤顯境，而有觸、受及愛、取生，能成後有，故合六種為一能變。

論曰：次中思量能變識後，應辯了境能變識相。此識差別總有六種，隨六根、境種類異故，謂名"眼識"乃至"意識"，隨根立名，具五義故，"五"謂依、發、屬、助、如根。雖六識身皆依意轉，然隨不共，立"意識"名，如五識身，無相濫過。或唯依意，故名"意識"。辯"識"得名，"心""意"非例。或名"色識"乃至"法識"，隨境立名，順"識"義故，謂於六境了別名識。色等五識唯了色等，法識通能了一切法，或能了別法，獨得"法識"名。故六識名，無相濫失。此後隨境立六識名，依五色根未自在說。若得自在，諸根互用，一根發識緣一切境，但可隨根，無相濫失。《莊嚴論》說"如來五根，一一皆於五境轉"者，且依麤顯同類境說。《佛地經》說"成所作智決擇有情心行差別，起三業化、作四記"等，若不遍緣，無此能故。然六轉識所依、所緣，麤顯極成，故此不說。前隨義便，已說所依，此所緣境，義

❶ 此處"九門"的科判，或引自《唯識開蒙問答》卷上，《新纂卍續藏》第 55 冊，888 號，頁 349 下 14 至 17，源自窺基《成唯識論述記》。

便當說。

一、釋頌意，分三。一、釋差別門。初、總標；次、別釋。第三能變，六種合成，識雖一體，而隨根、境種類差別，立六種名，謂眼識、耳識、鼻識、舌識、身識、意識。"眼"等是根，"識"即自體。故此六名，隨根建立。具五義故，一、依於根，二、根所發，三、屬於根，四、助於根，五、如於根。一、依於根者，"眼中之識"，故名"眼識"。依眼處所，識得生故。又由有眼，識得有故。所以者何？若有眼根，識定生，不盲瞑者乃至闇中亦能見故；不"由有色，眼識定生"，以盲瞑者不能見故。二、根所發者，"眼所發識"，故名"眼識"。由眼變異識亦變異，色雖無變識有變故，如迦末羅病損壞眼根，於青等色皆見為黃。三、屬於根者，"屬眼之識"，故名"眼識"。由識種子，隨逐於根而得生故，非色種子識種隨也。四、助於根者，"助眼之識"，故名"眼識"，作彼損益故。所以者何？由根合識，有所領受，令根損益，非境界故。五、如於根者，"如眼之識"，故名眼識。俱有情數之所攝故，非"彼色法定是無情"。根五義勝，故說依根。眼識既然，餘識亦爾。❶前四，皆依主釋；唯"根所發識"，名依士釋，以根雖劣能發勝故。

次、釋妨。難云：若識隨根而立名者，六皆依意轉，悉應名"意識"。釋云：雖六識身皆依意轉，而五以意為共所依，雖第六識意為不共，今隨不共，立"意識"名。"如五識身，無相濫過"，如依眼根了別諸色，名為眼識，今依意根了別諸法，名為意識。或

---

❶ "眼中之識……餘識亦爾"，改寫自安慧糅、玄奘譯《大乘阿毘達磨雜集論》卷2，《大正藏》第31冊，1606號，頁703中1至12；亦見於《宗鏡錄》卷53，《大正藏》第48冊，2016號，頁727上14至25。

唯依意，故名意識；五非唯依意，故不名意識。隨根五義，辯"識"得名，非辯"心""意"，不應為例。

問：根識等六，既依根發識，以何為根？答：《瑜伽》云：皆以現行、種子二法為眼等根，由本熏時，心變似色，從熏得名，即四大所造清淨色。故對所生之果識，假說現行為功能，實唯現色功能。生識之義，大小共成。問：根以何為義？答：根者，寂勝義、自在義、主義、增上義、出生義，是為根義。於中有清淨五色根，有浮塵五色根。若清淨五色根，即是不可見有對淨色以為體性，能發生五識，有照境用。❶《五蘊論》云"謂於眼中一分淨色，如淨醍醐。此性有故，眼識得生，無即不生"，乃至"身根並淨色為性，無即不生"❷。《俱舍》云："眼根極微，在眼星上傍布而住，清徹膜覆，如頗迦脈，不相障覆。耳根極微，在耳穴內旋環而住，如卷樺皮。鼻根極微，居鼻頻內，背上面下，如雙爪甲。舌根極微，布在舌上，形如半月。身根極微，遍住身分，如身形量。"❸若浮塵五色根者，即扶清淨根能照其境，自體即不能照境，為浮塵根是麤顯色，不妨與清淨根為所依。❹問：六根所成，各有幾義？答：有二義：一是異熟，二是長養。且如眼根，以

---

❶ "問：根識等六……有照鏡用"，改寫自《宗鏡錄》卷 53，《大正藏》第 48 冊，2016 號，頁 725 上 14 至 24。

❷ 引文見《大乘廣五蘊論》卷 1，《大正藏》第 31 冊，1613 號，頁 851 上 1 至 12。

❸ 引文改寫自《阿毘達磨俱舍論》卷 2，《大正藏》第 29 冊，1558 號，頁 12 上 12 至 20。

❹ "若浮塵五色根者……為所依"，引自《宗鏡錄》卷 53，《大正藏》第 48 冊，2016 號，頁 725 上 24 至 26。

過去業，招今世眼，名異熟眼；於今世時，因飲食等，長小令大，養瘦令肥，名長養眼，餘根亦然。❶

"或名"下，次釋隨境立名。設有問云："識依眼等，名眼識"者，識緣色等，應名"色識"耶？故此釋云：亦得名色識。何以故？順識義故。何為順耶？"識"者，緣慮，緣慮色等，為順識故，謂於六境了別名識。今從境立，故順識義。色等五識，唯了色等，故名"色識"，乃至"觸識"；第六通能了一切法，故名"法識"。或能了法，獨得法名；前五不能，故不名法。故六識名，無相濫失。設有問云：既順識義，何不依立？故此釋云：未自在位，眼唯緣色，且無相濫；若自在位，諸根互用，一根發識緣一切境，名何境識耶？有此混濫，不依境立，但依根立，為無過也。何為一根發識緣一切境？且如眼根，能發耳識，緣諸聲境，發餘，準說，餘根亦爾。古云：耳處能作鼻處佛事等，即此義也。❷問：若一根發識緣一切境，則一識應名一切識，豈不相濫，成大過耶？答：但可隨根，無相濫失。"《莊嚴》"下，引論難云：《莊嚴論》說如來五根一一皆依五境而轉，何謂能緣一切境耶？釋云：五境麤顯，法境微細。五境相望而為同類。法非五種之同類境，且依麤顯同類境故，作如是說，其實一識能緣一切也。"《佛地》"下，引經證。《佛地經》說：成所作智決擇有情心行差別，現起三業不思議化，為諸菩薩授四記等，豈非五識徧緣一切乎？若不徧緣，無此大用故。釋曰："成所作智"，轉前五識而成者。"三業化"，合有十種。身

---

❶ "問：六根所成……餘根亦然"，改寫自《宗鏡錄》卷53，《大正藏》第48冊，2016號，頁727中5至9。

❷ "設有問云……即此義也"，或改寫自《唯識開蒙問答》卷上，《新纂卍續藏》第55冊，888號，頁348上5至8。

化有三：一、現神通化，二、現受生化，三、現業果化。語化亦三：一、慶慰語化，二、方便語化，三、辯物語化。意化有四：一、決擇意化，二、造作意化，三、發起意化，四、領受意化。領受化中復有四記：一、一向記，如人問天，亦答於天；二、分別記，如人問天，清氣為天；三、反問記，如人問天，何者為天；四、默置記，如有人問，默然不答。此皆如來度生說法等事。問云：前初能變云"不可知執受處了"，第二能變云"依彼轉緣彼"，今此頌中，何故不說六識依、緣？答：謂六轉識所依、所緣麤顯極成，故三能變頌中不說。前四卷中，已說五識所依有四，今當次第言所緣境。

次言"了境為性、相"者，雙顯六識自性、行相。識以"了境"為自性故，即復用彼為行相故。由斯兼釋所立別名，能了別境名為識故。如契經說：眼識云何？謂依眼根了別諸色。廣說乃至意識云何？謂依意根了別諸法。彼經且說，不共所依，未轉依位，見分所了。餘所依、了，如前已說。

二、釋體性門、行相門。以一"了別"雙釋性、相。經說"眼識依於眼根"，乃至"意識依於意根"，如是且說不共所依。經說"眼識了別諸色"，乃至"意識了別諸法"，如是且說未轉依位見分所了。餘共所依，及已轉依見分所了，如前已說。五識皆依六、七、八識，六依第八，一根發識，緣一切境。❶

---

❶ "餘共所依……緣一切境"，本段是對《成唯識論》"餘所依、了"的解釋，與唐代註疏不同。據唐代註疏，"餘所依"指分別依、染淨依、根本依，"餘所了"指自證分等。

此六轉識，何性攝耶？謂善、不善、俱非性攝。"俱非"者，謂無記。非善、不善，故名"俱非"。能為此世、他世順益，故名為"善"；人、天樂果，雖於此世能為順益，非於他世，故不名善。能為此世、他世違損，故名"不善"；惡趣苦果，雖於此世能為違損，非於他世，故非不善。於善、不善、益、損義中，不可記別，故名"無記"。此六轉識，若與信等十一相應，是善性攝；與無慚等十法相應，不善性攝；俱不相應，無記性攝。有義：六識三性不俱，同外門轉，互相違故，五識必由意識導引俱生、同境成善染故。若許五識三性俱行，意識爾時應通三性，便違正理，故定不俱。《瑜伽》等說"藏識一時與轉識相應，三性俱起"者，彼依多念，如說一心非一生滅，無相違過。有義：六識三性容俱。率爾、等流眼等五識，或多或少容俱起故。五識與意，雖定俱生，而善性等不必同故。前所設難，於此唐捐。故《瑜伽》說"若遇聲緣從定起"者，與定相應意識俱轉餘耳識生，非唯彼定相應意識能取此聲。若不爾者，於此音聲不領受故，不應出定。非"取聲時，即便出定"，領受聲已，若有希望，後時方出。"在定耳識，率爾聞聲"，理應非善，未轉依者率爾墮心定無記故。由此誠證，五俱意識，非定與五善等性同。諸處但言"五俱意識，亦緣五境"，不說"同性"。《雜集論》說"等引位中五識無"者，依多分說。若五識中三性俱轉，意隨偏注，與彼性同，無偏注者便無記性，故六轉識三性容俱。得自在位，唯善性攝，佛色、心等道諦攝故，已永滅除戲論種故。

三、釋三性門。先、問；次、舉頌答；次、釋。云何名善？謂自體及果俱可愛樂，名之為善。云何不善？返善可知。云何無記？謂無愛非愛果可記別，故名無記。"能為此世、他世順益"者，謂前世益今世，今世益後世也。問：若謂"此世、他世順益，名為善"者，無為無漏，無前、後際，何故名善？答：此世、後世違越生死，是以名善。問：人天樂果亦是順益，何故非善？答：人天樂果雖於此世能為順益，不能順益他世，以果隨業轉，業有盡故，是無記攝，故不名善。[1]能為此世、他世違損，故名不善。若爾，惡趣苦果亦是違損，應名不善。不然，惡趣苦果雖於此世能為違損，非於他世，故非不善。次、明無記，可知。

次、明所攝。此六轉識，與善十一心所相應，即善性攝；與中隨二大隨八相應，不善性攝；俱不相應，無記性攝。設問云：前六三性，為俱、不俱？答云：有二師解。一說，前六種識三性不俱起，以六識身同前五識外門轉故，既五識起善、起惡差別不同，則同時意識亦互相違，豈能一念隨五識而具通三性，何以故？五識

---

[1] "云何名善……故不名善"，改寫自《唯識開蒙問答》卷下，《新纂卍續藏》第55冊，888號，頁367下4至10。

生起必由意識引導，與彼五識俱生，成善成染。若許五識三性齊起，意識爾時亦通三性，豈有六識一念齊通三性之理？故知六識三性，定不俱起。❶ 問：若爾，何故《瑜伽論》說"藏識一時與轉識相應，三性俱起"？答：彼說"一時俱起"，是依前後多念，故說"一時"，非謂"一念三性俱起"。如說"一心"，是約多生滅說，非"一生滅，名為一心"也。今依一念，不容俱起，故與論文無相違過。一師云：六識一念三性容俱時起，以彼同時意識、率爾、等流，與眼等五識容俱起故。由率爾起，故與無記相應。由等流起，故與善、染相應。率爾、等流，既容俱起，三性必俱❷。然言"容"者，姑且之辭故。又曰"五識與意識決定俱生，而善性等不必皆同"，則汝前所設意識應通三性之難，竟成虛棄。下引《瑜伽》以證意識雖與五識俱起，而不同性。即如諸瑜伽師入禪正受，若遇聲緣，從定起者，此是與定相應善意識俱轉之餘五識生，領受此聲，後方

---

❶ "一說，前六種識……定不俱起"，本段是對《成唯識論》"有義：六識三性不俱，同外門轉，互相違故，五識必由意識導引俱生，同境成善染故"的解釋，強調五俱意識不能同時具備三性，與唐代注疏不同。據唐代注疏，"同外門轉，互相違故"是第一因，此觀點基於《瑜伽師地論》中"五識唯一剎那"而非"俱生"的理論，所以一剎那不能有三性的五識；"五識必由意識導引俱生，同境成善染故"是第二因，指所引的五識如果有三性，則能引五識的意識也應具備三性，但並非如此。

❷ "一師云：六識一念三性容俱時起……三性必俱"，本段是對《成唯識論》"有義：六識三性容俱。率爾、等流眼等五識，或多或少容俱起故"的解釋，與唐代注疏不同。據唐代注疏，"率爾、等流眼等五識"，指"率爾五識"與"等流五識"，意謂，如起眼識，在眼識至等流心時，已有善惡，此善等流眼識生起時，若再與聲境，意識仍可引生不善耳識，此"善等流眼識"與"由不善意識引生的率爾耳識"可以俱起，而非涉及"同時意識、率爾、等流，與眼等五識容俱起故"四個要素。

出定，不是"彼定相應意識獨取此聲，而無耳識"。若"唯意識，無耳識"者，定中意識不能聞聲，於此音聲不領受故，不應出定。問：若是耳識領受聲時，即便出定，何必要與定中相應意識俱轉而後出定耶？答：非取聲時即便出定，必是耳識領受聲已，定中相應意識有所希望，然後出定，故耳識聞聲時，意猶在定。定應二識共取此聲，是知意識必與耳識俱起也。然在定意識，是相應善；在定耳識率爾聞聲，理定非善。所以者何？未轉依時，率爾墮心定無記故。無記耳識，與定相應善意俱轉。由此誠證"五俱意識斷不與五識同性❶"明矣。"《雜集》下，次、釋妨難。云：《雜集論》說等引位中無有五識，何故說與定相應意識俱轉耶？定有三位，謂"入""住""出"三。"住"名"等持"，"出""入"二位名"等引"。今言"等引"，正出定、入定時也。答：彼論依多分說"無五識"，此顯少分定有五識，故前云"在定五識率爾聞聲"也。❷問云：五俱意識既不能與前五同性，何故前文說"六識三性亦容俱起"？答：若五識中三性俱轉，五俱意識，隨彼五識偏注一境，爾時意識與彼五識或善或惡，必是同性；若不偏注，是無記性。故六轉識與前五識三性容俱。此依未自在位說。若至自在位中，不

---

❶ "五俱意識斷不與五識同性"，本句是對《成唯識論》"五俱意識非定與五善等性同"的解釋，疑應作"五俱意識不斷與五識同性"，即五俱意識與五識的三性未必相同，而非斷然不同。

❷ "定有三位……率爾聞聲也"，本段是對《成唯識論》"《雜集論》說等引位中無五識者，依多分說"的解釋，明代注疏多以"入、住、出"三位解釋，與唐代注疏不同。據唐代注疏，"多分"指"多識"或"多人"。"多識"，如二乘定中可以起而識但不能起余四識，從不能起餘四識（多識）的角度說"無"；"多人"，如只有阿羅漢能夠在定中起耳識，其他聖者不行，從其他諸多聖者（多人）不能起的角度說"無"。

通三性，唯善性攝。問云：自在位中，亦有色、心，宜通三性，何故唯善性攝？答：如來色、心，是道諦攝，非是苦、集，故無不善，已永滅除戲論種故，故非無記❶。

　　六識與幾心所相應？頌曰：
　　此心所遍行，別境善煩惱。
　　隨煩惱不定，三受共相應❷。

　二頌釋相應、受俱二門，分二：一、畧標六位，二、廣顯差別。今初。頌即天親第九頌，有二門：初、二、三句，是第五心、所相應門；末句，是第六、受俱門。

　　論曰：此六轉識，總與六位心所相應。謂遍行等，恒依心起，與心相應，繫屬於心，故名“心所”，如屬我物立“我所”名。心於所緣，唯取總相；心所於彼，亦取別相。助成心事，得“心所”名，如畫師資作模填彩。故《瑜伽》說：識能了別事之總相，作意了此所未了相，即諸心所取所別相❸，觸能了此可意等相，受能了此攝受等

────────────

❶“若至自在位中……故非無記”，本段是對《成唯識論》“得自在位……戲論種故”的解釋，與唐代注疏不同。據唐代注疏，“已永滅除戲論種”是“佛色、心等道諦攝”的原因，佛之色心不是“非不善”，而是“唯善”。

❷“三受共相應”，底本、校本皆如此，明代其他《成唯識論》注疏亦多作“三受共相應”，《大正藏》本《成唯識論》作“皆三受相應”，校勘記謂《宋》《元》《明》《宮》四本皆作“三受共相應”。

❸“即諸心、心所取所別相”，底本如此，明代其他《成唯識論》注疏多

相，想能了此言說因相，思能了此正因等相。故作意等，名心所法。此，表心所亦緣總相。餘處復說：欲亦能了可樂事相，勝解亦了決定事相，念亦能了串習事相，定慧亦了得失等相。由此，於境起善、染等諸心所法，皆於所緣兼取別相。

二、釋頌意，分二：一、釋心所六位，二、釋受俱。初又分二：一、釋心所，二、釋六位。今初。言"總與六位心所相應"者，言總意別。此中以能變言之，故將八識分三，即合前六為一能變，是為言總；若以轉智言之，即將八識分四，故分前五第六為二心品，是為意別。此言總與六位相應者，依意識言。若依五識有漏位言，止具三十四所，餘十七所不與相應，不可據此違害餘義。"謂偏行等"下，釋"相應"義。問：何義得名"心所"？答：言"心所"者，以心為依方現起故，與心和合不捨離故，繫屬於心隨心轉故。具此三義，名為"心所"，如屬我物立"我所"名。屬心之法，名為"心所"。問：心與心所，義用何別？答：心於所緣之境，唯取大署，不別分別，如言緣青，但總取青❶，不更分別青之別相；心所於彼

如此。《大正藏》本《成唯識論》作"即諸心、心所所取別相"，校勘記謂《宋》《元》《明》《宮》四本皆作"即諸心、心所取所別相"。據唐代注疏，此句謂"被作意心所了別的'未了相'，就是被諸心、心所緣取的別相"，故應作"即諸心、心所所取別相"。

❶ "取青"二字，底本難辨，本句改寫自《宗鏡錄》卷55，源自《成唯識論述記》卷5，整理者據校本、《大正藏》本《宗鏡錄》卷55、《成唯識論》及文意補。

所緣之境，不唯大畧❶，亦取微細，以能了心王未了之事，故得此名。"如畫師資❷作摸填彩"者，"師"謂博士，"資"謂弟子，如師作摸，畫形既已，弟子填彩。彩於摸填，不離摸故，如取總相；著彩色時，令媚好出，如亦取別相。心、心所法取境亦爾，識能了別事之總相，不言取別相，以是主故；若取別相，即心所故。作意一法，獨能了別眾多別相，由作意能令心、心所取境功力勝故，有此總取多法別相。《瑜伽論》以作意為初，功能勝故。此論以觸為初，和合勝故。各據一義。即以五徧行論了別相。觸能了心王可意、不可意、俱相違相。受能了心王攝受、不攝受、俱相違相。想能了心王言說因相，以能取境分齊相故，謂此是青、非青等，便起言設，故想之相為言說因。思能了心王邪因、正因、相違因相，即是境上正、邪等相，是思之因故。❸作意等名心所法，皆言"此"者❹，正顯心所亦緣總相也。餘論亦說別境五所亦了別相，欲

---

❶ "畧"，底本難辨，本句改寫自《宗鏡錄》卷 55，源自《成唯識論述記》卷 5，整理者據校本、《大正藏》本《宗鏡錄》卷 55、《成唯識論》及文意補。

❷ "師資"二字，底本難辨，本句改寫自《宗鏡錄》卷 55，源自《成唯識論述記》卷 5，整理者據校本、《大正藏》本《宗鏡錄》卷 55、《成唯識論》及文意補。

❸ "心所於所緣之境……是思之因故"，改寫自《宗鏡錄》卷 55，《大正藏》第 48 冊，2016 號，頁 734 中 21 至下 8；源自窺基《成唯識論述記》卷 5，《大正藏》第 43 冊，1830 號，頁 421 下 11 至頁 422 上 20。"是思之因故"，底本、校本皆如此，《大正藏》本《宗鏡錄》卷 55、《成唯識論述記》皆作"是業之因故"，即謂思心所是業的原因，應作"是業之因故"。

❹ "皆言'此'者"，本句或是將《成唯識論》"此表心所亦緣總相"中的"此"字理解為前引《瑜伽師地論》文中的"此可意""此攝受"等中的"此"字。據唐代注疏，"此表"之"此"指代所引《瑜伽師地論》文。

亦能了心王可樂事相，勝解亦能了心王決定事相，念亦能了心王串習事相，定、慧能了心王得失、是非事相。由此十法，於所緣境起善、起染及起不定諸心所法。此十又能於所緣境，能取心王總相，而又兼取別相❶。

　　雖諸心所名義無異，而有六位種類差別，謂遍行有五，別境亦五，善有十一，煩惱有六，隨煩惱有二十，不定有四，如是六位，合五十一。一切心中定可得故，緣別別境而得生故，唯善心中可得生故，性是根本煩惱攝故，唯是煩惱等流性故，於善染等皆不定故。然《瑜伽論》合六為五，煩惱、隨煩惱俱是染故。復以四"一切"辯五差別，謂一切性及地、時、俱。五中：遍行，具四"一切"；別境，唯有初、二"一切"；善，唯有一，謂一切地；染，四皆無；不定，唯一，謂一切性。由此五位種類差別。

　　二、釋六位。先、總標；"謂徧"下，次、刊數；"一切"下，次、釋義。"一切心中定可得"者，即五徧行，不問何心，但起必有故。"緣別別境而得生"者，即五別境。"唯善心中可得生"者，即善十一法，唯善心有故。"體是根本，能生諸惑"❷，即貪等六。"唯是

---

❶ "此十又能於所緣境……而又兼取別相"，本句是對《成唯識論》"諸心所法皆於所緣兼取別相"的解釋。據唐代注疏，本句的主語就是"諸心所法"，而非"此十"。

❷ 此處引文不同於《成唯識論》的原文"性是根本煩惱攝故"，同於《宗

煩惱等流性"者，即隨煩惱。"於善染心皆不定"者，即不定四，謂於善、染、無記三性心皆不定故。**❶**問：何故《瑜伽》唯有五位，此處有六？答：《瑜伽》合根、隨為一染，故位唯五。

"以四一切辨五差別"者，四"一切"釋，已見前卷徧行法中。別境，徧性一切、地一切；而無時一切，以四境各別起故；無俱一切，以欲等不徧心故。故云"別境唯有初、二'一切'"也。善，與不善、無記相違，無性一切；十一數不能同時而起，無時一切；有漏七、八二識無之，無俱一切。故曰"善，唯一切地"也。染，惟不善，無性一切；惟欲界有，無地一切；不同時起，無時一切；八識無之，無俱一切。故云"染，四皆無"也。睡眠唯欲界有，初禪有尋有伺，二禪唯尋無伺，三禪無尋無伺，無地一切；不同時起，無時一切；六識所專，無俱一切。故云"不定，唯一切性"也。

此六轉識，易脫不定，故皆容與三受相應，皆領順、違、非二相故。領順境相，適悅身心，說名樂受；領違境相，逼迫身心，說名苦受；領中容境，相於身於，心非逼非，悅名不苦、樂受。如是三受，或各分二。五識相應，說名"身受"，別依身故；意識相應，說名"心受"，唯依心故。又三皆通有漏、無漏，苦受亦由無漏起故。或各分三，謂見所斷、修所斷、非所斷，又學、無學、非二為三。或

鏡錄》卷 55。

❶ "'一切心中定可得'者……皆不定故"，引自《宗鏡錄》卷 55，《大正藏》第 48 冊，2016 號，頁 734 下 8 至 13。

總分四，謂善、不善、有覆、無覆二無記受。有義：三
受容各分四。五識俱起任運貪、癡，純苦趣中任運
煩惱，不發業者，是無記故，彼皆容與苦根相
應。《瑜伽論》說：若任運生一切煩惱，皆於三受
現行可得。若通一切識身者，遍與一切根相應；不
通一切識身者，意地一切根相應。《雜集論》說：若
欲界繫任運煩惱發惡行者，亦是不善，所餘皆是
有覆無記。故知三受各容有四。或總分五，謂苦、
樂、憂、喜、捨。三中，苦、樂各分二者，逼、悅身
心相各異故，由無分別、有分別故，尤重、輕微有
差別故。不苦不樂不分二者，非逼、非悅相無異
故，無分別故，平等轉故。諸適悅受，五識相應，恒
名為"樂"。意識相應，若在欲界、初、二靜慮近
分，名"喜"，但悅心故；若在初、二靜慮根本，名
"樂"、名"喜"，悅身心故；若在第三靜慮近分、根
本，名"樂"，安靜尤重、無分別故。諸逼迫受，五
識相應，恒名為"苦"。意識俱者，有義：唯憂，逼
迫心故。諸聖教說：意地感受名憂根故。《瑜伽論》
說：生地獄中諸有情類，異熟無間有異熟生，苦、
憂相續。又說：地獄尋、伺憂俱一分，鬼趣、傍生
亦爾。故知意地尤重感受，尚名為憂，況餘輕
者？有義：通二。人、天中者，恒名為"憂"，非

尤重故；傍生、鬼界，名"憂"、名"苦"，雜受、
純受有輕、重故；捺落迦中，唯名為"苦"，純受、
尤重、無分別故。《瑜伽論》說，若任運生一切煩
惱，皆於三受現行可得，廣說如前。又說俱生薩
迦耶見，唯無記性。彼邊執見，應知亦爾。此俱
苦受，非憂根攝，《論》說憂根非無記故。又《瑜
伽》說：地獄諸根，餘三現行定不成就，純苦鬼
界、傍生亦爾。餘三定是樂、喜、憂根，以彼必成現
行捨故。豈不容捨彼定不成？寧知彼文唯說容
受？應不說彼定成意根，彼六容識有時無故。不
應彼論唯說客受，通說意根，無異因故。又若彼
論依容受說，如何說彼定成八根？❶若謂"五識不

---

❶"豈不容捨……定成八根"，此段中"容捨""容受""容識"等五"容"字，底
本皆作"容"，校本無，《大正藏》本《成唯識論》皆作"客"，校勘記謂《宋》
《元》《明》《宮》《聖》諸本皆作"容"。唐代注疏或將此論溯源于《瑜伽
師地論·攝抉擇分》，然僅就唐代注釋以及其他唯識文獻的各版本來說，亦
"容""客"難定。《大正藏》本《成唯識論述記》卷5謂"此師意說：《五
十七》言'地獄成八根'，定約六識作論，依客受說。《五十一》等說，六識
中受，名為客受"（《大正藏》第43冊，1830號，頁424下7至9），"不應
《瑜伽》'受'中唯說'容受'，'意'中通說'主識'。'主識'即第八，以第
八識必受俱故，無異所以別作論故"（《大正藏》第43冊，1830號，頁425
下4至7），《大正藏》本《瑜伽師地論》卷51謂"如是阿賴耶識，雖與轉
識俱時而轉，亦與客受、客善、不善、無記心所俱時而轉"（《大正藏》第30
冊，1579號，頁580下26至27），據此等文，此處諸"容"字皆應作"客"字，"客
識"即與作為"主識"的第八識相對的前六識，"客受"即與前六識相應的

相續故，定說憂根為第八"者，死生、悶絕，寧有
憂根？有執"苦根為第八"者，亦同此破。設執
"一形為第八"者，理亦不然，形不定故，彼惡業
招容無形故。彼由惡業令五根門恒受苦故，定成
眼等，必有一形，於彼何用？非於無間大地獄
中，可有希求婬欲事故。由斯，第八定是捨根，第
七、八識捨相應故。如極樂地，意悅名樂，無有喜
根，故極苦處，意迫名苦，無有憂根。故"餘
三"言，定憂、喜、樂。餘處說"彼有等流樂"，應
知彼依隨轉理說，或彼通說餘雜受處，無異熟樂
名純苦故。然諸聖教"意地感受名憂根"者，依
多分說，或隨轉門，無相違過。《瑜伽論》說"生
地獄中諸有情類，異熟無間，有異熟生，苦、憂相
續"，又說"地獄尋伺憂俱一分，鬼趣傍生亦
爾"者，亦依隨轉門。又彼苦根，意識俱者，是
餘憂類，假說為憂；或彼苦根，損身心故，雖苦
根攝，而亦名憂。如近分喜，益身心故，雖是喜
根，而亦名樂。《顯揚論》等具顯此義。然未至地，定
無樂根，說彼唯有十一根故。由此應知，意地感
受，純受苦處，亦苦根攝。此等聖教，差別多門，恐

受。本段原文解釋中，諸"客識""客捨""客受"等之"客"字皆作"容"，據
文意應作"客"。

文增廣，故不繁述。有義：六識三受不俱，皆外門轉，互相違故。五俱意識，同五所緣，五三受俱，意亦應爾，便違正理，故必不俱。《瑜伽》等說"藏識一時與轉識相應三受俱起"者，彼依多念，如說一心，非一生滅，無相違過。有義：六識三受容俱，順、違、中境，容俱受故；意不定與五受同故，於偏注境起一受故，無偏注者便起捨故。由斯，六識三受容俱。得自在位，唯樂、喜、捨，諸佛已斷憂、苦事故。

二、釋受俱門。先、總標；"領順"下，次、別釋。"此六轉識易脫不定"者，謂此六識非如七、八，體皆易脫、恒不定故。"易脫"是"間斷""轉變"義，"不定"是"欣""戚"，捨行互起故，皆通三受❶。適身悅心，謂之樂受；逼身迫心，謂之苦受；於身於心，非逼非悅，謂之捨受。

"如是三受"下，明三受各別義。"或各分二"，有二。一以身與心分言：三受與五識相應，說名身受；三受與意識相應，說名心受。一以漏、無漏分，三受皆通有漏、無漏。問：既稱"無漏"，何謂"苦"耶？答云：苦受亦由無漏而起，如行苦行，皆為求證無漏故，或修無漏時方知世諦苦。❷

---

❶ "'此六轉識易脫不定'者……皆通三受"，改寫自《宗鏡錄》卷 55，《大正藏》第 48 冊，2016 號，頁 734 下 13 至 16；源自窺基《成唯識論述記》卷 5，《大正藏》第 43 冊，1830 號，頁 423 上 9 至 14。

❷ "問：既稱'無漏'……知世諦苦"，本段是對《成唯識論》"苦受亦

"或各分三❶"者，亦有三：一謂此三受，皆通三斷，如見所斷苦、修所斷苦、非所斷苦，樂、捨亦然❷。一謂學、無學、非學非無學位，亦皆有三受。云何學法？謂或預流、一來、不還有學補特迦羅，若出世有為法，若世間善法，是名學法。何以故？依止此法，於時時中精進修學增上戒學、心學、慧學故。云何無學法？謂阿羅漢，諸漏已盡，若出世有為法，若世間善法，是名無學法。云何非學非無學法？謂除先所說學、無學法，所餘預流乃至阿羅漢，若墮一切異生相續，若彼增上所有諸法，當知是名非學非無學法❸。

"分四"，亦有二。一總分四者，善即樂受，不善苦受，有覆、無覆二無記受是以捨受分為二故。❹一各分四者，言六識皆有四受，故曰"各五識相應任運煩惱"，"純苦趣中任運煩惱"，此二煩惱，不發惡業，是無記故，苦根相應；發惡業者，是不善受，苦根相應；俱生善等，發善業者，亦是善受，樂根相應；不發善者，是無記受，捨根相應。是故三受，容各分四❺。

由無漏起故"的解釋，與唐代注疏不同。據唐代注疏，此處有多種解釋，如：一，苦根能引起無漏，"苦根"概念比"苦受"狹，由此說"苦受"通無漏；二，苦根由無漏意識引生；三，苦根與後得智俱生。

❶"三"，底本、校本皆作"一"，整理者據《成唯識論》"或各分三"及文意改。

❷"如見所斷苦、修所斷苦、非所斷苦，樂、捨亦然"，本句是對《成唯識論》"謂見所斷、修所斷、非所斷"的解釋，與唐代注疏不同。據唐代注疏，此處的三斷所分別的是二十二根。

❸"云何學法……非學非無學法"，引文見《瑜伽師地論》卷 66，《大正藏》第 30 冊，1579 號，頁 668 上 11 至 19。

❹"一總分四者……分為二故"，本段是對《成唯識論》"或總分四，謂善、不善、有覆、無覆二無記受"的解釋，與唐代注疏不同。據唐代注疏，此處四受的分類與"苦、樂、捨"的分類無關，不能依據三受來解釋此處四受。

❺"一各分四……容各分四"，本段是對《成唯識論》"三受容各分四……

"《瑜伽》"下，引證三受與一切識相應。若此任運煩惱遍一切識者，則此煩惱遍與一切識苦、樂、捨根相應。若此任運煩惱不遍一切識，而與第六意地相應者，則此煩惱即與第六苦、樂、捨根相應。言"遍""不遍"者，俱生我執七識皆遍、俱生法執前五不遍故。❶

"《雜集》"下，引證所餘。謂欲界繫不發惡者，及上二界任運煩惱❷，皆是有覆無記性攝。此證煩惱通二性攝。

"故知"下，結成。既通染二，善淨可知。是故二❸受皆通四性。

"或總分五"，分苦、樂為四，合無記為一。問：前以捨受分二，苦、樂不分，何故此中苦、樂分二，合捨受為一？答：苦、樂分二者，逼、悅身心相各異故。逼、悅身者，名苦、名樂；逼、悅心者，名憂名喜。無分別者，名為苦、樂；有分別者，名為憂、喜。尤

彼皆容與苦根相應"，亦見於其他明代注疏，但與唐代注疏不同。據唐代注疏，原文應分為"五識俱起任運貪癡"與"純苦趣中任運煩惱不發業者"，"不發業"僅限定於第六識，前五識也無發業之能。本句討論的是為何三受各自可以分為善、不善、有覆無記、無覆無記四類，其中樂受、捨受的四類容易理解，捨受的善、不善也容易理解，所以本句特別解釋苦受是無記的兩種情況。

❶"言'遍''不遍'……五不遍故"，本句是對《成唯識論》"通一切識身""不通一切識身"的解釋，與唐代注疏不同。據唐代注疏，此處"任運煩惱"指俱生煩惱，"遍"指貪、嗔、癡三，三者可與六識相應，"不遍"指慢、身見、邊見，三者唯與第六識相應。

❷"欲界繫不發惡者，及上二界任運煩惱"，本句是對《成唯識論》"若欲界繫任運煩惱發惡行者亦是不善，所餘皆是有覆無記"的引申。據唐代注疏，"欲界繫任運煩惱發惡行者"指欲界繫的不任運的發惡行的煩惱，以及任運的發惡行的煩惱，二者是不善；"所餘"則較為複雜，不能概括為"欲界不發惡"與"上二界任運煩惱"，因為任運發惡行的煩惱也是不善。

❸"二"，疑應作"三"。

重者,苦樂;輕微者,憂喜故。捨受不分者,非逼非悅於身於心,無別異相,純無分別,無有輕重,故不分二。❶

下,詳釋相應。先適悅受。諸適悅受,與五識相應者,"恒名為樂";與意識相應者,若在欲界及色界初、二靜慮近分,但名為"喜",不名為"樂",但悅心不悅身故;若在初、二靜慮,名"樂"名"喜",身、心皆悅故。言"近分""根本"者,如色界初禪有三,謂梵眾、梵輔、大梵,前二為"近分",大梵名"根本";二禪有三位,謂少光、無量光、光音天,前二為"近分",光音為"根本";三禪有三天,謂少淨、徧淨、無量淨,前二名"近分",第三名"根本"。言"根本"者,得此天根本定故;言"近分"者,於彼根本隣近,將得未得故。今言欲界諸天與初、二靜慮中梵眾、梵輔、少光、無量光所得者,但可悅心,未至身、心徧悅,故但名喜而不名樂;若在梵天、光音已得根本靜慮,身心徧悅,名"樂"名"喜"。故初禪名"離生喜樂地",二禪名"定生喜樂地"也。若在第三靜慮中,無論近分、根本,皆得妙樂,故名"離喜妙樂地"。❷由其靜慮益深,觸

❶ "分苦、樂為四……故不分二",本段是對《成唯識論》"三中,苦、樂各分二者……尤重、輕微有差別故"的解釋,前文謂"苦、惡、捨"三受分為"善、不善、有覆無記、無覆無記",故此處謂"前以捨受分二,苦、樂不分",此與對苦、樂二分的解釋,與唐代注疏不同。據唐代注疏,"身"指前五識,"心"指第六識,與前五識有關的是"苦、樂",與第六識有關的是"憂、喜"。

❷ "言'近分''根本'者……故名'離喜妙樂地'",本段對"近分""根本"的解釋,據下文"《顯揚論》云",應系源自作者對《顯揚聖教論》卷2的解讀。《顯揚聖教論》從"近分""根本""定""生"四個角度講解"八依止"之"建立",色界諸禪各有三天屬於依"生"建立,即依據先所修的對應地的下、中、上三品而得對應地的三天之果,作者將其聯繫於"近分""根本",誤。某地的"近分",指尚未得某地,而非如色界初禪的前二天,因為

處無非樂境,故"無分別";反顯前二靜慮,樂心輕微,故有分別。《顯揚論》云:"建立近分及根本者,如經中說,所謂此身離生喜樂之所滋潤,徧滋潤、徧適悅、徧流布者,是謂初靜慮近分。如經又說,即此身中一切處無有少分離生喜樂所不徧滿者,是謂初靜慮根本。即於此身等持所生喜樂之所滋潤,徧滋潤、徧適悅、徧流布者,是謂第二靜慮近分。即此身中於一切處無有少分等持所生喜樂所不徧滿者,是謂第二靜慮根本。即於此身離喜之樂之所滋潤,徧滋潤、徧適悅、徧流布者,是謂第三靜慮近分。即此身中於一切處,無有少分離喜之樂所不徧滿者,是謂第三靜慮根本。"❶言"近分"者,靜慮未滿故;言"根本"者,靜慮具足故。

次逼迫受。諸逼迫受,與五識相應者,恒名為苦。與意識相應者,有二師異說。若意地有苦師,第六通五受;若意地無苦師,第六唯三受,憂、喜、捨為三,除苦、樂二也。❷意地有苦師言:第六唯與憂受相應而無苦受,以逼迫心而非身,故有憂而無苦。下引證。"諸聖教說意地感受即名憂根"。《瑜伽》又說:生地獄中第八異熟無間有第六異熟生,有苦憂相續。故知苦屬前五,憂屬第六。"又說地獄尋、伺憂俱一分,鬼趣、旁生亦爾"。言地獄尋、伺一分與苦根俱,一分與憂根俱故。《瑜伽》云:謂捺洛迦尋、伺,唯是慼行,觸非愛境引發與憂苦相應。如捺洛迦尋伺受苦,餓鬼及

色界初禪的前二天本身已是初禪;某地的"根本",指已得某地,而非僅限於某地三天中某一天。

❶ 引文見無著造、玄奘譯《顯揚聖教論》卷2,《大正藏》第31冊,1602號,頁486中22至下6。

❷ "有二師異說……除苦樂二也",改寫自《唯識開蒙問答》卷上,《新纂卍續藏》第55冊,888號,頁355上20至22。

旁生趣所有尋、伺亦爾。故知意地中極重感受，不名為苦，尚名為憂，況餘輕者而非憂耶？❶第二師，立意地有苦、憂二受，謂生、人天二處者，恒名為"憂"，不名為苦，非尤重故；若生傍生、鬼趣二處，名"憂"名"苦"，傍生雜受者，輕微，故名憂，餓鬼純受者，尤重，故名苦❷；若在地獄，唯名為"苦"，純受、尤重、無分別故。樂至三禪為極，苦至地獄為極。故皆無分別也。"《瑜伽》"下，引證第六亦有苦受。任運煩惱，三受可得，感受唯苦，不名為憂。《瑜伽》又說，第六一類俱生我見與邊執見，唯無記性。復自釋云：據論所說，此意地俱生苦受是無記攝，決非憂根，《論》說憂根是染性故，非無記故。又說地獄諸根，餘三現行定不成就。復自釋云："餘三"定是樂、喜、憂三根，以彼地獄受苦報時，但有無記、苦根，必無現行樂、喜、憂根，以彼無記、苦根定與現行捨根相應故。豈不容捨受，樂、喜、憂三根定不成就哉？以樂喜、憂不

---

❶ "下引證……而非憂耶"，亦見於通潤《成唯識論集解》卷5，《新纂卍續藏》第50冊，821號，頁733下1至9。"《瑜伽》云：謂捺洛迦……尋、伺亦爾"，改寫自《瑜伽師地論》卷5："謂那落迦尋、伺，唯是憂行，觸非愛境，引發於苦，與憂相應，常求脫苦嬈心業轉。如那落迦尋、伺一向受苦，餓鬼尋、伺亦爾。"（《大正藏》第30冊，1579號，頁302下9至11）此段解釋多有舛誤。"言地獄尋、伺一分與苦根俱，一分與憂根俱故"，系對《成唯識論》"又說地獄尋伺憂俱一分鬼趣傍生亦爾"的注釋，本書似將"一分"連上讀，即讀為"憂俱一分"，故下文又言"餓鬼及旁生趣所有尋、伺亦爾"，而據唐代注疏，應謂"一分鬼趣、傍生"。"觸非愛境引發與憂苦相應"，難解，《瑜伽師地論》卷5原文作"觸非愛境，引發於苦，與憂相應"。

❷ "若生傍生……故名苦"，本句是對《成唯識論》"傍生、鬼界名憂名苦，雜受、純受有輕重故"，本書將"傍生—餓鬼""雜受—純受""輕—重"分別匹配解釋，與唐代注疏不同。據唐代注疏，"雜受""純受"的區分可以通於"傍生""餓鬼"。

與純苦、捨受俱轉故。意地無苦師難云：寧知彼論文唯說容捨受？應不說彼定成意識相應樂、喜、憂三根。所以者何？彼六容識有時無故。"六容識"者，即彼苦處相應捨受六種識也；"有時無故"者，是難詞。謂若無捨受時，亦有憂根也。論主破云：不應彼論唯說容捨受而不立意根。既說容捨受，決通說意根。以彼容受，及與意根，俱無記性，無異因故。若謂❶彼論唯說容受，定不成立意根者，何故彼論復說那洛迦現行種子定成八根？言八根者，正指第八識，以彼亦與捨受相應，故下縱破憂根是六非八。若謂"五識不相續故，於地獄道定非憂根，第八識是一類無間，恒相續故，定是憂根"者，則死生、極悶絕位，六識現行已滅，第八憂從何來？定知憂根不屬第八，苦根亦然。若謂"第八是異熟總報主，地獄苦根定屬第八"者，且地獄中受苦之時，定指何物以為第八？設"執地獄現男、女形，隨以一形為第八"者，理亦不然，地獄之身，或大或小，無定形故，第八異熟所感之果，有定形故，又彼惡業招感之身，容無形故。《俱舍》云："欲，胎、卵、濕生，初受生位，唯得身、命二異熟根。化生初位，得六、七、八，謂無形者初得六根，如劫初時。何等為六？所謂眼、耳、鼻、舌、身、命。若一形者，初得七根，如諸天等。若二形者，初得八根。豈有二形受化生者？惡趣容有二形化生故。"❷問：既無有形，誰為受苦？答：由彼過去惡業之力，自然於五根門頭恒常受苦，如六交報等。若謂"地獄之身定成眼等，必有一定男、女之形"，非變化

---

❶ "若謂"二字，底本難辨，校本作"若謂"，本段亦見於通潤《成唯識論集解》卷5，整理者據校本及《卍續藏》本《成唯識論集解》卷5改訂。

❷ 引文見世親造、玄奘譯《阿毘達磨俱舍論》卷3，《大正藏》第29冊，1558號，頁16下21至27。

者，縱有定形，亦何所用？非"於無間大地獄中，可有希求婬欲等事"。故《瑜伽》云："諸捺洛迦所有有情，皆無婬事，由彼長時無間多受種種極猛利苦。由此因緣，彼諸有情若男，於女不起女欲；若女，於男不起男欲。何況展轉交合？若鬼、旁生、人等所有根身，苦樂相雜，故有婬欲。"❶由斯理趣，故知捨根定成七、八，地獄苦根定成第六，以七、八二識皆與捨受相應故。❷下例破

---

❶ 引文見《瑜伽師地論》卷 5，《大正藏》第 30 册，1579 號，頁 300 上 23 至 28。

❷ "豈不容捨受……以七、八二識皆與捨受相應故"，本段是對《成唯識論》"豈不容（客）捨彼定不成……第七、八識捨相應故"的解釋，本書因錯解"客舍""第八"等概念，故導致解釋有誤。據唐代注疏，本段的爭議源自前引《瑜伽師地論》卷 57 關於"地獄有情於二十二根成就幾根"的問題，地獄有情的二十二根可以分類討論：種子與現行定成的，有八種根，即五色根、意根、命根，外加第八根，此處爭議即，前師認為地獄種、現定成的第八根是憂根，後師認為是捨根，故本段中出現的"有執苦根為第八""執一形為第八""由斯第八定是捨根"之"第八"並非指"[與第七、八[識相應]"，而是"地獄有情種、現定成的第八種根"，有認為"苦根"是第八根，有認為男、女二根中的一種為第八根，《成唯識論》採納的後師的結論是"捨根"為第八根；種子定成而現行定不成的，有三種根，即"餘三"，即喜、樂二根，加第三根，前師認為第三是捨根，後師認為是憂根。簡而言之，前師認為，地獄有情必有憂根顯現，苦根不定，必無捨根現行；後師認為，地獄有情必有捨根顯現，苦根不定，必無憂根現行。因此，前師的問難"豈不客捨彼定不成"，意謂"你說'地獄有情必有捨根現行'，但難道不是'對於地獄有情，與前六識相應的捨受必定不現行'"；後師的回應"寧知彼文唯說客受"等，意味"你怎麼知道《瑜伽師地論》那段關於'捨受'的文字，只是說與前六識相應的'客受'，而非與第八識相應的'主受'？地獄有情種、現定成的八根必有'意根'，此'意根'不只是說前六客識，因為前六客識或有或無，此意根包括第八'主識'，而第八識必有捨受相應，因此地獄有情種、現定成的第八根，一

意地無憂根。汝言"地獄意地有憂根"者，亦不然。如第三禪極
樂地無有喜根，例知地獄極苦處定無憂根，故"餘三"言，定知
是憂、喜、樂。問云：既地獄中唯有苦根，無有樂受，何故《俱舍
論》說"阿鼻獄中無樂間苦，故名無間。餘地獄中有樂間起，雖
無異熟而有等流"❶？答：如《立世毗曇》云："人養六畜飲食溫、
冷者，在熱地獄有冷間，在寒地獄有溫間。"❷此之"溫""冷"，果
似前因，是異熟果，假名"等流"。應知彼是隨轉理門。《施設論》
說，等活地獄中有時涼風所吹，血肉還生，有時出聲唱言"等
活"，彼諸有情欻然還活。如是血肉生時，及暫生喜樂間苦受故不名無間
者，亦是隨轉理門。或是通說雜受處無異熟樂，故假說有等流樂，以
雜受處亦是純苦故。言"雜受"者，寒、熱雜受也。❸問云：意地

定是捨根"；進而，後師反問"如果第八根不是捨根還能是什麼"，並依此破
斥以"憂根""苦根""男、女二根之一"作為"地獄有情種、現定成的第八根"的
說法，以"第八根定是捨根"作結。

❶ 引文見世親造、玄奘譯《阿毘達磨俱舍論》卷 11，《大正藏》第 29
冊，1558 號，頁 58 中 10 至 11。

❷ 此處引文應轉引自智顗說《妙法蓮華經玄義》卷 6："《立世毘曇》
云：'人養六畜，飲飴溫清者，在熱地獄得冷間，寒地獄得溫間。'"（《大正
藏》第 33 冊，1716 號，頁 749 中 8 至 10）

❸ "問云：既地獄中有苦根……寒、熱雜受也"，本段對《成唯識論》"餘
處說彼有等流樂……無異熟了名純苦故"的解釋，本書將"餘處"解釋為《俱
舍論》卷 11，將"雜受處"解釋為地獄中的"寒、熱雜受"，以及對文段的整
體解釋，皆與唐代注疏不同。據唐代注疏，本段所會通的是《攝大乘論》的
說法，或對應世親釋、玄奘譯《攝大乘論釋》卷 2："'一向苦業'者，謂一
向受非愛業果處。於彼有時樂受生者，是等流果。生彼所受異熟果者，唯是
其苦。"（《大正藏》第 31 冊，1597 號，頁 327 中 21 至 23）唐代注疏謂，"隨
轉理門"，謂《攝論》此處說"一向苦處的有情有時可以有作為等流果的樂

既無憂根，何故聖教說意地感受名為憂根？答：此依少分說，多分苦根故。❶“《瑜伽》”下，通論意可知。又彼《瑜伽》所說“有異熟生苦、憂相續”，以此苦是餘憂流類，依流類故，假說為“憂”，其實是“苦”。或彼苦根能損身心，雖苦根攝，而亦名憂。以損身故名苦，損心故名憂。例如，近分喜益身心故，雖是喜根而亦名樂，以益心故名喜，益身故名樂。問：寧知是喜而亦名樂，豈不容彼定成樂根？答：未至三禪，必無樂根。故說初、二靜慮，唯有十一根而無樂根。十一根者，對欲界、初、二禪說。前五識除樂，具苦等四，第六亦然。七、八二識，各唯捨根。地獄身、心共是苦根，故有十一。❷既知極樂處無喜根，則知極苦處無憂根。“由此”下，結

受生”是隨順有部說；“或彼通說……名純苦故”，是第二種解釋，指依據大乘的真正看法，“一向苦楚”即“純苦處”，只有“無異熟樂”的地方才可稱為“純苦”，因此《攝論》說“一向苦處有等流樂”，是就“二趣雜受處”說，而非就“極苦地獄”說。

❶“問云：意地既無憂根，何故聖教說意地感受名為憂根？答：此依少分說，多分苦根故”，本段是對《成唯識論》“然諸聖教意地憾受名憂根者，依多分說，或隨轉門，無相違過”的解釋，與唐代注疏不同。據唐代注疏，此處論主認為“地獄有情定無現行的憂根”，因此要會通其他經論中說“地獄有憂根”的說法，而非單純的“意地無憂根”；“依多分說”，指說“地獄有憂根”經論，是就“‘地獄與人、天全分、畜生、餓鬼少分’[多趣]有憂根”說，而非“多分苦根”；“或隨轉門”，指或隨順有部而說。

❷“問：寧知是喜而亦名樂……故有十一”，本段是對《成唯識論》“然未至地，定無樂根，說彼唯有十一根故”的解釋，將“未至地”解釋為“未至三禪”“初、二靜慮”“欲界、初、二禪”，說“十一根”可以指“地獄”，有誤。“未至定”即“近分”，此處“未至地”指色界初禪、二禪的近分，在此二處沒有樂根，只有喜根，但在二禪的根本定可以有樂根，如前《成唯識論》文說“若在初、二靜慮根本，名‘樂’、名‘喜’，悅身心故”，因此，並非“未

示純苦處唯意地苦根、捨根攝，非憂、喜、樂根也。

"有義：六識"下，釋前五與第六三性俱、不俱義。先，正釋；"《瑜伽》"下，次通妨；"有義"下，次解義。此中執破，義如三性，故不重釋。

通上，一、畧標六位，竟。

前所畧摽六位心所，今應廣顯彼差別相。且初、二位其相云何？

二、廣顯差別，分五。一、徧行、別境，分三。一、結前標問。

頌曰：

初徧行觸等。次別境謂欲、

勝解、念、定、慧，所緣事不同。

二、即天親第十頌。

論曰：六位中，初徧行心所，即觸等五，如前廣說。此徧行相云何應知？由教及理為定量故。此中教者，如契經言：眼、色為緣，生於眼識，三和合觸，與觸俱生有受、想、思，乃至廣說。由斯，觸等四是徧行。又契經說：若根不壞，境界現前，作

至三禪，必無樂根"。此處的"十一根"，據唐代注疏，指信等五淨根、三無漏根、喜根、捨根、意根，因為仍在未至定而未到根本定，所以沒有對應的色根、命根；此外，"十一根"並非對應地獄有情，地獄有情的二十二根的情況見前文。

意正起，方能生識。餘經復言：若復❶於此作意，即於此了別；若於此了別，即於此作意。是故此二，恒共和合。乃至廣說。由此，作意亦是遍行。此等聖教，誠證非一。理，謂識起必有三和，彼定生觸，必由觸有。若無觸者，心、心所法應不和合觸一境故。作意，引心令趣自境，此若無者，心應無故。受，能領納順、違、中境，令心等起歡、慼、捨相，無心起時，無隨一故。想，能安立自境分齊。若心起時無此想者，應不能取境分齊相。思，令心取正因等相，造作善等，無心起位無此隨一，故必有思。由此證知，觸等五法，心起必有，故是遍行。餘非遍行，義至當說。

二、釋頌，分二：一、釋徧行，二、釋別境。今初。觸等五所，如三卷中初能變下廣說體性、業用差別，故不重陳。其末云"其徧行相，後當廣釋"，文出於此。"此徧行相云何應知"，問也。"由教及理為定量故"，答也。何謂"教"？曰：如契經言，眼根、色境，識生其間，三和合位定成生觸，觸起必與受、想、思俱，故觸等四，心起必有。又言根、境相對，若無作意，不能生識，故心起位必有作意。於作意處了別，於了別處作意，心與作意恒共和合，是知作意亦徧行也。何謂"理"？曰：無觸，則無以和合一切心及心所同觸前境；無作意，則亦無趣境之心；無受，則無能領納一切境

---

❶"復"字，底本有，《大正藏》本無，校勘記謂《宋》《元》《明》《宮》四本有。

而起欣慼、捨心；無想，則不能取境分劑而施設名言；無思，則無取正、邪等因，造作善、惡之心。今八種識一起，而觸境、趣境、領納境、取境分劑、取正不正等因造作善、不善等，無一缺也。謂識起時，必有三和。有三和處，決定生觸。以彼三和必由觸有，若無觸者，不能和合心、心所法令觸一境，故知必有。雖有觸所，若無作意引心令趣自境，則心王亂觸，不知所趣，故觸與作意交互相生，正作意時觸在作意，正觸境時作意在觸。諸識緣境，此二心所恒為首功。由前二所引心趣境，然後領納此境善、惡，於善生順則起愛心，於惡生違則起憎心，於中容境不憎不愛，直平平爾。此受是無心位中隨一所攝，故無心位起無此隨一，不見有心無隨一者 ❶。受既領納好醜，生愛生憎，然後於好醜境上分疆分界，品定是非，彈量貴賤。此想亦是無心位中隨一所攝，故無心無此隨一，不見有心無隨一者。既於自境安立分齊，然後於分齊境中，方取正因邪因等相，而作善、作惡等，此思亦是無心位中隨一所攝，無心起時無此隨一，不見有心無隨一者。是故此五名大地法 ❷，凡有心時，必有此五。心王如君，此五遍行如輔弼大臣。**由此教及理故，證知觸等五法徧一切心、一切地、一切時、一切性，是以名之曰"徧行"。**

　　"次別境"者，謂"欲"至"慧"，所緣境事

---

　　❶"此受是無心位中隨一所攝，故無心位起無此隨一，不見有心無隨一者"，本句是對《成唯識論》"無心起位無此隨一"的解釋，或有誤。"無心起位無此隨一"，意謂"沒有'在心生起時沒有其中任何一種'的情況"，"無心起時"的"無"是對後整句的否定。此外，本書將"此隨一"理解為"遍行心所的任意一種"，因此在下文解釋各個遍行心所時都用到此句，但《成唯識論》原文僅在解釋"思"心所的語境中，唐代注疏唯智周《成唯識論演秘》簡單言及，沒有明確解釋，但或應解為"沒有'心生起時不取正因、邪因中的一種，或造作善、惡的一種'，因此一定有思心所"。

　　❷"是故此五名大地法"，"大地法"是部派阿毗達磨的稱呼，與"遍行心所"雖然含義相近，但仍有不同。

多分不同，於六位中"次"初說故。云何為欲？於所樂境，希望為性，勤依為業。有義："所樂"謂可欣境，於可欣事，欲見聞等，有希望故。於可厭事，希彼不合，望彼別離，豈非有欲？此但求彼不合、離時可欣自體，非可厭事，故於可厭及中容境一向無欲。緣可欣事，若不希望，亦無欲起。有義："所樂"謂所求境，於可欣、厭求合、離等，有希望故。於中容境，一向無欲。緣欣、厭事，若不希求，亦無欲起。有義："所樂"謂欲觀境，於一切事，欲觀察者，有希望故。若不欲觀，隨因境勢，任運緣者，即全無欲。由斯理趣，欲非遍行。有說：要由希望境力，諸心、心所方取所緣，故經說"欲為諸法本"。彼說不然，心等取境由作意故，諸聖教說"作意現前能生識"故，曾無處說"由欲能生心、心所"故。如說"諸法，愛為根本"，豈心、心所皆由愛生？故說"欲為諸法本"者，說欲所起一切事業，或說善欲能發正勤，由彼助成一切善事。故《論》說此"勤依為業"。云何勝解？於決定境印持為性，不可引轉為業。謂邪、正等教、理證力，於所取境審決印持，由此，異緣不能引轉，故猶豫境勝解全無，非審決心亦無勝解。由斯，勝解非遍行攝。有說：心等取自境時無拘礙故，皆有勝解。彼說非理。所以者何？能不礙者即諸法故，所不礙者即心等故，勝發起者根、作意故。若由此故，彼勝發起，此應復待餘，便有無窮失。云何為念？於曾習境令心明記不忘為性，定依為業。謂數憶持曾所受境，令不忘失，能引定故。於曾未受體類境中，全不起念。設曾所受，不能明記，念亦不生。故念必非遍行所攝。有說：心起必與念俱，能為後時憶念因故。彼說非理，勿"於後時有癡、信等前亦有"故。前心、心所，或想勢力，足為後時憶念因故。云何為定？於所觀境，令心專注不散為性，智依為業。謂觀得、失、俱非境中，由定令心專注不散，依斯便有決擇智生。心專注言，顯所欲住即便能住，非唯一境；不爾，見道歷觀諸諦，前後境別，應無等持。若不繫心專注境位，便無定起，故非遍行。有說爾時亦有定起，但相微隱，應說誠言，若定能令心等和合，同趣一境，故是遍行，理亦不然，是觸用故。若謂此定令剎那頃心不易緣，故遍行攝，亦不應理，一剎那心，自於所緣無易義故。若言由定，心取所緣，故遍行攝，彼亦非理。作意令心取所緣故。有說此定體即是心，經說為心學，心一境性故。彼非誠證。依定攝心，令心一境，說彼言故。根、力、覺支、道支等攝，如念、慧等，非即心故。云何為慧？於所觀境，簡擇為性，斷疑為業。謂觀得、失、俱非境中由慧推求得決定故，於非觀境愚昧心中無簡擇故，非遍行攝。有說：爾時亦有慧起，但相微隱。大受❶寧知？《對法》說為大地法故。諸部對法，展轉相違，汝等如何執為定量？唯觸等五，經說遍行，說十非經，不應固執。然欲等五，非觸等故，定非遍行，如信、貪等。

二、釋別境，分三。一、正釋五所。首條總標五所名位次第，下別釋義。言"別境"者，以五心所所緣之境，各各不同，非如徧行同緣一境，故云"別"也。

云何為欲？於所好樂境希求冀望是其體性，精進為依是其業用。世、出世法，無不皆由好樂成故。何者名為所樂之境？有三師異。有一師說："所樂"者，是可欣之境，於可欣境欲見欲聞、有希望故。難云：於可厭事，若未合時希彼不合，若已合時望彼別離，亦是樂事，豈非是欲？何必"可欣"方為欲哉？釋云：希彼不合，此恒求彼不合之時可欣自體；望彼別離，此但求彼別離之時可欣自體，非為求彼可厭之事而起希望，安得名欲？故於可厭及中容境，決無好樂。即緣可欣之事，若不生希望心，亦無好樂。第二師言：所樂者，是所求境。於可欣境求合，於可厭境求離，於

---

❶ "大受"，底本作"大受"，《大正藏》本《成唯識論》作"天愛"，校勘記謂《明》本作"大受"，當作"天愛"。本書據後文"說為大地法"，將"大"解釋為"大地法"，誤。

二境中俱有希望故。第三師言：所樂是欲觀境，於一切善、惡等境而起好樂，審觀詳察，然後有所希望，故謂之欲。若不樂欲審觀諦察，任運緣者，皆不入心，即全無欲。由斯理趣，欲非遍行。三說以後說為勝。下簡異。有一師言：必由樂欲希望境力，諸心、心所方取所緣，故心起時定應有此，故經說"欲為諸法本"。此誤執作意為欲也。先斥後破云：心、心所等取外境時，皆由作意，何關樂欲？又契經說：若根不壞，境界現前，作意正起，方能生識。不說"由欲生心、心所"。復例破云：若汝說言"欲為法本，諸心、心所皆因欲生"者，經說"諸法，愛為根本"，豈心、心所皆由愛生耶？問：心、心所等既非欲生，何故經作是說？答：然經說"欲為諸法本"者，是說樂欲所起一切事業，故說"以欲為本"。或此欲是善欲，能引發精進，助成一切善事，故《論》說勤依為業。經說"以欲為本"，非謂欲能生心，心所而為本也。

云何勝解？於決定境，謂非猶豫，隨所決定，印定任持為其體性，不可引轉為其業用。《集論》："隨所決定印持者，謂是事必爾非餘。決了勝解，由勝解故，所有勝緣不能引轉。"❶蓋由教、理明證之力，故能於境審決印持。由斯，異緣不能牽引令捨此境而趣餘境。故猶豫境，非審決心，全無勝解，非徧行攝。下揀異。有一師言：心與心所取自境時，無拘礙處，皆有勝解。此是誤認徧行為勝解故。先斥。後破云：能不礙者即所緣境，所不礙者即能緣心。未舉念時，心、境元不相礙。瞥爾勝心發起之時，皆是根與作意之力，何關勝解？若勝發起不由根與作意而待勝解者，則此

---

❶ 引文見《大乘阿毘達磨雜集論》卷 1，《大正藏》第 31 冊，1606 號，697 中 8 至 10。

勝解不能自生，更有所待，若勝解而更有所待，彼所待者又有所待，如是便有無窮之失矣。

云何為念？《集論》云："於串習境，令心明記不忘為體；不散亂為業。"❶ "串習事"者，謂先所受。"不散亂業"者，由念於境明記憶故，令心不散，是故念與定為所依、為業用，能生正定，故此中言"定依為業"。故於凡事曾未受習，決不起念。即曾受習，如風過耳，無專注心，不能明記，念亦不生，故此亦非遍行所攝。下揀異。一師云：但心起時，必有念俱，由念於境明記不忘，能為後時憶念之因。此亦誤執偏行為念故。先斥。後破云：若謂"後時有憶念故，前必有念而為其因"，不可"後念有癡、信等，前亦有此而為其因"。如第七、八轉依位中，前無有信，信亦得生，七前有痴，決不生，豈前念為後念因哉？然前心、心所之因，不在有念。實由現在偏行想心勢力強盛，足為後時憶念之因，故不可執心定有念。❷

云何為定？《襍集論》云："'令心專注'者，於一境界令心不散故。'智所依'者，心處靜定知如實故。"❸ "得"，即所欣者，欲

---

❶ 引文見《大乘阿毘達磨集論》卷1，《大正藏》第31冊，1605號，頁664中1至2。

❷ "實由現在偏行想心勢力強盛，足為後時憶念之因，故不可執心定有念"，本句是對《成唯識論》"前心、心所，或想勢力，足為後時憶念因故"的解釋，將"或"解釋為"實由"，與唐代注疏不同。據唐代注疏，《成唯識論》中有三處提及了"憶念因"，一處謂是"心、心所法熏習力"，一處謂是"自證"，一處謂是"想"，謂"想"是大、小乘同許，但"想"在唯識學並非唯一的"憶念因"。

❸ 引文見《大乘阿毘達磨雜集論》卷1，《大正藏》第31冊，1606號，697中15至16。

得之，如相好觀；"失"，即所厭者，欲失之，如青瘀觀；"俱非"，即是非得非失。言"心專注"者，表顯此心欲性何境，即能令心住於此境，非是獨指一境言也。若獨指一境，則見道歷觀上下八諦，前後境別，既無專注，應無等持，故"專注"言，非唯一境。縱是一境，若不繫心專注，定亦不生。故非徧行所攝。下揀異。一師言：雖不繫心專注一境，爾時亦有定起，但定相隱微，麁者自不覺耳。此實徧行，非浪言也。下破云：若謂"此定令心、心所和合，同趣一境，故是徧行"，理亦不然。能令根、境、識三和合同趣一境，是"觸"業用，非定心故。若謂"此定能令剎那心無異緣，故是徧行"，理亦不然，以剎那心，時之極少，自然於所緣境無有變易，何必待定然後無變易耶？若謂"由定心取所緣境，是徧行"者，理亦不然，能令心等取所緣者是"作意"故，非是定心。有說："此之定體，即是定心，所以者何？《經》說此'定'名為'心學'，又說為'心一境性'，故定體即心"，理亦不然，依定攝心名為"心學"，令心一境名"心一境性"，豈可謂定即是心耶？以三十七聖道品中攝此定故，立量云："定非即心"，"根、力、覺支、道支等攝故"，"如念、慧等"。言"攝"者，謂定根、定力、定覺支、正定等。"如念、慧等"者，既念、慧等各別有性，定何獨不然，而言即心耶？

云何為慧？於所觀境簡擇諸法而為體性。由簡擇法得決定故，斷除猶豫而為業用。謂觀得、失、俱非境中，由以慧心推求簡別，後方決定，心無疑惑。故定與慧，如車兩輪，如鳥兩翼，缺一不可。必由定而發慧，由慧而得決定，依斯永斷所有疑惑。於非所觀境，及愚昧心中，無決擇智，故非徧行。下揀異。有說：於非觀境，愚昧心中，亦有慧起，但相微隱、難了知故。為大所受，寧知是有？何為大受？❶對法藏中說為大地法故。❷《俱舍》頌云："受、想、思、觸、欲、慧、念與作意、勝解、三摩地，偏於一切心。"❸此十皆名大地法故。破曰：諸部對法，展轉相違，而無定準，汝等云何執為定量？如《俱舍》以癡、逸、怠、不信、惛、掉六種，名大煩惱地法等，故欲等、觸等，以地相較，俱偏地故，欲等亦得名大地法；若欲等以偏行與觸等相校，便非等倫，安得名為大地法？以偏行通四一切，別境止通二一切故。且觸等五，經說偏行，若說十法是偏行者，便違契經，不應固執。下申量破云："欲等五法，定非偏行"，"非觸等故"，"如信、貪等"。

有義：此五定互相資，隨一起時，必有餘四。有義：不定。《瑜伽》說此四"一切"中無後二故。又說：此五緣四境生，所緣、能緣非定俱故。應說此五，或時起一：謂於所樂唯起希望，或於決定唯起印解，或於曾習唯起憶念，或於所觀唯起專注。謂愚昧類為止散心，雖專注所緣，而不能簡

---

❶ "為大所受，寧知是有？何為大受"，本句是對《成唯識論》"大受（天愛）寧知"的解釋，明本《成唯識論》多作"大受"，本書即據後文"說為大地法故"將"大受"解為"為大地法所受"，誤。據唐代注疏，"大受"實為"天愛"，是對論敵的蔑稱，本句是對論敵的嘲弄與徵問。

❷ "對法藏中說為大地法故"，本句是對《成唯識論》"《對法》說為大地法故"的解釋，將"對法"解釋為"對法藏"，與唐代注疏不同。據唐代注疏，此句為有部論敵的論證，"對法"特指有部《發智論》等阿毗達磨論書，"大地法"主要是有部阿毗達磨的分類。

❸ 引文見《阿毗達磨俱舍論》卷4，《大正藏》第29冊，1558號，頁19上14至15。

擇，世共知彼有定無慧，彼加行位少有聞、思，故說等持緣所觀境。或依多分，故說是言，如戲忘天，專注一境，起貪、瞋等，有定無慧。諸如是等，其類實繁。或於所觀唯起簡擇，謂不專注，馳散推求。或時起二：謂於所樂、決定境中，起欲、勝解；或於所樂、曾習境中，起欲及念，如是乃至於所觀境，起定及慧。合有十"二"。或時起三：謂於所樂、決定、曾習，起欲、解、念，如是乃至於曾、所觀，起念、定、慧。合有十"三"。或時起四：謂於所樂、決定、曾習、所觀境中，起前四種，如是乃至於定、曾習、所觀境中，起後四種，合有五"四"。或時起五：謂於所樂、決定、曾習、所觀境中，具起五種。如是於四，起欲等五，總別合有三十一句。或有心位，五皆不起，如非四境、率爾墮心及藏識俱，此類非一。

二、廣辨五所現起分位。有說：此五行相無違，更互資益，所在恒俱，隨一起時必有餘四。有說：此五現起不定。所以者何？《瑜伽》說此四一切中，無後"時""俱"二一切故。又說此五緣四境生，所緣不定，能緣亦不定故。應說此五或時起一，或時起二，或時起三，或時起四，或時起五，或有五種俱不起時，故云"不定"。或時起一者，謂各於自境起自心所。雖所觀境有二心所，而有時起定不起慧故，有時起慧不起定故，亦是起一。愚昧心中，散亂奔

馳，為欲止息，雖注一緣而不能擇是非得失，有定無慧，世所共
知。問：愚昧心中既無簡擇，何故說彼緣所觀境？答：至彼加行
位中，少有聞、思慧力，便能緣境，故說等持緣所觀境。或依多分，故
說有定無慧。欲界天中，東戲忘西，在前忘後，雖專一境，然起
三毒，有定無慧，豈不然乎？或時起二者，謂於所樂決定境中，起
欲勝解，或於所樂曾習境中，起欲及念；或於所樂所觀境中，起
欲及定，或欲及慧；或於決定曾習境中，起勝解及念；或於決定
所觀境中，起勝解及定，或勝解及慧；或於曾習所觀境中，起念
及定，或念及慧；或於所觀境中，起定及慧。凡為二者，合有十
句也。或時起三者，謂於所樂、決定、曾習，起欲、解、念；於所樂、
決定、所觀，起欲、解、定，或欲、解、慧；於所樂、曾習、所觀，起
欲、念、定，或欲、念、慧；於所樂、所觀，起欲、定、慧；於決定、
曾習、所觀，起解、念、定，或解、念、慧；於決定、所觀，起解、定、
慧；於曾習、所觀，起念、定、慧。凡為三者，亦合有十句也。或
時起四者，謂於所樂、決定、曾習、所觀，起欲、解、念、定，或起欲、
解、念、慧；或於所樂、曾習、所觀，起欲、念、定、慧；或於所樂、
決定、所觀，起欲、解、定、慧；或於決定、曾習、所觀，起解、念、
定、慧。凡為四者，合有五句也。或時起五，即四境並臻，五所齊
起也。如是四境，起五心所，俱起為總，別起為別，起一有五句，起
二有十句，起三有十句，起四有五句，起五有一句，共計三十一
句也。又有五所俱不起時，如無此四境時不起，對境方生故。率
爾墮心時亦不起，無分別故。與藏識俱時不起，不徧心故。

第七、八識，此別境五，隨位有無，如前已
說。第六意識，諸位容俱，依轉、未轉皆不遮故。有

義：五識此五皆無，緣已得境無希望故，不能審決無印持故，恒取新境無追憶故，自性散動無專注故，不能推度無簡擇故。有義：五識容有此五。雖無於境增上希望，而有微劣樂境義故；於境雖無增上審決，而有微劣印境義故；雖無明記曾習境體，而有微劣念境類故；雖不作意繫念一境，而有微劣專注義故，遮等引故，說性散動，非遮等持，故容有定；雖於所緣不能推度，而有微劣簡擇義故。由此，聖教說眼、耳通是眼、耳識相應智性，餘三准此，有慧無失。未自在位，此五或無；得自在時，此五定有，樂觀諸境欲無減故，印境勝解常無減故，憶習曾受念無減故，又佛五識緣三世故，如來無有不定心故，五識皆有作事智故。此別境五，何受相應？有義：欲，三，除憂、苦受，以彼二境非所樂故；餘四，通四，唯除苦受，以審決等五識無故。有義：一切五受相應，《論》說“憂根於無上法思慕愁感，求欲證”故，純受苦處希求解脫，意有苦根，前已說故，《論》說“貪、愛、憂、苦相應”，此貪、愛俱必有欲故。苦根既有意識相應，審決等四，苦俱何咎？又五識俱，亦有微細印境等四，義如前說。由斯欲等，五受相應。此五復依性、界、學等，諸門分別，如理應思。

三，識、受相應。初與識相應，次與受相應。初，七、八識隨位有無者，謂未轉依位，第七唯一慧，第八識全無；若已轉依位，二識皆具五。二能變中已廣說故。次，第六識，諸位皆與五法相應，依轉、未轉皆不遮故。次，前五識。一師言：此五皆無。一師言：此五容有。謂此五雖無增上，而有微劣，非謂全無，但以微劣故，有似於無耳。"遮等"下，問云：五識散動既無專注，何得有定？平等引心方入定故。答云：若約出定、入定時論，五識散動固不容有；若在定時取現量境，必同意識，故容有定。而言五識無定者，但遮等引，不遮等持。等引者，出定、入定時也。等持者，住定時也。❶"由此聖教說眼、耳通"者，正顯前五亦有慧，此慧是眼、耳二識相應智故，亦是鼻、舌、身識相應智故。下以二位結五所。若約未自在位，此五心所，或有不相應者；得自在時，此五定有。樂觀苦、集、道、滅諦、安立諦、非安立諦等，故欲不減；一中解無量，無量中解一，故勝解不減；觀彼久遠，猶如今日，故念不減；經行坐臥，無不是定，故定不減；五識皆有作事智故，揚眉瞬目，開口動舌，顧盼嚬呻，無非佛事，故慧不減。由此，五法自在位中，八識皆得相應。

次，與受相應。有二師說，前偏後正。前說：欲所與三受俱，除憂、苦二，以憂、苦境非所樂故。餘解、念、定、慧四心所，通餘四

---

❶ "等引者，出定、入定時也。等持者，住定時也"，本書對"等引""等持"的解釋亦見於其他明代注疏，有誤。"等持（samādhi，三摩地）"即"定"心所的另一種翻譯，意謂專注一境，也常被解釋為"心一境性（cittaikāgratā）"。"等引（samāhita）"詞義相近。據唐代注疏，"等持"通於散心、定心，即定心所；"等引"唯定心，有多種解釋，一謂引生平等狀態的力量，二謂由平等狀態所引生的力量。

受，唯除苦受，以審決、明記、專注、簡擇，五識所無故。前五轉識，是苦受攝。識既不與四所相應，即苦受亦不相應故。正義：五法皆與五受相應。《瑜伽論》說於無上法思慕、愁感、求欲證故。當愁感時，非憂根乎？求欲證者，非所樂乎？何言憂根不與欲俱也？苦受欲離，非欲乎？意地有苦，其理極成。何言苦根不與欲俱也？《論》說"貪、愛，憂、苦相應"，若無有欲，何貪、愛之有？"苦根"下，又證四所與苦根相應。以前師云"五識無審決、明記等，不與五識相應"，故通云：苦根既與同時意識相應，四法與苦相應，亦有何咎？❶況前五識雖無增上四法，而有微細印境等四，何得言無？由斯，五所定與五受相應。

"此五"下，四、餘門分別。此五復通三性、三界、學、無學等。此五既通一切性、一切地，則知三性、三界皆通。第六意識依轉、不轉，既皆不遮，則知學、無學等亦應皆有。如是等門，例推可知。

成唯識❷論卷第五

---

❶"苦根既與同時意識相應，四法與苦相應，亦有何咎"，本句是對《成唯識論》"苦根既有，意識相應審決等四，苦俱何咎"的解釋，與唐代注疏不同。據唐代注疏，本句意謂，"意識既然可以與苦根俱，則與意識相應的勝解等四心所也可與苦根俱，有何過失"。

❷"成唯識"三字，底本缺，整理者據文意補訂。

成唯識論證義卷第六

金壇居士王肯堂證義

二、善位，分三。

已說徧行、別境二位。善位心所其相云何？

一、結前標問。

頌曰：

善謂信、慚、愧、無貪等三根、

勤、安、不放逸、行捨及不害。

二、舉頌總答。即天親第十一頌。善心所凡十一種：一、信，二、慚，三、愧，四、無貪，五、無瞋，六、無癡，七、精進，八、輕安，九、不放逸，十、行捨，十一、不害。

論曰：唯善心俱，名"善心所"，謂信、慚等定有十一。

三、解釋頌意，分三。一、正釋心所。總釋善所唯與善心相應，定數十一，體用別義。下文廣釋。

　　云何為"信"？於實、德、能深忍、樂、欲，心淨為性，對治不信、樂善為業。然信差別，畧有三種：一、信實有，謂於諸法實事理中深信忍故；二、信有德，謂於三寶真淨德中深信樂故；三、信有能，謂於一切世、出世善，深信有力，能得、能成，起希望故。由斯，對治不信彼●心，愛樂證修世、出世善。"忍"謂"勝解"，此即信因；"樂欲"謂"欲"，即是信果。確陳此信自相是何？豈不適言"心淨為性"？此猶未了彼"心淨"言。若"淨即心"，應非心所；若"令心淨"，"慚"等何別？"心俱淨法"，為難亦然。此性澄清，能淨心等，以心勝故，立"心淨"名，如"水清珠"能清濁水。"慚"等雖善，非淨為相；此淨為相，無濫彼失。又諸染法，各別有相，唯有"不信"自相渾濁，復能渾濁餘心、心所，如極穢物自穢、穢他；"信"正翻彼，故淨為相。有說："信者，愛樂為相。"應通三性，體應即"欲"，又應"苦、集，非信所緣"。有執："信者，隨順為相。"應通三性，即"勝解""欲"，若印順者即勝解故，若樂順者即是欲故，離彼二體

───────────────

　　● "不信彼"，底本作"不信彼"，，《大正藏》本《成唯識論》卷6作"彼不信"，校勘記謂《宋》《元》《明》《宮》《聖》五本作"不信彼"，當作"彼不信"。

無"順"相故。由此，應知心淨是信。

次、別釋。先、釋信。首三句，總明性業。"實"，謂一切事理；"德"，謂三寶淨德；"能"，謂世、出世善有大力能。下當廣釋。令心清淨，是信自相；斷不信障，能得菩提資糧圓滿，是信業用。然性差別，畧有三種。明上實德能、忍樂欲之意。"實""德""能"三，即信依處，"忍""樂""欲"三，如次配之。一、信實有者，謂於諸佛所說世、出世間實事、實理、正因、正果，皆能深信，而能忍可於心，不為謬事、謬理、邪因、邪果之所引轉。二、信有德者，謂於三寶有法身般若解脫真淨之德，深信好樂，不為數論三德、勝論十四德等之所惑亂。三、信有能者，謂於一切有漏善及無漏善，深信凡肯用力於此者，皆能得果，皆能成道，於是生希望心而求必得。由斯信力，對治不信，愛樂證脩世、出世善而為業用。故曰"信為道源功德母"，"信能必到如來地"❶。下欲揀別，故有問答。問云："忍"即別境中"勝解"，此即信因相；"樂欲"即別境中"欲"，此即信果相。尚未的言信自相也。答云：適不云"心淨為性"耶？問云：此猶未明彼"心淨"名。所以者何？若"淨即是心"，心非心所，故此信不應名心所，此以持業釋難。若"能令心淨"，則與"慚"等有何差別？慚等亦能令心淨故。此以依主釋難。若謂"是與心俱

❶ 引文見實叉難陀譯《大方廣佛華嚴經》卷14,《大正藏》第10冊, 279號，頁72中18至24。"一、信實有者……必到如來地"，本段亦見於通潤《成唯識論集解》卷6（《新纂卍續藏》第50冊，821號，頁737下19至下5）、廣益《百法明門論纂》《新纂卍續藏》第48冊,803號，頁318上5至15），"勝論十四德"或為"勝論二十四德"之誤，即勝論六句義或十句義中"德句義"有二十四種德。

淨之法",亦與"慚"等何別？亦是心王俱時法故。此以鄰近釋難。"心
即淨"故，體持業用，是持業釋。淨依心起，舉心之主以表於淨，是依主釋。若言"心與
淨法俱，無能令、所令"者，同前慚等何別，是隣近釋。❶論主答云：此信心所，自
性澄清，能淨於他。心、心所法，以心王為主，故立"心淨"名，不
及心所❷。如水清珠，入水一寸，水清一寸；入水一尺，水清一
尺。故曰：清珠投於濁水，濁水不得不清，淨信投於穢心，穢心
不得不淨。唯信是能淨，慚等皆所淨，"順益"義通，"清淨"相
別，故與慚等無相濫失。❸"又諸染法"下，又引染淨相翻，義
勢相等，以明淨他心等，為信自相。此下皆正義。此下破執。"有
說：信者，愛樂為相。"此小乘上座部執信果為性。破云：若以愛
為相者，應通三性，以貪心所通三性故。若以樂為相者，其體即
是別境欲心所，何關信體？如是，則應苦、集二諦非信所緣，以苦、

---

❶"此以依主釋難……是隣近釋"，本段以六離合釋解釋三難，或改寫自
《大方廣佛華嚴經隨疏演義鈔》卷35："此中三難，初、持業釋，次、依主釋，後、
隣近釋。"（《大正藏》第36冊，1736號，頁267下18至19）源自窺基《成
唯識論述記》卷6，《大正藏》第43冊，1830號，頁434中19至25。然窺
基以來的漢傳對"隣近釋"的解釋頗有爭議，與現代梵文語法中將其解釋為
"副詞複合詞"大異。

❷"心、心所法，以心王為主，故立'心淨'名，不及心所"，本句是對
《成唯識論》"以心勝故，立'心淨'名"的解釋，但"不及心所"的解釋與
唐代注疏不同。據唐代注疏，因為心王殊勝，所以才省署了"心所"而只說
"心淨"，信亦可淨其他心所。

❸"唯信是能淨……故與慚等無相濫失"，本句是對《成唯識論》"'慚'等
雖善，非淨為相，此淨為相，無濫彼失"的解釋，與唐代注疏不同。據唐代
注疏，"慚"等善心，與"信"都是善、清淨，因此相同之處並非"順益"，慚
等也非"所淨"，信與慚等的差別在於，信能淨他，而慚等的自性是"修善""羞
恥"等。

集二諦本是信所緣境。若以愛樂而為信體，苦、集二諦有何可愛而生樂乎？"有執：信者隨順為相。"此大乘異師執信因為性❶。破云：若是隨順，即別境中之勝解與欲，應通三性，不名善性。若是印持而隨順者，即是勝解。若是好樂而隨順者，體即是欲。以離彼"印持""好樂"二體無"隨順"相故。既勝解、欲不是其相，由此應知心淨是信之相也。

云何為"慚"？依自、法力，崇重賢善為性，對治無慚、止息惡行為業。謂依自、法，尊、貴增上，崇重賢善，羞恥過惡，對治無慚，息諸惡行。云何為"愧"？依世間力，輕拒暴惡為性，對治無愧、止息惡行為業。謂依世間訶厭增上，輕拒暴惡，羞恥過罪，對治無愧，息諸惡業。"羞恥過惡"是二通相，故諸聖教，假說為體。若執"羞恥為二別相"，應"慚與愧體無差別"，則此二法定不相應，非受、想等有此義故。若"待自、他立二別"者，應非實有，便違聖教。若許"慚、愧實而別起"，復

❶"此小乘上座部執信果為性……此大乘異師執信因為性"，此處觀點歸屬或改寫自《大方廣佛華嚴經隨疏演義鈔》卷35（《大正藏》第36冊，1736號，頁267下26至頁268上1），源自窺基《成唯識論述記》，但《述記》謂"信者，愛樂為相"是"上座部義，或大乘異師"的觀點，"信者，隨順為相"是"大乘異師或大眾部"的觀點。"若以愛為相者，應通三性，以貪心所通三性故。若以樂為相者，其體即是別境欲心所"，本句是對《成唯識論》"應通三性，體應即欲"的解釋，與唐代注疏不同。據唐代注疏，此處的"愛樂"並非分別對應於"貪""欲"。

違《論》說"十遍善心"。"崇重""輕拒"，若二別相，所緣有異，應不俱生，二失既同，何乃偏責？誰言二法所緣有異？不爾，如何？善心起時，隨緣何境，皆有"崇重善"及"輕拒惡"義，故慚與愧俱遍善心，所緣無別。豈不我說亦有此義？汝執慚、愧自相既同，何理能遮前所設難？然聖教說"顧自、他"者，自、法名"自"，世間名"他"，或即此中，崇、拒，善、惡，於己益、損，名"自""他"故。

次釋慚、愧。"自"，謂自身；"法"，謂教法。謂作是言："我如是身，解如是法，敢作諸惡耶？"於自身上生尊重增上，於教法上生貴重增上❶。由此二種增上力故，凡見一切賢善有德之人，皆生尊敬心，生隆重想，待之如父，事之如師。復羞自己之過，有過必改；恥自己之惡，有惡必悛。故能對治無慚，諸惡不作。此是慚相。依於世間譏訶猒賤，及自羞惡法而不作等，名"依世間訶厭增上"。有惡者名"暴"，染法體名"惡"，於彼二法，輕有惡者而不親，拒惡法業而不作。由此二種增上力故，對治無愧，息諸惡業。❷此是愧相。此慚、愧二相相似，故又合言揀別，云"'羞

---

❶ "於自身上生尊重增上，於教法上生貴重增上"，引自《大方廣佛華嚴經隨疏演義鈔》卷44，《大正藏》第36冊，1736號，頁343上13至14；源自窺基《成唯識論述記》卷6："謂於自身生自尊愛增上、於法生貴重增上二種力故。"（《大正藏》第43冊，1830號，頁435上28至中1）

❷ "依於世間……息諸惡業"，改寫自《大方廣佛華嚴經隨疏演義鈔》卷44，《大正藏》第36冊，1736號，頁343上19至23。

耻過惡'是二通相，故諸聖教假說為體"者，此會《顯揚》說。《顯揚論》云，若說羞耻為慚、愧者，是從通假說為體，實是"崇重賢善""輕拒暴惡"是慚、愧別體，非羞耻也❶。餘乘有以羞耻為別相者，有見聖教云"慚者，於諸過惡自羞說體"，"愧者，於諸過惡羞他為體"❷，遂謂"慚、愧不依羞耻，是待自他立二別"者，故論主一一辨破云：若執"羞耻為二別相"者，則慚與愧更無差別。既無差別，則此二法定不相應，焉有自類俱起之義？非受、想等亦無差別名為相應，以受、想等各別有相名相應故。❸若"待自、他立二別"者，有待而立，便非實有，聖教何以立為善法？若許"二法只一實體，別起為二"者，復違《論》說"十遍善心"。以《瑜伽》說十一善法，輕安不徧，餘十俱徧故，慚、愧若一，數應唯九，故曰"違"也❹。由此故知，"羞耻"為二通相，"崇""拒"為二別相，於理為正。彼又難云：若"以崇、拒為二別相"者，"崇重"緣

---

❶ "此會《顯揚》……非羞恥也"，改寫自《大方廣佛華嚴經隨疏演義鈔》卷44，《大正藏》第36冊，1736號，頁343上24至26。

❷ 引文見《大乘阿毘達磨集論》卷1，《大正藏》第31冊，1605號，頁664中7至9。

❸ "既無差別……名相應故"，本段是對《成唯識論》"若執'羞恥為二別相'……非受、想等有此義故"的解釋，與唐代注疏不同。據唐代注疏，"非受、想等有此義故"即謂，不能同時有兩個受或兩個想心所，這是"相應"定義中的"事等"。

❹ "以《瑜伽》說十一善法……故曰'違'也"，本句是對《成唯識論》"復違《論》說'十遍善心'"的解釋，本書的解釋出自後文"應說信等十一法中，十遍善心，輕安不遍……"據唐代注疏，此處是指《瑜伽師地論》卷69："遍善心起復有十種，謂慚、愧、無貪、無瞋、無癡、信、精進、不放逸、不害、捨。如是十法，若定地、若不定地善心皆有。"（《大正藏》第30冊，1579號，頁684上9至12）

善、"輕拒"緣惡，緣一境時，不應俱生"崇""拒"二心。"崇""拒"二心既不俱生，則慚、愧二法亦不並立。若是，則我所說羞恥等為二別相固非，汝以"崇重""輕拒"為二別相，亦未為是。既彼我皆失，何乃偏責我耶？論主反詰云：誰言二法所緣有異？答："崇重""輕拒"既各不同，豈非所緣有異而何？論主答云：慚、愧二法起時，隨緣一境，皆有"崇重""輕拒"二義，非謂"慚唯崇重，愧唯輕拒"也。故此二法俱遍善心，所緣無異。復轉辨云❶：豈不我說"羞恥過惡"亦有"崇重""輕拒"二義，汝何不許？❷答：汝執羞恥以為慚、愧，自相是一，應不俱起，不徧善心，汝又執"待彼自、他立二別"者，應非實有，更有何理，能遮前所設難？復問云：慚愧既不待自、他立者，何以聖教說顧自他？答：然聖教說"顧自、他"者，以自、法名"自"，以世間名"他"。謂以自、法貴重羞恥過惡而立慚，世間譏訶羞恥過惡而立愧，非謂待自立慚、待他立愧也。或即於崇重賢善於己有益名"自"，即於輕拒暴惡於己有損名"他"，此即於己有益、有損而名自、名他，非謂"慚、愧待自、他而立二名"也。

　　"無貪等"者，"等"無瞋、癡。此三名"根"，生

---

❶ "云"，底本、校本皆作"公"，校本校勘記謂"公疑云"，本段內容亦見於通潤《成唯識論集解》卷6，《卍續藏》本《集解》作"復轉救云"，整理者據《卍續藏》本《成唯識論集解》及文意改訂。

❷ "豈不我說'羞恥過惡'亦有'崇重''輕拒'二義，汝何不許"，本句是對《成唯識論》"豈不我說亦有此義"的解釋，與唐代注疏不同。據唐代注疏，此處論敵的徵問源自其"待自、他立二別"的觀點，即"我前面所說的，並非'慚以自為境、愧以他為境，故區分慚、愧'，而是'慚、愧只是依待自與他而功能有異'"。

善勝故，三不善根近對治故。云何無貪？於有、有具無著為性，對治貪著、作善為業。云何無瞋？於苦、苦具無恚為性，對治瞋恚、作善為業。善心起時，隨緣何境，皆於有等無著、無恚，觀有等立，非要緣彼，如前慚、愧觀善、惡立。故此二種，俱遍善心。云何無癡？於諸理、事明解為性，對治愚癡、作善為業。有義：無癡即慧為性。《集論》說此"報教證智決擇為體，生得聞思修所生慧，如次皆是決擇性"故。此雖即慧，為顯善品有勝功能，如煩惱見，故復別說。有義：無癡非即是慧，別有自性，正對"無明"，如無貪、瞋，善根攝故，《論》說"大悲，無瞋、癡攝非根攝"故。若彼無癡以慧為性，大悲如力等，應慧等根攝。又若無癡無別自性，如不害等，應非實物，便違《論》說"十一善中，三世俗有，餘皆是實"。然《集論》說"慧為體"者，舉彼因果，顯此自性，如以忍、樂表信自體，理必應爾。以貪、瞋、癡，六識相應，正煩惱攝，起惡勝故，立不善根。斷彼必由通、別對治。通唯善慧，別即三根。由此，無癡必應別有。

次、釋無貪等三根。貪、瞋、癡三不善根，生一切染法故，名為"根本煩惱"。以無貪等，對治貪等，生一切善法故，亦名"根"也。"有"即三有，謂欲界、色界、無色界，此即是果。"有具”是因。❶於三界中，若因若果，俱無貪著，為此體性；自性無貪，對治貪著，恒作善事，為此業用。“苦”即苦諦，即是苦果。“苦具”即因，即是集諦。於三界苦果及三界苦因，俱無瞋恚，為此體性；自性無瞋，對治瞋恚，恒作善事，為此業用。《顯揚》云：“於諸有情心無損害慈愍為體；能斷瞋障為業。”❷問：此二善根，所緣有異，應不俱有，不徧善心。答：善心起時，隨緣何境，皆於有、有具、苦、苦具，無著、無恚，是觀有等、苦等立此二名，非要緣彼有等、苦等為境也。如前慚、愧二法，亦是觀善、惡而立二名，亦非緣彼善、惡為境，故此二種俱遍善心。次、釋無痴。於諸事理，正了真實，謂之“明解”。《集論》云：“無癡者，由報教證智決擇為體，惡行不轉所依為業。”❸釋云：“‘報教證智’者，謂生得聞思脩所生慧，如次應知。‘決擇’者，謂慧、勇勤俱。”❹有師據此慧學，遂謂無痴以慧為性，由聞果報智而生得聞慧，由思聖教而生得思慧，由脩證智而生得脩慧，此三皆是決擇為性，故知無痴即慧為性。❺問：此若是慧何須更說？答：此雖即是慧，為顯善

---

❶ “有即三有……‘有具’是因”，或改寫自《唯識開蒙問答》卷上，《新纂卍續藏》第 55 冊，888 號，頁 358 下 8 至 9；源自《成唯識論述記》卷 6，《大正藏》第 43 冊，1830 號，頁 436 中 2 至 3。

❷ 引文見《顯揚聖教論》卷 1，《大正藏》第 31 冊，1602 號，頁 481 下 4 至 5。

❸ 引文見《大乘阿毘達磨集論》卷 1，《大正藏》第 31 冊，1605 號，頁 664 中 12 至 13。

❹ 引文見《大乘阿毘達磨雜集論》卷 1，《大正藏》第 31 冊，1606 號，697 下 1 至 3。

❺ “《集論》云……故知無痴即慧為性”，本段依據對《成唯識論》“有義：無癡即慧為性……抉擇性故”論敵觀點的解釋，將《集論》與《雜集論》

品中有生善殊勝功能，故別開之，即如煩惱之"見"，雖是煩惱，有勝功能，亦復別說。護法師立量破云：無癡非慧，別有自性，正翻"無明"，善根攝故，如無貪、嗔。下引證云：《論》說"大悲是無癡攝，非信等五根攝"故。若彼無癡以慧為性，則大悲亦如五力等，亦應是慧等根攝。若爾，便違《論》說。又若無癡無別自性，便同不害、行捨、不放逸，應非實物，以不害是無嗔一分攝，行捨、不放逸皆是精進三根一分攝故。若爾，便違《論》說"十一善中，唯三善法是世俗有，勝義則無，餘八善法皆是實有"。救云：若爾，何故《集論》說"此決擇為性"？答：《集論》是舉彼因果，顯此自性，故曰"無癡以報教證智為因，聞思脩所生慧為果"。如以忍為信因、樂為信果，舉彼因果，以表此信心淨為體。故以理推，必應別有自性。且貪、嗔、癡與六識相應，是根本煩惱中攝，由彼三法起惡最勝，立為三不善根。今欲斷彼三不善根，必假通、別對治，通即善慧，別即無貪等三根。由此三善根對彼三不善根，定知無癡必應別有。

"勤"謂精進，於善、惡品修、斷事中勇悍為性，對治懈怠、滿善為業。"勇"表勝進，簡諸染法；"悍"表精純，簡淨無記。即顯精進，唯善性

的"報教證智"與"生得聞思修所生慧"解為依"報""生得""聞慧"、依"教""生得""思慧"、依"證智""生得""修慧"，誤。"生得聞思修所生慧"，指"生得慧""聞慧""思慧""修慧"四種慧，《雜集論》原文"如次應知"，即謂依受"報"有"生得慧"，依聞"教"有"聞慧"，依能引"證"說思慧，依所生"智"說"修慧"。《集論》與《雜集論》中的"抉擇"從屬於"慧"的定義。故相關文字標點應作"報、教、證、智"與"生得、聞、思、修所生慧"，正文標點據本書的解釋。

攝。此相差別畧有五種，所謂被甲、加行、無下、無退、無足，即經所說有勢、有勤、有勇、堅猛、不捨善軛，如次應知。此五別者，謂初發心、自分、勝進，自分行中三品別故；或初發心、長時、無間、慇重、無餘修差別故；或資糧等五道別故，二乘究竟道欣大菩提故，諸佛究竟道樂利樂他故；或二加行、無間、解脫、勝進別故。

次、釋勤。先、正釋。問：勤與精進，一耶，異耶？答：異。"勤"通三性，"精進"唯善。此二既異，何云"勤謂精進"？答：謂屬一分是善性者，於善品修，於惡品斷❶。故曰"修、斷"。即未生善令生，已生善令廣，未生惡過令不生，已生惡斷令不續。"未生善令生"者，《瑜伽》云，謂於未得、未現前所有善法，為欲令得、令現在前，發心希願，發起勇猛，希求獲得，欲求現前。言"已生令廣"者，謂已獲得、已現在前所有善法，於此善法已得不失，已得不退。依是說言，為欲令住，於此善法，明了現前，無暗鈍性。依是說言，令修圓滿。言"未生之惡過令不生"者，若未和合未現前，名"未生"。為令不生，發起希願"我當令彼一切皆不復生"。言"已生之惡斷令不續"者，已和合、已現前，名"已生"。先已和合，為欲斷故，發起希願"我當於彼一切皆不忍受，斷滅除遣"，如此精進，非九十五種相違之勤，謂之四正勤，亦名四正斷：一、律儀斷，即已生惡法，由於已生惡不善事，應修律儀令其斷滅，不應忍受；二、

---

❶ "問：勤與精進……於惡品斷"，改寫自《唯識開蒙問答》卷上，《新纂卍續藏》第55冊，888號，頁358下13至16。

斷斷,即未生惡法,為欲令彼不現行斷,為欲令彼不現前斷,為斷故斷,名為斷斷;三、修習斷,即未生善法,由於善法數數修習,先所未得能令現前,能有所斷,名脩習斷;四、防護斷,即已生一切善法。由於已得已現在前諸善法中,遠離放逸,修不放逸,能令善法住不忘失,修習圓滿,防護已生所有善法,能有所斷,名防護斷。❶ "勇"目外進,"捍"目堅牢,勇而無怯,捍而無懼,以此正勤對治懈怠、滿善為業。圓了善事,名為"滿善"。是故三根名為"作善",此名"滿善",能滿彼故。❷次、轉釋"勇表勝進"等者。謂此"勇"明念念高勝,非如染法,設雖增長,望諸善品,皆名為退,不得名進。"捍表精純"等者,簡非無覆無記之淨也。❸如此二義,即顯"精進"唯善性攝,非通三性之精進矣。次、明差別相。此精進相,差別五種:一、被甲,即經云"有勢";二、加行,即經云"有勤";三、無下,即經云"有勇";四、無退,即經云"堅猛";五、無足,即經云"不捨善軛"。"被甲"者,從喻立名,如人入陣,先須被甲以防弓矢,今求菩提,必先誓願以防退屈。或求菩提雖有勢力,而加行時不能策勵,故說"有勤"。雖復有勤,心或怯弱,為對治彼,故說"有勇"。由有勇故,心無退屈。心

---

❶ "'未生善令生'者,名防護斷",改寫自《大方廣佛華嚴經隨疏演義鈔》卷 62,《大正藏》第 36 冊,1736 號,頁 499 下 15 至頁 500 上 12。

❷ "勇目外進……能滿彼故",改寫自《唯識開蒙問答》卷上,《新纂卍續藏》第 55 冊,888 號,頁 358 下 16 至 19。

❸ "'勇'明念念高勝……無覆無記之淨也",改寫自《大方廣佛華嚴經隨疏演義鈔》卷 62,《大正藏》第 36 冊,1736 號,頁 499 中 26 至 29;源自窺基《成唯識論述記》卷 6,《大正藏》第 43 冊,1830 號,頁 437 中 21 至 25。

雖無怯，逢生死苦，心或退轉，由此退失所求佛果。為對治彼，立
"無退轉"。無退轉者，即是"堅猛"。故"無退轉"顯示"堅猛"。由
有"堅"故，逢苦不退；由有"猛"故，不懼於苦。雖逢眾苦能
不退轉，而得少善便生喜足，由此不證無上菩提，是故次說"無
喜足"，是不得少善生喜足義，此即顯示"不捨善軛"。

　　此五別者，由三品別故，謂初發心至究竟位，攝五精進。一、
初發心行攝被甲精進，二、自分下品行攝加行精進，三、自分中品
行攝無下精進，四、自分上品行攝無退精進，五、勝進行攝無足精
進。何以五品行有差別？以修時功用有差別故。一、發心修，二、
長時修，三、無間修，四、殷重修，五、無餘修。或是資糧等五道
各別故，一、資糧位，二、加行位，三、通達位，四、修習位，五、
究竟位。問：第五勝進行是究竟位，何故亦攝無足精進？答：若
是二乘究竟道，欣大菩提，故有無足精進；若是諸佛究竟道，利
樂有情故，亦有無足精進。故曰：大海若知足，百川應倒流。或
二加行、無間、解脫，勝進別故，有五精進也。言"二加行"者，資
糧亦是加行攝，故曰"二加行"也。❶一、資糧道，謂諸異生所有
尸羅，守護根門，飲食知量，初、中、後夜常不睡眠，勤修止觀，正

---

　　❶ "此五別者……故曰'二加行'也"，本段是對《成唯識論》"此五別
者……勝進別故"的解釋，本書將四種解釋依次匹配統一，與唐代注疏大
異。據唐代注疏，《成唯識論》此段中每一"或"字都是一種不兼容的解釋，共
有四種：第一種解釋中，"初發心"並非修行故非"初發心行"，此五種在十
地修行的每一種皆有，故不能匹配"五位"等解釋；第二種中，"初發心"並
非"修"故非"發心修"；第三種，"究竟位"指無學位，"勝進行"則指每
一地後趣向下一地，故本非匹配；第四種，"二加行"指近、遠二種加行，而
非五位中的資糧位與加行位。

知而住，復有所餘進習諸善，聞所成慧、思所成慧、修所成慧修習此故，得成現觀，解脫所依器性❶；二、加行道，謂由此道能捨煩惱；三、無間道，謂由此道，無間能斷煩惱，令無所餘；四、解脫道，謂由此道證斷煩惱所得解脫；五、勝進道，謂為斷餘品煩惱，所有加行、無間、解脫道，是名勝進道，又復棄捨斷煩惱加行，或勤方便思惟諸法，或勤方便安住諸法，或進修餘三摩鉢提諸所有道，名勝進道，又為引發勝品功德或復安住諸所有道，名勝進道。❷

"安"謂輕安，遠離麁重、調暢身心、堪任為性，對治惛沈、轉依為業。謂此伏除能障定法，令所依止轉安適故。

次、釋輕安。遠離麁重雜染品法，調適暢悅所依身、心，於善品中有所堪可、有所任受而為體性，伏除昏沉、轉依而為業用。能障定法，即是"昏沉"。"身、心"即是彼所依止。今所依身、心去麁重、得輕安隱故，謂之"轉依"也。❸

"不放逸"者，精進、三根，於所斷、修，防、

---

❶ "一、資糧道……所依器性"，改寫自《大乘阿毘達磨集論》卷5，《大正藏》第31冊，1605號，頁682中21至25。

❷ "二、加行道……名勝進道"，改寫自《大乘阿毘達磨集論》卷5，《大正藏》第31冊，1605號，頁684上8至14。

❸ 本段或改寫自《大乘百法明門論解》卷上："言'輕安'者，遠離麁重、調暢身心、堪任為性，對治昏沈、轉依為業。離重名'輕'，調暢身、心名'安'。謂此伏除能障定法，令所依止轉安適故。言'堪任'者，有所堪可、有所任受。言'轉依'者，令所依身、心去麁重、得安隱故。"（《大正藏》第44冊，1836號，頁48中29至下5）"得輕安隱"之"輕"，疑為衍文。

修為性，對治放逸、成滿一切世、出世間善事為業。謂即四法，於斷、修事，皆能防、修，名"不放逸"，非別有體，無異相故，於防惡事、修善事中離四功能無別用故。雖信、慚等，亦有此能，而方彼四，勢用微劣，非根、遍策，故非此依。豈不防、修是此相用？防、修何異精進三根？彼要待此方有作用，此應復待餘，便有無窮失。"勤"唯遍策，"根"但為依，如何說彼有防、修用？汝防、修用其相云何？若普依持，即無貪等；若遍策錄，不異精進；止惡、進善，即總四法；令不散亂，應是等持；令同取境，與觸何別；令不忘失，即應是念。如是推尋，不放逸用，離無貪等竟不可得。故不放逸，定無別體。

次、釋不放逸。先、正釋。謂依精進及無貪等三種善根。此之四法，於所斷惡防令不起，於所修善修令增長，即此防、修，是其體性；對治放逸、成就圓滿一切善事，是其業用。次、轉釋。此精進者[1]，體即四法，約別功能即防修一分功能。而假建立，名"不放逸"，非別有體，無異相故，無別用故。設有問云：信等亦有防、修功能，何不依彼立"不放逸"？故答云：雖信、慚等亦有此能，而方彼四，勢既輕微，用亦薄劣，故不假立。何偏微劣？曰：非善根故，非遍策故，以精進能偏策故。故不放逸不依彼立。又問：若防、修既是不放

----

[1] "此精進者"，疑應作"此'不放逸'者"。

逸之體用，即彼精進、三根亦須待此方有作用，何故離精進、三根
而無別體？答：防、修何異精進、三根？若"彼精進、三根待此不
放逸方有作用"者，則不放逸自既無體，應復待餘"慚"等方有
作用，如是便有無窮之失。❶問云：勤唯為懈怠者遍策，根但為
善法所依，如何偏說此四法有防、修用，而不及餘？論主反詰云：汝
言必有防、修之用，其相若何？若以普依持為防、修之相乎？普依
持即是無貪等三根，非防修也。若以遍策錄者為防修之相乎？則
遍策錄又是精進，非防修也。若以止惡、進善為防修之相乎？止惡、
進善者，即總四法，何預防、修？若以不散亂為防修之相乎？不散
亂是等持，防、修何預？若以同心、心所取所緣之境者為防修
乎？則防修與觸等何異？若以不忘失為防修之相乎？則不忘失者
是念，無預防、修。如是推求不放逸之體用，離無貪等竟不可得。故
不放逸，離此四法，定無別體。

云何"行捨"？精進、三根，令心平等、正直
無功用住為性，對治掉舉、靜住為業。謂即四法，令
心遠離掉舉等障，靜住，名捨。平等、正直、無功
用住，初、中、後位，辯捨差別。由不放逸，先除

───────────────

❶ "則不放逸自既無體……無窮之失"，此段是對《成唯識論》"此應復
待餘，便有無窮失"的解釋，此處問難中以"不放逸自既無體"為難，又謂
"待餘'慚'等"，與唐代注疏大異。據唐代注疏，此處是唯識論者對論敵的
問難，論敵的觀點是"不放逸有獨立於精進、三根的體"，因此論主的問難也
是基於此前提，即謂"若你認為'四法可以防善修惡但無力，需要待不放逸
才能有作用'，則'不放逸也應如四法，雖有防善修惡之能但無力，但仍需
依待他法'，如此則有無窮之過"，而非"不放逸自既無體"。

雜染，捨復令心寂靜而住。此無別體，如不放逸，離
彼四法無相用故，能令寂靜即四法故，所令寂靜
即心等故。

次、釋行捨。先、正釋。言"行捨"者，行蘊中"捨"，揀受
蘊"捨"❶。為彼捨受唯是無記、非善性故，行捨善性，故今揀之。❷
此亦以彼四法為體，四法令心平等、正直、無功用住而為自性；對
治掉舉、寂靜安住而為業用。次、轉釋。精進、三根，令心遠離掉
舉等障而得靜住，故名為"捨"。由捨令心離沉掉時，初心平等，次
心正直，後無功用。❸故清涼《鈔》云："平等為初，離沈、掉故；正
直為次，於染不怯故。無動安住為後，即寂靜住，即此論中無功
用住。"❹由不放逸除雜染已，捨復令心寂靜而住，故此如彼無別
自性。問：何故行捨同不放逸亦即四法？曰：離彼四法，無相用
故。何知無別？曰：若能令靜即四法故，若所令靜即心等故。既
即四法，何須別立？曰：若不別立，隱此能故。❺

---

❶ "行蘊中'捨'，揀受蘊'捨'"，引自《唯識開蒙問答》卷上，《新纂
卍續藏》第 55 冊，888 號，頁 359 上 10 至 11。

❷ "受唯是無記、非善性故，行捨善性，故今揀之"，引自《大方廣佛華
嚴經隨疏演義鈔》卷 61，《大正藏》第 36 冊，1736 號，頁 487 上 29 至中 2。

❸ "由捨令心……後無功用"，引自《唯識開蒙問答》卷上，《新纂卍續
藏》第 55 冊，888 號，頁 359 上 11 至 12。

❹ 引文改寫自《大方廣佛華嚴經隨疏演義鈔》卷 61，《大正藏》第 36
冊，1736 號，頁 487 中 7 至 9。

❺ "問：何故行捨……隱此能故"，引自《唯識開蒙問答》卷上，《新纂
卍續藏》第 55 冊，888 號，頁 359 上 12 至 15。

云何"不害"？於諸有情不為損惱、無瞋為性，能對治害、悲愍為業。謂即無瞋，於有情所不為損惱，假名不害。"無瞋"翻對斷物命瞋，"不害"正違損惱物害。"無瞋"與樂，"不害"拔苦，是謂此二麁相差別。理實"無瞋"實有自體，"不害"依彼一分假立，為顯慈、悲二相別故，利樂有情彼二勝故。有說：不害非即無瞋，別有自體，謂賢善性。此相云何？謂不損惱。無瞋亦爾，寧別有性？謂於有情不為損惱、慈悲賢善是無瞋故。

次、釋不害。先、正釋。於諸有情不為侵損逼惱，即彼無瞋而為自性；能對治害、悲傷憐憫而為業用。次、轉釋。即無瞋上不損惱用，假立不害，故云"無瞋為性"。問：何故一體而立二名？答：以對治有異故。"無瞋"翻對斷物命之瞋，"不害"正違損物惱物之害。"無瞋"是慈，故能與樂；"不害"是悲，故能拔苦。是顯"瞋"與"不害"麁相之差別也。若以理細推，則無瞋有體，不害假立。問云：既是假法，又何須立？故答云：為顯慈、悲二相別故，利樂有情慈、悲勝故。下、揀異。"有說：不害非即無瞋，別有自體，謂賢善性"，此外執也。"此相云何"，論主詰也。"謂不損惱"，外人答也。"無瞋亦爾"者，論主釋詞。無瞋即是賢善性故，賢善亦即慈悲別名，但有一分不損惱義名不害耳，不害寧別有自體哉！

"及"顯十一義別心所，謂欣、厭等善心所法，雖義有別，說種種名，而體無異，故不別立。"欣"，謂"欲"俱"無瞋"一分，於所欣境不憎恚故。"不忿、恨、惱、嫉"等亦然，隨應正翻"瞋"一分故。"厭"謂"慧"俱"無貪"一分，於所厭境不染著故。"不慳、憍"等，當知亦然，隨應正翻"貪"一分故。"不覆、誑、諂"，"無貪、癡"一分，隨應正翻"貪""癡"一分故。有義："不覆"，唯"無癡"一分，無處說"覆亦貪一分"故。有義："不慢"，"信"一分攝，謂若信彼不慢彼故。有義："不慢"，"捨"一分攝，心平等者不高慢故。有義："不慢"，"慚"一分攝，若崇重彼不慢彼故。有義："不疑"，即"信"所攝，謂若信彼無猶豫故。有義："不疑"，即"正勝解"，以決定者無猶豫故。有義："不疑"，即"正慧"攝，以正見者無猶豫故。"不散亂"體，即"正定"攝。正見、正知，俱善慧攝。"不忘念"者，即是"正念"。"悔""眠""尋""伺"，通染、不染，如"觸""欲"等，無別翻對。何緣諸染所翻善中有別建立，有不爾者？相、用別者，便別立之；餘善不然，故不應責。又諸染法，遍六識者，勝故翻之，別立善法；"慢"等"忿"等，唯意識俱；"害"雖亦然，而數現起損惱他故，障無上乘勝因悲故，為了知彼增上過失，翻立"不害"。"失念""散亂"及"不正知"，翻入別境，善

中不說。染、淨相翻，淨寧少染？淨勝染劣，少敵
多故。又解理通，說多同體；迷情事局，隨相分
多，故於染、淨不應齊責。

次、釋頌中"及"字。先、標。"及"言，為顯十一法外義別
心所。次、釋。先、總釋。謂"欣""猒"等善心所法義異、名異，而
體無異，故不別立而兼攝之，是故言"及"。次、別釋。根、隨染
法二十六種，十一善中已翻十一，"信"治"不信"，"慚"治"無
慚"，"愧"治"無愧"，"無貪、瞋、癡"治"貪、瞋、痴"，"勤"治
"懈怠"，"安"治"昏沉"，"不放逸法"對治"放逸"，"捨"治"掉
舉"，"不害"治"害"，餘十五種不別立者，以"及"言顯。言
"欣""猒"者，即是"邪欲""惡慧"所翻。"欣"心所，與欲俱
是無瞋一分攝。"不忿""不恨""不惱""不嫉"，亦"無瞋"一
分。"猒"心所，與慧俱是無貪一分攝❶。"不慳""不憍"，亦無
貪一分。"不覆""不誑""不諂"，"無貪""無癡"名一分攝。有
說："不覆"唯是"無癡"一分攝。此義偏。次師出正義云：不懼
當苦覆自罪者，痴一分攝；恐失利養覆自罪者，貪一分攝。❷"不

---

❶"'欣'心所，與欲俱是無瞋一分攝……'猒'心所，與慧俱是無貪一
分攝"，此二句是對《成唯識論》"'欣'謂欲俱無瞋一分""'猒'謂慧俱無
貪一分"的解釋，本書將"俱"解釋為了"與……俱"，誤，欲與慧各自都
有自性，而非無瞋、無貪之一分。《成唯識論》文意謂"欣，是與欲心所同時
生起的這一部分無瞋心所""猒，是與慧心所同時生起的這一部分無貪心所"。

❷"次師出正義……貪一分攝"，改寫自《成唯識論》卷6後文："有義：此
覆，癡一分攝，《論》唯說此癡一分故，不懼當苦覆自罪故。有義：此覆，貪、
癡一分攝，亦恐失利譽覆自罪故。"

慢"是"信""捨""慚"攝，"不疑"是"信""勝解""慧"攝❶，"不
散亂"是"正定"攝，"正知""正見"俱"善慧"攝，"不忘念"即
"正念"攝。四不定法皆通善、染，如徧行、別境皆通善、染，故不
可翻，唯善染者可翻對故。問：何故諸染所翻善中，有別建立，有
不建立者？答：別建立者，"信"等相用各各不同，便別立之；不
別建立者，如不忿等，無別相用，故兼攝之。復有一義：有翻、
不翻。又諸染法如貪、瞋、痴、中二、大八，徧六種識者勝，故翻之
別立善法；慢等三法，忿等小隨，唯意識有，故不別立。"害"雖
意識，亦別立者，損惱他故、障大悲故、為令人知彼增上過故，亦
別翻而立"不害"。問："失念""散亂"及"不正知"，既徧六識，何
不翻彼別立善法？答云：已翻入別境，故善中不說。下、結染淨有
翻、不翻義。"染、淨相翻，淨寧少染"，問也，謂既染淨相翻，染
心所法有二十六，善唯十一，何哉？答云：淨法殊勝，染法微劣。少
能敵多，何必相等？又淨與染，有悟、迷、理、事、通、局之判。惟
悟、惟理、惟通，故多同體；惟迷、惟事、惟局，故多異相。是以多
少不同，豈應齊責耶？

二、釋"及"字義竟。

　　　此十一法，三是假有，謂"不放逸""捨"及
"不害"，義如前說；餘八實有，相用別故。

三、諸門分別，有十。一、假實。"如前說"者，"前"謂"不

---

❶"'不慢'是'信'……'勝解''慧'攝"，本段是將《成唯識論》
關於"不慢""不疑"各自的三種異說簡單統合，然三種異說本身應今認為
"不慢"或"不疑"只對應一種心所，而不能將三種異說統合為"不慢"或
"不異"同時對應三種心所，唐代注疏僅列異說而無判定。

放逸"及"行捨"二法依四法立，"不害"一法依無瞋立。餘八實有，體相、業用俱各別故。

有義：十一，四遍善心，精進、三根遍善品故；餘七，不定，推尋事理未決定時不生"信"故，"慚""愧"同類、依處各別、隨起一時第二無故，要世間道斷煩惱時有"輕安"故，"不放逸""捨"無漏道時方得起故，悲愍有情時乃有"不害"故。《論》說，十一，六位中起，謂決定位有"信"相應，止息染時有"慚""愧"起顧自、他故，於善品位有"精進""三根"，世間道時有"輕安"起，於出世道有"捨""不放逸"，攝眾生時有"不害"故。有義：彼說未為應理。推尋事理未決定心，"信"若不生，應非是善，如染心等無淨信故；"慚""愧"類異，依別境同，俱遍善心，前已說故；若出世道"輕安"不生，應此覺支非無漏故；若世間道無"捨""不放逸"，應非寂靜、防惡修善故，又應不伏"掉""放逸"故，有漏善心既具四法，如出世道，應有二故；善心起時，皆不損物，違能損法，有"不害"故。《論》說六位起十一者，依彼彼增，作此此說。故彼所說定非應理。應說"信"等十一法中，十遍善心，"輕安"不遍，要在定位方有輕安調暢身心，餘位無故。《決擇分》說：十善心所，定、不定地，皆遍善心，定地心中增"輕安"故。有義：定加行亦得定地名，彼亦微有調暢義故。由斯，欲界亦有輕安。不爾，便違《本地分》說"信等十一，通一切地"。有義："輕安"唯在定有，由定滋養、有調暢故。《論》說"欲界諸心、心所，由闕'輕安'，名不定地"。說一切地有十一者，通有尋、伺等三地皆有故。

二、徧、不徧。有義：精進、三根四，徧善心；餘七，不定。"慚、愧同類"者，"羞恥過惡"是二通相故。"依"是慚、愧，"處"即是境。有善、惡別，緣善境時，唯生崇重，但有"慚"義，無第二"愧"，緣惡亦然，故云"不徧"。餘義如文可知❶。"論說"下，引證不定。《瑜伽》五十五，"問：善法依處有幾種？答：畧說有六：一、決定時，二、止息時，三、作業時，四、世間清淨時，五、出世清淨時，六、攝受眾生時。"❷"問：如是諸法互相應義，云何應知？答：於決定時，有'信'相應；止息雜染時，有'慚'與'愧'，顧自、他故；善品業轉時，有'無貪''無瞋''無痴''精進'；世間道離欲時，有'輕安'；出世道離欲時，有'不放逸'及'捨'；攝

❶ "'依'是慚、愧……如文可知"，本段是對《成唯識論》"慚、愧同類、依處各別，隨一起時第二無故"，本書將"依"與"處"分解，將"各別"結尾"善"與"惡"之別，與唐代注疏不同。據唐代注疏，"依處各別"指持此觀點者認為"慚"與"愧"分別依待"自"與"他"而立。

❷ 引文見《瑜伽師地論》卷55，《大正藏》第30冊，1579號，頁602中13至15。

受眾生時，有‘不害’。此是悲所攝故。”❶執者引此以證徧、不徧義：“決定”“止息”二位，證“信”“慚”“愧”三心所是不徧義；三善品位，證“精進”“三根”是徧義；“世間”等三位，證“輕安”等四心所是不徧義。故正義破之云：餘七不定徧善心者，不然。汝言“決定位中有信相應，故不定”者，若推尋事理，心未決定時，“信”若不生，則此未決定心應非是善，便同染心，無淨信故。立量云：“推尋事理未決定心應非是善”，“無淨信故”，“如染心等”。若許未決定心亦是善者，寧得無“信”？汝言“慚愧、同類，而所依有自、他，所緣境有崇拒不同，或有或無，故不遍”者，亦不然，豈知慚、愧二法崇、拒不同，其類各異，一依自力，一依世間，所依亦別，隨緣何境，皆有崇、拒二法俱起，所緣則同，俱徧善心，前已說故，誰言隨起一時第二便無？若“世間道斷煩惱時得有輕安”，應出世道斷煩惱已，輕安不生，則安覺支非無漏攝。若謂“無漏道時方有捨、不放逸，世間道無”者，則世間道既無行捨，應無寂靜，不伏掉、舉；亦無防修，不伏放逸。立量云：“有漏善心應具一法”，“具四法故”，“如出世道”。❷善心起時，皆不損物害命，何必攝眾生時方有不害？下、通論義。然《論》說“六位起十一”者，依彼彼增勝，故作此此說也。“依彼彼增”，謂決定位信增，乃至攝

---

❶ 引文見《瑜伽師地論》卷55，《大正藏》第30冊，1579號，頁602中17至22。

❷ “立量云：‘有漏善心應具一法’，‘具四法故’，‘如出世道’”，此比量總結自《成唯識論》“有漏善心既具四法，如出世道，應有二故”，與唐代注疏不同。窺基《成唯識論述記》卷6：“然有比量：‘散善等中應有此二’，‘是善心故、具四法故’，‘如出世道’。”（《大正藏》第43冊，1830號，頁442上13至14）

眾生時不害增；"作此此說"，謂決定位有信，乃至攝眾生時有不害。非謂獨此位有而他位無也。下、出正義云：此十一法，十遍善心，唯輕安不遍。"《決擇》"下，引證。一師云：定地心中增輕安者，不必上界得根本定，即欲界加功用行，學修根本定時，亦得定地名，雖無殊勝輕安，亦有輕微調暢義故。由斯，欲界亦有輕安，不必上界。若不爾者，便違《瑜伽·本地分》說"信等十一通一切地"。一師言：輕安唯在上界定地方有，由禪定力滋養身心，方得調和暢適故。《論》說"欲界唯闕輕安名不定地"，然《本地分》說"信等十一通一切地"者，是通上一切地，不通下地。"上地"者：有尋有伺地，謂欲、初禪；無尋有伺地，謂大梵天；無尋無伺地，謂二靜慮乃至有頂。初靜慮中未入定時，有尋有伺；已入定時即無尋有伺；二禪已上共有七地，總名無尋無伺地。《論》言"一切地"者，唯說有尋伺等三地，不說五趣雜居地，故知欲界無有輕安。

此十一種，前已具說，第七、八識，隨位有無，第六識中，定位皆具，若非定位，唯闕輕安。有義：五識唯有十種，自性散動，無輕安故。有義：五識亦有輕安，定所引善者亦有調暢故，成所作智俱必有輕安故。

三、八識隨位有無者，未轉依位，七、八俱無；已轉依位，二識皆有。第六意識，若在定位，十一皆具，非定位中，唯闕輕安。有師言：五識無輕安，自性散動故。有師言：五識有輕安，謂由定心引善五識亦有調暢，轉依位中與智相應豈無輕安？故知五識十一皆具。

此善十一，何受相應？十，五相應；一，除
憂、苦，有逼迫受無調暢故。

四、五受。此十善心，五受相應；輕安一種，除憂、苦受，以
有逼迫非調暢故。

此與別境皆得相應，信等、欲等不相違故。

五、別境。

十一唯善。

六、三性。

輕安，非欲；餘，通三界。

七、界繫。

皆學等三。

八、學、無學。一者、有學；二者、無學；三、非有無。十一皆
具，同善性故。

非見所斷。《瑜伽論》說：信等六根，唯修所
斷，非見所斷。

九、所斷。信等六根者，謂信等五根，及未知欲知根也。《瑜

伽》云：六是修所斷，餘二非所斷❶。餘二者，已知根、具知根也。

餘門分別，如理應思。

十、結顯餘門不盡差別。

通上，二、善位，竟。

下、三根惑位，分三。

如是已說善位心所，煩惱心所，其相云何？頌曰：

煩惱，謂貪、瞋、癡、慢、疑、惡見。

一、結前標問。煩惱如稠林，故有"根本""枝葉"之說，而立為"根""隨"二位煩惱，以有根故，隨生枝葉。"根"有六種，或開為十；"隨"有二❷十，更分為三。根之六者，一、貪，二、瞋，三、癡，四、慢，五、疑，此名五鈍使也。第六、惡見，若開此一，又有五名，一、身見，二、邊見，三、邪見，四、見取，五、戒禁取，此名五利使也。前名"鈍"者，於所緣境頑嚚無決故；此名"利"者，於所緣境果決割斷故。十皆名"使"者，為心王之所使，故名"心所使"。隨惑分三，下文自釋。已上根、隨，擾惱心王不自在故，得

---

❶ "《瑜伽》云：六是修所斷，餘二非所斷"，改寫自《瑜伽師地論》卷57："十二，一分修所斷、一分非所斷，謂即十四中六及餘六。餘二，非所斷。"（《大正藏》第30冊，1579號，頁616中18至20）

❷ "一"，底本、校本皆如此，本段同於明昱《成唯識論俗詮》卷6，《卍續藏》本《成唯識論俗詮》作"二"，隨煩惱共二十，分為小、中、大三類，整理者據《卍續藏》本《成唯識論俗詮》及文意改。

"煩惱"名。❶

二、舉頌總答，即<u>天親</u>第十二頌之半。

> 論曰：此貪等六，性是根本煩惱攝故，得煩惱名。

三、解釋頌意，分二。一、正釋心所。此總釋也，能生隨惑，故曰"根本"。"煩惱"者，"擾"也，"亂"也。擾亂有情，謂之"煩惱"。

> 云何為"貪"？於有、有具染著為性，能障無貪、生苦為業。謂由愛力，取蘊生故。

先、釋貪。"有"及"有具"，謂於諸見欲、色、無色，就染愛着而為自性；輪迴三界、能生苦果是其業用。謂由此貪愛為因，於三界❷取蘊苦果生生不斷。所謂"愛欲為因，愛命為果"❸。<u>清涼</u>《鈔》云："有，謂後有前生作，今生有。三有異熟之果；有具，謂彼惑業中有及器世間。"❹此貪依十事生：一、取蘊，二、諸見，三、未得境界，四、已得境界，五、己所受用過去境界，六、惡行，七、

---

❶ "煩惱如稠林……得'煩惱'名"，亦見於<u>明昱</u>《成唯識論俗詮》卷6，《新纂卍續藏》第50冊，820號，頁590下6至14。

❷ "界"，底本難辨，本句亦見於<u>通潤</u>《成唯識論集解》卷6及<u>廣益</u>《百法明門論纂》，整理者據此及校本、文意補。

❸ 引文見<u>佛陀多羅</u>譯《大方廣圓覺修多羅了義經》，《大正藏》第17冊，842號，頁916中9。

❹ 引文見《大方廣佛華嚴經隨疏演義鈔》卷34，《大正藏》第36冊，1736號，頁256下16至17；源自<u>窺基</u>《成唯識論述記》卷6："'於有'者，謂後有，即唯異熟三有果也。'有具'者，即中有，并煩惱業及器世等三有具故。"（《大正藏》第43冊，1830號，頁444上1至3）

男女，八、親友，九、資具，十、後有及中有也。❶《集論》云："何故名'取蘊'？以取合故，名為'取蘊'。何等為'取'？謂諸蘊中所有欲貪。何故欲貪說名為'取'？謂於未來、現在諸蘊能引不捨故，希求未來、染着現在，欲貪名'取'。"❷

云何為"瞋"？於苦、苦具憎恚為性，能障無瞋、不安隱性、惡行所依為業。謂瞋必令身心熱惱，起諸惡業不善性故。

次、釋瞋。"於苦、苦具"，謂於損己他有情所，及於所愛不饒益所、於所不愛作饒益所，於損己法、他所執見，憎嫉、忿恚而為自性❸，障無瞋善、不安隱性及諸惡行所依為業。謂瞋必令身心熱惱，起諸惡業不善性故。清涼《鈔》云，"'苦'，謂三苦。'苦具'，謂一切有漏、無漏但能生苦者"。問，云何無漏亦名苦具。"曰：謂邪見等謗無漏故，亦能生苦"。❹問：何謂不安。曰：心懷憎惡多住苦故，所以不安。"身心熱惱"，即"不安"義。此瞋事亦有十種：一、己身，二、所愛有情，三、非所愛有情，四、過去怨親，五、未來怨

---

❶ "此貪依十事勝……後有及中有也"，改寫自《瑜伽師地論》卷 55，《大正藏》第 30 冊，1579 號，頁 603 中 8 至 11。

❷ 引文見《大乘阿毘達磨集論》卷 1，《大正藏》第 31 冊，1605 號，頁 663 上 23 至 26。

❸ "於損己他……而為自性"，改寫自《瑜伽師地論》卷 58："'恚'者，謂能損害心所為性。此復四種，謂於損己他、見他有情所，及於所愛不饒益所、於所不愛作饒益所所有瞋恚。"（《大正藏》第 30 冊，1579 號，頁 621 下 16 至 18）"於損己他有情所"，疑應作"於損己他、他有情所"。

❹ "'苦'謂三苦……亦能生苦"，改寫自《大方廣佛華嚴經隨疏演義鈔》卷 34，《大正藏》第 36 冊，1736 號，頁 256 下 20 至 22。

親，六、現在怨親，七、不可意境，八、嫉妒，九、宿習，十、他見。[1]
依此十事，而起十瞋故。

云何為"癡"？於諸理、事迷闇為性，能障無
癡、一切雜染所依為業。謂由無明，起疑、邪見、
貪等煩惱、隨煩惱業，能招後生雜染法故。

次、釋痴。"癡"即"無明"別名。不因境起，名"獨頭無明"；因
境起者，名"相應無明"[2]。"獨頭無明，多迷諦理；相應無明，亦
迷事相。"[3]謂於諦等，不能明了昏迷暗昧而為體性；能障無癡善
根、生煩惱業，故云"一切雜染所依"也。次、轉釋。謂由無明，能
起根本煩惱、隨煩惱業，又能招感後生苦果，故知一切染法皆依無
明而有，若離無明無有起處。然此無明，依七事起：一、世事，二、
世間安立事，三、運轉事，四、寂勝事，五、真實事，六、雜染清淨
事，七、增上慢事。依此七事起無知故。[4]《瑜伽》云："惡行有
三，謂貪、瞋、痴。由依止此三故，恒行身、語、意惡行，故名惡行。又
即依此三，廣生無量不善行故，建立三不善根。所以者何？以諸

---

❶ "瞋事亦有十種……他見"，改寫自《瑜伽師地論》卷55，《大正藏》
第30冊，1579號，頁603中16至18。

❷ "不因境起，名'獨頭無明'；因境起者，名'相應無明'"，本解釋亦
見於明昱《成唯識論俗詮》卷6，誤。無明是心所，必有境。獨頭無明，謂
不與貪等相應的無明；相應無明，謂與貪等相應的無明。

❸ 引文見《大方廣佛華嚴經隨疏演義鈔》卷34，《大正藏》第36冊，1736
號，頁256下25至26。

❹ "無明依七事起……起無知故"，改寫自《瑜伽師地論》卷55，《大
正藏》第30冊，1579號，頁603中23至26。

有情愛味世間所有為因，行諸惡行；分別世間怨相為因，行諸惡行；執著世間邪法為因，行諸惡行。是故貪、瞋、癡，亦名惡行，亦名不善根也。"❶

> 云何為"慢"？恃己於他高舉為性，能障不慢、生苦為業。謂若有慢，於德、有德，心不謙下，由此生死輪轉無窮，受諸苦故。此慢差別，有七、九種，謂於三品我德處生。一切皆通見、修所斷。聖位我慢既得現行，慢類由斯起亦無失。

次、釋慢。先、正釋。恃己尊勝，貢高輕舉，藐視一切，是其自體，生苦是用。次、轉釋。謂彼平生不以德業為事，而故慢德，故於一切有尊德者，不生謙恭，不自卑下，自高自大，輕陵蔑裂，由斯生死無窮，受苦不盡。下、顯差別。此慢差別，有七體、九類。何謂七體？曰：單、過、慢、增、邪、我、卑。云何"單慢"？謂於劣計己勝，於等計己等，稱境為"單"，不敬為"慢"。雖理本等恃己評他，故為慢也。云何"過慢"？謂於勝計己等，於等計己勝，單加一等，故成"過慢"。云何"慢過慢"？謂於勝計己勝，單上加二，名"慢過慢"。何名"增上慢"？謂未得謂己有得，計劣為多，為"增上慢"。云何"邪慢"？謂自全無德，謂己有德。云何"我慢"？謂於自執我，稱量齊舉。云何"卑劣慢"？謂於多勝計己少劣。問：此應是謙。何得成慢？答：如自恃云"汝雖勝我，終不汝敬"，故是

---

❶"《瑜伽》云：不善根也"，本段亦見於通潤《成唯識論集解》卷6，但本段實改寫自《大乘阿毘達磨集論》卷4，《大正藏》第31冊，1605號，頁677下28至頁678上5，而非《瑜伽師地論》。

此慢。❶何謂九類？曰：謂我、德、處各有三品，是為九類。云何三品？一、於我勝、等、劣，二、有我勝、等、劣，三、無我勝、等、劣。"勝"謂強勝，我勝彼故；"等"謂齊等，等於他故；"劣"謂卑劣，我劣彼故。我既如此，德、處亦然。"我"即所執之我，"德"即所修之德，"處"即受用處所。❷此九句，隨義配之，是何慢類，請示一途。如於勝計我勝，是"慢過慢"類；於勝計我等，是"過慢"類；於勝計我劣，是"單慢"類。更示於"等"，曰：於等計我勝，是"過慢"類；於等計我等，是"單慢"類。再示於"劣"，曰：於劣計我勝，是"單慢"類。問：計有勝等？曰：於勝計有勝，是"慢過慢"類；於勝計有等，是"過慢"類；於勝計有劣，是"卑慢"類；於等計有勝，是"過慢"類；於等計有等，是"單慢"類。問：計無勝等？曰：於勝計無勝，是"單❸慢"類；於勝計無等，是"卑

---

❶ "此慢差別，有七體、九類……故是此慢"，改寫自《唯識開蒙問答》卷上，《新纂卍續藏》第55冊，888號，頁359下11至21。"稱量齊舉"，《卍續藏》本《唯識開蒙問答》作"稱量高舉"。

❷ "何謂九類……受用處所"，本段是對《成唯識論》"謂與三品我德處生"的解釋，源自作者對《唯識開蒙問答》卷上"問：九類者何？答：謂於我勝、等、劣，有勝、等、劣，無勝、等、劣"（《新纂卍續藏》第55冊，888號，頁359下21至23）的解讀，但與《唯識開蒙問答》原意或有出入，將"三品我德處"解為"我、德、處各分三品"亦與唐代注疏大異。據唐代注疏，"三品我德處生"謂慢依於"上、中、下三品，我、勝德"五類法，生七種或九種慢，"上、中、下三品"指"劣、等、勝三類"，但主要是依據七慢解釋，窺基《成唯識論述記》認為大乘文獻中無"九慢"，"九慢"僅見於《大毘婆沙論》等部派文獻。

❸ "單"，底本、校本皆作"卑"，校本校勘記謂"'卑'疑'單'"，本句改寫自《唯識開蒙問答》，《卍續藏》本《唯識開蒙問答》作"單"，後句謂"於勝計無等，是'卑慢'類"，整理者據《卍續藏》本《唯識開蒙問答》及

慢"類。於勝計無劣，此有兩類：若下無劣計等，是"過慢"類；若下無劣計勝，是"慢過慢"類。若於等計無勝，是"單慢"類。於等計無劣，此亦二類：若下無劣計等，是"單慢"類；若無劣計勝，是"過慢"類。問："於""計"二字，何屬"自""他"？曰："於"字屬"他"，"計"字屬"自"。何以故？"於"猶"向"也。向他勝、劣，計自勝、劣故。❶當知二慢，依勝有情事生；餘，各依一事。一切皆通見、修所斷。聖位既有俱生我慢，慢類由斯，起亦無失。

云何為"疑"？於諸諦理猶豫為性，能障不疑、善品為業。謂"猶豫"者，善不生故。有義：此"疑"以"慧"為體，"猶豫簡擇"說為"疑"故。"毗"助"末底"是"疑"義故，"末底""般若"義無異故。有義：此"疑"別有自體，令"慧"不決，非即慧故。《瑜伽論》說"六煩惱中，見世俗有，即慧分故；餘是實有，別有性故"。"毗"助"末底"，執"慧"為"疑"，"毗"助"若南"，"智"應為"識"。界由助力，義便轉變，是故此"疑"非"慧"為體。

次、釋疑。於諸諦理狐疑不決而為自性，能障不疑、不修善品而為業用。一云：於諦猶豫不決為體，唯分別起，善品不生依止為業。"於諦猶豫"者，亦攝"於實猶豫"，如其所應，滅、道諦攝故。"善品不生"者，謂由不決，不造修故。此疑依六事生：一、

文意改訂。

❶ "此九句……計自勝、劣故"，改寫自《唯識開蒙問答》卷上，《新纂卍續藏》第 55 冊，888 號，頁 359 下 22 至下 11。

聞不正法,二、見師邪行,三、見所信受意見差別,四、性自愚魯,五、
甚深法性,六、廣大教法。❶由此六種,疑方生故。下、揀異。一
師言:此"疑"無體,依"慧"假立,謂正猶豫時有慧簡擇,正
簡擇時復生猶豫,猶豫、簡擇,二俱不定,故說為"疑"。"疑"能
毗益輔助"末底","末底"即是"般若",既曰"疑"能助"智",故
以"慧"為體也。有師言:此疑別有自體,令慧不決,名之為"疑",非
即是"慧"。《論》說惡見是假,餘皆實有,"疑"與"慧"既各
自有性,何故偏執以慧為體?梵語"若南",此云"智";梵語"毗
若底",此云"識";梵語"末底",此云"慧"。"末""般"二字,是
"慧"義,"若"字是智義,故梵語"般若",此翻"智慧"。前師
以"末""般"二字皆是"慧"義,執"慧"為"疑",故第二師
破云:若以"毗末底"之"毗"字,為助"慧"之力,故執"慧"為
"疑"者,則應"毗若南"之"毗"字,亦有助"智"之力,"智"亦
應為"識"乎?此既不然,彼云何爾?縱使"疑"能助"慧",亦
非由助力便能轉變其體,是故此疑,非慧為體。❷

---

❶"疑依六事生……廣大法教",改寫自《瑜伽師地論》卷 55,《大正
藏》第 30 冊,1579 號,頁 603 下 21 至 23。

❷"此疑無體……非慧為體",本段亦見於通潤《成唯識論集解》卷 6,是
對《成唯識論》"有義:此疑義慧為體……非慧為體"的解釋,然《成唯識
論》原文是用梵語語法解釋,明代注疏解釋多有問題。"'毗'助'末底'是
'疑'義故",意謂詞頭"vi(毗)"與詞"mati(末底,慧)"結合是"猶豫、
疑惑(vimati)",此處的"毗"指詞頭,而非"毗益輔助",此師的觀點是:"末
底(mati)"與"般若(prajñāna,即慧心所)"是同義詞,"疑(vicikitsa)"心
所的定義是"猶豫、疑惑(vi-mati)",因而等價於詞頭"毗(vi)"與"般若
(prajñāna)"結合,所以說"疑"以"慧"為體。"末底(mati)"不能單獨拆
為"末"與"底"。"般若(prajñāna)"若要拆為"般(pra)"與"若(jñāna)",詞

云何"惡見"？於諸諦理顛倒推求❶、染慧為性，能障善見、招苦為業。謂惡見者多受苦故。此見行相差別有五。一、薩迦耶見，謂於五取蘊執我、我所，一切見趣所依為業。此見差別，有二十句、六十五等，分別起攝。二、邊執見，謂即於彼隨執斷、常，障處中行、出離為業。此見差別，諸見趣中，有執前際四遍常論、一分常論，及計後際有想十六，無想、俱非各有八論，七斷滅論等，分別趣❷攝。三、邪見，謂謗因果、作用、實事及非四見諸餘邪執，如"增上緣"名義遍故。此見差別，諸見趣中，有執前際二無因論、四有邊等、不死矯亂，及計後際五現涅槃，或計自在、世主、釋、梵及餘物類

頭"pra"即不表示"慧"，因此不能說"般（pra）是'慧'，若（jñāna）是'智'，因此'般若'翻譯謂'智慧'"。"界由助力，義便轉變"，本句是肯定句，"界"指"字界"，即指詞根，整句意謂，當詞根與不同的詞頭結合時，整體的意思就不同，如詞根"若（jña，認知）"構成的"若南（jñāna）"無詞頭時表示"智"，與詞頭"毗（vi）"結合則表示意思不同的"識（jñāna）"，而非"縱使'疑'能助'慧'，亦非由助力便能轉變其體"。

❶"求"，底本作"求"，《大正藏》本《成唯識論》卷6作"求度"，校勘記謂《宋》《元》《明》《宮》四本無"度"字，《聖》本無"求"字，當作"度"。

❷"趣"，底本作"趣"，校本晷，《大正藏》本《成唯識論》卷6作"趣"，校勘記謂《宋》《聖》本作"起"，此處謂上述邊執見皆為分別執，後文引《大方廣佛華嚴經隨疏演義鈔》謂"名'分別起'"，唐代注疏亦解為"分別起"，故應作"起"。

常恒不易，或計自在等是一切物因，或有橫計諸邪解脫，或有妄執非道為道，諸如是等，皆邪見攝。四、見取，謂於諸見及所依蘊，執為最勝，能得清淨，一切鬪諍所依為業。五、戒禁取，謂於隨順諸見戒禁及所依蘊，執為最勝，能得清淨，無利勤苦所依為業。然有處說“執為最勝，名為見取；執能得淨，名戒取”者，是影畧說，或隨轉門。不爾，如何“非滅計滅”“非道計道”說為邪見，非二取攝？

次、釋惡見。先、總釋。言“顛倒”者，以正為邪、以邪為正。染慧而為體性，招感積集一切苦事而為業用。謂惡見者，以苦捨苦，此世、他世多受苦故。此一惡見行相差別總有五種。

一、薩迦耶見，此翻“身見”，具足應云“薩迦耶達利瑟致”。<u>經部師</u>云：“薩”是“偽”義，“迦耶”是“身”，“達利瑟致”是見。“身”是“聚”義，即聚集假。應言“緣聚身起見”，名為“身見”。薩婆多云：“薩”是“有”義，“迦耶”等如前，雖見聚身，而是實有。“身”者，即是自體異名，應言“自體見”。大乘法師解云：“僧吃爛底薩”，便成移轉，以大心心上所變之法，故言“移轉”。身見依五蘊起此我見，此為依故，諸見得生，故言“見趣所依為業”。“趣”者，“況”也，或所歸處也。言“二十句”者，《對法》第一云，謂如計“色是我”“我有色”“色屬我”“我在色中”，一蘊有四，五蘊合有二十句也。五為我見，餘皆我所，謂相應我所、<small>即我有色</small>。隨逐我所、<small>即色屬我</small>。不離我所，<small>即我在色中</small>。故有十五我所。此即分別行緣蘊，不分別所起處。若歷三世，便有六十，加"身為我"為六十一，"我復異身"為六十二，又計"常、無常"等為六十二，如《十藏品》。《論》云"六十五"者，《婆沙論》云，謂如以色為"我"，於餘四蘊各三我所，謂"是我纓絡""我童僕""我器"，即有十二，色為一"我"，即總有十三，五蘊總有六十我所見，有五我見，為六十五。此即分別行緣蘊，亦分別所起處。此等皆是分別我見。❶

二、邊執見，於五取蘊，薩迦耶見增上力故，心執增益，計我斷、常，障處中行、解脫出離，令隨偏僻繫縛為業。《瑜伽》八十七云："又諸外道，薩迦耶見以為根本。有六十二諸惡見趣，謂四常見論、四一分常見論、二無因論、三❷有邊無邊想論、四不死矯亂論，如是十八諸惡見趣，是計前際說我論者。又有十六有見想論、八無想論、八非有想非無想論、七斷見論、五現法涅槃論，此四十四諸惡見趣，是計後際說我論者。"❸《瑜伽》約迷前際、後際為次，此則約所依見分之。此六十二，以邪見、邊見二為自體，以餘二見而為眷屬，依於身見以為根本。初"四徧常"者，謂我及世間一切皆常，但有隱、顯，依上、中❹靜慮等，起宿住隨念，生四

---

❶ "具足應云……分別我見"，引自《大方廣佛華嚴經隨疏演義鈔》卷40，《大正藏》第36冊，1736號，頁306下26至頁307上19；源自《成唯識論述記》卷6，《大正藏》第43冊，1830號，頁445中14至頁446上11。

❷ "三"，底本、校本皆作"三"，《大正藏》本《瑜伽師地論》卷84作"四"，校勘記謂《宋》《元》《明》三本作"三"。此處是論述十八種邊執見中的"世界有邊""世界無邊""世界亦有邊亦無邊""世界非有邊非無邊"四種異論，而非序號，故應作"四"。

❸ 引文見《瑜伽師地論》卷87，《大正藏》第30冊，1579號，頁785下15至21。

❹ 本段改寫自《大方廣佛華嚴經隨疏演義鈔》卷40，《大正藏》本《大

常論，一、由能憶二十成壞劫，二、能憶四十劫，三、能憶八十劫，四、依天眼所見現在世，見諸有情死時生時諸蘊相續，彼便執「我、世間俱常」。言「四一分常」者，謂四皆一分：一者、從梵天沒來生此間得宿住通，作如是等執「梵王是常，我等無常」，故名「一分」；二、聞梵王，有如是見「大種是常，心是無常」，或復翻此；三、有先從戲忘天沒來生此間，得通起執「不生此者是常我，生此者是無常」；四、有先從意憤天沒，一分同前，此天住處，住妙高層級，或三十三天。「有想十六」者，有四四句：一、「我有色」，死後有想，執色為我，名「我有色」，取諸法說，名為「有想」，即欲界全、色界一分，除無想天；二、我無色，死後有想，執無色蘊為我，此在欲界，乃至無所有處，惟除非想；三、我亦有色亦無色，死後有想，執五蘊為我；四、我非有色非無色，死後有想，遮第三也，依尋、伺、等至，皆容得起。第二四句云：一、執我有邊，死後有想，執色為我，體有分限，如指節等；二、執我無邊，死後有想，執非色為我，徧一切處故；三、執我亦有邊、亦無邊，死後有想，執我隨身卷舒等；四、執我非有邊、非無邊，死後有想，遮第三也，或依尋、伺、等至皆起。第三四句者：一、我有一想；二、我有種種想；三、我有小想；四、我有無量想。一、「一想」者，在前三無色；二、「種種想」者，在欲界、色界，除無想天；三、執少色，或執少無色，為我想，為我所，我與彼合名為「小想」，在欲色界，除無想天；四、「無量想」者，執無量色，或執無量無色，為我想，我與彼合。第四四句者：一、我純有樂，死後有想，在前三靜慮；二、我純有苦，死後有想，在地獄中；三、我純有苦、有樂，死後有想，在人、欲天、

方廣佛華嚴經隨疏演義鈔》卷40「中」字下有「下」字。

畜生界；四、我純無苦、無樂，死後有想，在第四禪已上、尋、伺、等至皆容得起。"無想、俱非各八論"者，無想八論，有二四句。初四句者：一、我有色，死後無想，執色為我，得無想定，見他有人得定生彼，作如是計；二、我無色，死後無想，執命根為我，得無想定；三、執我亦有色亦無色，死後無想，雙執色、命根為我，於此二中，起一我想；四、執我非有色非無色，死後無想，遮第三句，等至、尋、伺皆容起故。第二四句者：一、執我有邊，死後無想，執色為我，其量狹小等，得無想定；二、執我無邊，死後無想，執色為我，徧一切處等；三、執我亦有邊亦無邊，死後無想，執色為我，隨身有卷舒故；第四句者，遮第三句，更無別義，等至、尋、伺，皆容得起。後"俱非八論"者，有二四句，一云：執我有色，死後非有想非無想，執色為我，見諸有情，入非想非非想定，想不明利，作如是執，唯尋、伺執，非得定也；二、執我無色，死後如前，執無色蘊為我等，入非想非非想定，想不明了，故作如是執；三、執我亦有色亦無色，死後如前，執色、無色為我，見有情等同前，上皆依尋、伺起，非由等至；其第四句，遮第三句，更無別義。第二四句云：一、執我有邊，死後非有想非無想，乃至第四句，其文易知。如是一切，皆執四無色為我，以得非想非非想定，容有此執。一、由彼定時分位促故，別以一一蘊而為所緣，執我有邊；二、由彼定時分長故，總以四蘊為所緣故，執我無邊；三、由彼定或一一蘊、或總為所緣，故成第三句；第四句遮第三，更無別義。"七斷滅論"者，一、執我有色麤❶四大種所造為性，死後斷滅，畢竟無有，見

---

❶ "色麤"，底本、校本皆如此，本句引自改寫自《大方廣佛華嚴經隨疏演義鈔》卷 40，《大正藏》本《大方廣佛華嚴經隨疏演義鈔》卷 40 作 "麤色"，此執意謂 "我有麤色，麤色是四大所造"，據文意應作 "麤色"。

身死後有而無故；二、我欲界天，死後斷滅；三、我色界天死後斷滅；四、我空無邊處乃至非非想，皆云死後斷滅。後之四執，執彼彼地為生死頂。故前四十見為常，後七見為斷。此皆見斷，名"分別起"。❶

三、邪見者，撥無因果及四見外諸餘邪執，皆屬此攝。如"增上緣"名義偏故，餘緣不攝者，皆此緣攝。起見不正，故名之為"邪"。"謗因果、作用、實事"者，《瑜伽》云："謂依世間諸靜慮故，見世施主一期壽命恒行布施，無有斷絕，從此命終，生下賤家貧窮匱乏，彼作是思：'定無施與愛養祠祀。'復見有人一期壽中恒行妙行，或行惡行，見彼命終，墮於惡趣，生奈洛迦，或往善趣，生於天止樂世界中，彼作是思：'定無妙行及與惡行，亦無妙行、惡行二業異熟。'復見有一剎帝利種命終之後生婆羅門、毗舍、首陀諸種性中，或婆羅門命終之後生剎帝利等種性中，彼作是思：'定無此世剎利等從彼世剎利等種性中來，亦無彼世剎帝利等從此世間剎帝利等種性中去。'又復觀見諸離欲者，生於下地。又見母命終已生而為女，女命終已還作其母，父終為子，子還作父。彼見父母不決定已，彼作是思：'世間決定無父無母。'或復見人身壞命終，或生無想，或生無色，或入涅槃，求彼生處不能得見，彼作是思：'決定無有化生眾生，以彼處所不可知故。'或於自身起阿羅漢增上慢已，臨命終時遂見生相，彼作是念：'世間必無真阿羅漢。'"❷無施、無受、亦無祠祀，是名"謗因"；無有妙行、惡行，是

---

❶"初'四徧常'者……名'分別起'"，引自《大方廣佛華嚴經隨疏演義鈔》卷40，《大正藏》第36冊，1736號，頁307中1至頁308上17。

❷引文見《瑜伽師地論》卷7，《大正藏》第30冊，1579號，頁311上23至中16。

名"謗用"；無有妙行、惡行諸業及異熟果，是名"謗果"；無父、無母、無化生有情、無真羅漢諸漏永盡，如是一切，名"謗實事"。言"前際二無因"者，一、從無想天沒來生此間，無宿住通，不能憶彼出心已前所有諸位，便執諸法本無而起，如我亦應本無而起，便起執言"我及世間無因而起"；二、因尋伺，不憶前身，作如是執，無因而起。如是二見，由無想天及虛妄尋、伺二事而起。"四有邊"者：一、由一向能憶，下至無間地獄，上至第四靜慮，執我於中，悉皆充滿，便作是念"過此有我，我應能見"，故知有邊；二、由一向能憶傍無有邊，執"我徧滿"，故執無邊；三、由能憶上下及傍，故雙執有邊無邊；四、由能憶壞劫斷位，便生非有邊非無邊想，諸器世間無所得故。"四不死矯亂"者，先總釋名。準婆沙意，外道計天常住，名為"不死"，計不亂答，得生彼天。今佛訶云"汝言祕密"等，即是"矯亂"。言四種者：一、恐無知，念我不知善、不善等，有餘問我，不得定答，我若定答，恐他鑒我無知，因即輕笑於我，彼天祕密義，不應皆說等；二、行諂曲者，作是思惟，非我淨天一切隱察皆許記別，謂自所證及清淨道故；三、懷恐怖而無記別，恐我昧劣為他所知，由是因緣不得解脫，以此為室而自安處，懷恐怖故；四、有愚戇專修止行而無所知，若有問我，我當反詰，一切隨言無減而印順之。言"五現涅槃"者，一、見現在受，若天若人諸五欲樂，便謂涅槃；二、難厭五欲，現住初定，以為涅槃，引在身中名為得樂，見他現在住定亦爾，下皆準此；三、厭尋、伺故，現得第二定，以為涅槃；四、厭諸尋、伺、喜故。現住第三定，以為涅槃；五、厭喜、樂，乃至出入息，現住第四定，以為涅槃。待過去故，名為"後際"。又此計"我現既有樂，後亦有樂"，故後際攝，以現樂為先，而執後樂，總名現法。此不依我見起，故邪見攝❶。或計"自在"，即塗灰外道；或計"釋、梵"，即第四圍陀論師及第五安荼論師等❷，見第一卷。"或有妄計諸邪解脫"者，如《楞伽》云，"或有外道，陰、界、入滅，境界離欲，見法無常，心、心法品不生，去、來、現在境界，諸受陰盡，如種子壞，妄想不生。斯等於此，作涅槃想。或以從方至方，名為解脫"，"或以外道惡燒智慧，見自性及士夫，彼二有間，士夫所出，名為'自性'，如冥初比，求那轉變，求那是作者，作涅槃想"，"或見自在真實作生死者"，"或有覺二十五真實，或王守護國，受六德論，作涅槃等"，"有如是比種種妄想。外道所說，不成所成，智者所棄"❸。"或復妄計非道為道"者，有諸外道作如是見：若有眾生於孫陀利迦河沐浴支體，所有諸惡皆悉除滅，第一清淨❹。諸如是等皆邪見攝。

四、見取者，於前三見及見所依蘊，計寂勝上，能得涅槃❺清

---

❶ "言'前際二無因'者……故邪見攝"，改寫自《大方廣佛華嚴經隨疏演義鈔》卷 40，《大正藏》第 36 冊，1736 號，頁 308 上 17 至中 23。

❷ "即第四圍陀論師及第五安荼論師等"，改寫自《大方廣佛華嚴經隨疏演義鈔》卷 13："言'梵天等生'者，即第四圍陀論師計，及第五安荼論師。"（《大正藏》第 36 冊，1736 號，頁 102 中 6 至 7）"荼"，底本、校本皆作"茶"，"安荼"是梵語詞"anḍa"的音譯，應作"荼"。

❸ "如《楞伽》云……智者所棄"，改寫自求那跋陀羅譯《楞伽阿跋多羅寶經》卷 3，《大正藏》第 16 冊，670 號，頁 504 下 5 至頁 505 上 4。

❹ "有諸外道作如是見……第一清淨"，改寫自《瑜伽師地論》卷 7，《大正藏》第 30 冊，1579 號，頁 312 中 7 至 11，或《顯揚聖教論》卷 10，《大正藏》第 31 冊，1602 號，頁 530 上 28 至中 3。

❺ "槃"，底本、校本皆作"果"，校本校勘記為"果疑槃"。本句改寫自《宗鏡錄》卷 57："此於諸見及所依蘊執為最勝，能得涅槃清淨法，是見取。"（《大正藏》第 48 冊，2016 號，頁 747 上 28 至 29）及《顯揚聖教論》卷 1："謂於前三見及見所依蘊計最勝上及與第一。"（《大正藏》第 31 冊，1602

淨法故，名為"見取"。由此各各互執為勝，諸見互違多紛競故，一切闘諍因斯而起，故曰"一切闘諍所依為業"。

五、戒禁取者，謂依諸見所受戒，說此戒為勝及能得涅槃，由此戒故，一切外道受持拔髮等無利勤苦❶。《十住毘婆沙論》第三明穢土中多諸外道，有持牛戒者、鹿戒者、狗戒者、烏戒者、象戒者。《涅槃》二十四，亦謂菩薩不受狗戒、雞戒、牛戒、雉戒，此皆外道所持惡禁戒。通由二因生此妄計：一、由天眼見有眾生從雞、狗等即生天上故；二、由非理尋思妄生此計❷。又戒取有二：一者惡戒，獨頭而起；二附正戒起，如上所陳皆惡戒也。問：此二取中，皆有執為㝡勝、能得清淨，有餘處說，"執為㝡勝，名為'見取'；執能得淨，名'戒取'"者，此義云何？答：是影署說，或隨轉理門說。若欲義全，必是因果雙計為得。不爾，云何"非滅計滅""非道計道"者，不入二取，而入"邪見"攝耶？但邪見單計因果，二取雙計因果，故不同耳。

通上，一、正釋心所，竟。

> 如是總、別十煩惱中，六通俱生及分別起，任
> 運、思察俱得生故；疑、後三見，唯分別起，要由

號，頁482上24至25）《宗鏡錄》此句源自《成唯識論述記》卷6："此於諸見即餘一切惡見，及此所依五蘊，執為最勝，能得涅槃清淨法，是見取。"（《大正藏》第43冊，1830號，頁449上6至8）《大正藏》本《宗鏡錄》《成唯識論述記》皆作"槃"，整理者據此及文意改訂。

❶ "謂依諸見所受戒……無利勤苦"，引自《宗鏡錄》卷57，《大正藏》第48冊，2016號，頁747中2至4。

❷ "《十住毘婆沙論》……妄生此計"，改寫自《大方廣佛華嚴經隨疏演義鈔》卷44，《大正藏》第36冊，1736號，頁342上3至7。

惡友及❶邪教力，自審思察，方得生故。邊執見中通俱生者，有義：唯斷，常見相麤，惡友等力方引生故。《瑜伽》等說：何邊執見是俱生耶？謂斷見攝。學現觀者，起如是怖"今者我我何所在耶"。故禽獸等，若遇違緣，皆恐我斷而起驚怖。有義：彼論依麤相說，理實俱生亦通常見。謂禽獸等，執我常存，熾然造❷集長時資具。故《顯揚》等諸論皆說：於五取蘊執斷、計常，或是俱生，或分別起。

二、諸門分別，有十。一、俱生分別門。言"總、別"者，前五為總，不分析故；後五為別，以一惡見開為五故。"六通俱生及分別"者，貪、瞋、癡、慢、身見、邊見也。"任運"釋"俱生"，"思察"釋"分別"，二義皆具，故云"俱得生故"。"疑、後三見"者，即邪見、二取為"三見"也。四唯分別，無俱生義。惡友、邪教，外緣也；自審思察，內因也。內因、外緣二者俱合方得生故。一師言：俱生邊執唯是"斷見"，"常見"相麤無俱生義，要由惡友、邪教等力，方得生故。下引證。《瑜伽》問云：何邊執見是俱生耶？答云：謂斷見攝，俱生。何以知然？謂見道前學現觀者，已伏分別諸惑隨

---

❶ "及"，底本作"及"，《大正藏》本《成唯識論》作"或"，校勘記謂《宋》《元》《明》《宮》四本作"及"。

❷ "造"，底本作"造"，《大正藏》本《成唯識論》作"聚"，校勘記謂《宋》《元》《明》《宮》《聖》五本作"造"。

眠，而於心中起如是怖，"今者我之我在何所耶"❶，豈非俱生與斷見相應？故禽獸等雖愚蠢物，若遇違緣，皆恐"我斷"而生驚怖，故知斷見攝俱生也。正義破釋云：《瑜伽》不說常見是俱生者，是依麤相說耳。據實理論，即常見亦通俱生攝，如禽獸等，搆巢安處，就穴聚糧，意在常存，豈非俱生亦有常見耶？又引《顯揚》等論以實之。

此十煩惱，誰幾相應？貪與瞋、疑❷，定不俱起，愛、憎二境必不同故，於境不決無染著故。貪與慢見，或得相應：所愛、所陵境非一故，說不俱起；所染、所恃境可同故，說得相應。於五見境皆可愛故，貪與五見，相應無失。瞋與慢、疑，或得俱起：所瞋、所恃境非一故，說不相應；所蔑、所憎境可同故，說得俱起；初猶豫時，未憎彼故，說不俱起；久思不決，便憤發故，說得相應。疑順、違事，隨應亦爾。瞋與二取，必不相應，執為勝

---

❶ "謂見道前……在何所耶"，本句是對《成唯識論》"學現觀者……何所在耶"的解釋，與唐代注疏不同。據唐代注疏，本句指得現觀後初出觀時，因緣"涅槃"而產生的畏懼，"我我"中前"我"指"俱生我"，後"我"指"分別我"。

❷ "疑"，底本作"痴"，校本叟，《大正藏》本《成唯識論》作"癡"。本句是討論"貪"心所與"瞋""疑"心所的關係，後文"於境不決無染著故"中"不決"指"疑"心所的作用，後文"貪與瞋、疑必不俱起"亦是注釋"疑"，《大正藏》本《成唯識論述記》作"疑"。或是歷代版本因"癡"與"疑"形近而誤。整理者據《大正藏》本《成唯識論》及文意改。

道、不憎彼故。此與三見，或得相應：於有樂蘊，起身常見，不生憎故，說不相應；於有苦蘊，起身常見，生憎恚故，說得俱起；斷見，翻此，說瞋有、無；邪見，誹撥惡事、好事，如次，說瞋或無或有。慢於境定，疑則不然，故慢與疑無相應義。慢與五見，皆容俱起，行相展轉不相違故；然與斷見，必不俱生，執我斷時無陵、恃故；與身、邪見，一分亦爾。疑不審決，與見相違，故疑與見定不俱起。五見展轉，必不相應，非一心中，有多慧故。癡與九種，皆定相應，諸煩惱生，必由癡故。

二、自類相應門。首句，問也。答中，分為六節。一、辯貪與諸所相應，除癡，在最後第六節論。貪與瞋、疑必不俱起，愛、憎二境互相違故，於境猶豫無染著故，不與瞋俱起，猶豫、染著亦互相違，故貪與疑亦不俱起。❶貪與慢見或得相應者，亦有不相應義。貪與慢不相應者，所愛、所陵境非一也。"所愛"即貪，於境親；"所陵"即慢，於境踈。貪與慢相應者，所染、所恃境可同也。貪於"所染"，慢於"所恃"，於境俱親。五見愛執與貪境同，貪與五見，相應無失。

二、辯瞋與諸所相應，除貪與癡。言"或得俱起"，亦有不俱

---

❶ "貪與瞋、疑必不俱起，愛、憎二境互相違故，於境猶豫無染著故，不與瞋俱起，猶豫、染著亦互相違，故貪與疑亦不俱起"，本段是對《成唯識論》"貪與瞋、疑，定不俱起，愛、憎二境必不同故，於境不決無染著故"的解釋，與唐代注疏稍疑。據唐代注疏，"愛、憎二境必不同故"是貪不與瞋俱起的原因，"於境不決無染著故"是貪不與疑俱起的原因。

義。"所瞋"於境疎，"所恃"於境親，故瞋與慢說"不相應"；慢於"所蔑"，瞋於"所憎"，二境俱疎，故得俱起。"憎"非"猶豫"，"猶豫"未"憎"，故瞋、疑不俱起；猶豫不已，憤懣隨之，故瞋、疑亦相應。又"疑順"無"瞋"，說不相應；"疑違"憤發，說得俱起。二取愛執，無起憎義，瞋與二取，必不相應。瞋與三見，或得相應，或不俱起：於樂蘊起常見，即無瞋相應；於苦蘊起常見，即與瞋俱起；於苦蘊起斷見，即無瞋相應；於樂蘊起斷見，即與瞋俱起。邊見起斷、常，必依五蘊身，是故身見影署不說。瞋與邪見，或有或無：誹撥惡事，無瞋相應；誹撥好事，與瞋俱起。

三、辯慢與諸所相應。除貪、瞋、痴，慢之境定，而疑境不定，故慢與疑無相應義。五見執取，亦於境定，是故展轉與慢不違。然與斷見不俱生者，執我斷時何陵、何恃？慢與身見一分亦爾者，斷從身起，名"身一分"。慢與邪見一分亦爾者，二無因等，邪見所攝，邪見一分❶。故身、邪見各有一分，與慢不俱，餘皆俱起。

四、辯疑相應。除前貪、瞋、痴、慢，唯言五見，定不俱起，決定、猶豫二相違故。

五、辯五見相應。除前貪、瞋、痴、慢、疑，唯自類，展轉不相應，以五見共以慧為性，一念之中那有多慧，故無俱起義也。

六、辨痴相應。貪等九種皆相應者，以此無明徧諸染故。

此十煩惱，何識相應？藏識，全無；末那，有四；意識，具十；五識，唯三，謂貪、瞋、癡，無

---

❶ "慢與身見……邪見一分"，本句是對《成唯識論》"與身、邪見一分亦爾"的解釋，與唐代注疏不同。據唐代注疏，與慢不相應的一分身見是"將苦蘊執為我"，一分邪見是"認為四諦中真實的苦、集諦是無"。

分別故，由稱量等起慢等故。

三、八識相應門。先、徵，次、釋。藏識無者，白淨無記，無善染故。末那四者，貪、癡、慢、見我相應故。意識具十者，無簡別故。五識唯三者，彼亦有無分別貪、瞋、癡故。設有問云：五識何無慢等？故此釋云："由稱量等起慢等故。""稱量""等"於"猶豫""推求"，"慢""等""疑"及"五見"。謂"慢"由"稱量"門起，"疑"由"猶豫簡擇"門起，"見"由"推求"門起。五識中無此等行相❶。故慢與疑及五惡見，分別生故，非五識俱。

此十煩惱，何受相應？貪、瞋、癡三，俱生、分別，一切容與五受相應。貪會違緣，憂、苦俱故；瞋遇順境，喜、樂俱故。有義：俱生、分別起慢，容與非苦四受相應，恃苦劣蘊，憂相應故。有義：俱生亦苦俱起，意有苦受前已說故。分別慢等，純苦趣無，彼無邪師、邪教等故。然彼不造引惡趣業，要分別起能發彼故。疑、後三見，容四受俱。欲疑無苦等，亦喜受俱故；二取若緣憂俱見等，爾時得與憂相應故。有義：俱生身、邊二見，但與喜、樂、捨受相應，非五識俱，唯無記故；分別二見，容四受俱，執苦俱蘊為我、我所。常、斷見，翻

---

❶ "慢由稱量門起……此等行相"，改寫自《宗鏡錄》卷57，《大正藏》第48冊，2016號，頁747中9至11；源自《成唯識論述記》卷6，《大正藏》第43冊，1830號，頁451中9至11。

此，與憂相應故。有義：二見若俱生者，亦苦受
俱，純受苦處緣極苦蘊苦相應故。《論》說俱生一
切煩惱，皆於三受現行可得，廣說如前。餘如前
說。此依實義。隨麁相者，貪、慢、四見、樂、喜、
捨俱；瞋，唯苦、憂、捨受俱起；癡，與五受皆得
相應；邪見及疑，四俱，除苦。貪、癡俱樂，通下
四地；餘七俱樂，除欲，通三；疑、獨行癡，欲唯
憂、捨。餘受俱起，如理應知。

四、五受相應門。首句，問也。答中分為四節。

一、辨三根與受相應。不簡俱生及分別起，俱相應故。設有問
云：貪與欲俱，何通憂、苦？瞋常憎恚，何通喜、樂？故此釋云："貪
會違緣，憂、苦俱故；瞋遇順境，喜、樂俱故。"

二、辯慢與受相應。有師言：俱生、分別所起之慢，四受相應，唯
除苦受。設有問云：慢既除苦，性又高舉，何得憂俱？故此釋云："恃
苦劣蘊，憂相應故。"正義：俱生慢亦與苦俱起，純苦趣中意有苦
故；若分別慢，不與苦俱，純苦趣中無彼慢故，彼無邪師、教等，明
是俱生而非分別，然彼不造引惡趣業者，以引業能造之思是第六
意識所起，故曰"要分別起，能發彼故"，意顯雜受亦苦相應也。

三、辨疑及邪見、二取與四受相應。唯除苦受。設有問云：疑
與欲俱，宜無憂、苦，何唯除苦？故此釋云："因欲而疑，何憂何
苦？亦喜受俱。猶豫不決，展轉生憂。"❶故唯除苦。設又問云：二

---

❶ "設有問云：疑與欲俱，宜無憂、苦，何唯除苦？故此釋云：'因欲而
疑，何憂何苦？亦喜受俱。猶豫不決，展轉生憂'"，本段是對《成唯識論》

取執為勝淨，何得有憂？故此釋云：二取若緣憂俱見等，爾時得與憂相應故。憂俱戒及所依蘊憂相應故，如熏鼻、秡髮無利勤苦事亦有憂故。

四、舉身、邊二❶見與受相應。有義：謂身、邊二見若俱生者，但與喜、樂、捨受相應；不同五識，故無苦受；唯無記性，故無憂受。若分別者，容四受俱，唯除苦受。既除苦受，何又憂俱耶？曰："執苦俱蘊為我、我所。"故身見與憂得相應也。常見於苦蘊生憂，斷見於樂蘊亦生憂，故邊見與憂亦相應也。正義釋云：身、邊二見，若俱生者，亦苦受俱，純受苦處緣極苦蘊苦受相應故，意顯分別唯除苦受也。

"餘如前說"下，結上四節之義。謂此所論身、邊二見，及餘貪等八種煩惱。俱如前說。❷此依實義，不依麤相。若依麤相者，貪、慢與身、邊、二取四見，此六煩惱，樂、喜、捨俱，無憂、苦故；瞋為第七，唯苦、憂、捨三受俱起，無喜、樂故；癡為第八，五受相應；第九、第十，邪見及疑，四俱，除苦。此十煩惱隨麤相分屬諸

"欲疑無苦等，亦喜受俱故"的解釋，將"欲"解為"欲心所"，將"苦"解為"苦受"，與唐代注疏大異。據唐代注疏，"欲疑無苦等"，意謂"欲界之疑心所，先作惡行，再疑四聖諦中'苦諦'等是無"，此時疑心所與喜受相應。

❶"二"，底本難辨，校本作"云"，校本校勘記謂"云疑二"，本段是對《成唯識論》整理者"有義：俱生身、邊二見……"一段的解釋，整理者據文意改訂。

❷"'餘說如前'下……俱如前說"，本段是對《成唯識論》"餘說如前"的解釋，將此句理解為對前文的總結，與唐代注疏大異。據唐代注疏，"餘如前說"從屬於"五見幾受相應"問題的第二種觀點，此第二師認為五見中的俱生身、邊二見也有苦受，此與第一師不同；第二師的其他觀點與第一師相同，故謂"餘說如前"。

受義也。"貪、痴俱樂"下，釋煩惱相應樂受所通界地。貪、癡俱生樂受，通下四地。"下四地"者，欲界五趣雜居地，及色界三禪，為"四地"，以九地中四地居下故，通六識故。"餘七俱樂"者，五見、慢、疑，名為"餘七"。不說"瞋"者，瞋無樂故。"除欲，通三"者，除去欲界，通上三禪，以分別起樂最下地無故。又疑心所、獨行無明，於欲界中唯憂、捨俱。不及瞋者，上界無故。餘受界地煩惱俱起，如理應知，詞不繁敘。

此與別境，幾互相應？貪、瞋、癡、慢，容五俱起，專注一境得有定故。疑及五見，各容四俱，疑除"勝解"，不決定故；見非"慧"俱，不異慧故。

五、別境門。首句，問也。答云：貪等四煩惱，與五法俱起。設有問云：煩惱位中豈有定耶？故此釋云：專注一境而起貪等，得有定故。疑非決定，故無勝解。見即是慧，義無重出。故曰"疑及五見，各容四俱"也。

此十煩惱，何性所攝？瞋唯不善，損自、他故。餘九，通二。上二界者，唯無記攝，定所伏故。若欲界繫，分別起者，唯不善攝，發惡行故；若是俱生發惡行者，亦不善攝，損自他故；餘，無記攝，細不障善，非極損惱自、他處故。當知俱生身、邊二見，唯無記攝，不發惡業，雖數現起，不障善故。

六、三性門。首二句，問也。答云：瞋唯不善，以瞋發時損惱自、他故。餘九，皆通不善、無記。又色、無色二界煩惱，定力所伏，唯無記性，非是不善。若欲界中十種煩惱，分別起者，是不善性。俱生起者，若發惡行，是不善性；不發惡行，是無記性。以發行者，損自損它，故屬不善；不發惡行者，行相微細，不能障善，又不損惱自、他，故屬無記也。當知俱生身、邊二見，亦唯無記，以不發惡業、不障善故。

此十煩惱，何界繫耶？瞋，唯在欲；餘，通三界。生在下地，未離下染，上地煩惱不現在前，要得彼地根本定者，彼地煩惱容現前故。諸有漏道，雖不能伏分別起惑及細俱生，而能伏除俱生麤惑，漸次證得上根本定，彼但迷事，依外門轉，散亂麤動，正障定故。得彼定已，彼地分別、俱生諸惑皆容現前。生在上地，下地諸惑，分別、俱生，皆容現起。生第四定中有中者，由謗解脫、生地獄故，身在上地，將生下時，起下潤生俱生愛故。而言"生上不起下"者，依多分說，或隨轉門。下地煩惱亦緣上地，《瑜伽》等說，欲界繫貪，求上地生，味上定故。既說瞋恚憎嫉滅、道，亦應憎嫉離欲地故。總緣諸行，執我、我所、斷、常、慢者，得緣上故。餘五緣上，其理極成。而有處言"貪、瞋、慢等不緣上"者，依麤相說，或依別緣，不見世間執他地法為我等故，邊見必依身見起故。上地

煩惱亦緣下地，說生上者，於下有情，恃己勝德
而陵彼故。總緣諸行，執我、我所、斷、常、愛者，得
緣下故。疑、後三見，如理應思。而說"上惑不緣
下"者，彼依多分，或別緣說。

七、界繫相應門。首二句，問也。次二句，總答。此十煩惱，瞋，唯
欲界，上界無瞋故；餘九，皆通三界。先、明下界起上界惑：若生
下地，未離下地煩惱，上地煩惱不現在前，要在下地伏麤俱生，得
彼上地根本定已，上地煩惱皆容現起。問：何故諸有漏道不伏分
別及細俱生，但伏俱生麤惑，即得彼地根本定？答：諸有漏道，雖
不能伏分別及細俱生，而能伏除麤俱生惑，漸得根本定者，以彼
俱生麤惑，依外門轉，能迷事故，散亂麤動，正障定故，是故先
伏，方得彼定。得彼定已，上界分別起惑及細俱生，方得現前。

次、明上地起下地惑：若在上地，下地諸惑分別、俱生皆容現
起，如生第四無想天，天報已盡，捨離天形，現中有身，謗"阿
羅漢必受後有"，墮地獄中，爾時無想天人，身在上地，五衰相見，將
生下地，即起下地潤生愛染，得生下地。問：既言"上地能起下
惑"，而言"生上不起下"者，何故？答：此依多分說"不起下"，其
實少分亦起下惑。

下、明上下互相為緣。先、下地緣上。下地煩惱亦緣上地，《論》
說欲界貪煩惱求生上地時，味上定故。瞋恚既憎滅、道，亦憎離
欲。故知貪、瞋皆緣上地。若以總緣上界諸行而論，則身見執我、
我所，邊見執斷執常，我慢令心高舉，皆得緣上。此既得緣，餘
五緣上，其理極成。問：既言下地能緣上地，《集論》說言"下
界貪等不緣上"者，何故？答：或依麤相說，或依別緣說。"依麤

相說"者，不見此地執他地法以為我我所故；"依別緣說"者，邊見必依身見起故。由此二義，故言"下地不緣上"也。❶問："上地煩惱亦緣下地"者，何故？答：以生上地者，恃己勝德，陵蔑下界有情，故能緣下。若以總緣下界諸行而論，則身見執我、我所，邊見執斷執常，貪愛令心染著，皆得緣下。疑、後三見，應知亦爾。不言"瞋"者，上無瞋故。不言"痴"者，決定有故。"而說"下，通難，如前。

此十煩惱，學等何攝？非學、無學，彼唯善故。

八、學、無學門。學與無學，俱是善性，煩惱，不善、有覆，故不相攝。《瑜伽》云，"學方便善義，一切一分是有學"，"學究竟善義，一切一分是無學"，"離前二種所有善染污、無記法，一切一分是非學非無學"❷。

此十煩惱，何所斷耶？非非所斷，彼非染故。分別起者，唯見所斷，麁易斷故；若俱生者，唯

---

❶"問：既言‘下地能緣上地’……故言‘下地不緣上’也"，本段是對《成唯識論》"依麁相說，或依別緣，不見世間執他地法為我等故，邊見必依身見起故"的解釋，將"不見世間執他地法為我等故"解為"依據麁相"，將"邊見必依身見起故"解為"依別緣"，與唐代注疏不同。據唐代注疏，"依據麁相"，指依小乘說，或謂"行相非巨細的煩惱不能緣上"；"依別緣"，"別緣"與"總緣"相對，指"單獨緣自身為我、我所的我見等煩惱不能緣上"，或"只說我見不能緣上"，"不見世間執他地法為我等故"也是對"依別緣"的解釋。

❷引文改寫自《瑜伽師地論》卷56，《大正藏》第30冊，1579號，頁608下5至9。

修所斷，細難斷故。見所斷十，實俱頓斷，以真見道總緣諦故。然迷諦相，有總有別。"總"謂十種皆迷四諦，苦、集是彼因依處故，滅、道是彼怖畏處故。"別"謂別迷四諦相起，二唯迷苦，八通迷四。身、邊二見，唯果處起，別"空""非我"屬苦諦故；謂疑、三見，親迷苦理；二取，執彼三見、戒禁及所依蘊為勝、能淨；於自、他見及彼眷屬，如次隨應起貪、恚、慢；相應無明，與九同迷；不共無明，親迷苦理；疑及邪見，親迷集等；二取、貪等，准苦應知。然瞋亦能親迷滅、道，由怖畏彼生憎嫉故。迷諦親、疎，麁相如是。委細說者：貪、瞋、慢、三見、疑俱生，隨應如彼；俱生二見及彼相應愛、慢、無明，雖迷苦諦，細難斷故，修道方斷；瞋、餘愛等，迷別事生，不違諦觀，故修所斷。

九、伏斷門。首二句，問也。答云：此十煩惱，於三斷中非非所斷，以非所斷是出世道及後得智并無為法，非染法故。此十煩惱，四唯分別，是見所斷；六兼俱生，唯修所斷。又分別者，地前已伏，得真見道，種、現俱盡，故麁易斷；若俱生者，即貪、瞋、痴、慢、身見、邊見也，前七地中猶間現起，八地永伏，等覺方盡，故細難斷。見所斷十，由得真智總緣四諦，一斷永斷。然迷諦相有總有別。總迷，唯見所斷，以真見道總緣諦故。別迷，兼修所斷，惑細難斷，修方斷故。❶苦、集二諦，世間因果，是十煩惱所因依處，故迷而不斷；滅、道二諦，出世因果，是十煩惱所怖畏處，故迷而不俱。惟其總迷，故總緣也。修道、證滅，必斷煩惱，故云"怖畏"。云何"別迷"？二唯迷苦，八通迷四。何謂"二唯迷苦"耶？謂身、邊見唯果處起，果即是苦，苦即是身，身為苦本，故名"苦諦"。謂彼不知此身是苦果，而於苦果執我、我所及執斷、常，故曰"唯果處起"。唯其迷處既堅，故脩觀時，別以"空""無我"二法對治身、邊也。此對治法，亦屬苦諦，唯觀苦境故。❷何謂"八通迷四"耶？疑，及邪見、二取三見，此四惑者，親迷苦理❸。言"親迷"者，不知五取蘊本無有我，而起二十句薩迦耶見，是迷苦薩迦耶見，即用此見以為依止；於五取蘊執斷執常，是迷苦邊見；又諸邪見，謂無施等，乃至妙行惡行業果，及與異熟，又撥無父母化生有情，是迷苦邪見；若於苦諦不能決定而生猶豫，是迷苦疑；若

---

❶"別迷，兼修所斷，惑細難斷，修方斷故"，本句是對《成唯識論》"有別"的解釋，將別迷四諦的煩惱解釋為修所斷，誤。據唐代注疏及後文，總迷四諦即同時迷於四諦，別迷四諦即分別迷于四諦中某一，這裡論述的都是見所斷的煩惱，而非修所斷。

❷"何謂'二唯迷苦'耶……唯觀苦境故"，本段是對《成唯識論》"二唯迷苦……屬苦諦故"的解釋，與唐代注疏大異。據唐代注疏，本段主要是隨順有部等派別的說法，"唯果處起"的"果處"指"有漏五蘊"或"有漏果法"，而非但指"身"，且唯識認為於餘三地亦有二見，非"唯果處起"；"別'空''非我'屬苦諦"之"別'空''非我'"，並非泛指修觀，而是有部苦諦四行相中的二種，故前加"別"字簡別，廣義的空、非我則通於四諦。

❸"疑，及邪見、二取三見，此四惑者，親迷苦理"，本句是對《成唯識論》"謂疑、三見親迷苦理"的解釋，將"三見"解釋為"邪見"與"二取"（見取、戒禁取），誤。據唐代注疏及《成唯識論》下文"二取執彼三見……"，可知"二取"並非"三見"，"三見"指邪見、薩迦耶見、邊見。

有見取妄取迷苦所有諸見以為第一能得清淨解脫出離，是迷苦見取；若復妄取隨順此見，此見隨法所受禁戒以為第一能得清淨解脫出離，是迷苦戒取；由此執故，於自所起見，寶愛堅著，是迷苦貪；於他所起見，抑伏違損，而生忿恚，是迷苦瞋；復恃此見，於彼眷屬心生高舉，是迷苦慢❶；無明有二❷，一、與諸見及疑、貪等相應，二、獨於苦諦生迷者，此二皆是迷苦無明。上明十煩惱皆迷苦諦，見苦所斷。下明八迷後三諦。"疑及邪見，親迷集等；二取、貪等，准苦應知"者，謂諸沙門、婆羅門，謗因邪見，計自在等是一切物因，無別有因，是迷集諦所起邪見；若有見取，取彼諸見以為第一能得清淨，是迷集諦所起見取；若於隨順此見諸法所受禁戒，執為第一能得清淨，是迷集諦所起戒取。餘如前說。如是八種煩惱隨眠迷於集諦，見集所斷。若諸沙門、婆羅門計有邊、無邊、不死矯亂、諸見一分，及說現法涅槃論者，撥阿羅漢所有斷德，誹謗滅諦，橫計解脫，是迷滅諦所起邪見；若有見取，取彼諸見以為第一能得清淨，是迷滅諦所起見取；若於隨順彼見諸法所受戒禁以為第一能得清淨，是迷滅諦所起戒取；由此執故，於自所起見，寶惜愛著，是迷滅貪。於他所起見，抑伏違損，而起瞋恚，是迷滅瞋。餘如前說。如是八種煩惱隨眠，迷於滅諦，見

---

❶ "由此執故，於自所起見……是迷苦慢"，本段是對《成唯識論》"於自、他見及彼眷屬，如次隨應起貪、恚、慢"的解釋，與唐代注疏不同。據唐代注疏，"自、他見"，並非指"於自所起見""於他所起見"，而是"於自身見起貪""於他身見起瞋""於自、他二身見起慢"，因為貪、瞋、慢都基於身見，所以並非親迷苦諦。

❷ "一"，底本、校本皆作"一"，校本校勘記謂"一疑二"，整理者據文意改訂。

滅所斷。若撥無世間真阿羅漢果，一切智為導首有為無漏，不死矯亂，邪見一分，誹謗道諦非真出離，妄計非道以為正道，能盡能出一切諸苦，如是名為迷道邪見；若有見取，取彼邪見以為第一能得清淨，如是名為迷道見取；若於隨順彼見諸法所受禁戒，取為第一能得清淨，是名迷道所起戒取。所餘貪等迷道煩惱，如前應知。如是八種煩惱隨眠，迷於道諦，見道所斷。問：瞋何以與滅、道相應？答：然瞋亦能親迷滅道，由怖畏彼、生憎嫉故。謂迷滅、道，起怖畏心，起損害心，起恚惱心，如是瞋恚迷於滅、道亦得相應。故次結云：迷諦親、疏，麤相如是。言“疏”者，變帶仗託，附影而起故；言“親”者，如鉗取物，似日舒光故。❶此皆是見所斷攝。

若委細說，則通修所斷。若貪、瞋、慢、疑與邪見、二取❷相應起者，此與六識相應，隨應如彼見道所斷。若俱生身見與邊執見，及彼二見相應愛、慢、無明，雖迷苦諦，而與第七相應，任運而起，細難斷故，脩道方斷。問：瞋等十煩惱俱迷四諦，云何此六通修所斷？答：此瞋、愛等，雖不迷四諦而起，迷別事生，然亦不違四諦觀，故修所斷。如雖不起世間因果貪，而猶貪己欲證無餘涅槃；雖

---

❶ “言‘疏’者……日舒光故”，此處對“親”“疏”的解釋改寫自《宗鏡錄》卷71：“夫‘所緣緣’義者，大、小雖通，疏、親莫辯。‘親’則挾帶逼附而起，如鉗取物，似日舒光，親照親持，體不相離。‘疏’則變帶仗託，附影而起。”（《大正藏》第48冊，2016號，頁813下1至4）但《宗鏡錄》原文是對“親所緣緣”“疏所緣緣”的解釋，與此處迷理不同。據唐代注疏，“親迷”指某煩惱依其自己的行相而直接迷於某諦理，疏迷則可能是其自行相與某諦無關，但因於某諦的身見等而迷於某諦，或並非正與某諦之理相反。

❷ “邪見、二取”，本句是對《成唯識論》“三見”的解釋，誤。三見為邪見、身見、邊見。

不起世間因果瞋，而猶瞋己未獲無餘涅槃；雖不執世間斷常二見，或執出世間空中二見；雖不恃分別而生慢，或恃法我而生慢故。《雜集論》云"邪行者，謂貪、瞋二煩惱，迷境界及見起邪行，修道所斷，見道所斷，隨其次第，貪、瞋二種，緣少淨相及相違相為境界門起故，亦名迷境界"，"慢，迷有情及見起邪行，以於下劣等起計己勝等行，於有情門邪解轉故。薩迦耶見、邊執見、邪見，迷所知境起邪行，依增益、損減門，如其所應，見取、戒禁取、迷諸見起邪行，由於諸見過失，取為第一，及戒禁清淨故。疑，迷對治起邪行，於諸諦中成二解故。無明，迷一切起邪行。又十煩惱，皆迷苦、集，起諸邪行，是彼因緣、所依處故。所以者何？苦、集二諦皆是十種煩惱因緣，又為依處，是故一切迷此因緣、依處起諸邪行。又十煩惱皆迷滅、道起諸邪行，由此能生彼怖畏故。所以者何？由煩惱力，樂著生死，於清淨法，起懸崖想，生大怖畏。又諸外道於滅、道諦妄起種種顛倒分別。是故十惑皆迷滅道起諸邪行"❶，"又'眾'云何？謂二眾煩惱，見道所斷眾，修道所斷眾。欲界見苦所斷，具十煩惱。如是苦所斷，見集、滅、道所斷亦爾。若迷此起邪行，即見此所斷。問：若緣此為境，即迷此起邪行耶？答：不必爾。緣無漏為境，煩惱唯於有漏事隨眠❷故。若是處是彼因緣及所依處，彼迷此起邪行，是見苦所斷。如是苦所斷，見集、滅、道所斷亦爾。隨其所應，色界見四種所斷，各有九煩惱，除

---

❶ 引文改寫自《大乘阿毘達磨雜集論》卷7，《大正藏》第31冊，1606號，頁725下20至頁726上8。

❷ "眠"，底本、校本皆如此，《大正藏》本作"增"，校勘記謂《宋》《元》《明》本作"眠"，"隨增"是"有漏"的定義，緣無漏則無煩惱隨增，故據文意當作"隨增"。

瞋。如色界，無色界亦爾。如是見道所斷煩惱眾，總有一百一十
二。欲界修所斷，有六煩惱，謂俱生薩迦耶見、邊執見，及貪瞋、
慢、無明。何等名為修所斷俱生薩迦耶見？謂聖弟子雖見道已
生，而依止此故，我慢現行，如經言'長老馱索迦，當知我於五
取蘊，不見我、我所，然於五取蘊有我慢、我欲、我隨眠，未永斷、
未徧知、未滅、未吐，猶如乳母有垢膩衣，雖以鹵土等水浣濯，極
令離垢，若未香熏，臭氣隨轉，復以種種香物熏坌臭氣方盡，如
是，佛聖弟子，雖以見道永斷分別身見之垢，若未以修道熏習相
續，無始串習虛妄執著習氣所引不分別事我見隨轉，復以修道熏
習相續，彼方永滅'。俱生邊執見者，謂斷見所攝，由此見故，於
涅槃界其心退轉，生大怖畏，謂'我、我今者何所在耶'。貪等煩
惱修道所斷者，謂除見品所攝。色界，修道所斷，有五，除瞋。如
色界，無色界亦爾。如是修道所斷煩惱，總有十六"**❶**。

　　雖諸煩惱皆有相分，而所仗質或有或無，名
緣有事、無事煩惱。彼親所緣，雖皆有漏，而所仗
質亦通無漏，名緣有漏、無漏煩惱。緣自地者，相
分似質，名緣分別所起事境；緣滅、道諦及他地
者，相分與質不相似故，名緣分別所起名境。餘
門分別，如理應思。

　　十、所緣相應門。此相分，即識上變起之相，如能貪為見分，所
貪為相分。而此相分，或有本質似之而生，或無本質，如緣自地

---

　　❶ 引文見《大乘阿毘達磨雜集論》卷7，《大正藏》第31冊，1606號，頁
726中29至下25。

即有本質，如緣他地即無本質。有本質者，名"緣有事煩惱"；無本質者，名"緣無事煩惱"。一也。❶相分即親所緣，本質即疎所緣。親所緣者，皆染污識之所變，雖是有漏，而以能緣滅、道諦故，亦通無漏，故緣有漏者名"緣有漏煩惱"，緣無漏者名"緣無漏煩惱"。二也。緣自地者，相分似質，名"緣分別所起事境"；緣滅、道諦及他地者，即上地緣下地，下地緣上地等。相分是獨頭起故，無質可似，名"緣分別所起名境"，以"事"有實體，"名"為虛位故。三也。❷《瑜伽》云，"煩惱所緣署有五種：一、緣邪分別所起事境"，即分別十煩惱所緣，"二、緣見境"，即身、邊二見所緣，"三、緣戒禁境"，邪見所緣，"四、緣自分別所起名境"，二取所緣，"五、緣任運堅固事境"，即俱生煩惱所緣❸。餘門分別，不盡於此，可以理思。

諸門分別，竟。

通上，三、根惑位，竟。

已說根本六煩惱相，諸隨煩惱其相云何？

---

❶"此相分，即識上變起之相……一也"本段是對《成唯識論》"雖諸煩惱……無事煩惱"的解釋，與唐代注疏大異。據唐代注疏，心所也可有相分，此處"相分"即作為心所的煩惱的相分，而非"識上變起之相"（識的相分）；"無本質"在唐代注疏中有諸多討論，如謂"我見"緣"我"而實無"我"作為本質，但絕非"緣他地即無本質"，他地法可以作為本質。

❷"緣滅、道諦及他地者……三也"，本段是對《成唯識論》"緣滅、道諦……所起名境"的解釋，與唐代注疏大異。據唐代注疏，在緣滅、道諦與他地法的情況中，滅、道諦與他地即本質，只是煩惱上的相分與本質不相似，而非"無質可似"。

❸ 引文改寫自《瑜伽師地論》卷58，《大正藏》第30册，1579號，頁624下12至15。此處對引文的解釋，與唐代注疏大異。唐代注疏對《瑜伽師地論》此文也有多解，但並無如本書所釋者。

四、隨惑位，分三。一、結前標問。

頌曰：

隨煩惱謂忿、恨、覆、惱、嫉、慳、

誑、諂與害、憍，無慚及無愧，

掉舉與惛沈，不信并懈怠，

放逸及失念，散亂、不正知。

二、舉頌總答。即天親第十二頌之後半，及第十三頌，與第十四頌之前半。前三句為小隨十種，第四句為中隨二種，後四句為大隨八種，共二十種。

論曰：唯是煩惱分位差別、等流性故，名“隨煩惱”。此二十種，類別有三：謂忿等十，各別起故，名小隨煩惱；無慚等二，遍不善故，名中隨煩惱；掉舉等八，遍染心故，名大隨煩惱。

三、解釋頌意，分三。一、正釋心所，分二：一、總釋，二、別釋。今初。“唯是煩惱分位差別、等流性故”者，謂忿等十，及失念、不正知、放逸等假染心所，是貪等差別位故，名“隨煩惱”；無慚、無愧、掉舉、昏沉、散亂、不信、懈怠七法，雖別有體，是前根本同等流類，名“隨煩惱”，由煩惱為因，此得有故。然忿等十自類相望，於染心中各別而起，非不共他中、大惑俱，行位劣故，名之為“小”。無慚、愧二，自類得俱，行通忿等，唯徧不善，位局後八，但得名中。掉舉等八，自得俱生，皆染皆徧，得俱生故不可

名"小"，染皆徧故不得名"中"，二義既殊，故八名大。 ❶

云何為"忿"？依對現前不饒益境憤發為
性，能障不忿、執仗為業。謂懷忿者，多發暴惡身
表業故。此即瞋恚一分為體，離瞋無別忿相用故。

一、忿。謂依對目前不饒益境，憤怒發起，是其體性，執持器
仗是其業用，謂忿怒多發暴惡身表業故。《瑜伽》云，"若瞋恚纏，能
令面貌慘烈奮發"，"若煩惱纏，能令發起執持刀杖鬥訟違諍，故
名憤發" ❷。問：前云，忿等一十三法是根本家差別分位，此忿
一法，是誰分位？曰：瞋一分故。何知瞋分？曰：離瞋無別忿相
用故。 ❸

云何為"恨"？由忿為先，懷惡不捨、結怨為
性，能障不恨、熱惱為業。謂結恨者，不能含忍，恒
熱惱故。此亦瞋恚一分為體，離瞋無別恨相用故。

二、恨。由先有忿懷惡不捨，遂成冤結，每一思之，身熱心惱。以
結恨者，皆由不能含容忍耐，如火燒心，恒熱惱故。一云："於過

---

❶ "'唯是煩惱分位差別、等流性故'者……故八名大"，改寫自《大方
廣佛華嚴經隨疏演義鈔》卷40，《大正藏》第36冊，1736號，頁306中13
至26；源自《成唯識論述記》卷6，《大正藏》第43冊，1830號，頁457
中23至下14。

❷ "《瑜伽》云……故名憤發"，改寫自《瑜伽師地論》卷89，《大正藏》
第30冊，1579號，頁802中20至下11。

❸ "問：前云……忿相用故"，引自《唯識開蒙問答》卷上，《新纂卍續
藏》第55冊，888號，頁360上23至下1。

去違緣懷怨不捨為體，能障無瞋、不忍所依為業。"謂不堪忍、不饒益事。亦瞋一分。❶如前問答。

云何為"覆"？於自作罪，恐失利譽、隱藏為性，能障不覆、悔惱為業。謂覆罪者，後必悔惱，不安隱故。有義：此覆，癡一分攝，《論》唯說此癡一分故，不懼當苦覆自罪故。有義：此覆，貪、癡一分攝，亦恐失利譽覆自罪故。《論》據麁顯，唯說癡分，如說掉舉是貪分故，然說掉舉遍諸染心，不可執為唯是貪分。

三、覆。"覆"，藏護也，謂於過犯，若它諫誨，若不諫誨，但以恐失利養名譽，隱藏遮護，是其體性，能障發露、悔惱為業❷。何謂"悔惱"？曰：法爾覆藏所作罪者，心必悔惱，由此不得安隱而住❸。問：覆是何分？答：一師言：此覆是癡一分攝，以覆過者，但顧現前，不肯發露，不懼當來受地獄苦，是癡人故。一師言：此覆是貪、癡各一分攝。何知爾耶？曰：若不懼當苦，覆自罪

❶ "以結恨者……亦瞋一分"，改寫自《唯識開蒙問答》卷上，《新纂卍續藏》第 55 冊，888 號，頁 360 下 1 至 3。引文見於《顯揚聖教論》卷 1，《大正藏》第 31 冊，1602 號，頁 482 中 8 至 9；亦見於《宗鏡錄》卷 57，《大正藏》第 48 冊，2016 號，頁 747 中 19 至 20。

❷ "謂於過犯……悔惱為業"，改寫自《顯揚聖教論》卷 1，《大正藏》第 31 冊，1602 號，頁 482 中 10 至 12；亦見於《宗鏡錄》卷 57，《大正藏》第 48 冊，2016 號，頁 747 中 20 至 22。

❸ "法爾覆藏……安隱而住"，引自《大乘阿毘達磨雜集論》卷 1，《大正藏》第 31 冊，1606 號，698 下 29 至頁 699 上 1。

者，是癡分也。若恐失利譽，覆自罪者，是貪分也。❶《論》說唯癡，據徧染說，亦如掉舉徧諸染心，《論》唯說彼是貪分攝。

云何為"惱"？忿、恨為先，追觸暴熱、狠戾為性，能障不惱、蛆螫為業。謂追往惡，觸現違緣，心便狠戾，多發囂暴、凶鄙麤言，蛆螫他故。此亦瞋恚一分為體，離瞋無別惱相用故。

四、惱。一云："謂於過犯，若他諫誨，便發麤言，心暴不忍為體，能障善友為業。"❷《集論》則云："忿、恨居先，瞋之一分，心戾為體，高暴麤言所依為業，生起非福為業，不安穩住為業。'高暴麤言'者，謂語現凶疎，切人心府。"❸何謂"追""觸"等耶？謂追往惡，觸現違緣，心便狠戾，多發囂暴凶鄙麤言，蛆螫他故。此亦瞋分。瞋分三種別相，忿緣現在，恨緣過去，惱緣現在而觸過去。又忿發身業，恨專意業，惱發口業。又忿、恨正對所瞋而發，惱則施之於諫誨者，故但發麤言拒之而已，與忿、恨不同矣。

---

❶ "問：覆是何分……是貪分也"，改寫自《唯識開蒙問答》卷上："問：覆是何分？答：若依正義，貪、痴二分。問：何知爾也？答：若不懼當苦覆自罪者，是痴分也。若恐失利譽覆自罪者，是貪分也。"（《新纂卍續藏》第55冊，888號，頁360下6至8）

❷ 引文見《顯揚聖教論》卷1，《大正藏》第31冊，1602號，頁482中13至14；亦見於《宗鏡錄》卷57，《大正藏》第48冊，2016號，頁747中22至23。

❸ 引文見《大乘阿毘達磨雜集論》卷1，《大正藏》第31冊，1606號，699上2至4。

云何為"嫉"？殉❶自名利、不耐他榮、妬忌為性，能障不嫉、憂感為業。謂嫉妬者，聞見他榮，深懷憂感，不安隱故。此亦瞋恚一分為體，離瞋無別嫉相用故。

五、嫉。一云："謂於他所有功德名譽心妬不悅為體，能障仁慈為業。"❷《集論》云："躭著利養，不耐他榮，瞋之一分，心妬為體，令心憂感、不安隱住為業。"❸何謂憂感耶？曰：謂嫉者聞見他榮，深懷憂感，不安隱故。

云何為"慳"？耽著財、法，不能慧捨，祕悋為性，能障不慳、鄙畜為業。謂慳悋者，心多鄙澀，畜積財、法，不能捨故。此即貪愛一分為體，離貪無別慳相用故。

六、慳。謂吝嗇也。"躭"謂沉湎，"著"謂固執，"祕"謂藏於密處，"悋"謂懷於此中。一云："謂積聚悋著為體，障無貪為業。"❹《集論》云："躭著利養，於資生具，貪之一分，心吝為

---

❶ "殉"，底本、校本皆作"殉"，《大正藏》本《成唯識論》卷6作"徇"，校勘記謂《宋》《元》《明》《宮》《聖》五本作"殉"

❷ 引文見《顯揚聖教論》卷1，《大正藏》第31冊，1602號，頁482中15至16；亦見於《宗鏡錄》卷57，《大正藏》第48冊，2016號，頁747中24至25。

❸ 引文見《大乘阿毘達磨雜集論》卷1，《大正藏》第31冊，1605號，頁665上10至11。

❹ 引文見《顯揚聖教論》卷1，《大正藏》第31冊，1602號，頁482

體，不捨所依為業。'不捨'者，由慳吝故，非所用具亦恒聚積。"❶
此中"心多鄙澁"等，正釋"鄙❷畜不捨"義也。慳財、慳法，皆
謂之慳，然有情中慳財為甚，故《集論》但云"於資生具"。

> 云何為"誑"？為獲利譽，矯現有德，詭詐
> 為性；能障不誑、邪命為業。謂矯誑者，心懷異
> 謀，多現不實，邪命事故。此即貪、癡一分為體，離
> 二無別誑相用故。

七、誑。一云："惑亂於他，現不實事，心詭為體，能障愛敬
為業。"❸《集論》云："躭著利養，貪、癡一分，詐現不實功德為
體，邪命所依為業。"❹問：何謂矯現等耶？曰：謂矯誑者，心懷
異謀，多現不實邪命事故。如《婆沙論》說有五種：一、矯異，謂
有貪利養故，行十二頭陀，作如是念"他作是行，已得敬養，我
作是行，亦或得之"，為利養故，改易威儀，矯現有德；二、自親，為
有貪利養故，至檀越家，而語之言"汝等如我父母兄弟姊妹親感

中 17；亦見於《宗鏡錄》卷 57，《大正藏》第 48 冊，2016 號，頁 747 中 25
至 26。

❶ 引文見《大乘阿毘達磨集論》卷 1，《大正藏》第 31 冊，1606 號，699
上 6 至 9

❷ "鄙"，此處應指《成唯識論》中"祕悋為性"一句，疑應作"祕"。

❸ 引文見《顯揚聖教論》卷 1，《大正藏》第 31 冊，1602 號，頁 482
中 19 至 20；亦見於《宗鏡錄》卷 57，《大正藏》第 48 冊，2016 號，頁 747
中 26 至 27。

❹ 引文見《大乘阿毘達磨集論》卷 1，《大正藏》第 31 冊，1605 號，頁
665 上 13 至 14。

無有異也。若有所須，我能相與。若有所作，我能作之，不計遠近，來相問訊，我住此者，正相為耳"，為求利養，貪著檀越，能以巧辯牽引人心；三、激動，謂有不計貪罪，欲得財物，現有貪相，語檀越言"此衣鉢尼師壇好，若我得之，則能受用。若人能隨意施者，此人難得"，又語檀越言"汝家羹飯餅菓香美，衣服又好。若常供養我，我以親眷必當相與"；四、抑揚，謂貪利養故，語檀越言"汝極慳惜，尚不能與父母兄弟姊妹妻子親戚，更有誰能得汝物者"，檀越愧耻，俛首施與，及至餘家，語彼人言"汝有福德，人身不空，阿羅漢等，常入汝家，與汝坐起語言"，欲令檀越必謂我是大阿羅漢；五、因利求利，謂以衣鉢及僧伽黎尼師壇等資生之物，持示人言"此是國王及施主并餘貴人將來與我"，令其檀越心中生念"王及貴人尚供養彼，況我不與"，因以此利更求餘利，故以名也[1]。"邪命為業"者，謂以虛誑求得以資養身命，非正命食，故曰"邪命"。

云何為"諂"？為罔他故，矯設異儀，險曲為性，能障不諂、教誨為業。謂諂曲者，為罔冒他，曲順時宜，矯設方便，為取他意，或藏己失，不任師友正教誨故。此亦貪、癡一分為體，離二無別諂相用故。

八、諂。一云："為欺彼故，詐現恭順，心曲為體，能障愛敬

---

[1] "如《婆沙論》……故以名也"，出自《十住毗婆沙論》卷 2，《大正藏》第 26 冊，1521 號，頁 29 中 8 至下 7。

為業。"❶《集論》云:"躭著利養,貪、癡一分,矯設方便,隱實過惡為體,障正教授為業。"❷"矯設方便,隱實過惡"者,謂託餘事以避餘事。"障正教授"者,由不如實發露所犯,不任教授故問。何謂"不任教授"耶?曰:謂諂曲者,欺罔他人不知不見,曲順時宜,矯設方便,或取他意而逢迎之,或藏己失而覆護之,不任師友正教誨故。

云何為害?於諸有情,心無悲愍,損惱為性;能障不害、逼惱為業。謂有害者,逼惱他故,此亦瞋恚一分為體,離瞋無別害相用故。瞋、害別相,准善應說。

九、害。一云:"逼惱有情,無悲、無愍、無哀、無憐、無惻為體,能障不害為業。"❸《集論》云:"瞋之一分,無哀、無悲、無愍為體,損惱有情為業。"❹問:"逼惱"義?曰:謂有害者,逼惱他故,瞋一分攝。問:害與瞋差別之義?曰:害障不害,正障於悲;瞋障

---

❶ 引文見《顯揚聖教論》卷1,《大正藏》第31冊,1602號,頁482中21至22;亦見於《宗鏡錄》卷57,《大正藏》第48冊,2016號,頁747中27至28。

❷ 引文見《大乘阿毗達磨集論》卷1,《大正藏》第31冊,1605號,頁665上15至16。

❸ 引文見《顯揚聖教論》卷1,《大正藏》第31冊,1602號,頁482中28至29;亦見於《宗鏡錄》卷57,《大正藏》第48冊,2016號,頁747下1至2。

❹ 引文見《大乘阿毗達磨集論》卷1,《大正藏》第31冊,1605號,頁665上19至20。

無瞋，正障於慈。又瞋能斷命，害但損他，故別也。❶

　　云何為憍？於自盛事深生染著、醉傲為性，能障不憍、染依為業。謂憍醉者，生長一切雜染法故。此亦貪愛一分為體，離貪無別憍相用故。

十、憍。"憍"者，矜高自恃也。於自盛事。謂足於己者，如富貴、才能、言語、政事、文學、名勢之類。由此數者深生染著，或以富貴凌人傲物，乃至或以文學名勢等凌人傲物，傍若無人，如醉酒人為酒所弄，故曰"醉傲為性"，一切染法依之而起。一云："謂恃世間興盛等，心恃高舉，無所忌憚為體，能障厭離為業。"❷《集論》云："或依少年無病長壽之相，或得隨一有漏榮利之事。貪之一分，令心悅豫為體；一切煩惱及隨煩惱所依為業。'長壽相'者，謂不死覺為先，分別此相，由此能生壽命憍逸。'隨一有漏榮利事'者，謂族姓色力聰睿財富自在等事。'悅豫'者，謂染喜差別。"❸問："染依"義？曰：謂憍醉者生長一切雜染法故。此亦貪一分攝，由愛自盛事方生傲故。問：何謂不憍？曰：即無貪也。❹

---

❶ "問：'逼惱'義……故別業"，引自《唯識開蒙問答》卷上，《新纂卍續藏》第 55 冊，888 號，頁 360 下 23 至下 2。

❷ 引文見《顯揚聖教論》卷 1，《大正藏》第 31 冊，1602 號，頁 482 中 24 至 25；亦見於《宗鏡錄》卷 57，《大正藏》第 48 冊，2016 號，頁 747 中 28 至下 1。

❸ 引文見《大乘阿毘達磨雜集論》卷 1，《大正藏》第 31 冊，1606 號，699 上 16 至 21。

❹ "問'染依'義……即無貪也"，引自《唯識開蒙問答》卷上，《新纂卍續藏》第 55 冊，888 號，頁 360 下 3 至 5。

云何"無慚"？不顧自、法，輕拒賢善為性；能
障礙慚、生長惡行為業。謂於自、法無所顧者，輕
拒賢善，不恥過惡，障慚，生長諸惡行故。

十一、無慚。"不顧自法"者，人至於無羞恥，則己身不顧，何
況道法？故於一切不仁不義之事，了無忌憚，靡不為己，於是見
賢善有德之人，則輕易而拒絕之。此無慚之性也。既不親賢重德，則
必狎近無知朋黨而釀成惡行，此無慚之用也。一云："不恥過惡為
體，能障慚為業。"❶《集論》云："貪、瞋、痴分，於諸過惡不自
恥為體，一切煩惱及隨煩惱助伴為業。"❷

云何"無愧"？不顧世間，崇重暴惡為性；能
障礙愧、生長惡行為業。謂於世間無所顧者，崇重
暴惡，不恥過罪，障愧，生長諸惡行故。

十二、無愧。一云："於世增上不恥過惡為體，能障愧為業。"❸
《集論》云："貪、瞋、痴分，於諸過惡不羞他為體，業如無慚說。"❹

---

❶ 引文見《顯揚聖教論》卷1，《大正藏》第31冊，1602號，頁482
下2至3；亦見於《宗鏡錄》卷57，《大正藏》第48冊，2016號，頁747
下2至3。

❷ 引文見《大乘阿毘達磨集論》卷1，《大正藏》第31冊，1605號，頁
665上20至22。

❸ 引文見《顯揚聖教論》卷1，《大正藏》第31冊，1602號，頁482
下4至6；亦見於《宗鏡錄》卷57，《大正藏》第48冊，2016號，頁747
下3至4。

❹ 引文改寫自《大乘阿毘達磨集論》卷1，《大正藏》第31冊，1605

問：何謂"不顧世間"等耶？曰：謂於世間無所顧者，崇重暴惡，不恥過罪。障愧，生長諸惡行故。❶

"不恥過惡"是二通相，故諸聖教假說為體。若執"不恥"為二別相，則應此二體無差別，由斯二法應不俱生，非受、想等有此義故。若"待自、他立二別"者，應非實有，便違聖教。若許"此二實而別起"，復違《論》說"俱遍惡心"。不善心時，隨緣何境，皆有"輕拒善"及"崇重惡"義，故此二法俱遍惡心，所緣不異，無別起失。然諸聖教說"不顧自、他"者，"自、法"名自，"世間"名他。或即此中"拒善""崇惡"，於己益、損，名"自""他"故。而《論》說為貪等分者，是彼等流，非即彼性。

辨無慚、無愧二種通、別相。正義以"不恥過惡"為二通相，"拒善""崇惡"為二別相。餘乘誤以不恥為二別相，故此辨之，翻前善品慚、愧別相可知。

云何"掉舉"？令心於境不寂靜為性，能障行捨、奢摩他為業。有義：掉舉，貪一分攝，《論》唯說此是貪分故，此由憶昔樂事生故。有義：掉

號，頁 665 上 22 至 24。

❶ "問：何謂'不顧世間'……諸惡行故"，改寫自《唯識開蒙問答》卷上，《新纂卍續藏》第 55 冊，888 號，頁 360 下 9 至 10。

舉非唯貪攝，《論》說掉舉遍染心故。又掉舉相，謂
"不寂靜"，說是煩惱共相攝故，掉舉離此無別相
故。雖依一切煩惱假立，而貪位增，說為貪分。有
義：掉舉別有自性，遍諸染心，如不信等。非"說
他分體便非實"，勿"不信等亦假有"故。而《論》
說為世俗有者，如睡眠等，隨他相說。掉舉別相，謂
即"囂動"，令俱生法不寂靜故。若離煩惱無別此
相，不應別說"障奢摩他"，故"不寂靜"非此別相。

十三、掉舉。一云："謂依不正尋求、心不寂靜為體，能障奢
摩他為業。"❶《集論》云："謂貪欲分，隨念淨相，心不寂靜為
體。"❷業同前說。"'隨念淨相'者，謂追憶往昔，隨順貪欲戲笑
等故，心不寂靜。"❸此中所舉三義，初即《集論》安慧義❹。第
二義，以"掉舉非唯貪攝，徧諸染心"是矣，而以"不寂靜"為

---

❶ 引文改寫自《顯揚聖教論》卷1，《大正藏》第31冊，1602號，頁
482下10至12；或引自《宗鏡錄》卷57，《大正藏》第48冊，2016號，頁
747下5至7。

❷ 引文見《大乘阿毘達磨集論》卷1，《大正藏》第31冊，1605號，頁
665上25至27。

❸ 引文見《大乘阿毘達磨雜集論》卷1，《大正藏》第31冊，1606號，699
中1至2。

❹ "初即《集論》安慧義"，本句是對《成唯識論》"有義：掉舉，貪一
分攝……樂事生故"的總結，將本段解釋為安慧《雜集論》的論義，不恰。本
句中《論》唯說此是貪分"之《論》指《瑜伽師地論》等，據唐代注疏，此
處論義基於《瑜伽師地論》《顯揚聖教論》《大乘阿毘達磨雜集論》，且玄奘
傳統中認為安慧"糅《雜集論》"，而非"作《雜集論》"。

掉舉別相，以掉舉是依一切煩惱假立。其義未正。故護法立量破云：“掉舉別有自性，徧諸染心，非是煩惱共相所攝”，“如不信等”❶。不說“他分所攝便無實體”，非“不信等亦是假”故。問：若爾，如何《論》說“煩惱是共相攝❷”，“是世俗有”？答：如睡眠等說世俗有，是隨他相說。下出其性云：掉舉別相，即是“囂動”。謂由囂動，令與掉舉俱生心、心所法不寂靜故。若離煩惱無掉舉相，《論》不應說“障奢摩他”。奢摩他，此云“止”，即“寂靜”義也。由有囂動，令不寂靜，故“不寂靜”非此別相。

云何“惛沈”？令心於境無堪任為性，能障輕安、毘鉢舍那為業。有義：惛沈，癡一分攝，《論》唯說此是癡分故，“惛昧沈重”是癡相故。有義：惛沈，非但癡攝，謂“無堪任”是惛沈相，一切煩惱皆無堪任，離此無別惛沈相故。雖依一切煩惱假立，而癡相增，但說癡分。有義：惛沈別有自性，雖名癡分，而是等流，如不信等，非即癡攝。隨他相說，名世俗有，如睡眠等，是實有性。惛沈別相，謂即“懵重”，令俱生法無堪任故。若離煩惱無別惛沈相，不應別說“障毘鉢舍那”，故“無

❶ “故護法立量破云……如不信等”，本段是對《成唯識論》“有義：掉舉別有自性，徧住染心，如不信等”的解釋，唐代注疏未將本段視為比量。

❷ “煩惱是共相攝”，本句是對《成唯識論》“說是煩惱共相攝故”的改寫，誤。據唐代注疏，第二師說“說是煩惱共相攝故”，意謂，因為《大乘阿毗達磨雜集論》卷6說“不寂靜性是諸煩惱共相”，掉舉是煩惱，所以掉舉以“不寂靜”為相。“煩惱共相”指“煩惱的共相”，而非“煩惱是共相攝”。

堪任"非此別相。此與癡相有差別者，謂癡於境
"迷闇"為相，正障"無癡"，而非"惛重"，惛沈
於境"惛重"為相，正障"輕安"，而非"迷闇"。

十四、惛沉。"惛沉"者，謂昏昧沉重。謂此心所，能令昭靈
不昧之體，漸漸昏昧，漸漸沉沒，無所堪能，無所肩任，是其性
也。於是身不得輕安，而心不能入觀矣。一師言：昏沉是癡分攝。第
二師言：不獨癡分，是十煩惱共相攝。第三師言：昏沉別有自性，謂
即"惛重"。問云："惛重"與"癡"有何別異？答："癡"以"迷
闇"為相，"昏沉"以"惛重"為相。"迷闇為相"者，謂一總不
知不覺。"惛重為相"者，雖非一總不知不覺，而由惛昧沉重，能
使身心不得輕安自在。是故此二體有差別，"惛"訓"昏"，"重"訓
"沉"。刻本改為"惛董"，謬之甚也。

云何"不信"？於實、德、能不忍樂欲，心穢
為性，能障淨信、惰依為業。謂不信者，多懈怠
故，不信三相，翻"信"應知。然諸染法各有別
相，唯此不信，自相渾濁，復能渾濁餘心、心所，如
極穢物自穢、穢他，是故說此"心穢"為性。由不
信故，於實、德、能不忍樂欲，非別有性。若於餘
事邪忍、樂欲，是此因果，非此自性。

十五、不信。一云："謂於有體、有德、有能，心不淨信為體，障
信為業。"❶《集論》云："謂愚痴分，於諸善法，心不忍可，心

❶ 引文見《顯揚聖教論》卷 1，《大正藏》第 31 冊，1602 號，頁 482

不清淨，心不希望為體，懈怠所依為業。"❶釋云："不信"者，謂無誠實也。既無真實，於是在一切實事、實理不能忍可，於真淨德不生好樂，於善功能不起樂欲。又不信"自心可以作佛""自心可以為堯舜"，唯不信故，不勤修治，鹵莽滅裂，故令心田日益荒穢，而稂莠蓬蒿充塞其中矣。❷"懈怠所依"者，由不信故，無有方便加行樂欲❸。"然諸染法"下，釋"心穢為性"義。忿等諸數皆為穢法，而不信一法為穢尤甚，非唯自穢，又穢他故。設有問云：若於染法起忍樂欲，是不信否？故此釋云：彼即是欲❹，非是不信，乃是不信之因果也。

云何"懈怠"？於善、惡品修、斷事中懶惰為性，能障精進、增染為業。謂懈怠者，滋長染故。於諸染事而策勤者，亦名懈怠，退善法故。於無記事而策勤者，於諸善品無進退故，是欲、勝解，非

下 15 至 16；亦見於《宗鏡錄》卷 57，《大正藏》第 48 冊，2016 號，頁 747 下 7 至 8。

❶ 引文見《大乘阿毘達磨集論》卷 1，《大正藏》第 31 冊，1605 號，頁 665 上 27 至 29。

❷ "'不信'者，謂無誠實也……充塞其中矣"，本段亦見於通潤《成唯識論集解》卷 6，《新纂卍續藏》第 50 冊，821 號，頁 752 上 8 至 12；廣益《百法明門論纂》，《新纂卍續藏》第 48 冊，803 號，頁 322 下 22 至下 2。"又不信'自心可以作佛''自心可以為堯舜'"等解釋，不見於唐代注疏。

❸ "'懈怠所依'者，由不信故，無有方便加行樂欲"，引自《大乘阿毘達磨雜集論》卷 1，《大正藏》第 31 冊，1606 號，699 中 4 至 5。

❹ "彼即是欲"，本句是對《成唯識論》"若於餘事邪忍樂欲，是此因果，非此自性"的解釋，本書將"忍樂欲"視為"欲"，與唐代注疏不同。據唐代注疏，此處謂起"邪忍"與"樂欲"，"邪忍"即"勝解"，"樂欲"即"欲"。

別有性。如於無記忍可、樂欲，非淨、非染，無信、
不信。

十六、懈怠。懈怠者，於善不修、於惡不斷，百體俱解、百事
俱癈之謂，故曰"懶惰為性"；唯其不肯奮力於善，故令諸染漸漸
增長，故曰"增染為業"。故《瑜伽》云："謂執睡眠偃臥為樂，晝
夜唐捐捨眾善品。"❶一云："心不勉勵為體，能障發起正勤為業。"❷
《集論》云："謂愚癡分，依著睡眠倚臥為樂，心不策勵為體，障
修方便善品為業。"❸問：善事懶惰名為懈怠，惡事策勵名為何
也？曰：亦是懈怠。云何亦是懈怠？曰：退善法故，亦名懈怠。問：無
記策勤，為是何也？曰：是欲勝解，非別有性。又以"信""不信"例
言云：如於無記忍、樂欲者，非淨非染，非信、非不信也。

云何"放逸"？於染淨品不能防修、縱蕩為
性，障不放逸、增惡損善所依為業。謂由懈怠及貪、
瞋、癡，不能防修染淨品法，總名放逸，非別有
體。雖慢、疑等亦有此能，而方彼四，勢用微劣，障
三善根、遍策法故。推究此相，如不放逸。

---

❶ 引文見《瑜伽師地論》卷62，《大正藏》第30冊，1579號，頁644
下13至14。

❷ 引文見《顯揚聖教論》卷1，《大正藏》第31冊，1602號，頁482
下19；亦見於《宗鏡錄》卷57，《大正藏》第48冊，2016號，頁747下8
至9。

❸ 引文見《大乘阿毘達磨集論》卷1，《大正藏》第31冊，1605號，頁
665上29至中1。

十七、放逸。放蕩縱逸，不檢束也。一云："謂總貪、瞋、痴、懈怠為體；障不放逸為業。"❶《集論》云："依止懈怠及貪、瞋、癡，不修善法，於有漏法心不防護為體，增惡損善所依為業。"❷由縱蕩故，惡業增長，故善根損壞。問：此放逸以何為體？曰：懈怠、三根，不能防修染淨等法，總名放逸，離上四法別無體性。問：彼慢、疑等亦有此能，何不依此立放逸耶？曰：慢等方四，勢用微劣，故不依立。問：此四法偏何勝餘慢、疑等耶？曰：貪、瞋、癡三，障無貪等三善根故；懈怠一法，障彼精進偏策法故。餘無此能，故不勝耳。

云何"失念"？於諸所緣不能明記為性，能障正念、散亂所依為業。謂失念者，心散亂故。有義：失念，念一分攝，說是煩惱相應念故。有義：失念，癡一分攝，《瑜伽》說此是癡分故，癡令念失，故名失念。有義：失念，俱一分攝，由前二文影畧說故。論復說此徧染心故。

十八、失念。謂於曾習境而忘之也。一云：染汙不記為體；障不妄念為業。《集論》云："煩惱相應念為體；散亂所依為業。"何謂散亂所依耶？謂失念者，心散亂故，有義失念念一分者，有義

---

❶ 引文源自《顯揚聖教論》卷 1，《大正藏》第 31 冊，1602 號，頁 482 下 22 至 24；或直接引自《宗鏡錄》卷 57，《大正藏》第 48 冊，2016 號，頁 747 下 9 至 10。

❷ 引文見《大乘阿毘達磨集論》卷 1，《大正藏》第 31 冊，1605 號，頁 665 中 1 至 3。

失念癡一分者，理俱未盡。有義失念俱一分者，此義正理。前二義中，引證論文俱影畧說，說念畧癡，非實無癡。說癡畧念，非實無念，故論復說偏染心者。應知失念，是假非實。

云何“散亂”？於諸所緣令心流蕩為性，能障正定、惡慧所依為業。謂散亂者，發惡慧故。有義：散亂，癡一分攝，《瑜伽》說此是癡分故。有義：散亂，貪、瞋、癡攝，《集論》等說是三分故。說癡分者，遍染心故。謂貪、瞋、癡，令心流蕩勝餘法故，說為散亂。有義：散亂別有自體。說三分者，是彼等流，如無慚等，非即彼攝。隨他相說，名世俗有。散亂別相，謂即“躁擾”，令俱生法皆流蕩故。若離彼三無別自體，不應別說“障三摩地”。掉舉、散亂，二用何別？彼令易解，此令易緣。雖一剎那，解緣無易，而於相續，有易義故。染污心時，由掉、亂力，常應念念易解易緣，或由念等力所制伏，如繫猿猴，有暫時住，故掉與亂，俱偏染心。

十九、散亂。馳散外緣，故名“流蕩”。以流蕩故，正定全無，說彼能障正定為業。一云在：“於所修善，心不喜樂為依止故，馳散外緣為體，能障等持為業。”❶《集論》云，“貪、瞋、痴分，心流

❶ 引文見《顯揚聖教論》卷1，《大正藏》第31冊，1602號，頁482下29至頁483上1；亦見於《宗鏡錄》卷57，《大正藏》第48冊，2016號，頁

散為體"❶，此復六種：一、作意心散亂，謂諸菩薩棄捨大乘相應作意，退習聲聞、獨覺相應下劣作意；二、外心散亂，謂正修善時，於外妙五欲及憒鬧相，尋思隨煩惱外境界中縱心流散；三、內心散亂，謂正修善時，或由惛沉、睡眠下劣，或由味著諸定，或由種種定中隨煩惱故，惱亂其心；四、相心散亂，謂依止外相，作意思惟內境相貌；五、麤重心散亂，謂內作意為緣，生起諸受，由麤重身故，計我、我所；六、自性心散亂，謂五識身，由彼自性，於內靜定無功能故。❷一師言：此散亂是癡分攝。第二師言：三不善根攝，無別有體。第三師立量破云："散亂別自有體，非貪等攝"，"說三分者是彼等流故"，"如無慚等，非即彼攝"❸。"隨他"下，次、通妨散亂。次、釋成。此二別相即是躁擾，由其躁擾，令與散亂俱生心、心所法皆流蕩故。"流蕩"即通一切俱生法，"躁擾"即局，不應以"流蕩"為別相也。若"離貪等無自體"者，《論》即不應別說"障定"。既別障定，非三共相，故知散亂定有自體。問：掉舉、散亂，二用何別耶？曰：掉舉令心易解，散亂令心易緣。"易"者，"念念返變"義。"解"以心言，"緣"以境言。如

---

747 下 11 至 13。

❶ 引文見《大乘阿毘達磨集論》卷 1，《大正藏》第 31 冊，1605 號，頁 665 中 6 至 9。

❷ "此復六種……無功能故"，《大乘阿毘達磨集論》與《顯揚聖教論》都有 "六種散亂" 的論述，但有所不同，本段主要引自《顯揚聖教論》卷 18（《大正藏》第 31 冊，1602 號，頁 568 中 4 至 12），又融合了《大乘阿毘達磨雜集論》卷 1（《大正藏》第 31 冊，1606 號，699 中 15 至下 5）的相關字句。

❸ "第三師立量破云……非即彼攝"，本段是對《成唯識論》"有義：散亂別有自體……非即彼攝" 的解釋，此處文字本不構成比量。

正坐禪時，或耳聞聲，或眼見色，心即馳逐，失其正念，此為散亂；若初無見、聞，而瞥起別念，此為掉舉。問：既掉舉有心無境者，《論》中何言"於境不寂靜"耶？曰：境雖寂靜，心不寂靜，是掉舉相。況掉舉多緣過去，散亂唯緣現在，故"散亂"言"於諸所緣"，而"掉舉"不言。又言"掉舉追憶往昔"，蓋可見矣❶。問：一剎那心本無變易，何容於此易解、易緣？答：雖一剎那解、緣無易，而於解、緣相續之時有變易義。又問：染心生時，由掉、亂力，常應念念易解、易緣，無剎那住，而今現有住不易時，其故安在？答云：或由念、定、慧力所制，如繫猿猴，有暫時住。以由此義，故說掉亂俱遍染心。

云何"不正知"？於所觀境謬解為性，能障正知、毀犯為業。謂不正知者多所毀犯故。有義：不正知，慧一分攝，說是煩惱相應慧故。有義：不正知，癡一分攝，《瑜伽》說此是癡分故，令知不正，名不正知。有義：不正知，俱一分攝，由前二文影畧說故，《論》復說此遍染心故。

二十、不正知。於所觀境，起謬解，即邪慧也。一云："謂於

---

❶ "'易'者，'念念返變'……蓋可見矣"，本段是對《成唯識論》"掉舉、散亂二用何別？彼令易解，此令易緣"的解釋，與唐代注疏大異。據唐代注疏，"易解"指掉舉令心、心所對於同一相同對象之"解"發生變化，即"一境多解"，"解"指"可愛""不可愛"等；"易緣"指散亂令心之所緣發生變化，即"一心易多境"。

三業不正了，住染污慧為體，能障正知為業。"❶《集論》云："煩惱相應慧為體。由此慧故，起不正知身語、心、行，毀犯所依為業。不正知身、語、心行者，謂於往、來等事不正觀察，以不了知應作不應作故，多所毀犯。"❷此中三義，以第三為正。"俱一分"者，慧與癡俱各一分也。❸問：云何毀犯為業？答：由不正知，於善、不善、律、不律儀皆不辨故，故多毀犯。有義：不正知，慧一分攝。有義：不正知，癡一分攝。有義：不正知，俱一分攝。"俱一分"者，慧與癡俱各有分。"影畧說"者，說慧畧癡，非實無癡；說癡畧慧，非實無慧。故《論》復說"徧染心故"，應知無體，依二假立。

通上，一、正釋心所，竟。

　　"與""并""及"言，顯隨煩惱非唯二十，《雜事》等說貪等多種隨煩惱故。"隨煩惱"名，亦攝"煩惱"，是前煩惱等流性故。煩惱同類餘染污法，但名"隨煩惱"，非"煩惱"攝故。唯說二十隨煩惱者，謂非煩惱，唯染、麁故。此餘染法，或此分位，或此等流，皆此所攝，隨其類別，如理應知。

---

❶ 引文見《宗鏡錄》卷 57，《大正藏》第 48 冊，2016 號，頁 747 下 13 至 14；源自《顯揚聖教論》卷 1，《大正藏》第 31 冊，1602 號，頁 483 上 4 至 5。

❷ 引文見《大乘阿毘達磨雜集論》卷 1，《大正藏》第 31 冊，1606 號，699 中 10 至 14。

❸ "此中三義，以第三為正。'俱一分'者，慧與癡俱各一分也"，與後文"'俱一分'者，慧與癡俱各有分"重複。

二、釋"與""并""及"三字。此三字者，正顯隨煩惱不止二十，尚有餘染污法也。《雜集論》第七云："隨煩惱者，謂所有諸煩惱，皆是隨煩惱。有隨煩惱非是煩惱。"釋曰："非煩惱"者，所謂忿等，但隨大惑，名隨煩惱，而非根本，名"非煩惱"。又云"貪、瞋、癡名隨煩惱"者，心法由此隨煩惱故，隨惱於心，令不離染，令不解脫，令不斷障，故名"隨煩惱"。"如世尊說：'汝等長夜為貪、瞋、癡隨所惱亂，心恒染污。'"釋曰：論意云：一切煩惱，根本隨惑，隨逐眾生，令心、心所隨順染污，故皆名"隨"。❶《俱舍》云："此諸煩惱，亦名'隨煩惱'，以皆隨心為惱亂事故。復有此餘異諸煩惱，染污心所，行蘊所攝，隨煩惱起故，亦名'隨煩惱'；不名'煩惱'，非根本故。"❷又《雜事》中世尊所說諸隨煩惱，廣說乃至愁、歎、憂、喜隨煩惱等，《攝事分》說隨煩惱者，謂貪、瞋、癡不善根，若忿若恨，如是廣說諸雜穢事❸。"隨煩惱"名，亦攝"煩惱"，是前煩惱等流性故。煩惱同類餘染污法，但名"隨煩惱"，非"煩惱"攝故。有多種故，攝煩惱故，攝餘染故，非唯二十。今此唯說二十者，不取"'煩惱'及'通三性'并'審細'"故。此餘

---

❶ "《雜集論》第七云……故皆名'隨'"，改寫自《大方廣佛華嚴經隨疏演義鈔》卷 34,《大正藏》第 36 冊, 1736 號，頁 256 中 28 至下 10。所解釋的引文見《大乘阿毘達磨雜集論》卷 7,《大正藏》第 31 冊, 1606 號，頁 724 中 7 至 13。

❷ 引文見世親造、玄奘譯《阿毘達磨俱舍論》卷 21,《大正藏》第 29 冊, 1558 號，頁 109 中 10 至 13。

❸ "又《雜事》中……諸雜穢事"，改寫自《瑜伽師地論》卷 58："若《雜事》中世尊所說諸隨煩惱，廣說乃至愁、歎、憂、苦隨擾惱等，及《攝事分》廣所分別。"(《大正藏》第 30 冊, 1579 號，頁 622 下 11 至 12)。此處"《雜事》"，據唐代注疏，即"《雜事經》"。

染法，或是分位，或是等流，皆是隨煩惱攝故。"隨其類別，如理應思"者，如《瑜伽》云："如是一切諸煩惱，皆是此中四相差別，隨其所應相攝應知。"❶言"四相"者，"一、通一切不善心起，二❷、通一切染污心起，三、於各別不善心起，四、善不善無記心起❸。謂中隨二，通一切不善心起；八大隨，加邪欲、邪勝解，此十隨煩惱，通一切染污心起；忿等十小隨，各別不善心起，若一生時必無第二；四不定，通善、不善無記心起❹。此隨煩惱，若在欲界，畧於十二處轉，謂貪著、瞋恚、愚癡，依執著惡行處轉；忿等至諂，依鬪訟諍競處轉；無慚、無愧，依犯尸羅處轉；誑等至謀害，依受學隨轉非善人法處轉；矯詐等乃至惡友，依邪命處轉；不忍躭嗜等乃至不平等貪著，依躭著諸欲處轉；薩迦耶見、有見、無見，依如所聞法義心諦思惟處轉；貪欲等乃至不作意，依於所思義心❺心寂止方便持心處轉；顧悅纏綿，依展轉受用財、法處轉；不

---

❶ 引文改寫自《瑜伽師地論》卷 58："如是一切諸隨煩惱，皆是此中四相差別，隨其所應，相攝應知。"（《大正藏》第 30 册，1579 號，頁 622 下 12 至 14）

❷ "二"，底本、校本皆作"一"，本句引自《瑜伽師地論》卷 58，《大正藏》本《瑜伽師地論》卷 58 作"二"，此處亦是介紹"四相"的第二相且前、後文分別為"一""三""四"，整理者據《大正藏》本《瑜伽師地論》及文意改訂。

❸ 引文見《瑜伽師地論》卷 58，《大正藏》第 30 册，1579 號，頁 622 中 23 至 25。

❹ "謂中隨二……無記心起"，改寫自《瑜伽師地論》卷 58，《大正藏》第 30 册，1579 號，頁 622 中 26 至下 5。

❺ "心"，底本、校本皆作"心"，本段改寫自《瑜伽師地論》卷 58，《大正藏》本《瑜伽師地論》卷 58 作"內"；本段亦見於通潤《成唯識論集解》卷 6，《新纂卍續藏》第 50 册，821 號，頁 753 上 6 至 22，《卍續藏》本《成

質直、性不柔和、性不隨同分轉性，依不相雜住處轉；欲尋思等乃至家生繫屬尋思，依遠離臥具、房舍處轉；愁、歎等，依眾苦所集處轉❶。《集論》又有即"五蓋""十纏""軛""取""繫""垢""箭""漏""株杌""暴流"等名，文繁不引。

如是二十隨煩惱中，小十、大三，定是假有，無慚、無愧、不信、懈怠定是實有，教理成故。掉舉、惛沈、散亂三種。有義：是假。有義：是實。所引理教，如前應知。

三、諸門分別，有十。一、假實門。

小隨十，謂忿等。大隨三，謂放逸、失念、不正知，與小隨十，皆依三等等❷位立故，皆是假有。無慚等四，定是實有。掉舉等三，雙通假、實。

二十皆通俱生、分別，隨二❸煩惱勢力起故。

唯識論集解》卷 6 亦作"內"。

❶ "此隨煩惱，若在欲界……所集處轉"，改寫自《瑜伽師地論》卷 58，《大正藏》第 30 冊，1579 號，頁 622 下 15 至頁 623 上 2。

❷ "等等"，底本、校本皆作"等等"，其他明代注疏中有相近文句，明昱《成唯識論俗詮》卷 6 作"以依根本分位立故"（《新纂卍續藏》第 50 冊，820 號，頁 598 下 13）、通潤《成唯識論集解》卷 6 作"分位性故"（《新纂卍續藏》第 50 冊，821 號，頁 753 下 1 至 2）、大惠《成唯識論自攷》卷 6 作"依根本分位立故"（《新纂卍續藏》第 51 冊，823 號，頁 236 下 24 至下 1），意謂前述十三隨煩惱是根本煩惱的分位，故是假。據此文意，"三等等位"，疑應作"三毒分位"，形近而誤。

❸ "二"，底本、校本皆作"一"，整理者據《大正藏》本《成唯識論》

二、俱生分別門。從第七識隨俱生根本煩惱起者即是俱生，從第六識隨分別根本煩惱起者即是分別❶，以隨煩惱隨根本故。

此二十中，小十，展轉定不俱起，互相違故，行相麤猛各為主故；中二，一切不善心俱，隨應皆得小、大俱起；《論》說大八遍諸染心，展轉小、中，皆容俱起。有處說六遍染心者，惛、掉增時不俱起故。有處但說五遍染者，以惛、掉等違唯善故。

三、自類相應門。小十，自類無相應義。此二十中，小隨定無展轉相應，不相順故，行相麤猛各為主故。中二，既與不善心俱，隨應小隨、大隨俱起。大八，《論》說徧諸染心，即與小、中皆容俱起。問：八大既徧染心，皆容俱起，云何餘處有說「六遍」「五遍」者？答：若惛沉增勝時，掉舉不起；掉舉增勝時，惛沉不俱。行相相違，故說此二不徧染心。說五徧者，除不正知、忘念、散亂，以昏、掉等不違染與有覆無記，但違善法故。此「違唯善」，與第四卷「違唯善法」不同，彼是簡詞，此乃表也。

此唯染故，非第八俱。第七識中，唯有大八，取捨差別，如上應知。第六識俱，容有一切。小十麤猛，五識中無；中、大相通，五識容有。

卷6及文意改。

❶ "從第七識……即是分別"，本句是對《成唯識論》"隨而煩惱勢力起故"的解釋，將俱生煩惱對應到第起識、分別煩惱對應到第六識，不恰，《成唯識論》認為第六識中也有俱生我執。

四、諸識相應門。藏識，小、中、大俱無。第七，有八大。有
說五徧、六徧者，如上文義。六識，小、中、大俱有。五識，無小
十，中、大相通者，自類俱起，不同小隨自類不俱，以前五是自類
俱起，故亦容有。

由斯，中、大，五受相應。有義：小十，除三，忿
等，唯喜、憂、捨三受相應；諂、誑、憍三，四俱，除
苦。有義：忿等，四俱，除樂；諂、誑、憍三，五
受俱起，"意有苦受"前已說故。此受俱相，如煩
惱說，實義如是。若隨麤相，忿、恨、惱、嫉、害，憂、
捨俱；覆、慳、喜、捨；餘三，增樂。中、大隨，麤，亦
如實義。

五、五受門。"由斯，中、大，五受相應"者，牒前中、大與五
識俱，亦應中、大五受相應，以前五識五受俱故**❶**。有義：小十，除
諂、誑、憍，其忿等十**❷**法，與喜、憂、捨三受相應，除苦、樂受；諂、
誑、憍三，與憂、喜、樂、捨四受相應，唯除苦受。有義：以忿等七
是瞋分位，故無有樂，唯四受俱；諂、誑、憍三，與意識俱，意有
苦受，此亦應爾，故五受俱。此隨煩惱與受俱相，與根本中其說

---

❶ "'由斯，中、大，五受相應'者……五受俱故"，本段是對《成唯識
論》"由斯，中、大，五受相應"的解釋，謂因中、大隨煩惱因與五識容俱故
五受容俱，與唐代注疏大異。據唐代注疏，因為五受遍於不善、染心，中、大
隨煩惱亦然，故說五受相應。

❷ "十"，底本、校本皆作"十"，然據前文"小十，除三"，應作"七"，或
是形近而誤。

正同，此實義也。彼中云："貪、瞋、痴三，俱生、分別，一切容與五受相應。"此隨煩惱，皆是貪等差別分位等流性故，彼既五俱，此亦應爾。此雖忿等四俱除樂，而彼中云"瞋遇順境喜、樂俱故"，故知此中，小、中、大三皆五受俱，是如實義。若隨麤相說者，忿等五所，以是瞋分，無喜、樂故，但是憂、捨三❶受；覆、慳二法，貪、痴分故，但是喜、捨二受；餘諂、誑、憍三法，亦貪、痴分，宜增樂受。即前師解"忿等七法，唯三受俱；餘三，四俱，除苦"義也。中隨、大隨，五受相應，雖隨麤相，亦如實義，故無他說。二義之中，後義為正❷。

如是二十，與別境五，皆容俱起，不相違故。染念、染慧，雖非念、慧俱，而癡分者亦得相應故。念亦緣現、曾習類境，忿亦得緣剎那過去，故忿與念亦得相應。染定起時心亦躁擾，故亂與定，相應無失。

六、別境。此二十法，與別境五，皆容俱起。設有問云：染念、染慧，念、慧為性，何更相應耶？故此釋云：染念、即失念。染慧即不正知。有二種性：一、念、慧，二、無明。雖不與念、慧俱，而與無明俱故，亦得相應也。設有問云：念緣過去，忿對現境，何得相應？故此釋云：念亦緣現、曾習類境，忿亦得緣剎那過去，故得相

❶"三"，底本、校本皆作"三"，本句是對《成唯識論》"憂、捨俱"的解釋，據文意應作"二"。

❷"二義之中，後義為正"，本句所判的"二義"或是指文段中的兩個"有義"，唐代注疏並未判定正義。

523

應也。設有問云：定恒專注，散亂流蕩，何得同起？故此釋云：染定起時心亦躁擾，故亂與定，相應無失。

中二、大八，十煩惱俱。小十，定非見、疑俱起，此相麤動、彼審細故。忿等五法，容慢、癡俱，非貪、恚並，是瞋分故。慳，癡、慢俱，非貪、瞋並，是貪分故。憍，唯癡俱，與慢解別，是貪分故。覆、誑與諂，貪、癡、慢俱，行相無違，貪、癡分故。

七、相隨相應。謂中隨二，及大隨八，皆與十種煩惱相應。唯小隨十，定非見、疑俱起，以小隨麤動，見、疑審細故。忿、恨、惱、嫉、害，俱是瞋分，容與慢、痴俱，不與貪、瞋並。慳是貪分，亦容與痴、慢俱，而不與瞋俱，以愛、憎不並立故。憍，是貪分，唯與痴俱，"貪"下"慢"舉，故與慢別。覆、誑、諂三，同貪、痴分，與貪、痴、慢俱，三中痴分與貪、慢俱，三中貪分又與癡俱，故不同憍唯是貪分、與慢解別。

小七、中二，唯不善攝。小三、大八，亦通無記。

八、三性相應。"小七"者，忿、恨、惱、嫉、覆、慳、害，及中二隨，唯不善性。諂、誑、憍三，及八大隨，不善、有覆無記二性俱通。

小七、中二，唯欲界攝；誑、諂，欲、色；餘，通三界。生在下地，容起上十一，耽定於他起憍、誑、諂故。若生上地，起下後十，邪見、愛俱容起彼故。小十，生上無由起下，非正潤生及謗滅故。中

二、大八，下亦緣上，上緣貪等相應起故。有義：小十，下不緣上，行相麤近，不遠取故。有義：嫉等亦得緣上，於勝地法生嫉等故。大八、諂、誑，上亦緣下，下緣慢等相應起故，梵於釋子起諂、誑故；憍不緣下，非所恃故。

九、界繫相應。小七、中二，唯欲界攝，謂忿、恨、惱、嫉、害是瞋分攝，上界無瞋故；上界行四無量，故不慳；行十善法，故無覆；無中二也。誑、諂，乃通欲、色二界，貪、痴分故。餘小隨憍，及八大隨，貪、瞋、癡三等流性故，故通三界。

下、先明現起。若下起上惑，生在下地，容起上界前十^❶，由貪上定即於他起憍、誑、諂故^❷。若上起下惑，上界唯起後十，即中、大^❸隨，由謗滅、道及下潤生而方起故。與邪見俱即"謗滅、道"，與貪愛俱即"下潤生"，故云"邪見、愛俱容起彼故"^❹。小

---

❶ "容起上界前十"，本句是對《成唯識論》"容起上十一"的解釋，"十"字下應脫"一"字，《卍續藏》本通潤《成唯識論集解》卷6作"容起上界前十一"。

❷ "由貪上定即於他起憍、誑、諂故"，本句是對《成唯識論》"耽定於他起憍、誑、諂故"，與唐代注疏不同。據唐代注疏，"耽定"是解釋欲界起"憍"，"於他"是解釋對其他欲界有情起誑、諂。

❸ "大"，底本殘損似"六"，校本作"六"，據文意，此句是對《成唯識論》"下後十"的解釋，即將"十"解釋為二種种隨煩惱與八種大隨煩惱，《卍續藏》本明昱《成唯識論俗詮》作"中大隨"，整理者據《成唯識論俗詮》及文意定。

❹ "若上起下惑……容起彼故"，本句是對《成唯識論》"若生上地，起下後十，邪見、愛俱容起彼故"的解釋，依據下文的"正潤生及謗滅"，唐代

十，唯是分位差別，不同中、大有等流性，故非正潤及正謗滅❶。

次、釋所緣。先、明下緣上。中隨、大隨在下地者，相應緣上貪等煩惱，以緣上定，故與上界貪等相應，以此十種遍染心故。一師言：下界小十，不緣上界，行相麤近，不能遠取上界定故。一師言：小十，亦得緣上，於勝地法亦得生嫉等。❷次、明上緣下，大八與小十之諂、誑，在上界亦得緣下，因上地恃上定而慢下界，故與下界慢等相應而起。"梵於釋子起諂誑故"者，如大梵王於自眾中，匿己情事，現相誑惑馬勝比丘，為避馬勝所徵問故，憍自嘆等❸。上界之憍不緣下界者，下界之憍非所恃故❹。

二十皆非學、無學攝，此但是染、彼唯淨故。

注疏則謂"邪見俱"解釋二中隨煩惱，"潤生愛俱"解釋八大隨煩惱。

❶"小十，唯是分位差別……及正謗滅"，本句是對《成唯識論》"小十，生上無由起下，非正潤生及謗滅故"的解釋，與唐代注疏不同。據唐代注疏，此處不涉及"分位差別"與"等流性"，而是謂只有在"正潤生"及"謗滅"的情況中才有"生上起下"，小十隨煩惱無此二種情況，故"生上無由起下"。

❷"一師言：小十，亦得緣上，於勝地法亦得生嫉等"，本句是對《成唯識論》"嫉等亦得緣上，於勝地法生嫉等故"的解釋，似謂此師的觀點是"小十皆可緣上"，與唐代注疏不同。據唐代注疏，此師的觀點是，十小隨煩惱中忿等七法定不緣上，嫉、慳、憍三法可以緣上。

❸"如大梵王於自眾中……憍自嘆等"，或改寫自世親造、玄奘譯《阿毘達磨俱舍論》卷 21"寧知梵世有諂、誑耶？以大梵王匿己情事，現相誑惑馬勝苾芻"（《大正藏》第 29 冊，1558 號，頁 110 上 5 至 7）及《阿毘達磨俱舍論》卷 13"謂自眾中為避馬勝所徵問故，矯自歎等"（《大正藏》第 29 冊，1558 號，頁 71 上 4）。

❹"下界之憍非所恃故"，本句是對《成唯識論》"憍不緣下，非所恃故"的解釋，將"非所恃"的對象解釋為"下界之憍"，唐代注疏則泛謂"下地法"。

十、學、無學。二十皆非是學位、無學位攝。以此二十隨煩惱但是染所，學、無學位唯是淨故，故染心所不與相應。

後十唯通見、修所斷，與二煩惱相應起故。見所斷者，隨迷諦相，或總或別，煩惱俱生，故隨所應，皆通四部。迷諦親、疎等，皆如煩惱說。前十，有義：唯修所斷，緣麁事境、任運生故。有義：亦通見、修所斷，依二煩惱勢力起故，緣他見等生忿等故。見所斷者，隨所應❶緣，總、別惑力，皆通四部。此中有義：忿等但緣迷諦惑生，非親迷諦，行相麁淺、不深取故。有義：嫉等亦親迷諦，於滅、道等生嫉等故。

十一、所斷。“後十”謂中、大二隨。中二、大八通見、修所斷，非非所斷，由彼與俱生、分別二種煩惱相應起故。分別起者，唯見所斷。若俱生者，唯修所斷。見所斷者，隨根本煩惱迷四諦相，或總迷，或別迷，皆與根本煩惱俱生，故隨根本皆通四部，迷諦親、疎，皆如煩惱，故通二斷。一師言：前十小隨，唯修所斷，以緣世間麁俗事境、任運而生、無分別故。一師言：小十亦通二斷，依俱生、分別二煩惱勢力起故，緣他根本我見、邊見等生忿等故。見所斷者，隨彼根本所應緣者，或總、或別，皆通四諦。一師言：忿等但緣親迷四諦根本惑生，非是親能迷諦，以行相麁淺、不能深生

---

❶ “應”，底本《大正藏》本《成唯識論》皆作“應”，後文亦解為“隨彼根本所應緣”者，然據唐代注疏，當作“依”，即十小隨煩惱“所依止”的“能、所引生煩惱”。

取著故。一師言：小十亦能親迷四諦，於滅道諦生怖畏故，亦生嫉等。❶

然忿等十，但緣有事，要託本質方得生故。緣有漏等，准上應知。

十二、所緣。然忿等十，但緣有體之境，要託本質方得生故。彼親所緣緣，雖皆有漏，而所仗本質或通無漏等，皆准根本煩惱中說。"等"者，等"事境""名境"也。❷

成唯識論卷之六

---

❶ "一師言：小十亦能親迷四諦，於滅道諦生怖畏故，亦生嫉等"，本句是對《成唯識論》"有義：嫉等亦親迷諦，於滅、道等生嫉等故"的解釋，似謂此師的觀點是"小十解能親密四諦"，與唐代注疏不同。據唐代注疏，此師的觀點是"十小隨煩惱中除去覆、誑、諂的剩下七法"或"嫉、惱、害、慳、憍五法"可以親迷四諦。

❷ "'等'者，等'事境''名境'也"，本句是對《成唯識論》"緣有漏等"的"等"字的解釋，與唐代注疏不同。據唐代注疏，"等"字省略的是"有異熟"等論門。

成唯識論證義卷第七

金壇居士王肯堂證義

已說二十隨煩惱❶，不定有四，其相云何？

五、不定位，分三。一、結前標問。

頌曰：

不定，謂悔、眠、尋、伺，二各二。

二、舉頌總答。即天親第十四頌之後半。初二字，標位總名。下刊四種心所，一、悔，二、眠，三、尋，四、伺。"二各二"三字，釋不定義。此中有二。一、釋名，謂悔、眠為一，尋、伺為一，是為前"二"；悔與眠是二，尋與伺是二，是前"二"中又有後"二"。二、釋義者，謂悔與眠各具善、染二義，是"二各二"；至於尋、伺，亦"二各二"。

論曰：悔、眠、尋、伺，於善、染等皆不定故，非如觸等定遍心故，非如欲等定遍地故，立"不

---

❶ "惱"字下，《大正藏》本《成唯識論》卷7有"相"字，當有"相"字。

定"名。

三、解釋頌意，分二。一、正釋頌意。初、總，後、別。今初。
一釋：於三性中皆不定故，簡前信等、貪等善、不善法。一釋：於
八識皆不定故，簡徧行五法。一釋：於三界九地皆不定故，簡別
境五法。

"悔"謂"惡作"，惡所作業、追悔為性，障止
為業。此即於果假立因名，先惡所作業、後方追悔
故。悔先不作，亦惡作攝。如追悔言："我先不作
如是事業，是我惡作。""眠"謂"睡眠"，令身不
自在、昧畧為性，障觀為業。謂睡眠位，身不自
在，心極闇劣一門轉故。"昧"簡在定，"畧"別
寤時，"令"顯睡眠非無體用。有無心位，假立此
名，如餘蓋纏，心相應故。有義：此二唯癡為體，說
隨煩惱及癡分故。有義：不然，亦通善故，應說，此
二，染，癡為體，淨，即無癡，《論》依染分說隨
煩惱及癡分攝。有義：此說亦不應理，無記非癡，無
癡性故。應說：惡作，思、慧為體，明了思擇所作
業故；睡眠，合用思、想為體，思、想種種夢境相
故，《論》俱說為世俗有故。彼染污者，是癡等流，如
不信等說為癡分。有義：彼說理亦不然，非思、慧、
想纏彼性故。應說此二各別有體，與餘心所行相
別故。隨癡相說，名世俗有。

別中，三。一、釋悔、眠。

"悔"，一作"惡作"，"謂於已作、未作，善、不善事，若染、不染，悵怏追變為體，能障奢摩他為業"●。《集論》云："依樂作、不樂作，應作、不應作，是愚癡分，心追悔為體，或善、或不善、或無記，或時、或非時，或應爾、或不應爾，能障心住為業。'樂作'者，樂欲為先，造善惡行；'不樂作'者，由他勢力及諸煩惱之所驅迫，令有所作，如其所應。'愚痴分'者，隨煩惱所攝。'時'者，乃至未出離。'非時'者，出離已後。'應爾'者，於是處。'不應爾'者，於非處。"●

問：頌單言"悔"，長行屬云"悔謂惡作"，莫"悔"與"惡作"是一法耶？答曰："惡作"是因，"悔"是其體。以體即因，故《論》屬云"悔謂惡作"也。問：體與因何別？曰："惡作"是因，"悔"體是果。何以知之？先惡所作業，後方追悔故。此是別理。問：如此，則因果不一，何乃"即"之？曰：謂《百法》門列云"惡作"，今頌云"悔"，《論》屬意云，此頌"悔"者，即是《百法》門下"惡作"者也，非謂即之令成一法也。●問：惡先所作不善為惡作者，如悔先不作善，亦可謂之惡作否？答曰：亦惡作攝，以不作善，故追悔言："我先不作如是事業，是我惡先不

● 引文見《顯揚聖教論》卷1，《大正藏》第31冊，1602號，頁483上7至8；亦見於《宗鏡錄》卷58，《大正藏》第48冊，2016號，頁747下24至25。

● 引文見《大乘阿毘達磨雜集論》卷1，《大正藏》第31冊，1606號，699下16至23。

● "問：頌單言……成一法也"，改寫自《唯識開蒙問答》卷上，《新纂卍續藏》第55冊，888號，頁361上17至24。

曾作故。"所障止者，即奢摩他，能止住心，故名為"止"。❶《雜集論》云："於止、舉位，昏沉、睡眠、掉舉、惡作蓋為障，如前所說，能引沉沒及散亂故。"❷

"眠"，一作"睡眠"。"謂畧攝於心不自在轉為體，能障毗鉢舍那為業。"❸《雜集論》云："依睡因緣，是愚痴分，心畧為體，或善、或不善、或無記，或時、或非時，或應爾、或不應爾，越失所作依止為業。'睡因緣'者，謂羸瘦、疲倦、身分沉重、思惟闇相、捨諸所作、曾數此時串習睡眠、或他呪術神力所引、或因動扇涼風吹等。'愚痴分'言，為別於定。又'善'等言，為顯此睡非定痴分。'時'者，謂夜中分。'非時'者，謂所餘分。'應爾'者，謂所許時，設復非時，或因病患，或為調適。'不應爾'者，謂所餘分。'越失所作依止為業'者，謂依隨煩惱性睡眠說。"❹

問：障觀為業，何者名"觀"？曰：毗鉢舍那，攝境從心，名之為"觀"，取體即慧。❺

"謂睡眠"下，釋上"不自在"言，謂令身不自在，坐亦睡眠故，他搖動時亦不覺等，故此令心極暗昧輕畧為性，不能明利詳

---

❶ "所障止者……故名為'止'"，改寫自《唯識開蒙問答》卷上，《新纂卍續藏》第 55 冊，888 號，頁 361 下 1 至 2。

❷ 引文改寫自《大乘阿毗達磨雜集論》卷 7，《大正藏》第 31 冊，1606 號，頁 725 上 5 至 7。

❸ 引文見《顯揚聖教論》卷 1，第 31 冊，1602 號，頁 483 上 11 至 12；亦見於《宗鏡錄》卷 58，《大正藏》第 48 冊，2016 號，頁 747 下 27 至 28。

❹ 引文見《大乘阿毗達磨雜集論》卷 1，《大正藏》第 31 冊，1606 號，699 下 6 至 15。

❺ "問……取體即慧"，本段改寫自《唯識開蒙問答》卷上，《新纂卍續藏》第 55 冊，888 號，頁 361 下 2 至 4。

審故❶，一門轉故。"闇劣"釋"昧"字，"一門"釋"罜"字。謂
意識於寤時，內、外門轉；若在此位，唯內門轉故❷。下復釋"暗
劣一門"之義。定心一境，罜而不昧，故云"'昧'揀在定"。寤
廣緣境，不得稱"罜"，故云"'罜'別寤時"。❸"令"之一字，正
顯睡眠有實用。而五無心位中一熟眠者，假立為眠，非實眠也，眠
必與心而相應故。立量云："睡眠昧罜非無體用"，"心相應故"，"如
餘蓋、纏。""蓋"謂五蓋：一、貪欲蓋，二、瞋恚蓋，三、昏沉蓋，四、
掉舉惡作蓋，五、疑蓋。"纏"謂十纏：無慚、無愧、睡眠、昏、掉、
惡作、嫉妒、慳恪、忿、覆也。蓋、纏既與心相應，睡眠亦與心相應
故。為有問云：此眠能令身心不自在者，其無心眠如何能令？故
此中答意云：從有心眠以至無心，從能引說，名之為"眠"，其實
無心不名睡眠。何以故？眠是心所，有能"令"用；彼既無體，豈
有"令"用？故不名眠也。❹總中四義。一師言：惡作、睡眠，唯
癡為體，無別有性，說是隨煩惱及癡分攝故。一師言：此二不唯
通染，亦通善故，非隨煩惱及癡分攝，應說此二染分以癡為體，淨
分以無癡為體。一師言：不然，睡眠是無記性❺，不是癡與無癡

---

❶"謂'睡眠'下……明利詳審"，改寫自《大方廣佛華嚴經隨疏演義
鈔》卷39，《大正藏》第36冊，1736號，頁298下27至頁299上1。

❷"'闇劣'釋'昧'字……內門轉故"，本段是對《成唯識論》"心極
闇劣一門轉故"的解釋，與唐代注疏大異。據唐代注疏，本句指在睡眠狀態
只有第六識運轉而無前五識。

❸"定心一境……故云'罜別寤時'"，引自《大方廣佛華嚴經隨疏演義
鈔》卷39，《大正藏》第36冊，1736號，頁299上2至4。

❹"為有問云……不名眠也"，改寫自《唯識開蒙問答》卷上，《新纂卍
續藏》第55冊，888號，頁361下4至8。

❺"睡眠是無記性"，本句是對《成唯識論》"無記非癡、無癡性故"的

二性攝，應說惡作以思、慧為體，睡眠以思、想為體。立量破云："染污隨❶眠說為癡分"，"是癡等流"，"如不信等"。此二是無記，故非癡分。第四正義破之云：此說亦不然，非思、慧二法纏束為一悔性，亦非思、想二法纏束為一眠性❷。應知此二各別有體。何以故？此二與餘心所行相別故。而《論》說為世俗有者，是隨癡相說，非是無別體而名世俗有也。

　　"尋"謂尋求，令心忽遽，於意言境麁轉為性。"伺"謂伺察，令心忽遽，於意言境細轉為性。此二俱以安、不安住身、心分位所依為業，並用思、慧一分為體，於意言境"不深推度"及"深推度"義類別故。若離思、慧，尋、伺二種體類差別不可得故。

　　二、釋尋、伺。"尋"者，一云："或時由思，於法造作，或時

解釋，有誤。據唐代注疏，此師是指出《瑜伽師地論》等說"睡眠"通三性，前師的理論不能解釋無記性的睡眠。

❶"隨"，本段是對《成唯識論》"彼染汙者，是癡等流，如不信等，說為癡分"的改寫，"染污‘隨’眠"是對"彼染污"的解釋，明代注疏中通潤《成唯識論集解》卷7亦作"染污隨眠"，廣伸《成唯識論訂正》卷7作"染污悔、眠"，本句的"彼"即討論悔、眠二心所，故當作"悔"或"睡"。然本段，唐代注疏並未視為比量。

❷"非思、慧二法纏束為一悔性，亦非思、想二法纏束為一眠性"，本句是對《成唯識論》"非思、慧、想纏彼性故"的解釋，將"纏"解釋為"纏束"，誤。據唐代注疏，此處謂睡眠、惡作二法屬於"纏"（十纏），但思、慧、想三法並非"纏"。

由慧，於法推求，散行外境，令心麤轉為體，障心內淨為業。"❶
《集論》云："或依思，或依慧，尋求意言，令心麤為體。'依思''依
慧'者，於推度、不推度位，如其次第，追求行相意言分別。"❷
"伺"者，一云："謂從阿賴耶識種子所生，依心所造，與心俱轉
相應，於所尋法，暑行外境，令心細轉為體，障心內淨為業。"❸
《雜集論》云："或依思，或依慧，伺察意言，令心細為體。'依
思''依慧'者，於推度、不推度位，如其次第，伺察行相意言分
別。如是二種，安、不安住所依為業。尋、伺二種，行相相類，故
以麤細建立差別。"❹ "尋"即淺推，"伺"即深度。"尋"於麤發
言，"伺"則細發語❺。何謂"意言境"？曰：意所取境，多依名
言，名"意言境"❻。何謂"安、不安住身、心分位所依為業"？曰：身、
心若安，尋、伺二種徐緩為業；身、心不安，尋、伺二種匆遽為業。或
思名"安"，徐而細故，思量性故；慧名"不安"，急而麤故，揀

---

❶ 引文見《顯揚聖教論》卷1，《大正藏》第31冊，1602號，頁483
上13至15；亦見於《宗鏡錄》卷58，《大正藏》第48冊，2016號，頁747
下28至頁748上1。

❷ 引文見《大乘阿毘達磨雜集論》卷1，《大正藏》第31冊，1606號，699
下24至26。

❸ 引文見《顯揚聖教論》卷1，《大正藏》第31冊，1602號，頁483
上16至18；亦見於《宗鏡錄》卷58，《大正藏》第48冊，2016號，頁748
上1至4。

❹ 引文見《大乘阿毘達磨雜集論》卷1，《大正藏》第31冊，1606號，699
下27至頁700上2。

❺ "'尋'即淺推……則細發語"，引自《宗鏡錄》卷58，《大正藏》第
48冊，2016號，頁748上4至5。

❻ "何謂'意言境'……名'意言境'"，改寫自《唯識開蒙問答》卷上，《新
纂卍續藏》第55冊，888號，頁361下11至12。

擇性故。身、心前後有安、不安，皆依尋、伺，故名"所依"。❶問：尋、伺二為假為實？答曰：並用思、慧一分為體。何知並用耶？曰：若令心安，即是思分，以徐而細故；令心不安，即是慧分，以急而麤故。若如是者，令安則用思無慧，不安則用慧無思。何云並用耶？曰：通照大師釋有兼有正。若正用思，急慧隨思，能令心安；若正用慧，徐思隨慧，亦令不安。若如是說，不違並用。❷

　　"二各二"者，有義：尋、伺各有染、淨二類差別。有義：此釋不應正理，悔、眠亦有染、淨二故。應說如前諸染心所，有是煩惱、隨煩惱性，此二各有不善、無記，或復各有纏及隨眠。有義：彼釋亦不應理，不定四後有此言故。應言"二"者，顯二種二：一謂悔、眠，二謂尋、伺。此二二種，種類各別，故一"二"言顯"二"二種。此各有二，謂染、不染，非如善、染各唯一故。或唯簡染，故說此言，有亦說為隨煩惱故。為顯"不定"義，說"二各二"言，故置此言，深為有用。

　　三、釋"二各二"。有三解。一師言：尋、伺二法，各有染、淨二類差別，名"二各二"。第二師斥云：不然，若謂"尋、伺各有

---

❶"身、心若按……故名'所依'"，改寫自《大方廣佛華嚴經隨疏演義鈔》卷39，《大正藏》第36冊，1736號，頁298中4至8；源自《成唯識論述記》卷7，《大正藏》第43冊，1830號，頁468上12至16。

❷"問：尋、伺二……不違並用"，改寫自《唯識開蒙問答》卷上，《新纂卍續藏》第55冊，888號，頁361中12至18。

染淨”，悔、眠亦應通染、淨二。應說此二，如前煩惱、隨煩惱，故曰“二”，各有不善、無記二性，故又曰“各二”，或是各有現行、種子，名“二各二”。第三師復斥云：亦不然，以此“二各二”言，在不定四後說故，應言“二”者，正顯有二種“二”也。先釋“二”云：一謂悔、眠，二謂尋、伺。一中，一、悔，二、眠，二中，一、尋，二、伺，為“二”二種，以種類各別故，故一“二”字，顯“二”二種。次釋“各二”云，謂二二種，各有染、不染二性故，非如信等唯是善故，非如貪等唯是染故，或唯簡染，故說“二”言，為有說為隨煩惱故。《瑜伽》五十八云：“尋、伺、惡作、睡眠，此四隨煩惱，通三性心。若有極久尋求、伺察，便令身疲念失，心亦勞損，是故尋、伺名隨煩惱。”❶故此揀之。“不定”之義，顯于“二各二”三字，故又歎云“深為有用”也。

二、正釋頌意，竟。

> 四中，尋、伺定是假有，思、慧合成，聖所說故。悔、眠，有義：亦是假有，《瑜伽》說為世俗有故。有義：此二是實物有，唯後二種說假有故。“世俗有”言，隨他相說，非顯前二定是假有。又如內種，體雖是實，而《論》亦說“世俗有”故。

二、諸門分別，有十一。一、假實。

四中，唯尋、伺二種，定是假有。悔、眠二種，一說是假，一說是實。問：若爾，何故《瑜伽》說為“世俗有”？答：隨他相

---

❶ 引文改寫自《瑜伽師地論》卷58，《大正藏》第30冊，1579號，頁622下4至5。

說，非顯無體。正如內種子實有體，而《論》亦說為"世俗有"，豈內種亦是假耶？立量云："悔、眠是實"，"世俗有故"，"猶如內種"。❶

四中，尋、伺定不相應，體類是同，麤細異故。依於尋、伺有染、離染，立三地別，不依彼種、現起有無，故無雜亂。俱與前二容互相應，前二亦有互相應義。

二、自類相應。尋、伺二法，非一剎那相應俱起，一類麤、細、前、後異故❷。難云：在欲初禪，若有伺時，尋不現起，豈不濫同"無尋唯伺"，有雜亂失？答云：依於尋、伺有染、不染，立三地別。此建立因有三種義。一就前、後相應建立，謂欲界地及初靜慮麤心、心所前後相續，可有尋、伺共相應故，名"有尋有伺地"；靜慮中間麤心、心所前後相續，定無有尋，唯可與伺共相應故，名"無伺唯尋地"；第二靜慮已上諸地，諸心、心所前後相續，決定不與尋、伺相應，名"無尋無伺地"。若欲界地及初靜慮、靜慮中間細心、心所，不與尋、伺共相應者，及一切色、不相應行、諸無為法，不與尋伺共相應故，亦皆說名"無尋無伺地"❸。一就離欲分位建

---

❶ "立量云……猶如內種"，此處的比量並不成立，因為"世俗有"並不能證成"實有"，大多數情況下"世俗有"即"假有"，《成唯識論》只是舉了"實有，但隨他相說為世俗有"的特殊情況。

❷ "非一剎那……前、後異故"，引自最勝子等造、玄奘譯《瑜伽師地論釋》，《大正藏》第30冊，1580號，頁886上16至17。

❸ "前、後相應建立……無尋無伺地"，改寫自最勝子等造、玄奘譯《瑜伽師地論釋》，《大正藏》第30冊，1580號，頁886上18至26。

立，謂欲界地及初靜慮諸法假者，於尋及伺並未離欲，名"有尋有伺地"；靜慮中間諸法假者，尋已離欲，伺未離欲，名"無尋唯伺地"；第二靜慮已上諸地諸法假者，於尋及伺並已離欲，"名無尋無伺地"；若在下地，並已離欲，亦得說名"無尋無伺"❶。不依彼種、現行有無，故無雜亂。故《瑜伽》言："此中由離尋、伺欲故，說名'無尋無伺地'，不由不現行故。所以者何？未離欲界欲者，由教導作意差別故，於一時間，亦有無尋無伺意現行。已離尋伺欲者，亦有尋、伺現行，如出彼定及生彼地。"❷"如實義者，此三但就界地建立。謂欲界地及初靜慮有漏、無漏諸法，於中尋、伺俱可得故，名第一地。靜慮中間有漏、無漏諸法，於中無尋，唯有伺故，名第二地。第二靜慮已上諸地有漏、無漏諸法，於中尋伺俱無有故，名第三地。故《瑜伽》言：'此中欲界及初靜慮，若定若生，名有尋有伺地。靜慮中間，若定若生，名無尋唯伺地。第二靜慮已上色界、無色界全，名無尋無伺地。無漏有為，初靜慮定，亦名有尋有伺地。依尋、伺處法，緣真如為境，入此定故，不由分別現行故。餘如前說。'若就相應，及就離欲建立三地，攝法不盡，亦大雜亂。"❸此中蓋依第二離欲建立說也❹。"前二"，謂

---

❶ "離欲分位建立……無尋無伺"，改寫自<u>最勝子</u>等造、<u>玄奘</u>譯《瑜伽師地論釋》，《大正藏》第 30 冊，1580 號，頁 886 中 1 至 6。

❷ 引文見《瑜伽師地論》卷 4，《大正藏》第 30 冊，1579 號，頁 294 下 2 至 6。

❸ 引文改寫自<u>最勝子</u>等造、<u>玄奘</u>譯《瑜伽師地論釋》，《大正藏》第 30 冊，1580 號，頁 886 中 11 至 23。

❹ "此中蓋依第二離欲建立說也"，本句謂《成唯識論》"依於尋、伺有染、離染，立三地別"是採取的<u>最勝子</u>等《瑜伽師地論釋》中第二種"離欲分位"的解釋，與唐代注疏不同。<u>窺基</u>《成唯識論掌中樞要》卷下（《大正

悔、眠，此云容與尋、伺相應，悔時有眠，眠時有悔，故二亦有互相應義。

　　四皆不與第七、八俱，義如前說。悔、眠唯與第六識俱，非五法故。有義：尋、伺亦五識俱，《論》說五識有尋、伺故，又說尋伺即七分別，謂有相等。《雜集》復言"任運分別謂五識"故。有義：尋、伺唯意識俱，《論》說尋求、伺察等法皆是意識不共法故。又說尋、伺，憂、喜相應，曾不說與苦、樂俱故。捨受遍故，可不待說，何緣不說與苦樂俱？雖初靜慮有意地樂，而不離喜，總說喜名。雖純苦處，有意地苦，而似憂故，總說為憂。又說尋、伺以名身等義為所緣，非五識身以名身等義為境故。然說"五識有尋、伺"者，顯多由彼起，非說彼相應。《雜集》所言"任運分別謂五識"者，彼與《瑜伽》所說"分別"，義各有異。彼說任運即是五識，《瑜伽》說此是五識俱分別意識相應尋、伺。故彼所引，為證不成。由此，五識定無尋、伺。

　　三、八識相應。"義如前說"者，謂"惡作追悔先業，而七識

────────────────

藏》第43冊，1831號，頁645上11至下24）也提及了《瑜伽師地論釋》的三解，但並謂將"有染、離染"解釋為"離欲分位"，同時批評了第三種解釋，指出《成唯識論》的表述與《瑜伽師地論》稍有不同，又或"有染"指"有彼現行染"，"離染"指"離於有染之地"。

任運恒緣現境，非先業故，故無惡作；睡眠必依身心重昧外眾緣力，而七識無始一類內執，不假外緣，故無睡眠；尋、伺俱依外門而轉，七識一類執我，故無尋、伺"❶。又此四法無記性者，有間斷故，皆與八識不相應也。悔、眠唯與第六相應，不與前五，以非五大地法定遍心故❷。一師言：尋、伺二法亦與五識相應。又說尋、伺即七分別故。七分別者。"一、任運分別，謂五識身如所緣相無異分別，於自境界任運轉故；二、有相分別，謂自性、隨念二種分別，取過、現境種種相故；三、無相分別，謂希求未來境行分別。所餘分別皆用計度分別以為自性。所以者何？以思度故或時尋求，或時伺察，或時染污，或不染污種種分別。"❸《瑜伽》云："尋求分別者，謂於諸法觀察尋求所起分別。伺察分別者，謂於己所尋求、己所觀察，伺察安立所起分別。言染❹污分別者，謂於過去顧戀俱行，於未來希樂俱行，於現在執著俱行所有分別，若欲分別，若恚分別，若害分別，或隨與一煩惱隨煩惱所起分別。不染污分別者，若善無記，謂出離分別，無恚分別，不害分別，或隨與一信

---

❶ 引文見《成唯識論》卷4。

❷ "以非五大地法定遍心故"，本句是對《成唯識論》"非五法故"的解釋，將"五法"解釋為"無大地法"，誤。《成唯識論》基本不用有部"大地法"的表述，據唐代注疏，"非五法故"指"非五識俱法"，下文順此討論四不定心所是否與五識相應。

❸ 引文改寫自《大乘阿毘達磨雜集論》卷2，《大正藏》第31冊，1606號，頁703上21至27。

❹ "染"，底本殘缺難辨，校本作"深"，校本校勘記謂"深疑染"，本句引自《瑜伽師地論》卷1，《大正藏》本《瑜伽師地論》卷1作"染"，整理者據《大正藏》本《瑜伽師地論》及文意定。

等善法相應，或威儀路、工巧處諸變化所有分別。"❶七種分別皆是尋、伺，五識既有任運分別，是故此與五識相應。正義破之云：尋、伺二法，唯意識俱，不通前五，《論》說尋、伺唯是意識不共法故。又說尋、伺，唯憂、喜俱，不說苦、樂亦相應故，以憂、喜屬第六心受，苦、樂屬前五身受故。難云：如初禪意地亦有樂，純苦意地亦有苦故，故此尋、伺，有苦、樂俱，但是不說，如捨是有，而亦不言。釋云：捨受徧故，可不待說；苦、樂非徧，何緣不言？雖初靜慮有意地樂，而不離喜，故總說為喜，而不言樂；雖純苦處有意地苦，而不離憂，故總說為憂而不言苦。是故尋、伺唯與憂、喜二受相應，不與苦、樂二受相應。此引苦、樂二受以證尋、伺不與五識相應也。又說尋、伺以名、句、文身而為所緣❷，是比量境；五識不爾，現量境故。此以所緣證尋、伺不與五識相應也。次通前二義。然說"五識有尋、伺"者，是顯五識身多由尋、伺起，以五識起時必由意識故，非說尋、伺與彼相應也。《雜集》所言與《瑜伽》異，彼《雜集》說"任運分別即五識"者，以五識有隨念分別而無計度分別故❸，《瑜伽》所說七分別者，是說五俱意識相應尋、

---

❶ 引文見《瑜伽師地論》卷1，《大正藏》第30冊，1579號，頁280下8至17。"七分別者……所有變化"所引《大乘阿毘達磨雜集論》《瑜伽師地論》兩段引文，見於《大方廣佛華嚴經隨疏演義鈔》卷39，《大正藏》第36冊，1736號，頁298中16至下5。

❷ "又說尋、伺以名、句、文身而為所緣"，本句是對《成唯識論》"又說尋、伺以名身等義為所緣"的解釋，遺漏了原文中的"義"，即尋、伺以"名身""句身""文身"及"所詮表的義"為所緣。

❸ "以五識有隨念分別而無計度分別故"，本句與《成唯識論》原文難以對應，或源自普泰《八識規矩補註》卷1"大抵根無分別，前五識雖有隨念分別而無計度分別，故常混淆而難辨"（《大正藏》第45冊，1865號，頁

伺，豈可一例而論哉？故彼所引，為證不成。尋、伺為意識不共
法，而五識不預焉，其理極成矣。

> 有義：惡作，憂、捨相應，唯慼行轉、通無記
> 故。睡眠，喜、憂、捨受俱起，行通歡、慼、中庸轉
> 故。尋、伺，憂、喜、捨、樂相應，初靜慮中意樂俱
> 故。有義：此四亦苦受俱，純苦趣中意苦俱故。

四、五受。此中三義。初義：尋、伺無苦、樂受。第二義中：尋、
伺增樂。惡作，慼行通憂，無記通捨，故二受俱，懊悔之時無喜、
樂故。睡眠，欣時喜受，慼時憂受，中庸捨受，故三受俱。無苦、
樂者，不屬身受故。尋、伺，四俱，除苦，初靜慮時喜、樂俱故。一
師言：此四皆與苦受相應，純苦趣中意有苦故。《瑜伽》五云："那
洛迦尋、伺，唯是慼行，觸非愛境，引發於苦，與憂相應，常求脫
苦，嬈心業轉。如那洛迦尋、伺一向受苦，餓鬼尋、伺亦爾。旁生、
人趣、大力餓鬼所有尋、伺，多分慼行，少分欣行，多分觸非愛境，少
分觸可愛境，多分引苦，少分引樂，多分憂相應，少分喜相應，多
分求脫苦，少分求遇樂，嬈心業轉。欲界諸天所有尋、伺，多分欣
行，少分慼行，多分觸可愛境，少分觸非愛境，多分引樂，少分
引苦，多分喜相應，少分憂相應，多分求遇樂，少分求脫苦，嬈
心業轉。初靜慮地天所有尋、伺，一向欣行，一向觸內可愛境界，一
向引樂，一向喜相應，唯求不離樂，不嬈心業轉。"❶此證尋、伺

470上20至22），亦見於通潤《成唯識論集解》卷7，誤。有部與瑜伽行派
都否認前五識有"隨念分別"。或"隨念"當作"自性"。

❶ 引文見《瑜伽師地論》卷5，《大正藏》第30冊，1579號，頁302

通苦、樂受，乃正義也。

四皆容與五別境俱，行相、所緣不相違故。

五、別境。"行相"即能緣心所，"所緣"即四種境。此四種境，即悔等所行，故不相違。

悔、眠但與十善容俱，此唯在欲，無輕安故。尋、伺容與十一善俱，初靜慮中輕安俱故。

六、善法。悔、眠二所，與十善俱。睡眠唯欲界有，故無輕安。尋、伺，與十一全俱，初靜慮中得根本定亦有輕安故。

悔但容與無明相應，此行相麤，貪等細故。睡眠、尋、伺，十煩惱俱，此彼展轉不相違故。悔與中、大隨惑容俱；非忿等十，各為主故。睡眠、尋、伺，二十容俱，眠等位中皆起彼故。

七、煩惱。悔唯痴俱，以癡徧諸染心故，"世俗有"隨痴相說故。惡所作業，故行相麤；貪等唯心，故細。麤、細乖返，故不相應。睡眠、尋、伺，十煩惱俱，以此十法俱通昧畧、麤、細轉故。惡作容與中、大隨俱，悔通不善、諸染心故；非忿等十，以彼十法各為主故，追悔之時不隨他主，故不相應。睡眠、尋、伺，容與二十煩惱俱起，俱有昧畧、淺、深推度故。

此四皆通善等三性，於無記業亦追悔故。有

義：初二，唯生得善，行相麤鄙及昧畧故；後二，亦
通加行善攝，聞所成等有尋、伺故。有義：初二亦
加行善，聞、思位中有悔、眠故。後三，皆通染、
淨無記；惡作，非染，解麤猛故。四無記中，悔，唯
中二，行相麤猛、非定果故；眠，除第四，非定引
生異熟生心亦得眠故；尋、伺，除初，彼解微劣不
能尋、察名等義故。

八、三性。善等三性，此四皆通。問：悔所作業唯善、染故，何
通無記？曰：於無記業亦追悔故，不但追悔善染法也。上言根、
隨是不善性，故下唯辨善與無記。"生得善"，即俱生善；"加行
善"，即分別起善。《雜集論》云："何等生得善？謂即彼諸善法，由
先串習故，感得如是報，由此自性，即於是處不由思惟，任運樂
住。何等加行善？謂依止親近善丈夫故，聽聞正法，如理作意，修
習淨善，法隨法行。"❶以生得善是果相故，故麤鄙，故昧畧，故
與悔、眠相應；加行善是因相故，故有尋、有伺，亦通加行善。"聞
所成等"，"等""思所成""修所成"也。正義：悔、眠亦加行善，以
聞、思二地亦有悔、眠故。睡眠、尋、伺皆通有覆、無覆二無記，惡
作唯通有覆無記。又無記有四：一、異熟無記，二、威儀無記，三、
工巧無記，四、變化無記。悔雖非染性，以解麤猛，故四無記中不
通異熟，不通變化，唯通威儀、工巧二種，以彼行相麤猛，非定果
故，"定"即變化，"果"即異熟。非定，故不與變化通；非果，故

---

❶ 引文見《大乘阿毘達磨集論》卷2，《大正藏》第31冊，1605號，頁
669中5至8。

不與異熟通❶。睡眠除第四者，非定引生心，亦得睡眠故，即通前三種，以異熟生心亦得眠故。尋、伺，除初，以異熟心行解微劣，不能尋、察名等義故。

　　惡作、睡眠唯欲界有，尋、伺在欲及初靜慮，餘界地法皆妙靜故。悔、眠，生上必不現起；尋、伺，上、下亦起下、上，下、上尋、伺能緣上、下。有義：悔、眠不能緣上，行相麤近、極昧畧故。有義：此二亦緣上境，有邪見者悔修定故，夢能普緣所更事故。

九、界繫。四於九地，唯初二地，上七妙靜，故不相通。悔、眠既唯欲界有故，生上地者必不現起。尋、伺二法，在欲及初靜慮有，七地已上無。上地亦起下地尋、伺，下地亦起上地尋、伺。下地尋、伺亦能緣上，上地尋、伺亦能緣下。有說：悔、眠行相麤近、極昧畧故，生下地者不能緣上。此亦不然，有在下地曾修定者，惑於邪見而尋悔之，非悔緣上乎？有曾生上地者，後雖生下地，而夢中時見宿命境相，非眠緣上乎？

　　悔，非無學，離欲捨故；睡眠、尋、伺，皆通三種，求解脫者有為善法皆名學故，學究竟者有

---

❶"以彼行相麤猛……與異熟通"，本句是對《成唯識論》"悔，唯中二，行相麤猛、非定、果故"的解釋，以"非定"解釋"非變化無記""非果"解釋"非異熟無記"與唐代注疏不同。據唐代注疏，惡作"行相麤猛"，故"不與業果異熟心俱"（即不與第八識相應），即非"異熟無記"；"非定果"，即並非聖者之定所引生的果，故非"變化無記"。

為善法皆無學故。

十、學、無學。"三種"者：一、有學，二、無學，三、非有學、非無學。"求解脫"者，有學人也。"學究竟"者，無學人也。悔，非無學，離欲界時，至不還天❶，便捨此悔故。後三，皆通學、無學等位。以此三種原屬不定，若有學人求解脫者，此三便屬有學；若無學人學究竟者，此三便屬無學故。眠及尋、伺俱有生滅，故名"有為"。通學、無學，故名"善法"。又異生無記法，學者無記法，無學者無記法，并無為法，是"非學、非無學法"❷。睡眠、尋、伺，一一皆通。

> 悔、眠，唯通見、修所斷，亦邪見等勢力起故，非無漏道親所引生故，亦非如憂深求解脫故。若"已斷故，名'非所斷'"，則無學眠，非所斷攝。尋、伺，雖非真無漏道，而能引彼、從彼引生，故通見、修、非所斷攝。有義：尋、伺非所斷者，於五法中唯"分別"攝，《瑜伽》說彼是分別故。有義：此二亦正智攝，說正思惟是無漏故，彼能令心尋求等故。又說彼是言說因故，未究竟位，於藥、病等未能遍知，後得智中，為他說法必

---

❶ "至不還天"四字，亦見於通潤《成唯識論集解》卷 7，此處或為用來區分"有學""無學"，但據文意，離於欲界即捨悔，"至不還天"的界定不恰。

❷ "又異生無記法……非無學法"，本句對"非有學、非無學"的界定不恰，除有學、無學法外的法皆是"非有學、非無學法"。

假尋、伺，非如佛地無功用說。故此二種，亦通無漏。雖說尋、伺必是分別，而不定說唯屬第三，後得正智中，亦有分別故。

十一、伏斷。"悔、眠，惟通見、修所斷"者，以二法為邪見、身見等所引生故。邪見等既通見、修所斷，則悔、眠亦應如之。問：悔眠何不通非所斷耶？答曰：非無漏道親所引生，又非如憂深求解脫，以二者故，非非所斷，以無漏道及解脫道非所斷故。問：若爾，何故前文睡眠說通三位❶？答：若"約已斷名'非所斷'"，則無學所有睡眠，亦是非所斷攝。尋、伺二法，雖非真無漏道，而能引生無漏，從彼無漏又能引生尋、伺，以與無漏展轉引生，故通三斷。一師言：尋、伺通非所斷者，是見道已斷名"非所斷"，以彼於五法中唯屬妄想故❷。五法者：一、相，二、名，三、分別，《楞伽》謂之"妄想❸"。四、正智，五、真如。一師言：尋、伺二法，不唯分別，亦正智攝。彼"正思惟"非無漏乎？若不尋、伺，何謂思惟？又說彼為言說因故。何為"言說因"耶？謂諸菩薩未至究竟位時，於藥、

---

❶ "前文睡眠說通三位"，本句是對《成唯識論》"若已斷故，名非所斷，則無學眠非所斷攝"的背景補充，"前文"似謂《成唯識論》前文，與唐代注疏不同。據唐代注疏，此處是會通《瑜伽師地論》卷 66（《大正藏》第 30冊，1579 號，頁 668 上 25 至 29）的相關文字。

❷ "尋、伺通非……屬妄想故"，本句是對《成唯識論》"尋、伺非所斷者，於五法中唯分別攝，《瑜伽》說彼是分別故"的解釋，似將此師的觀點理解為"尋、伺通非所斷，因為是五法中的分別"，與唐代注疏大異。據唐代注疏，此師的觀點是，非所斷的尋、伺屬於五法中的"分別"，因為《瑜伽師地論》說"尋、伺是分別"。

❸ "《楞伽》謂之'妄想'"，見求那跋陀羅譯《楞伽阿跋多羅寶經》卷 4。

病等未能遍知，故為他人說法，必假後得，尋求、伺察，然後決了，非如佛果位中尋、伺說法是無功用，此但是有功用耳。故此尋、伺必通無漏。《瑜伽》雖說二法必是分別，而不說此二法定屬妄想，以第四後得智中亦有分別故，故知尋、伺二法，在妄想即名妄想，若在正智即名正智。此尋、伺所以通非所斷。

餘門準上，如理應思。

總結諸餘門義。"餘門"，即相分、本質等。
通上，相應心所中，第二、廣顯差別，竟。

如是六位諸心所法，為離心體有別自性，為即是心分位差別？設爾何失？二俱有過。若"離心體有別自性"，如何聖教說"唯有識"？又如何說"心遠、獨行""染淨由心""士夫六界"？《莊嚴論》說復云何通？如彼頌言"許心似二現，如是似貪等，或似於信等，無別染善法"。若"即是心分位差別"，如何聖教說"心相應，他性相應，非自性故"？又如何說"心與心所俱時而起，如日與光"？《瑜伽論》說復云何通？彼說"心所非即心"故，如彼頌言"五種性不成，分位差過失，因緣無別故，與聖教相違"。應說離心有別自性，以"心"勝故，說"唯識"等。心所依心，勢力生故，說似彼現，非彼即心。又"識""心"言，亦攝心所，恒相應故。"唯識"等言，及"現似彼"，皆無有失。此依世俗。若依勝義，心所與心，非離非即。諸識相望，應知亦然。是謂大乘真、俗妙理。

三、總顯王、所。"如是六位諸心所法，為離心體有別自性，為即是心分位差別"，此徵詰之詞。"設爾何失"，答也。"二俱有過"下，難且釋也。釋中，先、遮，後、立。初遮"有別自性"者，若說離心別有自性，則犯聖教相違之過，以聖教說"萬法唯識"，又說"心遠、獨行"等故。"如《攝論》頌云：'遠行及獨行，無身寐於窟，調其難調心，是名真梵志。'《百法》釋云：如來依意根處，說'遠行'及'獨行'也。隨無明意識，徧緣一切境，故名'遠行'。又諸心相續，一一轉故，無實主宰，名'獨行'。'無身'者，即心，無形質故。'寐於窟'者，即依附諸根，潛轉身內，名為'寐於窟'也。'寐'者，'藏'也，即心之所蘊在身中。此偈意破外道執有實我也。世尊云：但是心獨行，無別主宰，故言'獨行'也。又無始遊歷六塵境，故名'遠行'；無別心所，故名'獨行'。明知無別心所也。'染淨由心'者，如契經說'心雜染故，有情雜染；心清淨故，有情清淨'，亦不言心所。'士夫六界'者，《瑜伽》云，佛說皆云，四大、空、識，能成有情，色、動、心三法最勝，為所依。色所依者，即四大也。動所依者，即空也，謂內空界，不取外空。由內身中有此空界故，所以有動，故為動依。心所依者，識是也。即說六界能成有情，不言心所界也。"❶"《莊嚴論》說"，即下頌言，"許心似二現"者，此中"似"言，似心外所計實二分等法，故名為"似"。"無別染善法"者，謂唯心變似見、相二分，二分離心無別

❶ 引文改寫自《宗鏡錄》卷59，《大正藏》第48冊，2016號，頁754上2至17。

有法。復言"心變似貪信"等，故貪、信等離心之外無別染善法，體即心也，如二分故。

次、遮"是心分位差別"者，若說是心分位差別，亦犯聖教相違之過。如《瑜伽》云："問：諸法❶誰相應？為何義故建立相應？答：他性相應，非自性故。為遍了知，依自性清淨心有染、淨法，若增若減，是故建立。若有沙門及婆羅門，欲令'名'中唯'心'實有，非諸心法，此不應理。何以故？且說諸蘊有五種性不成就故。言'名'者，即無色四蘊也。言'五種性'者，即五蘊也。若五蘊即是心者，則五蘊不成差別，是則有過，以彼受、想、行等即是心故。又若計'彼分位別故有五性'者，分位別計亦有過失。所以者何？是諸分位展轉相望作用差別，若有若無，皆成過失。若言有者，由相異故，便應有異實物體性；若言無者，計分位別，則為唐捐。又不應謂如六識身分位差別。何以故？由六識身所依、所緣有差別故，是諸分位，一處可得，故不應理。若謂'轉變'，亦不應理。何以故？於有色物可轉變故，得有分位前後差別，非於無色有如乳酪生酥等異。又心因緣無差別故，行則分位，不應道理，於一刹那必不可得差別因緣令彼分位而有差別。是故汝計'分位差別'，不應道理。又違教故，'唯心實有'不應道理。如契經言，貪、瞋、痴等，惱染其心，令不解脫。若唯有心，二不俱有，是即貪等應不依識。若汝復謂'以識為先'，亦不應理，無差別過前已說故。又復經言，三和合與觸俱生受、想、思等。又餘經說，如是諸法恒共和合，不可說言如是諸法而可分析❷令別殊異。又佛世尊為欲成立此和合

---

❶ "法"，本句引自《瑜伽師地論》卷56，《大正藏》本《瑜伽師地論》作"蘊"。

❷ "柝"，本句引自《瑜伽師地論》卷56，《大正藏》本《瑜伽師地論》

義，說燈明喻。是故不可離彼俱生而說和合。"❶ "故名所攝四無色蘊，心與心所更互相應，道理成就。"❷於是立自義云：應說離心有別自性。設有難云：既說離心有所，何故說"唯有識""心遠、獨行"，"染淨由心"，"六界"之中唯說"心"，豈不犯聖教相違過耶？故此釋云：以"心"勝故，說"唯識"等。如何勝耶？有四義故：一、能為主，二、能為依，三、行相總，四、恒決定。非如心所等有時不定❸。心所依心勢力生起，故《莊嚴論》說，似貪、似信，皆依彼現。非彼貪、信便即是心。然雖說"唯識""唯心"，亦攝心所，恒相應故。故前所引"唯識"，乃至"及現似彼"等言，皆無過失。此亦依世俗諦中說。若依第一體用顯現諦，即心王為體，心所為用，即體、用不即、不離也。若依勝義，即是因果差別諦，即王、所互為因、果，法爾非離也。若依第三證得勝義諦，即依詮顯者，若依能詮依他起性說，"非即"；若依所詮二無我理說，即王、所"非離"。若第四勝義勝義諦，廢詮談旨，亦不言"即""離"也。即一真法界離言絕相，即王、所道理同歸一真如故。是謂大乘真俗妙理❹。

通上，廣釋中，三、釋相應心所，竟。

作"析"，當作"析"。

❶ 引文見《瑜伽師地論》卷56，《大正藏》第30冊，1579號，頁608下27至頁609上27。

❷ 引文見《瑜伽師地論》卷56，《大正藏》第30冊，1579號，頁609中6至7。

❸ "既說離心有所……有時不定"，改寫自《宗鏡錄》卷59，《大正藏》第48冊，2016號，頁754上23至27。

❹ "若依第一……真俗妙理"，改寫自《宗鏡錄》卷59，《大正藏》第48冊，2016號，頁754上27至中5。

已說六位心所相應，云何應知現起分位？

五、釋現起分位，分三。一、結前標問。

頌曰：

依止根本識，五識隨緣現，

或俱或不俱，如濤波依水。

意識常現起，除生無想天，

及無心二定，睡眠與悶絕。

二、舉頌總答，即天親第十五、十六二頌。此中有三門：第一句，是第七，六識共依門；第二、第三、第四、第五句，是第八，六識俱轉門；六、七、八後三句，是第九，起滅分位門。

論曰："根本識"者，阿陀那識，染、淨諸識生根本故。"依止"者，謂前六轉識，以根本識為共、親依。

三、釋頌意，分三。一、釋"共依"。即頌首句，舉"阿陀那"，通至佛果。"根本識"者，未轉依位、已轉依位染、淨轉識現行起時，皆仗阿陀那為根本故。若"阿賴耶"，位局染故，故此不說。言"依止"者，"依"謂"依托"，"止"謂"止住"。言前六識以根本識為共、親依。但言"六"者，第七識緣恒時具故。第七常緣第八見分，為第六根。又此正明六識義故，言"為共、親依"者，"共依"即是現

行本識，識皆共故；"親依"即是彼種子識，各別種故。❶

　　"五識"者，謂前五轉識，種類相似，故總說之。"隨緣現"言，顯非常起。"緣"謂作意、根、境等緣。謂五識身，內依本識，外隨作意、五根、境等眾緣和合，方得現前。由此，或俱或不俱起。外緣合者，有頓、漸故，如水濤波，隨緣多少。此等法喻，廣說如經。由五轉識行相麁動，所籍眾緣時多不俱，故起時少、不起時多。第六意識，雖亦麁動，而所籍緣無時不具，由違緣故，有時不起。第七、八識，行相微細，所籍眾緣一切時有，故無緣礙令總不行。又五識身，不能思慮，唯外門轉，起籍多緣，故斷時多、現行時少。第六意識，自能思慮，內外門轉，不籍多緣，唯除五位，常能現起，故斷時少、現起時多，由斯，不說此隨緣現。

二、釋俱轉，即頌第二、第三、第四句。"五識"者，謂前五轉識。問：何故七、八分開別說，此獨不爾？答：種類相似，故總說之。言"種類相似"者，有五：一、俱依色根，二、同緣色境，三、俱緣現在，四、俱現量得，五、俱有間斷。種類相似，故總合說❷。"'隨緣現'言，顯非常起"，以五取境有合有離，故所依、

---

❶ "即頌首句……各別種故"，改寫自《大方廣佛華嚴經隨疏演義鈔》卷70，《大正藏》第36冊，1736號，頁560上16至20。

❷ "言'種類相似'者……故總合說"，改寫自《宗鏡錄》卷55，《大

緣有多有少，所以頌云：“眼識九緣生，耳識唯從八，鼻、舌、身三七，乃至四、三等。”❶雖“九”至“四”“三”多少不定，而作意、根、境三緣，識識皆具，故云“‘緣’謂作意、根、境等緣”，即“等”空、明、根本、染淨、分別、種子也。今前五識，內依根本識，外依作意、根、境等眾緣和合，方得生起，由隨緣現，故前五識或時俱起，或時一、二、三、四起，以外緣合，有頓有漸，故所生識或俱、不俱，正如水中波濤隨風鼓動而現多少。外境界風，飄動心海，而起識浪，亦復如是。“此等法喻，廣說如經”者，即《解深密經》云：廣慧，如大瀑流水，若有一浪生緣現前，唯一浪轉，乃至多浪生緣現前，有多浪轉。諸識亦爾，如瀑流水，依阿陀那故，乃至諸識得轉等。❷彼經更有淨明鏡喻，故云“廣說”也。此以五識喻於濤波，本識喻瀑水。第六意識，雖亦麤動，而所藉眾緣無時不具，故一切時常得現起。若遇違緣，有時不起。“違緣”者，如五無心等。若七、八二識，行相微細，不同前六之麤動，所藉眾緣，一切時有，不同前五之順緣不具，又不同第六之違緣不具，此明違、順皆有，故無有緣能作障礙、能令此識一總不行時也。由此相校，第

正藏》第 48 冊，2016 號，頁 735 上 8 至 11；源自《成唯識論述記》卷 7，《大正藏》第 43 冊，1830 號，頁 475 下 19 至 23。

❶“眼識九緣生……乃至四、三等”，本頌常見於明代注疏，現存較早文獻則見於澄觀《大方廣佛華嚴經隨疏演義鈔》卷 17 及義忠《大乘百法明門論疏》，頌文原有六句，版本不同。《大正藏》本《大方廣佛華嚴經隨疏演義鈔》卷 17 作“眼識九緣生，耳識唯從八，鼻、舌、身三七，後三五、三、四，若加等無間，於前各加一”，此處引用將第四句改為“乃至四、三等”，即謂第八識由四緣生、第七識由三緣生。

❷“即《解深密經》云……識得轉等”，改寫自《解深密經》卷 1，《大正藏》第 16 冊，676 號，692 中 28 至下 8。

六之緣比前五為優，比後二為劣。"又五識身不能思慮"者，無計度分別故❶。"唯外門轉"者，不能緣內故。故藉多緣方得生起。第六自能思慮、內外門轉者，任運、計度二皆具故。內隨七識執我，外隨五識同緣，故不藉多緣，亦能現起。由斯不同，故五識說"隨緣現"，而六識不說也。

　　五位者何？生無想等。"無想天"者，謂修彼定厭麁想力，生彼天中，違不恒行心及心所，"想滅"為首，名"無想天"，故六轉識於彼皆斷。有義：彼天常無六識，聖教說彼無轉識故，說彼唯有有色支故，又說彼為無心地故。有義：彼天將命終位，要起轉識，然後命終，彼必起下潤生愛故，《瑜伽論》說"後想生已，是諸有情，從彼沒"故。然說"彼無轉識"等者，依長時說，非謂全無。有義：生時亦有轉識，彼中有必起潤生煩惱故，如餘本有初必有轉識故。《瑜伽論》說"若生於彼，唯入不起。其想若生，從彼沒"故。彼本有初若無轉識，如何名"入"？先有後無乃名"入"故。《決擇分》言"所有生得心、心所滅，名無想"故。此言意顯，彼本有初，有異熟生轉識

---

❶"無計度分別故"，本句是對《成唯識論》"五識身不能思慮"的解釋，將"思慮"解釋為"計度分別"，下文亦將"第六意識自能思慮"解釋為第六識具備"極度分別"，與唐代注疏不同。據唐代注疏，"無思慮"指前五識無尋、伺，而非"無計度分別"。

暫起，宿因緣力，後不復生。由斯，引起異熟無
記分位差別，說名"無想"，如善引生二定名
"善"。不爾，轉識一切不行，如何可言"唯生得
滅"？故彼初位，轉識暫起。彼天唯在第四靜慮，下
想麤動難可斷故，上無無想異熟處故，即能引發
無想定思、能感彼天異熟果故。

三、釋起滅分位，即頌後三句。牒上問。"五位者何"，問也。若
謂"意識於五位不起"者，如何是五位行相，能令意識不起耶？"生
無想等"，即是總答。"'無想天'者"下，皆別釋。"厭麤想力"者，謂
諸外道，以想為生死之因，即偏厭之。唯前六識想，非第七、八，故
名"麤想"，細想在故。滅於六識，七、八微細，彼不能知，故不
滅也❶。以有間斷，故名"不恒"。又能取相、安立名言，故名"麤
想"。所引三義。初意：彼天常無六識，無六識故，名"無心地"；唯
存色身，名"有色支"❷。是但知中間之無，而不知兩頭之有也。次
義：彼天轉識滅時，為正果報，正報將終，轉識現起，必起下地
潤生煩惱，然後命終。是但知彼天命終時定有轉識，而不知初生
彼天時必有轉識也。第三師言：不但滅時有，即生時亦有轉識，謂
修無想定人，欲生彼天時，彼中有身，必起上界潤生煩惱方得生

---

❶ "'厭麤想力'者……故不滅也"，改寫自《宗鏡錄》卷55，《大正藏》
第48冊，2016號，頁736上14至17；源自《成唯識論述記》卷7，《大正
藏》第43冊，1830號，頁477上8至11。

❷ "唯存色身，名'有色支'"，本句是對《成唯識論》"有色支"的解
釋，與唐代注疏不同。據唐代注疏，此處指《瑜伽師地論》卷10分別十二
支因緣的文字，"有色支"不僅限於"色身"。

故。如他人初生本有時，四有中唯中、本二有身能發業，生、死二有不發業故。立量云："正受生時必有轉識"，"以彼中有必起潤生煩惱故"，"如餘本有初"。"《瑜伽》下，引證。《瑜伽論》云："觀想如病、如癰、如箭，入第四靜慮，修背❶作意，於所互起種種想中，厭背而住。唯謂無想寂靜微妙，於無想中持心而住，離諸所緣，心便寂滅。於此生中，亦入亦起。若生於彼，唯入不起。謂生彼天，唯入定後轉識不起，正顯生前半劫未入定時現起也。其想若生，便從彼沒。"正顯將滅半劫出定後時現起也。❷即此"入"之一字，便見生時有轉識已。先有後無，乃名為"入"。彼本有初必有轉識，後時滅此而住無心。從有入無，故謂之"入"。《決擇分》言"所有生得心、心所滅名無想"者，意顯彼天初生本有天報身時，必有異熟所生轉識暫起，由先脩定因緣力故，違礙想心，後不復起，由斯引起異熟無記，依分位別，說"無想"名，如善心所引生二定，故此二定亦名"善定"。故知"生得心、心所滅"者，即是既生之後，而得心、心所滅，是先有後無，非是生來便無也。若"不先有後無，是本有初生時便無轉識"者，如何集論決擇分❸言"唯是生得心、心所滅"，故彼生時定有轉識暫起明矣。彼天唯在色界四禪捨念清淨地。所以不上不下者何故？以下四地想心麁動難斷，不能引發無想定思，故

---

❶ "背"字下，《大正藏》本《瑜伽師地論》卷12有"想"字。

❷ 引文見《瑜伽師地論》卷12，《大正藏》第30冊，1579號，頁340下3至8。

❸ "集論決擇分"，本句是對《成唯識論》"《決擇分》言'所有生得心、心所滅名無想'故"的解釋，本書似將"《決擇分》"解釋為"《集論》與《決擇分》"或"《集論·決擇分》"，然原文並未提到《大乘阿毘達磨集論》，此處引文出自《瑜伽師地論·攝抉擇分》卷53。

不居下界；無色四地，又無色支，不能感無想異熟之果，故不居上界。唯是捨念清淨地，既無龐動，即能引發無想定思，又有色支，故能感彼異熟之果，故無想天位列四禪也。

"及無心二定"者，謂無想、滅盡定。俱無六識，故名"無心"。"無想定"者，謂有異生伏遍淨貪，未伏上染，由出離想作意為先，令不恒行心、心所滅，"想滅"為首，立"無想"名，令身安和，故亦名"定"。修習此定，品別有三。下品修者，現法必退，不能速疾還引現前，後生彼天，不甚光淨，形色廣大，定當中夭；中品修者，現不必退，設退速疾，還引現前，後生彼天，雖甚光淨，形色廣大，而不最極，雖有中夭而不決定；上品修者，現必不退，後生彼天，最極光淨，形色廣大，必無中夭，窮滿壽量，後方殞沒。此定唯屬第四靜慮。又唯是善，彼所引故。下、上地無，由前說故。四業通三，除順現受。有義：此定唯欲界起，由諸外道說力起故，人中慧解極猛利故。有義：欲界先修習已，後生色界，能引現前，除無想天，至究竟故。此由厭想欣彼果入，故唯有漏，非聖所起。"滅盡定"者，謂有無學或有學聖，已伏或離無所有貪，上貪不定，由止息想作意為先，令不恒行、恒行染污心、心所滅，立"滅盡"名，令身安和，故亦名"定"。由偏厭受、想，亦名滅彼定。修習此定，品別有三。下品修者，現法必退，不能速疾還引現前；中品修者，現不必退，設退速疾還引現前；上品修者，畢竟不退。此定初修，必依有頂遊觀無漏為加行入，次第定中最居後故。雖屬有頂，而無漏攝。若修此定已得自在，餘地心後，亦得現前。雖屬道諦，而是非學非無學攝，似涅槃故。此定初起，唯在人中，佛及弟子說力起故，人中慧解極猛利故。後上二界亦得現前，《鄔陀夷經》是此誠證，無色亦名"意成天"故。於藏識教未信受者，若生無色，不起此定，恐無色、心成斷滅故；已信，生彼，亦得現前，知有藏識不斷滅故。要斷三界見所斷惑方起此定，異生不能伏滅有頂心、心所故。此定微妙，要證二空，隨應後得所引發故。有義：下八地修所斷惑中，要全斷欲，餘伏惑❶斷，然後方能初起此定。欲界惑種，二性繁雜，障定強故。唯說不還、三乘無學及諸菩薩，得此定故，彼隨所應，生上八地，皆得後起。有義：要斷下之四地修所斷惑，餘伏惑❷

---

❶"惑"，底本、校本皆作惑，本書將本句解為"其餘七地惑皆伏不起"，即據"惑"字解釋。然據唐代注疏，應作"或"。

❷"惑"，底本、校本皆作惑，本書將本句解為"餘地伏除"，即據"惑"字解釋。然據唐代注疏，應作"或"。

斷，然後方能初起此定，變異受俱煩惱種子障定強故。彼隨所應生上五地皆得後起。若伏下惑能起此定，後不斷退，生上地者，豈生上已却斷下惑？斷亦無失，如生上者斷下末那得生惑故。然不還者，對治力強，正潤生位不起煩惱，但由惑種潤上地生，雖所伏惑有退、不退，而無"伏下生上地"義，故無"生上却斷下"失。若諸菩薩先二乘位已得滅定後迴心者，一切位中能起此定。若不爾者，或有乃至七地滿心，方能永伏一切煩惱。雖未永斷欲界修惑，而如已斷，能起此定，《論》說已入遠地菩薩方能現起滅盡定故。有從初地即能永伏一切煩惱，如阿羅漢，彼十地中皆起此定，《經》說菩薩前六地中亦能現起滅盡定故。

次、無心二定。先、總標。"無想""滅盡"，即是二定。皆無轉識，故名"無心"。次、別釋。問：滅盡定與無想定，俱稱無心，二定何別？答：有四義故。一、約得人異，滅盡定，是聖人得；無想，是凡夫得。二、祈願異，入滅盡定者，作止息想求功德入；無想定，作解脫入。三、感果、不感果異，無想定是有漏，能感無想天別報果；滅定是無漏，不感三界果。四、滅識多少異，滅盡定滅識多，兼滅第七染分末那；無想定滅識少，空滅前六識。❶ "伏徧淨貪"者，謂

---

❶ "問：滅盡定與無想定……滅前六識"，改寫自《宗鏡錄》卷55，《大正藏》第48冊，2016號，頁736中3至10。

第三禪無，第四禪已上貪猶未伏，顯離欲也。"出離想"者，顯想即作涅槃想也。"不恒行等滅"者，顯所滅識多少也❶。言"無想定"者，謂有異生已伏三禪徧淨天貪，由出離想作意為先，令六轉識及心所滅，雖間心與心所俱滅，而以觀想如病等故，"想滅"為首，從此立名，令身安住，調暢柔和，故亦名"定"。《瑜伽論》云："無想定差別，署有三種。若下品修者，於現法退，不能速疾還引現前，若生無想有情天中，所得依身，不甚清淨，威光赫奕，形色廣大，如餘天眾，定當中夭；若中品修者，雖現法退，然能速疾還引現前，若生無想有情天中，所感依身，雖甚清淨，光明赫奕，形色廣大，然不究竟最極清淨，雖有中夭而不決定；若上品修者，必無有退，若生無想有情天中，所感依身，甚為清淨，威光赫奕，形色廣大，必到究竟最極清淨，必無中夭，窮滿壽量後方隕沒。"❷《集論》云："若於諸定入、住、出相未能了達，是下品修；雖已了達，未善串習，名中品修；既了達已，復善串習，是上品修。下品修者，現法必退，以未了達故；中品修者，現不必退，雖已了達，未善串習故；上品修者，現必不退，既了達已，復善串故。"❸"此定唯屬第四靜慮"等，意如前釋。"四業"者，流

---

❶ "'伏徧淨貪'者……識多少也"，改寫自《宗鏡錄》卷55，《大正藏》第48冊，2016號，頁736上17至20；源自《成唯識論述記》卷7，《大正藏》第43冊，1830號，頁478下24至27。

❷ 引文改寫自《瑜伽師地論》卷53，《大正藏》第30冊，1579號，頁592下16至27。

❸ 引文改寫自《大乘阿毘達磨雜集論》卷5，《大正藏》第31冊，1606號，頁714中3至9。此處原文是討論使得心生的十力中的"串習力"的三品，並非無想定。

轉門中有三業，謂不善業、惡業、無記業；還滅門中有一業，謂無漏業。初業，能感不可愛果惡趣異熟；第二業，一句能感可愛樂果色、無色界異熟；第三業，能感愛、非愛果欲界天、人異熟；第四業，能斷前三業，無想非無漏故，只通前三業。"除順現受"者，謂業果有二❶：一、順現受，謂上上品善、不善業極殊勝故，現身便受，"名順現受"；中庸之業稍降下者，次生便受，名"順生受"；又稍劣者，二生已後方得受故，名"順後受"；其下品者，由微劣故，如人負債急者先償，名"順不定受"。此無想定以四業論，通前三業；非無漏故，不通第四。以四受論，通後三受，不通第一，以今生修無想定，當來得無想果故❷。一師言：此定初起，唯在欲界，不屬四禪。所以者何？此定亦由無想外道講說，藉其講說外緣之力而得引起故。此定起不離人中，以人中慧解極猛利故。一師言：此定兼通二界，以欲界先脩習已，後生色界，由欲界宿習定力，復能引起現前。爾時，若不證無想天果，便能超入色究竟天，如阿那含證無漏果。然此不能如不還超無想而入究竟者，由宿生厭患

---

❶ "二"，下文討論了四種"受"，疑應作"四"。

❷ "'四業'者……無想果故"，本段是對《成唯識論》"四業通三，除順現受"的解釋，將"四業"解釋為"不善業、惡業、無記業、無漏業"，相關論述源自《瑜伽師地論》卷14（《大正藏》第30冊，1579號，頁351中22至27），並將"四業通三"與"除順現受"分別解釋，誤。"四業通三，除順現受"，意謂在"順現受業、順次生受業、順後生受業、不定業"四種業中，無想定通於"順現受業"之外的其他三種業，因為此生修無想定不能即此生得無想異熟。本書關於"四受"的說法，改寫自《唯識開蒙問答》卷下（《新纂卍續藏》第55冊，888號，頁374下10至16），《唯識開蒙問答》亦謂"《瑜伽論》說有二種業，謂順定受、順不定受。《唯識論》說有其四種，謂順現、生、後、不定受"，明確說"順現受"等即"四業"。

想心，欣彼無想，決欲入而不止也[1]。故彼所修唯是有漏凡夫定，非如無漏聖定故。《瑜伽》云：「此無想定，非學所入，亦非無學。何以故？此中無有慧現行故，此上有勝寂靜住及生故。又復此定不能證得所未證得諸勝善法，由是稽留誑幻慮故。」[2]

「滅盡定」者，謂無學及有學聖者，《瑜伽論》云：「有學聖者，能入此定，謂不還身證；無學聖者，亦復能入，謂俱分解脫。」[3]已離無所有處欲，由欲超過有頂，作止息想作意為先，令第六不恒行、第七恒行二種染污心、心所滅，假立「滅盡定」名。「無學者」，四果阿羅漢也。「有學者」，即第三果阿那含也。「無所有」者，即無色界第三天也。「貪」即思惑，謂第八地思惑，無學已離，有學已伏[4]。「上貪不定」者，「上貪」者，謂非非想天思惑也，「不定」者，謂有

---

[1] 「爾時，若不證……而不止也」，本段是對《成唯識論》「除無想天，至究竟故。此由厭想欣彼果入，故唯有漏，非聖所起」的解釋，本書將「除無想天，至究竟故」解釋為「如果在色界中因之前欲界修習而現起無想定時，能不主動受無想異熟，就能超過無想天」，將「究竟」理解為「色究竟天」，並將此句與後文同解，不恰。《成唯識論》「有義：欲界先修習已，後生色界，能引現前，除無想天，至究竟故」一段是第二師的解釋，意謂之前在欲界先修習無想定，後來生於色界時可以引無想定現前，但是「生於色界」的範圍不包括色界中的「無想天」（除無想天），因為對於無想定來說，生無想天即是其究竟之果（至究竟故），亦即「至究竟故」是「除無想天」的原因。

[2] 引文改寫自《瑜伽師地論》卷53，《大正藏》第30冊，1579號，頁593上10至14。

[3] 引文見《瑜伽師地論》卷53，《大正藏》第30冊，1579號，頁593上9至10。

[4] 「'貪'即思惑……有學已伏」，本句是對《成唯識論》「已伏或離無所有貪」的解釋，與唐代注疏有異。據唐代注疏，「離」是指初修二乘者，「伏」是指菩薩。

學聖人,入定則無,出定還起也。"不恒行、恒行等滅"者,顯不滅識多也。由無想定,以出離為先,如"夾冰魚",如"壓石草",名曰"無想",而非實無想;此滅定,以止息為先,如"無根木",如"焦種芽",名曰"滅盡",而實滅盡也。一凡一聖,於此分途。問:既名"滅盡",何故又名"滅受想"?答:由彼偏厭受、想,故亦名"滅受想定"也。此定三品,不言生果差別者,《顯揚論》云:"從第四靜慮已上,離色貪故,無方處差別,雖有修習下、中、上因,然不建立生果差別。"❶此定初修,必依有頂,非非想天。遊覽觀照真無漏理而為加行,方得趣入。所以者何?九次第定此最後故。謂從初禪乃至有頂隣接而入,次第不亂。此定既在有頂地後,故依有頂為加行入。有頂之上無別有地,是故此定亦屬有頂。雖屬有頂加行而入,非是有漏,是無漏攝。若修此定,功行純熟,得自在者,餘七地中亦得現起,又不止有頂一地也。戒、定、慧學皆屬道諦,是故滅盡亦屬於彼。雖屬道諦,而是非學非無學攝。所以者何?以入此定,便超學位,故非學攝;以未證真涅槃,以得似涅槃,故非無學位攝。"此定"下,次、修處。此定初起,唯在欲界人道中者,佛及弟子說力起故,人中慧解極猛利故。色、無色界亦得現前。何以知之?以《鄔陀夷經》知之也。"無色亦名'意成天'故",意顯彼天無業果色,但有"名"攝四取蘊故❷。生此

---

❶ 引文見改寫自《顯揚聖教論》卷2,《大正藏》第31冊,1602號,頁488上9至11。

❷ "色、無色界亦得現前……四取蘊故",本段是對《成唯識論》"後上二界亦得現前,《鄔陀夷經》是此誠證,無色亦名'意成天'故"的解釋,與唐代注疏有異。據唐代注疏,此處參見《俱舍論》卷5的相關文字,"意成天"有兩種情況,舍利子所說的得滅盡定而退之意成天是色界,鄔陀夷所說

天者，有二種別。不信大乘唯識教者，雖生無色，不起無色定，恐無色、心成斷滅故；若信大乘唯識教者，雖生無色亦起此定，知有藏識不斷滅故。下言生定之因。此定要斷三界見所斷惑，要證分別我、法二空，要後得智引發，方能現起。見所斷惑，即八十八使也。頌云：“若下具一切，集滅各除三，道除於二見，上界不行瞋。”❶先根本智證二空已，後得智中修加行入，於人、法空或單或複，而不決定，故曰“隨應”。異生不能伏滅三界見惑，未曾證分別我、法二空，無後得引發，故無此定。一師言：此定不特斷見惑，修所斷惑中，唯除有頂，要全斷欲界九品煩惱種子，其餘七地惑皆伏不起❷，然後此定方起，以欲界俱生煩惱種子具不善性及有覆無記，以此二性繁擾雜亂、能障此定最有力故，應須獨二共二，獨一共一，獨半共半，七生七返，然後斷盡，方起此定，聖教唯說

的不退者是無色界，色界意成天則亦應有色蘊，《成唯識論》“亦名”即指不僅色界有意成天，無色界亦有。

❶ “見所斷惑，即八十八……上界不行瞋”，本段或改寫自《唯識開蒙問答》卷上，《新纂卍續藏》第 55 冊，888 號，頁 345 上 7 至 11。然此處所引頌文，《唯識開蒙問答》謂出自《俱舍論》，然玄奘譯《俱舍論》相關頌文作“六，行、部、界異，故成九十八。欲，見苦等斷，十、七、七、八、四，謂如次具離，三、二見、見、疑。色、無色，除瞋，餘等如欲說”（《大正藏》第 29 冊，1558 號，頁 99 中 8 至 11），先列九十八隨眠，後謂八十八為見所斷。引文更接近法救造、僧伽跋摩譯《雜阿毘曇心論》卷 4 “下苦說一切，二行離三見，道除於二見，上界不行恚”（《大正藏》第 28 冊，1552 號，頁 900 中 29 至下 1）。有諸多文獻引此頌，然或有改寫，亦有謂此頌實出於《雜心論》者。

❷ “其餘七地惑皆伏不起”，本句是對《成唯識論》“餘伏惑斷”的解釋，與唐代注釋大異。唐代注疏據“餘伏或斷”解釋，即下八地中除欲界之外的修所斷惑，或伏或斷。

五不還天第三果人、三乘無學及諸菩薩方得此定故。但斷盡欲界九品思惑，隨其所應，生上八地，此定皆得現起。一師言：不但斷欲界一地九品俱生方起此定，且要斷盡色界下三地思惑，餘地伏除❶，然後此定方得現起。以此四地變異受中俱生煩惱種子障礙此定最有力故，故須斷下四地思惑，生上五地，皆得為後引起此定。何以故？六欲之欲、初禪、二禪之喜、三禪之樂障定最強故❷。問：若斷下界三禪思惑、伏除餘地思惑方起此定，定後又不斷退伏惑，即生上地者，豈不還天生上地已，然後却斷下地惑耶？必是斷盡下惑方生上地故。答：若生上地方斷下惑，亦無過失，即如未得無學者，生上地已，方斷下地末那俱生惑故。難云：若伏餘惑能起此定，後伏不退生餘地者，豈生彼者無潤生惑？答云：然不還天雖斷下界欲惑，未斷上貪，猶彼對治力強，雖在潤生位中，不起潤生俱生煩惱，但由惑種助業為上地潤生，雖伏餘地諸惑有斷、不斷，而欲界俱生貪惑決不現起，必斷盡欲界惑而生色界，斷盡色界惑而生無色。前云"八地""五地"語寬，須此通釋，令無疑濫。然"七識俱煩惱障種，三乘將得無學果時，一刹那中三界頓斷故"❸，生上地得無學者，有斷下地俱生惑義。與"六識俱修所斷種"，"三界九地一一漸次九品別斷"，或"為一聚

---

❶ "餘地伏除"，本句是對《成唯識論》"餘伏或斷"的解釋，與唐代注釋大異。唐代注疏據"餘伏或斷"解釋，即下四諦的修所斷惑，或伏或斷。

❷ "六欲之欲……定最強故"，本句是對《成唯識論》"變異受俱煩惱種子障定強故"的解釋，與唐代注疏有異。據唐代注疏，"變異受"即指欲界的憂受、苦受、色界前三地的苦受、樂受等。

❸ 引文見《成唯識論》卷10。

九品別斷"❶，故無"伏下生上地"義，亦無"生上却斷下"失。雖然，此是對小乘修次第定者說。若是菩薩根器能超入者，則不然。即在二乘位中，色究竟天，斷三界俱生我執、得滅定已，即於捨心發明智慧，慧光圓通，便出塵界，成阿羅漢，入菩薩乘，名為"回心大阿羅漢❷"，則此定在處可起，不必有頂。若非先在二乘位中已得滅定後回心者，必須斷三界見所斷惑，始登初地，乃至七地滿心，方能永伏一切俱生煩惱❸，念念常得入滅正受，此菩薩雖未永斷欲界修惑，以定力故，如已斷者，是故亦能起此定也。"《論》說"下，引證。復有一等頓根菩薩，如初發心時，便成正覺者，始從初地即能永伏一切煩惱永不現行，如阿羅漢，此菩薩地地亦能起此定。"《經》說"下，引證。

"無心睡眠與悶絕"者，謂有極重睡眠、悶絕，令前六識皆不現行。疲極等緣所引身位，違前六識，故名"極重睡眠"。此睡眠時，雖無彼體，而由彼、似彼，故假說彼名。風、熱等緣所引身位，亦

---

❶ 引文見《成唯識論》卷10。

❷ "即在二乘位中……回心大阿羅漢"，本段是對《成唯識論》"若諸菩薩先二乘位已得滅定後迴心者，一切位中能起此定"的解釋，改寫自《大佛頂如來密因修證了義諸菩薩萬行首楞嚴經》卷9"從是有頂色邊際中，其間復有二種岐路。若於捨心發明智慧，慧光圓通，便出塵界，成阿羅漢，入菩薩乘，如是一類名為'迴心大阿羅漢'"(《大正藏》第19冊，945號，頁146下6至9)，與唐代注疏有異。據唐代注疏，此處主要強調此類回心者"身證不還及俱解脫"。

❸ "方能永伏一切俱生煩惱"，本句是對《成唯識論》"永伏一切煩惱"的解釋，不恰。據唐代注疏，此處指"伏一切三界六識中煩惱"。

達六識，故名"極重悶絕"，或此俱是觸處少分。除
斯五位，意識恒起。正死生時亦無意識，何故但
說五位不行？有義：死生，"及""與"言顯。彼
說非理。所以者何？但說六時名無心故，謂前五
位及無餘依。應說死生即"悶絕"攝，彼是最極
悶絕位故。說"及"與"言"，顯五無雜。此顯六
識斷已，後時依本識中自種還起，由此不說入無
餘依。

次、釋"睡眠""悶絕"二無心位。先、總標。謂此以睡眠、悶
絕二種極重位中，前六種識俱永不行，故名"無心"。"疲極"下，次、
別釋。"疲極等緣"者，睡眠一位，或是勤勞太過，或是精進不迫，或
由食所沉重，或由休意一切事業，或由串習睡眠，違前六識。問：眠
是心所，與心相應，此既無心，何有心所？答：疲極等緣所引睡
眠，無夢無知，差如小死。彼其時雖無"睡眠"之體，而由彼引，與
彼相似，是故依彼假說睡眠。何謂"無'睡眠'體"？曰：無心
睡眠，意識不行，而"睡眠"乃是意識心所，故無心位之"睡眠"無
"睡眠"體。若有"睡眠"體，即不定心所也。風緣所引悶絕，如
中風昏不知人之症。熱緣所引悶絕，如中暑熱病昏不知人之
症。"等"者，等他緣及純苦處等❶。此風、熱等，俱是觸處少分

---

❶ "風緣所引……純苦處等"，本段是對"風、熱等緣"的解釋，與唐代
注疏不同。據唐代注疏，此即指《瑜伽師地論》卷 1 提到的諸因緣："云何
悶？謂由風熱亂故，或由捶打故，或由瀉故，如過量轉痢及出血，或由極勤
勞，而致悶絕。"（《大正藏》第 30 冊，1579 號，頁 281 上 9 至 11）

所攝。言"少分"者，觸有二十六種，地、水、火、風四種是實，其餘冷、暖、澀、滑、飢、渴、飽、悶等，皆依四大差別假立。今此二位，俱借身根為緣引起，一分是身根攝，故曰"少分"。故說意識不起，除此五位，五位之外，意識恒常現起矣。問云：正生死時亦無意識，何故但說五位不行，不言生死位耶？答云：正生死時即悶絕位也。《瑜伽論釋》云："若就分位建立門，則除六位，名有心地。若無心睡眠位、無心悶絕位、無想定位、無想生位、滅盡定位，及無餘依涅槃界位，名無心地。若就真實義門，唯無餘依涅槃界中，諸心皆滅，名無心地。餘位由無諸轉識故，假名無心，由第八識未滅盡故，名有心地。"❶此中說"及""與"言，是顯五位不相雜亂，而或以為"顯生死時"者，謬矣。問：何故止顯五位，不及無餘依耶？答：以此中是顯六識斷已，後時從自種還復生起故。若無餘依者，永不復生，故此不說。

此五位中，異生有四，除在滅定，聖唯後三，於中如來、自在菩薩唯得存一，無睡、悶故。是故八識，一切有情心與末那，二恒俱轉；若起第六，則三俱轉；餘隨緣合，起一至五，則四俱轉，乃至八俱。是謂畧說識俱轉義。

後、總結，此五位中，異生有四，除滅盡定。聖唯後三，除無想定及無想報。佛及八地已去菩薩，唯得有一滅定，無睡、眠悶絕

---

❶ 因文改寫自最勝子等造、玄奘譯《瑜伽師地論釋》卷，《大正藏》第30冊，1580號，頁887中1至7。

二，以惡法故，現似有睡實無有故，即二乘無學亦有悶絕也[1]。

“是故”下，總結上文“俱”“不俱”義。由前云“前五轉識，眾緣不具，故起時少、不起時多；第六意識，由違緣故，有時不起；第七、八識，一切俱有”，則知八識，一切有情，心與末那，二無間斷，故恒俱轉；若遇緣而第六起，則三俱轉；若五識起一，則四俱轉，乃至若五識俱起，則八識俱轉。是謂畧說八識“或俱、不俱”義也。

若一有情多識俱轉，如何說彼是“一有情”？若“立有情依識多少”，汝無心位應非有情。又他分心現在前位，如何可說自分有情？然立有情，依命根數，或異熟識，俱不違理。彼俱恒時唯有一故。一身唯一等無間緣，如何俱時有多識轉？既許此一引多心所，寧不許此能引多心？又誰定言此緣唯一？說多識俱者許此緣多故。又欲一時取多境者，多境現前，寧不頓取？“諸根、境等和合力齊，識前後生”不應理故。又心所性雖無差別，而類別者，許多俱生，寧不許心異類俱起？又如浪、像依一起多，故依一心多識俱轉。又若不許意與五俱，取彼所緣應不明了，如散意識，緣久滅故。如何五俱唯一意識，於色等

---

❶“佛及八地……有悶絕也”，引自《宗鏡錄》卷55，《大正藏》第48冊，2016號，頁736上29至中2。

境取一或多？如眼等識，各於自境取一或多，此亦何失？相、見俱有種種相故。何故諸識同類不俱？於自所緣，若可了者，一已能了，餘無用故。若爾，五識已了自境，何用俱起意識了為？五俱意識，助五令起，非專為了五識所緣。又於彼所緣能明了取，異於眼等識，故非無用。由此，聖教說彼意識名"有分別"，五識不爾。多識俱轉，何不相應？非同境故。設同境者，彼此所依、體、數❶異故，如五根、識互不相應。

次、料簡。

初問：一有情身唯應一識，如何多識俱轉，而說是"一有情"？答云：立一有情豈依識之多少？若"識多故有情多"者，汝起一識名一有情，至無心位一識不生，爾乃應當非有情數？又若依識立有情者，識與戒、善相應起位，爾時可說人趣有情，此猶"自分"；四禪八定相應起位，爾時可說天趣有情，即非自分，應不可說人趣有情。何以故？有情依識立，不依自、他立故。然則有情依何立耶？曰：或依命根，即第八識之種子也；或異熟識，即第八識之現行也。以彼恒時唯有一故。不見人有二命根者，亦不見有二果報識。"一身"下，問：諸心、心所依四緣生，餘三種緣咸可容多；等無間緣一身唯一，如何俱時有多識轉？答中先縱云：即如意識等無間緣，引生後念起善心時，相應善等心所齊起，既許

---

❶ "所依、體、數"，此處標點據本書的解釋。若據唐代注疏，當作"所依體、數"

此一引多心所，寧不許此能引多心？後奪云：又誰定言"一身唯一等無間緣"？夫言"等無間"者，是依自類識說，故一識止一等無間緣，非謂多識一無間緣也。如眼識則有眼識等無間緣，乃至藏識則有藏識等無間緣。然則識多緣亦多，豈謂多識一緣哉？問：一身八識既各不同，如何八等無間，一時能令齊起？答：又若一人作意欲取多境時，諸根不壞，多境現前，作意正生而欲多取，寧不一時諸識俱轉？若謂"根、境雖齊，識不俱轉，必前後生"者，根、境、識三和合力齊，豈有"根、境齊現而識有前後生"者耶？下、以心所例明。云：即如心所，性雖無別而類各異，然許身中一時俱轉，何獨不許藏識與諸轉識一時俱轉？又以喻明云：又如暴流有多波浪一時現起，又如一鏡有多影像一時現起。立量云："藏識一心多識俱轉"，"諸根、境等和合力齊故"，喻"如浪、像"。❶故依一藏識一時俱轉，其理極成。《瑜伽論》云："如諸心法，雖心法性無有差別，然相異故，於一身中一時俱轉，如是阿賴耶識與諸轉識，於一身中一時俱轉，當知更互亦不相違。如一瀑流有多波浪，又如於一清淨鏡面，有多影像一時而轉，互不相違。如是於一阿賴耶識有多轉識一時俱轉，當知更互亦不相違。"❷

---

❶ "立量云……喻'如浪、像'"，唐代注疏並未將此長短視為比量，窺基《成唯識論述記》卷7僅記錄了如下比量："'諸緣具眼識起時，餘諸緣具耳等識亦應現起'，'諸緣具故'，'如現起眼識'。"（《大正藏》第43冊，1830號，頁485上14至16）"浪""像"的生起不由因中的"根、境"等緣，故不能作為此比量中的同喻。

❷ 引文見《瑜伽師地論》卷51，《大正藏》第30冊，1579號，頁581上2至9；或直接引自《宗鏡錄》卷50，《大正藏》第48冊，2016號，頁710中17至24。

即此章之義疏也。

次、約意識與五識俱轉。若一身中唯一識轉，即是不許六與五俱。若眼等識先緣境已，爾後方有第六識生，則取境時應不明了，以無明了意識俱故，則與散意識何異？以明了唯緣現在，散意唯緣過去。故立量云："五識取境應不明了"，"緣久滅故"，"如散意識"❶。問：五識取境各各差別，何一明了識能隨五種識於色等境取一取多？答：意如《瑜伽論》云："如一眼識，於一時間於一事境唯取一類無異色相，或於一時頓取非一種種色相。如眼識於眾色，如是耳識於眾聲、鼻識於眾香、舌識於眾味亦爾。又如身識，或於一時於一事境唯取一類無異觸相，或於一時頓取非一種種觸相。如是分別意識，於一時間，或取一境相，或取非一種種境相。當知道理，亦不相違。"❷立量云："五俱意識於色等境取一取多"，"相、見俱有種種相故"，喻"如眼等識"。難云：相有種種，一識能取；見有種種，何不同來共取一境？答云：見雖種種各有所緣，若可了者，一已能了，餘識雖多，何所用之？難云：若如所言，五識已能了自境故，何用俱起意識了為？答云：五俱意識為彼五識分別依故，意識助令生起，非專為了五識之境也。又彼五識所緣之境，唯意識有計度分別，能明了取❸，異於眼等五

---

❶ "立量云……如散意識"，此處的比量存在問題，論敵的觀點與論主的破斥終都不承許"五識緣久滅"，而是破斥"五識之後才有意識，意識緣過去的五識"的觀點。唐代注疏中的比量為：（宗）第六意識，取彼五識所緣之境應不明了，（因）不許意與五識俱故，（喻）如散意識緣過去久滅事故。

❷ 引文見《瑜伽師地論》卷51，《大正藏》第30冊，1579號，頁581上9至17。

❸ "唯意識有計度分別，能明了取"，本句是對五俱意識"明了取"作用

識。以彼五識但有隨念分別而無計度，不能深取，故俱意識非為無用。由此，聖教說彼意識名"有分別"，說前五識名"無分別"。問：心所俱轉有相應義，既多識俱轉，亦如王、所有相應義，彼既如此，此何不然？答云：不同境故。設同境者，彼此所依體、數異故。謂相應者，必得同時、同境、同根、同體，具此四義，方為相應；今諸識雖同時起，而不同境，又不同根，"所依"即根，"體"即體事，"數"即心所❶，俱不同故。如眼等識，雖與眼根俱轉，無相應義。立量云："多識俱轉互不相應"，"非同境故""彼此所依、體、數異故"，"如五根、識"。❷

八識自性，不可言定一，行相、所依、緣、相應異故，又一滅時餘不滅故，能、所熏等相各異故。亦非定異，《經》說"八識如水波等無差別"故，定異應非因果性故，如幻事等無定性故。如前所說

的解釋，本書將其解釋為意識的"計度分別"，與唐代注疏大異。唐代注疏強調五俱意識即意現量，"現量"即"無分別"，是"約意識任運緣境，定與五俱"來說，並不將五俱意識解釋為"計度分別"，但唐代注釋亦並未明確解釋下文所引"意識名有分別"的教證。

❶"'所依'即根，'體'即體事，'數'即心所"，本段是對《成唯識論》"所依體事"的解釋，將"數"解為"心所"，誤。據唐代注疏，此句謂八識各自的"所依體"不同，即八識的俱有依等不同；以及八識各自的"所依數"不同，即意識所依的數量是二（第七識、第八識），五識所依的數量是四（無色根、第六識、第七識、第八識）。

❷"立量云……如五根、識"，此處比量有誤，"如五根、識"不能作為"非同境故"之因的同喻，因為五根與五識正是"同境"，《成唯識論》此句前提是"設同境者"。

識差別相，依理世俗，非真勝義。真勝義中，心
言絕故。如伽他說：“心意識八種，俗故相有別，真
故相無別，相、所相無故。”

此明八識非一非異，作三能變之結文。問：若八識既能俱轉，又
不相應，若能俱轉則似定一，若不相應又似定異，然則是定一耶，是
定異耶？答：八識自性，不可言定一，亦不可言定異。何以故？有
三義故：一、“行相”，謂見分；二、“所依”，謂根；三、“緣”，謂
所緣。以此三義相應異故，如眼識見色為行相，乃至第八變色等
為行相等，故不定一。又一識滅餘七等不必滅，故不定一。又七
是能熏、八是所熏，七是因、八是果，相各異故，不可言定一也。若
定異者，則《楞伽經》說識云❶“如大海水波，無有差別相”。又
若定異，應非因、果，更互為因、果故。法爾因果非定異，如麥不
生豆等芽故。又一切法如幻事等，故知無定異性也。❷立量云：“八
識自性”是有法，“非定異”宗，因云“無定性故”，喻“如幻事”。問：若
爾，前來所說三能變相何為哉？答云：此依四俗諦中第二道理世
俗，說有八等隨事差別，非四重真諦中第四真勝義諦。勝義諦中，若
八識理、分別心與言皆絕，故非一非異❸。

---

❶ “識云”，底本、校本皆如此，本段引自《宗鏡錄》卷62，《大正藏》
本《大正藏》作“云識”。

❷ “有三義故……定無異性也”，改寫自《宗鏡錄》卷62，《大正藏》
第48冊，2016號，頁767下24至頁768上3；源自《成唯識論述記》卷7，《大
正藏》第43冊，1830號，頁486上3至22。

❸ “問：若爾……非一非異”，改寫自《宗鏡錄》卷62，《大正藏》第
48冊，2016號，頁768上3至7；源自《成唯識論述記》卷7，《大正藏》
第43冊，1830號，頁486上23至中7。

"如伽陀^❶"下，引證。"相、所相無故"者，"相"即是能，"所相"是所。識上何者為能相、所相？謂用為能相，體為所相。或以見分為能相，相分為所相。又以七識為能相第八為所相。所相既無，能相非有。若入真門，理皆無別真門。但是遮"別"言"無別"，"無別"亦"無別""無不別"^❷。

通上，一、釋三能變，竟。

　　已廣分別三能變相為自所變二分所依。云何應知"依識所變假說我、法，非別實有，由斯一切，唯有識耶"？

三、釋外難，廣明唯識。凡有五頌。此第一頌，釋"心外有法"難，分四。一、結前標問。

"三能變"是能變自體，"所變"者即見、相二分，是自體分之所變故，是自體分之用故，說自體是"二分所依"。"云何"下，問詞。

　　頌曰：
　　是諸識轉變，分別所分別。
　　由此彼皆無，故一切唯識。

二、舉頌總答。即<u>天親</u>第十七頌。前二句明能、所變相，成能、

---

　　❶ "陀"，本句是標引《成唯識論》"如伽他"，當作"他"，應是"他"與"陁（陀）"形近而誤。
　　❷ "'相所相無故'者……別無不別"，引自《宗鏡錄》卷62，《大正藏》第48冊，2016號，頁768上7至12；源自《成唯識論述記》卷7，《大正藏》第43冊，1830號，頁486中8至下4。

所取。後二句，"此"即相、見二分，是如幻有；"彼"即妄所執實我、實法，決定非有，故曰"皆無"。以"皆無"故，"唯識"義成。

　　論曰："是諸識"者，謂前所說三能變識及彼心所。皆能變似見、相二分，立"轉變"名。所變見分，說名"分別"，能取相故；所變"相分"，名"所分別"，見所取故。由此正理，彼實我、法，離識所變，皆定非有，離能、所取無別物故，非有實物離二相故。是故一切有為、無為，若實若假，皆不離識。"唯"言為遮"離識實物"，非"不離識心所法等"。或"轉變"者，謂諸內識轉似我、法外境相現，此能轉變即名"分別"，虛妄分別為自性故，謂即三界心及心所；此所執境名"所分別"，即所妄執實我、法性。由此分別變似外境假我法、相，彼所分別實我、法性決定皆無，前引教理已廣破故。是故"一切皆唯有識"，"虛妄分別有"極成故。唯既不遮不離識法，故"真空"等亦是有性。由斯，遠離增、減二邊，"唯識"義成，契會中道。

　　三、正釋頌意。此中釋意，先、約見相釋。"是諸識"言，亦攝"心所"，皆能變似見、相二分，是故依之立"轉變"名。謂八識心王、五十一心所，皆名"能變"；見、相二分，名為"所變"。即八種識從自證分轉變似二分現，即所變見分有能取之用，說名為

"見";所變相分有質礙之用,說名為"相"。由識自體轉起"能取"及"有礙"故,立"轉變"名。"轉變"是"改轉"義,謂一識體改轉為二相起,異於自體也。前所變中,以所變見分,名為"分別",是依他性,能取於所變依他相分故。起種種偏計所執分別,是此識體,所變用能分別,故名"分別"。其識體所變依他性相分,似所執相分者,名"所分別",是前能分別見分之所取相故。非謂"識自體能緣名為'分別'",起分別見者識之用也,相、見俱依自證起故❶。由此"識變似見相"理,彼所妄執實我、法性,離"似所變"決定非有。離此無物,物非離此,非"離所依有能依"故。是故一切色、心、心所及不相應有為法,乃至六種無為法,現在有實作用法,及過去、未來無實作用法,皆不離識。然言"唯"者,為遮"心外實境"是無,非遮"不離識之相分"及"心所"等法也。

　　次、約我法釋。言"轉變"者,謂諸內識及彼心所,我、法分別熏習力故,生起之時,變似我、法外境相現,立"轉變"名。即此心、心所法能轉變外境似我似法者,名為"分別";即此所執外境似我、似法以為實我、實法者,名"所分別"。由"此能分別變似外境假我、法相"及"彼所分別實我實法"決定皆無,故《宗鏡》云:"且如自證分變起相、見二分,正如結巾成兔。手巾是有,喻自證分。結手巾為兔頭,手巾上本無兔頭,由結而起,是故名假。如自證分本無相、見二分,由不證實,故有似二分起,是故名假。更

---

❶ "所變見分有能取之用……自證起故",改寫自《宗鏡錄》卷60,《大正藏》第48冊,2016號,頁759上26至中7;源自窺基《成唯識論述記》卷7:"護法菩薩解云:又'轉變'者是'改轉'義。謂一識體改轉為二相起,異於自體。即見有能取之用,相有質礙用等,由識自體轉起能取及有礙故。"(《大正藏》第43冊,1830號,頁487上11至16)

執相、見二分為我、法，如所結巾為兔頭，已是一重假；更結起二耳，又一重假。如從自證變起見、相二分，已是一重假；更執二分為我、法，又一重假。然則見、相二分，雖假似有，從種生故；我、法二執，決定是無，偏計妄執故。"❶是知"三界內外一切法，悉無有體，唯有內識"，"虛妄分別"理極成故。❷

"唯"既不遮不離識法，真如及心所皆不離識，故體皆有。由此義故，無心外法，除增益邊；有虛妄心，離損減邊。離損減邊故，除撥"無如空"清辨等執；離增益邊故，除"心外有"法薩婆多等諸小乘執。"唯識"義成，契會中道❸。

由何教、理"唯識"義成？豈不已說？雖說未了，非"破他義，己義便成"，應更確陳，成此教、理。如契經說："三界唯心"。又說："所緣唯識所

---

❶ 引文見《宗鏡錄》卷 61，《大正藏》第 48 冊，2016 號，頁 762 中 17 至 27。

❷ "此中釋意……理極成故"，本段將《成唯識論》原文提及的兩種解釋分別解釋為"約相見"與"約我法"，似謂二種解釋並無衝突，只是角度不同，誤。據唐代註疏，第一種解釋符合安慧、護法解釋的基本框架，即二種解釋都認為識體是依他起，但是二人對由識所變的二分的定位不同，安慧認為識體所顯現的二取是遍計所執，護法認為識所轉變的見、相二分是依他起；第二種解釋是難陀的解釋，並不建立轉變出二分的識體，而是僅建立依他起性的能變見分與所變相分。本書在第二種解釋中引用的《宗鏡錄》文段，實是對護法理論的解釋，即認同"自證分變起相、見二分"，並不適用於第二種難陀的解釋。"'虛妄分別有'極成故"意謂論辯者都認同"虛妄分別的心識是有"，而並非某種"理"。

❸ "'唯'既不遮……契會中道"，改寫自《宗鏡錄》卷 60，《大正藏》第 48 冊，2016 號，頁 759 中 9 至 17。

現”。又說：“諸法皆不離心。”又說：“有情隨心
垢淨。”又說：“成就四智菩薩能隨悟入‘唯識無
境’。一、相違識相智，謂於一處，鬼、人、天等隨
業差別，所見各異。境若實有，此云何成？二、無
所緣識智，謂緣過、未、夢境、像等非實有境，識現
可得。彼境既無，餘亦應爾。三、自應無倒智，謂
愚夫智，若得實境，彼應自然成無顛倒，不由功
用，應得解脫。四、隨三智轉智。一、隨自在者智
轉智，謂已證得心自在者，隨欲轉變地等皆成。境
若實有，如何可變？二、隨觀察者智轉智，謂得勝
定修法觀者，隨觀一境，眾相現前。境若是真，寧
隨心轉？三、隨無分別智轉智，謂起證實無分別
智，一切境相皆不現前。境若是實，何容不現？菩
薩成就四智者，於‘唯識’理決定悟入。”又伽他
說：“心意識所緣，皆非離自性。故我說一切，唯
有識無餘。”此等聖教，誠證非一。

四、釋小乘九難，明“心外無法唯心”之旨。一、唯識所曰難。[1]
“由何教、理，‘唯識’義成”？小乘牒上問也。“豈不已說”，論
主[2]答也。“雖說未了”，小乘語也。“非‘破他義己義便成’，應

❶ “小乘九難……唯識所曰難”，引自《宗鏡錄》卷 62，《大正藏》第
48 冊，2016 號，頁 768 中 9 至 11。
❷ “主”，底本、校本皆作“主”，校本校勘記謂“‘王’疑‘正’”，整理

更確陳，成此教、理”，此論主將廣明正義，而先為此發端之詞。**❶**
此下分三：一、教，二、理，三、總結。

且一教者，諸小乘師云：離心之外現見有法是所緣實境，論
主何故包羅歸心，總說“唯識”？一、乃色、心有異，二、又能、所
不同。關云：色境不牽能緣心，以色從心可“唯”識；當情色境
外迷心，心被境迷，非**❷**“唯識”義。論主云：只此外邊色境，一、
是一切有情緣心變，二、是一切有情心之所持，根本皆由於心，是
故攝歸唯識。《十地經》及《華嚴經》說“三界唯心”，意云“三
界之法，唯是心之所變，離心之外更無一物”。此亦為遮我、法二
執但是妄情執有，舉體全無，唯有內心，故言“唯心”。問：欲、
色二界有外器色境，云是心變，故可言“唯心”；且如無色界天，唯
有內心，無外色境，何要更言“唯心”？豈不成相扶**❸**極成
過？答：不但說“色境不離心”方名“唯心”，此亦遮無色界天貪
等，取能取之心故。為無色界有情亦貪於空等境，起其妄心，故
無色界亦名“唯心”。若得無漏時，其出世無漏色等，是出世無漏
心、心所唯識，亦是唯心。故云“三界唯心”。《解深密經》又說
“所緣唯識所現”，即一切所緣之境，唯是識之所變，更無外法。所

者據文意改訂。

　❶　“非‘破他義己義便成’……發端之詞”，唐代注疏認為此段是論敵
之問。

　❷　“非”，底本難辨，本句引自《宗鏡錄》卷 62，整理者據校本及《大
正藏》本《宗鏡錄》卷 62 定。

　❸“扶”，底本、校本皆作“扶”，本段引自《宗鏡錄》卷 62，《大正藏》
本《宗鏡錄》亦作“扶”，當作“符”，即因明因過中的“相符極成”，《宗鏡
錄》多作“相扶”。

以佛告慈氏菩薩云"無有少法能取少法"，無作用故。《楞伽經》又說"諸法皆不離心"，《無垢稱經》又說"有情隨心垢淨"❶。又《阿毗達磨經》說"菩薩成就四智能隨悟入'唯識無境'"，即是地前小菩薩，雖未證"唯識"之理，而依佛說，及見地上菩薩成就四般唯識之智，遂入有漏觀，觀彼十地菩薩所變大地為黃金，攪長河為酥酪，化肉山魚米等事。此小菩薩入觀觀已，即云"如是所變實金銀等，皆不離十地菩薩能變之心，更無外境"，既作觀已，亦能隨順悟入真唯識理❷。"四般唯識智"者：第一、相違識相智，即四類有情各別能緣之識。識既相違者，其所變相分亦相違故，即天見是寶嚴地，魚見是窟宅，人見是清冷水，鬼見是膿河猛火。緣此四類，有情能變之識各相違故，致令所變之境亦乃相違所。言"相"者，非是徧計相，但是相分之相。由四類有情先業之力，共於一處各變相分不同，故名"相違識相"。言"智"者，即是十地菩薩能緣之智，智能了彼四類有情自業識所變相分不問，更無心外別四境。問：其四類有情為是各變相分，為本質亦別？答：四類有情，由業增上力，其第八所變相分亦別。若將此第八相分望四類有情前六識說，即為本質，故相、資❸皆別，故知"更無外境，唯

---

❶ "諸小乘師……隨心垢淨"，改寫自《宗鏡錄》卷 62，《大正藏》第 48 冊，2016 號，頁 768 中 11 至下 4。

❷ "又《阿毗達磨經》……真唯識理"，引自《宗鏡錄》卷 62，《大正藏》第 48 冊，2016 號，頁 769 下 27 至頁 770 上 5。

❸ "資"，底本、校本皆作"資"，本段引自《宗鏡錄》卷 62，《大正藏》本《宗鏡錄》亦作"質"，此觀點意謂，四類有情的第八識相分有別，自第八識相分對於自前六識來說是本質故本質亦別，故相分、本質皆別，故當作"質"。

有識"也。唐三藏云：境非定一故，為四類有情所變相分，隨四類有情能變之心，境亦成四，一處解成差，證知"唯有識"。❶第二、無所緣識智，言"無所緣識"者即是一切異生，將自第六獨生散意識，緣過去、未來、水月、鏡像等變起假相分是。此等相分，但是眾生第六識妄搆畫徧計當情變起，都無心外實境，名"無所緣識"。言"智"者，即是十地菩薩能緣之心。菩薩云，此等異生所變假相分，皆不離一切異生能變之心，是其唯識。即以此例於一切實境，亦不離一切有情能緣之心。離心之外，更無一物❷。故云："彼境既無，餘亦應爾。"第三、自應無倒智，即十地菩薩起智，觀察一切眾生妄執自身為常、樂、我、淨。菩薩云：此但是凡夫執心倒見，離却妄執心外，其凡夫身上實無常樂我淨之境，必若有者，應異生不假修行而得解脫。既不爾者，明知唯有妄識。第四、隨三智轉智。"一、隨自在者智轉智"者，即是菩薩起智觀自所變境，皆不離我能變之心，是其唯識。為八地已去菩薩，能任運變大地為黃金，攪長河為酥酪，此是境隨真智轉。"所變事皆成轉"者，改換舊質義，即隨轉大地山河舊質成金銀等，眾生實得受用，鍛鍊作諸器具皆得。若離心有外實境者，如何山河等能隨菩薩心便變為金銀等物？以相分、本質皆悉轉故，故知一切諸境，皆不離菩薩能變之心，乃至異生，亦能變火為水、變晝為夜、點鐵成金等，此皆是境隨事智轉，所變事皆成，亦是唯識。若是迦多演那，所變

---

❶"'四般唯識智'者⋯⋯'唯有識'"，改寫自《宗鏡錄》卷 62，《大正藏》第 48 冊，2016 號，頁 770 上 22 至中 14；"唐三藏云"下內容源自《成唯識論述記》卷 7，《大正藏》第 43 冊，1830 號，頁 488 下 11 至 21。

❷"第二⋯⋯更無一物"，改寫自《宗鏡錄》卷 62，《大正藏》第 48 冊，2016號，頁 770 下 8 至 17。

宮殿金銀等皆不成就，故知離心更無實境。《論》意云，凡變金
銀宮殿者，是實定果色。從初地已去方能變。若約自在，八地已
上菩薩於相及土皆得自在。以上品定心，有大勢力所變金銀宮殿
等皆得成就，如變金銀鍛鍊作諸器具，實得受用。其所變金銀，是
實定果色，皆不離菩薩內心，是其唯識，心外無境。若諸聲聞及
地前小菩薩等，若變金銀宮殿時，即託菩薩所變金銀宮殿以為本
質。第六識所變金銀等，皆不成就，無實作用。然所變金銀是假
定果色，不離聲聞諸小菩薩內心，是其唯識，心外無境。今迦多
演那緣是聲聞，未得上品定故，所變金銀雖無實作用，然不離內
識，心外無境。所以古德云：色自在心生，故心能變色。所以移
山覆海、倒地翻天、攪長河為酥酪、變大地作黃金，悉無難事。"二、
隨觀察者智轉智"者，無性菩薩云：謂諸聲聞、獨覺、菩薩等，若
修苦、空等觀得相應者，或作四諦觀時，隨觀一法之上，唯有無常、
苦、空、無我等眾相顯然，非是諸法體上有此眾多苦、空等義，但
是苦空等眾相即是諸法之體。既若無常相於聖人觀心上有者，故
知一切諸法，皆不離觀心而有。"三、隨無分別智轉智"者，為菩
薩根本智證真如時，真如境與智冥合，能、所一般，更無分別。離
本智外更無別境，即境隨真智轉，是故說"唯心"。汝小乘若執有
心外實境，即證真如時，一切境相何不現前❶？

又頌說"心意識所緣，皆非離自性"者，"自性"即自心法，或
理體，即義之所依本事。謂第八心、第七意、餘六識所緣，皆自心
為境。佛言，由如是理故，我說一切有為、無為皆唯有識、無餘，實

---

❶"第三⋯⋯何不現前"，改寫自《宗鏡錄》卷 62，《大正藏》第 48 冊，2016
號，頁 770 下 28 至頁 771 中 20。

無心外境也。乃知凡有見聞，皆自心生。實無一法當情而有自體獨立者，盡從緣起，皆逐想成，生死、涅槃皆如幻夢矣❶。此等聖教，誠證非一，繁不具陳。

> 極成眼等識，五隨一故，如餘，不親緣離自色等。餘識，識故，如眼識等，亦不親緣離自諸法。此親❷所緣定非離此，二隨一故，如彼能緣。所緣法故，如相應法，決定不離心及心所。此等正理，誠證非一。

二、理者。有四種道理釋唯識所因，成四比量：第一比量，成立"五塵相分色皆是五識親所緣緣"，成唯識義；第二比量，成立"第六識并闇成立七、八二識，皆緣自之親相分、不離於識"，是唯識義；第三比量，總成立"一切親相分，不離心體"，得成唯識；第四比量，成立"一切疎所緣緣境皆不離心"，得成唯識。第一比量者，且以"眼識"為例，餘四識準此。量云："極成眼識"是有法，"定不親緣離自識色"是宗，因云"極成五識中隨一攝故"，"如餘極成四識"。將釋此量，分之為二。初、釋名揀過，次、署申問答。初

---

❶ "又頌云……如幻、夢矣"，改寫自《宗鏡錄》卷 62，《大正藏》第 48 冊，2016 號，頁 767 上 25 至中 3；源自窺基《成唯識論述記》卷 7："'心意識所緣，皆非離自性'，即緣識之體，或事性，即自心法，或理體，即義之所依本事。謂第八心、第七意、餘六識所緣，皆自心為境。佛言，由如是理故，我說一切有為、無為皆唯有識，無餘實心外境也。"（《大正藏》第 43 冊，1830號，頁 489 中 3 至 7）

❷ "親"，底本作"說"，《大正藏》本《成唯識論》卷 7 作"親"，校勘記謂《明》本作"說"，整理者據《大正藏》本《成唯識論》卷 7 及文意改訂。

者，宗前陳云"極成"，即揀兩宗不極成眼識。且如大乘宗中，許有他方佛眼識，及佛無漏眼識，為小乘不許，亦揀之不取。若小乘宗中，執佛是有漏眼識，及最後身菩薩染污眼識，即大乘不許，亦須簡之。即兩宗互不許者，是不極成法。今但取兩宗共許極成眼識，方立為宗。故前陳言"極成眼識"也，若不致"極成"兩宗簡者，即前陳便有自、他一分所別不極成過，因中亦犯自、他一分所依不成過，為前陳無"極成眼識"為所依故，所以安"極成"二字簡。後陳言"定不親緣離自識色"宗者，但是離眼識相分外所有本質色及餘四塵，但離眼識者皆不親緣。若立敵共諍，只諍本質也。若大乘自宗，成立眼識親相分色。問：何故不言"定親緣不離自識色"耶？答：恐犯能別不極成過故，謂小乘不許色不離於眼識故。次因云"極成五識中隨一攝故"者，因言"極成"，亦簡不極成五識。若不言"極成"簡，空言"五識中隨一攝"者，即此因犯自、他一分隨一不成過，所以因安極成言揀之。喻云："如餘極成四識"者，喻言"極成"，亦簡不極成法。若不安"極成"，犯一分能立所立不極成過，所以安"極成"言簡。既立得相分色不離於眼識，餘聲、香、味、觸等皆準此成立，皆不離於餘四識故。次、申問答。一問：宗依須兩共許，今後陳立者言"不親緣離自識色"，敵者許"親緣離自識本質色"，何言"極成"？答：小乘亦許"眼識不親緣餘四塵"，以離眼識故。但使他宗許有"不親緣離自識色"，即是宗依極成也。二問：他宗既許"餘四塵眼識不親緣"，後合為宗，便是相扶，豈成宗諍？答：今所諍者，但取色塵本質，眼不親緣，互相差別，順己違他，正成宗體。以小乘雖許"色本質離於眼識，且是親緣"，今言"不親緣"，豈非宗諍。三問：宗中所諍是"眼識不親緣本質色"，同喻"如餘四識"，餘四識但不親緣餘四塵，豈得相似？答："餘四識"是喻依，"各有不親緣離自識法"是喻體，今取喻體不取喻依，亦如"聲無常"宗，同喻"如瓶"，不應分別"聲""瓶"有異，但取"聲""瓶"各有"無常"義相似為因等也。第二比量者，量云："極成餘識"是有法，"亦不親緣離自識法"宗，因云"是識性故"，同喻"如極成五識"。釋云：宗前陳言"極成"，亦簡不極成。若不言"極成"，犯自、他一分所別不極成過。若言"六、七、八識'為有法"，他不許七、八二識，即犯他一分所別不極成過。若但立"意識"為有法，因中便犯不定過，被他將七、八二識為異喻量，犯共中自不定過。今但總言"餘"，別取第六，意兼七、八即闇成立，攝取七、八於"餘識"之中。後陳言"亦不親緣離自識法"者，"亦"者，"同"也，同前極成五識不親緣離自識諸法。因云"是識性故"者，即同五識是識性故。喻"如極成五識"者，即同五識亦不親緣離自識故。明知即親緣不離自識法，既成立已，故知一切親所緣緣境皆不離心，是唯識義。第三比量者，量云："六識親所緣緣"是有法，"定不離六識體"宗，因云"見相二分中隨一攝故"，"如彼能緣見分"。小乘許見分不離心體，故取為同喻。"心體"即自證分也。然雖見分亦依自證而轉，今但立相分者，以見分共許故。第四比量者，"根身、器界"即第八識相分，望前六名"疎所緣緣"，以小乘不許第八，故但云"疎所緣緣"也。量云："一切隨自識所緣"是有法，"決定不離我之能緣心及心所"宗，因云"以是所緣法故"，同喻"如相應法"。釋曰：此量後陳言"定不離我之能緣"者，謂一切有為、無為但所緣之法，定不離我之能緣識。若後陳不言"我之能緣"者，便犯一分相扶之失。謂小乘亦許"他心智所緣之境不離能緣心"故。為簡此相扶過，遂言"我之能緣"，即簡他之能緣也。同喻"如相應法"者，即是前來已成

立親相分是也，皆所緣法故。❶

　　故於"唯識"應深信受。我、法非有，空、識非無，離有離無，故契中道。慈尊依此，說二頌言："虛妄分別有，於此二都無。此中唯有空，於彼亦有此。故說一切法，非空非不空。有無及有故，是則契中道。"此頌且依染依他說，理實亦有淨分依他。

三、總結。由上教、理故，是知我、法非有，空、識非無，離有離無，正契中道。由此，慈尊說中道二頌。言"虛妄分別有"者，即有三界虛妄分別心。言"於此二都無"者，謂無能取、所取、我、法二執之相，於此妄心之上都無。言"此中唯有空"者，謂此妄心中唯有真如，此是空性，依空所顯故。言"於彼亦有此"者，彼空性中，亦有此妄分別識，即虛妄分別是世俗諦故，於此俗諦中亦有真諦之空性也。言"故說一切法"者，即有為、無為二法是"一切法"也。言"非空非不空"者，"非空"，謂虛妄分別心，及空性，即依、圓，是有，故名"非空"，以二諦有故；"非不空"，謂能取、所取、我、法二執之相是空，即徧計性也。言"有無及有故"者，"有"謂虛妄分別有故，"無"謂二取我法無故，"及有故"者，謂於妄分別中有真空故，於真空中亦有妄分別故。言"是則契中道"者，謂非"一向空"如清辨等，非"一向有"如小乘

---

❶"有四種道理……所緣法故"，改寫自《宗鏡錄》卷 62，《大正藏》第 48 冊，2016 號，頁 768 下 4 至頁 769 下 5。相當篇幅的文字源自唐代注疏，但諸多細節與唐代注疏有出入。

等，故名"中道"。謂"二諦有"不同清辨，"二取我法無"不同小乘，故名"中道"❶。染、淨依他，說見後卷。

若"唯內識似外境起"，寧見世間情、非情物，處、時、身、用，定、不定轉？如夢境等，應釋此疑。

二、世事乖宗難。此是經部師難云：論主若言"唯有內識無心外境"者，如何現見世間情與非情等物有處定、時定、身不定、作用不定等？就此中自有四難：一、處定難，二、時定難，三、身不定難，四、作用不定難。初難云：論主若言"一切皆是唯識，無心外境"者，且如世人將現量識正緣南山處，其識與山俱在其南，山不離識，可言"唯識"；忽若將現量識緣北之時，其山定在南，且不隨緣者心轉來向北。既若"緣北之時，緣南山心不生"者，明知離識之外有實南山之境，此何成"唯識"？第二時定難者：若"正緣南山時，識現起，山亦隨心起"，即可成"唯識"義；且如不緣南山時，其緣山心即不生，然山且在，不隨心滅，即是離心有境，何成"唯識"義？此上二難，皆是難現量識，亦難比量，若約比量心者，即山相分亦於餘處心上現故。第三有情身不定難者：若言"一切皆是唯識"，且如眾多有情同在一處，於中一半眼有患眩翳者，或十或五，或有見空華，或有見頭髮，或有見蒼蠅，或有全不見物者，此等皆是病眼人自識變起，所變髮蠅等相分皆不離患眩翳者之心，可是"唯識"；且如一半不患眩翳者，或十或五，共

---

❶ "是知我、法非有……故名'中道'"，改寫自《宗鏡錄》卷 62，《大正藏》第 48 冊，2016 號，頁 769 下 6 至 27。

在一處，所見一般物皆同境，既是一者，明知離心有境，何成"唯識"？第四作用不定難者，於中分出三難。第一難云：復有何因，患眩醫者所見髮蠅等即無髮蠅等實用，餘不患眩醫者所見髮蠅等物是實用非無？汝大乘既許"皆是唯識"者，即須一時有實作用，不然，一時無實作用，今既不同，未審何者是其唯識？第二難云：復云何因，有情於夢中所得飲食、刀杖、毒藥、衣服等，即無實作用，及至覺時若得，便有實用？第三難云：復有何因尋香城等，即無實作用，餘甎土城等便有實作用？論主答前四難，引《三[1]十唯識論》頌云："處、時定如夢，身不定如鬼，同見膿河等，如夢損有用。"若依此頌答前四難，即足。且第一答前"處定"難者。論主[2]云：汝還許"有情於夢中，有時見有村園、或男、或女等物在於一處"，即定，"其有情夢心有時便緣餘處，餘處便不見前村園等物"，即夢心不定，汝且總許是"唯識"否？經部答云：我宗夢中雖夢境處定，夢心不定，然不離有情夢心，皆是"唯識"。論主云：我覺時境色，亦復如是。雖山處常定，其有情能緣心不定，然皆不離現心，總是"唯識"。立量云："我宗覺時所見境色是有，決定是唯識"為宗，因云"境處定，心不不定故"，喻"如汝宗夢中之

---

❶ "三"，底本、校本皆作"三"，本段引自《宗鏡錄》卷 63，《大正藏》本《宗鏡錄》卷 63 亦作"三"，然下引頌文出自玄奘譯《唯識二十論》，故應作"二"。下文數處引用《唯識二十論》頌文處，《大正藏》本《宗鏡錄》皆作"三"，本書則沿襲此誤。

❷ "主"，底本、校本皆作"生"，本段引自《宗鏡錄》卷 63，《大正藏》本《宗鏡錄》卷 63 作"主"，整理者據《大正藏》本《宗鏡錄》卷 63 及文意改訂。

境"。**❶**皆是唯識第二答。前"時定"難者，論主云：且如有情於夢中所見村園等物，其夢心若緣時，可是"唯識"，若不緣時，應非"唯識"。經部答云：我夢中之境，若夢心緣時，亦是唯識；若夢心有不緣時，然不離夢心，亦是唯識。論主云：我覺時境色亦復如是，我今長時緣南山，山不離心是唯識，有時緣山，心雖不生，然不離現心，亦是唯識。頌云"處、時定如夢"，此一句答前二難。第三答"身不定"難。論主云：汝經部還許眾多餓鬼同於一處，於中有三有五業同之者，即同見膿河定；又有三、五隨自業力所見不定，即同於一處或有見猛火，或有見糞穢，或有見人把捧攔隔。如是餓鬼，同於一處，一半見境定，一半所見各異，汝總許是餓鬼"唯識"否？答云：雖見有同異，然不離餓鬼自業識所變，皆是"唯識"。論主云：我宗唯識亦復如是，雖一類患眩翳者所見各別，有一類不患眩翳者所見即同，然不離此二類有情識之所變，皆是"唯識"。頌云"身不定如鬼，同見膿河等"，此兩句頌答此一難。《寶生論》云："身不定如鬼者，實是清河，無外異境。然諸餓鬼悉皆同見膿滿而流，非唯一覩。然於此處實無片許膿血可得，何事得有溢岸而流？雖無實境決定屬一，理定不成。此即應知，觀色等心雖無外境，不決定性，於身非有，遮却境無。即彼成立有境之因，有不定過。於無境處，亦有多身共觀不定，如河實無膿流之事。而諸餓鬼不別觀之，由其同業，感於此位，俱見膿流，慳悋業熟，同見此苦，由昔同業各熏自體，此持異熟皆並現前，彼多有情，同見斯事，實無外境為思憶**❷**故。準

---

❶ "立量云……夢中之境"，此處不構成比量。

❷ "憶"，底本、校本皆如此，本段引自《成唯識論寶生論》卷2，轉引自《宗鏡錄》卷63，《大正藏》本《宗鏡錄》卷63作"憶"，《成唯識寶生

其道理，仁亦如斯，共同造作，所有熏習成熟之時，便無別相色等相分從識而生。是故定知，不由外境識方得起。豈非許此同一趣生，然非決定彼情同業？由現見有良家賤室貧富等異如是便成見其色等應有差別，同彼異類見成非等，故知斯類與彼不同，彼亦不由外境力故生色等境。然諸餓鬼雖同一趣，見亦差別。由業異相，所見亦然。彼或有見大熱鐵圍融炎迸潛，或時見有屎尿橫流，非相似故。雖同人趣，薄福之人，金帶現時，見為鐵鎖，或見是蛇。是故定知雖在人趣，亦非同見。若如是類，無別見性，由其皆有同類之業。然由彼類有同分業，生同分趣；復有別業，各別而見。此一功能，隨其力故，令彼諸人有同異見。復以此義，亦答餘言。有說‘別趣有情鬼、傍生等，應非一處，有不別見，由別作業異熟性故’，此雖成趣業有差別，同觀之業還有不異，即諸有情自相續中有其別異業種隨故。彼任其緣，否❶得生起。”❷第四總答“作用不定”中三難者，論主云：汝經部等還許“有情夢中所得刀杖、飲食等無實作用”，是“唯識”否？答曰：此是“唯識”。又問：只如有情於夢中有時遺失不淨等事，即有實作用，汝亦許是“唯識”否？答云：此是“唯識”。論主例答：汝既許夢中有實作用、無實作用俱是唯識者，即知我宗患眩瞖及不患者，并夢中現

論》卷 2 作“益”。

❶ “否”，底本、校本皆如此，本段引自《成唯識論寶生論》卷 2，轉引自《宗鏡錄》卷 63，《大正藏》本《宗鏡錄》卷 63 及《成唯識論寶生論》卷 2 皆作“各”，當作“各”。

❷ 引文見《成唯識論寶生論》卷 2，《大正藏》第 31 冊，1591 號，頁 82 下 13 至頁 83 上 13；本書轉引自《宗鏡錄》卷 63，《大正藏》第 48 冊，2016 號，頁 772 中 9 至下 10。

覺，兼假城實城，此三般有實、無實作用，亦如汝夢中有實、無實作用，皆是"唯識"。立量云："我宗覺時境色"是有法，"定是唯識"宗，因云"有實作用故"，"如汝夢中境色"。不然，"汝夢中境色"是有法，"應非唯識"宗，因云"有實、無實作用故"，"如汝覺時境色"，或云"有瞖、無瞖等"是有法，"有用、無用其理亦成"宗，因云"許無實境故"，"如夢中染污等"❶。頌云"如夢損有用"，蓋謂此也。《三❷十唯識》又有四句頌，以"地獄"一喻總答四難，文繁不引❸。

何緣世尊說十二處？依識所變，非別實有。為入我空，說六二法，如遮斷見，說續有情；為入法空，復說唯識，令知外法亦非有故。

三、聖教相違難。小乘難意云：論主若言"一切皆是唯識，無心外實境"者，何故世尊於《阿含經》中說"有十二處"？若"一切皆唯識"者，世尊只合說意處、法處，即不合說"有十色處"。今

---

❶ "立量云……染污等"，此段所提及的比量皆存在問題。

❷ "三"，底本、校本皆作"三"，本段引自《宗鏡錄》卷63，《大正藏》本《宗鏡錄》卷63亦作"三"，然此處所提及的頌文即出自玄奘譯《唯識二十論》的"一切如地獄，同見獄卒等，能為逼惱事，故四義皆成"（《大正藏》第48冊，2016號，頁772下24至25），故應作"二"。

❸ "二、世事乖宗難……文繁不引"，改寫自《宗鏡錄》卷62至卷63，《大正藏》第48冊，2016號，頁771中23至頁772下25；諸多解釋源自窺基《成唯識論述記》卷7，《大正藏》第43冊，1830號，頁490中28至頁491中27。《宗鏡錄》原文並無比量，文中幾處比量皆不見於《宗鏡錄》，為本書添加，皆存在問題；唐人注疏中有比量，與此大異。《宗鏡錄》對觀點的歸屬與解釋，雖源自唐代注疏，但細節上亦多有差異。

世尊既說有十二處者，明知離却意、法處外，別有十色處是心外有，何言"一切皆是唯識"？論主答中分三：初、假答，二、正答，三、喻答。此中畧初假答，只顯正答、喻答。初、假答者，引《三❶十唯識頌》云："識從自種生，似境相而轉，為成內外處，佛說彼為十。"言"識從自種生"者，即五識自證分現行，各從五識自種而生，將五識自種便為五根。言"似境相而轉"者，即五識自證分從自種生已，而能變似二分現，其所變見分說名五識，所變相分似外境現說名五境。其實根、境十處皆不離識，亦是"唯識"。此是假將五識種子為五根，答經部師，以經部許有種子故。問：設許有種子，豈不執離識有答？彼許種子在前六識中持，亦不離識有。論主云：其所變相分，似外五境，亦不離識有；能變五識種即五根，亦不離識有。雖分內外十處，然皆是"唯識"言。"佛說彼為十"者，以佛密意為破外道執身為一合相我故，遂於無言之法強以言分別，說"有根、塵十處"有大勝利故。《唯識頌》云："依此教能入，數取趣無我。"解云：為若有智者，即依此佛說根、塵十處教文，便作觀云"我於無量劫來，為惡慧推求愚痴迷闇，妄執自他身為一合相我，因此生死沉淪。今依教觀自、他身，但有根、塵十處以成其體，於一一處中，都無主宰自在常一等用，何曾有我"，因此便能悟入"無我"之理，成我空觀。此即大乘假將五種子為五根假答小乘也。小乘又難云：若爾者，且如五塵相分色是五識所變故，可如汝宗是"唯識"；其本質五境色，未審是何識之

---

❶ "三"，底本、校本皆作"三"，本段引自《宗鏡錄》卷63，《大正藏》本《宗鏡錄》卷63亦作"三"，然此處所提及的頌文即出自玄奘譯《唯識二十論》的"一切如地獄，同見獄卒等，能為逼惱事，故四義皆成"（《大正藏》第48冊，2016號，頁772下24至25），故應作"二"。

唯識？謂五識及第六皆不親緣本質五境，即此本質五境，豈不是
離心外有，何成"唯識"？因此問故，便是論主第二正答云："依
識所變，非別實有。"此依大乘自宗正解，即約己建立第八識了。既
論主云：五塵本質色，此是第八識之親相分，相分不離第八識，亦
是"唯識"。第三、喻答者，即論主舉喻答小乘世尊建立十二處之
所以，云："如遮斷見，說續有情。"但是佛密意破於眾生一合相
我，假說有十二處名，令眾生觀十二處法都無有我，便入"我空"；次
依唯識能觀一切諸法之上皆無實軌持勝性等用，既除法執，便成
"法空"❶。此中答前，隱一答一難不可不知，故備述之。

　　此"唯識性"豈不亦空？不爾。如何？非所
執故。謂依識變妄執實法，理不可得，說為"法
空"，非"無離言正智所證唯識性故，說為'法
空'"。此識若無，便無俗諦。俗諦無故，真諦亦
無，真、俗相依而建立故。撥無二諦，是惡取空，諸
佛說為不可治者。應知諸法有空、不空，由此慈尊
說前二頌。

　　四、唯識成空難。小乘躡上難云：既言"一切諸法皆無實軌持
自在勝性等用，成法空觀"者，即此"唯識"之體，豈不亦空？論
主答云："唯識"體即不空。小乘問：如何不空？論主答云：非所
執故。我前言空者，但是空其一切法上妄心執有"實軌持勝性"等

---

❶ "三、聖教相違難……便成'法空'"，改寫自《宗鏡錄》卷63，《大
正藏》第48冊，2016號，頁774中11至下27。《宗鏡錄》此段解釋多源自
唐代注疏，但亦有諸多差異。

用徧計虛妄之法，此即是空，非空"離執唯識"之體，即如根本智正證如時，離言絕相，其徧計虛妄一切我、法皆不現前，於此位中唯有本智與理冥合，不分能、所。此識體亦空，便無俗諦。俗諦無故，真諦亦無。無二諦者，名"惡取空"，諸佛說為不可治者也[1]。是故諸法有空、不空，如前頌說，解釋已明。

若"諸色處亦識為體"，何緣乃似色相顯現，一類堅住，相續而轉？名言熏習勢力起故，與染淨法為依處故。謂此若無，應無顛倒，便無雜染，亦無淨法。是故諸識亦似色現。如有頌言："亂相及亂體，應許為色識，及與非色識，若無餘亦無。"

五、色相非心難。小乘難意云：若言"一切外色皆心為體，由心自證分變似能取，說名見分，變似所取，說為相分"者，何故所變色相即顯現，其能變心即不顯現？又若"外色以心為體"者，何故所變色即一類相續而轉，且如外色山河大地等，即千年萬年一類更無改變，又相續不斷，得多時住？若"有情能變心，即有改變不定，又不得多時"，今外色既不似內心者，明知離心有外實色，何言"一切皆是唯識"？論主答云："名言熏習勢力起故。"此但由一切有情無始時來，前後遞互，以名言虛妄熏習，作"心外堅住相續"等解。由此勢力，有此相現，非是真實有心外堅色等。外人又問：既言"唯識"者，有情何要變似外色而現？論主答云：一

---

❶ "四、唯識成空難……不可治者也"，改寫自《宗鏡錄》卷63，《大正藏》第48冊，2016號，頁774下29至頁775上9。"不分能、所"等解釋，與唐代注疏有異。

切有情，若不變似外色現者，便無染淨之法。且如一切凡夫，由先迷色等諸境，顛倒妄執，由此雜染，便生雜染，體即二障。汝外人若不許"識變似外色現"者，即有情不起顛倒。顛倒妄執即若不起，即雜染煩惱不生。雜染既若不生，淨法因何而有？所以《攝論》頌云："亂相及亂體，應許為色識，及與非色識，若無餘亦無。"言"亂相"者，即所變色相。言"亂體"者，即能變心體。"應許為色識"者，即前所變亂相。"及與非色識"者，即前變心是體。"若無餘亦無"者，若無所變似外色境為亂相者，亦無能變之識體。故知須變似外境現，所以諸色皆不離心，總是唯識。^❶

　　色等外境分明現證，現量所得，寧撥為無？現量證時不執為"外"，後意分別妄生"外"想。故現量境，是自相分，識所變故，亦說為有；意識所執外實色等，妄計有故，說彼為無。又色等境，非色似色，非外似外，如夢所緣，不可執為是實外色。

六、現量違宗難。小乘難意云：且如外五塵色境分明五識現證，是現量所得，大、小乘皆共極成，何故撥無，言"一切唯識"？《三^❷十唯識論》中亦有此難云："諸法由量刊定有無，一切量中現量為勝。若無外境，寧有此覺'我今現證如是境'耶？"意

---

❶ "五、色相非心難……總是唯識"，《宗鏡錄》卷63，《大正藏》第48冊，2016號，頁775上9至中9。

❷ "三"，底本、校本皆作"三"，本段引自《宗鏡錄》卷63，《大正藏》本《宗鏡錄》卷63亦作"三"，然下引文出自玄奘譯《唯識二十論》，故應作"二"。

598

云：論主若言“無外實境”者，如何言“五識現量取外五塵境”？若是比量、非量，徧計所起。徧計所執強思計度搆畫所生相分，不離於心，可成唯識；今五識既現量得外實五塵境者，何故亦言皆是唯識？論主答云：且如現量五識緣五塵境時，得法自性，不帶名言，無籌度心，不生分別，不執為“外”；但是後念分別意識妄生分別，便執為“外”，言“有實境”。問：且小乘許現量心中不執為“外”否？答：許。問：與大乘何別？答：《唯識鏡》云：若是大乘，即五識及同時意識皆現量，不執為“外”。若小乘宗，即唯是五識，不執為“外”。論主云：汝小乘既許“五識緣境是現量不執為外”者，明知“現量心中皆無外境”，是“唯識”義。外人又問云：其五識所緣現量五塵境，為實，為假？答：是實。難云：若爾者，即是離心外有實五塵境，何言“唯識”？論主答云：五識緣五塵境時，雖即是實，但是五識之所變自識相分，不離五識，皆成“唯識”。緣五識各有四分，其五塵境是五識之親相分，由五識自證分變似色等相分境現，其相分又不離見分，皆是“唯識”。若後分別意識起時，妄執心外有其實境，此即是無，不稱境體而知故。問：且如五識中瞋等煩惱起時，不稱本質，何言唯是現量？答：雖不稱本質，然稱相分，亦是現量，由心無執故。其第六意識相應瞋，若與執俱時，相分、本質皆不稱；若不與執俱起時，即同五識。問：何故五識無執？答：由不通比、非二量，故無執。故知五識現量緣境不執為外，皆是“唯識”❶。又色等境相分非本質，故曰“非色”；相分似本質，故曰“似色”。內色非外

---

❶ “六、現量相違難……皆是‘唯識’”，改寫自《宗鏡錄》卷63，《大正藏》第48冊，2016號，頁775中9至下19。

色，故曰"非外"；内色如外現，故曰"似外"❶。如夢中境皆唯識變，云何執為心外實色哉？

> 若"覺時色皆如夢境，不離識"者，如從夢覺，知彼"唯心"，何故覺時於自色境不知"唯識"？如夢未覺不能自知，要至覺時方能追覺。覺時境色，應知亦爾。未真覺位不能自知，至真覺時亦能追覺。未得真覺，恒處夢中，故佛說為"生死長夜"。由斯，未了"色境唯識"。

七、夢覺相違難。小乘躡上難云：若"覺時境亦如夢境，不離識"者，何緣夢境人人皆知唯心所變，覺時之境不知唯識耶？論主答云：如夢未覺，不自知其夢也，要至覺時，乃知唯心耳。應知，覺時之境，何殊夢中？而人不知唯心，執為實有者，亦大夢之未醒也。至真覺位乃能知耳。何以知之？以如來說為"生死長夜"而知之也。即第七是生死長夜根本，能令起惑造業，三界輪迴故。所以《唯識樞要》問云："若諸識生似我、法時，為皆由我、法分別熏習之力，為亦不由？若皆由者，八識、五識無二分別，生果時應不似二；若不由者，此中何故但說我、法熏習為因？答：二解俱得。其'皆由'解者，一切有漏與第六二分別俱故，或第六識二分別引故，後生果時，皆似、我法。其'不由'解者，此說第

---

❶ "又色等境……故曰'似外'"，本段是對《成唯識論》"又色等境，非色似色，非外似外"的解釋，與唐代注疏有異。據唐代注疏，"非色"指依他色非遍計色，"似色"指遍計色無而似有，"非外"指五識所緣體非外，"似外"指五識所緣相似外。

六根本，兼緣一切，為因緣發諸識令熏習故，後生果時，似我、法相起。或非外似外，六、七計為似外起故。如夢者，夢娑剌拏王，其王容貌端正，後從迦旃延出家，往阿槃地國山中脩道。阿槃地王，將宮人入山遊戲。宮人見王形貌端正，圍繞看之。阿槃地王瞋怒，鞭之幾死，至夜方甦。語迦旃延曰：'我從師乞，暫還本國，舉軍破彼阿槃地國，殺其王已，從師修道。'迦旃延從請，語曰：'汝若欲去，且停一宿。'迦旃延安置好處令眠，欲令感夢，夢見舉軍征阿槃地國，自軍破敗，身被他獲，堅縛手足，赤華插頂，嚴鼓欲殺。王大恐怖，叫喚失聲。迦旃延喚之令寤語之曰：'汝若征彼，必當破敗，如夢所見。'王曰：'願師為除毒意。'迦旃延為說：一切諸法，譬如國土，假名無實，離舍屋等，無別國土，乃至廣說種種因緣，至一極微，亦非實事，無此無彼，無怨無親。王聞法已，得預流果，後漸獲得阿羅漢果。"故知"萬法唯識，夢、覺一如"。寤中所見，即明了意識；夢中所見，即夢中意識。分別之意既同，差別之境何異？迷悟若此，曷疑慮焉？昏覺如斯，可洞達矣。❶

　　外色實無，可非內識境；他心實有，寧非自所緣？誰說他心非自識境？但不說彼是親所緣。謂識生時，無實作用，非如手等親執外物、日等舒光親照外境，但如鏡等似外境現，名"了他心"，非親能了。親所了者，謂自所變。故契經

---

❶ "七、夢覺相違難……可洞達矣"，改寫自《宗鏡錄》卷64，《大正藏》第48冊，2016號，頁776上29至下25。"《唯識樞要》……後漸獲得阿羅漢果"，源自窺基《成唯識論掌中樞要》，《大正藏》第43冊，1831號，頁620下5至頁621上22。

言:"無有少法能取餘法,但識生時,似彼相現,名
取彼物。"如緣他心,色等亦爾。

八、外取他心難。若論主言"外色實無,是內識之境"者,即
可然;且如他人心是實有,豈非自心所緣耶?意云:且如此人心,若
"親緣得他人心著",即離此人心別有心為境。若"此人心緣他人
心不著"者,即有境而不緣。若"緣著",即乖"唯識"義;若"緣
不著"者,即何成他心智耶?論主答云:誰說他人心非此人境?若
"此人親緣他人心",即不得;若"託他人心為質,自變相分緣",亦
有他心智。但變相分緣時,即不得他人本質,但由他人影像相自
心上現,名"了他心",即知"他心"相分不離自心,亦是"唯識"。意
云:此人心緣他人心時,變起相分,當情相分,無實作用,非如
手等執物,亦非如日舒光親照其境。緣他人心時,但如鏡中影,似
外質現鏡中像,亦無實作用,緣他人心時,亦復如是,非無緣他
人心體,故名了他心,非親能了。親所了者,謂自所變。又古德
問:他心智者,謂既有他人心為自心之所知,即是離自心外有他
人心為自心之境,何得言"無境唯有識"耶?答:謂緣他身浮塵
根相分色,亦不親得,但託為質。如自身眼識緣第八識所變器世
間色時,亦但託為質,亦不親得。其耳等四識,緣本識所變聲等,亦
爾。以本質是第八識變,今望五識,故名"影識"。如五識等緣本
識所變本質境,亦不親得,雖亦得緣,只成疏所緣緣也。❶

　　既有異境,何名"唯識"?奇哉固執,觸處

---

❶ "八、外取他心難……所緣緣也",改寫自《宗鏡錄》卷64,《大正藏》
第48冊,2016號,頁776下25至頁777上22。

生疑，豈"唯識"教但說"一識"？不爾如何？汝
應諦聽：若唯一識，寧有十方凡聖、尊卑、因果等
別？誰為誰說？何法何求？故"唯識"言，有深
意趣。"識"言總顯一切有情各有八識、六位心所、
所變相見、分位差別及彼空理所顯真如，識自相
故，識相應故，二所變故，三分位故，四實性故。如
是諸法，皆不離識，總立"識"名。"唯"言但遮
愚夫所執"定離諸識實有色"等。若如是知"唯
識"教意，便能無倒，善備資糧，速入法空，證
無上覺，救拔含識生死輪迴。非"全撥無惡取空
者，違背教理，能成是事"。故定應信"一切唯識"。

九、異境非識難。小乘躡上難云：既言"此人緣他人心時，託
他人心為質自變相分緣"者，即相分不離此人心，是"唯識"；若
"他人心本質緣不著"者，即離此人心外有他人心，何成"唯
識"耶？意謂："唯識"之義，但"離心之外更無一物"，方名"唯
識"，既"他人心"異"此人心"為境，何成"唯識"？他人境亦
異此境，即離此人心外有異境，何成"唯識"？論主責曰：奇哉
固執，處處生疑❶，豈"唯識"之教但說"一人之識"耶❷？小乘

---

❶ "處處生疑"，底本、校本皆如此，本段引自《宗鏡錄》卷 64，亦標
引《成唯識論》"觸處生疑"一句，《大正藏》本《宗鏡錄》卷 64 及《成唯
識論》皆作"觸處生疑"。

❷ "九、異境非識難……'一人之識'耶"，改寫自《宗鏡錄》卷 64，《大
正藏》第 48 册，2016 號，頁 777 中 8 至 14。

問云：既不說一人之識者，如何？論主答中，先斥失六法界凡、四法界聖，佛法界尊、三乘界卑，菩薩為因、佛界為果，佛為九說、九從佛求❶。謂諸有情各有識故，此事方成。若但說“一人之識”者，即豈有凡聖、尊卑、因果等別？若無佛者，眾生何求？若無凡夫，佛為誰說法乎？應知我“唯識”言，有深旨趣。言“識”之一字者，非是“一人之識”，乃總顯一切有情各各皆有八識，各有五十一心所，各有所變見、相二分，各有分位差別，二十四種不相應行，各有空理所顯六種真如無為，何觸執一人之識乎？❷“各有八識”者，“識自性故”，八識心王最為勝，故先明之。“各有心所”者，“識相應故”，望前心王，先勝後劣，故次明之。“各有相、見”者，“二所變故”，此二不能自起，要藉前二王、所變現，先能後所，故次明之。“各有不相應”者，“識分位故”，二十四法不能自起，藉前三位差別假立，先實後假，故次明之。“各有無為”者，“識實性故”，前四有為，此即無為，先有後無，故次明之。如是諸法，皆不離識，故總立“識”名。何顯八識？即是識之自體故。何顯六位心所？是識之相應故。何顯見、相二分？是識之所變故。何顯分位差別？是識之分位故。何顯真如？是識之實性故。如是上來五位諸法，皆不離識，總立“識”名。“唯”之一字，但遮徧計執，不遮依他起。若如是知，名為“正知”，善備資糧，速入法空，證無

---

❶ “六法界凡……九從佛求”，本段是對《成唯識論》“十方凡聖、尊卑、因果等別”的解釋，此解釋基於天台宗的“十法界”說，亦見於其他明代注疏，與唐代注疏不同。唐代注疏並具體解釋“凡聖”“尊卑”“因果”，僅謂“等”字指“色、心等等別法”。

❷ “若但說……一人之識乎”，改寫自《宗鏡錄》卷 64，《大正藏》第 48 冊，2016 號，頁 777 中 14 至 21。

上覺，普度有情。豈惡取空者能成是事哉？以前皆破有心外法、成“唯識義”故，故此但遮空見也。

第一頌、釋心外有法難，竟。

若“唯有識，都無外緣”，由何而生種種分別？

此第二頌、釋種種分別難，分三：一、牒義標問。小乘又總申一難云：若“唯識無外境”者，何由而得種種心生？既若無境牽生心，即妄心何由而起？未有無心境，曾無無境心❶。

頌曰：

由一切種識，如是如是變。

以展轉力故，彼彼分別生。

二、舉頌總答。即天親第十八頌。“一切種識”者，即是第八識，此識能持一切有為之法種故，即一切種子各能自生果差別功能，名“一切種識”。“功能”有二：一、現行名功能，即似穀麥等種能生芽功能是；二、第八識中種子名功能，有能生現行功能故。今言“一切種識”者，但取本識中種子功能，能生一切有為色、心等法，即色為所緣，心便是能緣，即色是境不離心，是“唯識”。即此心境但從本識中生起，何要外境方生？“如是如是變”者，如是八識從種生，即是八識自證分轉變起見、相二分，相分不離見分，是“唯識”。“以展轉力故”者，即餘緣是展轉力，以心法四緣生，色法二緣起。“彼彼分別生”者，即由彼見、相二分上妄執

---

❶ “小乘又總……無無境心”，改寫自《宗鏡錄》卷 63，《大正藏》第 48 冊，2016 號，頁 775 下 19 至 21。

外有實我、法等分別而生，故知但由本識中種而生諸識，不假外妄境而亦得生，故知"一切皆是唯識"。❶

　　論曰："一切種識"，謂本識中能生自果功能差別。此生等流、異熟、士用、增上果故，名"一切種"。除離繫者，非種生故，彼雖可證，而非種果，要現起道斷結得故。有展轉義，非此所說，此說能生分別種故。此識為體，故立"識"名，種離本識無別性故。"種識"二言，簡非種、識。有"識"非"種""種"非"識"故。又"種識"言，顯"識中種"，非"持種識"，後當說故。此識中種，餘緣助故，即便如是如是轉變，謂從生位，轉至熟時。顯變種多，重言"如是"，謂"一切種"攝三熏習、共、不共等識種盡故。"展轉力"者，謂八現識及彼相應、相、見分等，彼皆互有相助力故。即現識等，總名"分別"，虛妄分別為自性故。分別類多，故言"彼彼"。此頌意說：雖無外緣，由本識中有一切種轉變差別，及以現行八種識等展轉力故，彼彼分別而亦得生，何假外緣方起分別？諸淨法起，應知亦然，淨種、現行為緣生故。

---

❶ "'一切種識'者……皆是唯識"，改寫自《宗鏡錄》卷63，《大正藏》第48冊，2016號，頁775下23至頁776上9；"功能有二"等解釋源自窺基《成唯識論述記》卷7，《大正藏》第43冊，1830號，頁494下12至17。

三、解釋頌意，分三。一、正釋頌意。謂"一切種"名，顯根本識能生自果功能差別。"功能"即"種子"，"差別"即"一切"❶。何謂"自果"？謂等流、異熟、士用、增上。除離繫者，非種生故。五果名義，詳第八卷。彼離繫果，乃道所證故，不從種生，要起現行真無漏道斷結得故。此現起道，雖非種生，望於彼果有展轉義，然非此中正意所說。此說能生分別種故，彼是無漏清淨種故。"分別"即一切有為色、心等法。問：若爾，只當言"一切種"，如何言"一切種識"耶？答云❷：雖此種子有能生之功，而種無體，以識為體，故立"識"名。此種即是本識相分，即以所依而為自體，種離本識無別性故。"種識"二字，簡非種、識，即前七轉識是識非種，外種子是種非識❸，是所簡已。又"種識"言，顯是識中所持之種，不顯此種能持之識，後因緣中，義當廣說。次、釋次句。此識中種，餘緣助故，即便如是轉生成熟。餘緣即展轉力。顯變種多，重言"如是"。此攝名言、我執、有支、共、不共等識種盡故。三習氣中，有共相種、不共相種，於識中種方得盡故。次第三句"展轉力"者，即八種現行識及各識相應心所所變相、見二分等，互相助力，故曰"展轉"。大第四句，即現行八識等總名"分別"。何以故？虛妄分別為自性故。"分別"之類，不一而足，故言"彼

---

❶ "'差別'即'一切'"，本句是將"功能差別"之"差別"解為"一切種"之"一切"誤。"差別（viśeṣa）"簡單來說指能生果的殊勝力量。

❷ "云"，底本、校本皆作"去"，整理者據文意改訂。

❸ "即前七轉識是識非種，外種子是種非識"，本句是對《成唯識論》"有'識'非'種''種'非'識'故"的解釋，與唐代注疏有異。據唐代注疏，此句有兩種解釋：第一，現行八識是識非種（護法許第八識有現行識），外種子是種非識；第二，小乘所說諸識是識非種，數論派的"自性"等因是種非識。

彼"也。此頌之意，即釋外難，以雖無外緣，而本識中有一切種轉變差別，及現識等展轉分別，而亦得生，何假心外妄境，方能生諸分別耶？此言染法也。應知淨法之起，亦非外緣，亦由淨種及淨現行展轉生故。

所說種、現緣生分別，云何應知此緣生相？緣且有四：

二、別釋緣義，分五。一、明四緣。首二句，問也。"緣且有四"，答也。四緣皆是展轉力上說，但種子一法是親因上說。

一、因緣，謂有為法親辦自果。此體有二：一、種子，二、現行。"種子"者，謂本識中善、染、無記、諸界、地等功能差別，能引次後自類功能，及起同時自類現果，此唯望彼是因緣性。"現行"者，謂七轉識及彼相應所變相、見，性、界、地等，除佛果善、極劣無記，餘熏本識，生自類種，此唯望彼是因緣性。第八心品無所熏故，非簡所依獨能熏故，極微、圓故不熏成種。現行同類展轉相望，皆非因緣，自種生故。一切異類展轉相望，亦非因緣，不親生故。有說"異類、同類現行展轉相望為因緣"者，應知假說，或隨轉門。有唯說"種是因緣性"，彼依顯勝，非盡理說，聖說"轉識與阿賴耶展轉相望為因緣"故。

　　一、因緣，謂有為法親辦自果。"有為法"，簡無為。若一切煩惱種，彼加行智折伏已，永無生現行用，雖種子是因緣法，以不能生現行故，不得名因緣。"親辦自果"，簡非親辦，如將心種望色現，即非親辦自果，不名因緣；若心種生心現、色種生色現等，即是親辦自果，即是因緣。此雙通新、本二類種子故。"一、種子"者，謂本識中所藏三性、三界、九地等功能差別，能引次後自類功能，所謂"種引種"也；及起同時自類現果，所謂"種生現"也。此種子望彼所引所生之果是因緣性。"二、現行"者，謂七轉識心王、心所相、見二分，性、界、地等，除佛果善、劣無記外，餘皆能熏第八本識，生自類種，所謂"現熏種"也。此七現行能熏之識望所熏第八中種子是因緣性。

　　下、料簡。問：何故前七轉識及彼相應等，只熏第八，不熏第八心所？　答：以第八心所非所熏故。問：相、見性等何名能熏？　答：非簡所依獨能熏故。❶問：何以除佛果善，及劣無記，皆非能熏？　答：以佛果極圓滿，而無記極微劣故，不熏成種。問：何故同類現生現是等流，而非因緣？　答：以後現非前現生，乃自種生故。《宗鏡》問云：種引種，何名親因緣？　答：前念已滅，後念已生，即前念體，親引後念，故名親因緣。問：現引現，亦是

---

❶"問：何故前七識……獨能熏故"，本句是對《成唯識論》"第八心品無所熏故，非簡所依，獨能熏故"的解釋，將"心品"解釋為"心所"，不恰，對二句的解釋亦難解。"心品"指某一類心俱起的所有品類的法，包括心王與心所。據唐代注疏，初句意謂，因為第八心品都是所熏，所以並非"現行熏種子"這類因緣；次句，論敵的問題是"如果第八識是所熏，則第八識的心所即有所熏，應是能熏"，回答即謂，第八心所依心王，第八心所不能離於所依的心王而單獨成為能熏。

前念親引後念，何以說為等流？答：已有種子故。謂前念種子生前念現行，其前念種子，流至後來還生第二念現行，故知"後念現行不是前念親生"故。[1]問：何故異類現生現是增上緣，亦非因緣？答：不親生故。言"異類"者，如色現望心現、心現望色現等。然有處說為因緣者，應知俱是方便假說。有處唯說"種生種是因緣"，而不及"種生現""現生種"者，從顯勝說，非盡理之談。何以故？聖說"轉識與阿賴耶，展轉相望，互為因緣，如炷生焰，如焰生燒"，故因緣性，定是種、現相生，豈可執為唯種非現？

二、等無間緣，謂八現識及彼心所，前聚於後，自類無間，等而開導，令彼定生，多同類種俱時轉故。如不相應，非此緣攝。由斯，八識非互為緣。心所與心雖恒俱轉，而相應故，和合似一，不可施設離別殊異，故得互作等無間緣。入無餘心，最極微劣，無開導用，又無當起等無間法，故非此緣。云何知然？《論》有誠說：若此

---

[1] "《宗鏡》問云……念親生故"，本段不見於《宗鏡錄》，應改寫自《唯識開蒙問答》卷上："問：種生現、現生種，如父生子，子復生孫，是親因緣，殊無疑滯；其種引種，何理說為親因緣也？答：前念既滅，後念已生，即前念體親引後念，知是親因緣。譬如輥彈，前輥至後，後彈即是前彈之體，豈不親也？其種現相別辦體者，尚說為親；此種引種，前念、後念即是一體，豈不至親也？問：其現引現亦是前念親引後念，應是因緣，何故却說為真等流也？答：《疏》出已有種子生故。問：《疏》意如何？答：前念種子，生起頭上前念現行，其種輥至第二念時，還生頭上第二念現，故知後念現行不是前念現行親生。如戴華人向前行時，其華不曾自向前行，隨人向前也。思之思之。"（《新纂卍續藏》第 55 冊，888 號，頁 354 下 22 至下 9）

識等無間，彼識等決定生，即說此是彼等無間緣
故。即依此義，應作是說：阿陀那識，三界九地
皆容互作等無間緣，下上死生相開等故。有漏無
間有無漏生，無漏定無生有漏者，鏡智起已必無
斷故。善與無記，相望亦然。此何界後引生無
漏？或從色界，或欲界後。謂諸異生求佛果者，定
色界後引生無漏，後必生在淨居天上大自在宮，得
菩提故。二乘迴趣大菩提者，定欲界後引生無
漏，迴趣留身唯欲界故，彼雖必往大自在宮方得
成佛，而本願力所留生身是欲界故。有義：色界
亦有聲聞迴趣大乘願留身者。既與教、理俱不相
違，是故聲聞第八無漏色界心後亦得現前。然五
淨居無迴趣者，《經》不說彼發大心故。第七轉
識，三界九地亦容互作等無間緣，隨第八識生處
繫故。有漏、無漏容互相生，十地位中得相引故。善
與無記，相望亦然。於無記中，染與不染亦相開
導，生空智果前後位中得相引故。此欲、色界，有
漏得與無漏相生，非無色界，地上菩薩不生彼
故。第六轉識，三界九地、有漏無漏、善不善等，各
容互作等無間緣，潤生位等更相引故。初起無
漏，唯色界後，決擇分善唯色界故。眼、耳、身識，二
界二地，鼻、舌兩識，一界一地，自類互作等無間

緣。善等相望，應知亦爾。有義：五識，有漏、無
漏，自類互作等無間緣，未成佛時容互起故。有
義：無漏，有漏後起，非"無漏後容起有漏"，無
漏五識非佛無故，彼五色根定有漏故，是異熟識
相分攝故，"有漏不共必俱同境根，發無漏識"理
不相應故，此二於境明、昧異故。

二、等無間緣。"謂八現識及彼心所"者，出緣體。唯見、自
證，此是緣體。總名現識，簡色、不相應、種子、無為，非此緣性。《論》
說，等無間緣唯望一切心、心所說，以前生開導所攝受
故。"開"者，"避"義，"與彼處"義。"導"者，"招引"義。即
前往避其處，招引後法令生。"前聚於後"者，簡俱時及後為前緣
義，非開導故❶。"自類"者，顯非他識為緣。"無間"者，顯雖
前無間為後緣，非中間隔，要無間者。"等"者，謂能引、所引力
用齊等，謂一引一聚，一聚詶一，一聚引一，一詶一聚，一聚引
一聚，一聚詶一聚，一引一法，一法詶一，類有不等，力皆齊等
故❷。"等而開導"者，顯緣義。"令彼定生"，即顯後果，雖經久
遠，如經八萬劫前眼識，望後亦為此緣。以彼後果當定生故，即
簡入無餘依最後心，無果定生，故非此緣，雖有開義，無導引力
故❸。《俱舍》云："除阿羅漢臨涅槃時最後心、心所法，諸餘已生

---

❶ "'謂八現識及彼心所'者……非開導故"，改寫自《宗鏡錄》卷70，《大
正藏》第48冊，2016號，頁809上2至8。

❷ "'等'者……力皆齊等"，改寫自《唯識開蒙問答》卷下，《新纂卍
續藏》第55冊，888號，頁368下14至17。

❸ "'等而開導'者……導引力故"，改寫自《宗鏡錄》卷70，《大正藏》

心、心所法，是等無間緣。"❶問：八識生時何用此緣？答：自己一識前念不滅、後念不生故，以前念自體占自路故❷，故識生時須用此緣。問：八種現識多同類種俱時而轉，何故彼識非此識等無間緣？答：以彼此不相應故，非此緣攝。由斯義故，雖八識俱轉，互不相應，不能展轉互作此緣。應有問云：心與心所，既非自類，如八種識，恒時俱轉，體用各殊，如何俱起，望後並得互為緣義？故此釋云：心與心所，雖恒相轉，而互相應，如眾燈明，和合似一。和合似一者，同一所緣及同一依、同一時轉、同一性攝，不可離別令其殊異。一開導時，餘亦開導，故展轉作等無間緣。不同八識行相、所緣及依各不等故，非互為緣。又但除卻入無餘依者外，餘一切心、心所皆是等無間緣，以力用齊等，無自類間隔故❸。問：既八識皆有此緣，入無餘心亦應有此，何故定無？答言：入無餘心，最極微劣者，言思路絕故"微"，不能生果故"劣"，既無開導之用，又無當起之法，故非此緣也。"云何知然"，此問互作等無間緣，非問無餘心❹。"《論》有誠說"，即《瑜伽論》。若前識等滅時無間，彼

第 48 冊，2016 號，頁 809 上 10 至 14。

❶ 引文見世親造、玄奘譯《阿毘達磨俱舍論》卷 7，《大正藏》第 29 冊，1558號，頁 36 中 17 至 19。

❷ "問：八識生時……占自路故"，改寫自《唯識開蒙問答》卷上，《新纂卍續藏》第 55 冊，888 號，頁 352 下 8 至 11。

❸ "應有問云……自類間隔故"，改寫自《宗鏡錄》卷 70，《大正藏》第 48 冊，2016 號，頁 809 上 14 至 23；源自《成唯識論述記》卷 7，《大正藏》第 43 冊，1830 號，頁 497 下 18 至 25。

❹ "此問互作等無間緣，非問無餘心"，本句是對《成唯識論》"云何知然"的解釋，本書認為此句與前句關於末心的討論無關，與唐代注疏不同。據唐代注疏，本句近問為何"末心非緣"，遠問為何"前心聚可以作為後心聚

後識等決定生起，即說此前是彼後識等無間緣。今依此義，若無餘心，無如是義，故非此緣。"即依"下，歷明八種識各具等無間業義。初、第八識阿陀那識等無間緣，三界九地皆容互作。何以故？下上死生相開等故。謂下生上者，下地死時心，即作上地生時心等無間緣，上生下者亦然，故云"等"也。有漏心滅時，與當生無漏心作等無間緣；無漏不與有漏為緣，謂第八無漏時心品，轉成大圓鏡智，盡未來際，永無間斷，豈有常生有漏心理？"善與無記，相望亦然"，謂有漏無記心滅，定生無漏善心；無漏善心滅時，定不生有漏無記。以第八有漏無覆無記，無漏唯是善性攝故。"此依何界引生無漏"，問也。"或從色界，或欲界後"，總答也。"謂諸異生"下，別釋也。初、釋色界引生。"二乘"下，釋欲界引生。"有義下"，釋色界聲聞亦有引生者。次、第七識。第七末那，三界九地並有此。"第七轉識"下，明第七識等無間緣，以隨第八生於何處，即繫第八執為我故，上下死生互相開導，皆如第八。有漏、無漏亦有此緣，容互相生，以此末那是因中轉智，不同第八唯在果上，故十地位中有漏、無漏皆得相引。謂此二識，有三品轉智，初地下品轉，八地中品轉，等覺上品轉。下品初轉未純無漏，故與有漏得互相引。前五、第八，唯上品轉，故得無漏時不生有漏也。五卷云："滅定既是聖道等流、極寂靜故，此染汙意定亦非有，由未永斷此種子故。從滅盡定聖道起已，此復現行，乃至未滅。"此即無漏引生有漏也。有漏唯是有覆無記，無漏唯善，故曰"善與無記，相望亦然"。於無記中，生空智起名為"不染"，智不起時亦名為"染"，前位亦為後位引故，故曰"染與不染亦相開

等無間緣"。

導”，此漏、無漏互相引生。唯下二界，地上菩薩不生無色界故。次、
第六識界、地、漏等，各容互作，以彼亦是因中轉智，故潤❶生位
得互相引。初起無漏，唯色界後，不於欲界，以四加行善唯色界
有故。次、第五識等無間緣，各分界地。眼、耳、身三識，欲界五
趣雜居地，色界離生喜樂地；鼻、舌二識，唯是欲界五趣雜居地，以
色界初禪無段食，無鼻、舌二識故；從二禪已上乃至無色界以來，無
前五識故，只說下二界互緣。“善等相望，應知亦爾”者，以前五
識通三性故，善望不善、無記，與不善、無記望善等，亦容互作等
無間緣也。一師言：漏與無漏，容互引生，未成佛時容互起故。此
解因中轉成無漏，如六、七識於後互起。一師言：有漏容與無漏為
緣，無漏定無生有漏者。所以者何？“無漏五識非佛無故”，謂前
五識果中方得轉智故。除佛已外，無有無漏五識，彼五色根定有
漏故，是異熟識相分攝故，異熟識有漏故五根有漏，五色根有漏
故五識有漏。以前五根是第八親相分，第八因中持有漏種，不成
無漏。能變第八既是有漏，則所變五根亦有漏。五根是所依尚有
漏，能依五識亦成有漏也。“不共”，即不共眼等根。“必俱”，是
俱有依。“同境”，即同境依❷。雖曰“根能發識”，而“有漏根發
無漏識”理不相應。無漏境“明”，有漏境“昧”，所謂“此二”。此

---

❶ “潤”，底本、校本皆作“澗”，校本校勘記謂“澗疑潤”，整理者據文
意改訂。

❷ “‘不共’，即不共眼等根……即同境依”，本句是對《成唯識論》“有
漏不共必俱同境根”的解釋，本書是分別解釋，與唐代注疏不同。唐代注疏
將此句“有漏”等詞皆視為對“根”的簡別，“有漏”簡別“無漏”，“不共”簡
別“有漏第八識”，“必俱”簡別“等無間緣”，“同境”簡別“第七識作為第
六識之所依”。

皆歷明因中無無漏五識義，以見"無漏不作有漏等無間緣"也。《雜集論》云："等無間緣者，謂中無間隔等無間故。同分、異分心、心所生等無間，故是等無間緣義。'中無間隔等無間'者，不必剎那中無間隔，雖隔剎耶，但於中間無異心隔，亦名'中無間隔'。若不爾，'入無心定心'望'出定心'應非等無間緣，然是彼緣，是故於一相續中，前心望後心，中間無餘心隔故，是等無間緣。如心望心，當知心所亦爾。'同分、異分心、心所生等無間'者，謂善心、心所，望同分善、異分不善、無記無間生心、心所，為等無間緣。如是，不善、無記心、心所，望同分、異分無間生心、心所亦爾。又欲界心、心所，望欲、色、無色界及無漏無間生心、心所，為等無間緣。如是，色界等心、心所各各別望色界等及欲界等無間生心、心所，如其所應盡當知。問：為一切心無間一切心生耶，為有各別決定耶？答：❶有。今於此中，若廣別說'如是心無間、如是心生'者，便生無量言論，是故唯應畧總建立心生起相。謂諸心生起，由十種力：一、由串習力，二、由樂欲力，三、由方便力，四、由等至力，五、由引發力，六、由因力，七、由境界力，八、由憶念力，九、由作意力，十、由相續力。'串習力'者，復有三種，謂下、中、上品。若於諸定入住出相未了達故，是下品；雖已了達，未善串習故，是中品；既了達矣，復善習故，是上品。若有下品串習力者，於諸靜慮諸無色定，唯能次第入；若有中品串習力者，亦能超越入，唯能方便超越一間；若有上品串習力者，隨其所欲，或超一切，若順若逆，入諸等至。'樂欲力'者，謂已得第二靜慮者，入

---

❶ "答"，底本、校本皆作"合"，校本校勘記謂"合疑答"，本句引自《大乘阿毘達磨雜集論》卷5，整理者據《大正藏》本《大乘阿毘達磨雜集論》卷5及文意改訂。

初靜慮已，若欲以第二靜慮地心出，或欲以欲界善及無覆無記心出，即能現前而出於定。如是廣說餘一切地，如理當知。‘方便力’者，謂初脩行者，唯欲界善心無間色界心生，未至定善心無間初根本靜慮心生，初根本靜慮善心無間第二靜慮地心生，如是廣說，乃至有頂，皆如理知。‘等至力’者，謂已入清淨三摩鉢底，或時還生清淨等至，或時生染。‘引發力’者，謂從三摩地起乃至現行定地心，與不定剎那心間雜隨轉，乃至由彼相違煩惱現行故，即便退失。此相違煩惱相應心，復由因等四力，方得現行。‘因力’者，謂先以積習能退障故，決定應退。‘境界力’者，謂淨相勢力增上境界現前故，能隨順生貪等煩惱。‘憶念力’者，謂憶念分別過去境界而生戲論。‘作意力’者，謂由觀察作意思惟種種淨妙相貌。‘相續力’者，有九種命終心，與自體愛相應，於三界中，各令欲、色、無色界生相續，謂從欲界沒還生欲界者，即以欲界自體愛相應命終心結生相續；若生色、無色界者，即以色、無色界自體愛相應命終心，結生相續。如是從色無色界沒，若即生彼，若生餘處，有六種心，如其所應盡當知。又此自體愛，唯是俱生，不了所緣境，有覆無記性攝，而能分別我自體生差別境界。由此勢力，諸異生輩令無間中有相續。未離欲聖者亦爾，臨命終時，乃至未至不明了想位，其中能起此愛現行，然能了別，以對治力之所攝伏。已離欲聖者，對治力強故，雖未永斷，然此愛不復現行，彼由隨眠勢力，令生相續。中有初相續剎那，唯無覆無記，以是異熟攝故；從此已後，或善，或不善，或無記，隨其所應，除彼沒心，以中有沒心常是染污，猶如死有。生有相續心剎那，亦惟無

覆無記。若諸菩薩願力受生者，命終等心，當知一切一向是善。"**❶**

　　三、所緣緣，謂若有法，是帶己相心或相應所慮、所託。此體有二：一、親，二、疎。若與能緣體不相離，是見分等內所慮、託，應知彼是親所緣緣。若與能緣體雖相離，為質，能起內所慮、託，應知彼是疎所緣緣。親所緣緣，能緣皆有，離內所慮、託必不生故。疎所緣緣，能緣或有，離外所慮、託亦得生故。第八心品，有義：唯有親所緣緣，隨業因力任運變故。有義：亦定有疎所緣緣，要仗他變質自方變故。有義：二說俱不應理，自、他身土可互受用，他所變者為自質故。自種於他無受用理，他變為此不應理故，非諸有情種皆等故。應說，此品疎所緣緣，一切位中有無不定。第七心品，未轉依位，是俱生故，必仗外質，故亦定有疎所緣緣；已轉依位，此非定有，緣真如等無外質故。第六心品，行相猛利，於一切位能自在轉，所仗外質或有或無，疎所緣緣有無不定。前五心品，未轉依位，麁鈍劣故，必仗外質，故亦定有疎所緣緣；已轉依位，此非定有，緣過、未等無外質故。

---

　　❶ 引文見《大乘阿毘達磨雜集論》卷5，《大正藏》第31冊，1606號，頁714上10至下16。

三、所緣緣。"謂若有法"者，謂非徧計所執。所執無體，不能發生能緣之識，故非是緣。"緣"者必是依他。今此必是有體本質法名"緣"❶。"是帶己相"者，即相分名所緣相，相、質合說名"所緣緣"。"帶"字屬"心"，"己"字屬"本質"，"相"即"相分"，謂能緣心緣所緣境時，帶起本質家己有之相分故，名是"帶己相"。"帶"有二義：一者、變帶，即八箇識有疎所緣緣本質是，為託此有體境為本質，變似質之相起，名為"變帶"；二者、挾帶，即一切親所緣緣實相分是，為此相分不離能緣心故，其能緣心親挾此相分而緣，名為"挾帶"。言"己相"者，亦有二義：一、體相相，二、相狀相。且第一於變帶疎所緣緣上說者，即變似質之己相，即相分似本質己體，此是相狀之相；二於挾帶親所緣緣上說者，即能緣心上親挾帶所緣相分之己相，此是體相之相，即不同於疎所緣緣帶本質家之己相起❷。言"心或相應"者，此辨所緣緣果也。以所緣為緣是因，生得心、心所是果。言"心"者，是八識心王。言"相應"者，是五十一心所。有起、不起，故言"或"。《別行鈔》云："所緣緣者，謂是心之所慮處，故名為所緣。只此所緣境，又有牽心令生，是心之所託故，復說名緣。即所緣為緣，名'所緣緣'。"❸問：若言"'親挾帶境相'及'變帶似質之相狀起'，成

---

❶"'謂若有法'者……本質法名'緣'"，改寫自《宗鏡錄》卷70，《大正藏》第48冊，2016號，頁809上29至中3；源自《成唯識論述記》卷7，《大正藏》第43冊，1830號，頁500中21至29。

❷"'是帶己相'者……之己相起"，改寫自《宗鏡錄》卷70，《大正藏》第48冊，2016號，頁810下2至頁811上20。

❸"《別行鈔》云……名'所緣緣'"，改寫自《宗鏡錄》卷71，《大正藏》第48冊，2016號，頁812上7至10。

親、疎二緣”者，即外色法亦成親、疎二緣，且如將鏡照人時，於鏡面上亦能親挾於人影像，以人影不離於鏡面故，應成親所緣緣；又鏡面望外邊人本質，應成疎所緣緣。答：將“所慮”簡之。夫為所緣緣者，須對能緣慮法所慮，方名“所緣緣”。今鏡面既非能緣慮法者，即鏡中人影及外邊人本質，亦不得名“所慮”義。且闕“所慮”義者，不成所緣緣。外人又問：若爾者，且如第六識緣空華無體法時，有“所慮”義，應成所緣緣，為此是能緣慮故。答：將“所託”簡之。其意緣無體法時，雖有“所慮”義，又闕“所託”義，以空華等無體，不與能緣心為所託，不妨但成“所緣”，即不成“緣”。由是應須四句分別，一、有所慮非所託，即徧計妄執我、法等是，以無體故，但為所慮，不為所託；二、有所託非所慮，即鏡、水所照人等是，此但有所託，而無所慮，以鏡、水等非能慮故；三、俱句，即一切所緣緣實相分是；四，俱非，即除鏡、水等所照外餘不緣者是。一親二疎者，“親”是“逼附”義、“近”義，即如相分親逼附近於見分，更無餘分間隔故；“疎”是“遠”義，被相分隔故，即本質法是❶。“若與能緣”者，是見分。“體不相離”者，即與自證分體不相離。意云：相分是見分親所緣緣，見分是自證分親所緣緣，皆不離自證分體。此正簡疎所緣緣，本質法望能緣見分有相離八識故。此亦簡他人所變相分及自身八識各各所變相分，更互相望，皆不是“親”。今唯取自識所變相分名親，望能變見分體不相離，中間更無物隔礙，方是“親”義。言“是見分等內所慮託”者，“等”即等取自證分及第四分并本智緣如等，此

---

❶ “問：若言……本質法是”，改寫自《宗鏡錄》卷 70，《大正藏》第 48 册，2016 號，頁 811 上 20 至中 13。

皆成親所緣緣❶。親所緣緣，都有四類：一、有親所緣緣從質及心而變起，即五識緣五塵境所緣相分是；二、有親所緣緣但從心變，不仗質起，即第八識緣三境相分是；三、有親所緣緣，不由心變，亦不由質起，即根本智所證真如是；四、有親所緣緣而非相分，即內二分互相緣是❷。疎所緣緣，與能緣心相離法是，謂即他識所變及自身中別識所變、仗為質者是。親所緣緣，但是能緣之心皆有，離內所慮、託之相分，一切心等必不行故。今大乘中若緣"無"法不生心也。疎所緣緣，能緣之法，或有或無，以是心外法故。如執實我、法，雖無本質，然離彼法，心亦生故❸。

"第八心品"下，料簡八識親、疎。一師言：第八唯有親緣，隨業因力能自變故，不仗疎緣。一師言：定有疎緣，要仗他質自方變故。護法正❹義：第八心、心所，若因若果，疎所緣緣有無不定。若因中第八，託他人浮塵根及器世間境，自變相分緣，即可互受用，有疎所緣緣義；若是自他緣義，五根及種子不互變緣，即無疎所緣緣義也。又有色界，即有浮塵、器世間，可互扶托，即有疎所緣緣；若無色界，即無色可扶託故，即無疎所緣緣義也。若自第八識緣自三境，唯有親所緣緣也，此是因中料簡。若至佛果位中，第八識

---

❶ "'若與能緣'者……親所緣緣"，改寫自《宗鏡錄》卷70，《大正藏》第48冊，2016號，頁811中21至下6。

❷ "親所緣緣，都有四類……互相緣是"，改寫自《宗鏡錄》卷70，《大正藏》第48冊，2016號，頁811中13至19。

❸ "疎所緣緣，與能緣心相離法是……心亦生故"，改寫自《宗鏡錄》卷70，《大正藏》第48冊，2016號，頁809中15至23；源自《成唯識論述記》卷7，《大正藏》第43冊，1830號，頁501上25至中1。

❹ "正"，底本、校本皆作"王"，校本校勘記謂"王疑正"，整理者據文意改訂。

若緣自境，及緣真如，及緣過、未一切無體法時，即無疎所緣緣也。若緣他佛身、土，即變影而緣，亦有疎義。即第八識心王自果位中，疎所緣緣，有無不定。若第八五心所因果位中，皆有疎所緣緣也，若為託第八心王三境為質而緣故。若第七識，有漏位中者，體是俱生，任運無力，必扶第八識以為外質故，自方變影像，故即定有疎所緣緣。若約無漏時，即疎所緣緣有無不定。若第七根本智相應心品緣真如，即無疎緣。若後得智緣如，即有疎緣。若是無漏第七緣過、未及諸無體法，皆無疎所緣緣。問：何故有漏第七起執，事須扶託本質起耶？夫是執者搆畫所生，即不合假於外質而起。答：執有二：一、有強思分別計度而起執者，即所託本質有無不定，如第六識獨頭散意是也；二者、有任運起執，即第七識是，為第七心、心所是俱生任運，自無力起，要假外質自方起質也。故知第七有漏位中疎所緣緣，有無不定。若第六識者，於因、果位中，皆自在轉，或分別起，或俱生故，緣一切法時，有仗質起，有不仗質起，緣境最廣故，疎所緣緣有無不定。若前五轉識者，未轉依位，觀劣故，必仗外質故，即定有疎所緣緣；若轉依位，此非定有，緣過、未等無外質故。前五轉識，因、果位中，約諸根互用，亦須仗質而起，定有疎所緣緣。若至果位。有無不定。又諸識互緣者，第八識與前七為所緣緣，即八識相分與五識為所緣緣。第六識緣第八四分為所緣緣。第七即唯託第八見分為所緣緣。即第八識四分為本質，即前七識見分變相分緣，即第八與前七為所緣義。故“八於七有”也。即第八與前七為疎所緣緣。“七於八無”者，即前七不與第八為所緣緣，以第八不緣第七故，不託前七生故,唯緣自三境為所緣緣❶。《宗鏡》:"問:心不孤起,託境方生,還有不仗境質起否? 答:有。護法菩薩云:心生不必有本質。正義者,若疎所緣緣,有無不定,不假本質,心亦得生唯識之境。若親相分,若待外質方生,良恐理乖唯識。若第八、第六有無不定,即如八識緣境時,前五、第七定有本質。第八若緣他人浮塵根,并異界器,及定果色時,即有本質;若緣自三境者,唯是親變親緣,即無本質。第六若緣現在十八界時,可有本質;若緣過去十八界,或緣無體法時,將何為質? 故知六、八所仗本質,有無不定。若定果色,有變有化。言'有變'者,託質,即有本質;言'有化'者,是離質。或有緣他起者。即有變之義,即託他為質,自變影像,如攪長河為酥酪、變大地作黃金,此皆有本質。或有定力生者,即有化之義,即離質化,無而忽有,如虛空華,化出樓臺七寶等事,此皆從定心離質而化。應作四句,分別本質、相分三境有無:一、有本質相分,是實性境,即前五識及明了意識初念,并少分獨頭意識是;二、有本質相分,是假,即有質獨影及帶質境是;三、無質相分,是假,即無質獨影是;四、無質相分,是實性境,即第八心王緣三境及本智緣如是。"❷

四、增上緣,謂若有法,有勝勢用,能於餘法或順或違。雖前三緣,亦是增上,而今第四,除彼取餘,為顯諸緣差別相故。此順、違用,於四處

❶ "護法正義……為所緣緣",改寫自《宗鏡錄》卷 70,《大正藏》第48 冊,2016 號,頁 810 上 11 至中 29。

❷ "《宗鏡》……智緣如是",改寫自《宗鏡錄》卷 71,《大正藏》第48 冊,2016 號,頁 811 下 14 至頁 812 上 7。

轉，生、住、成、得四事別故。然增上用，隨事雖多，而勝顯者，唯二十二，應知即是二十二根。前五色根，以本識等所變眼等淨色為性。男、女二根，身根所攝，故即以彼少分為性。命根，但依本識親種分位假立，非別有性。意根，總以八識為性。五受根，如應各自受為性。信等五根，即以信等及善念等而為自性。未知當知根，體位有三種：一、根本位，謂在見道，除後剎那，無所未知可當知故；二、加行位，謂煖、頂、忍、世第一法，近能引發根本位故；三、資糧位，謂從為得諦現觀故，發起決定勝善法欲，乃至未得順決擇分所有善根，名"資糧位"，能遠資生根本位故。於此三位，信等五根、意、喜、樂、捨，為此根性。加行等位，於後勝法求證愁感，亦有憂根，非正善根，故多不說。前三無色有此根者，有勝見道傍修得故。或二乘位迴趣大者，為證法空，地前亦起九地所攝生空無漏，彼皆菩薩此根攝故。菩薩見道，亦有此根，但說地前，以時促故。始從見道最後剎那，乃至金剛喻定，所有信等無漏九根，皆是已知根性。未離欲者，於上解脫求證愁感，亦有憂根，非正善根，故多不說。諸無學位，無漏九根，一切皆是具知根性。有頂雖有遊觀無

漏，而不明利，非後三根。二十二根自性如是，諸
餘門義，如《論》應知。

四、增上緣者，謂若有法，有勝勢用，能於餘法或順或違，說
此與彼而為增上。"謂若有法"，亦是有體，此簡所執。"有勝勢
用"者，謂為勝義，即有為無為有勝勢用，此用非是與果等用，但
不障力。"能於餘法"者，簡其自體，顯不同前所緣緣故。"或順
或違"者，顯與順違俱能為緣，與後生異法為緣，非前滅法。謂
十因中，前九是順，第十是違，亦是此緣故。問：增上緣約逆、
順、有力、無力，都有幾種？答：古釋有四種。夫增上緣者，即簡
徧計所執是無體法，須是有體法得為增上緣。即是依、圓二性，皆
是有體法為增上緣義。若無體法，即是我、法等，全無體故，從妄
執生，非增上緣。一、順，如水、土與青草等為順增上緣，六波羅
蜜與佛果為順增上緣，受、取二支與五果種子為順增上緣。二、
違，即如霜、雹與青草作違增上緣，又如智與惑作違增上緣，即一
念間智起時惑便斷。即知一念有二增上，一念正與惑作違增上，便
與二空理作順增上。三、有力增上，亦名親增上，如五根發生五識
等。四、無力增上，即此人五根望彼人五識，是無力增上，亦名疎
增上。如燈焰正生時，一切大地等法，不礙此焰生，名疎增上。但
取"不障礙"義邊名增上緣❶。難云：此之勢用前豈不有，而於
彼後別明此緣？答云：雖前三緣亦是增上，而今第四，除彼取餘，為
顯諸緣差別相故。"能於餘法"，謂何法耶？此順、違用，於四處
轉，生住成得四事別故。"然增上用"下，次、別釋。"前五色

❶ "'謂若有法'，亦是有體……名增上緣"，改寫自《宗鏡錄》卷71，《大
正藏》第48冊，2016號，頁813下9至頁814上1。

根"下，次、釋。先、十九根。"未知"下，次、後三根。先、未知當知根。"始從見道"下，次、已知根。"諸無學"下，次、具知根。"二十二根"下，次、結。《瑜伽論》云："問：何等是根義？答：增上義是根義。問：為顯何義？答：為顯於彼彼事彼彼法寂勝義。云何建立二十二根？謂能取境增上義故，建立六根；_{眼、耳、鼻、舌、身、意。}安立家族相續不斷增上義故，建立二根；_{男、女。}為活性命事業方便增上義故，建立一根；_{命。}受用業果增上義故，建立五根；_{五受。}世間清淨增上義故，建立五根；_{信、勤、念、定、慧。}出世清淨增上義故，建立三根。_{未知當知、已知、具知。}復次，受用顯境增上義故，建立六根；受用隱境增上義故，建立二根；受用境界時分邊際增上義故，建立一根；受用境界發生雜染增上義故，建立五根；安立清淨增上義故，建立八根。_{信等五根、三知根。}復次，顯於內門受用境界增上義故，建立六根；顯於外門受用境界增上義故，建立二根；受用內身增上義故，建立一根；受用外境及與內身發生雜染增上義故，建立五根；對治雜染安立清淨增上義故，建立八根。復次，依止端嚴增上義故，建立五根；_{眼、耳、鼻、舌、身。}能令依止隨自在轉增上義故，建立一根；_{意。}依止安住增上義故，建立一根；_{命。}依止出生增上義故，建立二根；_{男、女。}依止損益增上義故，建立五根；_{五受。}依止解脫增上義故，建立八根。復次，顯有情事增上義故，建立六根；生有情事增上義故，建立二根；令有情事若住若沒增上義故，建立一根；顯諸有情受用境界增上義故，建立五根；顯諸有情勝生方便增上義故，建立五根；顯諸有情定勝方便增上義故，建立三根。復次，顯有情事增上義故，建立六根；顯有情增長增上義故，建立二根；顯了有情壽漸損減增上義故，建立一根；顯了有情興盛衰損增上義故，建立五根；顯了有情功德過失增上義故，建立八根。復次，依如是名，建立六根；依如是種、如是性，建立二根；依如是食、如是受苦樂，建立五根；依如是長壽、如是久住、如是壽量邊際，建立一根。當知此諸根，依在家品施設建立。依如是信、如是精進，乃至如是慧、如是向、如是❶果，建立八根。當知此諸根，依出家品施設建立。復次，依修行者防護根門增上義故，建立六根；堪得出家證沙門果增上義故，建立二根；積集善品增上義故，建立一根；正知而行增上義故，建立五根；證沙門果諸方便道增上義故，建立五根；證沙門果增上義故，建立三根。"❷眼等五根，以本識等所變清淨色為性，於色等境已見、今見、當見等為業，見等色等之所依處。男、女二根，以彼身根少分為性，父母、妻子、親戚、眷屬互相攝受顯現為業，習欲之所依處。命根，即以第八識親生種子為體，令諸有情墮在存活住持數中為業，乃至死有為前時有之所依處。意根，以八識為性，於諸法境緣慮為業，法等之所依處。五受根，如應各自受為性，令諸有情領納一切興盛衰損為業，於諸境界可意、不可意、若愛、若恚等之所依處。信等五根，即以信等及善念等而為自性，能生善趣及能圓滿涅槃資糧為業，信為趣入善法之所依處，精進為已入善法恒常修習之所依處，念為正知而行之所依處，定為智見清淨之所依處，慧為煩惱永斷之所依處。未知當知根，於根本位、加行位、資糧位中，信等五根、意、喜、樂、捨為性，證初第二、第三沙門果之所依處。已知根，從見道最後剎那乃至金剛喻定，所有信等無漏

❶"是"，底本、校本缺，整理者據《大正藏》本《瑜伽師地論》卷 53 及文意補訂。

❷ 引文見《瑜伽師地論》卷 57，《大正藏》第 30 冊，1579 號，頁 614 上 15 至下 2。

九根為性，乃至金剛喻定無學沙門果證之所依處。具知根諸，無學位無漏九根為性，無間煩惱永斷作證現法樂住所依永滅之所依處，皆以能於現法趣證涅槃為業❶。《俱舍》云，一，"未知當知根，於得已知道有增上用"❷。體位有三：一、根本位，謂在見道，除後剎那。見道有三心，謂入心、住心、出心。"除後剎那"者，即出心也，此屬修道已知根，故須除之。謂見道時，雖大事已明，根本已見，然有未曾知當知行轉，故說彼名"未知當知"❸。二、四加行位，由此位中，加功用行，近能引發見道根本故，此決擇善，在四靜慮中。三、資糧位，即十住、十行、十回向三賢位也。謂於諸諦未得現觀者，欲得現觀，發起勝善法欲，如三練磨之類，乃至未得入加行位時，未得順決擇善，所有善根，名"資糧位"，能遠資益生長根本位故。設有問云：善位無苦根，可不待說，何無憂根？故此釋云：加行等位，於未得勝法求證時，亦有愁感，而不

---

❶ "眼等五根，以本識等……涅槃為業"，本段解釋糅合了《成唯識論》"前五色根……具知根性"與《瑜伽師地論》卷57關於二十二根之"業""依處"的段落。

❷ 引文見世親造、玄奘譯《阿毘達磨俱舍論》卷3，《大正藏》第29冊，1558號，頁14上17至18。

❸ "見道有三心……'未知當知'"，本段是對《成唯識論》"一、根本位，謂在見道，除後剎那，無所未知可當知故"的解釋，將"後剎那"解釋為"三心"之"出心"，並謂"除後剎那"是因"出心"屬修道，與唐代注疏大異。據唐代注疏，此處"後剎那"指相見道十六心的最後心，其仍屬見道，故後文說已知根始於"見道最後剎那"。"除後剎那"則是因第十六心見道圓滿，已無"未知"。唐代注疏中雖有"三心見道"的說法，但指真見道中無間、解脫、勝進，並非入、住、出，解修道初地時則有入、住、出的區分。

說者，以非正善根故也。《瑜伽》云："憂根雖道所依，非道攝故，此中不取。"❶
"前三無色"，謂空處至無所有處。"傍修得"者，決擇分善，在四
靜慮。"勝見道"者，兼修上定❷。故三無色，亦有此根。或二乘
迴心趣大者，為求證入法空理故，於地前位亦起此根。彼於生空，雖
已具知，未達法空，猶所當了，所證九地生空無漏，皆是菩薩此
根攝故。乃至菩薩正見道位，亦有此根。而但說地前，不說見道
者，以時促故。何謂"時促"？即見道㝹後一刹那間也❸。次、釋
已知根。既見道已，無"所未知可當知"故，但為斷除餘隨眠故，即
於彼境後數了知，名已知根。"見道最後刹那"者，已知根之初心
也。"金剛喻定"者，等覺位之後心也。"此三摩地㝹第一故，㝹
尊勝故，極堅牢故，上無煩惱能摧伏故，摧伏一切諸煩惱故，是
故此定名'金剛喻'。譬如金剛，其性堅固，諸末尼等不能穿壞，穿
壞一切末尼寶等，此定亦爾，故喻'金剛'。"❹次、釋具知根。謂

❶ 引文見《瑜伽師地論》卷57，《大正藏》第30冊，1579號，頁618
中22至23。

❷ "'傍修得'者……兼修上定"，本段是對《成唯識論》"有勝見道傍
修得故"的解釋，與唐代注疏大異。唐代注疏中對此句有多種解釋，但並未
將"傍修得"限於決擇分。

❸ "何謂'時促'……刹那間也"，本句是對《成唯識論》"以時促故"的
解釋，誤。本句是討論的菩薩的"未知當知根"，"見道㝹後一刹那間"則是
前文提到的"除後刹那"的情況，見道的最後一刹那不是"未知當知根"。據
唐代注疏，"時促"是菩薩相較於二乘來說，二乘資糧位、加行位時間較短，故
二乘見道位中的未知當知根相較於前二位時間並非甚促，所以前文說二乘在
見道位也有未知當知根；菩薩的勝解行地（資糧位、加行位）遠長於二乘，相
比之下見道位中有未知當知根的時間非常短促，因此不說菩薩見道位有未知
當知根。

❹ 引文見《瑜伽師地論》卷12，《大正藏》第30冊，1579號，頁340

無學人證無學果，我生已盡，梵行已圓，故曰"具知"。《俱舍》云："在無學道，知己已知，故名為'知'。有此知者，名為'具知'。或習此知已成性者，名為'具知'，謂得盡智、無生智故，如實自知'我遍知苦'，不復遍知故。"❶又云："此根於得涅槃有增上用。"❷又云："謂見所斷煩惱滅中，未知當知根有增上用；於修所斷煩惱滅中，已知根有增上用；於現法樂住中，具知根有增上用，由此能領受解脫喜樂故。問：若增上故立為根者，無明等性應立為根，無明等因於行等果，各各別有增上用故。又語具等應立為根，語具、手、足、大小便處，於語執行棄樂事中，如其次第有增上故。答：如是等事，不應立根，由所許根有如是相。頌曰：心所依此別，此住此雜染，此資糧此淨，由此量立根。'心所依'者，眼等六根，此內六根是有情本。'此相差別'，由男、女根。復由命根，'此一期住'。成'此雜染'，由五受根。'此淨資糧'，由信等五。'此成清淨'，由後三根。'由此'，'立根'事皆究竟，是故不應許無明等及語具等亦立為根，彼無此中增上義故。"❸設有問云：既後三根皆名無漏❹，有頂無漏亦此根攝耶？故此簡云："有頂雖有游觀無漏，而不明利，非後三根。"謂"有頂"者，於所觀

中 4 至 8。

❶ 引文見世親造、玄奘译《阿毘達磨俱舍論》卷 3，《大正藏》第 29 冊，1558號，頁 15 上 7 至 11。

❷ 引文改寫自世親造、玄奘译《阿毘達磨俱舍論》卷 3，《大正藏》第 29 冊，1558 號，頁 14 上 16 至 17。

❸ 引文改寫自世親造、玄奘译《阿毘達磨俱舍論》卷 3，《大正藏》第 29 冊，1558 號，頁 14 上 21 至中 9。

❹ "漏"，底本、校本皆作"滿"，校本校勘記謂"滿疑漏"，整理者據文意改訂。

境定力勝故,煩惱現行得解脫已,令彼諸根成無漏性,而不見道,觀力盡後,復生餘處。此後三根,於一切位,與生相違,故非彼攝❶。此中但言二十二根自性如是。若夫業用、依處、界繫、二學、三性、所斷等,一一差別,廣如《瑜伽》五十七卷,故曰"如《論》應知"。

一、明四緣,竟。

成唯識論卷第七

---

❶ "故此簡云……故非彼攝",本段是對《成唯識論》"有頂雖有遊觀無漏,而不明利,非後三根"的解釋,與唐代注疏不同。據唐代注疏,只是因為有頂時遊觀無漏時的"想"微細而不名利,所以說"非後三根",但也說有頂是已知根、具知根也無妨,亦非說有頂不攝後三根,否則就應導致有頂的無漏根不屬於三無漏根所攝的錯誤。本書意謂,有頂仍有"生",故非後三根,不恰,如資糧位、加行位的未知當知根亦有生。

成唯識論證義卷第八

金壇居士王肯堂證義

> 如是四緣，依十五處義差別故，立為十因。

二、以十因廣明四緣。牒上而言。知廣之十五、畧之三依，不出四緣也。“因”即“依處”，如語依處，即是四緣語依處也。“十因”者，一、隨說因，二、觀待因，三、牽引因，四、生起因，五、攝受因，六、引發因，七、定異因，八、同事因，九、相違因，十、不相違因。

> 云何此依十五處立？

問也。

> 一、語依處，謂法、名、想所起語性。即依此處立“隨說因”。謂依此語，隨見、聞等，說諸義故。此即“能說”為“所說”因。有論說此是“名、想、見，由如名字取相執著、隨起說故”。若依彼說，便顯此因是語依處。

成唯識論證義

一、依語依處，施設“隨說因”。所以者何？由於欲界繫法，色、無色界繫法，及不繫法施設，即以法、名、想三為語因。所言“法”者，即一切法。為有此所詮諸法故，便能令諸有情內心起想，想像此等所詮諸法已，次方安立其名，內心安立名後，方能發語，即法、名、想三為先是能起，方起得所起之語。“即依此處，立隨說因”❶。“謂依此語”下，釋“隨說因”。“語”即能說，“義”即所說。“隨說”即“義”，“語處”即“因”，故即“能說之語”為“所說”之因也。《集論》說此是“名、想、見”，名字即“名”，取相即“想”，執著即“見”。“由隨名字取相執著，然後隨起言說”，此以名相執著為隨說因，即顯此因是語依處。《瑜伽》云：“名為先，故想轉；想為先，故語轉；由語故，隨見聞覺知，起諸言說。”❷亦不言法也。

二、領受依處，謂所觀待能、所受性。即依此處立“觀待因”。謂觀待此，令彼諸事或生、或住、或成、或得，此是彼觀待因。

二、依領受依處，施設“觀待因”。“領”謂領納，“受”通五受。五受皆以領納為性。“觀”者，“對”義。“待”者，“藉”義。即能、所相對，藉以立其因❸。觀待此故，此為因故。“於彼彼事若

❶“即以法、名、想三為語音……立隨說因”，改寫自《宗鏡錄》卷72，《大正藏》第48冊，2016號，頁816中14至19。

❷ 引文見《瑜伽師地論》卷5，《大正藏》第30冊，1579號，頁301中17至18。

❸“‘領’謂領納……以立其因”，引自《宗鏡錄》卷72，《大正藏》第48冊，2016號，頁816中20至22。

634

求若取，此名彼觀待因。如觀待手故，手為因故，有親持業；觀待足故，足為因故，有往來業。"❶《瑜伽》云："由諸有情，諸有欲求欲繫樂者，彼觀待此，於諸欲具，或為求得，或為積集，或為受用。諸有欲求色無色繫樂者，彼觀待此，於彼諸緣，或為求得，或為受用。諸有欲求不繫樂者，彼觀待此，於彼諸緣，或為求得，或為受用。諸有不欲苦者，彼觀待此，於彼生緣、於彼斷緣，或為遠離，或為求得，或為受用，是故依領受依處，施設觀待因。"❷

三、習氣依處，謂內、外種未成熟位。即依此處立"牽引因"。謂能牽引遠自果故。

三、依習氣依處，施設"牽引因"。謂內、外一切種子未成熟位，未經被潤已前，此名"習氣依處"，即依此未潤種上，立為"牽引因"。且內種者，如第八識中有無量種子。若有漏種子，未被愛、取水潤已前，雖未便生現行，然此種上且有能牽引生當起現行果之功能，即以此種子，名"牽引因"❸。即一切種子，望後自果，名"牽引因"。《喻伽》云："由淨、不淨業，熏習三界諸行，於愛、不愛趣中，牽引愛、不愛自體。復即由此增上力故，外物盛衰。是故依諸行淨、不淨業習氣依處，施設牽引因。"❹

---

❶ 引文見《瑜伽師地論》卷38，《大正藏》第30冊，1579號，頁501上14至17。

❷ 引文見《瑜伽師地論》卷5，《大正藏》第30冊，1579號，頁301中20至28。

❸ "謂內、外一切……名'牽引因'"，改寫自《宗鏡錄》卷72，《大正藏》第48冊，2016號，頁816中23至28。

❹ 引文見《瑜伽師地論》卷5，《大正藏》第30冊，1579號，頁301

四、有潤種子依處，謂內、外種已成熟位。即依此處立"生起因"。謂能生起近自果故。

四、依有潤種子依處，施設"生起因"。為前習氣依處種子，若曾被潤已去，雖未便生現行，然且潤了，即此有潤種子，能與後近現行果為依處。前習氣依處約內、外種未被潤者，今有潤依處即約內、外種曾被潤已去說。即"有潤依處"，立生起因。即諸種子望初自果，名"生起因"**❶**。《瑜伽》云："由欲色無色界繫法，各從自種子生。愛名能潤，種是所潤。由此所潤諸種子故，先所牽引各別自體。當得生起，如經言：業為感生因，愛為生起因。是故依有潤種子依處，施設生起因。"**❷**

五、無間滅依處，謂心、心所等無間緣。六、境界依處，謂心、心所所緣緣。七、根依處，謂心、心所所依六根。八、作用依處，謂於所作業、作具、作用，即除種子，餘助現緣。九、士用依處，謂於所作業、作者、作用，即除種子，餘作現緣。十、真實見依處，謂無漏見，除引自種，於無漏法能助引證。總依此六，立"攝受因"。謂攝受五，辦**❸**

中 29 至下 3。

❶ "為前習氣……名'生起因'"，改寫自《宗鏡錄》卷 72，《大正藏》第 48 冊，2016 號，頁 816 中 28 至下 4。

❷ 引文見《瑜伽師地論》卷 5，《大正藏》第 30 冊，1579 號，頁 301 下 4 至 8。

❸ "辦"，底本作"辨"，校本無，整理者據《大正藏》本《成唯識論》

有漏法；具攝受六，辨❶無漏故。

五、無間滅依處者，即等無間緣，謂前滅心、心所為緣。"緣"是開避導引功能，即前滅為緣，能與後念一聚心、心所為依處，其後念心、心所，依他前念為緣處生故，名"無間滅依處"。

六、境界依處者，即所緣緣，為此一切所緣緣境，能與一切能緣心、心所為依憑起處故。以心不孤起，託境方生故。

七、根依處者，即內六處，謂五色根及意根成六。即此六根，是八識心、心所所依之處。前無間滅依處，即取八識前念功能為依處，引後念令生；今此根依處，即取現在五色根及第七意，名根依處。

八、作用依處者，問：何名作用依處？答：此通作業并作具之作用。且"作業"者，即有情工巧智，能造殿堂，或造立種種器具等物是。言"作具"者，助世間種種作具，如斤斧、車、船等所受用之具是。但知一切踈助現緣，能成辦種種事業者，皆是此作用依處。即除却識中種子及外法種子及種子生現行，現行熏種子、種子引種子及親助現緣非作用依處。

九、士用依處者，即於前作用依處中，唯取作者、士夫之用。除內、外種，餘一切作現緣者，皆是士用依處。此因能感士用果。

十、真實見依處者，謂一切無漏。見不虛妄，故名"真實"。能與餘一切無漏有為法及無為法而為所依，名"依處"。

此上六種，總立一"攝受因"。"攝受"即是"因、果相關涉"義，但

及文意改訂。

❶"辨"，底本、校本皆作"辯"，整理者據《大正藏》本《成唯識論》及文意改訂。

除却親因緣外，取餘一切疎助成因緣者，名為"攝受因"。故《對法論》云，如日、水、糞，望穀、麥、芽等，雖有自種所生，然增彼力，名"攝受因"。[1]

《瑜伽》云："由欲繫諸法，無間滅攝受故，境界攝受故，根攝受故，作用攝受故，士用攝受故。諸行轉，如欲繫法。如是色無色繫法亦爾。或由真實見攝受故，餘不繫法轉，是故依無間滅，境界、根、作用、士用，真實見依處，施設攝受因。"[2]

十一、隨順依處，謂無記、染、善現、種諸行能隨順同類勝品諸法。即依此處立"引發因"。謂能引起同類勝行，及能引得無為法故。

六、依隨順依處，立"引發因"。即一切色、心等種現，皆有隨順自性，及勝同類品諸法，故名"隨順依處"。言"隨順自性"者，即簡他法不得為此依因。如第八識中三性種子，各各自望三性現行，為依、為因。言"勝同類品諸法"者，如無漏法，即唯與自無漏有為及無為勝品法為因處，不與下品劣有漏法為因。就有漏位中，亦自有勝、劣為因、果亦爾。此處立引發因，即初種子所生起果，望後種子所牽引果，名"引發因"。"引"謂"引起"，"發"謂"發生"，為因能引起發生果故[3]。《瑜伽》云："由欲繫善法，能

---

[1] "五、無間滅依處者……名'攝受因'"，改寫自《宗鏡錄》卷72，《大正藏》第48冊，2016號，頁816下4至頁817上5。

[2] 引文見《瑜伽師地論》卷5，《大正藏》第30冊，1579號，頁301下10至15。

[3] "即一切色……發生果故"，改寫自《宗鏡錄》卷72，《大正藏》第48冊，2016號，頁817上5至14。

引欲繫諸勝善法。如是，欲繫善法，能引色、無色繫及不繫善法，由
隨順彼故。如欲繫善法，如是，色繫善法，能引色繫諸勝善法及
無色繫善法、不繫善法。如色繫善法，如是，無色繫善法，能引無
色繫諸勝善法及不繫善法。如無色繫善法，如是，不繫善法能引
不繫諸勝善法，及能引發無為作證。又不善法能引諸勝不善法，謂
欲貪能引瞋、痴、慢、見、疑、身惡行、語惡行、意惡行。如欲貪，如
是，瞋、癡、慢、見、疑，隨其所應盡當知。如是無記法，能引善、
不善、無記法，如善、不善、無記種子阿賴耶識。又無記法，能引
無記勝法，如段食，能引受生有情令住令安，勢力增長，由隨順
彼故。是故依隨順依處，施設引發因。"❶《俱舍》云，"同類因
者，謂相似法與相似法為同類因"，"自部地與自部地為因"，"異
地相望，皆無因義"❷。此通有漏無漏，此因能感等流果。

　　十二、差別功能依處，謂有為法各於自果有能
起證差別勢力。即依此處立"定異因"。謂各能生
自界等果，及各能得自乘❸果故。

　　七、依差別功能依處，立"定異因"。謂一切法，不簡自性、
他性，各各自有因、果相稱，名為"差別功能"。如五、八戒善業，定
引人、天第八，非引三塗第八，以不相稱故。若十不善業，定引三

---

❶ 引文見《瑜伽師地論》卷 5，《大正藏》第 30 冊，1579 號，頁 301
下 16 至頁 302 上 6。

❷ 引文改寫自《阿毘達磨俱舍論》卷 6，《大正藏》第 29 冊，1558 號，頁
31 上 23 至中 15。

❸ "乘"，底本、校本皆作"界"，整理者據《大正藏》本《成唯識論》
及文意改訂。

塗第八，非引人、天第八，性不相稱為因故。若自界法，即與自界為因。如是等三界一切有漏法，各各自有差別功能為因。如長安一百二十司官職，各各自有公事為因，與所縮相稱。若淨因者，即自三乘種子，各望自三乘有為無，為果為因。此處立定異因。"定"者，是"因、果自稱"義。不共他，故名"異"。如僧人以持齋戒相稱名"定"，不共他俗人四業同故名"異"。即一切諸法各各相望皆有定異因。❶《瑜伽》云："由欲繫諸法自性功能有差別故，能生種種自性功能。如欲繫法如是，色無色繫及不繫法亦爾。是故依差別功能依處，施設定異因。"❷

十三、和合依處，謂從領受乃至差別功能依處，於所生、住、成、得果中有和合力。即依此處立"同事因"。謂從觀待乃至定異，皆同生等一事業故。

八、依和合依處，立"同事因"。從前第二領受依處，乃至第十二差別功能依處，即總攝前六因十一依，為此和合處體。謂前十一依，各各於自所獲生、住、成、得果中，皆有和合力故，名"和合依處"。即依此處立"同事因"。為觀待乃至定異，如是六因，各共成一事，故說六因為"同事"。畧舉一法以辨者，且如眼識生時，待空、明等緣，立此為觀待因；由有新、本二類種故，如其次第，得

---

❶ "謂一切法……有定異因"，改寫自《宗鏡錄》卷 72，《大正藏》第 48 冊，2016 號，頁 817 上 14 至 26。

❷ 引文見《瑜伽師地論》卷 5，《大正藏》第 30 冊，1579 號，頁 302 上 3 至 6。

有牽引及生起因；次取等無間緣，及根、境等，立為攝受因；望前引於後，是引發因；由名言種故，有定異因。餘法亦爾❶。《瑜伽》云：“要由獲得自生和合故，欲繫法生。如欲繫法，如是，色、無色繫及不繫法亦爾。如生和合，如是，得成辦❷用和合亦爾。是故依和合依處，施設同事因。”❸

十四、障礙依處，謂於生、住、成、得事中能障礙法。即依此處立“相違因”。謂彼能違生等事故。

九、依障礙依處，立“相違因”。惑能障智，明能障暗等，即明為因，暗立為果，即依此處立相違因，於所生法，能障礙因，名相違因。❹《瑜伽》云：“由欲繫法將得生，若障礙現前，便不得生。如欲繫法，如是，色、無色繫及不繫法亦爾。如生，如是，得、成辦用亦爾。是故依障礙依處，施設相違。”❺

十五、不障礙依處，謂於生、住、成、得事中不障礙法。即依此處立“不相違因”。謂彼不違生等

---

❶ “從前第二……餘法亦爾”，改寫自《宗鏡錄》卷 72，《大正藏》第 48 冊，2016 號，頁 817 上 27 至中 8。

❷ “辦”，底本難辨，校本作“辦”，整理者據校本、《大正藏》本《瑜伽師地論》卷 5 及文意定。

❸ 引文見《瑜伽師地論》卷 5，《大正藏》第 30 冊，1579 號，頁 302 上 7 至 10。

❹ “或能障智……名相違因”，改寫自《宗鏡錄》卷 72，《大正藏》第 48 冊，2016 號，頁 817 中 9 至 11。

❺ 引文見《瑜伽師地論》卷 5，《大正藏》第 30 冊，1579 號，頁 302 上 11 至 14。

事故。

十、依不障礙依處，立"不相違因"。此障礙因，若闕若離，名不相違因。《瑜伽》云："由欲繫法將得生，若無障礙現前，爾時便生。如欲繫法，如是，色、無色繫及不繫法亦爾。如生如是，得、成辦用亦爾。是故依無障礙依處，施設不相違因。"❶此即順增上緣也。《顯揚》云，因"相者，謂若由此為先，此為建立，此和合故，彼彼諸法或生，或起作用，或成立，或成辦，或得，當知說此即是彼因。問：以誰為先？誰為建立？誰和合故？何法生？何法作？何法成？何法得耶？答：由自種子'為先'。除所依種外，所餘若色非色所依及業以'為建立'。伴及所緣境為'和合故'，如其所應，欲繫、色繫、無色繫及不繫諸法'生'"，由"自種'為先'，即彼前生'為建立'，彼生緣為'和合故'，自作業者、自所作用而得'成辦'。'自所作業'者，如眼之見業，如是所餘諸根，當知各別作業。又如地能持、水能爛、火能燒、風能燥，如是等類，是名'外法各別作業'"，由"所知法勝解欲樂'為先'，宗、因、譬喻以'為建立'，不相違眾及對論者為'和合故'，所欲立義，方得成立"，由"工巧知'為先'，隨彼勤勞'為建立'，工巧業處眾具為'和合故'，彼彼工巧業處'成辦'。又愛'為先'，由食住者依止'為建立'，四食為'和合故'，已生有情存養'得住'"，由"聲聞、獨覺及與如來種性'為先'，內因力'為建立'，外因力為'和合'，'證得'煩惱離繫涅槃等"❷。

---

❶ 引文見《瑜伽師地論》卷 5，《大正藏》第 30 冊，1579 號，頁 302 上 16 至 19。

❷ "《顯揚》……涅槃等"，改寫自《顯揚聖教論》卷 18，《大正藏》第

如是十因，二因所攝：一、能生，二、方便。《菩薩地》說：“牽引種子、生起種子，名‘能生因’；所餘諸因，‘方便因’攝。”此說牽引、生起、引發、定異、同事、不相違中諸因緣種，未成熟位，名“牽引種”；已成熟位，名“生起種”。彼六因中諸因緣種，皆攝在此二位中故。離有現起是能生因，如四因中生自種者，而多間斷，此畧不說。或親辦果，亦立種名，如說現行穀麥等種。“所餘因”，謂初、二、五、九及六因中非因緣法，皆是生、熟因緣種餘，故總說為方便因攝。非“此二種唯屬彼二因”，餘四因中有因緣種故。非“唯彼八名所餘因”，彼二因亦有非因緣種故。《有尋等地》說“生起因是能生因，餘方便攝”，此文意說：六因中現、種是因緣者，皆名生起因，能親生起自類果故；此所餘因，皆方便攝。非“此生起唯屬彼因”，餘五因中有因緣故。非“唯彼九名所餘因”，彼生起因中有非因緣故。或《菩薩地》所說牽引、生起種子即彼二因，所餘諸因即彼餘八。雖二因內有非能生因，而因緣種勝，顯故偏說；雖餘因內有非方便因，而增上者多，顯故偏說。《有尋等地》說“生起因是能生因，餘方便”者，生起即是彼生起因，餘因應知即彼餘九。雖生起中有非因緣種，而去果近，親顯，故偏說；雖牽引中亦有因緣種，而去果遠，親隱，故不說。餘方便攝，准上應知。

三、明相攝。初、攝❶二因攝上因：一、能生因，即是因緣；二、方便因，是增上緣。其所緣緣、等無間緣，雖俱攝受因，亦屬方便因攝。“《菩薩地》說”，即《瑜伽》三十八，彼云：“當知此中牽引種子、生起種子，名能生因；所餘諸因，名方便因。”“《有尋等地》說”，即《瑜伽》五，彼云：“建立因有五種相：一、能生因，二、方便因，三、俱有因，四、無間滅因，五、久遠滅因。‘能生因’者，謂生起因。‘方便因’者，謂所餘因。‘俱有因’者，謂攝受因一分，如眼於眼識，如是耳等於所餘識。‘無間滅因’者，謂生起因。‘久遠滅因’者，謂牽引因。”此中解說彼《論》隱義。先釋《菩薩地》云：此說“牽引種子”“生起種子”，非即說“牽引”“生起”二因，乃說牽引、生起、引發、定異、同事、不相違六個因中，諸因緣種，就未成熟位，名曰“牽引種子”；就已成熟位，名曰“生起種子”。彼六因中諸因緣種不出已、未成熟二位中故。問：引發等四既許能生，何故《菩薩地》中不說？曰：引發等四因，雖生自種，亦有現起是能生因，而多間斷，故畧之不說耳。問：既多間斷，何亦名“種”？曰：或牽引、生起二因，以皆能親辦自果故，亦立“種”名。如說現行穀、麥為種，亦約親能辦現行果，故偏說也。“所

---

❶“攝”，疑為衍文。

餘因",謂初隨說、二觀待、五攝受、九❶相違。此四个因,及前六因中非因緣法,皆是生、熟因緣種外之所餘故,總說為方便因攝。於是又申之曰:非此牽引、生起二種子,唯屬牽引、生起二因,餘引發等四因中,亦有因緣種子故,亦皆能生因攝也。非唯彼八因名"所餘因",即牽引、生起二因中亦有非因緣種子故,亦皆方便因攝也。次、釋《有尋等地》云:此文意說,六種因中現行種子是因緣者,皆名生起因,以能親辦自果故,即不單指第四一因;除因緣外,非因緣法,皆名方便因,即生起因中有非因緣種,亦名所餘因,即不單指生起外所餘九因。於是又申之曰:非"此親生起自類果唯屬生起因",餘五因中亦有因緣種子法故;非"唯彼九名所餘因",彼生起因中亦有非因緣法故。又釋《菩薩地》云,或說"二種子即彼二因,所餘諸因即彼餘八",亦無不可。雖牽、生二因內有方便因,而因緣為勝;雖餘八因內有能生因,而增上為多。唯勝、唯多則顯矣,所以偏說也。又釋《有尋等地》云,或說"生起即生起因,所餘因即彼九因",亦無不可。雖生起中有非因緣種,而去果近,親生現行義顯,故偏說為能生因也;雖牽引中亦有因緣種,而去果遠,親生現行義隱,故不說為能生因也。餘非因緣種,皆方便因攝,則上已言之矣。

所說四緣依何處立?復如何攝十因、二因?《論》說,因緣依種子立,依無間滅立等無間,依境界立所緣,依所餘立增上。此中"種子",即是"三""四""十一""十二""十三""十五"六

---

❶ "攝受、九"三字,底本難辨,整理者據校本及文意定。

依處中因緣種攝。雖現四處亦有因緣，而多間斷，此畧不說。或彼亦能親辦自果，如外麥等，亦立"種"名。或"種子"言唯屬第四，親、疎、隱、顯，取、捨如前。言"無間滅""境界處"者，應知總顯二緣依處，非唯"五""六"，餘依處中亦有中間二緣義故。或唯"五""六"，餘處雖有，而少隱故，畧不說之。《論》說"因緣，能生因攝；增上緣性，即方便因；中間二緣，攝受因攝。雖方便內，具後三緣，而增上多，故此偏說；餘因亦有中間二緣，然攝受中顯故偏說。初能生攝，進退如前。"

四、明四緣依處、十二因相攝。問：上四緣，於十五處，如何建立？十因、二因，如何相攝？答中"《論》說"，即《瑜伽》五，彼云："復次依種子緣依處，施設因緣；依無間滅緣依處，施設等無間緣；依境界緣依處，施設所緣緣；依所餘緣依處，施設增上緣。""因緣依種子立"者，即前習氣種與潤生種也。"依所餘立增上"者，即十一依處也。論主釋云：此中種子，不但第三習氣種子依處、第四有潤種子依處，亦攝十一隨順依處、十二差別依處、十三和合依處、十五不障礙依處，總上六依處中，有因緣義，皆名種子。然則《瑜伽》何不言彼四處，但云"種子"耶？曰：雖隨順等四依處中亦有因緣，而多間斷，故《菩薩地》畧此不說。三、四依處，以能親辦自果故，獨得"種子"名。"或種"下，釋《有尋等地》唯以第四為種子義，親、疎、取、捨義，如前《有尋伺》

中釋。所言"無間滅""境界處"，亦不唯第五第六、二處，餘依處中亦有無間、境界二緣義故。應知總顯二依處，故說此言。或餘處雖有二緣義，而少且隱，故不說之，則謂"唯五、六"亦無不可也。《瑜伽》三十八云："若能生因，是名因緣；若方便因，是增上緣；等無間緣，及所緣緣，唯望一切心、心所說，由彼一切心及心法前生開導所攝受故，所緣境界所攝受故，方生方轉，是故當知等無間緣及所緣緣攝受因攝。"據此，即方便因唯增上緣。又有攝受，與能生、方便為三。而《論》唯說"一切因，二因所攝"，即不說三，如何會通？故此釋云：實則增上、無間、所緣三緣皆方便因攝，而方便因中增上緣多，故《瑜伽》偏說之耳。餘因豈無無間、所緣二緣？而攝受中顯，故偏說之。若能生因所攝，或以牽引等能生自果而進之，或以牽引等去果遠疎而退之，則前已具說矣。

所說因緣必應有果，此果有幾？依何處得？果有五種。一者、異熟，謂有漏善及不善法所招自相續異熟生無記。二者、等流，謂習善等所引同類，或似先業後果隨轉。三者、離繫，謂無漏道斷障所證善無為法。四者、士用，謂諸作者假諸作具所辦事業。五者、增上，謂除前四，餘所得果。《瑜伽》等說，習氣依處得異熟果，隨順依處得等流果，真見依處得離繫果，士用依處得士用果，所餘依處得增上果。"習氣處"言，顯諸依處感異熟果一切功能。"隨順處"言，顯諸依處引等流果一切功能。"真見處"言，顯諸依處證離繫果一切功能。"士用處"言，顯諸依處招士用果一切功能。"所餘處"言，顯諸依處得增上果一切功能。不爾，便應太寬、太狹。或"習氣"者，唯屬第三，雖異熟因餘處亦有，此處亦有非異熟因，而異熟因去果相遠，習氣亦爾，故此偏說。"隨順"唯屬第十一處，雖等流果餘處亦得，此處亦得非等流果，而此因招勝行相顯，隨順亦爾，故偏說之。"真見處"言，唯詮第十，雖證離繫餘處亦能，此處亦能得非離繫，而此證離繫相顯故偏說。"士用處"言，唯詮第九，雖士用果餘處亦招，此處亦能招增上等，而名相顯，是故偏說。"所餘"，唯屬餘十一處，雖十一處亦得餘果，招增上果餘處亦能，而此十一多招增上，餘已顯餘，故此偏說。如是，即說此五果中：若異熟果，牽引、生起、定異、同事、不相違因，增上緣得。若等流果，牽引、生起、攝受、引發、定異、同事、不相違因，初、後緣得。若離繫果，攝受、引發、定異、同事、不相違因，增上緣得。若士用果，有義：觀待、攝受、同事、不相違因，增上緣得；有義：觀待、牽引、生起、攝受、引發、定異、同事、不相違因，除所緣緣，餘三緣得。若增上果，十因、四緣，一切容得。

五、廣明因緣生果。夫一心建立，已具因緣。因緣所感，必有其果，所以《法華經》云"如是因，如是緣，如是果，如是報"。"其果有幾種，各依何處而得"，此問詞也。答曰：凡聖通論，畧有五種。

一者、異熟果，謂有漏善及不善法所招自相續異熟生無記。"有漏善"者，簡無漏善。"自相續"者，簡他身及非情。若但言"異熟"，即六識中報，非"真異熟"攝。今為總攝彼故，言"異熟生"。然本識亦名"異熟生"，是無記故。此位稍長，至金剛心頓通三乘無學❶。一、真異熟，即第八識；二、異熟生，即前六識。成本識亦名"異熟生"故，從自異熟種子而生起故。若前六識，從真異熟識生起故，亦名"異熟生"。是一分心、心所，緣境昧劣、不明利，不熏解心種，故是無記性。"異熟"有四。一、異時而熟。"異"謂別異，屬因；"熟"謂成熟，屬果。異因居過去，熟果即現在，故名"異熟"。二、異性而熟。過去修異因，因五戒、十戒等業，所招天、人總、別報異熟果，若因十不善惡業，所招三塗不善總、別報異熟果，總無記性。三、異類而熟。造異類業，受異類生，五趣各別。四、異聖而熟。謂異熟果依分別二障種上有趣生差別功用故。聖人已無。八識之中唯第八具三義：一、徧，簡前五識；二、相續，簡第六；三、業招，簡第七。

---

❶ "此位稍長，至金剛心頓通三乘無學"，本句引自《宗鏡錄》卷71："此位稍長，至金剛心頓通三乘無學。"（《大正藏》第48冊，2016號，頁814下5至6）源自窺基《成唯識論述記》卷8："此位稍長，至金剛心頓斷，通二乘無學。"（《大正藏》第43冊，1830號，頁509中14至15）此句意謂，第八識的"異熟識"之名，只有在菩薩道金剛心滿時才頓斷，故本書與《宗鏡錄》"頓"字下脫"斷"字；二乘的無學位與十地金剛心滿前的菩薩都仍有此名，菩薩道的無學位即佛果，因此當作"二乘無學"，本書與《宗鏡錄》皆誤作"三乘無學"。

二者、等流果，"等"謂"平等"，"流"謂"流類"。等流有二，一真，一假。此云"習善等所引同類"，即真等流；所云"或似先業後果隨轉"，即假等流。"真等流"者，善、不善、無記三性為因，所引同類果故，名"等流果"，如第八識中，三性種子，各生三性現行果，果與因性同故，即心種子生心現行、色種子生色現行、有漏種生有漏現行、無漏種生無漏現行，是"流類"義故。"假等流"者，且如殺生得短命報，前生令他命短，今生自身亦命短，是先殺業同類果故，依所招總報第八識有短、長，名"假等流"，理實是增上果，但取殺他令他命短，今生自命亦短，有相似義故，假名"等流"，實是善、惡感無記。果似先因名"等"，長、短相似故。是彼類故名"流"，殺他命損自壽。性不同，故名"假"。因前六不善之業，促第八無記之壽。

三者、離繫果，以"擇滅無為"為體，體是無漏，能斷道之所證得。由離障染繫縛之法，證得此果，名"離繫果"。❶

四者、士用果，謂諸作者、餘諸器等，成辦種種事業，名"士用果"。《瑜伽論》云："一類於現法中依止，隨一切工巧業處，起士夫用。所謂仕農、商賈、書筭、占卜等事。由此士夫之用，成辦諸稼穡財利等果，名'士用果'。"❷ 是則"士夫之作用"，得"士用"名。此"人士用"。若"法士用"者，因法為作者，緣法為作具，如士夫用，從喻彰名。

---

❶ "三者、離繫果……名'離系果'"，本段引自《宗鏡錄》卷71，將"離繫果"僅解釋為"擇滅"，是說一切有部的觀點。據唐代注疏，此處"離繫果"包括斷障所得的不動無為、想受滅無為、擇滅無為三種無為法。

❷ 引文轉引自《宗鏡錄》卷71，源自《瑜伽師地論》卷38，《大正藏》第30冊，1579號，頁502中8至11。

五者、增上果，增勝殊上，名為"增上"。但除四果外，餘一切所得果者，皆是此增上緣果收。此增上果最廣，如四緣中增上緣、五見中邪見。不簡有漏、無漏、有為、無為，但有所得果，於前四果中所不攝，皆是增上果中收。此有二種：一、與力增上果，如外器能受用順益義故；二、不與力增上果，如他人金帛、妻子等。復有二種：一、順，如眼識得明緣；二、違，如遇暗相等。❶

《瑜伽》五云："復次，依習氣隨順因緣依處，施設異熟果及等流果。依真實見因緣依處，施設離繫果。依士用因緣依處，施設士用果。依所餘因緣依處，施設增上果。"❷論主釋云：此"習氣處"言，顯各依處中感異熟果一切功能，不專指第三依處；"隨順處"言，顯各依處中引等流果一切功能，不專指第十一依處；"真見處"言，顯各依處中證離繫果一切功能，不專指第十依處；"士用處"言，顯各依處中招士用果一切功能，不專指第九依處；"所餘處"言，顯各依處中得增上果一切功能，不專指所餘十一種依處。不然，即前四果太狹，後一果太寬。又若不是舉一攝諸，而唯取一者，太狹；廣取諸者，太寬❸。然雖一一依處中皆有能招五果功能，而隨顯勝，故偏說之，則謂"習氣"唯屬第三、"隨順"唯

---

❶ "一心建立……遇暗相等"，改寫自《宗鏡錄》卷71，《大正藏》第48冊，2016號，頁814中26至頁815中8。

❷ 引文見《瑜伽師地論》卷5，《大正藏》第30冊，1579號，頁302上23至26。

❸ "廣取諸者，太寬"，本句是對《成唯識論》"太寬"的解釋，與唐代注疏有異。據唐代注疏，"太寬"意謂，例如，如《瑜伽師地論》引文中"依習氣隨順因緣依處，施設異熟果及等流果"之"習氣"僅指《成唯識論》中的"習氣依處"，則會將"習氣依處"中不屬於異熟果的部分也包括"異熟果"，導致"異熟果"外延變大。

屬第十一、"真見"唯詮第十、"士用"唯詮第九、"所餘"唯屬餘十一處，亦無不可也。

"如是，即說此五果中"下，以十因、四緣配屬五果。先、明五因一緣得異熟果，牽引為正，餘因為助。次、明七因二緣得等流果，引發為正，餘因為助。言"初""後"者，"初"即因緣，"後"即增上。又次、明五因一緣得離繫果，攝受為正，餘因為助。若士用果，雖二義別釋，皆以"觀待"為正，但助因緣，多少不同。若以士用依處觀之，彼除種子，即不得用牽引、生起、引發三因及與因緣。當以前義唯用增上緣者為正❶。若增上果，因無正、助，緣非增、減❷，故云"十因、四緣一切容得"耳。故《宗鏡》："問云：且八識中，於一一識，如何各具四果？答：且如眼識，從種生現，是等流果；眼根為所依，是增上果；眼識作意警心，名士用果；或眼識能緣實色等，亦士用果；眼根是第八親相分，是異熟果。耳等四識，亦皆例此。若第六，種生現，是等流果；前念意根為能引，或能引前五識故，是增上果；又能緣三世內外境等，名士用果；能造當來總、別報，名異熟果；又與異熟為因，亦名異熟果。若第七識，種生現，名等流果；前念第七與後念為所依，即增上果；能緣第八見分為自內我，即士用果；能與真異熟識為所依，名異熟果。若第八，種生現，名等流果；與第七為所依，是增上果；能緣三境，及持種、受熏，名士用果；當體是真異熟，名異熟果。此

---

❶ "當以前義唯用增上緣者為正"，本句謂《成唯識論》關於士用果的兩種解釋中第一種為正義，與唐代注疏不同。唐代注疏謂兩種解釋皆可。

❷ "減"，底本、校本皆作"減"，校本校勘記謂"減疑減"，本句亦見於明昱《成唯識論俗詮》卷8，整理者據《卍續藏》本《成唯識論俗詮》卷8及文意改訂。

四緣十因五果收盡凡聖之道，能成教法之門，闕之則一法不圓，昧之則終為外道。且四緣者，因緣，則於有為之門，親辦自果；無間，則為開導之義，萬有咸生；所緣，則具慮託而方成，約親、疎而俱立；增上，則有勝勢力，不障他緣。十因者，隨說因，為諸法先導之門；觀待因，了現得作用之事；牽引，能成自果；攝受，能攝萬緣；生起，令萬類能生；引發，使諸果成辦；定異，則種類各別；同事，則體相一如；相違，起障礙之門；不違，順緣生之理。五果者，異熟，則因生果熟，異時而成；等流，則因果性同，流類無濫；增上，則力用殊勝，能助他緣；士用，則功業所成，能獲財利；離繫，則斷障證真，超諸繫縛。如上因緣，報成五果。故知因、果相酬，唯識變定，如鏡現像，似影隨形。玉食錦袍，鶉衣藜藿，席門金屋，千駟一瓢，因緣匪濫，果報無差。故《才命論》云：‘貧者無立錐之地，刀彝則田逾萬頃，餓者無擔石之儲，李衡則木號千奴。’又不但貧、富唯識變定，壽命亦然。以先心所作慈殺之因，今定受後報修短之果。若曰無禮必斃，跖何事而獨壽？行善則吉，託何事而早終？”[1]諸有智人，應信應受。

通上，二、別釋緣義，竟。

下，三、正釋緣起。

傍論已了，應辨❶正論。

結前傍論已竟。起後緣生分別，答前種種分別問意。

本識中種，容作三緣生現分別，除等無間。謂各親種，是彼因緣；為所緣緣，於能緣者；若種於彼有能助力，或不障礙，是增上緣。生淨現行，應知亦爾。現起分別，展轉相望，容作三緣，無因緣故。謂有情類自、他展轉，容作二緣，除等無間；自八識聚展轉相望，定有增上緣，必無等無間。所緣緣義，或無或有。八於七有，七於八無，餘七非八所仗質故。第七於六，五無、一有。餘六於彼，一切皆無。第六於五無，餘五於彼有，五識唯託第八相故。自類前後，第六容三，餘除所緣，取現境故。許"五後見緣前相"者，五、七前後亦有三緣。前七於八，所緣容有，能熏成彼相、見種故。同聚異體展轉相望，唯有增上，諸相應法所仗質同不相緣故。或依見分說不相緣，依相分說有相緣義，謂諸相分互為質起，如識中種，為觸等相質，不爾無色彼應無境故。設許變色，亦定緣種，勿"見分境不同質"故。同體相分，為見

<hr>

❶ "辨"，底本、校本皆作"辨"，《大正藏》本《成唯識論》卷8作"辯"，校勘記謂《宋》《明》《聖》三本作"辨"，《元》本作"辦"，當作"辯"。

二緣；見分於彼，但有增上；見與自證，相望亦爾。餘二展轉俱作二緣。此中不依種相分說，但說現起互為緣故。淨八識聚自他、展轉皆有所緣，能遍緣故。唯除見分，非相所緣，相分理無能緣用故。既現分別緣種、現生，種亦理應緣現、種起，現、種於種，能作幾緣？種必不由中二緣起，得❶心、心所立彼二故。現於親種，具作二緣；與非親種，但為增上。種望親種，亦具二緣；於非親種，亦但增上。依斯內識互為緣起，分別因、果，理、教皆成。所執外緣設有無用，況違理、教，何固執為？雖"分別"言總顯"三界心及心所"，而隨勝者，諸聖教中多門顯示，或說為二、三、四、五等，如餘論中具廣分別。

此重釋頌中"以展轉力故，彼彼分別生"也。

先、明種、現展轉為緣。第八識中所持種子，能生現行，容作三緣分別，唯除等無間緣，以彼緣簡去種子故，種子非彼緣性故。以親辦自果故，名為因緣。以與根身、器界同為八識所緣境故，名所緣緣。所緣種子，於能緣識，有能助力，或不障礙故，是增上緣❷。染

---

❶ "得"，底本作"得"，《大正藏》本《成唯識論》卷8作"待"，校勘記謂《宋》《元》《明》《宮》四本作"得"，當作"待"。

❷ "以與根身……是增上緣"，本段是對《成唯識論》"所緣緣，於能緣者；若種於彼有能助力，或不障礙，是增上緣"的解釋，將第八識中種子作"增上緣"的情況限定於"所緣種子，於能緣識"，與唐代注疏有異。據唐代

法既然，淨法亦爾。

次、明現行展轉為緣。若現引現，前後相望有開導義，即等無間緣。然後念現行，非前念現行親生，故非因緣。亦容作三緣。若自八識與他八識相望，唯有所緣、增上二緣，無"初""二"二緣。自八種識互相望時，有相助義，故定有增上緣；無前滅後生義故，必無等無間。所緣緣義，或有或無。❶以前七識必仗第八為本質故，即第八與前七為所緣緣，故"八於七有"也。第八不緣前七故，以前七不與第八為所緣緣，故"七於八無"也。第七識於前六種識所緣緣義，五無一有，以前五識不內緣故，第六識以前七為根無所不緣故❷。若前六識，並不為第七所緣緣，以第七識恒緣第八、不它緣故。第六不為前五所緣緣，故"六於五無"。前五却為第六

注疏，第八識中種子不僅可以作為第八識的所緣緣，也可以作為第六識的所緣緣，因為第六識可以緣種子；第八識中種子作增上緣，指如業種助名言種生異熟果，業種即此異熟果的增上緣，又如根种、作意種是識種的增上緣。

❶ "若現引現……或有或無"，本段是對《成唯識論》"現起分別展轉相望……除等無間"的解釋，與唐代注疏有異。據唐代注疏，"現起分別……無因緣故"是總起，"無因緣"強調種、現之間才是因緣，此處討論現行與現行，故無因緣，而非從"是等無間故無因緣"的角度說；"為有情類自、他展轉"，這是第一種情況，此處指自身、識與他身、識之間的關係，不限於"自八識與他八識"；"所緣緣義或有或無"，則是"自八識聚輾轉相望"的第二種情況。

❷ "第六識以前七為根無所不緣故"，底本、校本皆如此，本句是對《成唯識論》"第七於六，五無、一有"中"一有"的解釋，謂因為第六意識以前七識為根，所以第七識作為第六識的所緣緣，誤。說第六識"以前七識為根"，或可皆為以第七識為染污意根、前六識為無間滅意根，但這種"為根"是增上緣或等無間緣，非所緣緣。又或"為根"當作"為緣"。

所緣緣，故"五於彼有"。何以故？五識唯託第八相分為所緣故。❶

三、明自類前後。自類前後者，即各識自類前滅後生時也，此即等無間緣；即緣前念，為所緣緣；諸識助成，為增上緣。第六容三，除因緣故。餘七種識，取現在境，不緣已滅，或除所緣。五識雖唯緣自相分，若於自類後念生時，亦許緣前念為所緣者，則前五、第七，如第六識，亦有三緣。雖曰"七於八無"，而八識所緣相、見種子，是前七識能熏成故，亦容有所緣義也。謂前五熏八相分種，第七熏八見分種，第六雙熏相、見種，故曰"能熏成彼相、見種"也。

四、明同聚異體。謂同聚心所以體異故，互不相緣，無前三緣，展轉相望唯有增上耳。"所仗質同"者，於境同緣也，此義未盡。"或依見分說不相緣，依相分說有相緣義"，謂諸相分互為本質而變起故，亦互相緣。如本識中所持種子，為觸等相分所託之質是也，觸等與識所緣等故，無色觸等有所緣故，親所緣緣定應有故。若不爾者，無色既無器界、根身，觸等應無所緣境故。以無色界唯緣種子，不變色緣。設許變色而為所緣，亦定緣彼似種相質，勿有"相分境不同本質"故。觸等定應變似相種，故諸相分互為質起。

五、明同體四分。若同體相分，為見分二緣，相分能引彼見分故，是增上緣；見分即能緣相分故，是所緣緣。見於相分，但有增上，以彼相分不緣見故，無所緣緣。"見與自證相望亦爾"者，見有分別，引生自證，是增上緣；自證即緣見分，是所緣緣。自證

---

❶ "何以故？五識唯託第八相分為所緣故"，本句是對《成唯識論》"五識唯託第八相故"的解釋，但未明確此句是"第六於無五"的原因，而是直承"五於六有"，不恰。

於彼，但有增上，見通非量，不能緣自證故，無所緣緣。"餘二展轉，俱作二緣"者，謂自證分與證自證互相引故、互為境故。此本頌中"展轉力故，彼彼得生"，皆不依種子相分說，但說現起相分有互為緣義。

五、約淨八識聚。轉依位中，"淨八識聚，自、他展轉"，三分皆有所緣緣義，以無漏智能徧緣故。謂見分以自證分、證自證為所緣，自證以見分、證自證為所緣，證自證以見分、自證分為所緣[1]。唯除見分，非相所緣，相非能緣故。

外人問云：既現起分別[2]許緣種子、現行而生，種子亦應緣現、種起，今現於種，能作幾緣？種子於種，能作幾緣乎？論主答云：種子位中，必不由所緣緣等無間緣而起。何以故？以此二緣是現行心、心所立故。若現行望親生種子，是為因緣及增上緣；若非親種，但為助成，即非因緣，唯有增上。種之望種，親、踈亦然。

於是總結云：依斯內識互為緣起，聖教、正理，俱不相違，何假外緣方生分別？雖"分別"言總顯三界心及心所，而聖教以隨其勝者，多門顯示。"或說為二"者，謂"墮意""不墮意"。三界內曰"墮"，三界外曰"不墮"。或說為三者，"心""意""識"。或說為四者，"善"等四性。或說為五者，"因""果""苦""樂""捨"五位。皆所謂隨勝說者也。《瑜伽論》中具廣分別。[3]

---

❶ "轉依位中……分為所緣"，本段是對《成唯識論》"淨八識聚自他、展轉皆有所緣，能徧緣故"的解釋，本書順承前文，以"同體四分"進行解釋，誤。本段是討論"淨八識聚"，相對於前文的"染八識聚"而說，故謂"自、他展轉"，不能僅以識之四分解釋。

❷ "別"，底本難辨，整理者據校本及文意定。

❸ "'或說為二'者……具廣分別"，本段是對《成唯識論》"雖'分別'言……

三、正釋緣起，竟。

通上，第二頌，釋種種分別難，竟。

雖有內識而無外緣，由何有情生死相續？

此第三頌，釋生死相續難，分三。一、牒義標問。

頌曰：

由諸業習氣，二取習氣俱。

前異熟既盡，復生餘異熟。

二、舉頌總答。即天親第十九頌。

論曰：“諸業”謂福、非福、不動，即有漏善、不善思業。業之眷屬，亦立“業”名，同招引、滿異熟果故。此雖纔起，無間即滅，無義能招當異熟果，而熏本識，起自功能，即此功能說為“習氣”。是業氣分熏習所成，簡曾、現業，故名“習

具廣分別”的解釋，以《瑜伽師地論》卷3“或立一種意，謂由識法義故。或立二種，謂墮施設意、不墮施設意。初謂了別名言者意，後謂嬰兒意。又初謂世間意，後謂出世間意。或立三種，謂心、意、識。或立四種，謂善、不善、有覆無記、無覆無記。或立五種，謂五位差別，一、因位，二、果位，三、樂位，四、苦位，五、不苦不樂位……”（《大正藏》第30冊，1579號，頁292下9至22），本書或因“總顯三界心及心所”而以為此處是指經論中“心”的異名，誤。此處是解釋頌文中“彼彼分別生”之“分別”，亦即後文討論的“遍計所執性”，“雖‘分別’言總顯三界心及心所”指《辯中邊論》中“三界心、心所，是虛妄分別”之頌。

氣"。如是習氣展轉相續，至成熟時招異熟果。此顯當果勝增上緣。相、見、名、色、心及心所、本、末，彼取皆"二取"攝。彼所熏發親能生彼本識上功能，名"二取習氣"。此顯來世異熟果心及彼相應諸因緣種。"俱"謂業種、二取種俱，是疏、親緣互相助義。業招生顯，故頌先說。"前異熟"者，謂前前生業異熟果。"餘異熟"者，謂後後生業異熟果。雖二取種受果無窮，而業習氣受果有盡，由異熟果性別難招，等流、增上性同易感。由感餘生業等種熟，前異熟果受用盡時，復別能生餘異熟果，由斯，生死輪轉無窮，何假外緣方得相續？此頌意說：由業、二取，生死輪迴，皆不離識，心、心所法為彼性故。

三、解釋頌意，分四。

一、業果相續。先、釋頌初句。"諸業"，謂福業、罪業、不動業。"福業"，謂感善趣異熟及順五趣受善業，即有漏善思為體，自體及果俱可愛樂，相殊勝故，名為"福業"。"非福業"，謂感惡趣異熟及順五趣受不善業，自體及果不可愛樂，相鄙劣故，名"非福業"。"不動業"，謂感色、無色界異熟及順色、無色界受善業，其業多少，住一境性，不移動故，名"不動業"，即上二界定地之業❶，以定能令住一境故。"思"名"業性"，餘名"眷屬"，以同

---

❶ "'福業'，謂感……定地之業"，改寫自《唯識開蒙問答》卷下，《新

招引、滿異熟果，總立"業"名。設有問云：此業纔起，無間即滅，何能招果？故此釋云："此雖現用無有，過去體能招當來真異熟果"❶，而現行之業，當造之時，熏於本識，引起自業之功能，即此功能說為"習氣"。熏習氣分，得"習氣"名，即是種子。既從熏習，即簡曾有；既是種子，即簡現起。如是習氣，展轉相續，至成熟時，招異熟果。此業習氣即是當果勝增上緣，非因緣也，即前牽引因，以能牽引遠自果故。

次、釋次句。"二取習氣"，皆屬能取、所取，有四：一、取相、見，二、取名、色，三、取心及心所，四、取本、末。一、相、見者，謂即取彼實能取、實所取，名"二取"。二、名、色者，"色"者色蘊，"名"者四蘊，即是執取五蘊為義。前言"相"中，亦通取無為以為本質故。今此唯顯取親所緣，不能緣得心外法故。又變無為之影相分，亦名所攝，不離心等故。三、心及心所者，一切五蘊法不離此二故。四、本、末者，第八異熟，名之為"本"；六識異熟，名之為"末"。謂取親果第八識，是諸異熟之根本故。又總報品故名"本"，餘識等異熟別報品故名"末"，即取一異熟也。"彼

纂卍續藏》第 55 冊，888 號，頁 369 下 18 至 22。

❶ "此雖現用無有，過去體能招當來真異熟果"，本句是對《成唯識論》"此雖纔起，無間即滅，無義能招當異熟果"的解釋，或改寫自《宗鏡錄》卷 73"雖現用無有過去體能招當來真異熟果"(《大正藏》第 48 冊，2016 號，頁 825 中 17 至 18)，本書將其視為論主之答，與唐代注疏不同。本解或源自窺基《成唯識論述記》卷 8"現行此業，雖纔起已，更無異問而便即滅，無別義理可如薩婆多'雖現用無，有過去體，能招當來真異熟果'"(《大正藏》第 43 冊，1830 號，頁 515 中 9 至 11)，"雖現用無，有過去體，能招當來真異熟果"即說一切有部"過去法實有，可引果"的觀點，此句被視為論敵的問難，下句方為唯識的答復。

取❶",即彼上四取,皆是我執、名言二取所攝,即是現行❷之取
也❸。彼取之所熏發,使種子能生本識上功能❹,名為"二取習
氣"。"此顯來世異熟果心及彼相應諸因緣種",是因緣攝,非增上
也。"俱"之一言,謂有支業種及二取種,相和合故,以業種是疎
增上,而二取是親緣。雖親、疎不同,有相助義,故必俱也。問:業
種既是疎緣,何故頌中先說?答:然業種雖疎,而招報實顯,故
頌先說。問:何故必具三種方成異熟?答:異❺熟若無業種為增
上緣,誰為牽引,而生勝、劣、好、惡等?若無二取為因緣,誰為
親生種子,而生起諸識?即使生起,亦有斷時,無相續義。故必
假三種習氣作因緣、增上,方有死生相續、受報好醜。

"前異"下,釋頌後二句。問:異熟、等流、增上分三果者,豈
以等流、增上之果無盡,而異熟業、果有盡耶?答云:雖二取種受
果無窮,而業習氣受果有盡。所以者何?由異熟果性別難招,而

---

❶ "取",底本缺,校本作"取",本句標引《成唯識論》"彼取皆'二
取'攝"之"二取",引自《宗鏡錄》卷 73,整理者據校本、《大正藏》本
《宗鏡錄》卷 73 及文意補訂。

❷ "行",底本、校本缺,本句引自《宗鏡錄》卷 73,整理者據《大正
藏》本《宗鏡錄》卷 73 及文意補訂。

❸ "一、取相、見……之取也",改寫自《宗鏡錄》卷 73,《大正藏》第
48 冊,2016 號,頁 825 中 21 至下 2;源自《成唯識論述記》卷 8,《大正藏》
第 43 冊,1830 號,頁 515 下 5 至 22。

❹ "能",底本缺,校本作"能",本句本句標引《成唯識論》"彼所熏
發親能生彼本識上功能",引自《宗鏡錄》卷 73,整理者據校本、《大正藏》
本《宗鏡錄》卷 73 及文意補訂。

❺ "異",底本缺,校本作"異",本句亦見於通潤《成唯識論集解》卷
8,整理者據《大正藏》本《成唯識論集解》卷 8 及文意補定。

等流、增上性同易感也。何謂"性別"？與業性殊，不相順故。何謂"難招"？業雖招得，而必異世果方熟故。業習氣如沉麝穢草，有萎歇故，故有盡也。其等流果及增上果，一者、體性相順，故"性同"，二者、同時生故，故"易感"，此念熏已，即能生果，故二取種易感果也。何者為"等流"？何者為"增上"？等流果狹，增上果寬。但有等流必有增上。言"等流"者，謂種子與現行及自類種，為俱生同類因故也。增上處無別體，即等流性故。又是等流果故"性同"，是增上果故"易感"。又種望現行是增上，望自類種是等流。業種望彼現及種皆異性故，但是異熟。前異熟果受用盡時，復不能生餘異熟果。意由感當來餘生業等種子熟故，於今身中前異熟果受用盡時，即是此身臨終之位。彼有熟業，復別能生彼餘果起，即先業盡時，後果種熟時，其異熟果而復得生，所以生死不斷絕也。由此業果無斷，生死相續，輪轉無窮，何假藉心外之緣，方得生死相續哉？❶

"此頌意說"下，結顯唯識正義。謂三習氣，皆是心、心所法為自性故，故不離識也。

> 復次，生死相續由諸習氣，然諸習氣總有三種。一、名言習氣，謂有為法各別親種。名言有二：一、表義名言，即能詮義音聲差別；二、顯境名言，即能了境心、心所法。隨二名言所熏成種，作有為法各別因緣。二、我執習氣，謂虛妄執我、我

---

❶ "何謂'性別'……相續哉"，改寫自《宗鏡錄》卷 73，《大正藏》第 48 冊，2016 號，頁 825 下 5 至 23。

所種。我執有二：一、俱生我執，即修所斷我、我所執；二、分別我執，即見所斷我、我所執。隨二我執所熏成種，令有情等自、他差別。三、有支習氣，謂招三界異熟業種。有支有二：一、有漏善，即是能招可愛果業；二、諸不善，即是能招非愛果業。隨二有支所熏成種，令異熟果善、惡趣別。應知我執、有支習氣，於差別果是增上緣。此頌所言"業習氣"者，應知即是有支習氣；"二取習氣"，應知即是我執、名言二種習氣，取我、我所，及取名言而熏成故，皆說名"取"。"俱"等餘文，義如前釋。

二、廣釋三習氣。古釋：習氣自體，總有三義。"習氣"者，與"種子"名異體同。習氣，即約熏習時而論；種子，即對現行立號。都有三義：一、種子名習氣。"氣"者氣分，"習"謂熏習，由彼現行熏習，得此氣分故。二、現行亦名習氣，謂都由種子能生現行，是種子家之氣分。三、習氣名習氣，如裹香紙而有氣分。前云"而熏本識起自功能，即此功能，說為習氣"。"功能"者，是"習氣"義，體即種子。署有三種習氣：一、名言習氣，二、我執習氣，三、有支習氣。"名言習氣"者，謂有為法各別親種。言"各別親種"者，善、惡、無記三性種異故，即三性法各自親種。"名言有二：一、表義名言"者，唯第六識能緣其名，能發其名，餘皆不緣，亦不能發，即唯詮義音聲之差別。簡非詮表聲，彼非名言故。"名"是聲上屈曲差別，唯**❶**無記性，不能熏成色、心等種。然因名故，心隨其名**❷**，變似五蘊三性法等，而熏成色心等種。然因外名而起內種，號"名言種"。一切熏習，皆由心、心所。心、心所種，有因外緣，有不依外者。不依外者名"顯境名言"，若依外者名"表義名言"，分二別。然**❸**"名"自體不能熏種。"顯境名言"者，即能了境心、心所**❹**法，即是一切七識見分等心，非相分心，相分心者不能顯境故**❺**。此見分等實非名言，如"言說名顯所詮義"，此心、心所法能顯所了境，如似"彼名能詮義"故，隨二名言，皆熏成種**❻**。"我執習氣"者，謂虛妄執我、我所種。問：我是徧計，何得種耶？曰：因執蘊等為我之時，熏蘊等種，名"我執習氣"**❼**。俱生我執，通六、七識；分別我執，唯第六識。因我執故，相分之中，亦熏五蘊

---

❶"唯"，底本缺，校本作"唯"，本句引自《宗鏡錄》卷76，整理者據校本、《大正藏》本《宗鏡錄》及文意補定。

❷"名"，底本缺，校本作"名"，本句引自《宗鏡錄》卷76，整理者據校本、《大正藏》本《宗鏡錄》及文意補定。

❸"然"，底本缺，校本作"然"，本句引自《宗鏡錄》卷76，整理者據校本、《大正藏》本《宗鏡錄》及文意補定。

❹"所"，底本難辨，校本作"所"，本句引自《宗鏡錄》卷76，整理者據校本、《大正藏》本《宗鏡錄》及文意定。

❺"古釋……能顯境故"，改寫自《宗鏡錄》卷76，《大正藏》第48冊，2016號，頁838中1至下6。

❻"此見分等……皆熏成種"，或引自《大方廣佛華嚴經隨疏演義鈔》卷31，《大正藏》第36冊，1736號，頁237中6至9；或引自《宗鏡錄》卷6，《大正藏》第48冊，2016號，頁450中10至17；源自《成唯識論述記》卷8，《大正藏》第43冊，1830號，頁517上8至19。

❼"'我執習氣'者……名'我執習氣'"，引自《唯識開蒙問答》卷下《新纂卍續藏》第55冊，888號，頁369下8至10。

種子，即名言熏習。我執種子令自、他差別，故別立之❶。"有支習氣"者，謂招三界異熟業種，隨善、惡有所熏成種，令異熟果善惡趣別，故名"有支習氣"，即十二緣"行""有"二支也，行、有二支屬業道故。不說"行"者，屬過去故，此顯現在熏種招果❷。

問：此三習氣於四緣中，是何緣耶？答：名言習氣，是親因緣；我執、有支，是增上緣。問：有支業所招，可是增上緣；我執相分種，親生本識現，應是親因緣，云何亦增上？答：令自、他別，故成增上。問：泛說散布名言及業種子何所似耶？答：名言如散土，業種若泥團。水和散土而作泥團，業招名言而為業種。泥團不散之際，水力能之。異熟未萎已來，業力如是。問：福、非福、不動三業，當何習氣？答：有支習氣。問：頌言二取習氣，三中當何習氣？答：我執、名言二習氣也。何名二取？曰：取我、我所，及取名言而熏成故，皆說名取。"取"者，"著"義也❸。《宗鏡》云："煩惱習氣"者，如難陀有欲習，往昔數生，身為國王，親近五欲故；舍利弗有嗔習，往昔數生，曾受蝮身故；畢陵伽婆蹉有慢習者，往昔數生，為大婆羅門，博學多才，我慢輕物故；乃至盤特比丘，有癡習等。"業習氣"者，如牛呞比丘，昔是牛身，林間奔走，觸破

---

❶ "俱生我執，通六、七識……故別立之"，改寫自《大方廣佛華嚴經隨疏演義鈔》卷64，《大正藏》第36冊，1736號，頁515中17至20。

❷ "即十二緣……熏種招果"，本句是對《成唯識論》"有支習氣"的解釋，本書或據後文"惑、業、苦"與十二因緣的相攝而解，誤。"有支習氣"泛指十二因緣，如《成唯識論》後文謂"十二有支"，唐代注疏謂"有"即"三有"，"支"是"因""分"之義。

❸ "問：此三習……'著'義也"，改寫自《唯識開蒙問答》卷下，《新纂卍續藏》第55冊，888號，頁369下14至24。

袈裟，以是因緣，雖獲道果，餘習未淨故；又如迦葉聞琴作舞，阿難常好歌吟，俱是往昔曾為樂人，以有業習之餘故。是以分段生死，從正使有，即是凡夫；若變易生死，從習氣生，即是二乘。以二乘雖斷正使，不斷習氣故❶。

　　復次，生死相續，由惑、業、苦。發業潤生煩惱名“惑”，能感後有諸業名“業”，業所引生眾苦名“苦”。惑、業、苦種，皆名“習氣”。前二習氣，與生死苦為增上緣，助生苦故；第三習氣，望生死苦能作因緣，親生苦故。頌三“習氣”，如應當知。惑、苦名取，能、所取故。“取”是“著”義，“業”不得名。“俱”等餘文，義如前釋。此惑、業、苦，應知總攝十二有支，謂從無明乃至老死，如《論》廣釋。

三、業苦相續。以王❷道配釋三習氣。先、畧明。“此惑”下，次、廣顯。由惑、業、苦，攝十二支。無明一支，名為“發業”。愛、取二支，名為“潤生”。此三煩惱，總名為“惑”。能感行、有二支，名“業”。業所引生識等五支，及生、死二支，總名為“苦”。惑、業、苦三，攝三習氣。無明、愛、取、識等，生等，即是名言、我執習氣。行、

<hr/>

❶ “《宗鏡》云……斷習氣故”，改寫自《宗鏡錄》卷76，《大正藏》第48冊，2016號，頁838下6至19。

❷ “王”，底本、校本皆作“王”，本句亦見於通潤《成唯識論集解》卷8，《大正藏》本《成唯識論集解》卷8作“三”，意為以惑、業、苦三道解釋頌文中的三個“習氣”，故應作“三”。

667

有二支，是業習氣。頌云"愛、取、無明，惑。行、有二名業。除五餘七支，一一皆名苦"❶，是也。前二惑、業二種習氣，與生死苦，為增上緣，以業煩惱，唯能助感故；第三習氣，即上苦種，與生死苦，為親因緣，以此苦種親生苦果故。我執習氣，前隨名言作親因緣，此隨業種作增上緣，故此習氣為緣不定，即前論云"互相助"義。頌三"習氣"，如其次第，配惑、業、苦。"惑、苦名取"者，"惑"即二取，名為能取；"苦"即苦果，名為所取❷。能取、所取，皆名取者，以執著故；業不名取者，無執著故。十二支者：一、無明，二、行，三、識，四、名色，五、六入，六、觸，七、受，八、愛，九、取，十、有，十一、生，十二、老死。無明，以行蘊中癡為體；行，以身、語、意、思為體；識，以第八種識為體；名色，以受、想、行、識、色五蘊為體；六入，即內六處，以六根為體；觸，體即徧行中觸，第八觸全，前六異熟，除第七觸，唯有覆故；受，體即徧行中受；愛，體即三界貪；取，體即通取煩惱；有，體即取識等五及行支種，何以故，受取潤已轉名有故；生，體即識等五現；老死，體即生支變滅❸。廣釋如《瑜伽論》第九、第十。

　　然十二支，畧攝為四。一、能引支，謂無明、

---

❶ 引文見《唯識開蒙問答》卷下，《新纂卍續藏》第 55 冊，888 號，頁 370 上 5 至 6。

❷ "'惑、苦名取'者……名為所取"，本句是對《成唯識論》"惑、苦名取"的解釋，與唐代注疏不同。據唐代注疏，"惑"因是"染著性"故是"能取"，"苦"因是"染所著"故是"所取"，頌文中"二取習氣"之"二取"並非僅指"苦"，而是"惑、苦種子"。

❸ "無明，以行……生支變滅"，改寫自《唯識開蒙問答》卷下，《新纂卍續藏》第 55 冊，888 號，頁 370 上 8 至 16。

行，能引識等五果種故。此中無明，唯取能發正感後世善惡業者；即彼所發，乃名為行。由此，一切順現受業、別助當業，皆非行支。二、所引支，謂本識內親生當來異熟果，攝識等五種，是前二支所引發故。此中識種，謂本識因。除後三因，餘因皆是名色種攝。後之三因，如名次第，即後三種。或名色種總攝五因，於中隨勝立餘四種。六處與識，總、別亦然。《集論》說識亦是能引，識中業種名識支故，異熟識種名色攝故。《經》說識支通能、所引，業種、識種俱名識故，識是名色依、非名色攝故。識等五種，由業熏發，雖實同時，而依主伴、總別、勝劣、因果相異，故諸聖教假說前後。或依當來，現起分位有次第故，說有前後。由斯，識等亦說現行，因時定無現行義故。復由此說生、引同時，潤、未潤時必不俱故。三、能生支，謂愛、取、有，近生當來生、老死故。謂緣迷內異熟果愚，發正能招後有諸業為緣，引發親生當來生、老死位五果種已，復依迷外增上果愚，緣境界受發起貪愛，緣愛復生欲等四取，愛、取合潤能引業種及所引因，轉名為有，俱能近有後有果故。有處唯說業種名有，此能正感異熟果故。復有唯說五種名有，親生當來識等種故。四、所生支，謂生、老死，是愛、取、有近所生故。謂從中有至本有中，未衰變來，皆生支攝；諸衰變位，總名為老；身壞命終，乃名為死。老非定有，附死立支。病何非支？不遍、定故。老雖不定，遍故立支。諸界、趣、生，除中天者，將終皆有衰朽行故。名色不遍，何故立支？定故立支。胎、卵、濕生者，六處未滿，定有名色故。又名色支亦是遍有，有色化生初受生位，雖具五根而未有用，爾時未名六處支故；初生無色，雖定有意根而不明了，未名意處故。由斯，《論》說，"十二有支，一切一分，上二界有"。愛非遍有，寧別立支？生惡趣者不愛彼故。定故別立。不求無有生善趣者定有愛故。不還，潤生愛雖不起，然如彼取定有種故。又愛亦遍，生惡趣者於現我境亦有愛故。依無希求惡趣身愛，《經》說非有，非彼全無。何緣所生立生、老死，所引別立識等五支？因位難知差別相故，依當果位，別立五支。謂續生時，因識相顯；次根未滿，名色相增；次根滿時，六處明盛；依斯發觸，因觸起受；爾時乃名，受果究竟。依此果位，立因為五，果位易了差別相故。總立二支，以顯三苦。然所生果若在未來，為生厭故，說生、老死；若至現在，為令了知分位相生，說識等五。何緣發業總立無明，潤業位中別立愛、取？雖諸煩惱，皆能發、潤，而發業位，無明力增，以具十一殊勝事故，謂所緣等，廣如《經》說。於潤業位，愛力偏增，說愛如水，能沃潤故。要數溉灌，方生有芽。且依初、後，分愛、取二；無重發義，立一無明。雖取支中攝諸煩惱，而愛潤勝，說是愛增。諸緣起支，皆依自地。有所發行依他無明，如下無明發上地行。不爾，初伏下地染者所起上定，應非行支，彼地無明猶未起故。從上、下地生下、上者，彼緣何受而起愛支？彼愛亦緣當生地受，若現若種，於理無違。此十二支，十因、二果，定不同世。因中前七，與愛、取有或異或同。若二、三、七，各定同世。如是十二，一重因果，足顯輪轉及離斷常。施設兩重，實為無用，或應過此，便致無窮。

次、別釋。約二世一重因果，以明生、引各別。十二有支，麤分四類。

一、能引支，謂無明、行，能引識等五支之果種故，故無明與行為能引也。"此中無明"下，出"無明"體。"即彼所發"下，出"行"支體。以無明支於發業中有能通發總、別報者，有能但發總報業者，亦有但發別報業者，唯取初、二，為無明支之所發起，行支所攝；第三，非是行支所攝，故《論》揀云，順現受業、別助當業，皆非行支❶。行感後世，故非順現受業；行是正感，故非別助當業。

二、所引支。謂本識內識等五種，親能生起當來世中異熟果攝識等五法，是無明、行所引發故。《華嚴經》云："於諸行中植心種子，有漏有取。"❷清涼《疏》云："謂既發行已，由行熏心，令此本識能招當來生老死故，名之為'種'。若無行熏，終不成種。故云'於諸行中植心種子'。即是所引識等五種，於一剎那為行、所集，無有前、後。約為異熟六根之種，名'六處支'。為異熟觸、受種，名'觸、受支'。除本識種，為'識支'體。及此三種諸餘異熟蘊種，皆'名色支'，故無前後。問：既無前後，何以先識復觸受耶？曰：因位難知，但依當起分位，說五有殊。五不離心，但名心種。又隱餘四就現說故。"❸此即引此論意以釋彼經，宜詳玩之。"後三因"，即六入、觸、受。就種子言，故謂之"因"。識支，即是第八識種，望當異熟親因緣故，所以識種不攝餘種。"後之三因，如名次第，即後三種"者，名色次第，色在名先，六入種攝入色中，觸、受種攝入名中，所謂"如名次第"也❹。有說：名色

---

❶ "以無明支……皆非行支"，改寫自《大方廣佛華嚴經隨疏演義鈔》卷64，《大正藏》第36冊，1736號，頁517中17至21。

❷ 引文見實叉難陀譯《大方廣佛華嚴經》卷37，《大正藏》第10冊，279號，頁193下22至23。

❸ 引文改寫自《大方廣佛華嚴經疏》卷39，《大正藏》第35冊，1735號，頁804上1至9。

❹ "'後之三因，如名次第，即後三種'者……'如名次第'也"，本句是對《成唯識論》"後之三因，如名次第，即後三種"的解釋，將"如名次第"之"名"理解為"名色"之"名"，將此句解釋為"名色"與"六處""受""想"相攝，誤。據唐代注疏，"如名次第"指"六處、觸、受的種子就是如其名稱的

一支，總攝五因，但隨勝說，別立四種。有說：識種一支，總攝六處，但隨勝說別立五處耳。彼《疏》又云：“然《唯識論》中但識等種以為所引，而《集論》中說此諸支通於能引，正取業種為識支故。識種乃是名色支攝。《緣起經》說通能、所引，業種、識種俱名識故。識種但是名色所依、非名色故，不同《集論》。”❶釋云：“‘然唯識’下，會通《集論》。欲顯不同，故舉《集論》，‘識為能引’是彼所立，‘正取業種’是出所以。以行熏心，招當果識，故為識支。若爾，識種何收？故云‘名色’，‘名色’寬故。‘《緣起經》’下，會《緣起經》，於中三。初、總舉。‘業種識種’下，二、正辨所立。由業熏識，招於當識，故以二種名為識支。業種能引，識種所引，共為識支。‘識種但是’下，三、出彼難意，結彈《集論》，言但是所依，非名色體，依根本識方說餘識有羯剌藍故。為果既爾，為因亦然。”❷問：識等五種既由行業一刹那中，熏發而有，無有先後，何故復有前後差別？答：由業熏發，雖實同時，依四種相，假說前後：一者、主伴，“主”謂識支，“伴”謂餘四，主先伴後，識居第一；二者、總別，“總”謂名色，“別”謂餘三，總先別後，名色居次；三者、勝劣，“勝”謂六處，“劣”謂餘二，勝先劣後，六處第三；四者、因果，“因”謂觸支，“果”謂受支，因先果後，觸四受五。或依當來現起分位有次第故，說有前後。由依當來現起果位識等五法，亦說現行，因時定無現行義故。復由當來現起果

順序所顯示者”。

❶ “彼《疏》又云……不同《集論》”，改寫自《大方廣佛華嚴經疏》卷 39，《大正藏》第 35 冊，1735 號，頁 804 上 10 至 14。

❷ 引文見《大方廣佛華嚴經隨疏演義鈔》卷 64，《大正藏》第 36 冊，1736 號，頁 517 下 13 至 23。

位所生所引，得說同時，種生現果必定俱故。若依識等業熏發位，則不可說生、引同時，潤、未潤時必不俱故。此中所說無明一支但是發業煩惱，行一支即是業習氣，此二支能引遠果，名牽引因，名增上緣；識等五支，約種子未成熟位說，依當果位，別立五因。故《瑜伽》九卷云"云何從前際中際生？中際生已，復趣流轉。謂有一不了前識無明為緣，於福、非福及不動身、語、意業，若作、若增長，由此隨業識，乃至命終流轉不絕，能為後有相續識因。此識將生果時"，"從彼前際已捨命已，於現在世自體得生"，"爾時感生受業名色與異熟果。由此異熟識，即依名色而轉，由必依此而依轉故"，"此二依止與識相續不斷。由此義故，於現在世，識緣名色、名色緣識，猶如束蘆，乃至命終，相依而轉"等❶。

三、能生支，謂愛、取、有。何謂"能生"？曰：此三近生當來世中生、老死故。"五果"，謂識、名色、六入、觸、受。此五從初結生，直至於受，諸增長位，總名為"生"，諸衰變位，名之為"老"，蘊壞為"死"，不離此五。依三世說，現在五果，即是過去生、老死也。"緣境界受，發起貪愛"，即是愛支。"緣愛復生欲等四取"，即取支。一、欲取，二、見取，三、戒取，四、我語取，是謂四取。"愛取合潤"下，即有支。"所引因"，即五果種。《瑜伽》九云："云何從中際後際諸行緣起生？謂中際已生補特伽羅，此云"數取趣"。受二種先業果。謂受內異熟果，及境界所生受增上果。此補特伽羅，或聞非正法故，或先串習故，於二果愚，由愚內異熟果故，於後有生苦不如實知，由迷後有，後際無明增上力故，如前於諸行若作

---

❶ "《瑜伽》九卷……相依而轉等"，改寫自《瑜伽師地論》卷9，《大正藏》第30冊，1579號，頁321上19至中9。

若、增長，由此新所作業故，說此識名‘隨業識’，即於現法中說‘無明為緣故行生，行為緣故識生’。此識於現法中，名為‘因識’，能攝受後生果識故。又總依一切識說名‘六識身’。又即此識，是後有名色種子之所隨逐”，乃至“觸種子是後有受種子之所隨逐，如是總名於中際中後有引因。應知，由此能引識乃至受一期身，故由先異熟果愚引後有已，又由第二境界所生受果愚，故起緣境界受愛。由此愛故，或發欲求，或發有求，或執欲取，或執見戒及我語取，由此愛取和合資潤，令前引因，轉名為有，即是後有生因所攝。從此無間，命即終已，隨先引因，所引識等，受最為後，此諸行生或漸、或頓，如是於現法中，無明、觸所生受受❶緣故愛，愛為緣故取，取為緣故有，有為緣故生，生為緣故老病緣等諸苦差別，或於生處次第現前，或復種子隨逐。應知，如是於中際中，無明緣行等，受緣愛等，為因緣故，後際諸行生”❷。又第十：“謂依二❸種緣，建立緣起次第。一、內身緣，二、受用境界緣。內身緣，前六支所攝。受用境界緣，後六支所攝。先於內身起我執等愚，由先不了諸業所引苦果異熟故，發起諸業。既發起已，即隨彼業，多起尋思。由業與識為助伴故，能感當來三種苦果，謂根初起所攝苦果、根圓滿所攝苦果、受用境界所攝苦果。即名色如

---

❶ “受”，底本、校本皆作“受”，本句引自《瑜伽師地論》卷9，《大正藏》本《瑜伽師地論》卷9作“為”，當作“為”。

❷ “《瑜伽》九云……際諸行生”，改寫自《瑜伽師地論》卷9，《大正藏》第30冊，1579號，頁321中20至下18。

❸ “二”，底本、校本皆作“十”，本句引自《瑜伽師地論》卷10，整理者據《大正藏》本《瑜伽師地論》卷10改訂。

先,觸為最後。身❶於現法中,依觸緣受,發起於愛。由受用境界緣廣起追求,或由事業門,或由利養門,或由戒禁門,或由解脫門,發起欲求、內身求、邪解脫求。如是求時,令先所起煩惱及業所引五趣生死果生。既得生已,老死隨逐。”❷“有處唯說”下,會通異解,皆出《瑜伽論》第十中。唯說業種名為有者,此能正感異熟果者;三十八中復說唯識等五名為有者,親生當來識等五故。初唯說業種,意云:因是善惡,果是無記,名“異熟果”,識等五種雖正為因能生,而無力正生果故,不得名有。《瑜伽》“問云:何故不說自體為自體緣耶?答:由彼自體若不邪❸餘緣,於自體雜染不能增長,亦不損減,是故不說”,即斯意也。第二意唯取五種者,意取因緣,揀去業種增上緣故❹。今此中義,即合取二說。業種為一,識等為五,則所潤有六,是有支體。故後文云“已潤六支合名有故”。愛、取令潤,如水入芽。能、所合論,則應有八❺。故清凉《疏》云:“總有八支,共立有名也。”❻

---

❶ “身”,底本、校本皆作“身”,本句引自《瑜伽師地論》卷 10,《大正藏》本《瑜伽師地論》卷 9 作“又”,當作“又”。

❷ “又第十……老死隨逐”,改寫自《瑜伽師地論》卷 10,《大正藏》第 30 冊,1579 號,頁 324 上 26 至中 10。

❸ “邪”,底本、校本皆作“邪”,本句引自《瑜伽師地論》卷 10,轉引自《大方廣佛華嚴經隨疏演義鈔》卷 64,《大正藏》本《瑜伽師地論》卷 9、《大方廣佛華嚴經隨疏演義鈔》卷 64 皆作“得”,當作“得”。

❹ “初唯說業……增上緣故”,改寫自《大方廣佛華嚴經隨疏演義鈔》卷 64,《大正藏》第 36 冊,1736 號,頁 518 上 28 至中 7。

❺ “業種為一……則應有八”,改寫自《大方廣佛華嚴經隨疏演義鈔》卷 64,《大正藏》第 36 冊,1736 號,頁 518 中 8 至 10。

❻ 引文見《大方廣佛華嚴經疏》卷 39,《大正藏》第 35 冊,1735 號,頁

四、所生支,謂生、老死。"是愛、取、有近所生故",即揀識等是遠也。問:生、老死體,皆識等現,約何分二?答:謂中有、本有、未衰,皆生支攝,衰變為老,命終為死。言"從中有"者,中有陰滅、後有陰生故。"未衰變"者,四十已來❶。"問:何故老、死不別立支?答:老無定老,附死立支。問:無定老之義?答:人、畜類等有夭亡者不至老故。天上無老。問:五衰相豈非老耶?答:亦有老者。"❷後應問言:老既不定,附死立支,病亦不定,何不附立?答云:病又不徧兼不定故。老徧三界,故附立支,諸趣、界中除中夭者皆有衰相故。後應問言:名色不徧,何故立支?謂色界全、欲界化生,六處頓起,何有名色?答云:定故立支。胎、卵、濕生,六處未滿,定有名色。又名色支,亦是徧有。有色化生初受生位,雖具五根而未有用,爾時未名六處支故;初生無色,雖定有意根,而不明了,未名意處,故有名色。由斯,《論》說十二有支,一切一分上二界有,即《瑜伽》第十文❸云:"問:幾支色界繫?答:一切一分。問:云何應知彼有老耶?答:彼諸行有

804 中 5。

❶ "'未衰變'者,四十已來",本句是對《成唯識論》"未衰變"的解釋,本書據人壽解釋,與唐代注疏不同。據唐代注疏,"衰變"據不同界、趣、生解釋,如欲界人壽為百的情況下,五十歲以前名"生支"。

❷ "問:何故老……亦有老者",引自《唯識開蒙問答》卷下,《新纂卍續藏》第 55 冊,888 號,頁 370 上 24 至下 1。"亦有老者",《唯識開蒙問答》卷下作"亦有無者","老"當作"無"。"天上無老"之說,與《成唯識論》後文"老"徧於三界、五趣、四生之說相悖。

❸ "後應問言……第十文",改寫自《大方廣佛華嚴經隨疏演義鈔》卷 65,《大正藏》第 36 冊,1736 號,頁 523 中 27 至下 9。

朽壞腐敗性故。如色界繫，當知無色界繫亦爾。"❶復有問云：愛
非徧有，何別立支？以惡趣中無有愛故。答云：雖則不徧，而定
故別立。謂唯不求者方無有愛❷，若生善趣定有愛故。不還果人
雖不起愛，然取潤生，定有愛種。又惡趣中前現我境亦有愛故《經》
說"無愛"者，依純苦中無希求說，非彼全無。又問：何故立生、
老死為所生支，別立識等五種為所引支耶？意謂未來生、死即現在
識等。何以現在立五、未來立一也？答云：因位難知差別相故，依
當果位，別立五支，果位易了差別相故。總立二支，以顯三苦❸。謂
在因時，難知當來果中之事，故依當來果位，別立五支，以顯差
別；在果位時，差別之相明了易知故。合為二支，以顯三苦。謂
生顯行苦，老顯壞苦，死顯苦苦。《俱舍》通此，但云"畧果及
畧因，由中可比二"。現在五果，未來說二，故云"畧果"。現在
二惑，過去說一無明，故云"畧因"。"由中"已廣，故初、復畧，"比
二"可知，過此更說，便為無用。若爾，若❹不初、後目所不睹，廣
說因、果，可比於中？是故應言：示迷本際，因合一惑；現所起惑，明

<hr>

❶ 引文見《瑜伽師地論》卷10，《大正藏》第30冊，1579號，頁327
中17至20。

❷ "唯不求者方無有愛"，本句是對《成唯識論》"不求無有"的解釋，即
謂"無有"指"無有愛"，與唐代注疏大異。據唐代注疏，"不求無有生善趣
者"，指那些不追求"無後有"而僅僅依善行而生善趣者。

❸ "何故立生……以顯三苦"，改寫自《大方廣佛華嚴經隨疏演義鈔》
卷65，《大正藏》第36冊，1736號，頁523中15至19。

❹ "若"，底本、校本皆作"若"，本句引自《大方廣佛華嚴經隨疏演義
鈔》卷65，《大正藏》本《大方廣佛華嚴經隨疏演義鈔》卷65作"何"，當
作"何"。

示始終，令其不行，當相辨差，明❶示五位；當果令厭，合為老死。《俱舍》依三世說，《唯識》依二世說❷，雖有不同，然可以互相發也。然"所生果"下，即《俱舍》意。復有問言：何緣發業總立無明，潤業位中別立愛、取？此問乃有二意：一問，立名不同，一種是惑，何以前立無明，後立愛、取耶？二問，廣畧有異，謂總立無明，別立愛取。故下答中，具有二問。先、答立名不同，約勝劣門；後、"要數灌溉"下，答中二問。發業、潤業，熏、不熏故。斯則出於廣畧所以❸。清涼《疏》云："若約二世，前十同世，故煩惱有二，能發、能潤。雖諸煩惱皆能發、潤，於發業位無明力增，潤業受生，愛、取力勝，各偏受名。以無熏發，唯一無明，數數灌溉，故分愛、取。"❹即取此中大意也。言"十一殊勝事"者，《緣起經》說：一、所緣殊勝，徧緣染淨故；二、行相殊勝，隱真顯妄故；三、因緣殊勝，惑、業生本故；四、等起殊勝，等能發起能引、能生、所生緣起法故；五、轉異殊勝，隨眠、纏縛、相應、不共四轉異故；六、邪行殊勝，依苦、集諦起增益、損減行故；七、相狀殊勝，微細自相徧愛、非愛共相轉故；八、作業殊勝，作流轉所依事、作寂止能障事故；九、障礙殊勝，障礙勝法故；十、隨轉殊勝，乃至有頂猶

---

❶ "明"，底本、校本皆作"明"，本句引自《大方廣佛華嚴經隨疏演義鈔》卷65，《大正藏》本《大方廣佛華嚴經隨疏演義鈔》卷65作"別"，當作"別"。

❷ "合為二支……依二世立"，改寫自《大方廣佛華嚴經隨疏演義鈔》卷65，《大正藏》第36冊，1736號，頁523中7至21。

❸ "此問乃有……廣畧所以"，改寫自《大方廣佛華嚴經隨疏演義鈔》卷67，《大正藏》第36冊，1736號，頁534中27至下4。

❹ 引文見《大方廣佛華嚴經疏》卷40，《大正藏》第35冊，1735號，頁809中13至17。

如轉故；十一、對治殊勝，二種妙智所對治故。故不說餘亦名發業支。言且依初後者，謂愛初名愛，愛後名取，分愛、取二，以愛為初，取為後故，其實有多現行潤也❶。應有問言：既分愛、取，何云愛力偏增？故答云：雖取支中攝諸煩惱，而愛潤勝，故偏說耳。又此無明，唯取能發正感後世善、惡業故。故餘諸支皆依自地，而獨所發行依他地無明。如下地無明能發上地行，是其證也。若不許者，則彼初伏下地染者所起上定，應非行支。何以故？彼地無明猶未起故。自地無明發自地行，於理有違，故知行依無明必在他地❷。復有問言：從上地生下地及從下地生上地者，彼緣何地受而起愛支？答云：彼愛亦緣當生地受。故《俱舍》云："從此三受，引生三愛。謂由苦逼，有於樂受發生欲愛，或有於樂、非苦非樂受發生色愛，或有唯於非苦非樂受生無色愛。"❸即是中、下品貪也。

　　"此十二支"下，釋三際。"十因二果"者，合能、所引，_{初二能引，次五所引，要一世故}。開能、所生，_{能生與能所引為一世，所生為一世}。故前十現在，後二未來。"十因、二果，定不同世"。因中前七，與愛等

---

　　❶ "言'十一殊勝事'者……現行潤也"，改寫自《大方廣佛華嚴經隨疏演義鈔》卷 67，《大正藏》第 36 冊，1736 號，頁 534 下 4 至 16；源自《成唯識論述記》卷 8，《大正藏》第 43 冊，1830 號，頁 527 中 9 至 19。

　　❷ "自地無明發自地行，於理有違，故知行依無明必在他地"，本句是對《成唯識論》"有所發行依他無明"的解釋，誤。據唐代注疏，本句意謂，十二支緣起都依自地，只有"行依無明"有特殊情況，即僅有"下地無明發上地行"這一特例，並非"行依無明必在他地"。

　　❸ 引文見世親造、玄奘譯《阿毘達磨俱舍論》卷 9，《大正藏》第 29 冊，1558 號，頁 51 中 5 至 7。

三，已潤則受生報，生報定是同時；未潤則受後報❶，後報便成異世。若二、生、老死，同屬未來。三、愛、取、有，同屬現在。七，一無明至七受，俱屬現在。各❷定同世。如是一重因果，足顯輪轉，已離斷常，何必施兩重因果耶？"或應過此便致無窮"者，若愚前際，說過二因，更有愚於前前際者，二因猶少，應更多說；若謂愚於後際，說二果者，亦有愚於後後際者，二果猶少，應更說多❸。便有無窮之失。此則但以二世具十二支，不許三世兩重因果。若爾，云何三際？謂今之生、死二果，乃是前際十因之果❹。今世有十因，來生亦有二果。如是有兩重因果，以成三❺世，財三世具兩重十二支也。

此十二支義門別者，九實、三假，已潤六支合為"有"故，即識等五三相位別名"生"等故。五是一事，謂無明、識、觸、受、愛五；餘，非一事。三唯是染，煩惱性故；七唯不染，異熟果故。七分

---

❶ "已潤則受生報，生報定是同時；未潤則受後報"，改寫自《大方廣佛華嚴經疏》卷40："於已作業既有潤、未潤，殊斯為異因。已潤則受生報，未潤則受後報。潤、未潤殊，豈得六道一時齊受？"（《大正藏》第35冊，1735號，頁810上27至29）

❷ "各"，底本、校本皆作"名"，本句標引《成唯識論》"各定同世"，整理者據《成唯識論》及文意改訂。

❸ "若愚前際……應該說多"，改寫自《大方廣佛華嚴經隨疏演義鈔》卷67，《大正藏》第36冊，1736號，頁535中4至7；源自《成唯識論述記》卷8，《大正藏》第43冊，1830號，頁529上6至9。

❹ "此則但以……十因之果"，引自《大方廣佛華嚴經疏》卷40，《大正藏》第35冊，1735號，頁809下18至20。

❺ "三"，底本缺，校本作"三"，整理者據校本及文意定。

位中，容起染故，假說通二。餘通二種。無明、愛、取，說名獨相，不與餘支相交雜故；餘，是雜相。六唯非色，謂無明、識、觸、受、愛、取；餘，通二種。皆是有漏，唯有為攝，無漏、無為非有支故。無明、愛、取，唯通不善、有覆無記；行，唯善惡；有，通善、惡、無覆無記；餘七，唯是無覆無記。七分位中亦起善、染。雖皆通三界，而有分有全。上地行支能伏下地，即麁、苦等六種行相，有求上生而起彼故。一切皆唯非學、無學，聖者所起有漏善業明為緣故，違有支故，非有支攝。由此應知，聖必不造感後有業，於後苦果不迷求故。雜修靜慮，資下故業，生淨居等，於理無違。有義：無明，唯見所斷，要迷諦理能發行故，聖必不造後有業故；愛、取二支，唯修所斷，貪求當有而潤生故，九種命終心俱生愛俱故；餘九，皆通見、修所斷。有義：一切皆通二斷，《論》說"預流果已斷一切一分有支，無全斷者"故。若無明支唯見所斷，寧說"預流無全斷者"？若愛、取支唯修所斷，寧說"彼已斷一切支一分"？又說"全界一切煩惱，皆能結生，往惡趣行，唯分別起煩惱能發"，不言"潤生唯修所斷"，謂❶感後有行皆見所斷發。由此故

知，無明、愛、取三支，亦通見、修所斷。然無明
支，正發行者，唯見所斷；助者，不定。愛、取二
支，正潤生者，唯修所斷；助者，不定。又染污
法，自性應斷，對治起時，彼永斷故。一切有漏
不染污法，非性應斷，不違道故。然有二義，說
之為斷：一、離縛故，謂斷緣彼雜彼煩惱；二、不
生故，謂斷彼依令永不起。依離縛斷，說有漏善、
無覆無記，唯修所斷；依不生斷，說諸惡趣、無想
定等，唯見所斷。說十二支通二斷者，於前諸斷，如
應當知。十，樂、捨俱，受不與受共相應故，老死
位中多分無樂及容捨故；十一，苦俱，非受俱故。十
一少分，壞苦所攝，老死位中多無樂受，依樂立
壞，故不說之；十二少分，苦苦所攝，一切支中
有苦受故；十二全分，行苦所攝，諸有漏法皆行
苦故；依捨受說，十一少分，除老死支，如壞苦
說。實義如是，諸聖教中，隨彼相增，所說不定。皆
苦諦攝，取蘊性故；五亦集諦攝，業、煩惱性故。諸
支相望，增上定有。餘之三緣，有無不定。契經
依定，唯說有一。愛望於取，有望於生，有因緣
義。若說"識支是業種"者，行望於識，亦作因
緣。餘支相望，無因緣義。而《集論》說"無明

《宋》《元》《明》《宮》四本作"謂"，當作"諸"。

望行有因緣"者，依無明時業習氣說，無明俱故，假說無明，實是行種。《瑜伽論》說"諸支相望無因緣"者，依現愛、取，唯業有說。無明望行，愛望於取，生望老死，有餘二緣。有望於生，受望於愛，無等無間，有所緣緣。餘支相望，二俱非有。此中且依隣近、順次、不相雜亂、實緣起說。異此相望，為緣不定。諸聰慧者，如理應思。惑、業、苦三攝十二者，無明、愛、取，是惑所攝；行、有一分，是業所攝；七、有一分，是苦所攝。有處說"業全攝有"者，應知彼依業有說故。有處說"識，業所攝"者，彼說業種為識支故。惑、業所招獨名苦者，唯苦諦攝，為生厭故。由惑、業、苦即十二支，故此能令生死相續。

三、諸門分別❶，有十七門，義亦畧具。言十七門者，第一、假實分別門。謂十二支，九實三假。一、有，業種與識等五種，已潤六支，合名"有"故；二、生，三、老死，離識等五雖無別體，增長、衰變、壞三相異故，故是假有。❷

第二、一非一事門。五是一事，謂無明、識、觸、受與愛；餘非

---

❶ "諸門分別"以下諸門科判及基本內容，改寫自《大方廣佛華嚴經隨疏演義鈔》卷67，《大正藏》第36冊，1736號，頁540中10至頁541上8，源自窺基《成唯識論述記》卷8。

❷ "業種與識……故是假有"，改寫自《大方廣佛華嚴經隨疏演義鈔》卷64，《大正藏》第36冊，1736號，頁518中8至17。

一事，即行等七支。行通善惡故^❶，名色是二故，六處、四取故。

第三、染與不染門。無明、愛、取，三唯是染，煩惱性故；識等五支、生等二支，七唯不染，異熟果故、無記性故。七分位中，容起善、染，是假說故。《瑜伽》第十，假通二業，有通二種，有兼無記。

第四、獨雜分別門。無明、愛、取，純是染故^❷，不與餘支互相交雜，說名獨相；行等九支，相交雜故，名為雜相。《瑜伽》云：「何故行、有是雜相？謂能引愛、非愛果故，及能生趣差別故。何故識與名色、六處一分有雜相？謂依雜染時故、依潤時故、依轉時故。何故識乃受與老死有雜相？謂別顯苦相故，及顯引生差別故。」^❸

第五、色非色門。非色即心，無明等六唯屬心法，識是心王，無明、愛、取是染心所，觸、受二支徧行心所。行等六支通色、心故。

第六、有漏無漏門。十二有支皆是有漏，以無漏非有支故。

第七、有為無為門。十二有支皆是有為，此^❹無為非有支故。

第八、三性門。無明、愛、取，唯通不善、有覆無記。行，唯善、惡。有，通善、惡、無覆無記。餘七，即識等五、生等二，是異熟果故，唯無覆無記，若分位中，亦起善染，即通三性。

---

❶ "行通善惡故"，本句是對"行"為何"非一"的解釋，不見於《大方廣佛華嚴經隨疏演義鈔》卷 67，誤。據唐代注疏，"行"之"非一"是因為其通色、心。若通善惡即非一，則識等亦通善惡，亦應非一。

❷ "純是染故"，本句不見於《大方廣佛華嚴經隨疏演義鈔》卷 67，與唐代注疏有異。據唐代注疏，"無明、愛、取"是"獨相"，因其從"體"的角度不與其他支交雜。

❸ 引文見《瑜伽師地論》卷 10，《大正藏》第 30 冊，1579 號，頁 325 下 2 至 8。

❹ "此"，疑應作"以"。

九、三界分別門。雖皆通三界,而有分有全。欲界則全。二界,無染,六處不具,無色唯名故。

十、能治所治門。上地行支能伏下地,即麤苦等六種行相,有求上生而起彼故。"六種行相"者,一、苦,謂身中所起心數,緣於貪欲,不能出離,是為因苦;欲界報身飢、渴、寒、熱、病痛、刀杖等種種所逼,是為果苦。二、麤,謂欲界五塵,能起眾惡,是為因麤。此身為三十六物屎尿臭穢之所成就,是為果麤。三、障,謂煩惱障覆真性,不能顯發,是為因障;此身質礙不得自在,是為果障。四、勝,亦曰"淨"。謂既厭欲界下劣貪欲之苦,即忻初禪上勝禪定之樂,是為因勝;復厭欲界飢渴等苦,即忻初禪禪味之樂,是為果勝。五、妙,謂既厭欲界貪欲,五塵之樂、心亂馳動為麤,即忻初禪禪定之樂,心定不動,是為因妙;復厭欲界臭穢之身為麤,即忻受得初禪之身,如鏡中像,雖有形色,無有質礙,是為果妙。六、出,亦曰"離"。謂既厭欲界煩惱蓋障,即忻初禪心得出離,是為因出;後厭欲界之身質礙不得自在,即忻初禪獲得五通之身,自在無礙,是為果出。❶所謂厭下苦、麤、障,欣上勝、妙、出,是求上生者所起六種行相也。

十一、學等分別門。一切皆唯非學無學。聖者所起有漏善業,明為緣故,違有支故,非有支攝。由此應知聖必不造感後有業,於後苦果不迷求故。有問言:若爾,雜修五淨居業,應非行支。若是行支,聖便造業;若非行支,如何生彼感總報耶?故《論》答云:"雜修靜慮,資下故業,生淨居等,於理無違。"意云:不還

---

❶ "'六種行相'者……是為果出",或改寫自《大明三藏法數》卷19,《永樂北藏》第182冊,1615號,頁198上10至頁199下7。

果等，以有漏、無漏，前後雜修第四靜慮，資無雲等三天故業，生淨居等，於理無違。此總報業及名言種，凡時已造，生第四禪下三天業一地繫故。後由無漏資生故業，生淨居天，非是聖者新造業也。**❶**

十二、二斷分別門。有義：無明唯見所斷，要迷諦理方能發行，迷諦理惑見所斷故；聖必不造後有惑業，定無能發煩惱惑故，故非修斷。愛、取二支，唯修所斷，貪求當有而潤生故，九種命終心俱生愛俱故，有未盡者必有此故。《雜集論》云："相續力者，有九種，命終心與自體愛相應，於三界中各令欲、色、無色界生相續。一者、從欲界沒，還生欲界，即以欲界自體愛相應命終心結生相續。二者、從欲界沒，若生色界，即以色界自體愛相應命終心結生相續。三者、從欲界沒，若生無色界，即以無色界自體愛相應命終心結生相續。"**❷**如是欲界沒有三種，色界、無色界沒各有三種，共成九種。行等餘九，通見、修二斷。正義：一切皆通見、修二斷。《大論》第十說"預流果已斷一切一分有支，無全斷"故。若無明支唯見所斷，見道位中應全斷此，寧說"預流無全斷者"？若愛、取支唯修所斷，見道位中，應全未斷，寧說"彼已斷一切支一分"？皆斷一分者，則無明支非唯見斷，猶有一分無明在故。愛、取二支，非唯修斷，入見道時斷一分故。《大論》又說"三界中一切煩惱，皆能結生往惡趣行，此行唯分別，或一能發"，不言潤

---

❶ "有問言……新造業也"，改寫自《大方廣佛華嚴經隨疏演義鈔》卷67，《大正藏》第 36 冊，1736 號，頁 540 下 8 至 16；源自窺基《成唯識論述記》卷 8，《大正藏》第 43 冊，1830 號，頁 530 下 4 至 11。

❷ 引文見《大乘阿毘達磨雜集論》卷 5，《大正藏》第 31 冊，1606 號，頁714 中 27 至下 2。

生愛取煩惱唯修所斷，謂感後有行皆見所斷，無明能發。由此故知，無明、愛、取三支，皆通見、修二斷。然無明之發行，愛、取之潤生，有正、有助。無明正發行者，唯見所斷；愛取正潤生者，唯修所斷；若助發助、潤者，則不定，亦通見、修二斷也。"又染污法自性應斷"者，根、隨等惑，無漏智生斷彼自性，名"自性斷"，明來暗謝故。一切有漏善法，非自性斷，不違道故。問：若爾，何二皆名為"斷"？答云：有二義故，說之為"斷"。一、離縛故，二、不生故。謂前六識中所起施等有漏善法，被第七識念念執我，不能亡相，即為相縛；以斷彼故，名為離縛。"謂斷緣彼、雜彼煩惱"，二"彼"字指不染污法，即第八無覆無記性并前六識中有漏善法，被第七識緣而執我，故曰"緣彼"；無記之法，受染法熏，名曰"雜彼"❶。"謂斷彼依"者，三塗惡果，依分別起，入見道後，能令三塗惡道苦果永不復生。《地持經》亦說二斷：一、緣縛斷，謂但斷心中之惑，則於外塵境不起貪、瞋，於境雖緣不生貪著，故名"緣縛斷"；二、不生斷，謂得法空之時，能令三塗惡道苦果永更不生，故名"不生斷"。此論二義，即出此經❷。依緣縛斷，說有漏善、無

————————————

❶ "即第八無……名曰'雜彼'"，本句是對《成唯識論》"緣彼、雜彼煩惱"的解釋，與唐代注疏有異。據唐代注疏，"緣彼煩惱"指通於七識的煩惱，不限於第七識，第七識也不緣前六識之境；"雜彼煩惱"指第七識相應的煩惱相對於六識等的作用，"受染法熏"並不恰當，因為只有第八識才是所熏。

❷ "《地持經》……即出此經"，本段改寫自《大明三藏法數》卷3，《永樂北藏》第181冊，1615號，頁487下5至9。二斷的說法不見於《大正藏》本《菩薩地持經》，《菩薩地持經》乃《瑜伽師地論·菩薩地》的異譯本，《大正藏》本《瑜伽師地論·菩薩地》亦無"二斷"的說法。《大明三藏法數》卷7另有"三斷"條，謂出自《宗鏡錄》，即《宗鏡錄》卷76："又有三

記唯修所斷，以緣彼雜彼者是俱生故；依不生斷，說諸惡趣及無想定唯見所斷，為彼依者分別起故。“於前諸斷如應當知”者，若依別論，如正、助說；若依通論，如二斷說。

十三、三受門。十支與樂受、捨受相應，唯除受與老死二支，為受不與受共相應故，老死無樂及容捨故。十一支皆苦受，唯除受支。

十四、三苦門。《華嚴經》中，謂十二有支，名為三苦：無明乃至六處，遷流相顯，名為“行苦”；觸、受二支，觸對生苦，名為“苦苦”；餘但壞樂，故名“壞苦”，老死雖無樂而以壞生故，亦名“壞苦”。此中十一支少分，壞苦所攝，唯除老死，以依樂受立壞苦故，老死無樂，故不說之。十二支少分，苦苦所攝，十二支中各容有苦故。十二支全分，皆行苦攝，有漏法故。若依捨受以立行苦，則除老死，老死位中無容捨故。以此三苦從三受生，謂苦受生苦苦，樂受生壞苦，捨受生行苦故。二苦皆言“少分”者，十二支中，具三苦性。若是二苦必是行苦，故言“全分”，諸有漏法，殺那性故。有是行苦而非二苦，又是二苦各不攝二，故云“少分”[1]，謂二苦不徧捨受，如聲聞出於界外，但有行苦而無二苦。又壞苦、苦苦，各不相攝，兼無捨受，故各不攝二，以壞苦中無有苦受，苦苦之中無樂受故。此釋“少分”二義也。

種斷：一、自性斷，如燈破闇，智慧起時，煩惱闇障自性應斷。二、不生斷，謂得初地法空之時，能令三塗惡道苦果永更不生。人中無根、二形、北州無想天等種子不生後果，名不生斷也。三、緣縛斷者，但斷心中之惑，於外塵境不起貪嗔，於境雖緣而不染著，名緣縛斷也。”（《大正藏》第48冊，2016號，頁836下1至7）然此“三斷”說法多見於唐代《成唯識論》注疏。

[1]“無明乃至……故名‘少分’”，改寫自《大方廣佛華嚴經疏》卷40，《大正藏》第35冊，1735號，頁810中28至下11。

十五、四諦門。十二有支，皆苦諦攝，以五取蘊為自性故。無明、行、愛、取、有，五支，亦集諦攝，以業、煩惱為自性故。《瑜伽》第十"問：此十二支，幾是煩惱道？幾是業道？幾是苦道？答：三是煩惱道，愛取有。二是業道，無明行。餘是苦道識等五種生老死七。"，"問：幾支苦諦攝及現法為苦？答：二，謂生及老死。問：幾支苦諦攝，當來為苦？答：識乃至受種子性。問：幾支集諦攝？答：所餘支。無明、行、愛、取、有。"❶此則業、惑通於二諦，約其逆觀，即滅、道諦，滅分別心亦即道故❷。

十六、四緣門。就文分四。一、總顯具闕，二、別釋有無，三、結例無方，四、會通經意。且初總顯者，謂於四緣中，諸支相望，增上定有，以增上體寬故。故《緣起經》唯明有一。餘之三緣，有無不定。以餘三緣局故，故畧不明。二、別釋者，於中有二：先、明因緣，後、辨餘二。先、明因緣，有四：初、依實有。謂愛望於取、有望於生，有因緣義，以愛增為取、識增為有故，愛是取家因緣者。夫言因緣，要辦體親生，既愛增為取則愛是取種，能生現取，故為因緣。識增為有者，有無別體，由愛取潤五種成有，有即識種，生支即識現行，識種有生現故，有得是生家因緣。二、依不定，謂若說識支是業種者，行望於識，亦作因緣。此是論主會《對法》意。若以識種為識支，則行但增上，非識親因；今以業種為識支故，業種即行支。行得為識之因緣，此則現行為種因緣。三、結例云："餘支相望無因緣義。"四、會通他論，先、會《集論》，後、

---

❶ 引文見《瑜伽師地論》卷 10，《大正藏》第 30 冊，1579 號，頁 325 中 25 至下 15。

❷ "此則惑、業……亦即道故"，引自《大方廣佛華嚴經疏》卷 40，《大正藏》第 35 冊，1735 號，頁 809 下 10 至 11。

會《瑜伽》。"而《集論》"下，先標彼有。"依無明"下，顯其有義，明是假說，謂依無明俱時之思業之習氣，與無明俱，假說業種以為無明，實是行種生行現行耳。然《集論》中名"建立支緣"，云"建立支緣"者，謂習氣故、引發故、思惟故、俱有故，建立支緣，隨其所應，依四緣相，建立支緣。且如無明望行前生習氣，故得為緣。由彼熏習相續所生諸業能造後有故。一、當於爾時現行無明，能引發故，為等無間緣；二、由彼無明發差別，諸行流轉相續生故，思惟彼故，為所緣緣；三、以計最勝等不如理思惟，緣愚痴位為境界故，彼俱有故，為增上緣，由彼增上緣力，令相應思，顛倒緣境，而造作故；四、如是一切，隨其所應令盡。此於無明望行，具作四緣，既例一切令盡當知，則十二支皆具四緣矣。"《瑜伽論》"下，會《大論》，第十說有三緣。"無有因緣"，上牒《大論》。"依現愛、取"下，會上有義，《大論》言無，上具說有。上有四位，不定假說，此不須會，但會二位實有因緣也。"依現愛、取"者，會愛望於取有因緣義，彼以愛增為取，種生現故，得為因緣；今以現行之愛望現行取，非從自種，安得因緣？言"唯業有說"者，會前有望於生，得為因緣。前以識種起生現行，得為因緣；今以業種為有而起於生，業非識體，但為增上，安成因緣？故《瑜伽》云：何故相望皆無因緣？答：因緣者，自體種子因所顯故。今現行愛、取非是種子，以業望生非自體故。大乘法師云：若無此論，難釋《瑜伽》。以上四位相望，明有因緣。初二定實，次一不定，後一假說。第二、辨餘二緣，自有三義。初、三位具二，次、二位具一，後、結餘皆無。今初。言"無明望行、愛望於取、生望老死"，有等無間、所緣二緣，並以現行相望、_{總出有二緣所以。}無間引生故，_{明有等無間緣。}行等思心可反緣故。_{明有所緣緣。}夫等無間緣，要是現行心、心所法，前念謝滅，引生後念，故無明心、心所滅引行思心，愛心所滅引起取心，此中愛支亦約現行，生及老死，但是識與名色增長、衰變，增長心滅引生衰變，故此三位有等無間。行等思心，等於取及老死，謂行之思可得反緣前無明支，故無明支即是行家所緣緣也。二取亦心所，故得緣愛。愛是取家所緣緣也。老死心所，可緣於生，生即老死所緣緣也。言"反緣"者，後支緣前故。"有望於生、受望於愛，無等無間，有所緣緣"，此即第二，二位相望，但具一緣，以種望現故，<small>釋無等無間義。</small>所生現行却緣種故。<small>釋有所緣緣義。</small>以等無間要是現行心、心所法相引生故，今有是種子，生是現行，安得有之？受亦種子，愛是現行，故非無間。生是現行，能緣有種，愛是現行，能緣受種，故有及受為所緣緣。"餘支相望，二俱非有"，此即第三明全無二也。"餘支"者，即更有六位相望，總無二緣，謂行望識、識望名色、名色望六入、六入望觸、觸望受支、取望有支，所以無等無間者，其果皆非現心、心所相引生故。謂識等至受皆是種子，有亦種子，行為識因，取為有因，雖是現行，所生識有即是種故，非等無間。所以非所緣緣者，既非現行心、心所法，何有緣慮？"此中且依"下，第三、結例無方，中有四重：一、依隣近，則異隔越，或唯越一、越二、越多；二、依順次，則異逆次，唯將無明作行之緣，不以行為無明緣等；三、依不相雜亂，異於雜亂，若《集論》說，以無明望行，乃取無明其中行種而為無明，故是雜亂；四、依實緣起說者，異於假說，如向無明俱時，業之習氣實是行種，假說無明。後之二義，<small>雜亂、假說。</small>大同小異。"異此相望"者，即異上四義，是前所異"隔越"等是也。既異隔越等，故清凉《疏》云："以其逆順各有次第及超間故，且約第一、'隔越'者，如無明與識等五及有，但一增上，唯能生起彼種子故。無明與愛、取、老

死為二緣，謂所緣緣、增上緣。餘一切緣，準此可知。二、約'逆
次'者，亦有隣次、隔越，今合說之，老死與生、愛、取、行、無明
為二緣，謂所緣增上，餘但增上。三、若相雜亂，有二，一、順，二、
逆。順中有隣次、隔越，如《對法》前無明望行是隔越，與前實
緣不殊，亦約識等五種而說。若約當生，隨其所應，逆次之中，有
隣有間，此應思準。上就緣起說，此約增上說。然有遠近，乃至
諸支，一一應作。然此中識等五，依當起位，諸支隔越，逆次超
間，相雜為緣，一一思準。"❶故曰"諸聰慧者，如理應思"。

　　十七、惑苦相攝門。"無明、愛、取，是惑所攝。行及有之一分，是
業所攝。"餘七支及有之一分，是苦所攝。清凉云："煩惱有二，能
發、能潤。雖諸煩惱皆能發、潤。於發業位，無明力增，潤業受生，愛
取力勝，各偏受名。以無熏發，唯一無明，數數灌溉，故分愛、
取。業亦有二，未潤、已潤。未潤名'行'，初造作故;已潤名'有'，近
生當有故。若總取識等種為所潤，則亦苦攝。故云，有支一分是
業所攝，又一分是苦所攝也。就苦七中，五約種說，二約現行。種
位難知，依當果位別顯為五;果位易了，故唯立二。並如前說。"❷
《大論》中有處說"業攝有全分"者，依已潤業有說也。有處說
"識亦業所攝"者，以業種為識支故也。惑業能招，苦是所招。今
獨所招為苦諦者，為今生厭故也。由惑、業、苦即十二支，故令有
情生死相續，何假外緣哉?

　　通上，第三、業苦相續，竟。

---

❶ "就文分四……一一思準"，改寫自《大方廣佛華嚴經隨疏演義鈔》
卷66，《大正藏》第36冊，1736號，頁530上13至頁531中10。

❷ 引文改寫自《大方廣佛華嚴經疏》卷40，《大正藏》第35冊，1735
號，頁809中14至22。

　　復次，生死相續由內因緣，不待外緣，故唯有識。"因"謂有漏、無漏二業，正感生死，故說為因。"緣"謂煩惱、所知二障，助感生死，故說為緣。所以者何？生死有二：一、分段生死，謂諸有漏善、不善業，由煩惱障緣助勢力，所感三界麤異熟果，身命短、長，隨因緣力，有定齊限，故名"分段"。二、不思議變易生死，謂諸無漏有分別業，由所知障緣助勢力，所感殊勝細異熟果，由悲願力，改轉身命，無定齊限，故名"變易"；無漏定、願正所資感，妙用難測，名"不思議"。或名"意成身"，隨意願成故，如契經說"如取為緣，有漏業因，續後有者而生三有，如是無明習地為緣，無漏業因，有阿羅漢、獨覺、已得自在菩薩生三種意成身"。亦名"變化身"，無漏定力，轉令異本，如變化故，如有論說"聲聞無學，永盡後有，云何能證無上菩提？依變化身證無上覺，非業報身"，故不違理。若所知障，助無漏業，能感生死，二乘定性應不永入無餘涅槃。如諸異生拘煩惱故。如何道諦實能感苦？誰言實感？不爾，如何？無漏定、願，資有漏業，令所得果相續長時，展轉增勝，假說名"感"。如是感時，由所知障為緣助力，非獨能感。然所知障不障解脫，無能發業、潤生用故。何用資感生死苦為？自證菩提、利樂他故。謂不定性獨覺、聲聞及得自在大願菩薩，已永斷、伏煩惱障，故無容復受當分段身。恐癈長時修菩薩行，遂以無漏勝定、願力，如延壽法，資現身因，令彼長時與果不絕，數數如是定、願資助，乃至證得無上菩提。彼復何須所知障助？既未圓證無相大悲，不執“菩提、有情實有”，無由發起猛利悲、願。又所知障障大菩提，為永斷除，留身久住。又所知障，為有漏依，此障若無，彼定非有。故於身住，有大助力。若所留身，有漏定、願所資助者，分段身攝，二乘、異生所知境故；無漏定願所資助者，變易身攝，非彼境故。由此應知，變易生死性是有漏異熟果攝，於無漏業是增上果。有聖教中說為無漏出三界者，隨助因說。頌中所言“諸業習氣”，即前所說二業種子；“二取習氣”，即前所說二障種子，俱執著故。“俱”等餘文，義如前釋。變易生死，雖無分段前後異熟別盡別生，而數資助，前後改轉，亦有前盡餘復生義。雖亦由現生死相續，而種定有，頌偏說之。或為顯示真異熟因果，皆不離本識，故不說現。現異熟因，不即與果，轉識間斷非異熟故。前、中、後際生死輪迴，不待外緣。既由內識，淨法相續，應知亦然。謂無始來依附本識，有無漏種，由轉識等數數熏發，漸漸增勝，乃至究竟得成佛時，轉捨本來雜染識種，轉得始起清淨種識，任持一切功德種子，由本願力盡未來際起諸妙用，相續無窮。由此應知，唯有內識。

第四、因緣相續。先、標徵。"生死有二"下，次、解釋。由內因緣，感二種生死。有漏、無漏二業，正感生死，為親因緣，是之謂"因"；煩惱、所知二障，助感生死，為疎增上，是之謂"緣"。凡諸有漏善、不善業。由煩惱障助緣勢力，所感三界麤異熟果，謂之"分段生死"。何謂"分段"？曰：隨因緣力，壽命短、長，有定齊限，不能改轉，故名"分段"也。凡諸無漏有分別業，由所知障助緣勢力，所感殊勝細異熟果，謂之"不思議變易生死"。何謂"變易"？曰：由悲願力，改轉身命，妙用難測，無定齊限，故名"變易"也。云何"改轉"？曰：改麤身為細質，易短壽作長年。問：既改麤為細、易短為長，何名"生死"？曰：覺知勢盡名為"死"，入定還資謂之"生"也❶。或名"意成身"，隨大悲意之所成故。如契經說"取為緣故，有漏業因，續彼死有而生中有生有本有，如是無明習地所知障為緣，無漏業為因，有阿羅漢得三昧樂意成身，有獨覺得覺法自性意成身，有八地已上菩薩得俱生無作意成身"。此三種意成身，亦名"變化身"，無漏定力轉令異本，如變化故。意明但轉變成，非新生也。問：如有論說，聲聞無學永盡

---

❶ "何謂'分段'……謂之'生'也"，改寫自《唯識開蒙問答》卷下，《新纂卍續藏》第55冊，888號，頁370下3至11。

後有，云何能證無上菩提？何能長時度生積行，乃至證成無上菩提？設令爾者，有應不盡。答：雖業報最後身已盡，而尚有變化身可依，證無上覺，非業報身。於理無違。然此異名，總有三種：一、名“不思議變易身”，二、名“變化身”，三、名“意成身”。若出體者，總有三說：一云“悲願為體”，二云“定願為性”，三云“無明住地惑，無漏有分別業為性”。若問答者，問：若所依身，隨地有別，可說短長；而命如燈焰，念念生滅，非如分段一期等事，憑何說彼無定齊限？唐三藏解云：理實命根無別分限，隨所依身，假說分限。問：若依悲願而感此身，故留煩惱，此復何用？諸法師答云：七地已來，自有菩薩受分段身，故留不斷；八地已上，雖受變易，而與聖道不相違故，所以不斷。又解：八地已上變易生死，還相假藉，故留不斷，由此惑力，資別業力，得受用身，非如無學迴心大者唯依一業。小乘難云：若所知障助感生死，小乘既有所知障在，則應常感生死，不入涅槃。論主答云：異生有煩惱，不趣涅槃，彼趣寂者，心樂趣寂，為此心拘，馳流無相，不起無上正等菩提，如諸異生為煩惱拘、不趣涅槃，無異。又問：無漏有分別業，即是道諦，如何道諦實能感苦？答云：誰言實感耶？外問：若非實感者，其說如何？論主答云：第四靜慮無漏勝定，資色、無色已，感異熟諸有漏業，令彼所得細異熟果，相續長時，接物利生，令無漏道展轉增勝。以此義故，假說能感，非無漏業實能感苦。又此能感，由所知障助故。所知障不感苦者，不同煩惱障有發潤故❶。小乘問云：既所知障無發潤用，何用資感

---

❶ “隨大悲意之所成故”“然此異名……有發潤故”，改寫自《大方廣佛華嚴經隨疏演義鈔》卷49，《大正藏》第36冊，1736號，頁386下12至頁387上14。

生死苦為？論主答云：自證菩提、利樂他故，為成二利，更須資生。謂迴向大乘獨覺、聲聞及八地^❶已去菩薩，雖籍煩惱生死受生，不同凡夫及二乘說現及種潤，由起煩惱利益有情業勢，方能感生死果，煩惱若伏，業勢便盡，故須法執助願受生，故已永斷伏，無容復受當分段果。既有二利之益，觀知分段報終。恐廢長時修菩薩行，遂入無漏勝定、勝願之力，如阿羅漢延壽之法，資現身之因，即資過去感今身業，令業長時與果不絕，數數如是，定力、願力資助之故，乃至證得無上菩提。小乘問云：無漏定、願足可資感，彼復何須所知障助？論主答云：迴趣二乘及大菩薩，既未成佛，圓證無相大悲一味平等之解，若不執菩提可求、有情可度、為實有者，無有因由可以能起猛利大悲及猛利願，以所知障可求、可度執為先，方能發起無漏業故。說業為因，以是勝故；無明為緣，以疏遠故。非如煩惱資有漏業，但緣義同少分相似。又所知障，障大菩提，正障知故，為永斷除此所知障，留身久住，說之為緣，為所斷緣故。又此所知障，能為一切有漏之依，由有此障，俱諸行法不成無漏，故此所依之障若無，彼能依有漏決定非有，今既留身久住，由有所知障為緣，故說此障為於身住有大助力，說為緣也^❷。問云：凡所留身皆變易耶？變易身非三界攝耶？答云：若所留身，有漏定、願所資助者，分段身攝，二乘異生所知境故，非不思議微妙用故；若所留身，無漏定、願所資助者，變易身

---

❶ "地"，底本缺，校本作"地"，本段引自《宗鏡錄》卷73，整理者據校本及《大正藏》本《宗鏡錄》卷73定。

❷ "八地已去菩薩……說為緣也"，改寫自《宗鏡錄》卷73，《大正藏》第48冊，2016號，頁824中16至下8；源自《成唯識論述記》卷8，《大正藏》第43冊，1830號，頁538中2至下18。

攝，非諸凡、小所知境故，微妙勝用難測量故。此所知障，雖感無漏變易生死，而能感之性即所知障，原是有漏異熟果攝，是有漏業正所得故；於無漏業是增上果，無漏定願所資感故。然聖教中說是無漏出三界者，是隨助感增上緣說。若作因緣感異熟果，界內、界外俱得通故。

"頌中"下，會前頌意。"二業種子"，即有漏、無漏業種也。問：分段生死，捨此生彼，可說前盡後生；變易生死，既無捨生趣生之義，寧得前盡後生耶？答：變易生死，雖無分段別盡別生，而由無漏定、願數數資助之力，令彼身命長時相續，展轉增勝，前後改變，亦有前盡復生之義。問：生死相續，亦由現行，何故頌中但言習氣？答：雖生死相續亦由現行，而頌偏說習氣不說現行者，以種定有、現行不定，故頌偏說；或為顯示真異熟果，皆不離本識，故但說種子，不說現行。問：第八現行，亦可為因，何偏說種？答：第八現行雖是異熟因，必假熏成種子，後方與果，故不說之。轉識現行，有間斷故，非異熟因，故亦不說。由斯義故，頌中但說種子與現果為因，故有生死相續，不說第八現行，亦不說前七現行也。由前、中、後際有三身故，生死輪迴，不假外緣。而由內識，例知淨法相續亦然。謂本識中從無始來法爾有無漏種，由轉識等新所熏發之力漸漸增勝，乃至成佛時，一空異熟，捨雜染種，得無垢識，任持一切功德種子，由本願力無盡，故功德無盡，妙用無盡。雖非生滅，相續義同。既染、淨相續不出一心，由此應知唯有內識，豈假外緣哉？

若唯有識，何故世尊處處經中說有三性？

此第四頌，釋三性難。分五：一、問，二、總答，三、徵，四、頌，五、釋意，六、諸門分別。今初。此下，總收我、法二執為徧計性，見、相、自證為依他性，證自證分為圓成實❶，以明三性、三無性。為結前起後之張本。

應知三性亦不離識。

二、總答。

所以者何？

三、徵不離識義。

頌曰：
由彼彼徧計，徧計種種物。
此徧計所執，自性無所有。
依他起自性，分別緣所生。
圓成實於彼，常遠離前性。
故此與依他，非異非不異，
如無常等性，非不見此彼。

四、頌。即天親第二十至第二十二，共三頌。初四句，釋徧計執性；次二句，辨依他起性；次二句，明圓成實性；後四句，明圓成實與依他起非一異義，如"無常"等性，非不證見此圓成實而能了彼依他起如幻事等。

---

❶ "證自證分為圓成實"，《成唯識論》及唐代唯識著作皆無此說。亦與本書後文相悖，如後文錯解"相等四法……說為依他起攝"之"四法"即謂是識之四分。

論曰：周遍計度，故名“遍計”。品類眾多，說為“彼彼”。謂能遍計虛妄分別。即由彼彼虛妄分別，遍計種種所遍計物，謂所妄執蘊、處、界等若法若我自性、差別。此所妄執自性、差別，總名“遍計所執自性”。如是自性，都無所有，理、教推徵不可得故。或初句顯能遍計識，第二句示所遍計境，後半方申“遍計所執若我若法自性非有”，已廣顯彼不可得故。初能遍計自性云何？有義：八識及諸心所有漏攝者，皆能遍計，虛妄分別為自性故，皆似所取、能取現故，說“阿賴耶以遍計所執自性妄執種為所緣”故。有義：第六、第七心品執我、法者是能遍計，唯說“意識能遍計”故，“意”及“意識”名“意識”故，計度分別能遍計故，執我、法者必是慧故，二執必與無明俱故，不說無明有善性故，癡、無癡等不相應故，不見有執導空智故，執有、執無不俱起故，曾無有執非能熏故。有漏心等不證實故，一切皆名虛妄分別，雖似所取、能取相現，而非一切能遍計攝，勿無漏心亦有執故，如來後得應有執故，經說“佛智現身、土等種種影像如鏡等”故。若無緣用，應非智等。雖說藏識緣遍計種，而不說唯，故非誠證。由斯理趣，唯於第六、第七心品有能遍計。識品雖二，而有二三四五六七八九十等遍計不同，故言彼彼。次所遍計，自性云何？《攝大乘》說是依他起，遍計心等所緣緣故。圓成實性，寧非彼境？真非妄執所緣境故。依展轉說，亦所遍計，遍計所執，雖是彼境，而非所緣緣，故非所遍計。遍計所執，其相云何？與依他起，復有何別？有義：三界心及心所，由無始來虛妄熏習，雖各體一，而似二生，謂見、相分，即能、所取。如是二分，情有理無，此相說為遍計所執；二所依體，實託緣生，此性非無，名依他起，虛妄分別緣所生故。云何知然？諸聖教說"虛妄分別是依他起，二取名為遍計所執"。有義：一切心及心所，由熏習力所變二分，從緣生故，亦依他起；遍計依斯妄執定實有無、一異、俱不俱等，此二方名遍計所執。諸聖教說"唯量、唯二、種種，皆名依他起"故。又"相"等四法、"十一識"等，論皆說為依他起攝故。不爾，無漏後得智品二分應名遍計所執，許，應聖智不緣彼生，緣彼智品應非道諦；不許，應知有漏亦爾。又若二分是遍計所執，應如兔角等，非所緣緣，遍計所執體非有故。又應二分不熏成種，後識等生應無二分。又諸習氣是相分攝，豈非有法能作因緣？若"緣所生內相、見分非依他起"，二所依體，例亦應然，無異因故。由斯理趣，眾緣所生心、心所體，及相、見分，有漏、無漏，皆依他起，依他眾緣而得起故。頌言"分別緣所生"者，應知且說染分依他，淨分依他亦圓成故。或諸染、淨心、心所法，皆名分別，能緣慮故。是則一切染、淨依他，皆是此中依他起攝。二空所顯圓滿成就諸法實性，名"圓成實"，顯此遍、常，體非虛謬，簡自、共相、虛空、我等。無漏有為，離倒究竟，勝用周遍，亦得此名。然今頌中說初非後。此即"於彼依他起上常遠離前遍計所執二空所顯真如"為性。說"於彼"言，顯圓成實與依他起不即不離。"常遠離"言，顯妄所執能、所取性理恒非有。"前"言義顯不空依他，"性"顯二空非圓成實，真如離有離無性故。由前理故，此圓成實與彼依他起，非異非不異。異，應真如非彼實性；不異，此性應是無常。彼此俱應淨、非淨境，則本、後智用應無別。云何二性非異非一？如彼"無常""無我"等性，"無常"等性與行等法異，應彼法非無常等；不異，此應非彼共相。由斯喻顯此圓成實與彼依他非一非異，法與法性理必應然，勝義、世俗相待有故。非不證見此圓成實而能見彼依他起性，未達"遍計所執性空"不如實知"依他有"故。無分別智證真如已，後得智中方能了達"依他起性如幻事等"。雖無始來心、心所法已能緣自相、見分等，而我、法執恒俱行故，不如實知眾緣所引自心、心所虛妄變現，猶如幻事、陽焰、夢境、鏡像、光影、谷響、水月、變化所成，非有似有。依如是義，故有頌言："非不見真如，而能了諸行，皆如幻事等，雖有而非真。"此中意說，三種自性皆不遠離心、心所法。謂心、心所及所變現，眾緣生故，如幻事等，非有似有，誑惑愚夫，一切皆名"依他起性"；愚夫於此橫執我、法、有、無、一、異、俱、不俱等，如空花等，性相都無，一切皆名"遍計所執"；依他起上彼所妄執我、法俱空，此空所顯識等真性，名"圓成實"。是故此三不離心等。

五、釋頌意，分五。一、釋遍計。先、總釋。周悉普徧較計測度，故名"徧計"。種類眾多，名色各異，說為"彼彼"。"謂能徧計虛妄分別"，即釋初句是能徧計也。"即由彼彼虛妄分別，徧計種種所徧計物，謂所妄執蘊、處、界等若法若我自性差別"，"蘊、處、界等"，我、法所依，如契經說"世間我見，一切皆緣五取蘊起"，即釋次句是所徧計也。"自性差別"者，謂徧計有二：一、自性，二、差別。一、自性者，總執諸法實有自性；二、差別者，別執取常、無常等實有自體，或依名徧計義，如未識牛，聞牛名，便推度因何道理名之為牛。或依義徧計名。或見物體，不知其名，便妄推度此物名何，如未識牛，共推度云"為鬼耶，為獸耶"。此之徧計，約體不出我、法二執，約用不出名、義二種❶。此所妄執自性及差別性，總名徧計自性。如是自性，都無所有，猶如兔角，以前理、教一一推徵不可得故。此釋第三、第四句是所執也。次、別釋能徧計云"初能徧計自性云何"，問也。第一義即安慧師說，八識心王心所，在有漏位，皆以虛妄分別為自性故，皆似見、相二分現故，是能徧計，復引經說"阿賴耶識以徧計性妄執種子為所緣"故。第二義即護法師正義，謂第六、第七心品執我、法者是能徧計，經、論唯說"意識能徧計"故，"意"即第七，"識"即第六，故曰"'意'及'意識'名'意識'故"。又唯意識是計度分別，惟"計度分別能徧計故"，此顯第六識。"執我、法者必是慧"故，此顯第七識❷，即簡餘識及餘心所。執我、執法，必無明俱，無明即"痴"，善性無癡，此簡善心所、善等心所。皆能引導二空智起。若無明與善等相應，則是有執無明，亦能引導空智，然不見有執導空智者，此簡有漏善心。凡有執者，定是能熏，曾無有執非能熏者，此簡第八識。問：若爾，何故經說八識及諸心所皆是虛妄分別？答：有漏位中所攝心、心所法，皆不能證圓成實性，故總名為"虛妄分別"，非說徧計。問：既非徧計，何故復說"能取、所取相現"？答：雖諸心所皆有似二取現，而有徧計、不徧計者，非謂一切皆徧計攝。此申明有漏善心徧而非計也。若

---

❶ "有二：一、自性……名、義二種"，引自《宗鏡錄》卷59，《大正藏》第48冊，2016號，頁755中5至11。

❷ "又唯意識……顯第七識"，本句是將《成唯識論》"計度分別能遍計故，執我、法者必是慧故"二句分屬第六識、第七識，與唐代注疏大異。唐代注疏亦提到"第七識不能普計，應非此收"的問難，結論是第七識亦有計度分別。

謂"一切是徧計"者，則無漏心亦是徧計。若無漏心是徧計者，則如來後得亦有分別，亦有似二取相現，亦應是徧計攝。然契經說"成所作智現身、現土，猶如明鏡現種種像"，曾無有執，寧名徧計？若謂"如來成所作智不能廣緣"，不應名為成所作智。故知無漏心，與後得智，及諸善所，皆能廣緣，而無計執。此簡無漏諸心也。問：若藏識無徧計者，如何妄執種子為所緣？答：雖說藏識能緣徧計種，而不說唯是徧計所執，以無計度分別故。故彼所引，非為誠證。此申明阿賴耶識非能徧計義，應知四料揀。一、有徧非計，如無漏諸心、有漏善識，能徧廣緣，而非計執。"無漏諸心"，即諸聖人無漏智慧，了諸法空，即無法不徧，都無計執，名為非計；唯後得智有漏善識，即地前菩薩，雖有漏心中能作無我觀故，亦能觀一切皆無有我，亦是徧而非計。二、有計非徧，如有漏第七識，恒緣第八見分起我、法二執，從第六識入生空觀時，第七識中猶尚緣第八見分起於法執，故知計而非徧。三、亦徧亦計，即眾生染心。四、非徧非計，即有漏五識，及第八賴耶，各了自分境界，不徧；無計度、隨念分別，故非計也。賴耶唯緣種子、根身、器世間三種境故，尚不能緣前七現行，故非徧非計。有漏種子，能持能緣；無漏種子，即持而不緣，況餘境耶？❶"識品雖二，而有二、三、四、五、六、七、八、九、十等徧計不同"者，"二"，謂一、名，二、義；"三"，謂一、分別戲論所依緣，二、見我慢，三、貪瞋痴；"四"，謂一、自相，二、差別相，三、所取相，四、能取相；"五"，謂一、依名徧計義，二、依義徧計名，三、依名徧計名，四、依義徧計

---

❶ "一、有徧非計……況餘境耶"，改寫自《宗鏡錄》卷59，《大正藏》第48冊，2016號，頁755中11至25。

義，五、依二徧計二；"六"，謂一、自性，二、別，三、覺悟，四、隨眠，五、加行，六、名；"七"者，即前第六名徧計中所攝，一、有為，二、無為，三、常，四、無常，五、善，六、不善，七、無記；"八"者，一、自性，二、差別，三、總持，四、我，五、我所，六、愛，七、不愛，八、愛不愛俱違；"九"者，亦前第六名徧計中所攝，一、此為何物，二、云何此物，三、此是何物，四、此物云何，五、或為色蘊，六、或為受蘊，七、或為想蘊，八、或為行蘊，九、或為識蘊；"十"者，即前五加行徧計中復有五種，一、貪愛，二、瞋恚，三、合會，四、別種，五、隨捨，通為十也❶。

二、明所徧計，釋依他起自性。云"次所徧計自性云何"，問也。答云：准《攝論》云，是依他起，徧計心等親所緣緣。故慈恩云：三性之中，是依他起，言"所緣"必是有法，徧計心等以此為緣，親相分者必依他故，不以圓成而為境也，謂不相似故❷。"圓成實性，寧非彼境"，問也。真非妄執所緣境故，一真一妄，所謂"不相似"也，答也。"依展轉說"者，謂圓成實與依他起不即不離，若依他起是所徧計徧計所執，則圓成實亦所徧計徧計所執，雖是彼境，只成踈所緣緣，以非凡境故，非親緣故，非所徧計也，以真必不引生妄故。問：徧計所執與依他起，有何差別？安慧師言：相、見二分即是徧計，心、心所法即是依他，以彼

---

❶ "'二'，謂一、名……通為十也"，本段對各類徧計的確定解釋，與唐代注疏大異。唐代注疏無定解，某類徧計或列多種，並列出"十一"乃至更多的徧計。

❷ "准《攝論》……不相似故"，改寫自《宗鏡錄》卷59，《大正藏》第48冊，2016號，頁755下4至8；源自《成唯識論述記》卷9，《大正藏》第43冊，1830號，頁543中9至13。

不立第三自證故❶。謂三界八識心、心所所變之見、相二分，情有理無。此二分相，說為徧計所執二分。所依之體，即自證分，實託緣生，此性非無，名依他起，虛妄分別緣所生故。云何知依他起是虛妄分別耶？答云：聖教說故，能、所二取是徧計所執相❷。第二義，即護法正義，謂一切心及心所法，由熏習力所變相、見二分，依他眾緣而得起故，亦依他起攝；依此二分上，妄執決定實有有、無、一、異、俱、不俱等二分別相，方名徧計所執。云何知見、相二分是依他起，非徧計所執耶？曰：諸聖教說，唯量、唯二、種種皆名依他起故。《攝論》云：“云何成立諸識為唯識？署說有三相：一者、唯量，義無所有故；二者、唯二，謂有相及見識故；三者、唯種種，謂種種相生起故。”天親釋云：“‘唯量’者，唯是識量。一切諸識皆唯識量，由所識義無所有故。‘唯二’者，成立有相及見故，即此一識一分成相，第二分成見，此是眼等識二分故。‘唯種種’者，即此一識所起六塵識為相，意識為見。意識境不定故，說‘唯種種’。”❸是故一識能別為見、所別為相，總不離識，得成唯識。復引論證，難破前執，“相等四法”，即相、見、自

---

❶ “以彼不立第三自證故”，本句謂安慧不立自證分，不恰。唐代注疏謂<u>安慧</u>唯立“自證分”，然此“自證分”更接近“自體分”，即心、心所之體，而無“自證”之義。本書後文亦謂“所依之體，即自證分”。

❷ “云何知依……計所執相”，本句是對《成唯識論》“云何知然？諸聖教說，虛妄分別是依他起，二取名為遍計所執”的解釋，似將“二取名為遍計所執”當作“虛妄分別是依他起”的原因，誤。“云何知然”是追問此師依據，此師則舉經論中“二取名為遍計所執，虛妄分別是依他起”之語為據。

❸ “《攝論》云……說‘唯種種’”，改寫自<u>世親</u>造、<u>笈多</u>等譯《攝大乘論釋論》卷4，《大正藏》第31冊，1596號，頁286上19至22。

證、證自證四分❶。"十一識"者，一、身識，謂眼等五界；二、身
者識，謂染污識；三、受者識，謂意界；四、應受識，謂色等六外
界；五、正受識，謂六識界；六、世識，謂生死相續不斷識；七、
數識，謂從一至阿僧祇；八、處識，謂器世間；九、言說識，謂見
聞覺知；十、自他差別識；十一、善惡兩道生死識。此十一識，由
本識能變異而作。本識即是十一識種子，"分別"是識性。識性何
所分別？分別無為有故。言虛妄分別為因，虛妄為果。以此分別
性，攝一切種子盡。身識至言說等九識因言說熏習種子生，自他
差別識因我見熏習種子生，善惡兩道生死識因有支熏習種子
生❷。出《攝大乘論》。《論》皆說為依他起攝，不說為徧計所執
故。若不以二分為依他，而以二分為徧計者，則轉依位無漏後得
智、所緣境應名徧計所執。轉依位中，若許徧計能緣淨分依他者，則
淨分依他應非聖智所緣之境。若爾，即能緣聖智，亦非道諦所攝，應
是集諦攝故。若無漏位不許二分是徧計所執，則有漏位亦不許相、
見二分即是徧計所執。若二分是徧計，應非所緣緣。遂申量破
云："相、見二分"是有法，"非所緣緣"宗，因云"徧計所執體非
有故"，喻"如兔角等"❸。又若二分即徧計者，則應二分不熏成

---

❶ "'相等四法'，即相、見、自證、證自證四分"，本句是對《成唯識論》
"相等四法"的解釋，誤。據唐代注疏，此處指瑜伽行派"五法"中的相、名、
分別、正智，除"五法"中圓成實性的真如。

❷ "'十一識'者⋯⋯習種子生"，改寫自《宗鏡錄》卷56，《大正藏》
第48冊，2016號，頁739中5至18。本段對"十一識"的解釋引自世親造、
真諦譯《攝大乘論釋》卷5，《大正藏》第31冊，1595號，頁181下4至
18。唐注疏則據玄奘譯本解釋。

❸ "申量破云⋯⋯如兔角等"，本段是對《成唯識論》"又若二分是徧計
所執，應如兔角等，非所緣緣，徧計所執體非有故"，唐代注疏未解釋為比

種，熏種子者有體法故。若無相、見種子熏入本識，後識等生，應無二分。又諸種子皆是第八相分所攝，豈非有體之法，可作親生因緣耶？若是徧計無體法者，應如兔角，惡能成種？若汝必謂"眾緣所生相、見二分即是徧計，非依他"者，則汝所說二分之體亦非依他，以相、見、自證無異因故。

"由斯"下，結成"依他非是徧計"。問：既依他起非是徧計，何故頌中說"分別緣所生"？答：應知但說染分，不說淨分，以淨分依他是圓成攝。或有處說"染淨心、心所皆名分別"者，以染淨心、心所皆能緣慮一切境故。"是則"下，結示。

三、釋圓成實。先釋名云：人、法二空所顯圓滿成就諸法實性，名"圓成實"。"圓滿"者，範圍三界故。"成就"者，曲成萬物故。後釋義云：顯此徧常，體非虛謬。"徧"釋"圓滿"，"常"釋"成就"，"體非虛謬"釋"實性"義。此一"體"言貫通三處。"徧"簡自相，"常"揀共相，"非虛謬"言揀虛空、我等❶。"自相"者，色等諸法各有體故，如色以質礙為自相等。"共相"者，五蘊法上共有無常、苦、空、無我等故，此依他也。"虛空"者，即三無為之一也。"我"，即徧計所執二我也❷。復有問云：若爾，淨分依他，體

量，且本書所立的比量之宗是"相、見二分非所緣緣"，唯識所破的是"徧計所執是所緣緣"，未加"徧計所執"等簡別詞，則此量不能作為唯識對論敵的論破。

❶ "'徧'釋'圓滿'……虛空、我等"，改寫自《大方廣佛華嚴經隨疏演義鈔》卷9，《大正藏》第36冊，1736號，頁63下9至11。

❷ "'自相'者……二我也"，本段是對《成唯識論》"自相、共相、虛空、我等"的解釋，與唐代注疏有異。據唐代注疏，"徧"簡別"自相"，因為諸法自相唯據於法自身，圓成實性則徧；"常"簡別諸法無常、苦等"共相"，因為諸法共相體非實有，圓成實性則常；"非虛謬"簡別被外道、小乘執為真實

非常、徧，如何亦是圓成實耶？故此釋云："無漏有為，離倒、究竟、勝用周徧，亦得此名。""離倒"名"實"，"究竟"為"成"，"勝用周徧"以釋"圓"義。是則圓成有二種義：一、約理說，二、約果德。故此揀云：今此頌中，說初非後。"初"即約理說，"後"即約果德也。以約三性通一切故。以上正釋"圓成實"言❶。次、總釋餘文云：此圓成實，如彼依他起上常時遠離前遍計所執，以是二空所顯真如實性，故頌云："圓成實於彼，常遠離前性也。"頌說"於彼"者，謂圓成實與彼依他不即不離也。頌言"常遠離"者，謂圓成實離徧計執也。頌言"前"者，謂但空遍計，不空依他也。頌言"性"者，顯二空非是圓成實性，是二空所顯真如，名"圓成實"也。"遠離前"言，已空徧有，故是離有；而言"性"者，自屬真如，故能離無❷。由前理故，頌說"故此與依他，非異非不異"也。若言異者，則應真如非彼依他之實性，依他必以圓成為體故；若言不異，則此圓成應是無常，以依他起是無常故。且彼依他是世俗不淨境，是後得智所緣❸；此圓成實，是真如淨境，是根本智所緣。今若不異，則根本緣不淨境，而後得亦緣真如淨境。如此則本、後二智之用無有差別，不得言"後得緣俗而根本緣如"矣。

的"虛空、我等"，"三無為"乃有部之說，圓成實性則真實。

❶ "復有問云……'圓成實'言"，改寫自《大方廣佛華嚴經隨疏演義鈔》卷9，《大正藏》第36冊，1736號，頁63下12至18。

❷ "已空徧有……故能離無"，改寫自《大方廣佛華嚴經隨疏演義鈔》卷32，《大正藏》第36冊，1736號，頁247下27至28。

❸ "且彼依他是世俗不淨境，是後得智所緣"，本句是對《成唯識論》"彼此俱應淨非淨境，則本、後智用應無別"的解釋，與唐代注疏有異。據唐代注疏，依他起性是凡、聖智經，不唯是後得智之境。

四、釋後二句。頌云：問：云何二性非異非一？答云：如聖教言，諸行無常、無樂、無我、無淨等，此"無常"等性，即是行等法之共相故。若言異者，應行等法非"無常"等性；若不異者，此"無常"等即應是行等自相，不可謂之共相矣。由此喻顯圓成實性與依他起非一非異。法與法性非即非離，勝義、世俗相待而有，言異、不異，二俱不成，理出於此矣。頌言"非不見彼此"者，謂未有不證此圓成實性而能見彼依他性者，未有不達徧計性空而如實知依他為幻有者。何以故？以徧計、依他二性相生，俱無自體，因妄想故立名相，因名相故立因緣。若妄想不生，名相何有？名相不生，因緣不起。是知萬法不出名相。故《楞伽》云："譬如修行事，於一種種起，於彼無種種，妄想相如是。"釋云：如二乘修諸觀行，若作"青"想觀時，天地萬物莫不皆青，此於無青處見青，此破徧計執性也。又云："譬如種種翳，妄想眾色現，翳無色非色，緣起不覺然。"釋云：正如患眼人，目中有翳，或見空華，或見垂髮，或見飛蠅，斯言翳眼所見差別不同，非是實有垂髮飛蠅等事，此破依他起性也。斯則妄想本空，因緣無性，即是圓成究竟實法❶。然未達徧計本空，則不知緣生無性，故得無分別智證真如已，方起後得，後得智生，方能了達依他如幻等事，故必證圓成而後能見依他也。云：何如"幻事"等耶？曰：謂無始來心、心所法，雖能緣自相、見分等，而徧計執為實我、實法，不如實知眾緣所引，自心、心所虛妄變現，如幻事等，名、體俱無，性、相恒寂，雖不可得，而生憂喜，以體虛而成事故。《華嚴疏》云：若

---

❶ "俱無自體……經久實法"，改寫自《宗鏡錄》卷 59，《大正藏》第 48 册，2016 號，頁 755 下 10 至 22。

依《攝論》說喻，皆喻依他起性，然並為遣疑。所疑不同，故所喻亦異。一、以外人聞"依他起相，但是妄分別有，非真實義"，遂即生疑云"若無實義，何有所行境界"，故說"如幻"。謂幻者，幻作所緣六處，雖無實義，而成境界。二、疑云"若無實義，即無所緣，諸心、心法云何而轉"，故說"如陽焰"，陽焰譬心、心法，水喻於義，譬如陽焰有動搖故，雖無有義而生水覺，諸心、心法亦復如是，由動搖故，雖無有義而生義覺。三、疑云"若無實義，何有愛、非愛受用差別"，故說"如夢境"，夢中之境，雖無實義，而見種種愛與非愛受用差別，現前可得，此亦如是。四、疑云"若無實義，云何淨、不淨業、愛、非愛果差別而生"，故說"如鏡像"，顯依他起如鏡影像，實無有義，即於本質起影像覺，然影像義無別可得，此亦如是，應知雖無愛與非愛，真實果義而現可得。五、疑云"若無實義，云何得有種種識轉"，故說"如光影"，顯依他起如弄影者，有其種種光影可得，雖有多種光影可得，而光影義實無所有，識亦如是，無種種義，而有種種義現可得。六、疑云"若無實義，無量品類戲論言說，云何而轉"，故說"谷響"喻，顯依他起譬如谷響，雖無有義而現可得，戲論言說亦復如是，雖無實義而現可得。七、難云"若無實義，云何世間定心、心法有義可得，由說定心能如實知、如實見故"，故說"水月"喻，顯依他起譬如水月，其義實無，由水潤滑澄清性故，而現可得，定心亦爾，所緣境義雖實無有，而現可得，水喻其定，以是潤滑澄清性故。八、疑云"若有情義實無所有，云何證真諸菩薩等作彼利樂覺慧為先，彼彼趣中攝受自體"，故說"如變化"，顯依他起譬如變化，實無有義，由化者力，一切事成，非變化義而不可得，應知此中，亦復如是，所受自體，其義雖無，而有能作一切有情利益安樂，所受自體，義現可得。是知萬法雖空，體虛成事，一真非有，無性隨緣，則湛爾堅凝，常隨物化，紛然起作，不動真如❶。故有頌言："非不見真如，而能了諸行。皆如幻事等，雖有而非真。"蓋謂此也。此頌意說❷，三種自性皆不離心。先、立量以顯依他是假有。立量云：謂"心、心所及所變現依他起性"是有法，"非有似有"是宗，因云"眾緣生故"，喻"如幻事等"。次、立量以顯徧計非有。立量云："愚夫於彼依他起上橫計我、法、有、無、俱、不俱等"是有法，"性相都無"是宗，因云"一切皆是徧計所執故"，喻"如空華等"❸。次、顯圓成是實者，謂於彼依他起上徧計所執我、法二種俱空，即此二空所顯識等真如實性，名"圓成實"。故曰"緣生無性"，"無性"即"空"，"空"即"圓成"❹。是故此三，皆

---

❶ "名、體都無……不動真如"，改寫自《宗鏡錄》卷 59，《大正藏》第 48 冊，2016 號，頁 756 下 9 至 25；源自《大方廣佛華嚴經疏》卷 46，《大正藏》第 35 冊，1735 號，頁 852 下 3 至 25；根本源自世親造、玄奘譯《攝大乘論釋》卷 5，《大正藏》第 31 冊，1597 號，頁 344 中 9 至下 19。

❷ "此頌意說"，此句是對《成唯識論》"此中意說"的解釋，將"此"解釋為前引頌文，誤。前引頌文並未提及三性不離心，據唐代注疏"此中意說"下是解釋《三十論》第 20 至 22 三頌。

❸ "立量云……如空華等"，此二量是對《成唯識論》"謂心、心所及所變現……一切皆名'遍計所執'"的解釋，唐代注疏未將此段視為比量，此處所立二量亦不恰，例如，此段二句解釋說明何謂"依他起性""遍計所執性"，原文結論是"……名依他起性／圓成實性"，本書第一量將原文中"名'依他起性'"放入宗有法，第二量將原文"名'遍計所執'"放入因。

❹ "故曰'緣生無性'，'無性'即'空'，'空'即'圓成'"，本句或改寫自《大方廣佛華嚴經隨疏演義鈔》卷 9："謂依他是因緣所生之法，緣生無性，無性故空，空即圓成，更無二體。"（《大正藏》第 36 冊，1736 號，頁 65 中 19 至 21）

不離心、心所等，云何難言"若唯有識，何故聖教說有三性耶"？

　　虛空、擇滅、非擇滅等何性攝耶？三皆容攝。心等變似虛空等相，隨心生故，依他起攝；愚夫於中妄執實有，此即遍計所執性攝；若於真如假施設有虛空等義，圓成實攝。有漏心等，定屬依他；無漏心等，容二性攝，眾緣生故攝屬依他，無顛倒故圓成實攝。如是三性，與七真如，云何相攝？七真如者：一、流轉真如，謂有為法流轉實性；二、實相真如，謂二無我所顯實性；三、唯識真如，謂染淨法唯識實性；四、安立真如，謂苦實性；五、邪行真如，謂集實性；六、清淨真如，謂滅實性；七、正行真如，謂道實性。此七實性，圓成實攝，根本、後得二智境故。隨相攝者，流轉、苦、集三，前二性攝，妄執雜染故；餘四，皆是圓成實攝。三性、六法相攝云何？彼六法中，皆具三性。色、受、想、行、識及無為，皆有妄執、緣生、理故。三性、五事相攝云何？諸聖教說，相攝不定。謂或有處說，依他起攝彼"相""名""分別""正智"，圓成實性攝彼"真如"，遍計所執不攝五事。彼說有漏心、心所法，變似所詮，說名為"相"；似能詮現，施設為"名"；能變心等，立為"分別"；無漏心等，離戲論故，但總名"正智"，不說能、所

詮。四從緣生，皆依他攝。或復有處說：依他起
攝"相""分別"，遍計所執唯攝彼"名"，"正智""真
如"圓成實攝。彼說有漏心及心所相分，名
"相"；餘，名"分別"；遍計所執都無體故，為顯
非有，假說為"名"；二，無倒故，圓成實攝。或
有處說：依他起性唯攝"分別"，遍計所執攝彼
"相""名"，"正智""真如"圓成實攝。彼說有漏
心及心所相、見分等總名"分別"，虛妄❶分別為自
性故；遍計所執能詮、所詮，隨情立為"名""相"二
事。復有處說："名"屬依他起性，"義"屬遍計
所執。彼說有漏心、心所法相、見分等，由"名"勢
力，成所遍計，故說為"名"；遍計所執，隨名橫
計，體實非有，假立"義"名。諸聖教中所說五
事，文雖有異，而義無違。然初所說不相雜亂。如
《瑜伽論》廣說應知。又聖教中說有五相，此與三
性相攝云何？"所詮""能詮"，各具三性。謂妄
所計，屬初性攝；相、名、分別，隨其所應，所詮、
能詮，屬依他起；真如、正智，隨其所應，所詮、
能詮，屬圓成實，後得變似能詮相故。"二相屬

---

❶"妄"，底本難辨，校本無，整理者據《大正藏》本《成唯識論》卷
9定。

相"，唯初性攝，妄執義、名定相屬故。被❶執著相，唯依他起，虛妄分別為自性故。"不執著相"，唯圓成實，無漏智等為自性故。又聖教中說四真實，與此三性相攝云何？世間、道理所成真實，依他起攝，三事攝故。二障淨智所行真實，圓成實攝，二事攝故。《辯中邊論》說：初真實唯初性攝，共所執故。第二真實，通屬三性，理通執、無執、雜染、清淨故。後二真實，唯屬第三。三性、四諦相攝云何？四中一一皆具三性。且苦諦中，無常等四各有三性。無常三者：一、無性無常，性常無故；二、起盡無常，有生滅故；三、垢淨無常，位轉變故。苦有三者：一、所取苦，我法二執所依取故；二、事相苦，三苦相故；三、和合苦，苦和❷合故。空有三者：一、無性，空性非有故；二、異性空，與妄所執自性異故；三、自性空，二空所顯為自性故。無我三者：一、無相無我，我相無故；二、異相無我，與妄所執我相異故；三、自相無我，無我所顯為自相故。集諦三者：一、習氣集，謂遍計所執自性執習氣，執彼習氣假立彼名；二、等起

---

❶ "被"，《大正藏》本《成唯識論》卷9作"彼"，校勘記謂《元》《明》二本作"被"。

❷ "和"，《大正藏》本《成唯識論》卷9作"相"，校勘記謂《元》《明》二本作"和"，當作"相"。

集，謂業煩惱三未離繫集，謂未離障真如。滅諦三者：一、自性滅，自性不生故；二、二取滅，謂擇滅二取不生故；三、本性滅，謂真如故。道諦三者：一、遍知道，能知遍計所執故；二、永斷道，能斷依他起故；三、作證道，能證圓成實故。然遍知道亦通後二。七三三性，如次配釋。今於此中，所配三性，或假或實，如理應知。三解脫門所行境界，與此三性相攝云何？理實皆通，隨相各一。空、無願、相，如次應知。緣此復生三無生忍：一、本性無生忍，二、自然無生忍，三、惑苦無生忍。如次此三是彼境故。此三云何攝彼二諦？應知世俗具此三種，勝義唯是圓成實性。世俗有三：一、假世俗，二、行世俗，三、顯了世俗。如次應知即此三性。勝義有三：一、義勝義，謂真如，勝之義故；二、得勝義，謂涅槃，勝即義故；三、行勝義，謂聖道，勝為義故。無變無倒，隨其所應，故皆攝在圓成實性。如是三性何智所行？遍計所執，都非智所行，以無自性❶，非所緣緣故。愚夫執有，聖者達無，亦得說為凡、聖智境。依他起性，二智所行。圓成實性，唯聖智境。此三性中幾假幾實？遍

---

❶ "性"，《大正藏》本《成唯識論》卷9作"體"，校勘記謂《宋》《元》《明》《宮》四本作"性"，當作"體"。

計所執，妄安立故，可說為假；無體相故，非假非實。依他起性，有實有假，聚集、相續、分位性故，說為假有；心、心所、色從緣生故，說為實有。若無實法，假法亦無，假依實因而施設故。圓成實性，唯是實有，不依他緣而施設故。此三為異為不異耶？應說俱非，無別體故，妄執、緣起、真義別故。如是三性，義類無邊，恐厭繁文，畧示綱要。

六、諸門分別，分十。

一、六無為門。先、問，次、答，"心等"下，釋。此六無為是圓成性，然通一切，則三皆容攝。謂虛空等，心所變故，是依他起；若執實有，即偏計性；了達性空，是圓成實。

二、漏無漏門。有漏心、心所及所變現，皆依他起；無漏心、心所及所變現，容通二性。

三、七真如門。"一、流轉真如作意者，謂已見諦諸菩薩，以增上法行，善修治作意，於染淨法時，思惟諸行無始世來流轉實性，既思惟已，離無因見，及不平等因見。二、實相真如作意者，謂如前說，乃至於染淨法，因思惟諸法眾生無我性及法無我性，既思惟已，一切身見及思惟分別眾相作意不復現行。三、唯識真如作意者，謂如前法，乃至於染淨法，所依思惟諸法唯識之性，既思惟已，如實了知唯心染故眾生染，唯心淨故眾生淨。四、安立真如作意者，謂如前說，乃至於染污法體，思惟苦諦，既思惟已。欲令知故，為有情說。五、邪行真如作意，謂如前說，乃至於染污法，因思惟集諦，欲令斷故，為有情說。言'邪行'者，謂貪、瞋二煩惱，迷境界及見，起邪行；慢，迷有情及見，起邪行；薩迦耶見、邊執見、邪見，迷所知境，起邪行；見取、戒禁取，迷諸見，起邪行；疑，迷對治，起邪行；無明，迷一切，起邪行。又十煩惱，皆迷苦集起諸邪行，是彼因緣所依處故。又十煩惱，皆迷滅道起諸邪行，由此能生彼怖畏故。六、清淨真如作意，謂如前說，乃至於清淨法體，思惟滅諦，既思惟已，欲令證故，為有情說。七、正行真如作意，謂如前說，乃至於清淨行，思惟道諦，既思惟已，欲令修故為有情說。"[1]此七種實性，皆是圓成實性攝。以二、三、七[2]、六，皆是根本智所緣境故，一、四及五，皆是後得智所緣境故。若隨相攝，流轉、苦、集，此三是徧計、依他二性攝，有妄執故，有雜染故。餘四皆是圓成所攝。

四、六法門。五蘊、無為，名為"六法"。色、受、想。行、識，及無為，皆有妄執、緣生、理故，"妄執"即徧計，"緣生"即依他，"理"即圓成，故曰"皆具三性"。

五、五事門。《瑜伽》七十二云"若欲了知真實義者，當先了知界[3]有五事"，"云何五事？一、相，二、名，三分別，四、真如，五、正智。何等為'相'？謂若畧說所有言談安足處事。何等為'名'？謂

---

❶ 引文見《顯揚聖教論》卷 3，《大正藏》第 31 冊，1602 號，頁 493 中 11 至 28。

❷ "七"，指前文 "七、正行真如"，本書以其為根本智境，唐代注疏則謂此是後得智境，或約真如體則七皆是根本智境，或約詮則七皆是後得智境。

❸ "界"，底本、校本皆作"界"，本句引自《瑜伽師地論》卷 72，《大正藏》本《瑜伽師地論》卷 72 作"畧"，當作"畧"，或因"畧"與"界"形近而誤。

即於相所有增語。何等為'分別'？謂三界智❶中所有心、心所。何等為'真如'？謂法無我所顯、聖智所行非一切言談安足處事。何等為'正智'？謂畧有二❷種：一、唯出世間正智，二、世間出世間正智。何等為'出世間正智'？謂由此故，聲聞、獨覺諸菩薩等通達真如。又由此故，彼諸菩薩於五明處善修方便，了住如是一切徧行真如智故，速證圓滿，所知障淨。何等為'世出世間正智'？謂聲聞、獨覺，以初正智通達真如已，由此後所得世間出世間正智，於諸安立諦中，令心厭怖三界過患，愛味三界寂靜，又由多分安住此處，速證圓滿，煩惱障淨。又即此智未曾得義名'出世間'，緣言說相為境界義亦名'世間'，是故說為'世間出世間'。世尊依此密意，說如是言：'我說有世間智，有出世間智，有世間出世間智。'若分別所攝智，唯名為'世間'。初正智所攝智，唯名'出世間'。第二正智所攝智，通名'世間、出世間'"❸。又七十四云："三種自性，<small>即徧計等。</small>相等五法，初自性，<small>徧計所執。</small>五法中幾所攝？答：都非所攝。問：第二自性，<small>依他起。</small>幾所攝？答：四所攝。<small>相、名、分別、正智。</small>問：第三自性，<small>圓成實。</small>幾所攝？答：一所攝。<small>真如。</small>"❹此中初義，即是此文。"彼說"下，論主釋。意謂有漏心等，變

---

❶ "智"，底本、校本皆作"智"，本句引自《瑜伽師地論》卷72，《大正藏》本《瑜伽師地論》卷72作"行"，當作"行"。

❷ "二"，底本、校本皆作"二"，本句引自《瑜伽師地論》卷72，《大正藏》本《瑜伽師地論》卷72作"行"，整理者據《大正藏》本《瑜伽師地論》卷72及文意改訂。

❸ 引文見《瑜伽師地論》卷72，《大正藏》第30冊，1579號，頁695下26至頁696上21。

❹ 引文見《瑜伽師地論》卷74，《大正藏》第30冊，1579號，頁704下23至25。

似所詮，名之曰"相"；似能詮現，謂之曰"名"；能變心等，立為"分別"；無漏心等，離諸戲論，名為"正智"。如上四者，從緣生故，皆依他攝。徧計不攝五事者，虛妄無體故。故《顯揚》云"徧計所執自相是無。何以故？五事所不攝故。除五事外，更無所有"，"問：若遍計所執相無有自體，云何能起徧計執耶？答：由名於義轉故。謂隨彼假名於義流轉，世間愚夫，執有名義決定相稱真實自性。問：云何應知此是邪執？答：以二更互為客故。所以者何？以名於義非稱體故，說之為'客'。義亦如名無所有故，說之為'客'。"● 或復有處說，有漏心及諸心所，所緣相分謂之曰"相"，能緣見分謂之"分別"，皆依他起；妄執無體，假說為"名"，徧計所執；"正智""真如"，二無顛倒，是圓成實。或復有處說有漏心及諸心所相、見二分，總名"分別"，依他起攝；隨妄情執為所詮故，立之為"相"，隨妄情執為能詮故，立之為"名"，徧計執攝。復有處說，有漏位中心、心所法相、見分等，由名勢力，成所徧計，故說為"名"，屬依他起；隨名橫計，體實非有，假立"義"名，能徧計所執。此即順初義，不許五事徧計所攝。徧計雖執"名"，而名自屬依他，唯"名中義"，是所妄執。餘不言者，同前義故。如上四說，皆出聖教。文雖有異，義無乖返。然最初一義，不相雜亂，當以為正。《瑜伽》廣說，在七十二、七十三、七十四諸卷。

六、五相門。《瑜伽》第八十一、《顯揚》第十二，詳釋五相。《顯揚論》第十六云："復次如前所說有五種相，謂能詮相、所詮相、此二相屬相、執著相、不執著相。又有三相，謂徧計所執相、依

● 引文見《顯揚聖教論》卷16，《大正藏》第31冊，1602號，頁557中27至下6。

他起相、圓成實相、為五攝三，為三攝五耶？頌曰：'依三相應知，建
立五種相。彼如其所應，別別有五業。'當知依三自相，建立五相。所
以者何？初及第二，依三自相；第三，依徧計所執相；第四，依
依他起相；第五，依圓成實相。"❶ "所詮"下，論主釋前二相各
具三性義，初、總答，後、別釋。"所詮、能詮"，即前章云"心、心
所法變似所詮，說名為'相'；似能詮現，施設為'名'；能變心
等，立為'分'別"。今說妄計屬初性者，是妄想上能詮、所詮二
相，屬初徧計。又"相""名""分"別三事，隨應能、所，屬依他
起。"相"為"所詮"則"名"為"能詮"，"名"為所詮則"分別"為
"能詮"，"真如"為"所詮"則"正智"為"能詮"，故曰"隨其
所應"。難云："真如"與"智"豈有能、所？故此釋云：後得智變
為能詮相故。如正智等生時，即本智見分親挾帶真如之體相起，非
此能詮、所詮二相所攝，以有見分無相分故；若後得智緣真如，即
變起相分而緣，名為變帶，即有分別，即此中能、所二詮相中一
分，圓成實性也❷。此能、所詮二相屬相，唯是徧計所執性，以妄
執名、義定不離故。被執著相，即所徧計，是依他起。不執著相，即
無漏智，豈非圓成乎？

---

❶ 引文見《顯揚聖教論》卷16，《大正藏》第31冊，1602號，頁559
中19至27。

❷ "'相'為所詮……圓成實性"，本段是對《成唯識論》"相、名、分別
隨其所應……後得變似能詮相故"的解釋，謂相、名、分別、正智、真如可以對
應為能詮、所詮，並謂根本智親證真如時無能、所，與唐代注疏大異。據唐代
注疏，"相""名""正智"之少分"分別""真如"之全分是"所詮"，"相""名""正
智"之少分是"能詮"，"隨其所應"即指取五事中對應的部分，且"根本智
親證真如"在唐代注疏中都可能、所分論，並非"有見分而無相分"。

七、四真實門。《顯揚》第六云："彼真實復有四種：一、世間真實，二、道理真實，三、煩惱障淨智所行真實，四、所知障淨智所行真實。'世間真實'者，謂一切世間於諸事中由串習所得悟入智見共施設世俗性，如於地謂唯是地，非火等，如是於水、火、風、色、聲、香、味、觸、飲、食、服、乘、諸莊嚴具及諸什物、香、鬘、塗、飾、歌、舞、音樂、眾明、男、女、威儀諸行、田、宅、財物及苦、樂等，於苦謂苦，非樂，於樂謂樂，非苦。又若畧說者，謂此是此，非彼，如是謂彼是彼，非餘。若事，世間有情決定勝解所行，一切世間自昔傳來，名言決定，自、他分別共為真實，非邪思搆觀察所取，是名'世間真實'。'道理真實'者，謂諸正智者有道理義。諸聰叡者、諸黠慧者、諸推求者、諸審察者、住尋思地者、具自辯才者、處異生位者、隨觀察行者，依證、比、至教三量，極善思擇決定智所行所知事，以如實因緣證成道理所建立故，是名'道理真實'。'煩惱障淨智所行真實'者，謂一切聲聞、獨覺無漏方便智、無漏正智、無漏後所得世間智等所行境界，是名'煩惱障淨智所行真實'。由緣此故，於煩惱障，智得清淨，及後證住無障礙性，是故說為'煩惱障淨智所行真實'。問：世中何者是真實？答：謂苦、集、滅、道名之所顯四種聖諦。由簡擇如是四聖諦故，得入現觀位，於現觀位後，真實智生。'所知障淨智所行真實'者，謂於所知中能礙智故，名'所知障'。若真實性是解脫所知障智所行境界，是名'所知障淨智所行真實'。應知，此復云何？謂諸菩薩、佛薄伽梵，為入法無我，及已入極清淨者，依一切法離言說自性、假說自性，無分別平等智所行境界，謂最勝真如無上所知究竟性。此性，一切

正法簡擇不能廻轉、不能過越，是名‘所知障淨智所行真實’。”❶
世間道理所成真實，相、名、分別三事攝故，依他起攝；二障淨智
所行真實，正智、真如二事攝故，圓成實攝。《辯中邊論頌》曰：“世
極成依一，理極成依三❷，淨所行有二，依一圓成實。”謂極成真
實，畧有二種：一者、世間極成真實，此於根本三真實中，但依徧
計所執而立；二者、道理極成真實，此依根本三真實立。淨所行真
實，亦有二種：一、煩惱障淨智所行真實；二、所知障淨智所行真
實。此二，唯依根本三真實中圓成實立，餘二非此淨智境故。第
二“道理極成真實”，執之則徧計，不執則圓成，雜染即依他，清
淨即圓成，故通三性。

　　八、四諦門。“四中，一一皆具三性”，此總標也。“且苦諦中”等
者，聖教以“無常”“苦”“空”“無我”四行了苦諦相，而此四行
各具三性。“無常”三者，一、以性本無故，立“無性無常”，是徧
計性；二、以有生滅故，立“起盡無常”，是依他性；三、以位轉
變故，立“垢淨無常”，是圓成性。垢染既淨，即圓成實。“苦”有三者：一、
以五取蘊是我、法二執所依，生取著故，名“所取苦”，是徧計性；二、
以即蘊、處、界，成生、老死，生苦、苦苦、壞苦三苦相故，名“事
相苦”，是依他性；三、以三苦和合，三相俱泯故，名“苦和合”，是

---

　　❶ 引文見《顯揚聖教論》卷 6，《大正藏》第 31 冊，1602 號，頁 507
中 12 至下 13。
　　❷ “三”，底本、校本皆作“二”，本句引自彌勒造、玄奘譯《辯中邊論頌》
與世親造、玄奘譯《辯中邊論》卷中，《大正藏》本《辯中邊論頌》《辯
中邊論》卷中皆作“三”，本句意謂“道理極成真實”依“三性”立，整理者
據《大正藏》本《辯中邊論頌》《辯中邊論》卷中及文意改訂。

圓成性❶。"空"有三者：一、以無實性故，立"無性空"，是徧計性；二、以與妄所執自性異故，立"異性空"，是依他性；三、以二空所顯為自性故，立"自性空"，是圓成性。"無我"三者：一、以所計人我、法我皆無相故，名"無相無我"，是徧計性；二、以聖教假我與妄所執我相異故，名"異相無我"，是依他性❷；三、以無我所顯為自相故，名"自相無我"，是圓成性。集諦三者：一、以徧計所執自性執習氣，執彼習氣，假立彼名，名"習氣集"，是徧計性；二、以業、煩惱，名"等起集"，是依他性；三、以未離障真如，名"未離繫集"，是圓成性。問：真如既未離障，何謂圓成？曰：如光明眼，根原不損，有瞖障之，令見有異。若就見言，可屬徧計；若就根言，豈非圓成耶。滅諦三者：一、以自性不生故，立"自性滅"，是徧計性；二、以擇滅能、所二取，皆不生故，名"二取滅"，是依他性；三、以真如本自寂滅，不待更滅，名"本性滅"，是圓成實。道諦三者：一、以能知徧計所執定無故，名"徧知道"，是徧計性；二、以能斷染分依他故，名"永斷道"，是依他性；三、以能證圓成實故，名"作證道"，是圓成性。然"徧知道"亦通後二，若不能知依他起與圓成實者，何為徧知耶？七三"三"性，謂苦諦有四"三"，集、滅、

---

❶ "二、以即蘊、處、界……是圓成性"，本段是對《成唯識論》"二，事相苦，三苦相故。三，和合苦，苦和（相）合故"的解釋，與唐代注疏有異。據唐代注疏，"事相苦"即強調"三苦為相"，未提及"生、老死"；"和合苦"指真如與一切有漏有為法的"苦相"相合，真如非苦，而非"三苦和合"，此或因本書所據《成唯識論》版本誤作"苦和合故"。

❷ "二、以聖教假……是依他性"，本句是對《成唯識論》"二，異相無我，與妄所執我相異故"，謂是"聖教假我"與"妄所執我"二者相異，與唐代注疏大異。據唐代注疏，"相異"指"依他有體之法"與"遍計無體之法"相異。

道諦各有一"三"，合成七三。如上七三，每三各配三性，故曰"如次配釋"。"或假或實"者，如徧計是世間假，依他是聖教假，唯圓成是真實❶。

九、三解脫門。三解脫者：一、空解脫，二、無願解脫，三、無相解脫。《瑜伽論》說，不出"有""無"。"有"具二種：一、世諦有，二、無為亦是有。"無"者，外道所計。二乘人遠離外道，故曰"空"，了達世諦虛妄故。"無願無相"者，即涅槃無為也。據理，此三各通三性。"隨相各一"者，《瑜伽》云："復次，三種解脫門，亦由三性而得建立。謂由徧計所執性故，立空解脫門；由依他起性故，立無願解脫門；由圓成實性故，立無相解脫門。"❷

十、無生忍門。《瑜伽》問："如經中說無生法忍，云何建立？答：由三自性而得建立，謂由徧計所執自性故，立本性無生忍；由依他起自性故，立自然無生忍；由圓成實自性故，立煩惱苦垢無生忍。此三種忍，在不退轉地，應知。"❸此言"此三是彼境"者，言此三性是彼三忍所緣境故。

十一、二諦門。《顯揚》云："世俗諦者，謂名、句、文身，及依彼義一切言說，及依言說所解了義，又曾得世間心及心法，及

---

❶ "'或假或實'者，如徧計是世間假，依他是聖教假，唯圓成是真實"，本句是對《成唯識論》"或假或實"的解釋，與唐代注疏不同。唐代注疏解釋本段"三"時，以"性"與"諦"之"假""實"隨文解之，如謂"性假諦實""性、諦俱實""諦假性實"，以此解釋"或假或實"。

❷ 引文改寫自《瑜伽師地論》卷74，《大正藏》第30冊，1579號，頁705上20至23。

❸ 引文改寫自《瑜伽師地論》卷74，《大正藏》第30冊，1579號，頁705上14至19。

彼所行境義。勝義諦者,謂聖智及彼所行境義,及彼相應心、心法等。"❶ "此三云何攝彼二諦",問也。"應知世俗具此三種,勝義唯是圓成實性",總答也。"世俗有三"者,"一、假世俗"者,即"世間世俗",如軍、林等,即徧計所執;"二、行世俗"者,即"道理世俗",如蘊、處、界等,即依他起;"三、顯了世俗",即"安立世俗",安立真如故。❷ "勝義亦有三"者:"一、義勝義,謂真如,勝之義故",依主釋也;"二,得勝義,謂涅槃,勝即義故",持業釋也;"三、行勝義,謂聖道,勝為義故",亦持業釋❸。此三勝義,無變、無倒,故皆攝在圓成實性。

十二、智所行門。《瑜伽》:"問:徧計所執自性,何等智所行? 為凡智耶,為聖智耶? 答:都非所行,以無相故。問:依他起自性,何等智所行? 答:是二智所行,然非出世聖智所行。問:圓成實自性,何等智所行? 答:惟聖智所行。"❹

---

❶ 引文見《顯揚聖教論》卷2,《大正藏》第31冊,1602號,頁485下13至17。

❷ "'世間世俗'……立真如故",本段以"世間世俗""道理世俗""安立世俗"解三世俗,此處對"世間世俗"等"四世俗"的解釋引自《大方廣佛華嚴經隨疏演義鈔》卷9(《大正藏》第36冊,1736號,頁64上11至14),本書卷9亦復引之。然《大方廣佛華嚴經隨疏演義鈔》並未將"四世俗"與此處"三世俗"匹配。唐代唯識注疏中,"四世俗"第四多稱作"勝義世俗"而非"安立世俗",且匹配方式與本書不同,以"世間世俗"配"假世俗",以"道理世俗""證得世俗"配"行世俗",以"勝義世俗"配"顯了世俗"。

❸ "'三、行勝義,謂聖道,勝為義故',亦持業釋",此解與唐代注疏大異。據唐代注疏,將"勝義"解釋為"勝為義",是"有財釋",即"正智"將"胜"(真如)作為"義"。然此解與現代梵語語法中的"有財釋"有異。

❹ 引文見《瑜伽師地論》卷74,《大正藏》第30冊,1579號,頁705

十三、假實門。徧計，有名無體，妄情安立，可說為假；談其法體，既無有相，非假非實，非"兔角等可說假、實"，必依有體總別法上立為假、實故。依他假有三種：一、"聚集"假者，如"瓶""盆""有情"等是聚集法，多法一時所集成故，能成雖實，所成是假；二、"相續"假者，如過、未等世，唯有因果，是相續性，多法、多時上立一假法，如佛說言"昔者鹿王，今我身是，所依五蘊剎那滅者，雖體是實，於此多法相續假立一'有情'，至今猶在"故；三、"分位"假者，如不相應行是分位性，故皆是假，一時一法上立，如一色上名有漏、可見、有對，亦名色等，並是於一法上假施設故。若彼實者，應有多體。其忿、恨等皆此假攝。心、心所、色，從因緣種生，故說為"實"❶。圓成實性唯是實有，以不依他緣而得起故。

十四❷、一異門。"此三為異，為不異耶？"此問意謂：若言不異，即不合云"依、圓是有，徧計是無"；若異者，又如何云"皆同一性"？故答以"俱非"，非一非異。云何"非異"？答：無別體故。謂徧計無相，依他無生，圓成無性，三性即是一性，一性即是無性故。又圓成真如，有二義，一、不變，二、隨緣。依他有二義，一、似有，二、無性。徧計有二義，一、情有，二、理無。由真如不變、依他無性、所執理無，故三性一際。若真如隨緣、依他

上 23 至 27。

❶ "徧計，有名無體……故說為'實'"，引自《宗鏡錄》卷 59，《大正藏》第 48 冊，2016 號，頁 755 下 29 至頁 756 上 13；源自《成唯識論述記》卷 9，《大正藏》第 43 冊，1830 號，頁 553 中 15 至下 2。

❷ "四"，底本、校本皆作"二"，整理者據前數序改訂。

似有、所執情有，由此三義，亦無有異故❶。云何"非一"？答：徧計是"妄執"性，依他是"緣起"性，圓成是"真如"性。三性各別，故非不異。《宗鏡》云："此三性法門，是諸佛密意所說，諸識起處，教網根由。若即之取之，皆落凡常之見。若離之捨之，俱失聖智之門。所以藏法師❷依華嚴宗釋三性同異義：一、圓成真如，有二義：一、不變，二、隨緣；二、依他二義：一、似有，二、無性；三、徧計所執二義：一、情有，二、理無。由真如不變、依他無性，所執理無，由此三義，故三性一際。又約真如隨緣、依他似有、所執情有，由此三義，亦無異也。是故真該妄末，妄徹真原。性相融通，無障無閡。問：依他似有等，豈同所執是情有耶？答：由二義故，無異也。一、以彼所執執似為實，故無異法；二、若離所執，似無起故，真中隨緣亦爾，以無所執無隨緣故。又以三性各有二義，不相違，故無異性。且如圓成，雖復隨緣成於染淨，而恒不失自性清淨，只由不失自性清淨，故能隨緣成染淨也。猶如明鏡，現於染淨，而恒不失鏡之明淨。只由不失鏡明淨故，方能現染淨之相。以現染淨，知鏡明淨；以鏡明淨，知現染淨。是故二義唯是一性。雖現淨法，不增鏡明；雖現染法，不污鏡淨。非直不污，亦乃由此反現鏡之明淨。真如亦爾，非直不動性淨成於染淨，亦乃由成染淨方現性淨。非直不壞染淨，明於性淨，亦乃由性淨故，方成染淨。是故二義，全體相收，一性無二，豈相違也！由依他無性，得成似有，由成似有是故無性。此即無性即因

---

❶ "若言不異……無有異故"，即見後文引《宗鏡錄》卷 60 文字。

❷ 此處"藏法師"指法藏，本段《宗鏡錄》引文基本改寫自法藏《華嚴一乘教義分齊章分齊章》卷 4 "三性同異"一節，《華嚴一乘教義分齊章》卷 4，《大正藏》第 45 冊，1866 號，頁 499 上 11 至頁 501 下 28。

緣,因緣即無性,是不二法門也。所執性中,雖復當情稱執現有,然於道理畢竟是無,以於無處橫計有故。如於杌上橫計有鬼,今既橫計,明知理無,是故無二唯一性也。問:真如是有耶?答:不也,隨緣不變故,空,真如離妄念故。問:真如是無耶?答:不也,不變隨緣故,不空故,聖智所行處故。問:真如是亦有亦無耶?答:不也,無二性故,離相違故。問:真如是非有非無耶?答:具法故,離戲論故。問:依他是有耶?答:不也,緣起無性故,約觀遣故,異圓成故。問:依他是無耶?答:不也,無性緣起故,能現無生故,異徧計故,是智境故。問:依他是亦有亦無耶?答:不也,無二性故,離相違故。問:依他是非有非無耶?答:不也,有多義門故,離戲論故。問:徧計是有耶?答:不也,理無故,無體相故。問:徧計是無耶?答:不也,情有故,無相觀境故,能翳真故。問:徧計是亦有亦無耶?答:不也,無一性故。問:徧計是非有非無耶?答:不也,所執性成故。已上護執竟,今執成過者,若計真如一向是有者,有二失:一、不隨緣,二、不待了因故。問:教云'真如為凝然常',既不隨緣,豈是過耶?答:聖說'真如為凝然'者,此是隨緣成染淨時,恒依染淨,而不失自體,即是不異無常之常,名'不思議常',非謂不作諸法,如情所謂之凝然也。不異無常之常,出於情外,故名'真如常'。經云,不染而染,明常作無常,染而不染,明作無常時不失❶常也。又不異常之無常,故說真如為無常。經云,如來藏受苦、樂,與因俱,若❷

---

❶ "失",底本難辨,校本作"失",本段引自《宗鏡錄》卷60,實源自法藏《華嚴一乘教義分齊章》卷4,整理者據校本、《大正藏》本《宗鏡錄》卷60、《華嚴一乘教義分齊章》卷4及文意定。

❷ "若",底本、校本皆作"善",校本校勘記謂"善疑若",本段引自《宗

生若滅。又依他是生滅法，亦得有不異常之無常，不異無常之常。以諸緣起，無常之法，即無自性方成緣起，是故不異常性，而得無常，故云，不生不滅是無常義。此即不異於常成無常也。又諸緣起即是無性，非滅緣起方說無性，即是不異無常之常也。經云，色即是空，非色滅空。又眾生即涅槃，不更滅也。此與真如二義同。真即❶俗雙融，二而無二。故論云，智障甚盲闇，謂真俗別執故也。又真如若不隨緣成於染淨，染淨等法即無所依，無所依有法，又墮常也。又真如若有者，即不隨染淨，染淨諸法即無自體，真又不隨，不得有法，亦是斷也。乃至執非有非無等四句，皆墮斷、常也。若依他執有者，謂已有體不藉緣故，無緣有法，即是常也。又由執有，即不藉緣，不藉緣故，不得有法，即是斷也。問：依他性是有，義便有失者，何故《攝論》云依他性以為有耶？答：此即不異空之有，從緣無體故，一一緣中無作者故。由緣無作，方得緣起，是故非有之有，為依他有，即是不動真際，建立諸法。若謂依他如言有者，即緣起有性。緣若有性，即不相藉。不相藉故，即壞依他。壞依他者，良由執有。汝恐墮空立有，不謂不達緣所起法無自性故，即壞緣起，便墮空無。又若依他執無者，亦二失。謂依他是無法者，即緣無所起，不得有法，即是斷也。問：若說緣生為空無，即墮斷者，何故《中論》廣說緣生為畢竟空耶？答：聖

鏡錄》卷 60，實源自法藏《華嚴一乘教義分齊章》卷 4 對唐譯《楞伽》的引用，整理者據《大正藏》本《宗鏡錄》卷 60、《華嚴一乘教義分齊章》卷 4 及文意改訂。

❶ "真即"，底本、校本皆作 "真即"，本段引自《宗鏡錄》卷 60，實源自法藏《華嚴一乘教義分齊章》卷 4，《大正藏》本《宗鏡錄》卷 60、《華嚴一乘教義分齊章》卷 4 皆作 "即真"。

說緣生以為空者，此即不異有之空也，此即不動緣生說實相法
也。若謂緣生如言空者，即無緣生，緣生無故，即無空理。無空
理者，良由執空。是故汝恐墮有立空，不謂不達無性緣生故，失
性空故，還墮情中惡取空也。故清辨為成有，故破於有；護法為
成空，故破於空也。如情執無，即是斷過。若說無法為依他者，無
法非緣，非緣之法❶，即常也。乃至執非有非無，皆成斷、常二患。若
徧計性中計所執為有者，聖智所照，理應不空，即是常也。若妄
執徧計於理無者，即失情有，故是斷也。乃至非有非無皆具上失。上
已護過，今當顯德者。真如是有義。何者？迷悟所依故，不空故，不
壞故；真如是空義，墮緣故，對染故；真如是亦有亦無義，具德
故，違順自在故，鎔融故；真如是非有非無義，二不二故，定取
不得故。依他是有義，無性緣成故；依他是無義，緣成無性故；依
他是亦有亦無義，緣成故，無性故；依他是非有非無義，隨取一
不得故。徧計是有義，約情故；徧計是無義，約理故；徧計是亦
有亦無義，由是所執故；徧計是非有非無義，由所執故。故知執
則為斷、常二患，不執成性德之門。但除妄情，非遣法也。是以不
離有以談真，見有之本際，匿存無而觀法，了無之真原，則不出
有無，不在有無，何取捨❷之于懷？斷當之所惑也。是則三性一
性，情有而即是真空；一性三性，真如而能成緣起。終日有❸而

---

❶ "失"，底本難辨，校本作"法"，本段引自《宗鏡錄》卷60，實源自
法藏《華嚴一乘教義分齊章》卷4，整理者據校本、《大正藏》本《宗鏡錄》
卷60、《華嚴一乘教義分齊章》卷4及文意定。

❷ "取捨"，底本難辨，校本作"取捨"，本段引自《宗鏡錄》卷60，整
理者據校本、《大正藏》本《宗鏡錄》卷60及文意定。

❸ "終日有"，底本難辨，校本作"終日有"，本段引自《宗鏡錄》卷60，整

不有，有徹空原；終日空而不空，空該有際。自然一心無寄，萬法俱閑，境智相應，理行融即，方入❶宗鏡，瑩淨無瑕，照破古今，光吞萬彙矣。"❷

成唯識論卷第八

理者據校本、《大正藏》本《宗鏡錄》卷 60 及文意定。

　❶ "入"，底本難辨，校本作"入"，本段引自《宗鏡錄》卷 60，整理者據校本、《大正藏》本《宗鏡錄》卷 60 及文意定。

　❷ 引文改寫自《宗鏡錄》卷 60，《大正藏》第 48 冊，2016 號，頁 757 上 5 至頁 758 中 2。

成唯識論證義卷第九

金壇居士王肯堂證義

若有三性，如何世尊說"一切法皆無自性"？

此第五頌，釋無性難，分三。一、牒義標問。

頌曰：
即依此三性，立彼三無性。
故佛密意說，一切法無性。
初即相無性，次無自然性，
後由遠離前，所執我法性。
此諸法勝義，亦即是真如，
常如其性故，即唯識實性。

二、頌答。即天親第二十三至二十五共二頌。然答意，只前八句頌是。其後四句，屬顯性唯識分故。

論曰：即依此前所說三性，立彼後說三種無性，謂即相、生、勝義無性，故佛密意說"一切法

皆無自性",非性全無。說"密意"言,顯非"了
義"。謂後二性,雖體非無,而有愚夫於彼增益,妄
執實有我、法自性,此即名為"遍計所執"。為除
此執,故佛世尊於"有"及"無"總說無性。云
何依此而立彼三?謂依此初遍計所執,立"相無
性",由此體相畢竟非有,如空華故;依次依他,立
"生無性",此如幻事,託眾緣生,無如妄執自然
性故,假說無性,非性全無;依後圓成實,立"勝
義無性",謂即勝義,由遠離前遍計所執我、法性
故,假說無性,非性全無。如太虛空,雖遍眾色,而
是眾色無性所顯。雖依他起非勝義故,亦得說為
勝義無性,而濫第二,故此不說。

三、釋頌意。謂即依此前所說三自性,立彼後說三種無性:一、
相無自性性,二、生無自性性,三、勝義無自性性。"世尊密意說
'一切法皆無自性',非性全無。"何謂"密意"耶?顯"無性"言
非"了義"故。謂雖依、圓有體,而為愚夫妄執我、法,墮增益謗,即
此名為徧計執故。為除此執,故于依、圓之有、徧計之無,總說無
性,豈真依、圓亦無性哉? "云何依此而立彼三",問也。"謂依
此"下,皆答詞。謂依徧計所執性,說"相無自性性",由彼體相
畢竟非有,如虛空華、繩上蛇故。立量云:"徧計所執"是有法,"立
相無性"宗,因云"由此體相畢竟非有故",喻"如空華"。故《華
嚴》偈云:"一切空無性,相無性。妄心分別有。徧計所執。"次、依依
他起性,立"生無自性性"。此如幻事,託眾緣生,無始妄執為有

之自然性故。立量云："依他"是有法，"假說無性，非性全無"宗，因云"託眾緣生故""無始妄執自然性故"，喻"如幻事"，故《華嚴》偈云："如理而觀察，一切皆無性。"後、依圓成實性，立"勝義❶無自性性"，謂即勝義，由遠離前徧計所執我法性故。立量云："圓成勝義"是有法，"假說無性，非性全無"宗，因云"由遠離前徧計所執我、法性故"，喻"如虛空"。故《華嚴》偈云："若實若非實，若妄若非妄。"皆是假說實，即圓成非妄。即契圓成之智，成於出世，並是假名，實尚不實，何況非實❷？後二性皆云"假說無性，非性全無"者，正顯依、圓是有，而佛密意言無。既云密意，則無不礙有也。即有、無無礙，互奪雙妄，皆悉自在矣。法相之旨，又何殊於法性哉？夫依他無性，顯圓成實。如太虛空，雖徧眾色，而由眾色無性所顯。此義正顯圓成與彼依他，非異不異，俱是假說無性。問：依、圓既是非異、不異，何故圓成名勝義無性，依他不爾？答：雖依他起非是真勝義性，若隨轉門，亦得說名勝義無性。恐濫第三真實勝義，故此不說。故雖依他非勝義故，亦得說為勝義無性。而此不說者，恐濫第二故也。《瑜伽》七十三云："問：世尊依何密意說'一切法無生無滅，本來寂靜，自性涅槃'？答：依相無自性性說如是言。問：世尊依何密意說'一切法等於虛空'？答：亦依相無自性性說如是言。問：世尊依何密意說'一切法皆如幻等'？答：依生無自性性、勝義無自性性說如

---

❶ "勝義"，底本、校本皆作"義勝"，本句引自《大方廣佛華嚴經隨疏演義鈔》卷 33，整理者據《大正藏》本《大方廣佛華嚴經隨疏演義鈔》卷 33 及文意改訂。

❷ "謂依遍計所執性……何況非實"，改寫自《大方廣佛華嚴經隨疏演義鈔》卷33，《大正藏》第36冊，1736號，頁249中11至21。

是言。問：世尊依何密意說‘等隨觀色乃至識有無常’耶？答：依相無自性性說如是言。何以故？欲說‘等隨觀常無有’故，說‘等隨觀有無常’。問：世尊依何密意說‘等隨觀色乃至識皆有苦’耶？答：依生無自性性及勝義無自性性說如是言。”❶

通前，明前識相，竟。

此性即是諸法勝義，是一切法勝義諦故。然勝義諦，畧有四種：一、世間勝義，謂蘊、處、界等；二、道理勝義，謂苦等四諦；三、證得勝義，謂二空真如；四、勝義勝義，謂一真法界。此中勝義，依最後說，是最勝道所行義故。為簡前三，故作是說：此諸法勝義，亦即是真如。“真”謂真實，顯非虛妄。“如”謂如常，表無變易。謂此真實，於一切位常如其性，故曰“真如”，即是“湛然不虛妄”義。“亦”言顯此復有多名，謂名“法界”及“實際”等，如餘論中隨義廣釋。此性即是唯識實性。謂唯識性，畧有二種：一者、虛妄，謂遍計所執；二者、真實，謂圓成實性。為簡虛妄，說“實性”言。復有二性：一者、世俗，謂依他起；二者、勝義，謂圓成實。為簡世俗，故說“實性”。三頌總顯諸契經中說“無性”言，非極了義。諸有智

---

❶ 引文見《瑜伽師地論》卷73，《大正藏》第30冊，1579號，頁702下4至16；《瑜伽師地論》此卷實即引自《解深密經》。

者，不應依之總撥諸法都無自性。

次、明唯識性。即釋後四句頌。言“此性”者，即牒頌中“後由遠離前，所執我、法性”之“性”字，是一切法勝義諦故，簡非世俗。世俗諦四者：一、“世間世俗”，亦名“假名無實諦”，謂瓶、盆、軍、林等，但有假名而無實體；二、“道理世俗”，亦名“隨事差別諦”，謂蘊、處、界等，隨彼彼事，立“蘊”等法；三、“證得世俗”，亦名“方便安立諦”，謂預流等，於苦、集等，由證得理而安立故；四、“安立世俗”，亦名“假名非安立諦”，謂二空理依彼空門，說為真性，由彼真性內證智境不可言說，名二空如，但假說故。勝義四者：一、“世間勝義”，亦名“體用顯現諦”，謂蘊、處、界等有實體性，過初世俗，故名“勝義”，隨事差別，說名“蘊”等，故名“顯現”；二、“道理勝義”，亦名“因果差別諦”，謂苦、集等智斷、證、修因果差別；三、“證得勝義”，亦名“依門顯實諦”，謂二空理，過俗證得，故名勝義，依空能證，以顯於實，故名“依門”；四、“勝義勝義”，亦名“癈詮談旨諦”，謂一實真如，體妙離言，已名“勝義”，又真不自真，待俗故真，即前三真，亦說為俗，俗不自俗，待真故俗，即後三俗，亦名為真，至理冲玄，彌驗於此❶。此頌中所云“勝義”，乃依寂後“勝義勝義”而說，是最勝道所行義故，故名“勝義”。為簡前三勝義故，故云“此諸法勝義，亦即是真如”。“‘真’謂真實”，揀彼徧計之虛妄；“‘如’謂如常”，揀彼依他之變易。謂此真如，雖在一切虛妄變易法，而未

❶ “世俗諦四者……彌驗於此”，改寫自《宗鏡錄》卷 67，《大正藏》第 48 冊，2016 號，頁 797 中 17 至下 3；源自《成唯識論述記》卷 1，《大正藏》第 43 冊，1830 號，頁 244 上 3 至中 7。

嘗動著一絲毫故。"亦"之一字，顯此勝義不但名"真如"，亦有
"法界""實際"等名，如餘論中，具釋其義，茲不贅陳。常如其
性之性，即是唯識實性。何謂"實性"耶？謂唯識性有二二種。若
以圓成對徧計言，則徧計所執為虛妄唯識性，圓成為真實唯識
性。若以圓成對依他言，則依他為世俗唯識性，圓成為勝義唯識
性。為簡虛妄與世俗故，故說"實性"也。"三頌"者，頌十二句，每
四句為一章，故分三頌。雖前、後有別，而大意總顯"無性"之言
非極了義，不可執之撥一切法都無自性，成惡取空，故又再三言
之。此三性、三無性，是流轉還滅之關鍵。若於依他起執，即是流
轉；若了依他無性，便是還滅。

自此而下，於十地中捨一分徧計，證一分真如，故分五位。俱
約大乘悟入之漸次，非小乘得預斯門，以彼執心外有法故。

> 如是所成唯識相、性，誰，於幾位，如何悟
> 入？謂具大乘二種姓者，畧於五位，漸次悟入。何
> 謂大乘二種種姓？一、本性住種姓，謂無始來依附
> 本識法爾所得無漏法因；二、習所成種姓，謂聞法
> 界等流法已聞所成等熏習所成。要具大乘此二種
> 姓，方能漸次悟入唯識。何謂悟入唯識五位？一、
> 資糧位，謂修大乘順解脫分；二、加行位，謂修大
> 乘順決擇分；三、通達位，謂諸菩薩所住見道；四、
> 修習位，謂諸菩薩所住修道；五、究竟位，謂住無
> 上正等菩提。云何漸次悟入唯識？謂諸菩薩，於
> 識相、性，資糧位中，能深信解；在加行位，能漸

伏除所取、能取，引發真見；在通達位，如實通
達；修習位中，如所見理，數數修習，伏斷餘障；至
究竟位，出障圓明，能盡未來化有情類，復令悟
入唯識相、性。

後五行頌，明唯識行位，分二：一、總明，二、別釋。初又分
三：一、問，二、總答，三、別釋。

問：上文雖廣陳唯識相、性二門，成就唯識之義，然不知如何
用心，方入此門？欲入此門，幾何階級？言“相”者，即前文能
變三相；言“性”者，即是圓成實也❶。答：要具二種大乘種子，於
五位中漸次悟入。“何謂”下，別釋，分三：一、釋大乘二種性，二、
釋五位，三、釋悟入。問：何緣有位？答：聖人之大寶曰“位”，若
無位次，即是天魔外道故。問：何謂大乘二種種性？答：一、本性
住種性，即是本有無漏種子自性；二、習所成種性，即是新熏無漏
種子自性❷。一本“種性”之“性”作“姓”。謂“本性住種姓”者，未
聞正法，但無漏種無始自成，不曾熏習，令其增長，名“本種
性”。“性”者，“體”也；“姓”者，“類”也。謂本性成住此菩薩
種子姓類差別，不由今有，名“本性住種姓”。《菩薩地》說，無

---

❶ “言‘相’者……圓成實也”，本句是對《成唯識論》“如是所成唯識
相、性”的解釋，與唐代注疏不同。據唐代注疏，《唯識三十頌》前 24 頌論
述“唯識相”，第 25 頌論述“唯識性”，此句是對前文的總結，並引出下文
“唯識位”。

❷ “二、習所成種性，即是新熏無漏種子自性”，本句是對《成唯識論》
“二，習所成種姓，謂聞法界等流法已，聞所成等熏習所成”的解釋，將“習
所成種姓”僅解釋為新熏種子，與唐代注疏大異。唐代注疏據護法之義，“習
所成種姓”主要指因聞無漏言教而得以增長的本有無漏種子。

始法爾六處殊勝，名"本性住種姓"；"習所成種姓"者，此聞正法已去，令無漏舊種增長數習種姓。《菩薩地》說，聞十二分教法界等流，平等而流。又法界性，善順惡違，具諸功德，此亦如是，故名"等流"❶。"聞所成等"者，"等"取思所成、脩所成也。"聞"謂聽聞，即是耳根發生耳識、聞言教故；"思"謂思慮，即是思數發生智慧、思擇法故；"修"謂修習，即是勝定發生智慧、修對治故❷。具二種性、方能漸入真唯識門。問：何等人名為具本性住種性人？答：外凡人是。何名"外凡"？曰：雖具此性，未發堅固大菩提心，名"外凡位"。問：何等人名為具習所成種性人？答：內凡人是。何名"內凡"？曰：此性定在發心已後，約初入劫，名"內凡位"。云何入劫？謂發心後，修十千劫，方入十信。言"入劫"者，乃三僧祇之初首，名為"入劫"。問：具此二性，當幾類人？答：定性菩薩、二乘迴心。問：二乘五果，迴心向大，望頓悟入，至初入劫，修習劫數，同別多少？答：下從初果，上至五果，迴心向大，至入劫位，乃經八、六、四、二萬、十千劫，至資糧初；頓悟發心，亦十千劫，至資糧初。問：何故五果劫少，初果劫多？答：煩惱有無、修證少多故❸。

---

❶"謂'本性住種姓'者……故名等流"，改寫自《宗鏡錄》卷87，《大正藏》第48冊，2016號，頁892下2至10；源自《成唯識論述記》卷9，《大正藏》第43冊，1830號，頁556上6至26。

❷"'聞所成等'者……修對治故"，本句是對《成唯識論》"聞所成等"的解釋，將其解釋為聞、思、修，不恰。據唐代注疏，此處指聞所成慧、思所成慧、修所成慧，此三慧及俱品法有能成之力。

❸"問：何等人……證少多故"，改寫自《唯識開蒙問答》卷下，《新纂卍續藏》第55冊，888號，頁375下4至16。

問：五位云何？答：一、資糧位。謂此菩薩，已具二種性已，始發大心，勤修福智，為入聖道之資糧，故名"資糧位"。"涅槃"名為"解脫行"，此位雖未得解脫，而能順解脫之道，故名"順解脫分"。二、加行位。順解脫道既圓滿已，為入見道，復修加行，亦名"順決擇分"。以近見道，伏除二取，故名"加行"。真見道後，決擇所知障種，名"決擇分"。此位雖未得真見道，而加行時，亦能隨順決擇二障，故名"順決擇分"。三、通達位。謂諸菩薩入初地時，得真見道，能所平[1]等，通達一切佛法，名"通達位"。四、修習位。謂初地斷分別惑、得無分別智已，即以無分別智，漸斷所知障種，漸入唯識實性，從初地第二住心，以至金剛無間心位，總名"修習位"。五、究竟位。障盡智圓，於一切法成等正覺，名"究竟位"。此從金剛後心解脫道中，以至盡未來際，皆此位攝。前二位為凡位，故曰"修"；後三位為聖位，故曰"住"。

問：云何漸次悟入？答云：謂諸菩薩於資糧位，能深信解唯識相、性；於加行位，能漸伏除唯識相上能取、所取，引發真見唯識實性；在通達位，如實通達唯識相性；修習位中，如前所見唯識實性道理，數數修習，伏斷餘障；至究竟位，出障圓明，能盡未來，化度有情，復令悟入唯識相、性。

初資糧位，其相云何？頌曰：
乃至未起識，求住唯識性，
於二取隨眠，猶未能伏滅。

---

❶ "平"，底本難辨，校本缺，本句亦見於通潤《成唯識論集解》卷9，整理者據《卍續藏》本通潤《成唯識論集解》卷9及文意補訂。

二、別釋，分五。一、資糧位，即是三賢。此問及頌答，皆<u>世親</u>之文，為第二十六頌。

論曰：從發深固大菩提心，乃至未起順決擇識，求住唯識真勝義性，齊此皆是資糧位攝。為趣無上正等菩提，修習❶種種勝資糧故，為有情故，勤求解脫，由此亦名"順解脫分"。此位菩薩，依因、善友、作意、資糧四勝力故，於"唯識"義雖深信解，而未能了能、所取空，多住外門修菩薩行，故於二取所引隨眠猶未有能伏滅功力，令彼不起二取現行。此"二取"言，顯"二取取"，執取"能取""所取"性故。二取習氣，名彼"隨眠"，隨逐有情，眠伏藏識，或隨增過故名"隨眠"，即是所知、煩惱障種。"煩惱障"者，謂執遍計所執實我薩迦耶見而為上首，百二十八根本煩惱，及彼等流諸隨煩惱，此皆擾惱有情身心，能障涅槃，名"煩惱障"；"所知障"者，謂執遍計所執實法薩迦耶見而為上首，見、疑、無明、愛、恚、慢等，覆所知境無顛倒性，能障菩提，名"所知障"。此所知障，決定不與異熟識俱，彼微劣故，不與無明、慧相應故，法空智品與俱起故。七轉識內，隨其所

---

❶"習"，《大正藏》本《成唯識論》卷9作"集"，校勘記謂《宋》《元》《宮》《聖》四本作"習"，當作"集"。

應，或少或多，如煩惱說。眼等五識，無分別故，法見、疑等，定不相應，餘由意力，皆容引起。此障但與不善、無記二心相應，論說"無明唯通不善、無記性"故，癡、無癡等不相應故。煩惱障中，此障必有，彼定用此為所依故。體雖無異，而用有別。故二隨眠，隨聖道用有勝有劣，斷惑❶前後。此於無覆無記性中是異熟生，非餘三種。彼威儀等勢用薄弱，非覆所知、障菩提故。此名無覆，望二乘說。若望菩薩，亦是有覆。若所知障有見、疑等，如何此種，契經說為"無明住地"？無明增故，總名無明，非無見等。如煩惱種立見一處、欲、色、有愛四住地名，豈彼更無慢、無明等？如是二障，分別起者，見所斷攝；任運起者，修所斷攝。二乘但能斷煩惱障，菩薩俱斷。永斷二種，唯聖道能；伏二現行，通有漏道。菩薩住此資糧位中，二麤現行雖有伏者，而於細者及二隨眠，止觀力微，未能伏滅。此位未證唯識真如，後❷勝解力，修諸勝行，應知亦是解行地攝。所修勝行其相云

---

❶"惑"，底本作"惑"，校本缺，本書後文解作"斷惑亦有前後"，即作"惑"解。《大正藏》本《成唯識論》作"惑"，校勘記謂《聖》本作"或"，據唐代注疏解釋，當作"或"。

❷"後"，《大正藏》本《成唯識論》卷9作"依"，校勘記謂《宋》《元》《宮》《聖》四本作"後"，當作"依"。

何？署有二種，謂福及智。諸勝行中慧為性者，皆名為"智"，餘名為"福"。且依六種波羅蜜多，通相皆二，別相前五說為福德、第六智慧，或復前三唯福德攝、後一唯智、餘通二種。復有二種，謂利自、他，所修勝行，隨意樂力，一切皆通自、他利行。依別相說，六到彼岸、菩提分等，自利行攝；四種攝事、四無量等，一切皆是利他行攝。如是等行，差別無邊，皆是此中所修勝行。此位二障，雖未伏除，修勝行時，有三退屈，而能三事練磨其心，於所證、修勇猛不退：一、聞無上正等菩提廣大深遠，心便退屈，引他已證大菩提者，練磨自心，勇猛不退；二、聞施等波羅蜜多甚難可修，心便退屈，省己意樂，能修施等，練磨自心，勇猛不退；三、聞諸佛圓滿轉依極難可證，心便退屈，引他麤善，況己妙因，練磨自心，勇猛不退。由斯三事，練磨其心，堅固熾然，修諸勝行。

此即護法等正釋頌意，分三：初、釋"乃至未起識，求住唯識性"，兼釋後二句大意；"此二取言"下，釋二取隨眠；"如是二障"下，三、釋未能伏滅。

初中又分四：一、明資糧位劑，二、釋資糧名，三、釋順解脫名，四、總釋於二取隨眠未能伏滅大意。"從此"下，明資糧位劑。謂從初發心乃至未起加行順決擇識，求住真唯識性，皆是資糧位

攝。"為趣"下，釋資糧名。"資"謂"資益"，"糧"謂"津糧"。"無
上正等菩提"，即指究竟位說。為趣此果，積集六度所攝福、智二
事資糧，益己身之糧用故。"為有情"下，釋順解脫分名。菩薩發
心，不同二乘樂獨善寂、取證涅槃，今此菩薩，依解脫果，伏斷煩
惱，入我空觀，已發大心，度有情故，煩惱解脫而證得故，由此
亦名"順解脫分"。涅槃名為"解脫行"，行行不違，故名為
"順"。"分"者，"因"義、"支"義，是解脫因之一分故。"資糧"，自
利之名；"順分"，利他之號。問：此資糧位當修何行？曰：即修
大乘順解脫分也。問：此資糧有幾行位？答：有四十心，謂十信、
十住、十行、十迴向。問：此位由何於唯識義能深信解？答：因四
勝力，謂內因力、善友力、作意力、資糧力。《攝論》云"能悟入中，大
乘多聞熏習相續"，此乃"因力"；"已得奉事無量諸佛出現於世"，即
"善友力"；"已得一向決定勝解，非諸惡友所能動搖"，名"作意
力"；謂由三力，已善積集諸善根等，名"資糧力"❶。

　　問：此位伏除何障染法？答：少能伏除二取現行，而未能伏
除二取隨眠。何故少能，不能多耶？以多住外門修菩薩行，所以
少能。何名"外門"？謂散心名"外"。何以知之？本論頌云："於
二取隨眠，猶未能伏滅。"故知唯能伏取二取現也。問：散心修
者，《華嚴》何說十住菩薩現八相等，豈非定力？答：既云多住
外門，即知少能入定，是故能現耳❷。何謂"取二取"？曰：執

❶ "《攝論》云……名'資糧力'"，改寫自《宗鏡錄》卷87，《大正藏》
第48冊，2016號，頁892下11至15；源自《成唯識論述記》卷9，《大正
藏》第43冊，1830號，頁559中16至22。

❷ "'資'謂'資益'……故能現耳"，改寫自《唯識開蒙問答》卷下，《新
纂卍續藏》第55冊，888號，頁375下23至頁376上16。

取“能取”“所取”性故。何謂“隨眠”？曰：即二取習氣隨逐有情，常在生死，眠伏藏識，不現餘處，故名“隨眠”，或隨增益過失故名“隨眠”。何故“眠”者乃是“增”義？如人睡眠，眠即滋多，故“過失增”是“隨眠”義❶。“隨眠轉相畧有十八：一、隨逐自境隨眠，謂三界中自地所攝隨眠；二、隨逐他境隨眠，謂生下上地，下上煩惱所逐隨眠；三、被損隨眠，謂世間離欲下地隨眠；四、不被損隨眠，謂已離欲，或未離欲自地隨眠；五、隨增隨眠，謂自地隨眠；六、不隨增隨眠，謂他地隨眠；七、具分隨眠，謂諸異生所有隨眠；八、不具分隨眠，謂諸有學非異生者所有隨眠；九、可害隨眠，謂般涅槃法所有隨眠；十、不可害隨眠，謂不般涅槃法所有隨眠；十一、增上隨眠，謂貪等所有隨眠；十二、平等隨眠，謂等分行所有隨眠；十三、下劣隨眠，謂薄塵行所有隨眠；十四、覺悟隨眠，謂諸纏裹與纏俱轉隨眠；十五、不覺悟隨眠，謂離諸纏而恒隨逐隨眠；十六、能生多苦隨眠，謂欲界隨眠；十七、能生少苦隨眠，謂色無色界隨眠；十八、不能生苦隨眠，謂得自在菩薩所有隨眠等”❷。總之即煩惱、所知二障種子是已。“百二十八根本煩惱”者，欲界四諦各有十惑，為四十，上二界各除瞋，有七十二，為百一十二，並是見道所斷根本惑，然疑及三見，唯是見斷。修道之中，欲界唯六，上二界除瞋為十，故修所斷有十六。見、修合說，有一百二十八。見所斷者，是分別惑，別迷四諦，故於四諦各別取

---

❶ “何故‘眠’者……是‘隨增’義”，改寫自《宗鏡錄》卷87，《大正藏》第48冊，2016號，頁892下18至19；源自《成唯識論述記》卷9，《大正藏》第43冊，1830號，頁560上22至23。

❷ 引文改寫自《瑜伽師地論》卷59，《大正藏》第30冊，1579號，頁627上19至中12。

數，故有一百一十二；修所斷中，是俱生惑，總迷四諦，唯取三界總數，故但十六。如是見、修位中斷煩惱時，亦斷隨煩惱惑，故曰“及彼等流等”。此等根隨皆能擾亂身心，長處生死，能障涅槃，名“煩惱障”。“所知障”者，“見、疑、無明、愛、恚、慢等”，辨出頭數，與煩惱障同。煩惱障麤，有多品類，二乘所斷，唯是不善有覆性故，以數來顯；今所知障細，無多品類，唯菩薩斷，亦是異熟無記所攝，故不顯數。又顯法執無明，唯一住地，煩惱即是四住地攝，故不顯數。言“慢等”者，亦等隨惑。言“所知境”者，有為、無為。言“無顛倒性”者，謂真如理。由處❶此境，令智不生，前即煩惱即障，今所知之障。然二障別義之由，在“我、法”兩字。故“我、法”言，即是二障❷。“此所知障”下，八識分別。謂所知障決定不與第八識俱，以第八識行相微劣故，不與無明、慧心相應，而與法空智品俱起。此障即是無明、慧心，法空智之所斷故，故不俱也。“七轉識內，隨其所應，或少或多，如煩惱說”者，第七所知唯是俱生，根、隨染惑亦但十二，故名為“少”；第六所知，兼通分別，根、隨煩惱，總二十六，故名為“多”❸。當知我、法二障，皆由根、隨煩惱執我、執法而生差別，故七、六二識所知，皆如煩惱

---

❶ “處”，底本、校本皆作“處”，本句是標引《成唯識論》“覆所知境”，引自《大方廣佛華嚴經隨疏演義鈔》卷52，源自《成唯識論述記》卷9，《大正藏》第43冊，1830號，頁560下16至18；《大正藏》本《大方廣佛華嚴經隨疏演義鈔》卷52，源自《成唯識論述記》卷9，皆作“覆”，當作“覆”。

❷ “欲界四諦各有十惑……即是二障”，改寫自《大方廣佛華嚴經隨疏演義鈔》卷52，《大正藏》第36冊，1736號，頁412下25至頁413上12。

❸ “第七所知……故名為‘多’”，本段是對《成唯識論》“或少或多”的解釋，與唐代注疏有異。據唐代注疏，第七識法執除根本四、隨惑八外，還加別境慧，共十三；第六識法執，則有一切。

障說。眼等五識，無分別故，無所知障故，法執見、疑七根本惑、并十小隨，定不相應。其貪、瞋、癡及中、大隨，由同時意識所引生故，皆容俱起❶。"此障但與"下，三性分別。以所知障與無明俱，非善性故，無明是癡、善性非癡故，唯與不善、無記相應。"煩惱障中"下，自類分別。所知障中或無煩惱，煩惱障中必有所知。謂煩惱障必依所知障而起故，故曰體同；執我執法，故曰用別。故二種隨眠，隨聖道用有勝有劣，而斷惑亦有前後。謂煩惱種為劣為前，而所知種為勝為後也。道力勝者，先斷所知，後斷煩惱；道力劣者，先斷煩惱，後斷所知。"此於無覆"下，四種無記分別。謂所知障，於四種中唯異熟生，無記相應是染性故，不與威儀、工巧、變化三種相應，以三無記勢用薄弱、非覆所知、障菩提故。然則此障覆所知境，何名無覆耶？曰：此名無覆，望二乘說，以二乘唯斷煩惱、不障彼智，故名無覆。若望菩薩，亦是有覆，障彼智故。"若所知障"下，通難。謂有難云：若所知障有見、疑等多種煩惱，云何《經》唯說為"無明住地"耶？答云：以此障無明增勝故，總名"無明"，非無見等。如煩惱種立"見一切"并"欲愛""色愛""有

---

❶ "眼等五識，無分別故……皆容俱起"，本段是對《成唯識論》"眼等五識無分別故，法見、疑等定不相應，餘由意力皆容引起"的解釋，謂"五識無所知障""法執見、疑七根本惑……定不相應"，誤；亦與後文"其貪、瞋、癡及中、大隨，由同時意識所引生故，皆容俱起"之文相悖。據唐代注疏，前五識有貪、瞋、癡三根本、中二與大八隨煩惱中非計度分別所引生的十三所知障，"無分別故"是遮遣由"計度分別"所引生的所知障。然唐代注疏中，靈泰《成唯識論疏抄》卷16有與本書相近的解釋："既五識中有十三個煩惱，亦有十三個所知障。今《疏》文云'五識有十三法執俱'者，非也，上下論文皆言'五識中無法執故'耶。若第七識中，有十二個煩惱，亦有十二個所知障法報俱。"（《新纂卍續藏》第50冊，819號，頁456下24至頁457上4）

愛"四住地名,豈彼更無慢、無明等乎? 亦由煩惱障中貪見最增,故偏說也。

"如是二障"下,釋未能伏滅。菩薩道力增勝,若是分別我、法二障,初地見道時斷;若是俱生我、法二障,菩薩從初地住心,以至金剛無間心斷。二乘道力微劣,於菩薩所斷者,但斷一種,不能雙斷;菩薩道力增勝,故能雙斷。若是雙斷二障種子,唯在等覺後心刹那頓斷,入究竟位,此唯無漏道攝;若是伏此二障現行,亦通有漏道。分別我、法二執,在加行位伏;俱生我、法二執,若六識俱者,在四地伏,若七識俱者,在八地伏。問:此位菩薩,二種現行伏耶,滅耶? 答:此位分別我、法二麤現行,雖有伏者,然此二種微細現行,及彼種子,由彼止觀力微,多住外門脩菩薩行,未能伏滅。故頌云:"於二取隨眠,猶未能伏滅。""此位"下,論位攝。問:解、行、證三,此位何攝? 答:以此位未證真如,尚在解位;若以殊勝解力脩六種殊勝行,應知總是解行地攝,以此是信解位,加行是行位,前解、後行分二位故。若約《攝大乘論》以三僧祇分四位,前一僧祇總名解行地,無加行位,故云"亦是解行地攝"❶。問:所修勝行,其相云何? 答云:署有二種:一、福,二、智。何者為"福"? 何者為"智"? 曰:諸勝行中,慧為性者,皆名為智;約非慧性者,皆名為福。且依六度分別福、智。若論通相,六度皆通福、智二種。若論別相,前五通福,第六唯智;或復前三為福,後一唯智,精進、禪定,福、智俱通。復有二種:一、自利,二、利他。若依通相,別所脩勝行隨意樂力,一切皆通自、他二利。若

---

❶ "問:解、行、證……解行地攝",唐代注疏僅用《攝大乘論》"飢餓行地、見、修、無學第"四位的區分,並未區分"解、行、證"。

依別相，則六到彼岸、菩提分等，_{四念住等一切三十七覺分法，及四種尋思、四種如實徧智}❶，皆名菩提分。自利行攝；四種攝事_{、布施、愛語、利行、同事}。四無量等，_{慈、悲、喜、捨}。一切皆是利他行攝。如是等行，差別無邊，皆是此中所脩勝行，結成勝行也。"此位二障"下，出此位中斷、脩之相。有三種練磨心，除四處障。何謂三練磨？曰：第一、菩提廣大屈，引他況己練。"廣"者無邊，"大"者為上，"深"者難測，"遠"者長時，由此退屈，引他已證，以況於我"我同彼類，何故退耶"。《攝論》頌云："十方世界諸有情，念念速成善逝果。彼既丈夫我亦爾，不應自輕而退屈。"❷第二、萬行難修屈，省己增修練。謂六度行難可脩故，心生退屈，於退屈時，即便省察，我已獲得如是意樂，離諸弊惡，謂此意樂遠離慳貪恚等，我由此故，少加功用，修習施等，當得圓滿。如《攝論》云，"先已得此殊意樂，由此施等波羅蜜多任運而轉"，故頌云"汝昔惡道經多劫，無益勤苦尚能超，今行少行得菩提，大利不應生退屈"。第三、轉依難證屈，引麤況妙練。謂於退屈時，引他微因小善，況己勝大妙因，如行施等，尚感貴樂，況我所修清淨妙善而無果耶。故頌云"博地凡夫初發心，尚能遠趣菩提果。我已精進經多劫，不應退屈却沉淪"。由斯三事練磨，脩諸勝行，斷四處障。一、由離聲聞、獨覺作意，斷作意故；二、由於大乘諸離疑，以能永斷異慧疑故；三、由離所聞、所思法中我、

---

❶ "及四種尋思、四種如實徧智"，本句是對《成唯識論》"菩提分等"的解釋，誤；此處討論的是資糧位所修的勝行，四尋思、四如實智是加行位所修。

❷ 引文轉引自《大方廣佛華嚴經隨疏演義鈔》卷 43，改寫自<u>無性</u>造、<u>玄奘</u>譯《攝大乘論釋》卷 6："無量十方諸有情，念念已證善逝果。彼既丈夫我亦爾，不應自輕而退屈。"（《大正藏》第 31 冊，1598 號，頁 414 中 17 至 18）

我所執，斷法執故；四、由於現前現位安立一切相中無所作意無所分別，斷分別故。❶

次加行位，其相云何？頌曰：

現前立少物，謂是唯識性。

以有所得故，非實住唯識。

一、加行位。此問及頌答，皆<u>世親</u>之文，為第二十七頌。《雜集》云"何等加行道"，"謂已積集資糧道者，所有順決擇分善根，謂煖法、頂法、順諦忍法、世第一法。云何煖法？謂各別內證於諸諦中，明得三摩地、鉢羅若及彼相應等法。云何頂法？謂各別內證於諸諦中，明增三摩地、鉢羅若及彼相應等法。云何順諦忍法？謂各別內證於諸諦中，一分已入隨順三摩地、鉢羅若及彼相應等法。云何世第一法？謂各別內證於諸諦中，無間心三摩地、鉢羅若及彼相應等法。"

論曰：菩薩先於初無數劫，善備福德、智慧資糧，順解脫分既圓滿已，為入見道住唯識性，復修加行，伏除二取，謂煖、頂、忍、世第一法，此四總名"順決擇分"，順趣真實決擇分故。近見道故，立"加行"名，非"前資糧無'加行'義"。煖等四法，依四尋思、四如實智初、後位立。"四尋思"者，尋思名、義、自性、差別，假有實無。如實

---

❶ "第一、菩提廣大……斷分別故"，改寫自《大方廣佛華嚴經隨疏演義鈔》卷43，《大正藏》第36冊，1736號，頁331上17至中10。

遍知此四離識及識非有，名"如實智"。名、義相
異，故別尋求。二二相同，故合思察。依明得定，發
下尋思，觀無所取，立為"煖"位。謂此位中，創
觀所取名等四法，皆自心變，假施設有，實不可
得。初獲慧日前行相故，立"明得"名；即此所
獲道火前相，故亦名"煖"。依明增定，發上尋思，觀
無所取，立為"頂"位。謂此位中，重觀所取名
等四法，皆自心變，假施設有，實不可得。明相
轉盛，故名"明增"。尋思位極，故復名"頂"。依
印順定，發下如實智，於無所取決定印持，無能
取中亦順樂忍，既無實境離能取識，寧有實識離
所取境？所取、能取相待立故。印順忍時，總立為
"忍"。印前順後，立"印順"名；忍境、識空，故
亦名"忍"。依無間定，發上如實智，印二取空，立
"世第一法"。謂前上忍唯印能取空，今世第一
法，二空雙印。從此無間，必入見道，故立"無
間"名。異生法中此最勝故，名"世第一法"。如
是煖、頂，依能取識，觀所取空；下忍起時，印境
空相；中忍轉位，於能取識如境是空，順樂忍可；上
忍起位，印能取空；世第一法，雙印空相。皆帶
相故，未能證實，故說菩薩此四位中，猶於現前
安立少物，謂是唯識真勝義性。以彼空有二相未

除,帶相觀心、有所得故,非實安住真"唯識"理,彼相滅已,方實安住。依如是義,故有頌言:"菩薩於定位,觀影唯是心。義想既滅除,審觀唯自想。如是住內心,知所取非有,次能取亦無,後觸無所得。"此加行位,未遣相縛,於麤重縛亦未能斷,唯能伏除分別二取,違見道故。於俱生者及二隨眠,有漏觀心有所得故、有分別故,未全伏除,全未能滅。此位菩薩於安立諦、非安立諦俱學觀察,為引當來二種見故,及伏分別二種障故。非安立諦是正所觀,非如二乘唯觀安立。菩薩起此煖等善根,雖方便時通諸靜慮,而依第四方得成滿,託最勝依入見道故。唯依欲界善趣身起,餘慧、厭心非殊勝故。此位亦是解行地攝,未證唯識真勝義故。

此下,<u>護法</u>等釋頌,分三:初、至"無加行義",釋"加行""決擇分"位名;"煖等四法"下,釋四加行;"如是煖、頂"下,正釋頌意。

言"加行"者,加功用行,名為"加行"。近見道故,立"加行"名❶。如人遠行,將及己舍,更鞭策故,以由此道能捨煩惱故。然則又何名"順決擇分"?曰:欣遠之心,不如始業,且求

---

❶"言'加行'者……立'加行'名",改寫自《唯識開蒙問答》卷下,《新纂卍續藏》第55冊,888號,頁376上24至下1。

見道，名"順決擇分"，見道之智名"決擇"故。何謂"不如始業"耶？曰：非屬力劣，行合如此，是知涅槃不越於此，故且求近，云"不如始"。何謂"始業"？謂始發心，一至遠求大涅槃故。問：此位行業？答：即修大乘順決擇分，便是行業❶。何謂"決擇分"？曰："決擇"是智，即擇法也。"決"揀疑品，"擇"揀見品。疑品擇而不決，以猶豫故；見品決而不擇，非正見故❷。今此具二，"決擇即分"，持業釋也。以諸聖道能斷疑決。"分"謂"分斷"，此言意顯所順唯是見道一分，"決擇之分"故，得"決擇分"名❸。順決擇分今生起者，必前生起順解脫分，諸有創植順解脫分，方得解脫，謂初起順解脫分，次起順決擇分，第三入聖，方得解脫❹。此位鄰近真見道，故立"加行"名。然有資糧故有加

---

❶ "又何名'順決擇分'……便是行業"，改寫自《唯識開蒙問答》卷下，《新纂卍續藏》第 55 冊，888 號，頁 376 下 1 至 5。

❷ "'決擇'是智……非正見故"，改寫自《大方廣佛華嚴經隨疏演義鈔》卷 57，《大正藏》第 36 冊，1736 號，頁 454 下 4 至 6；或《宗鏡錄》87，《大正藏》第 48 冊，2016 號，頁 893 上 8 至 9；源自《成唯識論述記》卷 9，《大正藏》第 43 冊，1830 號，頁 564 中 28 至下 2。

❸ "'分'謂'分斷'……'決擇分'名"，改寫自世親造、玄奘譯《阿毘達磨俱舍論》卷 23："'分'謂'分段'，此言意顯所順唯是見道一分，'決擇之分'故，得'決擇分'名。"（《大正藏》第 29 冊，1558 號，頁 120 上 20 至 22）"斷"應作"段"。本句之前句或引自《宗鏡錄》卷 87，"'分'者，是'支''因'義，即擇法覺支"（《大正藏》第 48 冊，2016 號，頁 893 上 9 至 10），此解釋源自窺基《成唯識論述記》卷 9，因此解釋才能將"決擇分"解釋為"持業釋"，意謂"智即因"。如果將"分"解釋為"分段"，則應像所引《俱舍論》文字，將"決擇分"解釋為"依主釋"，意謂"抉擇的一部分"。

❹ "順決擇分今生起者……方得解脫"，改寫自世親造、玄奘譯《阿毘達磨俱舍論》卷 23："順決擇分今生起者，必前生起順解脫分，諸有創殖順解

行，若無前位，此位不成。孰為加行位所修之法？有四位故，四能發、四所發、四能觀、四所觀。何為四位？謂煖、頂、忍、世第一。何為四能發？謂明得定、明增定、印順定、無間定。何為四所發？謂下四尋思觀、上四尋思觀、下如實智觀、上如實智觀。何為所觀四？謂名空、義空、名義自性空、名義差別空。何為能觀四？即前尋思如實四觀是也^❶。

"煖等四法，依四尋思、四如實智初、後位立"，標也。依四尋思建立初二，依四如實建立後二。"四尋思"者，謂名尋思、義尋思、自性假立尋思、差別假立尋思。"四如實智"者，謂名尋思所引如實智、義尋思所引如實智、自性假立尋思所引如實智、差別假立尋思所引如實智。方便因相，名為"尋思"；方便果相，名"如實智"。言"名"者，謂色、受、想等，菩薩於名中尋思，但見名言，不見名體，故知唯意言境，是假非實。"義"者，即名所詮表，謂蘊、處、界等，謂菩薩尋思義類，但見其類，不見餘義，故知亦是意言是假非實^❷。

脫分，極速三生，方得解脫，謂初生起順解脫分，第二生起順決擇分，第三生入聖，乃至得解脫。"（《大正藏》第 29 册，1558 號，頁 121 上 9 至 12）刪除了"三生"等說法，文意有出入。

❶"加行位所修之法……四觀是也"，改寫自《唯識開蒙問答》卷下，《新纂卍續藏》第 55 册，888 號，頁 376 下 20 至下 2。

❷"方便因相……是假非實"，改寫自無性造、玄奘譯《攝大乘論釋》卷6："方便因相，說名'尋思'……方便果相，名'如實智'。此中'名'者，謂色、受等，亦攝名因、名果句等尋思，此'名'唯意言性，唯假非實，不離意言，名'名尋思'。'義尋思'者，如名、身等所詮表得蘊、界、處等，推求此性唯假非實，如有種類種類相應差別可得，如是所詮、能詮相應不應理故"（《大正藏》第 31 册，1598 號，頁 415 上 13 至 20）及真諦譯《三無性

名言既唯意之分別，名下之義亦無別體❶。故離名言分別，無別有義可緣。復尋思名、義二種之自性，是假非實，謂色、受、想等名、義自性，菩薩尋思自性唯見是假，不見餘物，故知實無所有，假立自性，譬如假立補特伽羅等。復尋思名、義二種之差別，是假非實，謂"無常""苦"等名、義差別共相，謂菩薩尋思差別，但見是假，不見餘物❷，故知實無所有，假名差別。如是尋思，了達四種皆是徧計執性，悉不可得，如是而知名等四法，依識現起，若離識時決定非有。又且不獨四法為無，即能現識亦不可得，如此徧知名"如實智"。"譬如繩上觀蛇，蛇非真實，以無有故；若已了知徧義無者，蛇覺雖滅，繩覺猶存；若更微細品類分析，此亦虛妄，色、香、味、觸為其相故，此覺為依，繩覺當滅。"❸若滅繩覺，即能悟入真唯識性。問：何故此位尋思名、義、自性、差別？答：名、義二種，即名相也，即見、相二分也，即依他起也。由

論》卷2"一，尋思名言者，諸菩薩於名中尋思，但見名言，不見名體⋯⋯二、尋思義類者，謂菩薩尋思義類，但見唯類，不見餘義⋯⋯"（《大正藏》第31冊，1617號，頁875中6至19）

❶ "名言既唯意之分別，名下之義亦無別體"，引自《大方廣佛華嚴經疏》卷14，《大正藏》第35冊，1735號，607上19至20。

❷ "復尋思名、義二種之自性⋯⋯不見餘物"，改寫自無性造、玄奘譯《攝大乘論釋》卷6"尋思名、義二種自性，唯假立相，謂色、受等名、義自性實無所有，假立自性，譬如假立補特伽羅。尋思名、義二種差別亦假立相，謂'無常'等名、義差別唯假立故。"（《大正藏》第31冊，1598號，頁415上23至26）及真諦譯《三無性論》卷2："三、尋思自性假者，謂菩薩尋思自性，但見唯假，不見餘物⋯⋯四、尋思差別假者，謂菩薩尋思，但見差別假，不見餘物。"（《大正藏》第31冊，1617號，頁875中27至下14）

❸ 引文見無著造、玄奘譯《攝大乘論本》卷2，《大正藏》第31冊，1594號，頁143上2至6。

此二種為迷悟要關，故《楞伽》釋五法云“‘相’者，若處所形相色像等現，是名為‘相’。若彼有如是相，名為‘瓶’等”，“施設眾名，顯示諸相”，“是名妄想。彼名、彼相畢竟不可得，是名‘如如’。真實決定究竟自性不可得”❶，是名“正智”。前明迷此名相而起妄想，遂成流轉。此明了此名相本無自性，當體如如，即是圓成，故迷悟皆由此。問：何故名義各別尋思，名義之自性、差別合而思察？答：名、義二法，能、所相異，故別尋求；名義之自性、差別相同，故合思察。若知名之自性、差別不可得，即知義之自性、差別不可得故。《顯揚論》云，“名尋思者，謂諸菩薩於名唯見名；事尋思者，謂諸菩薩於事唯見事；自性假立尋思者，謂諸菩薩於假立自性唯見假立自性；差別假立尋思者，謂諸菩薩於差別假立唯見差別假立”，“此諸菩薩於名、事二種，或離相觀，或合相觀，依名事合觀，故通達自性假立、差別假立”，“名尋思所引如實智者，由諸菩薩於名尋思唯有名已，於名如實了知。謂此名，為此義故，於此事中建立，為令世間起想見言說故。若於色等所想事中不為建立色等名者，一切世間無有能想此事是色等。若無想者，無有能起增益執著。若不執著，則無言說。若如是如實了知，是名第一名尋思所引如實智。事尋思所引如實智者，由諸菩薩於事尋思唯有事已，如實了知色等所想事性，離一切言說，不可言說，是名第二事尋思所引如實智。自性假立尋思所引如實智者，由諸菩薩於色等所想事，假立自性中尋思，唯假立故，如實通達假立自性，非實彼事自性，而似彼事自性顯現，又能了知彼事自性猶如

---

❶ “《楞伽》識五法……性不可得”，改寫自求那跋陀羅譯《楞伽阿跋多羅寶經》卷 4，《大正藏》第 16 冊，670 號，頁 511 中 13 至 18。然《楞伽經》此處原文並未將“真實決定究竟自性不可得”解釋為“正智”。

變化、影像、水月、夢幻，似有體性，是名第三自性假立尋思所引
甚深義所行境如實智。差別假立尋思所引如實智者，由諸菩薩於
差別假立尋思唯假立性，故於色等所想事差別假立中，善能通達
不二之義，謂彼諸事非有性、非無性，由可言說自性不成就，故非
有性；由不可言說自性成就，故非無性。如是非有色、非無色，由
勝義諦故非有色，由勝義諦故非無色，由世俗諦中假立色故。如
有性、無性、有色、無色，如是有見、無見等諸差別假立法門，彼一
切，由是理趣盡應知。若能如是了知差別假立如是不二之義，是
名第四差別假立尋思所引如實智"❶。"依明"下，次、別釋四相，文
云：第一、依煖位，入明得定，發下尋思。"明得定"者，《攝論》
云："明"謂能照無義智明，"得"謂創得無義智明，故名"明得
三摩提"❷。"發下尋思"者，"明得"是定，"尋思"是慧，以初
獲方便智，故云"發"也❸。以此尋思，觀察所取之法了不可得，名
為煖位。謂此煖位，創觀所取名、義、自性、差別皆空。何由得空
耶？謂觀所取四，皆自心變，皆假施設，實不可得，不空而何？何

❶ "《顯揚論》云……引如實智"，改寫自《顯揚聖教論》卷6，《大正
藏》第31冊，1602號，頁507下15至頁508上23。《顯揚聖教論》原文"性"字
多被改為"體"字。

❷ "《攝論》云……得三摩提"，改寫自《攝大乘論釋》卷6："'明'謂
能照無有義智。所求果遂故名為'得'。此定創得無義智明，故得'明得三
摩地'名。"（《大正藏》第31冊，1598號，頁417上12至14）與原文頗有
出入。

❸ "'明得'是定……故云'發'也"，改寫自《大方廣佛華嚴經隨疏演
義鈔》卷57，《大正藏》第36冊，1736號，頁454下17；源自《成唯識論
述記》卷9，《大正藏》第43冊，1830號，頁566上24至25。

謂"發"？曰：明得是定，尋思是慧，故云發也。下"發"皆然❶。何謂"煖"？曰：至此初獲道火前相，名之為煖。何謂"明得"？曰：至此初獲慧日前相，名明得定。何謂"尋思"？謂尋思名等假有實無，名曰"尋思"❷。第二、依頂位，入明增定，發上尋思，重觀所取名等四法實不可得，唯自心變❸。何謂"明增"？曰：此位明相轉更增盛故。何謂"頂"？曰：尋思之位登峰造極故。問：何故頂位重觀四法？答：初伏難故，所以重觀也❹。第三、依忍位，入印順定，發下如實智，印前所取四法是空，順後能取之識亦是其空。印前、順後，名"印順定"。問：何義順後能取亦空？答：既無實境離能取識，寧有實識離所取境？何以故？曰：所取、能取相待立故。問：此忍有幾？答：有下、中、上三品❺。下品名"印忍"，印所取無故；中品名"樂順"，樂無能取、順修彼故；上忍名"印順"，印能取無、順觀彼故。故云"印順忍時，總立名忍"。印順俱定，名印順定，忍即智也❻。又"忍境識空，故亦名忍"，解見下文。第

---

❶ "'明得'是定……下'發'皆然"，改寫自《大方廣佛華嚴經隨疏演義鈔》卷57，《大正藏》第36冊，1736號，頁454下17；源自《成唯識論述記》卷9，《大正藏》第43冊，1830號，頁566上24至25。

❷ "何謂'煖'？曰……名曰'尋思'"，改寫自《唯識開蒙問答》卷下，《新纂卍續藏》第55冊，888號，頁376下14至16。

❸ "第二、依頂位……唯自心變"，改寫自《唯識開蒙問答》卷下，《新纂卍續藏》第55冊，888號，頁376下5至7。

❹ "問：何故頂位……所以重觀也"，改寫自《唯識開蒙問答》卷下，《新纂卍續藏》第55冊，888號，頁376下21至22。

❺ "第三、依忍位……有下、中、上"，改寫自《唯識開蒙問答》卷下，《新纂卍續藏》第55冊，888號，頁376下7至12。

❻ "下品名'印忍'……忍即智也"，改寫自《大方廣佛華嚴經隨疏演

四、依世第一位，入無間定，發上如實智觀，印二取空，伏除二障俱生分別❶。何謂"無間定"？曰：從此無間，必入見道，立"無間"名❷。何謂"世第一"？曰：有漏之位極於此故，異生法中此為最勝，名"世第一"。

於是總釋云：煖、頂二位，依能取識，但觀境空，不能印境，以無智故；下忍印境，中忍順識，上忍印識；唯世第一，境、識雙印。此四加行，皆帶相故，未能證實，故頌中說，菩薩於此位中，猶於現前安立少物。何為"少物"？曰：心上變如，名為"少物"。此非無相，故名"帶相"。帶相觀心，名"有所得"，故頌云"有所得故"。若證真時，彼相便滅，方實安住真"唯識"理。何謂"彼相"？曰：空所執相，即是空相；有依他相，即是有相。謂空、有相，是彼唯識真勝義性，由有此相，未證真理，滅空、有相方證真故。故論結云"依如是義，故有頌言，菩薩於定位，觀影唯是心"，此煖位也；"義想既滅除，審觀唯自相"，此頂位也；"如是住內心，知所取非有"，下忍位也；"次能取亦無"，中忍位也；合前三句，為上忍位；其世第一，住時促故，此偈署無；末句，即見道位❸。"此加行位"下，次明此位但是伏位，帶相觀心，故曰："未

義鈔》卷 57，《大正藏》第 36 冊，1736 號，頁 454 下 26 至頁 455 上 1。

❶ "第四、依世……俱生、分別"，改寫自《唯識開蒙問答》卷下，《新纂卍續藏》第 55 冊，888 號，頁 376 下 12 至 14。

❷ "何謂'無間定'……立'無間'名"，改寫自《唯識開蒙問答》卷下，《新纂卍續藏》第 55 冊，888 號，頁 377 上 2，源自《成唯識論》原文。

❸ "心上變如……即見道位"，改寫自《大方廣佛華嚴經隨疏演義鈔》卷 53："心上變如，名為'少物'。此非無相，故名'帶相'。'若證真時彼相便滅'者，即是空所執相，有依他相名空有相位，謂有、空相是彼唯識真勝義性，由有此相，未證真理，滅空有相方證真故。彼《論》結云：'依如是

遣相縛。""麤重"即是分別惑種❶，分別二取、違見道故。此位將入見道，故能伏除分別二取。而於俱生二取及二隨眠，全未能減，亦未全伏，以有漏觀心有所得故、有分別故。"此位菩薩"下，次明是聞、思所生慧。《大論》云："諦有二種：一、安立諦，二、非安立諦。安立諦者，謂四聖諦；非安立諦者，謂真如。"❷此位菩薩雙觀真、俗，為欲引發將來真見道及相見道故，及伏分別我、法二障故。雖真、俗雙觀，而真諦是彼正觀，非如小乘唯觀安立四諦故，故《大論》問云："若安立諦建立為諦，何因緣故，更復顯

義，故有頌言：菩薩於定位，觀影唯是心。義相既滅除，審觀唯自相。如是住內心，知所取非有，次能取亦無，後觸無所得。'釋曰：此則結四加行。謂初二句，煖位；次二句，頂位；次二句，中、下忍；次一句，即上忍位；合上三句，為世第一；末句，見位也。"（《大正藏》第 36 冊，1736 號，頁 417 中 19 至 29）然此段關於《成唯識論》頌文的配釋與本書引文不同，本書引文見《大方廣佛華嚴經隨疏演義鈔》卷 57："依如是義，故有頌云：菩薩於定位……後觸無所得。釋曰：此偈，初二句，煖位；次二句，頂位；次二句，下忍位；第七句，中忍；合前三句，為上忍位；其世第一，住時促故，此偈署無；末句，見位。"（《大正藏》第 36 冊，1736 號，頁 455 上 13 至 19）此處引文源自《成唯識論述記》卷 9，《大正藏》第 43 冊，1830 號，頁 566 下 25 至頁 567 上 15，據此，頌文第五、六句配下忍位，第七句配中、上忍位，合五、六、七句為世第一法位，"以時少故，從忍位說"，而非單純"署無"。故本書《大方廣佛華嚴經隨疏演義鈔》卷 53 和卷 57 兩處關於頌文的解釋皆與唐代注疏有異。

❶ "'麤重'即是分別惑種"，本句是對《成唯識論》"麤重縛"的解釋，本書或據《成唯識論》後文"二障種子，立'麤重'名"而解，與唐代注疏有異。據唐代注疏，"麤重"指"一切有漏法"，唐代注疏還詳細辨析了"麤重"的諸多用法，並說明何以此處"麤重"不能解釋僅為種子。

❷ 引文見《瑜伽師地論》卷 72，《大正藏》第 30 冊，1579 號，頁 697 下 15 至 17。

示非安立諦？答：若離非安立諦，二種解脫不應道理。謂於相縛及粗重縛。所以者何？若有行於諸安立諦，彼一切行皆行有相，行有相故，於諸相縛不得解脫。於諸相縛不解脫故，於麁重縛亦不解脫。若有行於非安立諦，不行於相。不行相故，於諸相縛便得解脫。於諸相縛得解脫故，於麁重縛，亦得解脫。問：若唯由彼非安立諦，於一切縛解脫清淨，何緣顯示安立諦耶？答：為令資糧及方便道得清淨故。"❶"菩薩起此"下，明界地內凡、外凡位，亦名方便位，以是入聖道之方便故。雖七方便時通諸靜慮，而第四靜慮不苦不樂捨念清淨之所依止，依於轉依，心住一境性為最勝依，為入見道位之門戶故，煖等善根，必依四禪，方得成滿❷。問：此善根從何界起？答：唯依欲界天、人趣起，非善趣而生厭心者，非殊勝故，不能起此諸善根也❸。次、論位攝。此位亦在解行地攝，非證地攝，以未證真實唯識故，《攝論》合資糧、加行為解行地故。

　　次通達位，其相云何？頌曰：
　　若時於所緣，智都無所得，

---

❶ 引文見《瑜伽師地論》卷64，《大正藏》第30冊，1579號，頁657上1至12。

❷ "雖七方便……方得成滿"，本句是對《成唯識論》"雖方便時通諸靜慮，而依第四方得成滿，託最勝依入見道故"的解釋，與唐代注疏有異。據唐代注疏，"方便"並非特指"七方便"，依第四靜慮入主要是因為，無色四定止勝觀劣故無法入現觀，下地中則以第四靜慮為最勝。

❸ "非善趣而……諸善根也"，本句是對《成唯識論》"餘慧、厭心非殊勝故"的解釋，似以"生善趣生而厭心者"之"厭心"視為"非殊勝"的原因，然據唐代注疏，此句意謂"厭心"是入見道的必要條件，上界有情之厭心、慧心不如欲界有情之厭心、慧心殊勝，故不能入見道。

爾時住唯識，離二取相故。

三、通達位。此問及頌答，係<u>世親</u>之文，為第二十八頌。

論曰：若時菩薩於所緣境無分別智都無所得，不取種種戲論相故，爾時乃名"實住唯識真勝義性"，即證真如，智與真如平等平等，俱離能取、所取相故，能、所取相俱是分別有所得心戲論現故。有義：此智二分俱無，說無所取、能取相故。有義：此智相、見俱有，帶彼相起名"緣彼"故，若"無彼相名'緣彼'"者，應"色智"等名"聲等智"。若無見分，應不能緣，寧可說為"緣真如智"？勿"真如性亦名'能緣'"，故應許此定有見分。有義：此智見有相無，說"無相取"不取相故。雖有見分而無分別，說"非能取"，非"取全無"。雖無相分，而可說此帶如相起，不離如故。如自證分緣見分時，不變而緣，此亦應爾。變而緣者，便非親證，如後得智，應有分別。故應許此有見無相。加行無間此智生時，體會真如，名"通達位"。初照理故，亦名"見道"。

此下護法等釋頌，分三：一、總釋偈意，二、相見有無，三、廣明見道。

"若時菩薩"至"戲論現故"，此即總釋偈意。謂若"有如外之智與如合"者，猶有所得，非真實證。此位菩薩，於所緣境及能緣智都無所得，不取種種戲論相故，爾時乃名"實住唯識真勝義性"，即證真如。智與真如，平等平等。何謂"平等平等"耶？謂能證智及所證如，俱無能取、所取相故。又上"不取"者，離於能取；"種種戲論相"者，離於所取❶。故曰："能、所取相俱是分別有所得心戲論現故。"

　　"有義"下，相見有無，有三師義。第一師言：此智見、相二分俱無，故說"無所取、能取之相"。第二師即破此義，立相、見二分俱有。先破"無相"，謂若"智之上無如之相，而能緣如"，則"色等智"上無"聲"等相，亦應緣"聲"等，名"聲等智"矣。次破"無見"，謂智無見分則不能緣，何能緣如？若"無見分而能緣"者，則真如無情亦是能緣智耶❷？故應許此定有見分也。第三，即護法正義，立"見有相無"。"無相取"者，《瑜伽》七十三："問：有相之取，世間共成；無相之取，非所共。何因何緣，名'無相取'？無因無緣不應道理。答：世俗名言，熏習取果，是'有相取'，世所共成，能令雜染；勝義智見熏習取果，是'無相取'，非所共成，能令清淨。是故此二，有因有緣。如眼若有瞖等過患，便有髮毛輪等瞖相現前可得；若無彼患，便不可得。但有自性，無顛倒取。問：於無相界，若取其相，非無相取；若無所取，亦不

---

❶ "又上'不取'……離於所取"，改寫自《大方廣佛華嚴經隨疏演義鈔》卷52，《大正藏》第36冊，1736號，頁412中17至18；源自《成唯識論述記》卷9，《大正藏》第43冊，1830號，頁569上16至17。

❷ "智耶"二字，底本為雙行小字注釋，校本為正文，整理者據校本及文意改為正文。"若'無見分而能緣'者，則真如無情亦是能緣智耶"，本句是對《成唯識論》"勿'真如性亦名能緣'"的解釋，與原文署有出入。

得成無相之取？若爾，云何名無相取？答：言說隨眠已遠離故，此取雖復取無相界，不取相故，成無相取。問：若無搆獲，云何成取？答：雖不搆獲諸相差別、有所增益，然取無相，故得成取。問：若無搆獲、無所增益，此取相狀，云何可知？答：取勝義故，取無相故，五種事相皆可❶顯現，以為其相。問：若'不分明，可立為取'，何故不計諸取滅無？答：'滅無'無有修作義故。非'修觀者，依於滅無，有所修作'。問：若爾，云何證知其相？答：自內證智之所證知。問：若爾，何不如其所證，如是記別？答：此內所證，非諸名言安足處故。"❷此中所云"說無相取不取相故"，即引《瑜伽》。"雖有見分"下，論主自義：護法明此所緣如，見、相無定，相分以本智親證如體不取相故，與如體冥合故，即無"相狀"之"相"，即但有"體相"之"相"，即"挾帶"之義，亦"所緣緣"。難云：若有見分，即有分別相，何名"無分別相"也，又云"無能取"耶？答云：雖有見分而無分別，復無能取，正智緣如親挾附體相緣故，更無"相狀"之"相"，說"無相分"，言"無能取"者，即無分別妄執實能取故，豈無內分能緣見分乎？又難云：若言"無相分"者，《所緣緣論》云"依彼生、帶彼相故，名

---

❶ "可"，底本、校本皆作"可"，《大正藏》本《瑜伽師地論》卷73作"不"，校勘記謂《宋》《元》《明》三本皆作"可"。唐代注疏並無詳解此句者，徵引此句的唐代注疏中，《大正藏》本智周《成唯識論演秘》卷7作"不"，《卍續藏》本如理《成唯識論疏義演》作"可"。此處"五種事相"或即指《瑜伽師地論》此段所論述的相、明、分別、正智、真如之相，順前"取無相"及后問中"不分明可立為取"，此句意似說以五事之相之"不顯現（無相）"作為所取之相。疑應作"不"。

❷ 引文見《瑜伽師地論》卷73，《大正藏》第30冊，1579號，頁701上11至中2。

所緣相"，既無相分，亦應無所緣。護法答云：亦有所緣緣義，雖無相分，而可說此智帶如相起，能緣之智不離如故，即本智見分親挾帶真如之體相起，名所緣緣。如自證分緣見分時，親帶見分，名所緣緣，此亦應爾，實無"變帶"之義，唯有"挾帶"，名所緣緣，故與後得別也。若變相分緣者，便非親證，即如後得智，應有分別。既異後得，即明知"有見分無相分"也❶。小乘正量部立相分師❷，造謗大乘論七百偈，破古大乘師"所緣緣"義云：汝若言"己相是相分，將為所緣"者，且如汝大乘宗無分別智緣真如時，不帶起真如相分，其真如望能緣智見分，應無"所緣緣"義；必若言"本智緣如亦有相分"者，即違汝自宗。一切經論如何通會？古大乘師被此一難，當時絕救。唐三藏救云：我宗大乘解"帶"有二義，一者、變帶，二者、挾帶。若"變帶"者，即變帶似質之己相起，是"相狀"之"相"，今根本智緣如時即無；若"挾帶"者，即有根本智親挾帶真如體相而緣，更不變相分，故亦成所緣緣也❸。

"加行無間"下，釋位名。問：此位何故名為通達？答：加行無間道中，此智生時，體會真如故。言"此智"者，即無分別智也。"體"者，"通"也。"會"者，"達"也。理絕妄情，名之為

---

❶ "護法明此……無相分也"，改寫自《宗鏡錄》卷 70，《大正藏》第 48 冊，2016 號，頁 809 中 29 至下 16。

❷ "小乘正量部立相分師"，本句改寫自《宗鏡錄》卷 70 "被小乘正量部般若毱多不立相分師"（《大正藏》第 48 冊，2016 號，頁 810 下 6），此句謂般若毱多不立相分，故當作"小乘正量部不立相分師"。

❸ "小乘正量……所緣緣也"，改寫自《宗鏡錄》卷 70，《大正藏》第 48 冊，2016 號，頁 810 下 6 至 18；源自《成唯識論述記》卷 7，《大正藏》第 43 冊，1830 號，頁 500 中 29 至頁 501 上 6。然《宗鏡錄》引述與《成唯識論述記》亦有出入。

“真”。諸法體同，目之為“如”。照理名“見”，“見”即是“道”。而言“初”者，此應有難：若照理名“見”，二地已上，豈不照理？故今釋云：此最初故，以此受名。餘隨別義[1]。

然此見道，畧說有二。一、真見道，謂即所說無分別智，實證二空所顯真理，實斷二障分別隨眠，雖多剎那事方究竟，而相等故，總說一心。有義：此中二空、二障，漸證、漸斷，以有淺、深、麁、細異故。有義：此中二空、二障，頓證、頓斷，由意樂力有堪能故。二、相見道，此復有二。一、觀非安立諦，有三品心：一、內遣有情假緣智，能除輭品分別隨眠；二、內遣諸法假緣智，能除中品分別隨眠；三、遍遣一切有情諸法假緣智，能除一切分別隨眠。前二名“法智”，各別緣故；第三名“類智”，總合緣故。法真見道二空見分自所斷障無間、解脫，別、總建立，名“相見道”。有義：此三是真見道，以相見道緣四諦故。有義：此三是相見道，以真見道不別緣故。二、緣安立諦，有十六心。此復有二：一者，依觀所取、能取，別立法、類十六種心。謂於苦諦有四種心：一、苦法智忍，謂觀三界苦諦真如，正斷三界見苦所斷二十八種分

---

[1] “言‘此智’者……餘隨別義”，改寫自《大方廣佛華嚴經隨疏演義鈔》卷52，《大正藏》第36冊，1736號，頁413上24至27。

別隨眠；二、苦法智，謂忍無間觀前真如證前所斷
煩惱解脫；三、苦類智忍，謂智無間無漏慧生，於
法忍、智各別內證，言後聖法，皆是此類；四、苦
類智，謂此無間無漏智生，審定印可苦類智忍。如
於苦諦有四種心，集、滅、道諦，應知亦爾。此十
六心，八觀真如，八觀正智。法真見道無間、解脫、
見、自證分差別建立，名「相見道」。二者，依觀
下上諦境，別立法、類十六種心，謂觀現前、不現
前界苦等四諦，各有二心，一、現觀忍，二、現觀
智，如其所應，法真見道無間、解脫見分觀諦，斷
見所斷百一十二分別隨眠，名「相見道」。若依廣
布聖教道理，說相見道有九種心，此即依前緣安
立諦二十六種止、觀別立，謂法、類品，忍、智合
說，各有四觀，即為八心，八相應止總說為一。雖
見道中止、觀雙運，而於「見」義，觀順，非止，故
此觀、止，開合不同。由此九心，名「相見道」。諸
相見道依真假說「世第一法無間而生」及「斷隨
眠」，非實如是，真見道後方得生故，非安立後起
安立故，分別隨眠真已斷故。前真見道，證唯識
性；後相見道，證唯識相。二中初勝，故頌偏說。前
真見道，根本智攝；後相見道，後得智攝。諸後
得智有二分耶？有義：俱無，離二取故。有義：此

智見有相無，說此智品有分別故，聖智皆能親照境故，不執著故，說"離二取"。有義：此智二分俱有，說此思惟似真如相，不見真實真如性故。又說"此智，分別諸法自、共相等，觀諸有情根性差別而為說"故。又說"此智現身、土等，為諸有情說正法"故。若不變現似色、聲等，寧有現身、說法等事？轉色蘊依不現色者，轉四蘊依應無受等。又若此智不變似境，離自體法應非所緣，緣色等時應緣聲等。又緣無法等應無所緣緣，彼體非實、無緣用故。由斯，後智二分俱有。此二見道與六現觀相攝云何？"六現觀"者，一、思現觀，謂最上品喜受相應思所成慧，此能觀察諸法共相、引生煖等，加行道中觀察諸法，此用最猛，偏立現觀，煖等不能廣分別法，又未證理，故非現觀；二、信現觀，謂緣三寶世、出世間決定淨信，此助現觀，令不退轉，立現觀名；三、戒現觀，謂無漏戒，除破戒垢，令觀增明，亦名現觀；四、現觀智諦現觀，謂一切種緣非安立根本、後得無分別智；五、現觀邊智諦現觀，謂現觀智諦現觀後，諸緣安立世、出世智；六、究竟現觀，謂盡智等究竟位智。此真見道，攝彼第四現觀少分；此相見道，攝彼第四、第五少分；彼第二、三，雖此俱起，而非自性，故不相攝。菩薩得此二見道時，生如來家，住極喜地，善達法界，得諸平等，常生諸佛大集會中，於多百門已得自在，自知不久證大菩提，能盡未來利樂一切。

三、廣明見道。"然此見道，畧有二種"，總標也。"一、真見道"下，別釋二見道差別。謂若一心真見道，三心相見道；若三心真見道，十六心相見道❶。云何"一心真見道"耶？謂雙空智起，於前無間道中雙斷分別我、法二障種子，解脫道中雙證分別我、法二空所顯真如❷。問：加行、無間、解脫、勝進❸有多刹那，何故但說一心名真見道？答：雖多刹那事方究竟，而俱是一相見道，故總名"一心"。言"雖多刹那"者，此一心見道，以果前無間，及果解脫，并一切勝道故，中間有多刹那。加行位中一刹那修，無間道中一刹那見，勝進道中一刹那入，解脫道中一刹那證，故"多刹那"。一師言：此位漸斷、漸證，我執麤、淺，法執深、細，必先斷我執，證人空已，次斷法執而證法空，故知漸斷、漸證。一師言：此位頓斷、頓證，由加行時意樂殊勝必欲一斬齊斷故。此義為正。何謂"三心相見道"？"相見道"者，謂別緣有情諸法之相，而得見道，名"相見道"。"此

❶ "二見道差別……心相見道"，改寫自《唯識開蒙問答》卷下，《新纂卍續藏》第55冊，888號，頁377上9至11。

❷ "云何'一心真見道'……所顯真如"，改寫自《唯識開蒙問答》卷下，《新纂卍續藏》第55冊，888號，頁377下16至18。

❸ "加行、無間、解脫、勝進"，本段是對"有多刹那""三心真見道"的解釋，後文亦據加行位、無間道、勝進道、解脫道四位解，或源自對《成唯識論》卷10的正因，唐代注疏在此處唯據"無間道、解脫道、勝進道"三位解，不論"加行"。

復有二。一、觀非安立諦有三品心”者,“非安立諦”即真如也,謂以三品智心觀察真如、得見道故。三品者何?“一、內遣有情假緣智”者,“內”謂內身,無體名“假”,謂以能遣之智,返觀內身所執、主宰皆非實有,但以內心似有情現,此倣無間道見分斷我執也。“二、內遣諸法假緣智”者,“諸法”者,謂五蘊實法,亦以能遣之智,觀察內身所執五蘊實法亦不可得,此倣無間道見分斷法執也。“三、遍遣一切有情諸法假緣智”者,總觀一切有情諸法也,此倣解脫道中見分雙斷我、法二執,雙證我、法二空也。以此三智別斷、總證故。然此中人、法二障,各分上、下,麤者為上,細者為下,合為四類。然二麤者,各別除之,以智猶弱、未雙斷故;若上品智,方能雙斷。此即隨智說為“耎”等。“耎”者,下也。初智名“耎”,次智名“中”,勝前劣後,後起名“上”,能斷見惑,此智最上。然初二智,未能殊勝別緣內身,除我、法假;第三心時,其智上品,廣緣內、外若我若法。故三別也。前二名“法智”者,以有情諸法各別緣故;第三名“類智”者,與前二智相類總合緣故。“法”者,“倣”“學”為義。問:真見道中有相見二分,何以但言法真見道見分?答:真見道中,雖有二空自證分,而見令親緣真如,所以法之。然見分中,有無間解脫,隨自所斷障,有四見分,無間道中,斷惑別故,人、法二見分,各別法之,立初二心;解脫道中,證理同故,人、法二見,總合法之,有第三心,故《論》云:“總、別建立,名‘相見道’。”[1]問:三心真見道?答:前三心說為真見。問:復約何理却說為“真”?答:以相見道緣四諦

---

[1] “‘非安立諦’即真如也……名‘相見道’”,改寫自《大方廣佛華嚴經隨疏演義鈔》卷 53,《大正藏》第 36 册,1736 號,頁 417 下 26 至頁 418 上 16。

故。今不緣彼，為真見道。此即前一義也。《論》以後義為正。問：十六心相見道？答：謂苦、集、滅、道四諦之下，各有四心，故成十六❶。"安立諦"者，即俗諦也。此復有二：一者、依觀所取、能取，別立法、類十六種心。言"所取"者即真如。言"能取"者即正智，"法"即現法，"類"即種類。謂法智、法忍緣於真如，其真如者，是智所取；類忍、類智緣智見分，其見分者，是能取智。故名能取、所取十六心也。問：四心者何？答：一、苦法智忍，二、苦法智，三、苦類智忍，四、苦類智。餘三諦準此❷。一"苦法智忍"者，"苦"，即苦諦；"法"，謂苦諦增上所起教法；"智"，謂於加行道中緣苦法之智；"忍"者，謂先觀察增上力故，於苦諦中起現證無漏慧，由此慧故，永捨見苦所斷一切煩惱，此即智之因也。此苦法智忍，即忍無間智，能觀苦諦下真如，能斷三界見苦所斷二十八種隨眠❸，謂欲苦有十，上二界苦各九，以除瞋故，三界合有二十八也。二、"苦法智"者，"法"謂苦如，能緣苦如之智，名"苦法

---

❶ "問：三心真見道……故成十六"，改寫自《唯識開蒙問答》卷下，《新纂卍續藏》第 55 冊，888 號，頁 377 上 16 至 19；及《大方廣佛華嚴經隨疏演義鈔》卷 53，《大正藏》第 36 冊，1736 號，頁 418 上 19。

❷ "謂法智、法忍……三諦準此"，改寫自《唯識開蒙問答》卷下，《新纂卍續藏》第 55 冊，888 號，頁 377 上 19 至 24。

❸ "'苦'，謂'苦諦'……種隨眠"，改寫自《大乘阿毘達磨集論》卷 5："云何'苦'？謂苦諦。云何'苦法'？謂苦諦增上所起教法。云何'法智'？謂於加行道中觀察諦增上法智。云何'智忍'，謂先觀察增上力故，於各別苦諦中起現證無漏慧，由此慧故，永捨見苦所斷一切煩惱。是故名為'苦法智忍'。"（《大正藏》第 31 冊，1605 號，頁 682 下 16 至 20）及《大方廣佛華嚴經隨疏演義鈔》卷 49："此苦法智忍，觀苦下如，能斷三界見道二十八種分別隨眠。"（《大正藏》第 36 冊，1736 號，頁 383 中 7 至 8）

智"❶。"智"者，即忍之果。由前忍故，此智現前，智現前時，觀察真如，證前解脫。問：前之"苦法"釋為"教法"，今之"苦法"釋為"苦如"，得不疑乎？答：能詮之"教"，所詮之"如"，合名為"法"。初智緣"教"，今智緣"如"，何疑之有？三"苦類智忍"者，謂苦法智無間無漏慧生等。意云：此第三心，於一利那各別內證法忍、法智❷，謂以類忍證法忍，以類智證法智也。言"後聖法皆是此類"者，謂後聖法依止前法也。《顯揚論》云："前為後後之所依止。"故謂二心後，乃至無學一切聖法，依此二心，彼得生故❸。四"苦類智"者，此智但緣第三苦類智忍，故《雜集》云："於苦類智忍，內證印可，故名'苦類智'。"❹如於苦諦有二智二諦❺，於餘諦中，應知亦爾，故總合有十六智，皆斷二十八分別隨眠。此

---

❶ "謂欲苦有……名'苦法智'"，改寫自《大方廣佛華嚴經隨疏演義鈔》卷49，《大正藏》第36冊，1736號，頁383中8至11。

❷ "三、'苦類智忍'……法忍、法智"，改寫自《大方廣佛華嚴經隨疏演義鈔》卷49，《大正藏》第36冊，1736號，頁383中11至13。

❸ "謂以類忍……彼得生故"，本句是對《成唯識論》"於法忍、智各別內證，言後聖法皆是此類"的解釋，本書謂類忍證法忍、類智證法智，又謂"後聖法皆是此類"謂"後聖法依止前法"，誤。據《成唯識論》原文及唐代注疏，類忍分別內證前忍、智，而非僅證法忍；類智審定、印可類忍，而非法智，本書後文亦謂"此智但緣第三苦類智忍"；"言後聖法皆是此類"，意謂類智忍證前法智時，生起"此後所起的聖法都是此法智之同類"的理解，本書所引《顯揚聖教論》文字則泛指觀四諦十六行相，在加行位之前，並非見道位的十六心相見道。

❹ "四、'苦類智'……名'苦類智'"，改寫自《大方廣佛華嚴經隨疏演義鈔》卷49，《大正藏》第36冊，1736號，頁383中15至17。

❺ "諦"，底本、校本皆作"諦"，本句亦見於通潤《成唯識論集解》卷9，《卍續藏》本《成唯識論集解》卷9亦作"諦"，疑應作"忍"。

十六心，前二觀如，後二觀智。謂法忍、法智觀如，覺悟所取故；類忍、類智觀智，覺悟能取故❶。一諦既爾，餘諦皆然。問：此十六心，有差別否？答：有二種，有能、所取十六心，有上、下諦境十六心。問：能所十六心？答：法智、法忍緣於真如。其真如者，是智所取。類忍、類智緣智見分。其見分者，是能取智。名「能、所取十六心」也。苦法智忍緣真如，做真見道中無間道見分，斷苦諦惑。苦法智緣真如，做真見道中解脫道見分，證苦諦下理。苦類智忍緣前能做之心見分，做第一心無間道自證緣見。苦類智緣前見分，做第二心解脫道自證緣見。集、滅、道三諦做此。問：上、下諦十六心？答：法忍、法智，緣下界如。類忍、類智，緣上界如。以下界入見現前名「法」，上界名「類」。名「上、下諦境十六心」也❷。欲界名「下」，是現前界。色、無色名「上」，是不現前界。「十六心」者，謂觀欲界四諦，別立法忍、法智八種；依觀上二界四諦，別立類忍、類智八種。然《論》但舉欲界苦諦以為法也。一、現觀忍，是無間道；二、現觀智，是解脫道❸。「隨其所應，法真見道」等者，謂苦法智忍緣欲界如，做真見道中無間道見分，斷欲界惑；苦法智緣欲界如，做真見道中解脫道見分，證欲界理；苦類智忍緣上二界如，做無間道見分，斷上界惑；苦類智緣上界如，做解脫道見

---

❶ 「法忍、法智觀如……悟能取故」，或改寫自《大乘阿毘達磨集論》卷5：「於此位中，由法忍、法智覺悟所取，由類忍、類智覺悟能取。」（《大正藏》第31冊，1605號，頁682下28至29）

❷ 「問：此十六……十六心也」，改寫自《唯識開蒙問答》卷下，《新纂卍續藏》第55冊，888號，頁377上20至下7。

❸ 「欲界名「下」……是解脫道」，改寫自《大方廣佛華嚴經隨疏演義鈔》卷49，《大正藏》第36冊，1736號，頁383中29至下5。

分，證上界理。餘三諦准此❶。此不言"法自證分"者，以於前十六心後而作此觀，觀漸麤故。今謂觀智即法自證，既不觀智，故不法耳。"一百一十二"者，欲界四諦四十，上二界四諦，各除瞋故，八諦減八，故一百一十二❷。問：三心相見道？答：內遣有情假緣智，做無間道見分，斷我執；內遣諸法假緣智，做無間道見分，斷法執。此二別緣，名之為"法"。遍遣有情諸法假緣智，做解脫道二空見分，證二空理。此一總緣，名之為"類"。問：又如何理，此三名"真"？答：若三名真，不說做法，乃根本智別斷總證。問：一心真見道？答：雙空智起，無間道中雙斷二障，解脫道中雙證二空。問：二種十六，皆小乘法，何故菩薩亦作之耶？答：此約菩薩修作說之，為降伏二乘故，修成徧知故，故須修彼耳❸。然他處言相見道有九種心，不言十六者，亦依前緣四聖諦差別建立。一十六種者，謂安立諦前有十六，後有十六，前後二番，各十六種。何謂九種心？謂法與類各有忍、智，凡一諦中有此四心，四四十六，今合說者，是合法忍為類忍，又合法智為類智，於四諦中各唯一忍、各唯一智，故說忍、智各有四觀，即為八心；有觀必有止，八止總為一。此九種心也。問：見道中止、觀雙運，何故觀有八、止唯一耶？答：雖見道中止、觀雙運，而於見道見義為要，觀順見義，故開為八；止非見義，故合為一耳。"諸

---

❶ "謂苦法智忍緣欲界如……三諦准此"，改寫自《唯識開蒙問答》卷下，《新纂卍續藏》第 55 冊，888 號，頁 377 下 7 至 11。

❷ "以於前十六心……一百一十二"，改寫自《大方廣佛華嚴經隨疏演義鈔》卷 49，《大正藏》第 36 冊，1736 號，頁 383 下 8 至 12。

❸ "問：三心相見道……須修彼耳"，改寫自《唯識開蒙問答》卷下，《新纂卍續藏》第 55 冊，888 號，頁 377 下 11 至 20。

相見道"下，諸門分別。初、假實門。謂相見道依真見道而假立故。何謂假耶？謂相見道從世第一法無間而生，乃至能斷分別隨眠，非有實體能如是也。於非安立諦起三種心，能伏分別煩惱隨眠，即於安立諦中起十六種心，諦審觀察，令煩惱更不復起，於見道位根本智起，能斷分別隨眠，非謂"真見道後，方得生起相見道"也。若謂"真見道後方得生起相見道"者，豈非"斷隨眠後，方伏隨眠"乎？以分別隨眠真見道時已盡斷故❶。問：既二見道並行不悖，何故頌中但說"都無所得"，而不及之？答：前真見道，證唯識性；後相見道，證唯識相。二道之中，於初為勝，故頌偏說。是頌意"住唯識"者，是性非相，故為偏說也。二、二智門。謂真見道是根本智，正破迷理無明；相見道是後得智，無力能破迷理無明，而亦能破迷事無明❷。故二見道，二智所攝。

問云：諸後得智有見、相二分耶？第一師義：相、見俱無，離能、所二取故。第二師義：見有相無，謂後得智有分別故"見有"，親

---

❶ "初、假實門……已斷盡故"，本段是對《成唯識論》"諸相見道依真假說'世第一法無間而生'及'斷隨眠'，非實如是，真見道後方得生故，非安立後起安立故，分別隨眠真已斷故"的解釋，本書將"真見道後方得生故"解為"非謂'真見道後，方得生起相見道'也"，並將後二句視為其因，誤。據唐代注疏，"真見道後方得生故，非安立後起安立故，分別隨眠真已斷故"是"諸相見道依真假說'世第一法無間而生'及'斷隨眠'"的三個原因：因為"緣安立諦的相見道"在"緣非安立諦的真見道"後才得生，所以"相見道是世第一法無間而生"是假說；因為真見道時已斷隨眠，所以"相見道時斷隨眠"是假說。

❷ "二、二智門……迷事無明"，改寫自《大方廣佛華嚴經隨疏演義鈔》卷53，《大正藏》第36冊，1736號，頁418上28至29；及《大方廣佛華嚴經隨疏演義鈔》卷55，《大正藏》第36冊，1736號，頁433下17至18。

照境故"相無",非無見分；而言"離二取"者，以不執着故耳。第三正義：二分俱有，後得智不親緣真如，故曰"不見真實真如性故"，而恒思惟似真如相，思惟非見分乎？似真如相，非相分乎？又聖教中說"後得智分別諸法自相、共相，觀諸有情根性差別，而為說法"，又說"此智現身、土等為諸有情說正法故"。若不變現似色，寧現身、土？若不變現似聲，寧有說法等事？應有難云：轉依位中色蘊已轉，不應復現身、土等色。故此釋云：如"轉色蘊依後，不現身、土等色"者，亦應"轉四蘊依後，無受、想、行、識等"，則佛果位中，遂同木石耶？又若"此智不依自本質體變似聲色而為所緣"，則緣色時應緣聲等，以離自體法為所緣故。又若此智緣龜毛、兔角無體法時，若不變影，應無所緣，彼體非實，無緣用故。《宗鏡》云："既無相分，自他之心、他身土等離自己體之法，不帶影像，應非所緣緣，真親照彼，不變為相故。不同真如，即是智自體故。問：若爾，真如應非所緣緣，無似境相故。答：不然，帶如之相起故。離自體法，既無影像，不可言'帶彼相起'，如何說有所緣緣？彼皆離自體故。既"不帶相起名所緣"者，緣色等時應緣聲等，緣色等智不帶色等相故。又緣"無法"等應無所緣緣者，不變為"無"相為見所緣故。以無相分，直照於'無'，'無'非有體，所緣緣義如何得成？由此故知佛亦不能親緣於'無'。此文理證也。"❶四、六現觀門。先、問；次、出名。言"現觀"者，"現"謂

---

❶ 引文見《宗鏡錄》卷87，《大正藏》第48冊，2016號，頁893中4至16；源自《成唯識論述記》卷9，《大正藏》第43冊，1830號，頁572上17至29。"自他之心、他身土等離自己體之法"之"自"，《成唯識論述記》作"其他之心……"，唐代注疏將"其他之心、他身土等"解為"他心""他身五根扶塵""他人所變四塵"三類"離自己體之法"，如謂"自"，則非"離

"現前"，"觀"謂"觀察"。謂真理常現在前，妙智恒能觀察，不令間斷，任運相應❶，故曰"現觀"。《成現觀品》云，現觀者，謂"現觀察欲、色、無色三界所繫下、中、上品所知事故。'有漏'者，謂此苦、集諦攝。'無漏'者，謂此增上滅道諦攝"，問"以何現觀"，"頌曰：出世間勝智，能除見所斷，無分別證得，唯依止靜慮"，此現觀智是"出世間智"，"為斷見所斷惑，唯是見道，非修道故。問：彼復何行？答：無分別證得。謂現前證得無分別行，非未現證。問：彼何所依？答：唯依靜慮，不依無色"，問"何處現觀"，答"於惡趣中，不起現觀，苦受恒隨極憂戚故，不能證得三摩地故。色、無色界亦無現觀，欣、掉重故，猒羸劣故。是故二界三趣不起現觀。唯一欲界人、天二趣，有佛出世，能起現觀"，問"誰能現觀"，答"有五種補特伽羅能入現觀，或無人者，以無我故。何等為五？一、未離欲者，二、倍離欲者，三、已離欲者，四、獨覺，五、菩薩"，問"齊何當言正入現觀"，答"從前所脩如理作意故，於見道位出世間正見得生。由正見故，三結永斷，謂薩迦耶見、戒禁取及疑。齊如是位，當知已入現觀"，問"此位一切惡趣雜染之法，皆悉遣除，云何但言'三結永斷'"，答"由薩迦耶見，於境迷失；由戒禁取，於見迷失；由彼疑故，於佛導師所說正法，及正行僧，而生迷惑。是故隨強，唯說'永斷三結'"❷。"一、思現觀"者，以上品思所生慧為體。思有三品，"上"揀餘二，劣故非也，是歡喜地。"喜受

自己體之法"，故當作"其"。

❶"'現'謂'現前'……任運相應"，引自《宗鏡錄》卷76，《大正藏》第48冊，2016號，頁836中14至15。

❷"《成現觀品》……永斷三結"，改寫自《顯揚聖教論》卷16，《大正藏》第31冊，1602號，頁560中7至頁561上17。

相應"，揀於捨受，此明利故。"共相"即是"無常""苦"等。此慧能觀察五蘊無常等法，以從思而生修故，在加行位，雖未證理，而觀於法，勝於煖等，用最猛故，偏立現觀；煖等近見，境界微暑，又未證理，故非現觀。"二、信現觀"者，以上品世、出世緣三寶淨信為體。信亦上品，通漏、無漏，現觀是慧，由信為助，不令退轉。"三❶、戒現觀"者，以聖所愛身、語等業為體。此即道共戒，由戒助力，令觀增明，若無戒助，便成狂慧。"四、現觀智諦現觀"者，以緣非安立諦聖慧為體。謂在何位，但緣非安立，即通二智皆是此攝，故言"一切種"。《大論》七十五說，三心見道，是此現觀，故知亦是後得智攝❷。又云，"即由此心勢力，故於苦等安立諦中有第二現觀位，清淨無礙，苦等智生，當知依此智故，苦、集、滅、道智得成立，即前三心併止、觀品，能證見斷煩惱寂滅，能得永滅一切煩惱，及所依事出世間道，名現觀智諦現觀"❸。此二智，即見道、脩道之二智也。不取無學之二智者，與究竟現觀不殊別故。"五、現觀邊智諦現觀"者，以緣安立諦聖慧為體。謂緣安立十諦等後所得智。然通有漏、無漏一切見、修道，緣安立諦智。《大論》七十一等說，緣安立諦境慧，是此自性故❹。又云，"從前現

---

❶ "三"，底本、校本皆作"二"，本句徵引《成唯識論》"三、戒現觀"，整理者據《成唯識論》及文意改。

❷ "'一、思現觀'者……後得智攝"，改寫自《大方廣佛華嚴經隨疏演義鈔》卷55，《大正藏》第36冊，1736號，頁433下23至頁434上11。

❸ 引文見《瑜伽師地論》卷55，《大正藏》第30冊，1579號，頁605下29至頁606上5。

❹ "即見道、脩道之二……此自性故"，改寫自《大方廣佛華嚴經隨疏演義鈔》卷55，《大正藏》第36冊，1736號，頁434上11至17。

觀起已，于上、下諸智諦中，二二智生，是名現觀邊智諦現觀"❶。"六、究竟❷現觀"者，即無學道後盡智、無生智等為體❸。《大論》云："謂由永斷脩所斷故，所有盡智、無生智生，或一向出世，或通世、出世，於現法中一切煩惱永斷決定，於未來世一切依事永斷決定，名究竟現觀。"❹言"盡智"者，謂由因盡所得智；言"無生智"者，謂由果斷所得智❺。"問：思現觀有何相？答：若有成就思現觀者，能正了知諸行無常、苦、空、無我，涅槃寂靜，雖住異生位，一切天魔不能引奪。信現觀有何相？答：若有成就信現觀者，或住異生位，或住非異生位，終不宣說別有大師、別有善說法、別有正行僧。戒現觀有何相？答：若有成就戒現觀者，乃至傍生，終不故害其命，及不與取行、淫佚行，不知而妄語、飲放逸處酒。現觀智諦現觀有何相？答：若有成就現觀智諦現觀者，終不依止異見起所作業，及於自所證起疑起惑，及染着一切生處，許行善相而得清淨，誹謗三乘，造惡趣業，況復能起害父母等諸無間業？現觀邊智諦現觀有何相？答：若有成就現觀邊智諦現觀者，於自所證，若他問難，終不怯怖。究竟現觀有何相？答：若有成就究竟現觀者，終不墮於五種犯處，終不故害眾生之命，及

---

❶ 引文見《瑜伽師地論》卷55，《大正藏》第30冊，1579號，頁606上12至13。

❷ "究竟"，底本為雙行小字，整理者據文意改為正文。

❸ "即無學道後盡智、無生智等為體"，引自《大方廣佛華嚴經隨疏演義鈔》卷55，《大正藏》第36冊，1736號，頁434上18至19。

❹ 引文見《瑜伽師地論》卷55，《大正藏》第30冊，1579號，頁606上23至26。

❺ "言'盡智'者……斷所得智"，改寫自《大乘阿毘達磨集論》卷5，《大正藏》第31冊，1605號，頁685下23至25。

不與取、習近淫佚非梵行法、故說妄語、貯集財物、受用諸欲，又終不怖畏不可記論事，終不計執自作苦樂他作苦樂、自他作苦樂、非自非他作無因生苦樂。諸如是等，名現觀相。"❶六現觀中，第四觀，緣非安立根本智，即真見道攝；緣非安立後得，即三心相見道攝。第五觀，緣安立諦故，十六心相見道攝，而通修道，故云"少分"。第二信觀、第三戒觀，雖與此二見道俱起，但助不退及觀增明，而實非是現觀自性，故不相攝。前不攝者，以曾習故；後不攝者，尚未起故。

"菩薩得此"下，結成位齊。於十地中，每地有三，謂入、住、出。此通達位，當其初地入心也，住、出二心屬修道故❷。已入初地，故云"菩薩"。"生如來家，住極喜地，善達法界，得諸平等"者，《楞嚴》云"覺通如來，盡佛境界"❸故。"諸平等"者，《攝論》第六，得三平等，謂一切眾生平等、一切菩薩平等、一切諸佛平等。"於多百門已得自在"者，《大經》云，入此地已，得百三昧，見百諸佛，震動百世界，化百土眾生，入於百法門，知百劫事，示現百身，及見百菩薩以為眷屬❹，"決定自知成佛不謬"，決

---

❶ 引文改寫自《顯揚聖教論》卷 17，《大正藏》第 31 冊，1602 號，頁 563 上 7 至中 2。

❷ "於十地中……屬修道故"，引自《唯識開蒙問答》卷下，《新纂卍續藏》第 55 冊，888 號，頁 377 下 20 至 22。

❸ 引文見《大佛頂如來密因修證了義諸菩薩萬行首楞嚴經》卷 8，《大正藏》第 19 冊，945 號，頁 142 下 12 至 13。

❹ "《大經》云……以為眷屬"，或改寫自佛馱跋陀羅譯《大方廣佛華嚴經》卷 34："能於佛教中，勇猛勤修習，則得百三昧，及見百諸佛，震動百世界，光照行亦爾，化百土眾生，入於百法門，能知百劫事，示現於百身，及現百菩薩，以為其眷屬。"（《大正藏》第 10 冊，279 號，頁 184 下 16 至 22）本

定利樂一切眾生^❶。問：何故見道偏時促也？答：明來暗謝，智起惑亡，一念尚無，何怪時促？問：既無一念，何當入心？答：約相見道多時排布，事方究竟，說當入心。若真見道，豈屬三際哉？^❷

次修習位，其相云何？頌曰：

無得不思議，是出世間智。

捨二麤重故，便證得轉依。

四、脩習位。此問及頌答，係世親之文，為第二十九頌。從初入地二見道後住心已去，直至金剛後心，通名"修習位"。問："修習"名？答："修"謂"修理"，"習"謂"習學"。修理習學有為、無為功德法故，名為"修習"。問：修行位差別之相？答：大分有二，初、十地因，後、轉依果。謂十地皆具加行、無間、解脫、勝進四道之因故^❸。轉依果，詳見後卷。

論曰：菩薩從前見道起已，為斷餘障，證得轉依，復數修習，無分別智。此智遠離所取、能取，故說"無得"及"不思議"。或離戲論說為"無得"，妙用難測名"不思議"。是出世間無分別智，斷

段是對《成唯識論》"多百門"的解釋，唐代注疏則多依據《瑜伽師地論》卷47（《大正藏》第30冊，1579號，頁556上24至中9）解釋。

❶ "決定自知成佛不謬"，引自《大佛頂如來密因修證了義諸菩薩萬行首楞嚴經》卷7，《大正藏》第19冊，945號，頁133下12至13。

❷ "問：何故見道……屬三際哉"，改寫自《唯識開蒙問答》卷下，《新纂卍續藏》第55冊，888號，頁377下22至下1。

❸ "問：'修習'名……道之因故"，改寫自《唯識開蒙問答》卷下，《新纂卍續藏》第55冊，888號，頁377下3至6。

世間故，名"出世間"。二取隨眠是世間本，唯此能斷，獨得"出"名。或"出世"名依二義立，謂"體無漏"及"證真如"。此智具斯二種義故，獨名"出世"。餘智不然，即十地中無分別智。數修此故，"捨二麁重"。二障種子，立"麁重"名，性無堪任、違細輕故。令彼永滅，故說為"捨"。此能捨彼二麁重故，便能證得廣大轉依。"依"謂"所依"，即依他起，與染、淨法為所依故。"染"謂虛妄遍計所執，"淨"謂真實圓成實性。"轉"謂二分，"轉捨""轉得"。由數修習無分別智，斷本識中二障麁重，故能"轉捨"依他起上遍計所執，及能"轉得"依他起中圓成實性，由轉煩惱得大涅槃，轉所知障證無上覺。成立"唯識"，意為有情證得如斯二轉依果。或"依"即是唯識真如，生死、涅槃之所依故。愚夫顛倒，迷此真如，故無始來受生死苦；聖者離倒，悟此真如，便得涅槃，畢竟安樂。由數修習無分別智，斷本識中二障麁重，故能轉滅依如生死，及能轉證依如涅槃。此即真如離雜染性。如雖性淨，而相雜染，故離染時假說"新淨"，即此"新淨"說為"轉依"，修習位中斷障證得。雖於此位亦得菩提，而非此中頌意所顯，頌意但顯轉唯識性，二乘滿位名"解脫身"，在大牟尼名"法身"故。

此下護法等釋頌，分四：一、正釋頌意，二、廣辯地中修、斷、證義，三、別開轉依六種位，四、別明轉依四種義。今初。

"菩薩從前"至"名'不思議'"，此釋偈初句。言"餘障"者，即俱生二障。而《華嚴論》言"遠離一切煩惱障"者，以所知障，亦以煩惱為能障故。任運而起，不由分別，故名"俱生"。此上辯立修意，斷俱生惑故。從"復數修"下，出所修法體。"離能、所取"下，辨修之德。即釋《論》偈"無得不思議"言。《論》有二釋：初，遠離所取名為"無得"，遠離能取名"不思議"；次，或離戲論說為"無得"，妙用難測名"不思議"。前唯就體釋，後約體用對明❶。"是出世間無分別智"至"十地中無分別智"，釋偈次句。謂此妙用不思議，是出世間無分別智。何名"出世間"耶？斷世間故。何為"斷世間"耶？二取隨眠，世間根本，唯此能斷故。復有一義釋"出世"名。依二義立，一、體無漏，二、證真如。唯根本智具此二義。"餘智不然"，即後得智也。此根本智，即十地中能斷俱生無分別智。"數修此故"至"故說為捨"，釋偈第三句。謂數修此無分別智，方捨二障麁重種子。何為"麁重"耶？謂二障種子性無堪任，違彼細輕無分別智，故名"麁重"。以無分別智令彼永滅，故說為"捨"。"此

---

❶ "此釋偈初句……體用對名"，改寫自《大方廣佛華嚴經隨疏演義鈔》卷 52，《大正藏》第 36 冊，1736 號，頁 413 中 8 至 15。"而《華嚴論》言"，《大方廣佛華嚴經隨疏演義鈔》卷 52 原作"故今《論》云"，系指《大方廣佛華嚴經疏》卷 31 所征引的"遠離一切煩惱障故"（《大正藏》第 35 冊，1735 號，頁 739 中 10 至 11），本句則出自《十地經論》。本書後文解釋十地的內容，大多引自澄觀《大方廣佛華嚴經隨疏》《大方廣佛華嚴經隨疏演義鈔》解釋《十地經論》的相關文段，本書引用時多將"《論》云"改作"《華嚴論》云"。雖《十地經論》為《華嚴經·十地品》之注釋，但本書徑改為"《華嚴論》"，不恰。

能捨彼"至末，釋偈第四句，由捨二麁重，便證廣大轉依也。言
"依"者，謂依他起，與染、淨法而為所依。此性本無染、淨，由
徧計執，名染依他；徧計不執，名淨依他。"轉"即四轉依中"所
轉捨""所轉得"二分，由數修習無分別智，斷第八所藏二障種子，故
能"轉捨"依他起上徧計所執，上以相言。及能"轉得"依他起中
圓成實性。中以言性。由轉煩惱得大涅槃，轉所知障證無上覺，所
以成立"唯識"之意，專為利樂一切有情，證得如斯二轉依果而
已。正與論首推原造論之意相應也。又有一義解釋"依"字，即
是真如。"愚夫"下，釋生死依真如。"聖者"下，釋涅槃依真如。"由
數修習"下，釋轉捨轉得義。此即真如離雜染性，以別於在染之
真如也。問：真如性淨，何為生死雜染所依？答云：如性雖淨，而
相雜染，故因離染而謂之"新淨"，即"新淨"而謂之"轉依"，乃
修習位中永斷二障之所證得耳。謂此真如是諸法體，應知諸法是
真如相，則彼二障、二種生死，是此真如雜染相故。問：既此位中
已得菩提，何要別立究竟位耶？答云：此位之中，雖斷所知，分
證菩提，而非此中頌意所顯，頌意但顯轉捨唯識相、轉得唯識性
耳。問：轉唯識相，得何等身？答云：二乘滿位，轉唯識相，名
"解脫身"，在大牟尼，轉唯識相，名"法身"故。❶

---

❶"問：既此位……名'法身'故"，本段是對《成唯識論》"雖於此位
亦得菩提……名法身故"的解釋，本書認為此段是解釋"何以要分立修習位
與究竟位"，以及"轉唯識相"，誤。據唐代注疏，本句基於"二轉依"理論
而發，二轉依之果即有為的"大菩提"與無為的"大涅槃"，"雖於此位……
轉唯識性"即回答"何以修習位得涅槃、菩提二果，但只說涅槃，不說菩
提"，"唯識性"意指"涅槃"而非"菩提"，"頌意但顯轉唯識性"，故此段
但說"涅槃"。"二乘滿位……名'法身'故"，仍是答前問，即謂《唯識三

云何證得二種轉依？謂十地中修十勝行，斷十重障，證十真如，二種轉依由斯證得。言"十地"者：一、極喜地，初獲聖性，具證二空，能益自他，生大喜故；二、離垢地，具淨尸羅，遠離能起微細毀犯煩惱垢故；三、發光地，成就勝定大法總持，能發無邊妙慧光故；四、焰慧地，安住最勝菩提分法，燒煩惱薪、慧焰增故；五、極難勝地，真、俗兩智行相互違，合令相應，極難勝故；六、現前地，住緣起智，引無分別最勝般若，令現前故；七、遠行地，至無相住功用後邊，出過世間、二乘道故；八、不動地，無分別智任運相續，相、用、煩惱不能動故；九、善慧地，成就微妙四無礙解，能遍十方善說法故；十、法雲地，大法智雲含眾德水，蔭❶蔽一切如空麁重，充❷滿法身故。如是十地，總攝有為、無為功德以為自性，與所修行為勝依持，令得生長，故名為"地"。

二、廣辯地中修、斷、證義，分四：一、十聖地，二、十勝行，三、十重障，四、十真如。今初。"云何證得二種轉依"，問也。"謂十

十頌》最後一頌"安樂解脫身，大牟尼名法"中"解脫身""法身"皆指無為的"涅槃"，而非有為的"菩提"，故此處只說"涅槃"。

❶ "蔭"字，《大正藏》本《成唯識論》卷9無。

❷ "重充"，底本缺，整理者據《大正藏》本《成唯識論》卷9及文意補。

地中”下，是答詞。總標四科，是二轉依能證得義。

言“十地”者：一、極喜地。此有三義：一、得位，即“初獲聖性”；二、證理，即“具證二空”；三、成行，即“能益自他”。由此三故，名“極歡喜”。《攝論》第七云“由此最初得能成辦自、他義利勝功德故”，此唯依第三成行義說。《十住毗婆沙》云“始得法味，生大歡喜故”，此唯約證理義說。《瑜伽》七十八引《深密經》云“成就大義，得未曾有出世間心，生大歡喜故”，此約二義，“大義”即是二利行成，“出世間心”是得聖位❶。

二、離垢地。《華嚴論》云：“如是已證正位，依出世間道因清淨戒，說第二菩薩離垢地。”❷“尸羅”，即戒也。“具淨尸羅”，亦有二意：一云，具足別解脫，持一戒，得一解脫名❸。及定共、道共故，雖第三地始發定增，能離過時，此地已滿，故有定共；二云，或唯別解脫，亦能全離加行、根本後起罪故❹。《深密經》云“遠離一

---

❶ “此有三義……是得聖位”，改寫自《大方廣佛華嚴經疏》卷33，《大正藏》第35冊，1735號，頁756上24至中2。

❷ 引文見菩提流支譯《十地經論》卷4，《大正藏》第26冊，1522號，頁145中23至24。

❸ “名”，底本、校本皆如此，本句亦見於明人道霈《佛祖三經指南》卷2“此云‘別解脫’，謂持一戒，得一解脫也”（《新纂卍續藏》第37冊，675號，頁803上8至9），宋人慧寶《北山錄》卷2注“‘波羅提木叉’，此云‘別解脫戒’……又持一戒，得一解脫”（《大正藏》第52冊，2113號，頁581上24至25），“名”或為衍文，或應作“也”。

❹ “‘具淨尸羅’，亦有二意……後起罪故”，改寫自《大方廣佛華嚴經隨疏演義鈔》卷59，《大正藏》第36冊，1736號，頁470上21至24；源自《成唯識論述記》卷10，《大正藏》第43冊，1830號，頁575上18至21。

切微細犯戒垢"❶故。清涼云,"謂性戒成就,非如初地思擇護戒","《十住毗婆沙》雖云'行十善道、離諸垢故',亦不異戒。《瑜伽》亦名'增上戒住'",故《華嚴》二地品中"斷邪行障,證最勝真如","皆約戒明"❷。

三、發光地。清涼云,"所以來者,前戒、此定義次第故","謂由得勝定發修慧光,由得總持教法發聞思光。彼無邊慧即是三慧","詳諸經論,總有三義,立'發光'名。一、以初住地十種淨心為能發,勝定聞持為所發光,以安住地竟,方始聞法修得定故。故《瑜伽》四十八云'由聞行正法光明等持光明之所顯示,故名發光地。由內心淨,能發光明,是故說名增上心住。'既言'由內心淨能發',明知以十淨心為能發也。二、以聞持為能發,勝定為所發,以聞法竟,靜處修行,方發定故。《瑜伽》亦說等持為光明故。此約地中釋之。三、以勝定總持並為能發,彼四地證光明相以為所發。故《華嚴論》云,彼無生慧,此名'光明'。依此光明,故名'明地'。此約地滿心釋。本分論云'隨聞、思、修照法顯現',謂就此慧中,四地證法為所照,三慧光明為能照。三慧是彼證智光明之相。餘諸經論,言雖少異,並不出此"❸。此中所明,即當清涼第三義也。

四、焰慧地。清涼云,"《解深密》明四種清淨,能攝諸地,前

---

❶ 引文見玄奘譯《解深密經》卷 4,《大正藏》第 16 冊, 676 號, 頁 704 上 15 至 16。

❷ "清涼云……皆約戒明",改寫自《大方廣佛華嚴經疏》卷 35,《大正藏》第 35 冊, 1735 號,頁 771 上 4 至 8。

❸ "清涼云……並不出此",改寫自《大方廣佛華嚴經疏》卷 36,《大正藏》第 35 冊, 1735 號,頁 779 上 5 至中 3。

三即意樂、戒、定增上三清淨訖，此下第四訖於佛地，明慧增上，故次來也。又慧有多種，四地正明覺分相應增上慧住，故次來也。又前地雖得世定總持，而未能得菩提分法，捨於定愛，及與法愛，今修證彼行，故次來也"，"《攝論》第七云：由諸菩提分法，焚燒一切障故"，世親《釋》云"由此地中，安住最勝菩提分法。由住此故，能燒一切根本煩惱，及隨煩惱，皆為灰燼，然以菩提分而為慧者，非皆是慧，慧之焰故，從喻為名"❶，"《莊嚴論》云'以菩提分慧為焰自性，以惑智二障為薪自性，此地菩薩，能起焰慧，燒二障薪，名焰慧地'，《瑜伽》七十八引《深密經》，大同此說"❷。

"五、極難勝地。所以來者，有四。一者，四、五、六地寄出世間，前寄初果，此寄羅漢，義次第故。"以七地未離分段故，四、五、六、七寄同聲聞。"二者，前明覺分相應慧，今辯諸諦相應慧故。三者，前得出世，未能順世，今能五明攝化，故次明之。四者，前得三十七菩提分，今辯方便所攝菩提故"，"《攝大乘》云，由真諦智與世間智更互相違，合此難合令相應故。世親釋云：由此地中智，真諦智是無分別智，世間工巧等智是有分別智，此二相違，應修令合，能合難合令相應故，名極難勝。此通初、中、後"，"然《解深密》言'於菩提分法，方便修習，寙極艱難，名極難勝'者，此從初說"，"《瑜伽》言'於聖諦決定妙智，極難可勝'，此約地中"，"《莊嚴》等經論多舉難勝之法，而《十住論》云'功德力

❶ "世親《釋》云……從喻為名"，引自《大方廣佛華嚴經隨疏演義鈔》卷61，《大正藏》第36冊，1736號，頁492下4至8；源自世親造、玄奘譯《攝大乘論釋》卷7，《大正藏》第31冊，1597號，頁358下26至28。

❷ "清涼云……大同此說"，未標出處的文字，皆改寫自《大方廣佛華嚴經疏》卷37，《大正藏》第35冊，1735號，頁788下22至頁789上15。

成，一切諸魔不能壞故'，則又對人顯勝"，"是諸經論雖若不同，而其意皆辨真俗無礙"❶，不可不知也。

"六、現前地。所以來者，已說諸諦相應慧，次說緣起流轉止息相應慧，寄緣覺地，故次來也。又四地出世，未能隨世，五地能隨而不能破染淨之見，此地觀察無染淨法界，破彼見故。故《瑜伽》云，前地雖能於生死、涅槃，棄、捨一向背趣作意，而未能於生死流轉，如實觀察。又由於彼多生猒故，未能多住無相作意。為令此分得圓滿故，精勤修習令得圓滿，故次來也。名'現前'者，《莊嚴論》云'不住生死、涅槃，觀慧現前故'。此約初住地。以前五地雙觀故，今得現前。《十住論》云'降魔事已，菩薩道法，皆現在前'，亦約初說。《瑜伽》引《深密經》云'現前觀察諸行流轉，又於無相多修作意方得現前者，多修無相'，此約地初觀十平等故，'觀察流轉'，此約地中，已入地竟方觀緣起故。《攝論》云'由緣起智，能令般若波羅密多現在前故'，《無性》釋云'謂此地中，住緣起智，由此智力，令無分別智而得現前，悟一切法無染無淨'，此中大意，大同《攝論》❷，故不別釋云❸。

"七、遠行地。所以來者，已說緣起相應慧住，寄於緣覺，次說有加行有功用無相住，寄菩薩地，故次來也。《瑜伽》云，前地雖能多住無相作意，而未能令無相作意無間無缺，多修習住，為令滿故，次有此來。又前功用未滿，今令滿故。言'遠行'者，通

---

❶"五、極難勝地……真俗無礙"，改寫自《大方廣佛華嚴經疏》卷38，《大正藏》第35冊，1735號，頁795中20至下19。

❷"六、現前地……大同《攝論》"，改寫自《大方廣佛華嚴經疏》卷39，《大正藏》第35冊，1735號，頁800中24至下14。

❸"云"，疑為衍文。

有四義。此云：‘至無相住功用後邊，出過世間、二乘道故。’此有三義”，“一、善修無相，到無相邊，故名‘遠行’；二、功用至極，故名‘遠行’；三、望前超過，故名‘遠行’。及釋善修，並如前說”，“《解深密》云‘能遠證入無缺無間無相作意，與清淨地共相隣接，故名遠行’，此有二義：初義，即三中無相，揀異前地，云‘無間缺’；後義，由隣後地，即能遠去故”，“《攝大乘》云‘至功用行寂後邊’者，但是一義。世親《釋》云‘雖一切相不能動搖，而於無相猶名有行’者，此解‘功用’之言，謂起功用住無相故。《金光明經》同《深密》初義，《莊嚴論》中同《深密》後義。雖有四義，然通有二意，立‘遠行’名：一、從前遠來至功用邊，二、此功用行邊能遠去後位。故《十住論》云‘去三界遠，近法王位，故名遠地’。仁王名玄達地者，亦通二義”❶。

“八、不動地。所以來者，《瑜伽》云，雖於無相作意無間無缺多修習住，而未能於無相住中捨離功用，又未能得於相自在修習得滿，故次來也。又約寄位，初之三地，寄同世間；次有四地，寄三乘法；第八已去，寄顯一乘。《莊嚴論》釋第七云‘近一乘故’，梁《論》亦說‘八地已上以為一乘’，是知從前差別，進入一乘，故次來也。言‘不動’者，總有三義，謂‘任運’故，功用不能動；‘相續’故，相不能動；總由上二，煩惱不動”，“《華嚴論》云‘報行純熟，無相無間，故名不動’。‘報行純熟’，即是功用不動。前地所修，今此位成，名為‘報熟’；空有常行，名為‘無間’，不為有間空故，常在無相觀故”，“《金光明》云‘無相正思惟修得

---

❶ “七、遠行地……亦通二義”，改寫自《大方廣佛華嚴經疏》卷 41，《大正藏》第 35 冊，1735 號，頁 814 中 8 至 28；及《大方廣佛華嚴經疏》卷 31，《大正藏》第 35 冊，1735 號，頁 743 中 25 至 27。

自在,諸煩惱行不能令動',但有二義,由相於前已不動故,'行'即
'功用'。《攝論》云'由一切相、有功用行不能動故',此則畧無
煩惱。<u>無性</u>《釋》云'言不動者,謂一切相及一切行不能動彼心
故。第七地中,雖一切相所不能動,相不現得故;然不自在任運
而轉,有加行故。第八地中,任運而轉,不作加行故。是名七、
八地差別'",“《解深密》云'由於無相得無功用,於諸法中不為
現前煩惱所動',此但約煩惱不動上二",“經論雖異,並不出前
三"❶,而此中寂具。

“九、善慧地。所以來者,《瑜伽》意云,前雖於無相住中,捨
離功用,亦能於相自在,而未能於異名、眾相、訓詞差別一切品類
宣說法中得大自在,為令此分得圓滿故,次有此來。言'善
慧'者,《攝大乘》云'由得寂勝無礙智故',<u>無性</u>《釋》云'謂
得寂勝四無礙解。無礙解智於諸智中最為殊勝。智即是慧,故名
善慧'",“《莊嚴論》云'於九地中,四無礙慧寂為殊勝',云何
勝耶? '於一刹那,三千世界所有人天異類、異音、異義問,此菩
薩能以一音普答眾問、徧斷眾疑'故"❷,四無礙者:一、法無礙,二、
義無礙, 三、辭無礙, 四、樂說無礙。釋見第九章中。

“十、法雲地。所以來者,《瑜伽》意云,雖於一切品類宣說
法中得大自在,而未能得圓滿法身現前證受,今精勤修習,已得
圓滿, 故有此來。《華嚴論》云'於九地中, 已作淨佛國土及化

---

❶ “八、不動地……不出前三", 改寫自《大方廣佛華嚴經疏》卷41,《大
正藏》第35冊, 1735號, 頁818下16至頁819上10; 及《大方廣佛華嚴
經隨疏演義鈔》卷68,《大正藏》第36冊, 1736號, 頁548上13至16。

❷ “九、善慧地……斷眾疑故", 改寫自《大方廣佛華嚴經疏》卷43,《大
正藏》第35冊, 1735號, 頁826下5至16。

眾生，第十地中，修行令智覺滿，此是勝故’，以八、九二地同無功用，故對之顯勝。有此地來又一乘中最居極故”，“‘雲’者是喻，畧有三義，一、含水義，二、覆空義，三、注雨義。約法就喻，則有多義。‘雲’有四義，一、喻智慧，二、喻法身，三、喻應身，四、喻多聞熏因。‘空’亦四義，一、喻真如，二、喻麁重，三、喻法身，四、喻梨耶。《攝大乘論》云‘由得總緣一切法智，含藏一切陀羅尼門、三摩地門’，此喻含水義。‘總緣一切法’，契經等智，不離真如，如雲合空，總持三昧，即是水也。又云‘譬如大雲，能覆如空廣大障故’，此喻覆空義。即以前智能覆惑智二障。又云‘又於法身能圓滿故’，此有二義，一、喻霔雨義，即上之智，出生功德，充滿所依法身故；二、喻徧滿，即前之智，自滿法身耳。故《金光明》云‘法身如虛空，智慧如大雲’。此中三義，全同《攝論》。而《瑜伽》云‘麁重之身，廣如虛空，法身圓滿，譬如大雲，皆能徧覆’，此同《攝論》第二義。而<u>無性</u>《釋》，以智覆空，此以法身者，智滿則法身圓滿”，“故《莊嚴論》第十三云‘於第十地中，由三昧門，及陀羅尼門，攝一切聞熏習因，徧滿阿梨耶識中，譬如浮雲，徧滿虛空，能以此聞熏習雲，於一一剎那，於一一相，於一一好，於一一毛孔，雨無量無邊法雨，充足一切所化眾生。由能如雲雨法雨故，故名法雲。此從法身，未及佛故，立賴耶名’”，“《瑜伽》又意云，言大雲者，未現等覺，若現等覺，能雨大雨、作利益故，是則密雲不雨，含德而已。然諸釋雖眾，不出三義，謂以智慧含德、徧斷諸障、徧證法身故。所覆麁重，即所離障，即於諸法中未得自在障也❶”。

---

❶ “十、法雲地……自在障也”，改寫自《大方廣佛華嚴經疏》卷，《大

"如是十地"下，總明十地體性及釋地名。《華嚴論》云："是地所攝有二種，一、因分，二、果分。"❶有為功德即因分，無為功德即果分也。體性有十：一、總含體，二、剋實體，謂智與證。三、離言體❷。今此云總攝有為無為功德以為自性，即總含體也。釋名者，《本業》云："地"名為"持"，持百萬阿僧祇功德，亦名生成一切因、果，故名為"地"。此云"與所修行為勝依持，令得生長者"，但語其因，闕生果義❸。

十勝行者，即是十種波羅蜜多。"施"有三種，謂財施、無畏施、法施。"戒"有三種，謂律儀戒、攝善法戒、饒益有情戒。"忍"有三種，謂耐怨害忍、安受苦忍、諦察法忍。"精進"有三種，謂被甲精進、攝善精進、利樂精進。"靜慮"有三種❹，安住靜慮、引發靜慮、辦事靜慮。"般若"有三種，謂生空無分別慧、法空無分別慧、俱空無分別慧。"方

正藏》第35冊，1735號，頁833下20至頁834中3。

❶ 引文見《十地經論》卷2，《大正藏》第26冊，1522號，頁134上1至2。

❷ "體性有十……離言體"，改寫自《大方廣佛華嚴經疏》卷31："收此十體，不出三體：一、總含體，二、剋實體，謂智與證，三、離言體。"（《大正藏》第35冊，1735號，頁735下11至13）

❸ "《本業》云……闕生果義"，改寫自《大方廣佛華嚴經疏》卷31，《大正藏》第35冊，1735號，頁735上21至25。源自竺佛念譯《菩薩瓔珞本業經》卷2："'地'名'持'，持一切百萬阿僧祇功德，亦名生成一切因果，故名'地'。"（《大正藏》第24冊，1485號，頁1017下21至23）

❹ "種"字下，《大正藏》本《成唯識論》卷9有"謂"字。

便善巧”有二種，謂迴向方便善巧、拔濟方便善
巧。“願”有二種，謂求菩提願、利樂他願。“力”有
二種，謂思擇力、修習力。“智”有二種，謂受用
法樂智、成熟有情智。此十性者，“施”以無貪及
彼所起三業為性，“戒”以受學菩薩戒時三業為
性，“忍”以無瞋、精進、審慧及彼所起三業為
性，“精進”以勤及彼所起三業為性，“靜慮”但
以等持為性，後五皆以擇法為性，說是根本、後得
智故。有義：第八以欲、勝解及信為性，願以此三
為自性故。此說自性。若并眷屬，一一皆以一切
俱行功德為性。此十相者，要七最勝之所攝受，方
可建立波羅蜜多。一、安住最勝，為❶要安住菩薩
種性；二、依止最勝，謂要依止大菩提心；三、意
樂最勝，謂要悲愍一切有情；四、事業最勝，謂要
具行一切事業；五、巧便最勝，謂要無相智所攝
受；六、迴向最勝，謂要迴向無上菩提；七、清淨
最勝，謂要不為二障間雜。若非此七所攝受者，所
行“施”等，非“到彼岸”。由斯，“施”等十，對
“波羅蜜多”，一一皆應四句分別。此但有十不增、
減者，謂十地中對治十障、證十真如無增、減故。復
次，前六不增減者，為除六種相違障故，漸次修

---

❶ “為”，《大正藏》本《成唯識論》卷9作“謂”，當作“謂”。

行諸佛法故，漸次成熟諸有情故。此如餘論廣說
應知。又"施"等三，增上生道，感大財、體及眷
屬故。"精進"等三，決定勝道，能伏煩惱，成熟
有情及佛法故。諸菩薩道，唯有此二。又前三種，饒
益有情，施彼資財，不損惱彼，堪忍彼惱，而饒
益故。"精進"等三，對治煩惱，雖未伏滅，而能
精勤修對治彼諸善加行，永伏永滅諸煩惱故。又
由"施"等不住涅槃，及由後三不住生死，為無
住處涅槃資糧。由此前六，不增不減。後唯四者，為
助前六，令修滿足，不增、減故。"方便善巧"助
"施"等三，"願"助"精進"，"力"助"靜慮"，"智"助
"般若"，令修滿故。如《解深密》廣說應知。十
次第者，謂由前前引發後後，及由後後持淨前
前。又前前麤、後後細故，易難修習，次第如是。釋
總、別名，如餘處說。此十修者，有五種修，一、
依止任持修，二、依止作意修，三、依止意樂修，四、
依止方便修，五、依止自在修。依此五修，修習十
種波羅蜜多皆得圓滿，如《集論》等廣說其相。此
十攝者，謂十，一一皆攝一切波羅蜜多，互相順
故。依修前行而引後者，前攝於後，必待前故，後
不攝前，不待後故；依修後行持淨前者，後攝於
前，持淨前故，前不攝後，非持淨故；若依純雜

而修習者，展轉相望，應作四句。此實有十，而說六者，應知後四，第六所攝；開為十者，第六唯攝無分別智，後四皆是後得智攝，緣世俗故。此十果者，有漏有四，除離繫果；無漏有四，除異熟果。而有處說具五果者，或互相資，或二合說。十與三學互相攝者，戒學有三：一、律儀戒，謂正遠離所應離法；二、攝善法戒，謂正修證應修證法；三、饒益有情戒，謂正利樂一切有情。此與二乘有共、不共、甚深、廣大，如餘處說。定學有四：一、大乘光明定，謂此能發照了大乘理、教、行、果智光明故；二、集福王定，謂此自在，集無邊福，如王勢力無等雙故；三、賢守定，謂此能守世、出世間賢善法故；四、健行定，謂佛、菩薩大健有情之所行故。此四所緣、對治、堪能、引發、作業，如餘處說。慧學有三：一、加行無分別慧，二、根本無分別慧，三、後得無分別慧。此三自性、所依、因緣、所緣、行等，如餘處說。如是三慧，初、二位中，種具有三，現唯加行；於通達位，現二種三，見道位中無加行故；於修習位，七地已前，若種若現，俱通三種；八地以去，現二種三，無功用道違加行故，所有進趣皆用後得，無漏觀中任運趣❶故；究竟位中，現、種俱二，加行現、種俱已捨故。若自性攝，戒唯攝戒，定攝靜慮，慧攝後五。若并助伴，皆具相攝。若隨用攝，戒攝前三，資糧、自體、眷屬性故，定攝靜慮，慧攝後五，精進三攝，遍策三故。若隨顯攝，戒攝前四，前三如前及守護故，定攝靜慮，慧攝後五。此十位者，五位皆具。修習位中，其相最顯；然初、二位，頓悟菩薩，種通二種，現唯有漏；漸悟菩薩，若種若現，俱通二種，已得生空無漏觀故；通達位中，種通二種，現唯無漏；於修習位，七地以前，種現俱通有漏、無漏；八地以去，種通二種，現唯無漏；究竟位中，若現若種，俱唯無漏。此十因位有三種名：一、名❷“波羅蜜多”，謂初無數劫，爾時施等勢力尚微，被煩惱伏未能伏彼，由斯煩惱不覺現行；二、名“近波羅蜜多”，謂第二無數劫，爾時施等勢力漸增，非煩惱伏，而能伏彼，由斯煩惱故意方行；三、名“大波羅蜜多”，謂第三無數劫，爾時施等勢力轉增，能畢竟伏一切煩惱，由斯，煩惱永不現行，猶有所知微細現、種及煩惱

---

❶ “趣”，《大正藏》本《成唯識論》卷9作“起”，校勘記謂《宋》《元》《明》《宮》《聖》五本作“趣”，當作“起”。

❷ “名”字下，《大正藏》本《成唯識論》卷9有“遠”字，校勘記謂《宋》《元》《明》《宮》《聖》五本無“遠”字，當有“遠”字。

種，故未究竟。此十義類，差別無邊，恐厭繁文，畧示綱要。十於十地，雖實皆修，而隨相增，地地修一。雖十地行有無量門，而皆攝在十到彼岸。

二、十勝行，分二：一、總標，二、別釋。"十勝行者，即是十種波羅蜜多"，此總標也。"施有三種"下，二、別釋，分十一：一、十波羅蜜名，二、十性，三、十相，四、十次第，五、十修，六、十攝，七、十果，八、三學，九、十位，十、別名❶，十一、總結❷。

初、十波羅蜜者：一、布施勝行，即歡喜行❸。輟己惠人，名之為'施'❹。無性云：言"財施"者，謂無染心，施資生具；無"畏施"者，謂心無損害，救拔驚怖；言"法施"者，謂無染心，如

---

❶ "名"，底本難辨，整理者據校本及文意定。

❷ "一、十波羅蜜名……十一、總結"，此處科判與正文科判多有不同，正文科判為"初、十波罗蜜，二、十性，三、十相，四、建立，五、次第，六、修，七、相摄，八、五果，九、三学，十、五位，總結"。產生差異的原因有二：一，正文科判多參考《大方廣佛華嚴經隨疏演義鈔》，據《大方廣佛華嚴經隨疏演義鈔》卷22在"三、十相"部分中另立"四、建立"一門；二，《成唯識論》"此十因位有三種名……故未究竟"在此被判為"別名"，正文中被合入"十、五位"一門。

❸ "即歡喜行"，及後文解"十波羅蜜多"文字中的"無違逆行"等，系將此處十波羅蜜多與實叉難陀譯《大方廣佛華嚴經》卷19"菩薩摩訶薩有十種行，三世諸佛之所宣說。何等為十？一者、歡喜行，二者、饒益行，三者、無違逆行，四者、無屈橈行，五者、無癡亂行，六者、善現行，七者、無著行，八者、難得行，九者、善法行，十者、真實行，是為十"（《大正藏》第10冊，279號，頁102下16至21）之"十行"相匹配。

❹ "輟己惠人，名之為'施'"，引自《大方廣佛華嚴經疏》卷8，《大正藏》第35冊，1735號，頁560中3。

實宣說契經等法。又云："財施"者，為欲資益他身；"無畏施"者，為欲資益他心；"法施"者，為欲資益善根。《攝論》云：財施利益他身，法施利益他心，無畏施利他身心。**❶**

二、持戒勝行。防非止惡名為"戒"**❷**。"律儀戒"，《解深密經》名"轉捨不善戒"。"律"者，法律。"儀"者，儀式。於不善法而能遠離，及防護故。故《攝論》名為"依持戒"**❸**。"攝善法戒"，《深蜜**❹**經》"轉生善戒"。"饒益有情戒"，經、論俱符。

三、忍辱勝行。堪受諸法，未能忘懷，名之為"忍"**❺**。即無違逆行。無性《論》云，"耐冤**❻**忍"者，是諸有情成熟轉因，謂能忍他人所作怨害，勤修饒益有情事時，由此忍力，化生雖苦，而不退轉；安受苦忍者，是成佛因，寒、暑、飢、渴皆能忍受，無退轉故；言"諦察法忍"者，是前二忍所依止處，堪忍甚深廣大法故**❼**，以能除人、法二執故。由見諦理，三忍皆成**❽**。

---

❶ "無性云……利他身心"，改寫自《大方廣佛華嚴經隨疏演義鈔》卷42，《大正藏》第36冊，1736號，頁327上24至中3。

❷ "防非止惡名為'戒'"，或引自《大方廣佛華嚴經疏》卷8，《大正藏》第35冊，1735號，頁560中9。

❸ "'律'者，法律……為'依持戒'"，引自《大方廣佛華嚴經隨疏演義鈔》卷22，《大正藏》第36冊，1736號，頁173上7至9。

❹ "蜜"，當作"密"。

❺ "堪受諸法，未能忘懷，名之為'忍'"，引自《大方廣佛華嚴經疏》卷8，《大正藏》第35冊，1735號，頁560中12至13。"未"字下，底本有破損，校本、《大方廣佛華嚴經疏》卷8無字。

❻ "冤"，當作"怨"。

❼ "無性《論》云……廣大法故"，或改寫自無性造、玄奘譯《攝大乘論釋》卷7，《大正藏》第31冊，1598號，頁422上14至18。

❽ "由見諦理，三忍皆成"，引自《大方廣佛華嚴經疏》卷22，《大正

四、精進勝行。練心於法名之為"精"，精心務達目之為"進"❶。即無屈撓行。一、"被甲精進"，即大誓願；二、"攝善精進"，《經》名❷"轉生善法加行精進"，即方便進趣；三、"利樂精進"，《經》名"饒益有情加行精進"，即勤化眾生。❸

五、靜慮勝行。梵云"禪那"，此云"靜慮"。"靜"揀散心，"慮"揀無慧。止、觀均故❹。即離癡亂行。一、"安住靜慮"，《經》名"無分別寂靜，極寂靜無罪故，對治煩惱眾苦樂住靜慮"。此云"安住"者，安住現法樂住故。無性云，離見、慢等得清淨故。二、"引發靜慮"，《經》名"引發功德靜慮"。此言"引發"者，引神通故。三、"辦事靜慮"，《經》名"引發饒益有情靜慮"。此言"辦事"者，辦利有情事故。❺

六、般若勝行。即善現行。梵言"般若"，此翻為"慧"。推求諦理，名之"慧"也❻。一、"生空無分別慧"，《經》名"緣世俗

藏》第 35 冊，1735 號，663 下 13。

❶ "練心於法……目之為'進'"，引自《大方廣佛華嚴經疏》卷 8，《大正藏》第 35 冊，1735 號，頁 560 中 18 至 19。

❷ 此及後文"《經》名……"，即謂《成唯識論》所列舉的名相在玄奘譯《解深密經》中的對應名相。

❸ "一、'披甲精進'……勤化眾生"，改寫自《大方廣佛華嚴經隨疏演義鈔》卷 22，《大正藏》第 36 冊，1736 號，頁 173 上 25 至 27；及《解深密經》卷 4，《大正藏》第 16 冊，676 號，頁 705 下 18 至 20。

❹ "'靜'揀散心……止觀均故"，引自《大方廣佛華嚴經隨疏演義鈔》卷 22，《大正藏》第 36 冊，1736 號，頁 173 上 29 至中 1。

❺ "一、'安住靜慮'……有情事故"，改寫自《大方廣佛華嚴經隨疏演義鈔》卷 22，《大正藏》第 36 冊，1736 號，頁 173 中 5 至 8；及《解深密經》卷 4，《大正藏》第 16 冊，676 號，頁 705 下 20 至 22。

❻ "梵言'般若'……名之'慧'也"，改寫自《大方廣佛華嚴經疏》

諦慧"，能斷我執。二、"法空無分別慧"，《經》名"緣勝義諦慧"，能斷法執。三、"俱空無分別慧"，《經》名緣"饒益有情慧"，雙斷二執。

七、方便勝行。"方"謂"方法"，"便"謂"便宜"❶。即無著行。體即方便，生死、涅槃俱無住故。"方便善巧"者，不捨生死而入涅槃故。若以前六波羅蜜多所集善根，為欲饒益諸有情故，不捨有情，當知即是"不捨生死"。此舉總中"不捨生死"，即是"拔濟方便"。若以此善根，回向求證正等菩提，當知即是"希求涅槃"。此舉總中"求涅槃"，即是"回向方便"❷。

八、願度勝行。即難得行。希求要誓，名之為"願"❸。願即是體。願有二種：一、上求，二、下化。

九、力度勝行。即善法行。不可屈伏，隨思隨修，任運成就，名之為"力"❹。《攝論》云：由思擇力，能伏一切正行等，所對治障令不起故，由修習力能令一切善行決定故❺。釋云："'思擇

卷8，《大正藏》第35冊，1735號，頁560中28至29。

❶ "'方'謂'方法'，'便'謂'便宜'"，引自《大方廣佛華嚴經疏》卷8，《大正藏》第35冊，1735號，頁560下7至8。

❷ "'方便善巧'者……回向方便"，改寫自《大方廣佛華嚴經隨疏演義鈔》卷44，《大正藏》第36冊，1736號，頁337中1至8；源自《攝大乘論釋》卷7，《大正藏》第31冊，1598號，頁425中23至28。

❸ "希求要誓，名之為'願'"，改寫自《大方廣佛華嚴經疏》卷8，《大正藏》第35冊，1735號，頁560下12。

❹ "不可屈伏……名之為'力'"，改寫自《大方廣佛華嚴經疏》卷8，《大正藏》第35冊，1735號，頁560下15至16。

❺ "《攝論》云……行決定故"，改寫自《大方廣佛華嚴經疏》卷23，《大正藏》第35冊，1735號，670下9至12。

力’者,謂正思諸法過失及功德。若得增勝,自、他二惑所不能動。體性堅強,故名為‘力’。‘修習力’者,心緣此法作觀行時,令心與法,和合成一,猶如水、乳,猶如熏衣。”❶由此二力善說法故。思擇力是資糧所攝,修習力是離欲地攝。

十、智力勝行。即真實行。決斷名“智”,謂如實覺了❷。無性云:由施等六成此智,復由此智成立六種,名受法樂;由此妙智,能正了知此施戒等,饒益有情❸。天親亦云,由般若波羅蜜多無分別智故,成立後得智,復由此智,成立前六波羅蜜多,由此為與同法者,受用法樂,成熟有情,大意亦同也。《瑜伽》四十九云“於一切法,如實安立清淨妙智,名智波羅蜜多。當知能取勝義名慧,能取安立名智”,又三十九云“謂無量智,當知方便波羅蜜多,希求後後殊勝性名‘願’,一切魔怨不能壞名‘力’,如實覺了所知境名‘智’”❹。《解深蜜❺》又云,“世尊,何因緣故,名波羅蜜多”,“善男子,五因緣故。一者、無染着故,二者、無顧戀故,三者、無罪過故,四者、無分別故,五者、正迴向故。‘無染着’者,謂不染着波羅蜜多諸相違事。‘無顧戀’者,謂於一切波羅蜜多諸果異熟及報恩中心無繫縛。‘無罪過’者,謂於如是波羅

---

❶ 引文改寫自世親造、真諦譯《攝大乘論釋》卷 10,《大正藏》第 31 冊,1595 號,頁 228 下 15 至 18。

❷ “決斷名智,謂如實覺了”,引自《大方廣佛華嚴經疏》卷 8,《大正藏》第 35 冊,1735 號,頁 560 下 20。

❸ “無性云……饒益有情”,引自《大方廣佛華嚴經疏》卷 8,《大正藏》第 35 冊,1735 號,頁 560 下 21 至 24。

❹ “天親亦云……知境名智”,改寫自《大方廣佛華嚴經隨疏演義鈔》卷 22,《大正藏》第 36 冊,1736 號,頁 173 下 10 至 19。

❺ “蜜”,當作“密”。

蜜多無間雜染法離非方便行。無分別者，謂於如是波羅蜜多不如言辭、執着自相。'正迴向'者，謂以如是所作所集波羅蜜多，迴向無上大菩提果"❶。《顯揚》云："一、施波羅蜜多。謂依菩提心，悲為導首，十種法行助善修治，七種通達為堅固根，或因資財，或因正法，或因無畏，五種功德大我所攝性，一、無着故捨，二、不觀故捨，三、無失故捨，四、無分別故捨，五、迴向故捨。由此行故，而諸菩薩以資生此❷攝諸有情，及由親近多修習故，令彼資糧圓滿，當成無上正徧知果。如施波羅蜜多，如是，戒乃至慧，應知。謂諸波羅蜜多前後因果並同，此後唯揀差別相。此中差別者，第二、戒波羅蜜多，謂或因息離不善，或因攝受善法，或因利益有情，律儀戒所攝身、語、意業性。由此行故，諸菩薩以不恚不惱攝諸有情。第三、忍波羅蜜多，謂或因忍受他不饒益不恚性，或因安受諸苦不亂性，或因審察諸法正慧性。由此行故，諸菩薩以忍受一切不饒益事及損害事攝諸有情。第四、勤波羅蜜多，謂或因被發心鎧，或因方便加行，或因利益有情，相續純熟心勇猛性，為欲引生一切善根。由此行故，而諸菩薩雖未伏惑，而能一向專修諸善。第五、靜慮波羅蜜多，謂或因對治煩惱，或因發起功德，或因利益有情，心住一緣性。由此行故，而諸菩薩伏諸煩惱，令住不現行法。第六、慧波羅蜜多，謂或因對治煩惱，或因發起功德，或因利益有情，簡擇諸法性。由此行故，而諸菩薩永斷一切煩惱障、所知障種子。第七、善巧方便波羅蜜多，謂諸菩薩以此方便，或由隨順，或由違

---

❶ 引文改寫自玄奘譯《解深密經》卷4，《大正藏》第16冊，676號，頁705下24至頁706上6。

❷ "此"，底本、校本皆作"此"，本句引自《顯揚聖教論》卷3，《大正藏》本《顯揚聖教論》卷3作"具"，當作"具"。

逆，或由不同意樂，或由作恩報恩，或由威逼，或由清淨，以三種利益攝諸有情，於種種善處，令受、令調、令安住、令成立。第八、願波羅蜜多，謂諸菩薩中，隨有其一，為性懈怠，煩惱多故，遂發正願，而修諸善，令我未來獲得自性勇猛正勤，煩惱微薄。由此因故，於餘生中，如所發求，咸果其願，於修善法❶得強盛力。第九、力波羅蜜多，謂諸菩薩由於所修❷善，得強盛力，依此力故，速疾發起靜慮波羅蜜多❸。第十、智波羅蜜多，謂諸菩薩，於菩薩藏靜慮波羅蜜多所攝法則智所引世間慧。依此慧故，而諸菩薩速能發起出世無分別不住流轉寂滅道所攝慧波羅蜜多。如是十波羅蜜多，於一切地中，皆具修習。若增上者，施波羅蜜多唯在初地，如其次第，乃至智波羅蜜多在第十地，應知。"❹謂初地修施行，二地修戒行，三地修忍行，四地修精進，五地修靜慮，六地修般若，七地修方便，八地修願，九地修力，十地修智。故曰"如其次第"也。

二、十性者，"'施'以無貪及彼所起身、語、意業而為體性"，"無貪"即善十一中一法，要由無貪相應思，於自身財方能惠捨。"'戒'以受學菩薩戒時三業為性"，《大論》"律儀"以七眾別解脫戒，在家、出家戒為體，即唯二業，謂表、無表，不說語故。若

---

❶ "法"，底本缺，校本作"法"，《大正藏》本《顯揚聖教論》卷3作"法"，整理者據校本及《大正藏》本《顯揚聖教論》卷3定。

❷ "修"，底本缺，校本作"修"，《大正藏》本《顯揚聖教論》卷3作"修"，整理者據校本及《大正藏》本《顯揚聖教論》卷3定。

❸ "多"，底本缺，校本作"多"，《大正藏》本《顯揚聖教論》卷3作"多"，整理者據校本及《大正藏》本《顯揚聖教論》卷3定。

❹ 引文見《顯揚聖教論》卷3，《大正藏》第31冊，1602號，頁492上1至中14。

"攝善法戒"者，謂諸菩薩受律儀後，一切所作為大菩提，由身、語、意積集諸善，以為其體。今論通三聚及與受隨，故云"三業"。攝眾生戒，居然通三。"'忍'以無瞋、精進、審慧及彼所起三業為性"，"無瞋""精進"即善十一中二。"審慧"，即別境[1]五中慧。所以有此三者，《大論》云，自無憤教，不報他怨，亦不隨眠，流注相續，是名菩薩耐怨害忍。即以無瞋及三業為性。若安受苦忍，即精進三業為性。若諦察法忍，即審慧三業為性。故此三業，通於三忍。餘三各配其一，故有三耳。"'精進'以勤及所起三業為性"，通三精進，即善十一中之一數也。"'靜慮'以等持為性"，"等持"即三摩地，雖是別境心所之一，今約定說，不通散心，故不說三業。《對法論》云，起三業自在用時，所有一切種常安住。即通三業，以約用故。慧波羅蜜以後五種，皆以擇法為性，說是根本、後得智故。以根本智為第六體，後之四體皆後得故，此依勝說。若《對法》及《瑜伽》四十三，同以出世間加行正智、後得為體，下文亦云，十度皆通漏、無漏故，此依實義。<u>清涼大師</u>云："《唯識》依十度，唯即根本。《攝論》以加行正體後得為三，約六度說。《瓔珞》以'照有''照無'及'照中道'而為三者，唯約法空三觀之義，亦依十度，約兼正說。"[2]有義：願波羅蜜以欲、勝解及信為性，三法正是願之性故。謂"願"者，"希求"，"希求"即"欲要"，於

---

❶ "境"，底本、校本皆作"竟"，本句引自《大方廣佛華嚴經隨疏演義鈔》卷22，《大正藏》本《大方廣佛華嚴經隨疏演義鈔》卷22作"境"，整理者據《大正藏》本《大方廣佛華嚴經隨疏演義鈔》卷22及文意改。

❷ "'無貪'即善十一……約兼正說"，改寫自《大方廣佛華嚴經隨疏演義鈔》卷22，《大正藏》第36冊，1736號，頁172下27至頁173中18。

前境正信印持方希求故。其後❶得智，但是所依，依此起願耳。然上辯體，約尅實性體。若兼助伴，一一皆以一切俱行功德為性❷。

三、"十相者，要七最勝之所攝受，方可建立波羅蜜多。一、安住尅勝。謂要是菩薩種性"，方能安處在中而行之，其他不能，故曰"要安住菩薩種性"。若依五性，則揀餘四性，唯取菩薩種性。若法性宗，約習以成性，非約本有，本有平等故。故《攝論》中，但有六種最勝，無初安住。或云"菩提心攝"，則知唯約習成。然無性引頌，亦似證有安住種性，頌云"麟角喻無有，六波羅蜜多。唯我最勝尊，上品到彼岸"，此"尅勝尊"，義似初一。然依此釋，亦是習成，非約本有❸。"二、依止最勝，謂要依止大菩提心"，此上求也。"三、意樂最勝，謂要慈❹愍一切有情"，此下化也。"四、事業最勝"，謂菩薩具修萬行，凡有利益，無不興崇，故要"具行一切事業"。"五、巧便最勝，謂要無相智之所攝受"，"無相智"即三

❶ "後"，底本缺，校本作"後"，本句引自《大方廣佛華嚴經隨疏演義鈔》卷22，《大正藏》本《大方廣佛華嚴經隨疏演義鈔》卷22作"修"，整理者據校本及《大正藏》本《大方廣佛華嚴經隨疏演義鈔》卷22定。

❷ "三法正是願之性故……功德為性"，改寫自《大方廣佛華嚴經隨疏演義鈔》卷22，《大正藏》第36冊，1736號，頁173下2至20。

❸ "若依五性……非約本有"，改寫自《大方廣佛華嚴經隨疏演義鈔》卷22，《大正藏》第36冊，1736號，頁171上11至18。此段所徵引的唯識宗觀點，源自窺基《成唯識論述記》卷10："《攝論》有六，除初種姓，即'菩提心'中攝故。然無性引頌亦似證有初種姓，云'麟角喻無有，六波羅蜜多。唯我最勝尊，上品到彼岸'。然《對法》第十一，六度相中有五安住菩薩種姓。"（《大正藏》第43冊，1830號，頁579上20至24）唐代玄奘所傳承的護法唯識學皆謂"五性本有"，不同於難陀或此段澄觀所謂"法性宗"之"五性習成"。

❹ "慈"，本句是標引《成唯識論》"悲愍一切有情"，當作"悲"。

輪空也，故離世間品云：三輪清淨施，施者、受者及以施物，正念觀察如虛空故。"六、迴向最勝，謂要迴向無上菩提。"問：既言"迴向菩提"，何異依止？曰：彼有道心，未必一切迴向菩提。此乃一切皆迴向。又"依止"者，即行前心。今"迴向"者，乃行後願。"七、清淨最勝"者，約分說耳。通說，清淨為離二障，行於三❶度。清涼云即"三時無悔"，"悔"即煩惱，由不了故，即是所知。又即此悔心障於真智，亦所知也❷。此七最勝，隨闕何種，即令施等不到彼岸。故此十度，應各四句分別。四句又有三種。一者、一一自望種類而為四句。施中四者，一、是施非度，不與七勝相應施故；二、是度非施，隨喜他施具七勝故；三、亦施亦度，具七勝故；四、非施非度，隨喜他施，不與七勝共相應故。二者、不約種類，次第修者以明四句，唯施一種，但有二句，未成餘度闕二句故，謂"是度非施"及"非施非度"。餘"戒"等五，得有四句，前有施度，得為"是度非戒"等故。謂一、是戒非度，謂不與七勝共相應故；二、是度非戒，即前施度具七勝故；三、亦戒亦度，具七最勝而持戒故；四、非戒非度，謂前布施不具七故。忍度望戒，進度望忍，次第如戒。三、非次第修者，諸度各得具施四句，如施得望戒、忍等度，得"有是度非施"等句故，可以思準❸。

---

❶ "三"，底本、校本皆作"三"，本句引自《大正藏》本《大方廣佛華嚴經隨疏演義鈔》卷22，《大正藏》本《大方廣佛華嚴經隨疏演義鈔》卷22作"六"，當作"六"。

❷ "'無相智'即三輪空……亦所知也"，改寫自《大方廣佛華嚴經隨疏演義鈔》卷22，《大正藏》第36冊，1736號，頁171上18至28。

❸ "四句又有……可以思準"，改寫自《大方廣佛華嚴經隨疏演義鈔》卷22，《大正藏》第36冊，1736號，頁171上28至中14；源自《成唯識

四、建立者，即無增減門。"此但有十"下，明十無增減，即建立十度之所以。"對治十障"者，即異生性等十無明也，下當具明。"復次，前六"下，明六無增、減，即建立六度之所以。"為除六種相違障故"，即第一、對治六蔽門，一、慳悋蔽，二、犯戒蔽，三、瞋恚蔽，四、懈怠蔽，五、散亂蔽，六、惡慧蔽。亦有師言，離惡慧為五，成十度障。大乘法師不許此義。"又為漸次修佛法故"，即第二❶、漸修佛法門。"諸佛法"者，謂十力等。《攝論》云，前之四度，不散動因；第五一種，不散動成熟；第六，依是如實覺知。"又為漸次成熟諸有情故"，即第三、漸熟有情門，《攝論》云，由施能攝受，由戒能不害，由忍雖遭苦能受，由勤助彼所作，由定心未定者令定，由慧已定者令得解脫。"又施等三"下，即第四、二道之因門。施"感大財"，謂多饒財寶；戒"感大體"，謂尊貴身；忍"感眷屬"，有情歸附。由富勝形及多眷屬，趣中增上，名"增上生道"，亦即因進。"伏煩惱"者，謂修善方便。"定熟有情"者，依此發生智慧。"成佛法"，佛法由慧故❷。有此三德，名"決定勝"。諸

論述記》卷10，《大正藏》第43冊，1830號，頁579中6至13。

❶ "二"，底本、校本皆作"三"，本句引自《大正藏》本《大方廣佛華嚴經隨疏演義鈔》卷22，《大正藏》本《大方廣佛華嚴經隨疏演義鈔》卷22作"三"，又前句為"第一、對治六蔽門"，後句為"第三、漸熟有情門"，整理者據《大正藏》本《大方廣佛華嚴經隨疏演義鈔》卷22及文意改訂。

❷ "名'增上生道'……法由慧故"，本段改寫自《大方廣佛華嚴經隨疏演義鈔》卷22，與原文出入較大，文意難通，《大方廣佛華嚴經隨疏演義鈔》卷22原文："名'增上生道'。'道'亦即因。言'能伏煩惱'者，謂修善方便故。'定熟有情'者，依此發通故慧。'成佛法'者，佛法由慧故。"（《大正藏》第36冊，1736號，頁171下14至17）此段引號中文字即正因所注釋的《大方廣佛華嚴經疏》卷8"六中前三，增上生道……後三，決定勝道，能

菩薩道，唯有此三❶，若闕一種，道不成故。"又前三種"下，即第五、利生斷惑門。故《瑜伽》七十八、《解深蜜❷》等說，由二因緣，是故六度不增不減，即其義也。施、財攝彼，戒不惱害，忍定彼惱，此三皆通有饒益故。後三言"勤修加行"者，《瑜伽》云，由精進故，雖未永斷煩惱，永害隨眠，而能勇猛修諸善品，彼諸煩惱不能傾動善品加行，故云"雖未伏滅，而能精勤修對治彼諸善加行"。由靜慮故，永伏煩惱。由般若故，永斷隨眠。是故此云"永伏永滅"。《對法》十一亦有此解。"又由前三"者，第六、為無住涅槃因故。以前三是大悲，饒益有情故；後三是大智，斷滅諸惑故。故為無住涅槃因也。翻彼凡、小之雙住也。又復三學攝於六度，故不增減。《瑜伽》四十九說，前四是戒、後二是二學故。由上七義，故立六度。"後唯四"下，重顯十義。謂有問云：六度既爾，後四云何？此答意云：四屬六攝，義隨六異，於中分二。"為助前六"下，先、總明；"方便善巧"下，次、別顯。《大論》第七十八云"由前三種所攝有情，以諸攝事，方便善巧而攝受故"，意云，巧用施等以攝物也。"願助精進"者，《大論》云，由正願故，能破羸劣意樂，煩惱微薄，起精進修。"力助靜慮"者，《解深蜜❸》

伏煩惱、成熟有情及佛法故"（《大正藏》第 35 冊，1735 號，頁 560 上 8 至 10）的文字。

❶ "三"，底本、校本皆作"二"，本句引自《大正藏》本《大方廣佛華嚴經隨疏演義鈔》卷 22，《大正藏》本《大方廣佛華嚴經隨疏演義鈔》卷 22 作"三"，"此三"即謂精進、靜慮、般若三波羅蜜多，整理者據《大正藏》本《大方廣佛華嚴經隨疏演義鈔》卷 22 及文意改訂。

❷ "蜜"，當作"密"。

❸ "蜜"，當作"密"。

云，若諸菩薩，親近善士，聽聞正法，如理作意，為因緣故轉劣意樂，成勝意樂，亦得上果勝解，名力波羅蜜多，由此力故，於內心住，有所堪能。故說"力度助於定"也。"智助般若"者，彼經云，若諸菩薩，已能聞法為緣，善修習故，能發靜慮，如是名智，由此智故，性能引發出世間慧。故說"智為慧助"。是以後四助於前六，令前六度修習圓滿，前六不能助後四也❶。

五、次第者，亦有四門：一、引發門，二、攝持門，三、麤細門，四、難易門。"亦通"結上。"謂由前前"下，即初、引發門。謂由行施，引發持戒，由持戒故，引發忍等。《雜集論》云："謂前前波羅蜜多，能為後後所依止故。所以者何？菩薩摩訶薩由施波羅蜜多，串習捨施內外事故，不顧身命，棄大寶藏，受持禁戒。由護持故，他所毀罵，終不反報。由如是等，遂能堪忍。以能堪忍寒熱等苦，雖遭此緣，加行不息。發勤精進，精進方便，證究竟果，成滿靜慮。靜慮滿已，由靜定心，如實知故證得出世究竟大慧。"❷"及由"下，二、攝持門。布施本欲益他，持戒不惱於彼，彌令施淨等，故云"及由後後持淨前前"。《雜集論》云："復次，前前波羅蜜多，後後所持故。謂戒能持施，乃至慧能持靜慮。由具尸羅，施得清淨。何以故？由行布施，攝益有情，由具尸羅，不為惱害，是故菩薩於受施者，以離惱害，善能施與清淨樂具故。由淨戒力，施得清淨，如是由忍力故，戒得清淨。何以故？由能忍受他不饒益，終不毀犯

---

❶ "四、建立者……助後四也"，改寫自《大方廣佛華嚴經隨疏演義鈔》卷22，《大正藏》第36冊，1736號，頁171中16至頁172上22。此段科判，不見於本書此段開頭的科判表。

❷ 引文見《大乘阿毘達磨雜集論》卷11，《大正藏》第31冊，1606號，頁747中26至下4。

所學處故。由精進故，忍得清淨。何以故？由勇猛力故，久處生死，不以為難能受眾生違逆等苦。由靜慮故，精進清淨。何以故？由喜樂俱，能勤修習一切善法、無休息故。由具慧故，靜慮清淨。何以故？若由無量門，數數觀諸法，能證內寂靜，增長三摩地。又伽他說，無有靜慮而不因慧。"❶ "又前前"下，三、麤細門。布施則麤，持戒則細，戒望於忍，戒則為麤，忍則為細等。故云前前麤，後後細。《襍集論》云："復次，由麤細故，波羅蜜多前後次第。所以者何？於諸行中，施行最麤，故先建立。於忍等行，戒復為麤，故次建立。乃至於慧，靜慮為麤，一切行中慧為最細，故最後立。"❷ 前九並為"前前"，從戒至智並名"後後"，一一相望，故致重言。初一唯前，後一唯後，中間八度遞為前、後。"易難修習"下，四、難易門，亦結通上三也。上之四門，並如《瑜伽》《對法》所辯❸。

六、修者，《襍集論》十二云，"云何修，署有五種，謂依止任持修、依止作意修、依止意樂修、依止方便修、依止自在修。'依止任持修'，復有四種：一、依止因修，謂由種姓力，於波羅蜜多修習正行；二、依止報修，謂由勝自體力，於波羅蜜多修習正行；三、依止願修，謂由本願力，於波羅蜜多修習正行；四、依止簡擇力

---

❶ 引文見《大乘阿毘達磨雜集論》卷 11，《大正藏》第 31 冊，1606 號，頁 747 下 4 至 16。

❷ 引文見《大乘阿毘達磨雜集論》卷 11，《大正藏》第 31 冊，1606 號，頁 747 下 16 至 20。

❸ "五、次第者……《對法》所辯"一段，除所引《大乘阿毘達磨雜集論》文，皆改寫自《大方廣佛華嚴經隨疏演義鈔》卷 22，《大正藏》第 36 冊，1736 號，頁 172 上 22 至中 5。

修，謂由慧力，於波羅蜜多修習正行。'依止作意修'，亦有四種：一、依止勝解作意修，謂於一切波羅蜜多相應經教，起增上勝解；二、依止愛味作意修，謂於已得波羅蜜多，見勝功德，起深愛味；三、依止隨喜作意修，謂於一切世界，一切有情，所行施等，深生隨喜；四、依止喜樂作意修，謂於自他當來勝品波羅蜜多，深生願樂。'依止意樂修'，復有六種，謂由無厭意樂、廣大意樂、歡喜意樂、恩德意樂、無染意樂、善好意樂故，修諸波羅蜜多。此中，菩薩於施波羅蜜多無厭意樂者，謂諸菩薩於一有情，一利那項，假使殑伽沙等世界滿中七寶以用布施，又以殑伽沙等身命布施，如是布施，經殑伽沙等大劫，如於一有情所如是，乃至於一切有情界，如是施時，皆令彼於阿耨多羅三藐三菩提速得成熟，修行如是差別施時，菩薩意樂，猶不厭足，如是意樂，是名'菩薩於施波羅蜜多無厭意樂'。又諸菩薩修行如是施波羅蜜多時，展轉相續，無一利那有退有斷，乃至究竟坐菩提座，如是意樂，是名'菩薩於施波羅蜜多廣大意樂'。又諸菩薩修行如是施波羅蜜多時，於施所攝諸有情所，生大歡喜是諸有情，施所攝受，雖生歡喜，猶不能及，如是意樂，是名'菩薩於施波羅蜜多歡喜意樂'。又諸菩薩修行如是施波羅蜜多時，觀施所攝一切有情，於我己身有大恩德，不見己身於彼有恩，由資助我阿耨多羅三藐三菩提故，如是意樂，是名'菩薩於施波羅蜜多恩德意樂'。又諸菩薩修行如是施波羅蜜多時，雖於無量諸有情所興大施福，而不希報恩當來異熟，如是意樂，是名'菩薩於施波羅蜜多無染意樂'。又諸菩薩修行如是施波羅蜜多時，以所修行廣大施聚所得異熟，施諸有情，不自為己，又以此福，共諸有情，迴向阿耨多羅三藐三菩提，如是意樂，是名'菩薩於施波羅蜜多善好意樂'。又諸菩薩修行戒波羅蜜多乃至慧波羅蜜多無厭意樂者，謂諸菩薩，假使經於殑伽沙等生，是一一生，殑伽沙等大劫壽量，於此長時，諸資生具，常所匱乏，三千大千世界滿中熾火，恒在其中行、住、坐、臥，唯能修習一剎那戒波羅蜜多，或乃至慧波羅蜜多，如是展轉差別修習所有戒聚乃至慧聚，究竟滿足，現能證得阿耨多羅三藐三菩提，是諸菩薩修行如是戒波羅蜜多乃至慧波羅蜜多時，於此戒聚乃至慧聚修習意樂，猶不滿足，如是意樂，是名菩薩於所修習戒波羅蜜多乃至慧波羅蜜多'無厭意樂'。又諸菩薩修行如是戒波羅蜜多乃至慧波羅蜜多時，展轉相續，無一剎那有退有斷，乃至究竟坐菩提座，如是意樂。是名菩薩於所修行戒波羅蜜多乃至慧波羅蜜多'廣大意樂'。又諸菩薩修行如是戒波羅蜜多乃至慧波羅蜜多時，於此所攝諸有情所生大歡喜，是諸有情由此所攝雖生歡喜猶不能及，如是意樂，是名菩薩於所修行戒波羅蜜多乃至慧波羅蜜多'歡喜意樂'。又諸菩薩修行如是戒波羅蜜多乃至慧波羅蜜多時，觀此所攝一切有情，於我己身有大恩德，不見己身於彼有恩，由資助我阿耨多羅三藐三菩提故，如是意樂，是名菩薩於所修行戒波羅蜜多乃至慧波羅蜜多'恩德意樂'。又諸菩薩修行如是戒波羅蜜多乃至慧波羅蜜多時，雖於無量諸有情所與大戒福乃至慧依，而不希報恩當來異熟，如是意樂，是名菩薩於所修行戒波羅蜜多乃至慧波羅蜜多'無染意樂'。又諸菩薩修行如是戒波羅蜜多乃至慧波羅蜜多時，以所修行廣大戒聚乃至慧聚所得異熟施諸有情，不自為己，又以此福共諸有情迴向阿耨多羅三藐三菩提，如是意樂，是名菩薩於所修行戒波羅蜜多乃至慧波羅蜜多'善好意樂'。'依止方便修'，復有三種，謂由無分別智觀察三輪皆清淨故。所以者何？由此方便，一切作意所修諸行速成滿故。'依止自在修'，亦有三種，謂身自在故、行自在故、說自在故。'身自在'者，謂諸如來自性、受用二身；'行自在'者，謂諸如來變化身，由此能示現一切有情一切種同法行故；'說自在'者，謂能宣說六波羅蜜多一切種差別無有滯礙故。差別云何？謂由十八種任持，以顯六波羅蜜多差別。何等'十八'？謂身任持、心任持、善法任持、善任持、菩提任持、悲任持、不捨有情任持、捨下劣心任持、無生法忍任持、善根方便任持、善根圓證任持、善根無盡任持、無厭倦任持、諸所思事成滿任持、御眾業任持、證入大地任持、引發佛性任持、建立佛事任持。施等六種，各三差別，如其次第，三三所攝"，"當知，'財施'能引持身，由飲食等諸資生具，攝益受者所依身故。'無畏施'能任持心，安慰他心、離憂怖故。如是餘句，隨義應思。'下劣心'者，謂諸菩薩，厭生死苦，同二乘心，由安受苦忍所任持故，方捨此心。'善根無盡'者，謂窮生死際，恒作一切有情利益安樂事，乃至於無餘涅槃界，亦不棄捨，由饒益有情精進所任持故。'御眾業'者，謂依止內證故，教授教誡所化有情，心未定者令其得定，心已定者令其解脫，由饒益有情靜慮所任持故。'證入大地'者，謂先信解甚深教法資糧圓滿，速能證入初極喜地，由緣世俗慧所任持故。所餘易了，故不重釋"❶。

七、相攝者，此十，"一一皆攝一切波羅蜜多，互相順故"，此總明十互相攝也。清涼《疏》引《般若論》云"檀義攝於六、資生、無畏、法"等，《智論》云，有未莊嚴波羅蜜即不攝者，有已莊嚴波羅蜜即相攝者❷，《鈔》云："言'資生無畏法等'者，'等'取

---

❶ 引文見《大乘阿毘達磨雜集論》卷 12，《大正藏》第 31 冊，1606 號，頁 748 中 25 至頁 749 下 22。

❷ "清涼《疏》引……即相攝者"，改寫自《大方廣佛華嚴經疏》卷 8，《大

下半云'此中一、二、三,名為修行住'。謂施有三種,一、財,二、無畏,三、法施。'財'即**❶**'資生',正是檀度,故云'此中一'也。'無畏'攝二,謂尸不惱彼,忍受彼惱,皆無畏相,故云'二'也。'法'施攝三,謂進、定及慧,決定勝道,漸熟佛法,是法施相,故云'三'也。即十八住中修行住也。"**❷**若依引發門,則前必攝後,後不攝前。若依攝持門,則後必攝前,前不攝後。若依純雜而修習者,謂有純修一者,有襍修餘者,展轉相望,應作四句。純者,一一自望種類,而為四句;襍者,不約種類,或次第修,或非次第修,並有四句,如前例也。《襍集論》第十二以"一、方便,二、差別,三、差別顯示"明"更互決擇",與此相發明。"此實有十"下,明六、十互攝。若六度攝十,第六攝後四;若十度攝六,第六但攝第六少分,有所未盡,不攝後得加行智故,故兼後四,方攝第六**❸**二智俱盡。故曰:"開為十者,第六唯攝無分別智,後四皆是後得智攝,緣世俗故。"

　　八、五果者,五果之中,離繫是無漏果,異熟是有漏果,故十波羅蜜中,有漏除離繫、無漏除異熟。而有處說具五果者,或取二漏互相資義,或合而言之故也。安慧云:"功德者,謂依五果無量

正藏》第 35 册,1735 號,頁 560 上 17 至 21。

❶ "財即",底本難辨,校本作"財即",本句引自《大方廣佛華嚴經隨疏演義鈔》卷 22,《大正藏》本《大方廣佛華嚴經隨疏演義鈔》卷 22 作"財即",整理者據校本、《大正藏》本《大方廣佛華嚴經隨疏演義鈔》卷 22 及文意定。

❷ 引文見《大方廣佛華嚴經隨疏演義鈔》卷 22,《大正藏》第 36 册,1736號,頁 172 中 9 至 15。

❸ "明六、十互攝……方攝第六",改寫自《大方廣佛華嚴經隨疏演義鈔》卷 22,《大正藏》第 36 册,1736 號,頁 172 中 18 至 21。

無邊稱讚勝利，皆名功德。謂能永斷自所對治，是諸波羅蜜多離
繫果；於現法中，由此施等，攝受自、他，是士用果；於當來世，後
後增勝，展轉生起，是等流果；大菩薩，是增上果；感大財富、
往生善趣、無怨無壞、多諸喜樂、有情中尊、身無損害、廣大宗族，隨
其次第，是施等波羅蜜多異熟果。"此"二合說"者也❶。

九、三學者，謂增上戒學、增上心學、增上慧學、名為"三
學"。先、戒，有三。一、攝律儀戒，無性《釋》云，謂於不善生
放逸❷法防護受持，由防護諸惡不善身、語等業，故曰"律儀"。"攝
善法"者，能令證得力、無畏等一切佛法。"饒益戒"者，謂能助
有情，如法所作平等分布，無罪作業，成熟有情。有說：後二依
初建立，由自防護能修供養佛等善根，及益諸有情故。故世親
云，"住律儀"者，便能建立攝善法戒，由此修集一切佛法，證大
菩提；復能建立饒益戒，由此故能成熟有情。有說：前二為成後
一果。《攝論》云，若能住前二種淨戒，則能引攝利眾生戒故。此
三品戒，即四無畏因。何以故？初是斷德，二是智德，三是恩德，四
無所畏、不共佛法等不出三德故，由此故說戒有三品❸。"此與二

---

❶ "安慧云……'二合說'者也"，引文見《大乘阿毘達磨雜集論》卷
12，《大正藏》第 31 冊，1606 號，頁 750 上 29 至中 6，漢傳認為安慧"糅
《雜集論》"。本書認為《大乘阿毘達磨雜集論》卷 12 此段對應《成唯識論》
"或二合說"，唐代注疏則認為此段對應"或互相資"。

❷ "生放逸"，底本、校本皆如此，本句引自改寫自《大方廣佛華嚴經隨
疏演義鈔》卷 22，源自無性造、玄奘譯《攝大乘論釋》卷 7，《大正藏》本
《大方廣佛華嚴經隨疏演義鈔》卷 22 及《攝大乘論釋》卷 7 皆作"能遠離"，當
作"能遠離"。

❸ "一、攝律儀戒……戒有三品"，改寫自《大方廣佛華嚴經隨疏演義鈔》
卷 43，《大正藏》第 36 冊，1736 號，頁 329 中 2 至 21。

乘有共、不共、甚深、廣大”者，《攝論》云：“‘共、不共學處殊勝’者，謂諸菩薩一切性罪不現行故，與聲聞共；相似遮罪有現行故，與彼不共。於此學處，有聲聞犯、菩薩不犯，有菩薩犯、聲聞不犯。菩薩具有身、語、心戒，聲聞唯有身、語二戒。是故菩薩心亦有犯，非諸聲聞。以要言之，一切饒益有情無罪身、語、意業，菩薩一切皆應現行，皆應修學。如是應知說名為共、不共殊勝。共、不共中‘一切性罪’，謂殺生等，說名為‘共’。‘相似遮罪’，謂掘生地、斷生草等，說名‘不共’。‘於此學處’者，謂後學處。‘有聲聞犯、菩薩不犯’者，如兩安居，觀益有情，輒行經宿。‘有菩薩犯、聲聞不犯’者，謂觀有益而故不行。‘是故菩薩心亦有犯，非諸聲聞’者，謂唯內起欲等尋思，菩薩成犯，非聲聞等。‘一切饒益有情無罪身、語、意業，菩薩一切皆應現行，皆應修學’者，謂能饒益而無有罪，如是三業，菩薩應修。或雖饒益而非無罪，如以女等非法之物授與他人，為遮此事，故說無罪。‘廣大殊勝’者，復由四種廣大故，一、由種種無量學處廣大故，二、由攝受無量福德廣大故，三、由攝受一切有情利益安樂意樂廣大故，四、由建立無上正等菩提廣大故。‘種種無量學處廣大’者，謂諸菩薩所修學處，亦是‘種種’，亦是‘無量’，由此於彼一切有情，作成熟事及攝受事故。‘攝受無量福德廣大’者，謂諸菩薩，攝受無量福德資糧，非聲聞故。‘攝受一切有情利益安樂意樂廣大’者，謂於諸有情勸令脩善，若利益安樂，若即於此補特伽羅，願由彼善，當得勝果，名‘安樂意樂’。‘建立無上正等菩提廣大’者，謂諸菩薩，由此尸羅建立無上正等菩提，非聲聞故。‘甚深殊勝’者，謂諸菩薩，由是品類方便善巧，行殺生等十種作業，而無有罪，生無量福，速證無上正等菩提。又諸菩薩現行變化身、語兩業，應知亦是甚深尸羅，由此因緣，或作國王，示行種種惱有情事，安立有情毗柰耶中，又現種種諸本生事，示行逼惱諸餘有情，真實攝受諸餘有情，先令他心深生淨信，後轉成熟，是名菩薩所學尸羅‘甚深殊勝’。甚深殊勝中，‘謂諸菩薩由是品類方便善巧’者，此中顯示如是菩薩如是方便善巧功能，謂諸菩薩，若如是知，如是品類補特伽羅於此不善無間等事將起加行，以他心智了知彼心，無餘方便能轉彼業，如實了知彼由此業定退善趣定往惡趣，如是知已，生如是心，'我作此業，當墮惡趣。我寧自往，必當脫彼，於彼現在雖加少苦，令彼未來多受安樂'。是故菩薩，譬如良醫，以饒益心，雖復殺之，而無少罪，多生其福。由多福故，疾證無上正等菩提。如是等戒，最為甚深。'又諸菩薩現起變化身、語二業，當知亦是甚深尸羅。由此道理，或作國王，現作種種惱有情事，安立有情毗奈耶中'，變化自體名為'變化'，此中應說無厭足王化導善財童子等事。'又現種種諸本生事'者，如毗濕婆安呾羅等諸本生事。此中菩薩，以其男女施婆羅門，皆是變化。'示行逼惱諸餘有情，真實攝受諸餘有情'者，謂諸菩薩，終不逼惱實有情，攝受其餘實有情故。如是亦名'甚深殊勝'。"**❶** 定學有四，有三釋。英法師云：初定除不善障，二除著禪障，三除煩惱障，四除所知障。賢首云：初能除流散襟染業障，二能除味定著靜障，三能除根本無明障，四能除淨成果智障。與前說大同**❷**。清凉云："謂以即事而真智，治於地前，成初**❸**地，令得賢守定，以此三昧，能守世間出世間賢善法故，前三地為世，第四地為出世，以既了即事而真，能即散而定故。二、以即體之用智，對治四地，未能起用，令得五地入俗，成集福王定。三、以平等無相智，對治五地，雖能隨俗，未得平等，令得六、七二地

---

❶ 引文中，正文見無著造、玄奘譯《攝大乘論本》卷 3，《大正藏》第 31 冊，1594 號，頁 146 中 16 至下 6；小注見世親造、玄奘譯《攝大乘論釋》卷 8，《大正藏》第 31 冊，1597 號，頁 361 上 1 至下 6。世親造、玄奘譯《攝大乘論釋》系論、釋合刊，本書或徑據此改寫。

❷ "英法師云……前說大同"，改寫自《大方廣佛華嚴經隨疏演義鈔》卷 79，《大正藏》第 36 冊，1736 號，頁 620 下 13 至 17。

❸ "初"字下，《大正藏》本《大方廣佛華嚴經疏》卷 49 有"四"字，當有"四"字。

般若大光功用，成大乘光明定。四、以平等無功用智，對治七地功用，令入八地，乃至佛果，得首楞嚴定，所作究竟。以果既具四，因亦通修故。"❶此解為正。"此四所緣、對治、堪能、引發、作業"者，《攝論》云："增上心殊勝，云何可見？畧由六種差別應知。一、由所緣差別故，二、由種種差別故，三、由對治差別故，四、由堪能差別故，五、由引發差別故，六、由作業差別故。為顯增上心學殊勝，作此問答。'所緣差別'者，謂大乘法為所緣故。'謂大乘法為所緣'者，諸菩薩定緣於大乘，非聲聞定。'種種差別'者，謂大乘光明、集福定王、賢守、健行等三摩地種種無量故。'大乘光明、集福定王等'者，顯如是等諸三摩地種種差別，唯大乘有，聲聞乘等一種亦無。'對治差別'者，謂一切法總相緣智，以楔出楔道理，遣阿賴耶識中一切障麁重故。緣總法智，對治一切障礙而住，如以細楔，除去麁楔。住本識中諸襍染法熏習種子，說名為'麁'。諸對治道能除彼故，是微細義。'堪能差別'者，謂住靜慮樂，隨其所欲而受生故。由有堪能住靜慮樂，隨有饒益諸有情處，即往彼生，不退靜慮。諸聲聞等無如是事。'引發差別'者，謂能引發一切世界無礙神通故。由此靜慮引發神通，一切世界，皆無障礙。'作業差別'者，謂能振動、熾然、徧滿、顯示、轉變、往來、卷舒，一切色像皆入身中，所往同類，或顯或隱，所作自在，伏地神通，施辯、念樂，放大光明，引發如是大神通故。'作業差別'，謂發神通所作事業。此中，能動一切世界，故名'振動'。即彼熾然，故名'熾然'。言'徧滿'者，應知即是光明普照。言'顯示'者，由此威力，令無所能餘有情類，欻然能見無量世界，及見其餘佛菩薩等。言'轉變'者，應知轉變一切地等令成水等。言'往來'者，謂一刹那，普能往還無量世界。言'卷舒'者，謂卷十方無

---

❶ 引文改寫自《大方廣佛華嚴經疏》卷49，《大正藏》第35冊，1735號，頁879中13至23。

量世界入一極微，極微不增，舒一極微包於十方無量世界，世界不滅。'一切色像皆入身中'者，謂身中現無量種種一切事業。'所往同類'者，謂如往詣三十三天色像、言音，與彼同類，為化彼故，往一切處，亦復如是。'顯'謂顯現。'隱'謂隱藏。'所作自在'者，如變魔王作佛身等。'伏地神通'者，謂能映蔽一切神通。於請問者，施以辯才，故名'施辯'。於聽聞者，施念施樂，令得定故，名'施念樂'。'放大光明'者，為欲召集遠住他方世界菩薩。'引發如是大神通'者，引前所說大神通故。如是一切，聲聞所無，是故殊勝。**又能引發攝諸難行十難行故**。十難行者，一、自誓難行，誓受無上菩提願故；二、不退難行，生死眾苦不能退故；三、不背難行，一切有情，雖行邪行而不棄故；四、現前難行，怨有情所現、作一切饒益事故；五、不染難行，生在世間，不為世法所染污故；六、勝解難行，於大乘中雖未能了，然於一切廣大、甚深生信解故；七、通達難行，具能通達補特伽羅法無我故；八、隨覺難行，於諸如來所說甚深祕密言詞能隨覺故；九、不離不染難行，不捨生死而不染故；十、加行難行，能修諸佛安住，解脫一切障礙，窮生死際，不作功用，常起一切有情一切義利行故❶。"❷ "**又能引發脩到彼岸、成熟有情、淨佛國土、諸佛法故，應知亦是菩薩等持作業差別。**前所未說作業差別，今於此中復顯菩薩等持作業。謂諸菩薩依三摩地，能修一切波羅蜜多。又依此定，能善成熟一切有情，發神通等種種方便，引諸有情入正法故。又由此力，能善清淨一切佛土，心得自在，隨欲能成金銀等寶諸佛土故。又由此力，能正修集一切佛法。是三摩地作業差

---

❶ "十難行者……義利行故"，本段即無著造、玄奘譯《攝大乘論本》卷3文字，疑應作正文。

❷ 引文中，正文見無著造、玄奘譯《攝大乘論本》卷 3，《大正藏》第31 冊，1594 號，頁 146 下 11 至頁 147 上 10；小注見世親造、玄奘譯《攝大乘論釋》卷 8，《大正藏》第 31 冊，1597 號，頁 361 下 13 至頁 362 中 20。世親造、玄奘譯《攝大乘論釋》系論、釋合刊，此段中一段誤將論文當作釋文，本書或徑據此改寫。

別。"❶"慧學有三"者,"一、加行無分別慧",謂真如觀前勝方便智;"二、無分別根本慧",謂真如觀智;"三、無分別後得慧",謂觀世俗智,能起種種事。梁《攝論》云:三慧者,謂從無相大乘教,得聞、思、修,入分別相空,通名"無分別加行般若";若入三無性故,得無分別智,名"無分別根本般若";若得根本無分別智,後得入觀,如其所證,或自思惟,或為他說,名"無分別後得般若"。由具此義,故說般若有其三品❷。此三,"若自性,若所依,若因緣,若所緣,若行相,若任持,若助伴,若異熟,若等流,若出離,若至究竟,若加行無分別後得勝利,若差別,若無分別後得譬喻,若無功用作事,若甚深,應知。無分別智,名'增上慧殊勝'。此中意說無分別智名'增上慧',此復三種,一、加行無分別智,謂尋思慧;二、根本無分別智,謂正證慧;三、後得無分別智,謂起用慧。此中,希求慧,是第一增上慧;內證慧,是第二增上慧;攝持慧,是第三增上慧。今且成立無分別智,由唯此智通因果故,其尋思智是此智因,其後得智是此智果,所以成此,兼成餘二。今於此中,最初'自性',最後'甚深',廣釋此智。❸此中無分別智,離五種相以為自性,一、離無作意故,二、離過有尋有伺地故,三、離想受滅寂靜故,四、

---

❶ 引文中,正文見無著造、玄奘譯《攝大乘論本》卷3,《大正藏》第31冊,1594號,頁147中17至18;小注見世親造、玄奘譯《攝大乘論釋》卷8,《大正藏》第31冊,1597號,頁363中27至下7。世親造、玄奘譯《攝大乘論釋》系論、釋合刊,本書或徑據此改寫。

❷ "謂真如觀前……若有三品",改寫自《大方廣佛華嚴經隨疏演義鈔》卷43,《大正藏》第36冊,1736號,頁335中14至29。"梁《攝論》云……若有三品",改寫自世親造、真諦譯《攝大乘論釋》卷9,《大正藏》第31冊,1595號,頁219中20至28。

❸ "今於此中……廣釋此智",引自無性造、玄奘譯《攝大乘論釋》卷8,《大正藏》第31冊,1598號,頁429中25至26。

離色自性故。五、離於真義異計度故。離此五相，應知是名無分別智。且應先說無分別智所有自性。此中，體相說名「自性」。謂諸菩薩無分別智，離五種相以為自性。離五相者，若「無作意是無分別智」，睡、醉、悶等應成無分別智；若「過有尋有伺地是無分別智」，第二靜慮已上諸地應成無分別智，若如是者，世間應得無分別智；若「想受滅等位中心、心法不轉是無分別智」，滅定等位無有心故，智應不成；若「如色自性是無分別智」，如彼諸色頑鈍無思，此智應成頑鈍無思。復有餘義，若如色性，智不應成。若於真義異計度轉，無分別智應有分別，謂分別言「此是真義」。若智遠離如是五相，於真義轉，於真義中不異計度，此是真義無分別智。有如是智緣真義時，譬如眼識，不異計度，此是其義。於此所說無分別智成立相中，復說多頌"，自性頌曰"諸菩薩自性，遠離五種相，是無分別智，不異計於真"，義如上釋，"自性""自體"，義無差別，如說"鐶釧，金為自體"。❶所依頌曰"諸菩薩所依，非心而是心，是無分別智，非思義種類"，如是所說無分別智，為依於心，為依非心？若言"依心"，"心"言即是思量相故，依心而轉，是無分別，不應道理；若"依非心"，則如眾色，不成為智，亦不應理。為避如是二種過失，故說此頌。"非思義種類"者，謂無分別智所依非心，非思義故，亦非非心，為所依止心種類故，以心為因，數習勢力引得此位，名"心種類"。此即顯示智所依心，出過一切思量分別。❷因緣頌曰"諸菩薩因緣，有言聞熏習，是無分別智，及如理作意"，"諸菩薩因緣"者，謂此智因彼而生。"有言聞熏習"者，謂有於他大乘言音，故名"有言"；"聞"謂"聽聞"，即彼非餘；由此所引功能差別，說名"熏習"。"及如理作意"者，謂此熏習為因，所生意言

---

❶ "'自性''自體'，義無差別，如說'鐶釧，金為自體'"，引自<u>無性</u>造、<u>玄奘</u>譯《攝大乘論釋》卷8，《大正藏》第31冊，1598號，頁429下25至26。

❷ "若言'依心'……思量分別"，改寫自<u>無性</u>造、<u>玄奘</u>譯《攝大乘論釋》卷8，《大正藏》第31冊，1598號，頁429下28至頁430上9。

如理作意。無分別智因此而生。順理清淨，故名"如理"。智必有境故。 **❶** 所緣頌曰"諸菩薩所緣，不可言法性，是無分別智，無我性真如"，"不可言法性"者，謂由徧計所執自性，一切諸法皆不可言。何等名為"不可言性"？謂無我性所顯真如。徧計所執補特伽羅及一切法，皆無自性，名"無我性"。即此無性所顯有性，說名"真如"，勿取斷滅，故說此言。無性《釋》云，"謂可言法無自性性，是離可言徧計所執自性性義"，"為成此義，令其明了，即是一切補特伽羅諸法無性所顯真如，解脫增益、損減二邊，無分別智所緣境界"。 **❷** "有所緣法定有行相" **❸**，頌曰"諸菩薩行相，復於所緣中，是無分別智，彼所知無相"，於所緣中相似而行，故名"行相"。無分別智，於真如境相似而行 **❹**。智與真如平等平等。無相之相，以為行相。如眼取色，見"青"等相，非此青等與色有異，此亦如是，智與真如，無異行相。此二復有二頌釋疑，今畧之。"無分別智何所任持？頌曰：'諸菩薩任持，是無分別智，後所得諸行，為進趣增長'，由無分別後所得智，得菩薩行，此行即依無所別智。'為進趣增長'者，為令如是諸菩薩行得增長故，無分別智是彼任持。此智復以何為助

---

❶ "'諸菩薩因緣說'者……必有境故"，改寫自<u>世親</u>造、<u>玄奘</u>譯《攝大乘論釋》卷 8，《大正藏》第 31 冊，1597 號，頁 364 中 8 至 11；及<u>無性</u>造、<u>玄奘</u>譯《攝大乘論釋》卷 8，《大正藏》第 31 冊，1598 號，頁 430 上 13 至 17。"智必有境故"，<u>無性</u>造、<u>玄奘</u>譯《攝大乘論釋》卷 8 原文實作"智必有境故，次一頌說智所緣"，是解釋下頌（即本書所謂"所緣頌"）之因，與本段"因緣頌"無關，作用同於後文"有所緣法定有行相"一句，後文即將其當作正文。

❷ "謂可言法無自性性……所緣境界"，改寫自<u>無性</u>造、<u>玄奘</u>譯《攝大乘論釋》卷 8，《大正藏》第 31 冊，1598 號，頁 430 上 22 至 26。

❸ "有所緣法定有行相"，引自<u>無性</u>造、<u>玄奘</u>譯《攝大乘論釋》卷 8，《大正藏》第 31 冊，1598 號，頁 430 上 26。

❹ "於所緣中相似而行……相似而行"，引自<u>無性</u>造、<u>玄奘</u>譯《攝大乘論釋》卷 8，《大正藏》第 31 冊，1598 號，頁 430 中 2 至 3。

伴？頌曰：'諸菩薩助伴，說為二種道，是無分別性，五到彼岸性'。'二種道'者，一、資糧道，二、依止道。'資糧道'者，謂施、戒、忍及與精進波羅蜜多；'依止道'者，即是靜慮波羅蜜多。由前所說波羅蜜多所生諸善，及依靜慮波羅蜜多，無分別智即得生長。此智名慧波羅蜜多。乃至未得佛果已來，無分別智當於何處感異熟果？頌曰'諸菩薩異熟，於佛二會中，是無分別智，由加行證得'。'於佛二會中'者，謂受用身會中，及變化身會中。若無分別加行轉時，於變化身中受生受異熟果；若已證得無分別智，於受用身會中受生受異熟果。為顯此義，故復說'由加行證得'。無分別智誰為等流？頌曰'諸菩薩等流，於後後生中，是無分別智，自體轉增勝'。二身大會，前前生中無分別智，後後生處展轉增勝，應知即是彼等流果。❶無分別智出離云何？頌曰'諸菩薩出離，得成辦相應，是無分別智，應知於十地'。初極喜地，入見道時，見一切地無分別理。初得出離，後修道中，方得諸地成辦相應。❷無分別智誰為究竟？頌曰'諸菩薩究竟，得清淨三身，是無分別智，得最上自在'"，❸"清淨三身"者，謂初地中雖得三身而未清淨，至第十地乃得清淨，方名"究竟"，故說爾時得淨三身。"得最上自在"者，謂於爾時無分別智，非但獲得清淨三身，亦得最上十種自在，故名"究竟"。❹"無分別智有何勝利？此有三種"，"如

---

❶"前前生中……彼等流果"，改寫自無性造、玄奘譯《攝大乘論釋》卷8，《大正藏》第31冊，1598號，頁430下28至29。

❷"初極喜地，入見道時……成辦相應"，改寫自無性造、玄奘譯《攝大乘論釋》卷8，《大正藏》第31冊，1598號，頁431上4至5。

❸"無分別智何所任持？頌曰……得最上自在"，本段完全改寫自世親造、玄奘譯《攝大乘論釋》卷8，《大正藏》第31冊，1597號，頁364下19至頁365中6。本段小注，除前已標出的引自無性造、玄奘譯《攝大乘論釋》卷8的文字外，皆是將世親造、玄奘譯《攝大乘論釋》卷8釋頌部分改為小注。

❹"'清淨三身'者……故名'究竟'"，引自無性造、玄奘譯《攝大乘論釋》卷8，《大正藏》第31冊，1598號，頁431上10至14。

是加行無分別智，無染勝利。其譬云何？頌曰‘如虛空無染，是無分別智，種種極重惡，由唯信勝解’”，❶ “加行無分別智”，謂諸菩薩初從他聞無分別理，次雖未能自見此理而生勝解，次此勝解為所依止，方便推尋無分別理，是名“加行無分別智”。由此能生無分別智，是故亦得“無分別”名 ❷。無性《釋》智三問“初問‘如何得無染’者，答‘如虛空無染’。次問‘從何得無染’者，答‘種種極重惡’。後問‘由何得無染’者，答曰‘唯信勝解’，謂唯由信由慧勝解以為因故而得無染”❸，世親云“為欲顯示彼不能染，故說‘種種極重惡’言；為欲顯示不能染因，故說‘由唯信勝解’言。由唯信樂無分別理，而起勝，故能對治種種惡趣。此即顯示諸惡不染”。“此中根本無分別智，無染勝利，其譬云何？頌曰‘如虛空無染，是無分別智，解脫一切障，得成辦相應’”，從何解脫？謂解脫一切障。由何解脫？謂成辦相應。如是解脫，由於諸地唯得相應，成辦相應以為因故，此即顯示無分別智能治諸障。無性云“一切障者，煩惱、所知二障。得成辦相應者，謂在初地與得相應乃至佛地成辦相應”。❹ “此中後得無分別智無染勝利，其譬云何？頌曰‘如虛空無染，是無分別智，常行於世間，非世法所染’”，由此智力，觀諸有情，諸利樂事，故思往彼世間受生。既受生已，一切世法所不能染。世法有八：一、利，二、衰，三、譽，四、毀，五、稱，六、譏，七、苦，八、樂。從無分別智所生故，此智亦得‘無分別’名。今當顯此三智差別。❺ “此三種智，有何差別？頌曰‘如

---

❶ “無分別智有何勝利……由唯信勝解”，改寫自無性造、玄奘譯《攝大乘論釋》卷8，《大正藏》第31冊，1597號，頁365中11至22。

❷ “‘加行無分別智’，謂諸菩薩……‘無分別’名”，引自世親造、玄奘譯《攝大乘論釋》卷8，《大正藏》第31冊，1597號，頁365中14至18。

❸ “無性《釋》智三問……而得無染”，改寫自無性造、玄奘譯《攝大乘論釋》卷8，《大正藏》第31冊，1598號，頁431上18至21。

❹ “無性云‘一切障……成辦相應’”，改寫自無性造、玄奘譯《攝大乘論釋》卷8，《大正藏》第31冊，1598號，頁431上25至27。

❺ “世親云，為欲顯示……三智差別”，改寫自世親造、玄奘《攝大乘論

瘂求受義,如瘂正受義,如非瘂受義,三智譬如是。如愚求受義,如
愚正受義,如非愚受義,三智譬如是。如五求受義,如五正受義,如
末那受義,三智譬如是。如未解於論,求論受法義,次第譬三智,應
知加行等'。為顯三智行相差別,說如是喻。'如瘂求受義'者,譬如瘂人,求受境界,而
未能受,亦不能說;如是加行無分別智,求證真如,而未能證,寂無言說,當知亦爾。'如
瘂正受義'者,譬如瘂人,正受境界,無所言說;如是根本無分別智,正證真如,離諸戲
論,當知亦爾;'如非瘂受義'者,如不瘂人,受諸境界,起諸言說;如是後得無分別智,返
照真如,現證境界,能起言教,當知亦爾。由此道理,釋'如愚'頌。'如五求受義'者,譬
如五識,求受境界,雖有所求,而無分別;如是加行無分別智,當知亦爾。'如五正受義'者,譬
如五識,正受境界,離諸分別;如是根本無分別智,當知亦爾。'如末那受義'者,譬如
意識能受境界,亦能分別;如是後得無分別智,當知亦爾。'如未解於論,求論受法義'者,如
未解論,求誦於論,而未能誦;如是加行無分別智,當知亦爾。如溫習論,領受文字;如
是根本無分別智,當知亦爾。如已聽習,通達法義;如是後得無分別智,當知亦爾。由如
是等眾多譬喻,如數次第,喻加行等三智差別。**次顯根本後得譬喻差別,頌曰**
'**如人正閉目,是無分別智,即彼復開目,後得智亦爾。應知如虛**
空,是無分別智,於中現色像,後得智亦爾'。由此二頌,顯示根本後得
差別。'閉目''開目''虛空色像',俱顯二智,是無分別,是有分別,是其平等,是不平
等。其加行智,未有所證,故暑不說。又加行智是本智因,其後得智是本智果。是故且辨
無分別智成所作事,無分別智修成佛果。**既無分別,云何能作利有情事?頌**
曰'如末尼、天樂,無思成自事,種種佛事成,常離思亦爾'",

❶

釋》卷 8,《大正藏》第 31 冊,1597 號,頁 365 中 23 至下 5。本段小注,除
前已標出的引自<u>無性</u>造、<u>玄奘</u>譯《攝大乘論釋》卷 8 的文字外,皆是將<u>世親</u>
造、<u>玄奘</u>譯《攝大乘論釋》卷 8 釋頌部分改為小注。"今當顯此三智差別",此
句原用以引出下頌文。

❶ "此三種智,有何差別……常離思亦爾",改寫自<u>無性</u>造、<u>玄奘</u>《攝大

如離分別所作事成，於此頌中，'末尼''天樂'，譬喻顯示，如如意珠，雖無分別而能成辦隨諸有情意所樂事。又如天樂，無擊奏者，隨生彼處有情意樂，出種種聲。如是，應知諸佛菩薩無分別智，雖離分別，而能成辦種種事業。"次當顯此無分別智所有甚深。此智為緣依他起性分別事轉，為緣餘境? 若爾何失? 若緣分別，無分別性應不得成; 若緣餘境，餘境定無，云何得緣? 頌曰'非於此、非餘，非智而是智，與境無有異，智成無分別'"，❶ 無分別智不緣分別，依他起性無分別故，非緣分別成無分別。亦不緣餘以為境界，以即緣此分別法性為境界故。法與法性，若一若異，俱不可說。是故此智不可定說緣分別境、非分別境。自體亦爾，不可說言決定是智，如加行智及後得智，分別無故; 亦不可說決定非智。以加行智為先因故。"與境無有異，智成無分別"者，不可分別此是能智、此是所知，能取、所取分別無故。此智與境無差別相，譬如"虛空"與"虛空中所有光明"，是故此智成無分。"餘契經中說'一切法性無分別'"，"為欲顯示無分別義，復說頌言'應知一切法，本性無分別，所分別無故，無分別智無'"，"所分別無故"者，由所分別徧計所執義永無故，餘契經中說"一切法性無分別"。若一切法本來自性無分別者，何不一切有情之類從本已來不作功用、自然解脫? 無分別智彼無有故。由彼有情，於"一切法無分別性"現證真智，本來未生，諸菩薩等于"一切法無分別性"種性為因，證智已生，由此道理，諸菩薩等能得解脫，非餘有情。❷ "此中加行無分別智有三種，謂因緣、引發、數習生差別故"，此加行智三種差別，謂

乘論釋》卷 8，《大正藏》第 31 冊，1598 號，頁 431 中 4 至下 20。本段小注，皆是將無性造、玄奘譯《攝大乘論釋》卷 8 釋頌部分改為小注。

❶ "如離分別所作事成……智成無分別"，改寫自世親造、玄奘譯《攝大乘論釋》卷 8，《大正藏》第 31 冊，1597 號，頁 366 中 4 至 15。本段小注，是將世親造、玄奘譯《攝大乘論釋》卷 8 釋頌部分改為小注。

❷ "無分別智不緣分別……非餘有情"，改寫自無性造、玄奘譯《攝大乘論釋》卷 8，《大正藏》第 31 冊，1598 號，頁 432 上 9 至中 2。

或由種姓力，或由前生引發力，或由現在數習力，而得生故。"或由種姓力"者，種姓為因而得生故；"前生引發力"者，由前生中數習為因而得生故；"現在數習力"者，由現在生士用力為因而得生故。"**根本無分別智亦有三種，謂喜足、無顛倒、無戲論無分別差別故**"，此中"喜足無分別"者，應知已到聞思究竟，由喜足故，不復分別，故名"喜足無分別智"，謂諸菩薩，住異生地，若得聞思覺慧究竟，便生喜足，作是念言"凡所聞思，極至於此"，以是義故，說名"喜足無分別智"。復有餘義，應知世間亦有喜足無分別智，謂諸有情，至第一有，見為涅槃，便生喜足，作是念言"過此便無所應至處"，故名"喜足無分別智"。"無顛倒無分別"者，謂聲聞等，應知彼等通達真如，得"無常"等四無倒智，無"常"等四，顛倒分別，名"無顛倒無分別智"。"無戲論無分別"者，謂諸菩薩，應知菩薩於一切法乃至菩提，皆無戲論，應知此智所證真如，過名言路，超世智境，由是名言不能宣說，諸世間智不能了知。"**後得無分別智有五種，謂通達、隨念、安立、和合、如意思擇差別故**"。此後得智五種差別，一、通達思擇，二、隨念思擇，三、安立思擇，四、和合思擇，五、如意思擇。此中"通達思擇"者，謂通達時，如是思擇"我已通達"。此中"思擇"，意取"覺察"。"隨念思擇"者，謂從此出，隨意念言"我已通達無分別性"。"安立思擇"者，謂為他說此通達事。"和合思擇"者，謂總緣智，觀一切法皆同一相，由此智故，進趣轉依，或轉依已重起此智。"如意思擇"者，謂隨所思，一切如意。由此思擇，能變地等令成金等。為得如意，起此思擇，是故說名"如意思擇"。❶

此後尚有餘文，不復繁引。設有問云：如是三慧，於五位中，若種若現，云何有無？故此答云：於初資糧及加行位，若約種子，三慧具有，若約現，唯有加行，以前二位未得見道，故無根本及後

---

❶ "若自性，若所依，若因緣……如意思擇"，本段文字，除前已由校勘記說明的文字外，正文改寫自無著造、玄奘譯《攝大乘論本》卷3，《大正藏》第31冊，1594號，頁147中21至頁148上28；小注見世親造、玄奘譯《攝大乘論釋》卷8至9，《大正藏》第31冊，1597號，頁363下9至頁367中7。世親造、玄奘譯《攝大乘論釋》系論、釋合刊，本書或徑據此改寫。

得故。於通達位，此二種慧，現行有二，種子具三，以時促故，無加行義。於修習位，前七地中，種、現俱三，以前七地，有漏、無漏二智間起，斷惑、證果有加行故。八地已去，後三地等，現二種三，以無功用違加行故。問：既無加行，何有進趣？答：所有進趣皆用後得。問：既皆後得，何用根本？答：無漏觀中任運趣故，亦有根本。究竟位中，唯以根本證真如理、後得利生盡未來際，故於加行種、現俱捨。上、釋三慧攝五位，竟。

下、釋三學與十波羅蜜多相攝。若言“自性攝”者，即各自體無相襍義，戒唯攝戒，定攝靜慮，慧攝後五，施、忍、勤三度不攝；若并助伴，則一一學中，皆與十度互相攝故；若隨業用攝者，則戒攝前三，謂此戒學，以施為資糧、忍為眷屬故，精進一法，三學皆賴以策進故，三學共攝；若隨顯現攝者，戒攝前四，以不但用施、忍為資糧、眷屬，亦用精進守護戒城故，若夫“定攝靜慮，慧攝後五”，則三者一也。

十、五位者，亦名“修證”，以五位通修故名為“修”，佛方究竟故名為“證”。故二十一種功德之中，有波羅蜜多成滿功德。然“五位皆具，唯修習位中其相最顯”耳❶。“然初二位”下，釋十波羅蜜各有有漏、無漏種子、現行，以明諸位簡別。謂資糧、加行二位，若頓悟菩薩，種通有漏、無漏，而現唯有漏，由彼根性猛利，不伏分別，故於無漏現行不起，唯是有漏；若漸悟菩薩，已伏煩惱，已得生空四如實智，是故種、現皆通有漏、無漏。若通達位，種通有漏、無漏，而現行唯是無漏，以得真見道證根本智，故於有漏不起

---

❶ “十、五位者……最顯耳”，改寫自《大方廣佛華嚴經隨疏演義鈔》卷22，《大正藏》第 36 冊，1736 號，頁 172 中 22 至 26；源自《成唯識論述記》卷 10，《大正藏》第 43 冊，1830 號，頁 583 上 7 至 11。

現行。若在脩習位，七地已前，有漏、無漏，種、現俱通，相間起故；八地已去，種通有漏、無漏，而現行唯是無漏，以彼有漏惑永伏不起故。究竟位中，種、現俱是無漏，有漏種、現俱永斷故。

“此十因位”下，即分位分別，顯於三劫得名不同。自資糧、加行二位，歷一僧祇劫；復從初地以至七地，歷一僧祇；復從八地至等覺，歷一僧祇。初一僧祇，爾時施等勢力尚微，被煩惱伏，不能伏煩惱，雖不恣彼，而不覺現行，故但名“波羅蜜多”，以一行中修一行故。第二劫去，勢力漸增，能伏煩惱，煩惱不復現行，以度生故，方現貪等，謂之“故意”，此名“近波羅蜜多”，以一行之中修一切行、近菩提故。第三僧祇，勢力轉增，能畢竟伏一切煩惱永不現行，名“大波羅蜜多”，以一切行中修一切、體包博故。問：既永不起煩惱現行，何不名佛？答：猶有所知微細現、種，及彼煩惱種極微細種，尚未斷盡，故未究竟。直至等覺後心，金剛喻定現在前時，方究竟斷故。此三名者，未入劫來，同於第一；已成佛竟，同於第三。❶

“此十義類”下，總結也。問：十行，十地，何修何行？答：一切地中，雖實具修十種勝行，而隨增上，地地修一，如其次第，前

❶ “‘此十因未’下……同於第三”，改寫自《成唯識論》原文及《大方廣佛華嚴經隨疏演義鈔》卷22：“《疏》‘十約因位’下，即分位分別，顯於三劫得名不同。初但名‘波羅蜜多’者，以一行中修一行故。二名‘近’者，一行之中修一切行故，近菩提故。三‘廣大’者，一切行中修一切行故，體包博故。然未入劫，同於第一；已成佛竟，同於第三。”（《大正藏》第36冊，1736號，頁172中27至下4）《大正藏》本《成唯識論》原文中“波羅蜜多”三別名分別為“遠波羅蜜多”“近波羅蜜多”“大波羅蜜多”，然本書所據《成唯識論》版本及所引《大方廣佛華嚴經隨疏演義鈔》卷22文字皆將第一名解作“波羅蜜多”。

已具明。問：十地行門，差別無量，何唯十種？答：雖十地有無量門，而皆攝在十到彼岸。《攝大乘論》《瑜伽師地論》等，廣明其義。

十重障者，一、異生性障，謂二障中分別起者，依彼種立"異生性"故。二乘見道現在前時，唯斷一種，名"得聖性"；菩薩見道現在前時，具斷二種，名"得聖性"。二真見道現在前時，彼二障種必不成就，猶明與闇定不俱生，如秤兩頭低昂時等，諸相違法，理必應然，是故二性無俱成失。無間道時已無惑種，何用復起解脫道為？"斷惑""證滅"期心別故。為捨彼品麤重性故，無間道時，雖無惑種，而未捨彼無堪任性；為捨此故，起解脫道，及證此品擇滅無為。雖見道生亦斷惡趣諸業果等，而今且說能起煩惱是根本故。由斯，初地說斷二愚及彼麤重：一、執著我法愚，即是此中"異生性障"；二、惡趣雜染愚，即是惡趣諸業果等。應知愚品總說為"愚"，後准此釋。或彼唯說利、鈍障品俱起二愚。彼"麤重"言，顯彼二種。或二所起無堪任性，如入二定說斷苦根，所斷苦根，雖非現種，而名"麤重"，此亦應然。後"麤重"言，例此應釋。雖初地所斷實通二障，而異生性障意取所知，說十無明非染污故。無明即是十障品愚。二乘亦能斷煩惱障，彼是共故，非此所說。又十無明不染污者，唯依十地修所斷說。雖此位中亦伏煩惱，斷彼麤重，而非正意，不斷隨眠，故此不說。理實初地修道位中，亦斷俱生所知一分。然今且說最初斷者，後九地斷，准此應知。住滿地中，時既淹久，理應進斷所應斷障，不爾，三時道應無別。故說菩薩得現觀已，復於十地修道位中，唯修永滅所知障道，留煩惱障，助願受生，非如二乘速趣圓寂。故修道位不斷煩惱，將成佛時方頓斷故。二、邪行障，謂所知障中俱生一分，及彼所起悞犯三業，彼障二地極淨尸羅，入二地時便能永斷。由斯，二地說斷二愚及彼麤重：一、微細悞犯愚，即是此中俱生一分；二、種種業趣愚，即彼所起悞犯三業，或唯起業、不了業愚。三、闇鈍障，謂所知障中俱生一分，令所聞、思、修法忘失，彼障三地勝定總持，及彼所發殊勝三慧，入三地時便能永斷。由斯，三地說斷二愚及彼麤重：一、欲貪愚，即是此中能障勝定及修慧者，彼昔多與欲貪俱故，名“欲貪愚”，今得勝定及修所成，彼既永斷，欲貪隨伏，此無始來依彼轉故；二、圓滿聞持陀羅尼愚，即是此中能障總持聞、思慧者。四、微細煩惱現行障，謂所知障中俱生一分，第

六識俱身見等攝，最下品故、不作意緣故、遠隨現
行故，說名"微細"，彼障四地菩提分法，入四地
時便能永斷。彼昔多與第六識中任運而生，執我
見等同體起故，說"煩惱"名。今四地中，既得
無漏菩提分法，彼便永滅，此我見等亦永不行。初、
二、三地行施、戒、修，相同世間；四地修得菩提分
法，方名出世，故能永害二身見等。寧知此與第
六識俱？第七識俱執我見等，與無漏道性相違
故，八地以去方永不行，七地已來猶得現起，與
餘煩惱為依持故。此麤彼細，伏有前後，故此但
與第六相應。"身見"等言，亦攝無始所知障攝定
愛、法愛。彼定、法愛，三地尚增，入四地時方能
永斷，菩提分法特違彼故。由斯，四地說斷二愚
及彼麤重：一、等至愛愚，即是此中定愛俱者；二、
法愛愚，即是此中法愛俱者。所知障攝二愚斷
故，煩惱二愛亦永不行。五、於下乘般涅槃障，謂
所知障中俱生一分，令厭生死、樂趣涅槃，同下二
乘厭苦欣滅，彼障五地無差別道，入五地時便能
永斷。由斯，五地說斷二愚及彼麤重：一、純作意
背生死愚，即是此中厭生死者；二、純作意向涅槃
愚，即是此中樂涅槃者。六、麤相現行障，謂所知
障中俱生一分，執有染淨麤相現行，彼障六地無

染淨道，入六地時便能永斷。由斯，六地說斷二愚及彼麤重：一、現觀察行流轉愚，即是此中執有染者，諸行流轉染分攝故；二、相多現行愚，即是此中執有淨者，取淨相故，相觀多行，未能多時住無相觀。七、細相現行障，謂所知障中俱生一分，執有生滅細相現行，彼障七地妙無相道，入七地時便能永斷。由斯，七地說斷二愚及彼麤重：一、細相現行愚，即是此中執有生者，猶取流轉細生相故；二、純作意求無相愚，即是此中執有滅者，尚取還滅細滅相故，純於無相作意勤求，未能空中起有勝行。八、無相中作加行障，謂所知障中俱生一分，令無相觀不任運起。前之五地，有相觀多，無相觀少；於第六地，有相觀少，無相觀多；第七地中，純無相觀，雖恒相續而有加行，由無相中有加行故，未能任運現相及土，如是加行，障八地中無功用道故；若得入第八地時，便能永斷，彼永斷故，得二自在。由斯，八地說斷二愚及彼麤重：一、於無相作功用愚；二、於相中不❶自在愚，令於相中不自在故。此亦攝土，相一分故。八地以上，純無漏道任運起故，三界煩惱

---

❶ “中不”二字，《大正藏》本《成唯識論》卷9無，校勘記謂《宋》《元》《明》《宮》四本有此二字。

永不現行，第七識中細所知障猶可現起，生空智果不違彼故。九、利他中不欲行障，謂所知障中俱生一分，令於利樂有情事中不欲勤行，樂修己利，彼障九地四無礙解，入九地時便能永斷。由斯，九地說斷二愚及彼麁重：一、於無量所說法、無量名句字、後後慧辯陀羅尼自在愚。於無量所說法陀羅尼自在者，謂義無礙解，即於所詮總持自在，於一義中現一切義故；於無量名句字陀羅尼自在者，謂法無礙解，即於能詮總持自在，於一名句字中現一切名句字故；於後後慧辯陀羅尼自在者，謂詞無礙解，即於言音展轉訓釋總持自在，於一音聲中現一切音聲故。二、辯才自在愚。辯才自在者，謂辯無礙解，善達機宜，巧為說故。愚能障此四種自在，皆是此中第九障攝。十、於諸法中未得自在障，謂所知障中俱生一分，令於諸法不得自在，彼障十地大法智雲及所含藏所起事業，入十地時便能永斷。由斯，十地說斷二愚及彼麁重：一、大神通愚，即是此中障所起事業者；二、悟入微細祕密愚，即是此中障大法智雲及所含藏者。此地於法雖得自在，而有餘障，未名最極，謂有俱生微所知障，及有任運煩惱障種，金剛喻定現在前時，彼皆頓斷，入如來地。由斯，佛

地說斷二愚及彼麁重：一、於一切所知境極微細著
愚，即是此中微所知障；二、極微細礙愚，即是此
中一切任運煩惱障種。故《集論》說：得菩提時，頓
斷煩惱及所知障，成阿羅漢及成如來，證大涅槃、
大菩提故。

三、十重障，分二：一、正釋十種，二、二障所攝。今初。"十
重障"者，總標也。

一、異生性障。梁《攝論》中名"凡夫性"，又名"凡夫我相
障"，以此我執故能障初地❶，入初地時此障便斷故。"謂二
障"下，先明斷障。此中意明，依分別障種，立異生性障。"分別"揀
於"俱生"，"種"揀"現起"❷。應知此障唯在凡夫。若二乘入
見道位時，唯斷分別煩惱一種，即入聖流，名"得聖性"；菩薩一
入見道位時，雙斷煩惱、所知二種，即入聖位，名"得聖性"。言
"二真見道"者，雖大、小乘斷分別惑，廣、狹有異，而見道俱真，故
名"二真見道"。論意為異薩婆多宗。彼宗所立：見道之前，斷異
生性，無間道起，與惑得俱，說言"斷"耳。故為伏難云：若異
生性，見道前捨，無漏果起，無有凡、聖俱成就失。今既依於見斷
種立，即無間道有惑種俱，異生未斷，如何凡、聖無俱成失？故此
釋云：見道起時，彼種不成，猶如明生不與暗並，故凡、聖二性無
俱成失。若無間道與惑得俱，却有凡、聖俱成之失。《雜集》第七

---

❶ "梁《攝論》中……能障初地"，改寫自《大方廣佛華嚴經疏》卷 33，《大
正藏》第 35 冊，1735 號，頁 756 中 7 至 9。

❷ "此中意明……‘種’揀‘現起’"，改寫自《大方廣佛華嚴經隨疏演
義鈔》卷 57，《大正藏》第 36 冊，1736 號，頁 453 中 24 至 25。

亦明此義，彼"問：從何而得斷耶？答：不從過去，已滅故；不從未來，未生故；不從現在，道不俱故。然從諸煩惱麁重而得斷，為斷如是如是品麁重，生如是如是品對治。若此品對治生，即此品麁重滅，平等平等，猶如世間明生闇滅。由此品離繫故，令未來煩惱住不生法中，是名為斷"❶。外人問云：無間道時，已無惑種，何用復起解脫道為？論主答云："斷惑""證滅"期心別故。無間道時但能斷惑，解脫道時方得證果，故云"期別"；後智斷惑，本智證果，故云"心別"❷。"為捨此品麁重性故"者，謂無間道時，雖無分別惑種，而未捨彼俱生惑種。俱生性細，名"無堪任"❸。為捨此故，及證此品擇滅無為，故起解脫。"雖見道生"下，明斷二愚。問：惑、業二種俱名習氣，何故此中但說斷惑種，不斷業

---

❶ 引文見《大乘阿毘達磨雜集論》卷 7，《大正藏》第 31 冊，1606 號，頁 727 上 22 至 28。"言'二真見道'……《雜集》第七亦明此義"，改寫自《大方廣佛華嚴經隨疏演義鈔》卷 56，《大正藏》第 36 冊，1736 號，頁 446 上 16 至中 5。此處對《成唯識論》"二真見道"的解釋，《大方廣佛華嚴經隨疏演義鈔》卷 56 謂《成唯識論述記》沒有解釋，並列舉了"真見道與相見道""人、法二空""無間道、解脫道"三種解釋，最終判定"大、小乘"為"二真見道"。唐代唯識宗注疏中，唯如理《成唯識論疏義演》卷 12 有釋："二真見道名為聖者，一、謂二乘人生空智真見，二、菩薩法空智真見道。"（《新纂卍續藏》第 49 冊，815 號，頁 867 上 17 至 18）

❷ "無間道時但能斷惑……故云'心別'"，本段是對《成唯識論》"'斷惑''證滅'期心別故"的解釋，本書似將"期"理解為"時期"，故將"期心別"分別解為"期別"與"心"別，以"無間道時""解脫道時"來解釋"期別"，然唐代注疏未作此解，"期心"一般解為"期望之心"。

❸ "俱生性細，名'無堪任'"，本句是對《成唯識論》"無堪任性"的解釋，與唐代注疏不同。據唐代注疏，"無堪任性"指因麁重而使所依無堪任性，或有別解，但並無注釋將其解為俱生執。

種？答：雖見道時，亦斷業種，而此但說能起業之煩惱者，以煩惱是業種根本故。由斯，初地說斷二愚及彼二種無堪任性。"二愚"即是現行，"麁重"即種子也。一、執著我法愚，即異生障，即分別我、法二執習氣；二、惡趣雜染愚，即惡趣諸業果等，即業習氣❶。問：無明即我癡，癡即是愚；業、果非是無明，何得言"愚"？答：不但無明獨可名愚，應知愚之品類，總說為"愚"；業果雖非是愚，亦是愚之品類故。或說"愚"者，是十使中之五利五鈍，皆與無明俱起，故說二愚。彼"麁重"言，即是顯彼利、鈍二惑種子，或是利、鈍二惑無堪任性。如入無想、滅盡定者，俱斷苦根，以二定中無苦受故，為入定時，雖無苦根現行、種子，而說入定斷彼麁重，又何疑於此哉？後九地中，淺深不同，而皆言"麁重"，皆此例也。問：既初地所斷亦通二障，何故但說凡夫我相障，而不言所知❷？答：雖初地所斷實通煩惱、所知，而此異生

---

❶ "'二愚'即是現行……即業習氣"，本句是對《成唯識論》"斷二愚及彼麁重……諸業果等"的解釋，前謂"愚"是"現行"，后又謂是"習氣"，"習氣"即"種子"異名，誤。據唐代注疏，以"二愚"為"現行""麁重"為"種子"者，是後文的一種觀點，但一般來說，"麁重"不僅指種子，"執著我、法愚"之"愚"即"無明"，能執我、法者即"慧"，此"愚"之體是異生性障，包括煩惱障、所知障的種子與現行，"惡趣雜染愚"則指由愚所起之業及所感之果，亦通種子、現行。

❷ "問：既初地所斷亦通二障，何故但說凡夫我相障，而不言所知"，本句是為《成唯識論》"雖初地所斷實通二障，而異生性障意取所知"增添的設問，但問中謂"不言所知"，意謂"為何初地斷二障，但只說'凡夫我相障/異生性障'，不說所知障"，似將"異生性障"與"所知障"對立，《成唯識論》原文則謂，說"異生性障"意在說"所知障"。如需設問，應是"為何初地斷二障，但異生性障卻只取所知障"。

性障正取所知，以此十地說斷十種無明，不說斷染污故，以煩惱障心故名"染污"，所知障理不名"染污"，此十無明即是十障品中一分愚癡也。問：二乘亦能斷煩惱障，何故此中不說？答：彼二乘斷者菩薩亦斷，菩薩斷者二乘不斷，今顯無明是菩薩斷，二乘無分，故不說之。又此十無明，是十地菩薩修所斷故，非是菩薩見道所斷，是故不說❶。問：既通二障，何只取所知，不說煩惱耶？答：初地中雖亦頓伏俱生煩惱，不起現行，亦頓斷彼分別種子，而非此中所說正意。其實不斷俱生種子，故此不說斷煩惱種。據理言之，實❷是初地見❸道位中，亦斷俱生所知一分，而今且說最初斷者，後九地中凡言斷者，皆此例也。然則煩惱隨眠何時方斷乎？答云：住、滿地中等。"三時"者，三阿僧祇劫也。資糧、加行，歷一僧祇，名"漸伏頓斷道"，新伏俱生、頓斷分別故；通達、修習前七地中，歷一僧祇，名"頓伏漸斷道"，頓伏煩惱、漸斷所知故；修道後三，至究竟位，歷一祇僧，名"永伏永斷道"，煩惱、所知究竟斷故。是三道別。"住、滿地中時既淹久"者，是後僧祇。於此長時，應斷餘障。若不爾者，三時斷道應無別故❹。故

❶ "又此十無……是故不說"，本段是對《成唯識論》"又十無明不染污者，唯依十地修所斷說"的解釋，本書將其當作前文"為何異生性障不包括煩惱障"的第二種解釋，與唐代注疏有異。據唐代注疏，本句就是解釋世親《攝大乘論釋》中提到的十種"不染污無明"何以不是"染污"。

❷ "實"，底本難辨，校本作"實"，整理者據校本及文意定。

❸ "見"，底本、校本皆作"見"，本句是標引《成唯識論》"初地修道位中"，當作"修"，即出見道位后初地修習才斷俱生障。

❹ "然則煩惱……應無別故"，本段是對《成唯識論》"住、滿地中時既淹久，理應進斷所應斷障，不爾，三時道應無別"的解釋，與唐代注疏大異。據唐代注疏，此處的問題並非"煩惱隨眠何時方斷"，而是"何以得知初地等

說菩薩得現觀已，唯修永滅所知障道，而煩惱障留之以助願受生，不同二乘斷盡煩惱、速趣涅槃，故直至成佛方得頓斷，豈修道位容遽斷耶？

　　二、邪行障。《論》不釋名。《攝論》云，謂於諸有身等邪行障❶。由前地生大歡喜，故有惧犯三業，名為"邪行"。《瑜伽》云：云何邪行障？當知畧說後後引發有八種相，一者、能退智邪行，退故妄念邪行，妄念故壞百法邪行，壞故惡意現邪行，惡故難調伏邪行，難調故行非道邪行，行非故不賢良邪行，不賢故不如義邪行❷。"謂所知"下，出體。"所知"揀異"煩惱"，"俱生"揀於"分別"。分別，初地已斷盡故，一分唯屬此地斷者。"由斯二"下，後斷愚也。開上一障而為二愚。"愚"即現行，"麁重"是種子。一、微細誤犯愚，即上俱生一分，此能起業。二、種種業趣愚，即彼所起誤犯三業，毀責為名，不取惡果。豈名"種種"？業

入地心，出見道等已，更斷餘惑"。

　❶ "《論》不釋名……等邪行障"，引自《大方廣佛華嚴經隨疏演義鈔》卷 59，《大正藏》第 36 册，1736 號，頁 470 上 26 至 27。其中引文實為世親造、玄奘譯《攝大乘論釋》卷 7："二、於諸有情身等邪行。"(《大正藏》第 31 册，1597 號，頁 358 上 23 至 24）源自窺基《成唯識論述記》卷 10，《大正藏》第 43 册，1830 號，頁 586 中 16 至 17。

　❷ "《瑜伽》云：云何邪行障……如義邪行"，改寫自《瑜伽師地論》卷 79："云何邪行？當知畧說後後引發有八種相。一者、能退智資糧邪行。二者、退智資糧故能令忘念邪行。三者、由忘念故能壞白法邪行。四者、白法壞故能令非菩薩儀惡意現行邪行。五者、惡意現行故能令難可調伏邪行。六者、難調伏故能令行於非道邪行。七者、行非道故能令親近不賢良邪行。八者、親近不賢良故能令菩薩不如其義邪行。"(《大正藏》第 30 册，1579 號，頁 739 上 13 至 21）然《瑜伽師地論》此處文字所解釋的是"邪行"，而非"邪行障"。

中不一，即為"種種"。種種非一，即是毀責。又一釋云：或唯起業、不了業愚，謂前一是起業之愚，後一即是不了業愚，非所發業。此二非必能起於業，則其二愚一向是愚。若依釋後之，一愚亦愚品類。問：所知障不能發潤，如何此中能發三業？答：第一論云❶，續生煩惱，發犯戒業，通所知障。此約誤犯，故不相違❷。

三、闇鈍障，謂彼忘失聞、思、修所成三慧，故名"闇鈍"。以二地中純修戒品，無定、慧故❸。此障三地勝定、總持及彼勝定所發修慧、總持所發聞慧、思慧。三慧別障，如下愚中，今但總說。"由斯三地"下，釋斷二愚：一、欲貪愚，即欲界貪也。由此貪故，多住散亂，障上定、慧；今斷欲貪，上界定、慧方得現前。應有問云：上標"所知"，今何得舉欲貪煩惱？答云：謂彼所知，往昔多與欲貪俱時轉故，名欲貪愚。今得定、慧，則彼所知既已永斷，而欲貪者亦已隨伏，以此欲貪，依彼所知而得轉故。二、圓滿聞持陀羅尼愚。"陀羅尼"者，此云"總持"，以持一法得一切法，故名為"總"。此"持"通四：一、法持，二、義持，三、呪持，四、能得忍持。以聞、思與彼聞持極相近故，所以偏說，非不障修❹也。

---

❶ "第一論云"，本句引自《大方廣佛華嚴經隨疏演義鈔》卷 59，原文作"《唯識》第一云"，然《大正藏》本《成唯識論》及窺基《成唯識論述記》等皆無下述文字，文字或有舛誤。

❷ "'謂所知'下……故不相違"，改寫自《大方廣佛華嚴經隨疏演義鈔》卷 59，《大正藏》第 36 冊，1736 號，頁 470 上 28 至中 14。

❸ "以二地中純修戒品，無定、慧故"，此說僅見於明代注疏。

❹ "三慧別障……非不障修"，改寫自《大方廣佛華嚴經隨疏演義鈔》卷 60，《大正藏》第 36 冊，1736 號，頁 481 上 2 至 12；源自《成唯識論述記》卷 10，《大正藏》第 43 冊，1830 號，頁 586 下 12 至頁 587 上 9。"以持一法得一切法，故名為'總'"，此說不見於《大方廣佛華嚴經隨疏演義鈔》

　　四、微細煩惱現行障。由前地貪愛定、慧故即成障，即定愛、法愛。此障是第六識中俱生身見等攝。"第六識"言揀"第七識"。第七識俱，以微細故，此地未斷。今言"微細"，望前地說。有三義故，立"微細"名：一、第六識中分別身見，名為"上品"，唯不善故；獨頭貪等，名為"中品"，通善、不善；此唯無記，故名"下品"。二、不作意緣故，即"任運生"義。三、遠隨行故，從無始來隨逐於身故。有上三義，故名"微細"。"彼障四地菩提分法"者，"入四地時便能永斷"。言"菩提分法"者，即三十七品助道法也，謂四念處、四正勤、四神足、五根、五力、七菩提分、八聖道分。以有身見，不能觀身為不淨等，故曰"障"。應有問云：上言"所知障中俱生一分"，那名煩惱？故此釋云：此所知障，昔時多分與煩惱障同一體起，立"煩惱"名。由菩提分正斷所知，彼之身見亦不行故。然則前之三地，何不爾耶？曰：以前三地相同世間，今此四地方名出世，方能離之❶。問：何知此我執見，唯與第六識俱，而非第七？答：第七身見，在第七地猶得現起，八地已去方永不起，與無漏道性相違故。以五地時有相觀多、無相觀少，在第六地無相觀多、有相觀少，至第七地純是無相、然有功用故，至八地名無漏道，無漏道時，第七識中俱生現行，永伏不行。故七地已前，皆得現起，以餘俱生煩惱為依止故。且此六、七身見有麁有細，故伏斷時，亦有前、後。由斯義趣，故知此地所斷身見，但與六識相應，非第七識。"身見"等言，亦攝定愛、法愛，愛修勝

卷 60 與《成唯識論述記》卷 10。

　　❶ "'第六識'言……方能離之"，改寫自《大方廣佛華嚴經隨疏演義鈔》卷 61，《大正藏》第 36 冊，1736 號，頁 492 下 29 至頁 493 上 13；源自《成唯識論述記》卷 10，《大正藏》第 43 冊，1830 號，頁 587 上 10 至中 19。

定及總持故，亦名“離解法慢障”，畧云“解法”，實亦有定。菩提分法，特違於彼，故能燒之。由斯，四地說斷二愚及彼麁重，一、等至愛愚，“等至”即定。味八定故；二、法愛愚，即解法慢，今得無漏定及無漏教，故違於彼。所知障攝定、法二愚既已斷故，煩惱相應定、法二愛亦永不行。“愚”即所知，“愛”即煩惱，故說俱斷**❶**。

五、於下乘般涅槃障。即前四地出世，厭生死苦，樂趣涅槃。此障五地，今入真俗無差別道，便能斷之。此斷欣厭，即是二愚**❷**。此地真如，名類無別，故緣彼道名“無差別道”，亦名“身淨我慢障”，四地出世取身淨故。由此欣、滅，如前已釋。

六、麁相現行障。有染有淨，名為“麁相”。即前五地無差別道，真、俗等觀，染、淨相現，名“麁現行”。六地方斷，以觀十平等故，所謂一切法無相故平等，無體故平等，無生故平等，無滅故平等，本來清淨故平等，無戲論故平等，無取捨故平等，寂靜故平等，如夢、如幻、如影、如響、如水中月、如鏡中像、如焰、如化故平等，有無不二故平等，菩薩廣推十二因緣流轉生滅皆無自性，無自性故平等，故能斷此一障二愚：一、現觀察行流轉愚，即執苦、集二諦；二、相多現行愚，即執滅、道二諦。本分名微細煩惱習者，執細染、淨即是煩惱。形於前地，故說為“微”。此中形

---

❶ “名‘離解法慢障’……故說俱斷”，改寫自《大方廣佛華嚴經疏》卷 37，《大正藏》第 35 冊，1735 號，頁 789 上 20；及《大方廣佛華嚴經隨疏演義鈔》卷 61，《大正藏》第 36 冊，1736 號，頁 493 上 13 至 22。

❷ “即前四諦……即是二愚”，引自《大方廣佛華嚴經疏》卷 38，《大正藏》第 35 冊，1735 號，頁 795 下 23 至 25；及《大方廣佛華嚴經隨疏演義鈔》卷 63，《大正藏》第 36 冊，1736 號，頁 505 中 14 至 16。

後，名為麤相^❶。

七、細相現行障。謂六地執生滅細相現行故。前地樂著般若觀空，即細相現行障。此地隨有不著，為能對治。謂向雖能治前地樂空之心。以其有量、有功用，即復是障。此地修無量無功用行以為對治。謂前"樂無作"，不名方便，不能起增上行，非殊勝道。此地以十種不捨眾生法無我智以為對治^❷。故《大經》云，"菩薩具足六地行已，欲入第七遠行地，當修十種方便慧，起殊勝道。何等為十？所謂雖善修空、無相、無願三昧而慈悲不捨眾生，雖得諸佛平等法而樂常供養佛，雖入觀空智門而勤集福德，雖遠離三界而莊嚴三界，雖畢竟寂滅諸煩惱焰而能為一切眾生起滅貪、瞋、癡煩惱焰，雖知諸法如幻、夢、影、響等自性無二而隨心作業無量差別，雖知一切國土猶如虛空而能以清淨妙行莊嚴佛土，雖知諸佛法身本性無身而以相好莊嚴其身，雖知諸佛音聲性空寂滅不可言說而能隨一切眾生出種種差別清淨音聲，雖隨諸佛了三世唯是一念而隨眾生意解分別以種種相、種種時、種種劫數而修諸行。菩薩以如是十種方便慧起殊勝行，從第六地，入第七地"，"此菩薩於

---

❶ "六地方斷，以觀十平等故……名為麤相"，改寫自《大方廣佛華嚴經疏》卷 39，《大正藏》第 35 冊，1735 號，頁 800 下 17 至 19；及實叉難陀譯《大方廣佛華嚴經》卷 37，《大正藏》第 10 冊，279 號，頁 193 下 9 至 16。

❷ "前地樂著……以為對治"，改寫自《大方廣佛華嚴經疏》卷 41："初言'樂無作'者，樂著般若觀空故，即細相現行障。此地隨有不著為能對治。二、謂向雖能治前地樂空之心，以其有量、有功用，即復是障故。修無量無功用行以為對治。三、垢障既盡故，止觀雙行……謂前'樂無作'不名方便，不能起增上行，非殊勝道。今以十種不捨眾生法無我智以為能治"（《大正藏》第 35 冊，1735 號，頁 814 下 23 至頁 815 上 8）

十波羅蜜，於念念中皆得具足，如是乃至一切菩提分法，於念念皆悉圓滿"❶。此生滅相即是二愚：一、細相現行愚，謂執有緣生流轉細生相故；二、純作意求無相愚，即執有細還滅相故。由執還滅，故求無相。以純作意於無相勤求，未能空中起有勝行，至此地中方能斷之❷。"純於無相作意勤求"者，但念空、無相、無作也。"未能空中起有勝行"者，於諸菩薩淨佛國土、遊戲神通，尚未具足也❸。相有二種：一、有，二、無。無者為細❹，故云細相現行也。

　　八、無相中作加行障。即前第七所起勝行、求無相故，名曰"加行"，令無相觀不任運故。五地觀心劣故，無相觀少；六地觀染淨平等故，無相觀多；七地作加行故。然準護法，於無相中有加行智，體非是障，以善住故，只由所斷障令作加行故，說名為"加行障"也。由此，第七有加行故，雖❺金等諸相及土，非任運現，故

---

❶ "《大經》云……皆悉圓滿"，改寫自實叉難陀譯《大方廣佛華嚴經》卷37，《大正藏》第10冊，279號，頁196上18至下10。

❷ "此生滅相即是二愚……方能斷之"，改寫自《大方廣佛華嚴經疏》卷41，《大正藏》第35冊，1735號，頁814下1至5。

❸ "'純於無相作意勤求'者……尚未具足也"，或是據鳩摩羅什譯《妙法蓮華經》卷2"但念空、無相、無作，於菩薩法，遊戲神通、淨佛國土、成就眾生，心不喜樂"（《大正藏》第9冊，262號，頁16中16至17）解《成唯識論》"純於無相作意勤求，未能空中起有勝行"二句。

❹ "相有二種……無者為細"，引自《大方廣佛華嚴經隨疏演義鈔》卷68，《大正藏》第36冊，1736號，頁545上24至25。

❺ "雖"字下，《大正藏》本《大方廣佛華嚴經隨疏演義鈔》卷68有"現"字，應有"現"字。

以為障❶。至第八地，"入一切法本來無生、無起、無相、無成、無壞、無盡、無轉、無性為性，初、中、後際皆悉平等，無分別如如智之所入處，離一切心意識分別想，無所取著❷，猶如虛空。入一切法，如虛空性，是名'得無生法忍'"，"即捨一切功用，得無功用法，身、口、意業念務皆息，住於報行"❸，故便斷此障。由斯，說斷一障二愚：一、無相作用愚，即念念加行入無相觀故；二、相中不自在愚，現身現土不能任運故，八地已上純無漏道方任運故。此地方能捨"賴耶"名，三界煩惱永不現起、離分段生、出三界故。唯第七識微細俱生猶可現起，以但證生空，法空未證，猶存法執故。問：何故生空智起，法執猶存？答：以生空智不違第七法我執故。"生空智"者，謂生空智所引後得智及滅盡定也。《金光明》中名二愚云：一、無相法多用功力無明；二、執相自在難可得度無明❹。

九、利他中不欲行障。任運自在，名"不欲行"❺。即前八地無功用道。樂修己利，故於利生不欲勤行，名之為"障"。此用能

---

❶ "求無相故……故以為障"，改寫自《大方廣佛華嚴經隨疏演義鈔》卷68，《大正藏》第36冊，1736號，頁548中20至26。

❷ "著"，底本、校本皆作"者"，校本校勘記謂"者疑著"，本句引自實叉難陀譯《大方廣佛華嚴經》卷38，整理者據《大正藏》本《大方廣佛華嚴經》卷38及文意改。

❸ "入一切法本來無生……住於報行"，改寫自《大方廣佛華嚴經》卷38，《大正藏》第10冊，279號，頁199上6至18。

❹ "'生空智'者……得度無明"，除改寫自《大方廣佛華嚴經隨疏演義鈔》卷68，《大正藏》第36冊，1736號，頁548中26至29。

❺ "任運自在，名'不欲行'"，此說不見於明代之前的注疏，《成唯識論》原文明確解釋為"不欲勤行"。

障四無礙解所知障種以為體性，以八地已上六識中所知障無現行故❶。第一種愚，障法、義、詞三無礙解；第二種愚，障第四辯無礙解。一、"法"者，法體，謂法自體，有軌持故，即二空所攝即真之俗境故。二、"義"者，法境界體，謂於法體上差別境義，如一"色"字為總，而可言"性空色""色性空"等，是"色"之別義，即上二空所攝真諦之境。三、"詞"者，正得與眾生，謂得彼方言與他說故。故《華嚴論》云，於彼如實智境中，隨他所喜言說正知，此釋正得隨他言說，正知而與，故此釋與眾生。四、"辯才"者，正求與無量門，正求與者，邪求之人不與也。❷謂辯才樂說，乃詞中別義，七辯剖析，名"無量門"。《華嚴論》云，於彼隨他所喜言語正知，無量種種義語，隨知而與故❸。法無礙智，緣能詮教法為境；義無礙智，即於所詮總持自在；詞無礙智，即於言音展轉訓釋總持自在；辯才無礙智，緣機巧說為境。於一義中現一切義，於一名句字中現一切名句字，於一音聲中現一切音聲，所謂"無礙自在"者也❹。

十、於諸法中未得自在障。前九地中，雖於一切品類宣說法中

---

❶ "此用能障……無現行故"，引自《大方廣佛華嚴經隨疏演義鈔》卷70，《大正藏》第36冊，1736號，頁558上18至19；源自法藏《華嚴經探玄記》卷14，《大正藏》第35冊，1733號，頁366上19至21。此說不見於唐代唯識宗注疏，亦未說此障僅為前六識中所知障。

❷ "正求與者，邪求之人不與也"，改寫自《大方廣佛華嚴經隨疏演義鈔》卷72，《大正藏》第36冊，1736號，頁572上17至18。

❸ "一、'法'者，法體……知而與故"，改寫自《大方廣佛華嚴經疏》卷43，《大正藏》第35冊，1735號，頁831下25至頁832上13。

❹ "法無礙智……者也"，改寫自《大方廣佛華嚴經隨疏演義鈔》卷72，《大正藏》第36冊，1736號，頁571下16至21。

得大自在,而未能得圓滿法身現前證受❶。今十地中,始得圓滿,故離此障。地名“法雲”,譬如大雲,能覆如空廣大障故❷。《瑜伽》云:“麤重之身,廣如❸虛空,法身圓滿,譬如大雲,皆能徧覆。”❹此所覆麤重,即所離障也。此障十地大法智雲及所含藏、所起事業故。斯即二慧,障所起業,名大神通愚;障大發智雲及所含藏,名悟入微細秘密愚。清涼《疏》云:“文有‘等覺’之義,而無‘等覺’之名者,以此等覺亦即十地之勝進故,是以諸教開合不同。《仁王》等合此勝進入於十地,是以不立‘等覺’,故《教化品》中約五忍分位,於寂滅忍唯有上、下,下忍中行,名為菩薩,即第十地;上忍中行,為薩婆若,此謂如來。若依《瓔珞》,開此勝進為‘無垢地’,即是‘等覺’。然等覺照寂,妙覺寂照。又《賢聖覺觀品》中說六種性及六堅六忍等。《瑜伽》具有二義,七十八引《深密經》說十一地,第十法雲,十一說名佛地,唯有二十二愚,得佛地時,由斷二愚。一、於一切所知境極微細著愚,即俱生極微細所知障種;二、極微細礙愚,即是任運煩惱障種,斷此便能證大菩提。更不別說等覺斷證。論復有文,亦立‘等覺’。又《菩薩地》云,此菩薩雖已修行功德海滿,由未能捨三種法故,不名

---

❶ “雖於一切,現前證受”,引自《大方廣佛華嚴經疏》卷 44,《大正藏》第 35 冊,1735 號,頁 833 下 20 至 22。

❷ “譬如大雲,能覆如空廣大障故”,引自無著造、玄奘譯《攝大乘論本》卷 3,《大正藏》第 31 冊,1594 號,頁 145 下 27 至 28。

❸ “如”,底本難辨,校本作“如”,本句引自《瑜伽師地論》卷 78,整理者據校本、《大正藏》本《瑜伽師地論》卷 78 及文意定。

❹ 引文見《瑜伽師地論》卷 78,《大正藏》第 30 冊,1579 號,頁 730 上 2 至 3;《瑜伽師地論》卷 78 引自《解深密經》,亦見於玄奘譯《解深密經》卷 4,《大正藏》第 16 冊,676 號,頁 704 上 28 至 29。

妙覺，一、由未捨劣無漏法；二、由未捨白淨無記法，三、由未捨有漏善法。至妙覺位，方捨此三。"❶言"劣無漏"者，第十卷中名"所棄捨"，即第十地中所生現行，金剛道中方能捨故。言"白淨無記"者，即異熟識，第八地中捨"賴耶"名，第十地中猶名異熟識，至如來位方捨異熟，名"無垢識"。"有漏善法"者，即與二障種俱，其二障種是所斷捨❷。故《集論》云："又諸菩薩已得諦現觀，於十地修道位，唯修所知障對治道，非煩惱障對治道。若得菩提時，頓斷煩惱障，及所知障，頓成阿羅漢及如來。"❸此中釋云：證大涅槃、大菩提故，二障永斷，二死永亡。"證大涅槃"，名無住處；"證大菩提"，名圓滿覺。即應《論》首二勝果也。

成唯識論卷第九

---

❶ 引文見《大方廣佛華嚴經疏》卷 45，《大正藏》第 35 冊，1735 號，頁 840 下 10 至 29。

❷ "言'劣無漏'……是所斷捨"，改寫自《大方廣佛華嚴經隨疏演義鈔》卷 73，《大正藏》第 36 冊，1736 號，頁 581 中 1 至 8。

❸ 引文見《大乘阿毘達磨集論》卷 7，《大正藏》第 31 冊，1605 號，頁 692 下 5 至 8。

成唯識論證義卷第十

金壇居士王肯堂證義

　　此十一障，二障所攝。煩惱障中見所斷種，於極喜地見道初斷；彼障現起，地前已伏。修所斷種，金剛喻定現在前時，一切頓斷；彼障現起，地前漸伏，初地以上能頓伏盡，令永不行，如阿羅漢，由故意力，前七地中雖暫現起，而不為失，八地以上，畢竟不行。所知障中見所斷種，於極喜地見道初斷；彼障現起，地前已伏。修所斷種，於十地中，漸次斷滅，金剛喻定現在前時方永斷盡；彼障現起，地前漸伏，乃至十地方永斷❶盡。八地以上，六識俱者，不復現行，無漏觀心及果相續能違彼故；第七俱者，猶可現行，法空智果起位方伏；前五轉識設未轉依，無漏伏故，障不現起。雖於修道十地位中，皆不斷滅煩惱障種，而

---

❶ "斷"，《大正藏》本《成唯識論》卷 10 作 "伏"，校勘記謂《明》本作 "斷"，當作 "伏"。

彼麤重亦漸斷滅。由斯故說，二障麤重，一一皆
有三位斷義。雖諸位中皆斷麤重，而三位顯，是
故偏說。斷二障種漸、頓云何？第七識俱煩惱障
種，三乘將得無學果時，一剎那中三界頓斷；所
知障種，將成佛時，一剎那中一切頓斷，任運內
起無麤、細故。餘六識俱煩惱障種，見所斷者，三
乘見位真見道中，一切頓斷；修所斷者，隨其所
應，一類二乘，三界九地一一漸次九品別斷；一
類二乘，三界九地合為一聚九品別斷；菩薩要起
金剛喻定一剎那中，三界頓斷。所知障種，初地
初心頓斷一切見所斷者；修所斷者，後於十地修
道位中漸次而斷，乃至正起金剛喻定一剎那中，方
皆斷盡，通緣內、外、麤、細境生，品類差別有眾多
故。二乘根鈍，漸斷障時，必各別起無間、解脫；加
行、勝進，或別或總。菩薩利根，漸斷障位，非要
別起無間、解脫，剎那剎那能斷證故，加行等四，剎
那剎那前後相望，皆容具有。

二、二障所攝。總舉煩惱、所知二障攝前諸障。前標十障，今
舉“十一”者，為前十地斷障之後，復有著、礙二愚，名“有餘障”，故
有十一。《深密經》云“善男子，此諸地中有二十二種愚癡、十一
種麤重”❶是也。

---

❶ 引文見《解深密經》卷4，《大正藏》第16冊，676號，頁704中6

　　問：煩惱種、現，何位伏、斷？答：若是煩惱分別種子，在初地真見道時剎那頓斷；若是分別煩惱現行，資糧、加行漸漸降伏；若是俱生煩惱種子，等覺位中金剛喻定現在前時一切頓斷；若是俱生煩惱現行，亦從加行位中漸漸降伏，自登初地，以至八地伏盡不行。"如阿羅漢"者，《集論》云："此諸菩薩，雖未永斷一切煩惱，然此煩惱猶如呪藥所伏諸毒，不起一切煩惱過失，一切地中，如阿羅漢，已斷煩惱。"❶應有問云：既如阿羅漢，令永不行，如何前四猶起我見，七地已前猶起貪、瞋等耶？故此答云：由故意力，謂六地之前，容有出觀，尚有悞起；七地之中，常在無相，為化眾生，故意而起，起不為失❷；八地以上，無功用行，化利有情，已得任運，無煩故意，畢竟不行，以八地得相土自在，九地得心自在，十地得法自在故。

　　問：所知種、現，何位伏、斷？答：若是分別所知種子，亦在初地真見道時，與煩惱種剎那頓斷。若是分別所知現行，亦在資糧、加行位中漸漸降伏。若是俱生所知種子，於十地中漸次斷滅，直至等覺位中金剛喻定現在前時，一剎那中方永斷盡。若是俱生所

至 7。

　❶ 引文見《大乘阿毘達磨集論》卷 7，《大正藏》第 31 冊，1605 號，頁692 下 8 至 10。

　❷ "應有問云⋯⋯起不為失"，改寫自《大方廣佛華嚴經隨疏演義鈔》卷 55，《大正藏》第 36 冊，1736 號，頁 434 下 2 至 6。本段是對《成唯識論》"如阿羅漢，由故意力，前七地中雖暫現起，而不為失，八地以上，畢竟不行"的解釋，將"如阿羅漢"與"由故意力"分解，窺基《成唯識論述記》提及將"如阿羅漢，由故意力"連讀的解釋，謂阿羅漢分為"不怖畏者"與"怖者"，前者才能"故起煩惱"，《大方廣佛華嚴經隨疏演義鈔》卷 55 亦征引窺基此觀點而批評之。

知現行，亦在資糧、加行位中漸漸降伏，直至十地方永斷盡❶。問：六、七二識皆有所知，何地斷何？答：若所知與六識俱者，八地已上不復現行，無漏觀心及生空智果相續無間，故能與彼相違。若所知障與七識俱者，第八已上猶可現行，直至十地法空智果現在前時，得法自在，彼障方伏。問：前五轉識煩惱、所知，何地伏、斷？答：前五轉識俱生煩惱，雖在因中未轉依位，由彼第六無漏觀心降伏之力，彼障不起。若是法執，五識中無，不須伏、斷❷。問：何故十地修道位中，但斷所知障種，不斷煩惱？答：雖於修道位中皆不斷煩惱種，斷所知時而彼煩惱麤熏亦漸斷滅，由此，故言"二障麤重，一一皆有三位斷義"。"三位"者，一、見道位，頓斷分別二障種子；二、修道位，漸次伏、斷俱生煩惱、所知種、現；三、金剛道位，能永斷盡二障種子。問：前已分十地，何又言三位，則資糧、加行不斷麤重耶？答：雖諸位中皆斷麤重，而

---

❶ "若是俱生所知現行，亦在資糧、加行位中漸漸降伏，直至十地方永斷盡"，本段是對《成唯識論》"彼障現起，地前漸伏，乃至十地方永斷（伏）盡"的解釋，本書所據《成唯識論》版本作"斷盡"，誤。據唐代注疏，斷"種子"伏"現行"，所知障種修所斷的現行在十地"伏"盡，而非"斷"盡。

❷ "問：前五轉識……不須伏斷"，本段是對《成唯識論》"前五轉識設未轉依，無漏伏故，障不現起"的解釋，本書將本句的語境解釋為"前五識的煩惱、所知二障的斷、伏"，但對本句的解釋僅提及"前五識的俱生煩惱障的伏、斷"的解釋，並謂"前五識無法執"，誤。據唐代注疏，本句的語境即順承前文關於"所知障的修所斷種的斷、伏"問題，謂十地中的前五識在未轉依時，由第六識無漏道的勝勢力，其二障都不起，而第八地到第十地前的與前五識俱的修所斷所知障種，雖未被對治，但由第六識使之不現起，並非僅討論煩惱障。

三位顯，是故偏說耳^❶。

　問：斷二障種，孰頓，孰漸？答云：第七俱生煩惱、所知二障種子，俱是頓斷。彼七不能入生空觀，故無漸斷^❷。二乘出三界、菩薩第八地，皆是將得無學果時，一剎那中，頓斷三界煩惱障種。而所知障種，則惟菩薩將成佛時，一剎那中一切頓斷。與煩惱種俱，故云"一切"也。以第七識俱生所知，任運內執、無分別故，境惟一類，無麁、細故^❸，故唯頓斷。若六識中俱煩惱種，有頓、漸斷。分別煩惱障種，見所斷者，三乘見道位中，一切頓斷。俱生煩惱障種，修所斷者，隨根利鈍，有頓有漸。一類鈍根二乘，約七生斷，將三界分九地，每地分九品，預流果人，斷欲界思惑至第五品，名一來向；斷第六品，名一來果，以有三品餘惑，還來人間故；若斷至八品，名不還向；斷盡九品，名不還果，以欲界惑盡，不生人間，故不還果，寄生淨居；復斷上八地各九品惑，至七十一品，名阿羅漢向；斷盡後品，證羅漢果^❹。復有一類利根二乘，將三界

---

　❶"問：何故十地……故偏說耳"，本段是對《成唯識論》"雖於修道十地位中……是故偏說"的解釋，本書將"彼麁重"解釋為"煩惱麁重"，以見道、修道、金剛道三位解釋"三住斷"，將"諸住"解為五位，與唐代注疏大異。據唐代注疏，《成唯識論》此段是對《瑜伽師地論》卷48關於十二菩薩住斷二障麁重的文字的會通，"三住"指"極歡喜住""加行無功用無相住""最上成滿菩薩住"，"諸住"即《瑜伽師地論》卷47至48所論述的菩薩十二住。

　❷"彼七不能入生空觀，故無漸斷"，此說不見於唐代注疏。唐代注疏謂第七識所障只有無學、佛果，故不同前六識所具二障之漸斷。

　❸"任運內執、無分別故，境惟一類，無麁、細故"，本句是對《成唯識論》"任運內起無麁、細故"的解釋，謂第七識俱所知障種"無分別"，誤。

　❹"一類鈍根二乘，約七生斷……證羅漢果"，此解見於其他明代注疏，此

九地，九九八十一品思惑，合為一聚，分為九品，雖有九品，一生別斷，不待七生，故九品者，謂奜道、中道、上道各有三品，三道共有九品。《雜集》九云："奜道者，謂奜奜、奜中、奜上品道。由此道故，能捨三界所繫地地中上上、上中、上下三品煩惱。中道者，謂中奜、中中、中上品道。由此道故。能捨三界所繫地地中中上、中中、中奜三品煩惱。上道者，謂上奜、上中、上上三品道。由此道故，能捨三界所繫地地中奜上、奜中、奜奜三品煩惱。如是奜、中、上品道，復各別分為奜等三，建立九品，為顯修道所斷煩惱漸次斷故。復何因緣。奜奜品道能斷上上品煩惱？由此煩惱，於極猛利毀滅慙、愧、無羞恥者身中，麤重現行，易可覺了，易可分別，是故此上品煩惱，猶如麤垢，微少對治即能除遣。若下下品煩惱，在與上相違者身中，微隱現行，難可覺了，難可分別，如微隱垢，大力對治方能除遣。由此道理，當知所餘能治、所治相翻建立。亦爾。"❶ 言"三界九地"者，《雜集》十三云："界差別者，謂欲界異生、有學、無學。如欲界有三，色界、無色界亦爾。又有欲、色界菩薩，又有欲界獨覺，不可思議如來。"❷ 言"一一漸次"者，《雜

解釋同於《俱舍論·分別賢聖品》的體系，亦多見於其他漢地著作。此及後文"九九八十一品思惑"的表述，見於智顗《摩訶止觀》卷 6，《大正藏》第 46 冊，1911 號，頁 71 中 28 至下 13，明代注疏或引自某天台宗著作。

❶ 引文見《大乘阿毘達磨雜集論》卷 9，《大正藏》第 31 冊，1606 號，頁 737 中 29 至下 16。

❷ 引文見《大乘阿毘達磨雜集論》卷 13，《大正藏》第 31 冊，1606 號，頁 753 中 7 至 10。本書引此段解釋《成唯識論》中"三界九地"，然《成唯識論》原文之"三界九地"是從六識俱的俱生煩惱障種的角度說，此處引文則是解釋何謂依據"界差別""建立補特伽羅"，下引文則是依據"果差別""建立補特伽羅"，並不對應。唐代注疏謂依《大乘阿毘達磨雜集論》卷

集》十三云，"'預流果向補特伽羅者，謂住順決擇分位，及住見道十五心剎那位。'此中意說，始從一座順決擇分，乃至未至初果，皆名預流果向。'預流果補特伽羅者，謂住見道第十六心剎那位，即此見道，亦名入正性決定，亦名於法現觀。'問：誰於見道最後心位得初果耶？答：'若於欲界未離欲者，後入正性決定，得預流果。'謂次第者，雖少分離欲，亦名'未離欲'，彼後入正性決定，至第十六心位，得預流果。'若倍離欲者，後入正性決定，得一來果。'謂先用世間道已斷欲界修道所斷六品煩惱，名'倍離欲'，彼後入正性決定，至第十六心位，得一來❶果。'若已離欲者，後入正性決定，得不還。'謂先用世俗道已斷欲界修道所斷九品煩惱，名'已離欲'，彼後入正性決定，至第十六心位，得不還果"，"'一來果向補特伽羅者，謂於修道中，已斷欲界五品煩惱，安住彼道。'所以者何？由見道後，已斷欲界乃至中中品煩惱及住彼斷道故。'一來果補特伽羅者，謂於修道中，已斷欲界第六品煩惱，安住彼道。'所以者何？由已永斷永斷❷中耎品煩惱，斷道究竟建立此故。'不還果向補特伽羅者，謂於修道中，已斷欲界第七、第八品煩惱，安住彼道。'所以者何？由一來果後，已斷欲界耎上、耎中品煩惱及住彼斷道建立此故。'不還果補特伽羅者，謂

---

13 解釋解釋此處二種"二乘"，然唯指後文"復次，（如）說預流補特伽羅，此有二種：一、漸出離，二、頓出離……"一段。

❶ "來"，底本、校本皆作"未"，本句引自《大乘阿毘達磨雜集論》卷13，整理者據《大正藏》本《大乘阿毘達磨雜集論》卷13及文意改訂。

❷ "永斷永斷"，底本、校本皆有下"永斷"二字，本句引自《大乘阿毘達磨雜集論》卷13，《大正藏》本《大乘阿毘達磨雜集論》卷13唯作"永斷"，下"永斷"二字應為衍文。

於修道中，已斷欲界第九品煩惱，安住彼道。'所以者何？由彼永斷欲界柔柔品煩惱，斷道究竟建立此故”，“‘阿羅漢果向補特伽羅者，謂已永斷有頂八品煩惱，安住彼道。阿羅漢果補特伽羅者，謂已永斷有頂第九品煩惱，安住彼究竟道’”❶。“合為一聚”者，前論云：“復次說預流補特伽羅，此有二種：一、漸出離，二、頓出離。漸出離者，如前廣說。頓出離者，謂入諦現觀已，依止未至定，發出世間道，頓斷三界一切煩惱，品品別斷，唯立二果，謂預流果、阿羅漢果。‘品品別斷’者，謂先頓斷欲、色、無色界修道所斷上上品隨眠，如是，乃至柔柔品。‘頓斷三界’者，如見道所斷，非如世間道界地漸次品品別斷。此義以何為證？如《指端經》說，諸所有色，乃至識，若過去，若未來，若現在，廣說乃至若遠若近，總此一切，畧為一分、一團、一積、一聚，如是畧已，應觀一切皆是無常，一切皆苦，乃至廣說。依如是觀，但可建立初、後二果。由此二果，如其次第，永斷三界一切見、修所斷煩惱，無餘所顯故。不立第二、第三兩果，由此二果已見諦者，唯斷欲界修道所斷，有餘、無餘所顯故。”❷詳此，即鈍、利二根聲聞、獨覺二乘也。菩薩地中煩惱種子，金剛喻定現在前時，一剎那中三界頓斷。若是第六識中所知障種，二乘無分，唯菩薩斷。若分別起見

---

❶ “言‘一一漸次’者……彼究竟道”，改寫自《大乘阿毗達磨雜集論》卷 13，《大正藏》第 31 冊，1606 號，頁 754 中 23 至頁 755 上 18。唐代注疏中，慧沼《成唯識論了義燈》提及此段，但謂此處提及的是“超初一取第二”“超初二取第三”兩類二乘，並非《成唯識論》原文所述的兩類。

❷ 引文改寫自《大乘阿毗達磨雜集論》卷 13，《大正藏》第 31 冊，1606 號，頁 756 中 8 至 23。唐代注疏在解釋《成唯識論》兩種“二乘”時提及本段，本段不僅是解釋“合為一聚”。

所斷者，菩薩於初地初心一時頓斷。若俱生起修所斷者，從初地修道，以至十地漸次而斷，生金剛喻定現在前時，與前煩惱種子，剎那斷盡，入究竟位。問：何故第七所知障種，一時頓斷；六識所知障種，有頓漸斷？答：以第七識任運內緣，境無麤細，類無差別，故得頓斷；此第六識，通緣內外，境有麤細，類有差別，故麤者頓斷，細者漸除，緣外者頓斷，緣內者漸除也。

下明兩乘斷障用功差別。若是鈍根二乘，漸斷障時，必各別起無間、解脫、加行、勝進，或總或別。《雜集》九云："'無間道者，謂有❶由此道無間，永斷煩惱，令無所餘。'所以者何？由此道無間，能永除遣此品煩惱所生品類麤重，令無有餘又轉麤重依，得無麤重是名修道中無間道。'解脫道者，謂由此道，證斷煩惱所得解脫。'所以者何？由此道能證煩惱永斷所得轉依故。'勝進道者，謂為斷餘品煩惱所有方便無間解脫道，是名勝進道。'所以者何？為斷此品後餘煩惱所有方便無間解脫道，望此品是勝進故，名勝進道。'又復棄捨斷煩惱方便，或勤方便思惟諸法，或勤方便安住諸法，或進修餘三摩鉢底諸所有道，名勝進道。'"❷"無間"斷惑，"解脫"證真，故各別起。加行、勝進二道起時，或總或別。若是利根菩薩，漸斷障位，雖分斷無明、分證真理，以智起惑除，非要別起無間斷惑、解脫證真，以加行等四種斷道剎那前後皆具有故。《雜集》十四云："若諸菩薩性是利根，云何復令修練根耶？謂令依利吹根引發利中根，復依利中根引發利利根故。前已說一切

---

❶ "有" "方便"，底本、校本皆有此字，《大正藏》本《大乘阿毘達磨集論》卷5、《大乘阿毘達磨雜集論》卷9無。

❷ 引文見《大乘阿毘達磨雜集論》卷9，《大正藏》第31冊，1606號，頁737下21至頁738上3。

菩薩性是利根，而復說於時時中應修練根者，由於自種類，復有
耎等三品後後相引發故，說名練根。若異此者，諸利根種性補特
伽羅應根唯一品，諸菩薩等根品差別應不可得。然有何[1]得，是
故利根復有差別。"[2]

　　十真如者，一、遍行真如，謂此真如二空所
顯，無有一法而不在故；二、寂勝真如，謂此真如
具無邊德，於一切法最為勝故；三、勝流真如，謂
此真如所流教法，於餘教法極為勝故；四、無攝受
真如，謂此真如無所繫屬，非我執等所依取故；五、
類無別真如，謂此真如類無差別，非如眼等類有
異故；六、無染淨真如，謂此真如本性無染，亦不

---

❶ "何"，底本、校本皆作"何"，《大正藏》本《大乘阿毘達磨雜集論》
卷 14 作"可"，校勘記謂《宋》《元》《明》三本作"何"，本句承接上文"應
不可得"，當作"可"。

❷ 引文改寫自《大乘阿毘達磨雜集論》卷 14，《大正藏》第 31 冊，1606
號，頁 765 上 27 至中 5。"'無間'斷惑……復有差別"，本段是對《成唯識
論》"二乘根鈍……皆容具有"的解釋，將鈍根二乘"必各別起無間、解脫"的
原因解釋為"無間道斷惑、解脫道證真"，將利根菩薩"非要別起無間、解
脫……皆容具有"解釋為加行等四道"剎那前後皆具有"，與唐代注疏大異。據
唐代注疏，此處文字是據斷九品惑而說，鈍根二乘的"必各別起"意謂每一
品惑都需別其無間道、解脫道，鈍根菩薩"非要別起……皆容具有"意謂如
第三品的解脫道，對於第二品來說是解脫道，對於自品來說是無間道，對於
第四品來說是加行道，對第一品來說是勝進道，故《成唯識論》謂"相望皆
容具有"，而非單純"皆具有"。且本段所引《大乘阿毘達磨雜集論》文字也
與《成唯識論》原文無關。

可說後方淨故；七、法無別真如，謂此真如雖多教
法種種安立而無異故；八、不增減真如，謂此真如
離增、減執，不隨淨、染有增、減故，即此亦名"相、
土自在所依真如"，謂若證得此真如已，現相現土
俱自在故；九、智自在所依真如，謂若證得此真如
已，於無礙解得自在故；十、業自在等所依真如，謂
若證得此真如已，普於一切神通、作業、總持、定門
皆自在故。雖真如性實無差別，而隨勝德假立十
種。雖初地中已達一切，而能證行猶未圓滿，為
令圓滿，後後建立。

四、十真如。

一、由斷異生性障，證徧行真如。謂我、法二空所顯真如，無
有一法而不在故。梁《攝論》中名為"徧滿"，徧滿一切有為行
故，意明無有一法非二空故❶，謂一切法本是二空，非別有如來
徧諸法。然則下之十如，豈不徧耶？豈復非是二空所顯？答云：徧
行之如，是如總相；下之九如，隨德別立。今當初得，得於總相，以
受別名❷。故清涼《疏》云"此地最初徧證徧滿"❸也。

---

❶ "一、由斷異生……非二空故"，改寫自《大方廣佛華嚴經疏》卷33，《大
正藏》第35冊，1735號，頁756中15至18。

❷ "謂一切法本是……以受別名"，改寫自《大方廣佛華嚴經隨疏演義
鈔》卷57，《大正藏》第36冊，1736號，頁453下12至17。

❸ 引文見《大方廣佛華嚴經疏》卷33，《大正藏》第35冊，1735號，頁
756中18。

二、斷邪行障，證最勝真如。謂此真如，具無邊德，於一切法寂為勝故。此亦由翻破戒之失，為"無邊德"❶。萬行之中，戒為寂勝，由具戒故，證最勝如。謂此如理寂為勝故，如說離欲名為寂勝。故《智度論》第十五云，大惡病中戒為良藥，大怖畏中戒為守護，死黑闇中戒為明燈，於惡道中戒為猛將，死海水中戒為大船，故云寂勝❷。

三、斷闇鈍障，證勝流真如。謂此真如所流教法，於餘教法極為勝故。梁《攝論》云，從真如流出正體智，正體智流出後得智，後得智流出大悲，大悲流出十二部經，名為勝流法界❸。此有二意：一、由得三慧，照大乘法，觀此教法根本真如，如即勝流；二、若證此如，說法勝故❹。

四、斷微細煩惱現行障，證無攝受真如。謂此真如名出世間，遠離身見，無所繫屬。世親《釋》云，於此如中，無計我所，無攝我所，如北洲人無繫屬故，應說此如非我執、我慢、我愛、無明、邊見、我所見等所依取故❺。

---

❶ "此亦由翻……為'無邊德'"，引自《大方廣佛華嚴經疏》卷35，《大正藏》第35冊，1735號，頁771上14至15。

❷ "戒為寂勝……故云寂勝"，改寫自《大方廣佛華嚴經隨疏演義鈔》卷59，《大正藏》第36冊，1736號，頁470中14至20。

❸ "梁《攝論》云，從真如……勝流法界"，引自《大方廣佛華嚴經疏》卷36，《大正藏》第35冊，1735號，頁779中14至17；源自世親造、真諦譯《攝大乘論釋》卷10，《大正藏》第31冊，1595號，頁222中4至11。

❹ "此有二意……說法勝故"，引自《大方廣佛華嚴經隨疏演義鈔》卷60，《大正藏》第36冊，1736號，頁481上14至17。

❺ "世親《釋》云：於此如中……所依取故"，引自《大方廣佛華嚴經隨疏演義鈔》卷61，《大正藏》第36冊，1736號，頁493上23至26；源

五、斷於下乘般涅槃障，證類無別真如。謂此真如，類無差別，真、俗二諦合為一故，生死、涅槃悉平等故，非如眼等類有異故。《攝論》名為“相續無差別法界”，世親《釋》云，謂於此中體無有異，非“如眼等，隨諸有情相續差別，各各有異”。無性意同。而梁《論》云“由此法界，能令三世諸佛相續身不異”者，眾生迷此，萬類之異；諸佛證此，居然不變❶。

六、斷麤相現行障，證無染淨真如。謂此真如，本性無染，非是染而後淨故。《攝論》云，由緣起智能令般若波羅蜜多現在前故。無性《釋》云，謂此地中，住緣起智，由此智力，令無分別智而得現前，悟一切法無染無淨❷。《攝論》名為“無染淨法界”，後成般若行，亦得自他相續無染淨果，其揆一也❸。

七、斷細相現行障，證法無別真如。謂此真如，雖多教法種種安立而無異故。慈恩釋云，謂雖諸教法依如建立，如無異故。又於教中立種種名，法界、實相，而如無異。清凉《疏》云“以了種種教法同真無相故”，謂雖諸教法，隨機種種，不失平等一味之相故。《中邊論》云，第七地中，所證法界，名“種種法無差別”，由

自世親造、玄奘譯《攝大乘論釋》卷 7，《大正藏》第 31 冊，1597 號，頁 358 中 5 至 8。

❶ “生死、涅槃悉平等……居然不變”，改寫自《大方廣佛華嚴經隨疏演義鈔》卷 63，《大正藏》第 36 冊，1736 號，頁 505 中 18 至 25。“居然不變”之“變”，《大正藏》本《大方廣佛華嚴經隨疏演義鈔》卷 63 作“異”，校勘記謂一本作“變”。

❷ “《攝論》云，由緣起……無染無淨”，引自《大方廣佛華嚴經疏》卷 39，《大正藏》第 35 冊，1735 號，頁 800 下 10 至 14。

❸ “《攝論》名為……其揆一也”，引自《大方廣佛華嚴經疏》卷 39，《大正藏》第 35 冊，1735 號，頁 800 下 27 至 29。

通達知此法無相，不行契經等種種法相中故❶。

八、斷無相中作加行障，證不增減真如。以住無相，不隨淨染有增減故。即此亦名"相土❷自在所依真如"，證此真如，現相現土皆自在故。此名即《攝論》名。世親《攝》云，謂於此中，雜染減時而無有減，清淨增時而無有增。無性《釋》云，法外無用，所以不增諸法不壞，所以不減。無性後釋，一同世親。《中邊論》云，由通達此，圓滿證得無生法忍，於諸清淨雜染法中，不見一法有增有減。世親《釋》相土自在所依真如，云於諸相中而得自在，名"相自在"，隨其所欲，即能現前，故於所現土而得自在，如欲令土成金等寶，隨意成故。相約現身，土約器界❸。

九、斷利他中不欲行障，證智自在所依真如。謂若證得此真如已，於無礙解得自在故。《攝論》名同。無性《釋》云，謂此地中，得無礙解所依止故，分證得智波羅蜜多，於一切法不隨其言，善

---

❶ "慈恩釋云……法相中故"，改寫自《大方廣佛華嚴經隨疏演義鈔》卷 68："彼《疏》釋云……法相中故。"（《大正藏》第 36 冊，1736 號，頁 545 上 29 至中 6）本書將原文"彼《疏》"解為"慈恩釋"，然《大正藏》本窺基《成唯識論述記》卷 10 相關段落無對應文字。《大方廣佛華嚴經隨疏演義鈔》中的"彼疏"，多指法藏的《華嚴經》注疏，因澄觀的注疏是對實叉難陀譯《華嚴經》的注釋，而法藏沒有對此譯本的完整注疏，故澄觀引用時或將法藏《華嚴經探玄記》（法藏對求那跋陀羅譯本的注釋）與"新修《畧疏》"（法藏對實叉難陀譯本的注釋）稱為"彼《疏》"。本書後文另有一處將"彼《疏》"改為"慈恩《疏》"，所引文字即出自法藏著作。

❷ "土"，底本、校本皆作"上"，本句是對《成唯識論》"即此亦名相、土自在所依真如"的標引，整理者據《成唯識論》及文意改訂。

❸ "世親《攝》云……土約器界"，改寫自《大方廣佛華嚴經隨疏演義鈔》卷 68，《大正藏》第 36 冊，1736 號，頁 548 下 6 至 15。"世親《攝》"之"攝"字，《大正藏》本《大方廣佛華嚴經隨疏演義鈔》卷 68 作"釋"。

能了知諸意趣義，如實成就一切有情，受勝法樂。此云“無礙解”等，釋“自在”義；“分證得”等，釋於“智”義。《中邊論》云，有四自在，一、無分別自在，即相自在。二、淨土自在，三、智自在，四、業自在。法界為此四種所依止義。第八地唯能通達初、二自在所依止義，後二如次在後二地❶。

十、斷於諸法中未得自在障，證業自在等所依真如。以斷未得自在障證法自在，由得法自在故，所作業用無不自在，謂神通、作業、總持、定門皆自在故。住一切地，成就諸佛菩薩等，即“業自在”義❷。

“雖真如性”下，總結通難。為有問云：地之正證者，如初地中正智親證真如，則後九地中不應更證，以如無二無異故。故此答云：雖真如性實無差別，而隨其所證所生能證勝德，假立一種。故古德云“如雖一味，約智、明昧，有十親證”❸，釋此難也。應有問言：初地之內不達十如，應無發趣之果能達後後相及得果；若已通達，何不齊證真如十德？故今答云：達即齊達，證行未圓故，行位有十，故有十種圓滿真如，乃至如來，十皆能了，如《辨中邊

❶ “《攝論》名同……在後二地”，改寫自《大方廣佛華嚴經隨疏演義鈔》卷70，《大正藏》第36冊，1736號，頁558中1至9。

❷ “住一切地……‘業自在’義”，引自《大方廣佛華嚴經疏》卷30，《大正藏》第35冊，1735號，頁726上11至12。

❸ “為有問云：地之正證……有十親證”，改寫自《大方廣佛華嚴經疏》卷32：“問：地地正證者，如初地中正智親證真如，則後九地中不應更證，以如無二無異故。古德釋云：如雖一味，約智明、昧，有十親證，此亦順理。”（《大正藏》第35冊，1735號，頁750上28至中2）“地之正證”之“之”字，底本、校本皆作“之”，《大正藏》本《大方廣佛華嚴經疏》卷32作“地”，或原為重文，誤作“之”字，當作“地”。

論》廣有分別。言能證者，由如行圓。後後地行，別別漸圓，豈非約智有明、昧義乎[1]？慈恩《疏》有二，先、難古釋，後、申正義。難古有三。一、難云：謂境、智互相如，約智證十如；何不境、智互相如，約境證一如？二、難云：加行後得非親證，可說彼智有明、昧；正體緣如不變影，何得說此有明昧？三、難云：能證有分限，所證無分限，以限證無限，境、智豈相如？下出正義云：應知"親證"之言，但望當地加行後得，故名為"親"，不望後地說為"親證"，故不相違也，於義可知。今為古德先通此難：一、我許有十如，則應如所難；我今立一如，何因為此難？故應順語答第一云：境、智互相如，說智十徧證；境智互相如，約境唯一證。二、答第二云：汝證十如不變影，一如而說為十；我證真如不變影，何妨一智十親證？三、酬第三，有二意。一、隨難通：以能隨所證，不許有明、昧；以所隨能證，真如應是智。二、反難云：真如無分限，不許有明、昧；真如體不異，十德何由成？是則前難未為切要[2]。故

---

❶ "應有問言……明、昧義乎"，改寫自《大方廣佛華嚴經隨疏演義鈔》卷56，《大正藏》第36冊，1736號，頁440下4至10。

❷ "慈恩《疏》有二……未為切要"，改寫自《大方廣佛華嚴經隨疏演義鈔》卷56："彼《疏》有二……未為切要。"（《大正藏》第36冊，1736號，頁440中7至25）本書將原文"彼《疏》"解為"慈恩《疏》"，然《大正藏》本窺基《成唯識論述記》卷10相關段落無對應文字。此文不見於今本法藏《華嚴經探玄記》，然法藏弟子慧苑編纂、續寫的《續華嚴經畧疏刊定記》卷9有類似文字："問：若此地正體智親證真如，後九地中不應更親證如，無二無異故。答：古人解云：如雖一味，約智明、昧故，有十親證。今解：不然。所以者何？先、難古非，後、顯正釋。難古非者，謂境、智互相如，約智證十，如何名境、智互相如，約境一證如？又難：加行後智非親證，可說彼智有明、昧；正體緣如不變影，何得說此有明、昧？又難：能證有分限，所

云：雖真如無別，而隨勝德假立十種。此約所證德異，故有十地親證。又云：雖初地中已達一切，而能證行猶未圓滿。為令圓滿後後建立。此則亦約能證明、昧意也。若唯取所證德異，則初地未全證如，亦未能全通如無異難。如人觀空，小時不遠，大則漸增。空雖無差，眼有明、昧❶。

通上，二、廣辨地中，修斷證義，竟。

　如是菩薩於十地中，勇猛修行十種勝行，斷十重障，證十真如，於二轉依便能證得。轉依位別，畧有六種。一、損力益能轉，謂初、二位，由習勝解及慚愧故，損本識中染種勢力，益本識內淨種功能，雖未斷障種實證轉依，而漸伏現行，亦名為轉。二、通達轉，謂通達位，由見道力通達真如，斷分別生二障麤重，證得一分真實轉依。三、修習轉，謂修習位，由數修習十地行故，漸斷俱生二障麤重，漸次證得真實轉依。《攝大乘》中，說

證無分限，以限證無限，境、智豈相如？後顯正釋者，應知‘親證’之言，但望當地加行後得，故名為‘親’，不‘望後地說為親’，故不相違也。若不爾者，一向名親，則智生惑滅，證如同佛，不用後諸地。若一向非親證，則應同餘二智。《涅槃經》說‘第十地菩薩猶未了見於佛性如隔羅縠’者是也。”（《新纂卍續藏》第 3 冊，221 號，頁 739 下 21 至頁 740 上 8）此書即慧苑對法藏《華嚴經畧疏》（法藏對實叉難陀譯本《華嚴經》的不完整注釋）的收集與增補，故此段仍應源自法藏著作，而非“慈恩《疏》”。

❶“雖真如無別……眼有明、昧”，改寫自《大方廣佛華嚴經疏》卷 32，《大正藏》第 35 冊，1735 號，頁 750 中 2 至 9。

通達轉在前六地，有、無相觀通達，真、俗間雜現前，令"真""非真"現、不現故；說修習轉在後四地，純無相觀長時現前，勇猛修習，斷餘麤重，多令"非真"不顯現故。四、果圓滿轉，謂究竟位，由三大劫阿僧企耶，修習❶無邊難行勝行，金剛喻定現在前時，永斷本來一切麤重，頓證佛果圓滿轉依，窮未來際利樂無盡。五、下劣轉，謂二乘位，專求自利，厭苦欣寂，唯能通達生空真如，斷煩惱種，證真擇滅，無勝堪能，名"下劣轉"。六、廣大轉，謂大乘位，為利他故，趣大菩提，生死、涅槃俱無欣、厭，具能通達二空真如，雙斷所知、煩惱障種，頓證無上菩提、涅槃，有勝堪能，名"廣大轉"。此中意說廣大轉依，捨二麤重而證得故。

三、別開轉依六種位，牒上，答前"云何證得二種轉依"之問。《攝論·果斷分》云："謂菩薩無住涅槃，以捨雜染、不捨生死二所依止轉依為相。此中'生死'，謂依他起性雜染分。'涅槃'，謂依他起性清淨分。'二所依止'，謂通二分依他起性。'轉依'，謂即依他起性。對治起時，轉捨雜染分，轉得清淨分。"❷世親《釋》云："謂住此轉依時，不容煩惱，不捨生死，是此轉依相。何者'生

---

❶ "習"，《大正藏》本《成唯識論》卷9作"集"，校勘記謂《宋》《元》《宮》《聖》四本作"習"，當作"集"。

❷ 引文見無著造、玄奘譯《攝大乘論本》卷3，《大正藏》第31冊，1594號，頁148下14至18。

死'？謂依他起雜染性分。何者'涅槃'？謂依他起清淨性分。何者'依止'？謂通二分所依自性。何者'轉依'？謂即此性對治生時，捨雜染分，得清淨分。"❶

先依位釋，分為六種。

一、損力益能轉者。"損"，謂減損；"力"，謂勢力；"益"，謂增益；"能"，謂功能。謂資糧位，具四種力，修六種行，發三種心，信解唯識相、性具有勝解；謂加行位，起四尋思，發四實智，觀二取空，具有慚、愧。由此二位修習勝解、慚、愧之力，便能減損本識染種勢力，復能增益本識淨種功能，以轉染依淨，名為轉依。問：三賢未斷分別障種，未登聖位，何名"轉依"？答：雖未斷分別障種，實證轉依，而能漸伏分別現行，亦得名為證轉依也。《攝論》云："謂由勝解力，聞熏習住故，及由有羞恥，令諸煩惱少分現行、不現行故。"❷無性《釋》云，謂由勝解力，及聞熏習力，損減依附阿賴耶識中煩惱，增益彼對治功能，又由勝解聞熏習住有羞恥故，令諸煩惱少分現行或不現行❸。世親《釋》云："'有羞恥等'者，於此位中，若煩惱現行，即深羞恥，或少分現行，或全不現行。"❹

❶ 引文見世親造、玄奘譯《攝大乘論釋》卷9，《大正藏》第31冊，1597號，頁369上23至28。

❷ 引文見無著造、玄奘譯《攝大乘論本》卷3，《大正藏》第31冊，1594號，頁148下19至21。

❸ "無性《釋》蘊……或不現行"，改寫自無性造、玄奘譯《攝大乘論釋》卷9，《大正藏》第31冊，1598號，頁435上28至中3。

❹ 引文改寫自世親造、玄奘譯《攝大乘論釋》卷9，《大正藏》第31冊，1597號，頁369中23至25。

二、通達轉者，謂於初地真見道時，頓斷分別我、法二障種子，得根本智，證遍行真如，實證一分真實轉依，名轉依位。《攝論》云："謂諸菩薩已入大地，於真實非真實，顯現不顯現，現前住故，乃至六地。"❶世親《釋》云，"謂入地時所得轉依"，"乃至六地，或時為真實顯現因，或時出觀為非真實顯現因"❷。無性《釋》云："謂已證入菩薩大地，於真、非真，或現、不現，無分別智有間、無間而現行故，或時真現，謂入觀時，或非真現，謂出觀時。非真與真，於此二時，如其次第，說名❸不現。此現不現，乃至六地。"❹

三、修習轉者。"修"，謂修葺，不使荒蕪；"習"，謂溫習，不使忘失❺。謂從初地以至十地，數數修習十種勝行，漸漸斷除十種麤重，分分證得十種真如，名轉依位。《攝論》云："謂猶有障，一切相不顯現，真實顯現故，乃至十地。"❻世親《釋》云"由所知

---

❶ 引文見無著造、玄奘譯《攝大乘論本》卷3，《大正藏》第31冊，1594號，頁148下21至22。

❷ 引文改寫自世親造、玄奘譯《攝大乘論釋》卷9，《大正藏》第31冊，1597號，頁369中25至27。

❸ "名"，底本、校本皆作"名"，本句引自無性造、玄奘譯《攝大乘論釋》卷9，《大正藏》本《攝大乘論釋》卷9作"現"，校勘記謂《宋》《元》《明》《宮》四本作"名"，本句意謂"非真"與"真"依次被說為"現"與"不現"，故當作"現"。

❹ 引文見無性造、玄奘譯《攝大乘論釋》卷9，《大正藏》第31冊，1598號，頁435中3至7。

❺ "'修'，謂修葺……不使忘失"，此說不見於唐代注疏。

❻ 引文見無著造、玄奘譯《攝大乘論本》卷3，《大正藏》第31冊，1594號，頁148下23至24。

障，說名有障"，"此轉依位，乃至十地，一切有相不復顯現，唯有無相真實顯現"❶。下引《論》以證通達、修習二轉義。謂前六地皆名通達轉，以通真達俗故。若以無相觀通真，則真現而俗不現；若以有相觀達俗，則俗現而真不現。以真、俗相間，有、無相雜，故名"通達"。謂後四地名修習轉，以長時修習純無相觀，斷餘麤重，不令有間雜故，非真多不現，然雜煩惱未名清淨故。言"多令非真不現"者，反顯非真猶有少時現也。

四、果圓滿轉。前名"分證"，此名"滿證"。自資糧至等覺無間道，普光明等十大三昧現在前時，永斷俱生二障極微細種，至解脫道，頓證佛果，圓滿轉依，名"究竟位"。從此自利畢功，唯是度生盡未來際。《攝論》云："謂永無障，一切相不顯現，最清淨真實顯現，於一切相得自在故。"❷無性《釋》云："由一切障，說名無障，以一切障永無有故，得一切相皆不顯現，得最清淨真實顯現。依此轉依，於一切相得大自在。以於諸相得自在故，隨其所樂，利樂有情。"❸

五、下劣轉，專求自利，不念利他，厭苦欣寂，不能等觀，唯證生空，法空未證。斷煩惱種，不斷所知，證真擇滅，不證菩提，躭寂滅樂，無勝堪能，具此六義，名"下劣轉"。《攝論》云："謂聲聞等，唯能通達補特伽羅空無我性，一向背生死、一向捨生死

---

❶ 引文改寫自世親造、玄奘譯《攝大乘論釋》卷9，《大正藏》第31冊，1597號，頁369中28至下1。

❷ 引文見無著造、玄奘譯《攝大乘論本》卷3，《大正藏》第31冊，1594號，頁148下24至26。

❸ 引文見無性造、玄奘譯《攝大乘論釋》卷9，《大正藏》第31冊，1598號，頁435中9至13。

故。"❶世親《釋》云："等者，等取獨覺。唯能通達一空無我，不能利他，故是下劣。"❷

六、廣大轉，反上六義，即名廣大。《攝論》云："謂諸菩薩兼通達法空無我性，即於生死見為寂靜，雖斷雜染而不捨故。"❸世親《釋》云："由並通達二空無我，安住此中，捨諸雜染，不捨生死，兼利自、他，故是廣大。"❹又《攝論》曰："若諸菩薩住下劣轉，有何過失？不顧一切有情利益安樂事故，違越一切菩薩法故，與下劣乘同解脫故，是為過失。若諸菩薩住廣大轉，有何功德？生死法中以自轉依為所依止、得自在故，於一切趣示現一切有情之身，於最勝生及三乘中，種種調伏，方便善巧，安立所化諸有情故，是為功德。"❺無性《釋》云："於一切法得自在故，於一切趣，示顯一切同分之身，種種調伏，方便善巧，安立所化難調有情，置最勝生及三乘中。最勝生者，謂諸世間安樂生處。應知此是說法功德。"❻

---

❶ 引文見無著造、玄奘譯《攝大乘論本》卷 3,《大正藏》第 31 冊, 1594 號，頁 148 下 26 至 27。

❷ 引文見世親造、玄奘譯《攝大乘論釋》卷 9,《大正藏》第 31 冊, 1597 號，頁 369 下 6 至 7。

❸ 引文見無著造、玄奘譯《攝大乘論本》卷 3,《大正藏》第 31 冊, 1594 號，頁 148 下 28 至 29。

❹ 引文改寫自世親造、玄奘譯《攝大乘論釋》卷 9,《大正藏》第 31 冊,1597 號，頁 369 下 8 至 10。

❺ 引文見無著造、玄奘譯《攝大乘論本》卷 3,《大正藏》第 31 冊, 1594 號，頁 148 下 29 至頁 149 上 7。

❻ 引文見無著造、玄奘譯《攝大乘論釋》卷 9,《大正藏》第 31 冊, 1598 號，頁 435 中 17 至 21。

此中雖舉六種轉依，而意取第六廣大轉，謂彼是捨二麤重而
證得故。問：何以不取果圓滿轉？曰：對菩薩說，是以不取。意
明上約位，不出後二大乘、小乘。今揀小乘不取，故唯取第六耳[❶]。

　　轉依義別，畧有四種。一、能轉道，此復有
二。一、能伏道，謂伏二障隨眠勢力，令不引起二
障現行。此通有漏、無漏二道，加行、根本、後得三
智，隨其所應，漸頓伏彼。二、能斷道，謂能永斷
二障隨眠。此道定非有漏、加行，有漏曾習相執所
引未泯相故，加行趣求，所證、所引未成辦故。有
義：根本無分別智親證二空所顯真理，無境相
故，能斷隨眠；後得不然，故非斷道。有義：後
得無分別智雖不親證二空真理，無力能斷迷理隨
眠，而於安立、非安立相，明了現前，無倒證故，亦
能永斷迷事隨眠。故《瑜伽》說，修道位中有出
世斷道、世出世斷道，無純世間道能永害隨眠，是
曾習故，相執引故。由斯理趣，諸見所斷及修所
斷迷理隨眠，唯有根本無分別智親證理故，能正
斷彼；餘修所斷迷事隨眠，根本、後得俱能正
斷。二、所轉依，此復有二：一、持種依，謂根本
識。由此能持染、淨法種，與染、淨法俱為所依，聖

　　[❶] "第六廣大轉，謂彼……取第六耳"，改寫自《大方廣佛華嚴經隨疏
演義鈔》卷57，《大正藏》第36冊，1736號，頁450中7至11。

道轉令捨染得淨；餘依他起性，雖亦是依，而不能持種，故此不說。二、迷悟依，謂真如。由此能作迷悟根本，諸染淨法依之得生，聖道轉令捨染得淨；餘雖亦作迷悟法依，而非根本，故此不說。三、所轉捨，此復有二。一、所斷捨，謂二障種，真無間道現在前時，障治相違，彼便斷滅，永不成就，說之為捨。彼種斷故，不復現行妄執我、法。所執我、法，不對妄情，亦說為捨。由此，名"捨遍計所執"。二、所棄捨，謂餘有漏、劣無漏種，金剛喻定現在前時，引極圓明純淨本識，非彼依故，皆永棄捨。彼種捨已，現有漏法及劣無漏畢竟不生。既永不生，亦說為捨。由此，名"捨生死劣法"。有義：所餘有漏法種及劣無漏，金剛喻定現在前時，皆已棄捨，與二障種俱時捨故。有義：爾時猶未捨彼，與無間道不相違故，菩薩應無生死法故，此位應無所熏識故，住無間道應名佛故，後解脫道應無用故，由此應知，餘有漏等，解脫道起方棄捨之，第八淨識非彼依故。四、所轉得，此復有二。一、所顯得，謂大涅槃。此雖本來自性清淨，而由客障覆令不顯，真聖道生，斷彼障故，令其相顯，名"得涅槃"。此依真如離障施設，故體即是清淨法界。涅槃義別，畧有四種：一、

本來自性清淨涅槃，謂一切法相真如理，雖有客
染，而本性淨，具無數量微妙功德，無生無滅，湛
若虛空，一切有情平等共有，與一切法不一不
異，離一切相、一切分別，尋思路絕，名言道斷，唯
真聖者自內所證，其性本寂，故名涅槃；二、有餘
依涅槃，謂即真如出煩惱障，雖有微苦，所依未
滅，而障永寂，故名涅槃；三、無餘依涅槃，謂即
真如出生死苦，煩惱既盡，餘依亦滅，眾苦永寂，故
名涅槃；四、無住處涅槃，謂即真如出所知障，大
悲般若常所輔翼，由斯不住生死涅槃，利樂有
情，窮未來際用而常寂，故名涅槃。一切有情，皆
有初一；二乘無學，容有前三；唯我世尊，可言
具四。如何善逝有有餘依？雖無實依，而現似
有。或苦依盡，說“無餘依”；“非苦依”在，說
“有餘依”。是故世尊可言具四。若聲聞等有無餘
依，如何有處說“彼非有”？有處說“彼都無涅
槃”，豈有餘依彼亦非有？然聲聞等身、智在時，有
所知障，苦依未盡，圓寂義隱，說“無涅槃”，非
“彼實無煩惱障盡所顯真理有餘涅槃”。爾時未證
無餘圓寂，故亦說“彼無無餘依”，非“彼後時滅
身、智已，無苦依盡無餘涅槃”。或說二乘無涅槃
者，依無住處，不依前三。又說“彼無無餘依”者，依

不定性二乘而說，彼纔證得有餘涅槃，決定迴心求無上覺，由定願力，留身久住，非如一類入無餘依。謂有二乘深樂圓寂，得生空觀，親證真如，永滅感生煩惱障盡，顯依真理有餘涅槃。彼能感生煩惱盡故，後有異熟無由更生，現苦所依任運滅位，餘有為法既無所依，與彼苦依同時頓捨，顯依真理無餘涅槃。爾時雖無二乘身、智，而由彼證，可說彼有。此位唯有清淨真如，離相湛然，寂滅安樂，依斯說彼與佛無差；但無菩提利樂他業，故復說彼與佛有異。諸所知障既不感生，如何斷彼得無住處？彼能隱覆法空真如，令不發生大悲、般若，窮未來際利樂有情，故斷彼時，顯法空理。此理即是無住涅槃，令於二邊俱不住故。若所知障亦障涅槃，如何斷彼不得擇滅？擇滅離縛，彼非縛故。既爾，斷彼寧得涅槃？非"諸涅槃皆擇滅攝"。不爾，性淨應非涅槃。能縛有情住生死者，斷此說得擇滅無為；諸所知障不感生死，非如煩惱能縛有情，故斷彼時不得擇滅。然斷彼故，法空理顯，此理相寂，說為涅槃，非"此涅槃擇滅為性"。故四圓寂，諸無為中，初、後即真如，中二擇滅攝。若唯斷縛得擇滅者，不動等二，四中誰攝？非擇滅攝，說暫離故。擇滅無為，唯究竟滅，有非擇滅非永滅故。或無住處，亦擇滅攝，由真擇力滅障得故。擇滅有二：一、滅縛得，謂斷感生煩惱得者；二、滅障得，謂斷除障而證得者。故四圓寂，諸無為中，初一即真如，後三皆擇滅。不動等二，暫伏滅者，非擇滅攝；究竟滅者，擇滅所攝。既所知障亦障涅槃，如何但說是菩提障？說“煩惱障但障涅槃”，豈彼不能為菩提障？應知聖教依勝用說，理實俱能通障二果。如是所說四涅槃中，唯後三種名“所顯得”。二、所生得，謂大菩提。此雖本來有能生種，而所知障礙故不生，由聖道力斷彼障故，令從種起，名“得菩提”，起已相續，窮未來際，此即四智相應心品。

四、別明轉依四義。

一、能轉道。“能轉”即智，智能轉妄復真，故名“能轉”。先伏，後斷，故又分二。一、能伏者，謂二障種子有生現行勢力，惟修六行，及加行、根本、後得三智力能伏之，令不現行，名“能伏道”也。此通漏、無漏道，謂以六行漸伏，唯通有漏；若以加行、後得二智漸伏，通漏、無漏；若以根本智頓伏，唯通無漏故❶。二、

---

❶“此通漏、無漏道……通無漏故”，此說不見於唐代注疏，或改寫自《大方廣佛華嚴經隨疏演義鈔》卷57“六行伏惑，是曰有漏。加行漸伏，根本、後得能頓伏故”（《大正藏》第36冊，1736號，頁448上12至13），然此文未說明後得智漸伏。唐代注疏記錄了關於加行、後得、根本三智之頓伏、漸伏的諸多觀點。

能斷者,謂無分別根、後二智,斷迷理事根、隨惑故,名"能斷道"。此於二道中除有漏,三智中除加行。問:何以除有漏?曰:有二義故。一、有漏曾習相執所引故,二、未泯相故❶。謂第七識念念執我,令第六識所行施等不能亡相,故名"曾習相執",又曰"未泯相故"。雖有漏道常起現行,而不為損,亦無所益,故能斷道唯取無漏也。問:何以除加行?曰:以加行智但能勤勇樂欲趨求勝果及所引因,皆未成辦,故加行智,但能伏惑。若實斷惑,唯是根本及後得故❷。此以"伏""斷"二義釋"轉"字義也。一師言:根本無分別智親證真理,能斷迷理隨眠,是能斷道;後得不能斷迷理隨眠,非能斷道。一師出正義云:根本無分別智,能斷迷理隨眠,是能斷道;後得無分別智,雖不能斷迷理隨眠,而於安立、非安立相明了現前,無倒證故,亦能永斷迷事隨眠,亦能斷道。言"迷理""迷事"者,迷己為物,名為"迷理";認物為己,名為"迷事"❸。故《瑜伽》云:修道位有出世能斷道,有世出世能斷道。"出

---

❶ "此於二道……未泯相故",改寫自《大方廣佛華嚴經隨疏演義鈔》卷57,《大正藏》第36冊,1736號,頁448上15至17。本段是對《成唯識論》"有漏曾習相執所引未泯相故"的解釋,與唐代注疏有異。據唐代注疏,應解為"有漏曾習""相執所引""未泯相故",與後"加行趣求所證、所引未成辦故"合為有漏心加行智、有漏後得智的"四義"。

❷ "問:何以除加行……及後得故",本句是對《成唯識論》"加行趣求,所證、所引未成辦故"的解釋,將"所證、所引"解釋為"聖果及所引因",與唐代注疏有異。據唐代注疏,"所證"指真如,"所引"是指由加行智所引的無分別智。

❸ "言'迷理''迷事'者……名為'迷事'",此說不見於唐代注疏,"迷己為物""認物為己"皆出自《大佛頂如來密因修證了義諸菩薩萬行首楞嚴經》卷1、卷2。唐代注疏並無對"迷理""迷事"的正面直接解釋,多直接

世能斷道"者，根本智也。"世出世能斷道"者，後得智也。唯此二道,能斷隨眠,未有純世間道而能永害隨眠者。"純世間道"者,即加行智也。以加行智,唯在地前伏除分別二障現行,名純世間智,未登地故，是有漏故，是曾習故，有分別故，是相執所引發故，未忘相故❶。由斯理趣,見、修所斷迷理隨眠,唯是根本,親證理故；迷事隨眠，根本、後得二俱正斷。

二、所轉依。"所轉"即是漏、無漏種。種必有依，名"所轉依"❷。此亦有二：一、持種依者，謂第八識，持染、淨種，為所依故，名"持種依"。修聖道時，轉令捨染得淨法故。問：依他起性亦染、淨依，何不說耶？答云：雖亦是依，無持種義，故此不說。二、迷悟依者，謂真如法，能為迷悟之根本故，是生一切諸染、淨法，名"迷悟依"。修聖道時，轉令捨染得淨法故。問：餘法獨無迷悟依耶？曰：雖可作依，而非根本，故此不說❸。

從煩惱的解讀解釋，將二者分別解釋為細、麤等，簡單來說，"理"指四諦之理或真如之理，"事"指外境等。

❶"'純世間道'者……未忘相故"，本段是對《成唯識論》所引"無純世間道能永害隨眠，是曾習故，相執引故"一句的解釋，與唐代注疏有異。據唐代注疏，"純世間道"即緣事的有漏後得智，非加行智。

❷"'所轉'即是漏、無漏種。種必有依，名'所轉依'"，本句是對《成唯識論》"所轉依"一詞的解釋，將"所轉"解釋為種子，"所轉依"解釋為"所轉之依"，不恰，此解釋只能對應"持種依"，而不通"迷悟依"。唐代注疏無詳解，唯謂"依他總名'轉依'"，並非解為"所轉之依"。

❸"二、迷悟依者……故此不說"，本段是對《成唯識論》"二,迷悟依……故此不說"的解釋，部分表述不恰，與唐代注疏有異。據唐代注疏，迷悟依是"真如"，而非"真如法"；諸法依于真如生，而非"是生一切諸染、淨法"；"餘雖亦作迷悟法依"之"餘"指"餘依他起性"，而非"餘法"。

三、所轉捨。漏、無漏種，二非真實，可斷可棄，名"所轉捨"❶。前斷、後棄，復分為二。一、所斷捨者，真智除惑，故名為"斷"；永不成就，故名為"捨"。謂俱生我、法二障種子，障種非實，故可斷捨。謂等覺位中，真無間道現在前時，無漏智起，對治彼障❷。智起惑亡，名之為"斷"。永不成就，名之為"捨"。彼種既斷，永不妄執實我實法，名"捨徧計"。實我實法，自性本無，但對妄情妄似於有，今妄情斷，無境對心，假說❸此境，亦名為"斷"。由此道理，名"捨所執"。諸有處言斷徧計者，義在於此❹。二、所棄捨者，謂有漏善、異熟、無記、劣無漏，變易身取，要只是有漏種、現，劣無漏種、現，至此最後解脫道時，盡棄捨之，名四事也❺。"餘有漏"者，即二障餘有漏善法。"劣無漏種"者，即十地中所生現行。"圓"謂圓滿，"明"謂行相分明，異於菩薩未圓

❶ "漏、無漏種，二非真實，可斷可棄，名'所轉捨'"，此說不見於唐代注疏，不恰，只有"劣無漏種"才是"所轉捨"，並非一切無漏種都是"所轉捨"。

❷ "障種非實……對治彼障"，本段是對《成唯識論》"一、所斷捨……說之為捨"的解釋，謂"障種不實"，又將"真無間道"解為"等覺位中真無間道"，不恰。"障種不實"之說不見於唐代注疏，瑜伽行派關於"種子"的假實有不同觀點，《成唯識論》卷2則取種子"實有"之說。唐代唯識宗不用"等覺"之位次，本書引華嚴宗所說之"等覺"，即十地之勝進道，或是據《成唯識論》本段後文關於"餘有漏及劣無漏種"的捨棄的討論，然唐代注疏將此處"真無間道"解為十地無間道。

❸ "說"，底本難辨，校本作"說"，整理者據校本及文意定。

❹ "實我實法，自性本無……義在於此"，引自《大方廣佛華嚴經隨疏演義鈔》卷57，《大正藏》第36冊，1736號，頁448中3至7。

❺ "謂有漏善……名四事也"，引自《唯識開蒙問答》卷下，《新纂卍續藏》第55冊，888號，頁378下13至15。

明故。此淨八識，非餘有漏、劣無漏依，故皆棄捨❶。問：何故必欲捨此二種？答：無漏善生，漏善自滅；勝法圓明，劣法自違。法爾如然，非勉強故。彼種既捨，彼二現行永不復生，亦說為捨。由此捨義，名"捨變易劣生死法"。言"劣生死"者，以分段為勝，故以變易為劣也❷。此則總釋。下有二師義。一云：此之有漏及劣無漏與二障種，一時而捨，由二障種有此二故❸。第二師云：金剛喻定現在前時，但捨二障種子，所餘有漏善及劣無漏種猶未斷捨，以無間道不違彼故。若無間道棄捨餘種，等覺菩薩應無生死故，應無異熟故❹，住無間道應名佛故，後解脫道成無用故。由斯義趣，故知無間道中，金剛喻定現在前時，障種雖斷，餘種猶

---

❶ "'餘有漏'者……故皆棄捨"，引自《大方廣佛華嚴經隨疏演義鈔》卷57，《大正藏》第36冊，1736號，頁448中11至15；源自《成唯識論述記》卷10："謂'餘有漏'者，即二障餘，謂有漏善、三無記法全、異熟生少分，除法執一分故。'劣無漏種'，即十地中所生現行及此種類中、下品種，由金剛道轉。'極圓'者，異前菩薩所依未圓滿故。'極明'者，行相分明，異前菩薩智，彼不明故……此現行識非餘有漏劣無漏種依，故皆永棄捨。"（《大正藏》第43冊，1830號，頁595中23至下4）

❷ "由此捨義，名'捨變易劣生死法'。言'劣生死'者，以分段為勝，故以變易為劣也"，本段是對《成唯識論》"由此名捨生死劣法"的解釋，將"生死劣法"解釋為"變異劣生死法"，並謂"分段"比"變異"殊勝，誤，"分段生死"必劣于"變異生死"。唐代注疏並無以二種生死解釋此段者，而是解為"捨生死法及劣法"。

❸ "'此則總釋'下……有此二故"，引自《大方廣佛華嚴經隨疏演義鈔》卷57，《大正藏》第36冊，1736號，頁448中15至17。

❹ "應無異熟故"，本句是對《成唯識論》"此位應無所熏識故"的解釋，將"無所熏識"解釋為"無異熟"，不恰，第八識的"異熟識"之名不強調"受熏"，而是強調引異熟果。

存；直至金剛後心，解脫道起，方斷餘種，爾時"異熟"轉成"無垢"，非彼餘種所依止故。

四、所轉得。"得"者，對"捨"而言，由轉捨故轉得也。"所轉"，即前所斷二障，障盡得果，名"所轉得"。"得"由"生""顯"，復分為二。一、所顯得，謂大涅槃；二、所生得，謂大菩提。即前所謂"證得二種轉依"也。菩提為能證智，涅槃是所證理。菩提從生因所生，涅槃從了因所顯❶。故大乘法師云：理凝本有，出纏而號涅槃；智照新生，果圓而稱正覺。乃四德之鴻源、三明之妙本矣❷。問：涅槃自性本來清淨，何故名所顯得？答：此雖本淨，而由客塵障覆，不能顯露；至真聖道斷彼障已，其相乃顯。此涅槃相，是依真如離二障已而得施設，其體即是清淨法界。一切法中，同一實相，由聖、凡位有差別故，分為四種。一、本來自性清淨涅槃。此即一切法中所具真如實理，本性無染，謂之"清淨"。本性寂然，故曰"涅槃"❸。梵語"涅槃"，此云"圓寂"，"寂❹"故與一切法不一，諸法自鬧、此自寂故，"圓"故與一切法不異，無有一法而不徧故。離一切相，故不可名言；離一切分別，故不可尋思。真見道入聖位者自內所證，其性本寂，非聖者能使之寂也，此其為

---

❶ "菩提從生因所生，涅槃從了因所顯"，此說不見於唐代注疏，明代因明注疏多用生、了二因之說，此說本於唐代注疏，本書或據此而解。

❷ "大乘法師云……妙本矣"，引自《大方廣佛華嚴經隨疏演義鈔》卷81，《大正藏》第36冊，1736號，頁634下27至29，源自窺基《妙法蓮華經玄贊》卷4，《大正藏》第34冊，1723號，頁713中19至21，《大方廣佛華嚴經隨疏演義鈔》中多處征引"大乘法師"，即指"大乘基法師"。

❸ "本性無染……故曰'涅槃'"，引自《唯識開蒙問答》卷下，《新纂卍續藏》第55冊，888號，頁378下16至17。

❹ "寂"，底本難辨，校本作"寂"，整理者據校本及文意定。

本來自性者乎？二、有餘依涅槃。謂即真如出煩惱障，尚有分段生死苦所依故，以諸聖者最後苦身未曾滅故。《瑜伽》云，住有餘依，墮在眾數，猶有眾苦，所得轉依猶與六處而共相應。言“眾數”者，謂五蘊身，身為苦聚，故名“眾苦”。“有微苦”者，彼雖出障，未離最後分段生死，故有“微苦”❶。問：既有微苦，何名涅槃？答：雖有微苦相應，而障永滅，亦名涅槃，以果縛雖存，子縛已盡故。三、無餘依涅槃者，是無最後分段生死苦，故名涅槃。《瑜伽》云，住無餘依，不墮眾數，永無眾苦，而於六處永不相應。四、無住處涅槃者，上二是斷煩惱障所顯涅槃，此是斷所知障所顯涅槃也。謂生死、涅槃二皆不住，名“無住處”；用而常寂，故名“涅槃”。大悲、般若常所輔翼者，一則悲、智輔乎真如，一則悲、智二互相輔。悲輔智故，不住生死；智翼悲故，不住涅槃。不住涅槃，故常用；不住生死，故常寂。若住生死，便同凡夫；若住涅槃，便同小乘。由不住生死涅槃，故常在生死而又常在涅槃也。此四涅槃，初一自性，眾生等有，而無後三，住生死故；二乘無學，容有前三，無後一者，住涅槃故；唯我世尊，可言具四，圓滿證故。此無住涅槃，即是諸佛菩薩所住處也。難云：如何善逝，二死永亡，亦有有餘依乎？善入塵勞，謂之“善逝”，即如來十號之一也。答云：世尊雖無實苦所依，而現無漏五蘊似有，現身三界，示同眾生，似

---

❶ “謂即真如出煩惱障……故有‘微苦’”，本段是對《成唯識論》“二，有餘依涅槃……故名涅槃”的解釋，本書將“有餘依”解為“因有微苦，故有分段生死”，唐代注疏但謂此處指二乘有餘依涅槃，“身”為“苦依”，并未強調有餘依涅槃不斷分段生死，如智周《成唯識論演秘》釋《勝鬘經》相關段落，即多謂二乘有餘依已斷分段生死之因。本段所引《瑜伽師地論》文字，原文為“眾數”，本書解為“五蘊身”，誤，“墮在眾數”指仍屬凡夫。

有微苦相相應故。或如來身苦依盡故，說"無餘依"；有餘樂依，名"有餘依"，不同二乘有餘苦依。何知無苦？曰：捨無常色，獲得常色，受、想、行、識，亦復如是。故知無苦，有餘樂依❶。此答有二，前明示有，同於二乘；後明以無漏蘊為有餘依，故云"非苦依在"。問：若二乘有無餘依者，如何有言"彼唯有餘依，無無餘依"？又有言"彼都無涅槃"耶？答云：二乘能盡煩惱，豈并有餘依亦非有哉？❷但煩惱雖斷，而身、智猶存，即所知障苦依未盡，"圓寂"之義隱而不顯，約此義故，說無涅槃耳，豈無煩惱障盡所顯有餘涅槃乎？復有處言"無無餘依"者，以二乘爾時身、智尚在，未證無苦依盡無餘圓寂，故說彼言"無無餘依"。非"彼後時身、智俱滅，眾苦永盡，亦無無餘涅槃"也。或謂"二乘無涅槃"者，是無第四無住涅槃，以是諸佛所證極果，豈無前三乎？以前三是二乘有分故。又或依不定性聲聞❸而說，亦可說彼無無餘依。"不定性"者，不是定要斷苦入圓寂之種性也。彼纔證得有餘涅槃，決定迴心求無上覺，由定願力，留身久住，修菩薩行，隨願度生。非如一類定性聲聞，定要斷苦，入於圓寂。由此義故，說彼聲聞無無餘依。問：有餘無餘如何證入？答：謂有定性二乘，深

---

❶"有餘樂依……有餘樂依"，本句是對《成唯識論》"非苦依"的解釋，與唐代注疏不同。據唐代注疏，"非苦依"即無漏五蘊，"非苦"未必是"樂"。

❷"又有言'彼都無涅槃'……亦非有哉"，本段是對《成唯識論》"有處說'彼都無涅槃'，豈有餘依彼亦非有"的解釋，將"有處說'彼都無涅槃'"視作問句，與唐代注疏有異。據唐代注疏，本句為論主的反問，即謂，如果經文說"二乘無無餘依"就可得出"二乘無無餘依"，則經文說"二乘都無涅槃"應得出"二乘無有餘依涅槃"，但二乘顯然有有餘依涅槃。

❸"不定性聲聞"，本句是對《成唯識論》"不定姓二乘"的解釋，不恰，不定二乘還包括不定性緣覺。

樂圓寂，入生空觀、斷煩惱已，親證真如，永滅感生煩惱種子，顯依真理有餘涅槃；由能感生煩惱盡故，所感後有亦復不生，現在生死苦依及俱生任運煩惱皆已滅盡，其餘色、心有作用法既無所依，與彼苦依同時頓捨，顯依真理無餘涅槃。問：證無餘時，二乘身、智既滅，誰證涅槃？答：證無餘時，雖無身、智，而依圓寂，入無餘依，由彼身、智證，可說有身、智❶。八卷❷云：“依變化身，證無上覺，非業報身，故不違理。”然則與佛何以異乎？答：此位既斷煩惱，證得清淨真如，離分別相，得寂滅樂，依斯義故，與佛無差；然上不求菩提，下不度眾生，因乖萬行，果缺圓常，故復說彼有異於佛。問：煩惱是不善性，正感生死，諸所知障，是無記性，不能正感生死，如何斷彼得證無住涅槃？答：彼所知是理障，非正感生。然能隱覆法空真如，令彼不得智、悲雙運，畏生死苦，住定涅槃，故以法空智斷彼所知，法空理顯。此理即是無住涅槃，於此生死、涅槃俱不住故。問：既煩惱障能障涅槃，斷煩惱已得證擇滅，若所知障亦障涅槃，斷彼障已應證擇滅，如何斷彼不得擇滅？答：擇滅無為，離煩惱縛方能證得；彼所知障，性非煩惱，故斷彼時不得擇滅。問：彼所知障既非是縛，若斷彼已，寧證涅槃？答：謂諸涅槃各各不同，有擇滅攝者、非擇滅攝者，非“諸涅槃皆擇滅攝”。汝若不許“無住非擇滅攝”，則前“自性清淨”應非涅槃，以彼亦非擇滅攝故。然斷煩惱得擇滅者，以煩惱障能縛有情、住生死故，故斷煩惱即得擇滅；斷所知障不得擇滅者，以所知障，不感生死，故斷彼時不得擇滅。問：既斷所知不得擇滅，何

---

❶“可說有身、智”，本句是對《成唯識論》“可說彼有”的解釋，與唐代注疏有異。據唐代注疏，此句意謂“可說二乘有無餘依”，而非“有身、智”。

❷“八卷”，即《成唯識論》卷8。

名涅槃？答：然由斷彼所知，得顯法空真理。此涅槃相本來寂滅，故說涅槃。非"此涅槃以擇滅為性"也。故四圓寂，於六無為中，有相攝者，有不攝者。若初自性涅槃，與後無住涅槃，即真如無為攝；若中二有餘、無餘，是擇滅無為攝。問：若唯斷煩惱縛得擇滅者，即如不動無為、受想滅無為，亦能斷縛，此二在虛空、擇滅、非擇滅、真如四無為中，是誰所攝？答：此二在四無為中，非擇滅無為攝。以此二種緣闕不生，說暫離故，非真擇滅，以真擇滅是究竟滅、非暫離故。有非擇滅是暫離故，非永滅者。故二無為，非擇滅攝。或以第四涅槃亦是擇滅攝者，由真智決擇之力滅彼所知，得證涅槃故。問：若第四涅槃是擇滅攝者，豈不濫同中二有餘、無餘耶？答：擇滅有二：一、滅縛得，謂有餘、無餘涅槃，是斷感生煩惱縛而證得者；二、滅障得，謂第四涅槃，是斷俱生微細所知障種而證得者。故四圓寂，對六無為，初一涅槃是真如攝，後三皆擇滅無為攝。不動等二，暫伏煩惱，非永斷故，非擇滅攝，言擇滅者，是究竟滅，非暫滅故[●]。問云：既所知障亦障涅槃，如何《論》初說"所知障障大菩提"乎？曰：如說"煩惱障障大涅槃"，豈煩惱不能為菩提障乎？聖教依勝，各說障一，理實二障通障二果也。如是所說四種涅槃，唯後三種，是斷煩惱所知而顯得者，名"所顯得"。真如自性清淨涅槃，凝然不動，湛若虛空，平等共有，非所顯得。"二、所生得，謂大菩提"者，謂大菩提，本

● "不動等二，暫伏煩惱……非暫滅故"，本段是對《成唯識論》"不動等二，暫伏滅者，非擇滅攝；究竟滅者，擇滅所攝"的解釋，將"究竟滅者，擇滅所攝"解為"只有境界滅才是擇滅所攝"，不恰；據唐代注疏，本句意謂"不動無為""想受滅無為"分為"暫伏滅"與"究竟滅"兩類，前者是非擇滅攝，後者是擇滅攝。

來具有能生無漏種子，而由所知障礙，種不發生，由諸聖者，以修道力斷所知，令彼菩提，從無漏種子生起，起已，窮未來際，相續無間，利益眾生，無有斷時，故名“所生得”也。此即四智相應心品。問：轉八識成四智，何故名為“所生得”耶？曰：轉滅有漏八識之時，從無漏種生起四智，故名所生得耳。上文四種涅槃，真如一種，即是真如門，本來自有，不從顯得，不從生得；次三涅槃，與此菩提，皆是所顯、所生，是生滅門攝。初卷❶云：“由斷續生煩惱障故，證真解脫；由斷解礙所知障故，得大菩提。”義見乎此。

　　云何四智相應心品？一、大圓鏡智相應心品，謂此心品離諸分別，所緣、行相微細難知，不忘、不愚一切境相，性相清淨，離諸雜染，純淨圓德現種依持，能現、能生身、土、智影，無間無斷，窮未來際，如大圓鏡現眾色像。二、平等性智相應心品，謂此心品觀一切法自、他有情悉皆平等，大慈、悲等恒共相應，隨諸有情所樂，示現受用身、土影像差別，妙觀察智不共所依，無住涅槃之所建立，一味相續，窮未來際。三、妙觀察智相應心品，謂此心品善觀諸法自相、共相，無礙而轉，攝觀無量總持、定門及所發生功德珍寶，於大眾會能現無邊作用差別，皆得自在，雨大法雨，斷一切

---

❶ “初卷”，即《成唯識論》卷1。

疑，令諸有情皆獲利樂。四、成所作智相應心品，謂此心品為欲利樂諸有情故，普於十方示現種種變化三業，成本願力所應作事。如是四智相應心品，雖各定有二十二法，能變、所變，種、現俱生，而智用增，以"智"名顯。故此四品，總攝佛地一切有為功德皆盡。此轉有漏八、七、六、五識相應品，如次而得。智雖非識，而依識轉，識為主故，說"轉識得"。又有漏位智劣識強，無漏位中智強識劣，為勸有情依智捨識，故說"轉八識而得此四智"。大圓鏡智相應心品，有義：菩薩金剛喻定現在前時即初現起，異熟識種與極微細所知障種俱時捨故，若圓鏡智爾時未起便無能持淨種識故。有義：此品解脫道時初成佛故，乃得初起。異熟識種，金剛喻定現在前時猶未頓捨，與無間道不相違故，非障有漏、劣無漏法但與佛果定相違故，金剛喻定無所熏識、無漏不增應成佛故。由斯，此品從初成佛，盡未來際相續不斷，持無漏種，令不失故。平等性智相應心品，菩薩見道初現前位，達二執故，方得初起；後十地中，執未斷故，有漏等位，或有間斷；法雲地後，與淨第八相依相續，盡未來際。妙觀察智相應心品，生空觀品，二乘見位亦得初起，此後展轉至無學位，或至菩薩解行地終，或至上位，若非有漏或無心時，皆容現起；法空觀品，菩薩見位方得初起，此後展轉乃至上位，若非有漏生空智、果，或無心時，皆容現起。成所作智相應心品，有義：菩薩修道位中，後得引故，亦得初起。有義：成佛方得初起，以十地中依異熟識所變眼等非無漏故，"有漏不共、必俱、同境根"發"無漏識"理不相應故，此二於境明、昧異故。由斯，此品，要得成佛，依無漏根，方容現起，而數間斷，作意起故。此四種性，雖皆本有，而要熏發方得現行，因位漸增，佛果圓滿，不增不減，盡未來際，但從種生，不熏成種，勿前佛德勝後佛故。大圓鏡智相應心品，有義：但緣真如為境，是無分別，非後得智，行相、所緣不可知故。有義：此品緣一切法，《莊嚴論》說"大圓鏡智於一切境不愚迷"故，《佛地經》說"如來鏡智，諸處、境、識眾像現"故。又此決定緣無漏種及身、土等諸影像故，行、緣微細，說不可知，如阿賴耶，亦緣俗故。緣真如故，是無分別；緣餘境故，後得智攝。其體是一，隨用分二。了俗由證真，故說為後得。餘一分二，准此應知。平等性智相應心品，有義：但緣第八淨識，如染第七緣藏識故。有義：但緣真如為境，緣一切法平等

性故。有義：遍緣真、俗為境，《佛地經》說"平
等性智證得十種平等性"故，《莊嚴論》說"緣諸
有情自、他平等，隨他勝解，示現無邊佛影
像"故。由斯，此品，通緣真、俗，二智所攝，於
理無違。妙觀察智相應心品，緣一切法自相、共
相，皆無障礙，二智所攝。成所作智相應心品，有
義：但緣五種現境，《莊嚴論》說"如來五根一一
皆於五境轉"故。有義：此品亦能遍緣三世諸法，不
違正理，《佛地經》說"成所作智起作三業諸變化
事，決擇有情心行差別，領受去、來、現在等義"，若
不遍緣無此能故。然此心品，隨意樂力，或緣一
法，或二或多，且說五根於五境轉，不言唯爾，故
不相違。隨作意生，緣事相境，起化業故，後得
智攝。此四心品，雖皆遍能緣一切法，而用有異。謂
鏡智品，現自受用身、淨土相，持無漏種；平等智
品，現他受用身、淨土相；成事智品，能現變化身
及土相；觀察智品，觀察自、他功能、過失，雨大
法雨，破諸疑網，利樂有情。如是等門，差別多
種。此四心品，名"所生得"。此所生得，總名"菩
提"。及前涅槃，名"所轉得"。雖"轉依"義總
有四種，而今但取二"所轉得"，頌說"證得轉依"言
故。此修習位說"能證得"，非"已證得"，因位

攝故。

此下廣明四智，即上"二、所生得"之正文也。

一、大圓鏡智相應心品。《佛地經》云："復次妙生大圓鏡智者，如依圓鏡，眾像影現。如是依止如來智鏡，諸處境識眾像影現。唯以圓鏡為譬喻者，當知圓鏡、如來智鏡，平等平等，是故智鏡名'圓鏡智'。"❶ "謂此心品離諸分別者"，因中無計度，果上亦離分別故。"所緣、行相微細難知"者，因中行相寂極微細，內執受境亦難測故，果上亦爾。"不妄、不愚一切境界"者，因中能緣三類性境，不緣妄故，不差謬故，果上亦爾。"性相清淨"者，因中相染而性淨，今智光發明，性相俱淨故。"離諸雜染，純淨圓德"者，因中是所熏性，染熏成染，淨熏成淨，果上轉成無垢，唯與白淨善法相應，故離雜染，由離雜故純，離染故淨，離染離雜清淨德相圓滿具足故。"現種依持，能現能生身、土、智影"者，因中能持種子，能生現行能現根身、器界，果上亦為清淨現行功德之依，亦為清淨種子功德之持，能現、能生身、土、三智之影，餘文可知，謂三身、三土❷、三智之影皆鏡智之所現故。❸乃至一切境，皆悉影現。故《莊嚴論》云："大圓鏡智，於一切境不愚迷故。"智體光明，鑒淨無垢故，唯無漏德所依止故，一切身、土此❹智能現故，餘三智

---

❶ 引文見《佛說佛地經》,《大正藏》第 16 冊，680 號，頁 721 中 12 至 15。

❷ "土"，底本、校本皆作"土"，本句是對《成唯識論》"身土智"的解釋，整理者據文意改訂。

❸ "謂三身、三土……之所現故"，引自《大方廣佛華嚴經隨疏演義鈔》卷 24,《大正藏》第 36 冊，1736 號，頁 187 上 2 至 3。

❹ "此"，底本難辨，校本作"此"，整理者據校本及文意定。

是此影故。

二、平等性智相應心品，由昔因中執有我故，於一切法，分自分他，立彊立界，種種差別，不得平等，而與貪、痴、慢、見恒共相應；今既轉成智體，我、法既除，悉皆平等，恒與慈、悲、喜、捨相應❶，為十地菩薩現他受用身，說法開導。"妙觀察不共所依"者，言因中第六以第七為不共依，果上與妙觀察為不共依也。"無住涅槃之所建立"者，因中由彼所知，執為內我，障此涅槃；故轉智時，無住涅槃，由茲發現。問：鏡智平等皆無分別，依何等義而有差別？答：鏡智無分別，若明鏡之無心，平等無分別，如日合空，空無異相故；此識恒共悲、智相應，一味無漏。《佛地經》云，復次，妙生，平等性智者，由十種相圓滿成就，所謂證得諸相增上喜愛平等，一切領受緣起平等，離異相非相平等，弘濟大慈平等，無待大悲平等，隨諸眾生所樂示現平等，一切眾生敬愛所說平等，世間寂靜皆同一味平等，世間諸法苦樂一味平等，修植無量功德究竟平等❷。證此十相，故名"平等"。

三、妙觀察智相應心品。謂因中第六徧徧❸緣諸法，果上亦爾。神用無方，稱之曰"妙"。緣自、共相，名為"觀察"。"自"即色、心等別，"共"即同無常等。又《攝論》云，圓成實性為共相，依

---

❶ "恒與慈、悲、喜、捨相應"，本句是對《成唯識論》"大慈、悲等恒共相應"的解釋，將"等"解釋為喜、捨，與唐代注疏不同。據唐代注疏，此處"慈、悲等"指本書後文所引《佛說佛地經》中的"十平等"。

❷ "《佛地經》云……究竟平等"，改寫自《佛說佛地經》，《大正藏》第 16 冊，680 號，頁 721 下 27 至頁 722 上 7。

❸ "徧徧"，底本、校本皆如此，本句亦見於通潤《成唯識論集解》卷 10；《卍續藏》本《成唯識論集解》卷 10 作"徧"，第二"徧"字應為衍文。

他起性為自相。言"攝觀"者，"攝"即藏義，"觀"即觀察。以此智品，於總持門善能觀察，亦能攝藏，不忘失故。六度道品為"功德寶"，神通妙用為"作用差別"，既能觀察自相、共相❶，又能攝觀無量總持，又能發生功德珎寶，又能現無邊差別作用，利樂有情，正顯"無不遍知"也。《佛地經》云，"如是如來妙觀察智，住持一切陀羅尼門、三摩地門，無礙辯說諸佛妙法。"，"能為頓起一切所知無礙妙智種種無量相識因緣"，"種種可玩波羅蜜多、菩提分法、十力、無畏，不共佛法之所莊嚴，甚可愛樂"❷。

四、成所作智相應心品，謂成就如來應作事業故。《佛地經》云，由是如來勤身化業，示現種種工巧等處，摧伏諸恃傲慢眾生，以是善巧方便力故，引諸眾生，令入聖教，成熟解脫；由是如來慶語化業，宣揚種種隨所樂法，文義巧妙，小智眾生，初聞尚信，以是善巧方便力故，引諸眾生，令入聖教，成熟解脫；由是如來決意化業，決擇眾生八萬四千心行差別，以是善巧方便力故，引諸眾生，令入聖教，成熟解脫❸。《佛地論》云："成所作智，應知成立如來化身。此復三種，一者、身化，二者、語化，三者、意化。身化復有三種，一、現神通化，二、現受生化，三、現業果化。語化亦有三種，一、慶慰語化，二、方便語化，三、辯揚語化。意化復有四種，一、決擇意化，二、造作意化，三、發起意化，四、受領意

---

❶ "神用無方……自相、共相"，改寫自《大方廣佛華嚴經隨疏演義鈔》卷18，《大正藏》第36冊，1736號，頁139中24至29。

❷ "《佛地經》云……甚可愛樂"，改寫自《佛說佛地經》，《大正藏》第16冊，680號，頁722上8至17。

❸ "《佛地經》云……成熟解脫"，改寫自《佛說佛地經》，《大正藏》第16冊，680號，頁722中9至下14。

化。成所作智能起如是三業化用，此化三業即是化身。應知此中以用顯體，非此三業即是智體，但是智上所現相分。成所作智增上緣力，擊發鏡智相應淨識，令現如是三業化用，自亦能現。"❶ 如是種種變化三業，廣說如《經》。

"如是四智相應心品"下，總結四智，轉心品得。問：若所生得唯有四智相應心品，則一切能變、所變、種子、現行及相應心所，悉無有耶？答：言轉相應心品者，但轉煩惱二十六，不定有二，其餘二十三❷法，能變、所變、種、現相生，悉如因中無異。"二十二法"者，謂徧行五、別境亦五、善位十一，尋、伺位中隨加一法，為二十二，佛地只二十一，無尋、伺故❸。《佛地論》云："於一切處常徧行故，如來恒樂了所知境欲無減故，印境勝解常無減故，了曾受境念無減故，如來無有不定心故，恒決擇故，極淨信等常相應故，無染污故，無睡眠故，無惡作故，現證一切無尋、伺故。有漏心品，勝劣不定，所緣拘礙，心法相應，或多或少；無漏心品，自在無礙，心法平等，互不相障。"❹問：若爾，何故獨

---

❶ 引文見《佛地經論》卷6，《大正藏》第26冊，1530號，頁318中17至27。

❷ "三"，底本、校本皆作"二"，本句是對《成唯識論》"二十二法"的解釋，當作"二"。

❸ "'二十二法'者……無尋、伺故"，本段是對《成唯識論》"二十二法"的解釋，謂徧行五、別境五、善十一，再加尋、伺隨一，佛地無尋、伺，與唐代注疏大異。據唐代注疏，二十二法謂徧行五、別境五、善十一，最後一法為對應的心法，而非尋、伺，心所不能無心王，且從因來看，無漏妙觀察智有二十四法，從因、果通論，有二十二法。

❹ 引文見《佛地經論》卷3，《大正藏》第26冊，1530號，頁304上2至8。

言四智相應心品，而不及餘？答：如是二十二心法，雖能變之智、所變之如❶，種、現俱生，而智用增，以“智”名顯。故此四品總攝佛地一切有為功德皆盡。

問：轉何識，得何智？曰：轉有漏第八相應心品，為大圓鏡智。轉此智時，成等正覺，塵剎剎塵一一皆照，故曰：“大圓無垢同時發，普照十方塵剎中。”轉有漏第七相應心品，為平等性智，現十種他受用身，為十地菩薩說法，故曰：“如來現起他受用，十地菩薩所被機。”轉有漏第六相應心品，為妙觀察智，普照大千世界，故曰：“遠行地後純無漏，觀察圓明照大千。”轉有漏前五相應心品，為成所作智，現三類身，利生接物，故曰：“圓明初發成無漏，三類分身息苦輪。”❷言“三類”者，三類化身也。大化千丈身，被大乘四加行菩薩；小化丈六身，被大乘三資糧位菩薩與二乘凡夫；隨類化，則三乘普被，六趣均霑❸。應有難言：既言轉八識成四智，明知唯智無識。故今釋云：智雖非識，而依識轉，識為主故，智非主故，說“轉識得”耳。又一師云：據轉強得強，云“轉識成智”，何以言之？因中識強智劣，果位智強識劣，故云“轉強得強”也。因中煩惱雜染盛故，分別強故，所以識強，純惡慧故，無決斷故，所以智劣；果位但有淨故，無分別故，所以識劣，無

---

❶“能變之智、所變之如”，本段是對《成唯識論》“能變、所變”的解釋，與唐代注疏不同。據唐代注疏，“能變、所變”指“見分、相分”“識自體、相見二分”或“種、現”。

❷“大圓無垢同時發……三類分身息苦輪”一段頌文，皆出自玄奘造《八識規矩頌》。

❸“大化千丈身……六趣均霑”，引自普泰《八識規矩補註》卷上，《大正藏》第45冊，1865號，頁470中23至25。

惡慧故，決斷勝故，所以智強❶。又一師云：為勸有情依智捨識，故說轉八識而得此四智❷。

次、四智現起分位。問：大圓鏡智相應心品，至何位次，方得現起？一師言：此智在等覺菩薩無間道中方得現起，以異熟識中有漏善種及劣無漏種❸與極微細所知障種俱時捨故，相應心品，亦轉鏡智。若謂「爾時鏡智不起」，異熟識種既已轉依，爾時何識能持淨種？故無間道決定現起。一師言：此智相應心品，在等覺解脫道中成正覺時方得生起。無間道中金剛喻定現在前時，但斷二障微細種子，猶未盡捨異熟種子，以異熟種與無間道不相違故，以無間道不能遮礙有漏善種及劣無漏種，以此二種至解脫道成正覺時定相違故。若謂「金剛喻定現在前時，能空異熟，無所熏識」，爾時本有無漏種子應皆現前，便成佛果，何必更待第二刹那解脫道耶？由斯義故，定知此品，從解脫道初成佛時，方得現前，盡未來際，持無漏種，相續不斷，非無間道得有斯義。

問：平等性智，何位現起？答：菩薩見道位時，違分別執，方得現起。問：第七唯內執我，唯是俱生，無力斷惑，云何初見道時斷分別惑？答：由第六識入雙空觀，得此第七，我、法二執不

---

❶ "據轉強得強……所以智強"，改寫自《唯識開蒙問答》卷下，《新纂卍續藏》第 55 冊，888 號，頁 378 下 7 至 10。

❷ "又一師云：據轉強得強……得此四智"，本段是對《成唯識論》"又有漏位智劣識強……得此四智"的解釋，將其解為兩種解釋，唐代注疏則視為一種解釋。

❸ "以異熟識中有漏善種及劣無漏種"，本句是對《成唯識論》"異熟識種"的解釋，解為"異熟識中的種子"，與唐代注疏有異。據唐代注疏，"異熟識種"即指異熟識的種子，由此說明金剛喻定現在前時已不能生起異熟識現行。

起，故第六識真見道中，頓斷分別二障種子，顯二空智，名"下品轉"，由第六識初轉依時，帶起第七，亦轉一分無分別智。❶故論云："雙執末那歸種位，平等性智方現前。"正謂第七無力斷惑，全仗第六識也。故頌云："分別二障極喜無，六七俱生地地除。第七修道除種現。金剛道後等皆無。"故第七得成無漏者，第六之力也❷。"後十地中執未斷"等者，謂第七識雖斷分別，後十地中俱生未滅，有漏位中智有間斷，至法雲後，斷二障種，得究竟轉，與淨第八互為所依，相續而轉，盡未來際。

問：妙觀察智，何位現起？答：由第六識因中分別我執，續諸生死，故見道時斷分別障種，生空智、果方得現起。自見道後，即用此智斷盡俱生，名無學位，以二乘人不斷所知，無法空智故。若菩薩於加行位終，初見道時，此智亦起。或從二地已上，入無漏觀，及入滅盡定，此智皆起❸。若法空觀智，菩薩見道時，斷盡分別法執種，及斷俱生一分法執，現起一分無分別智，從後二地，展

---

❶ "問：第七唯……無分別智"，本段是對《成唯識論》"菩薩見道初現前位，違二執故，方得初起"的解釋，然謂"第六識真見道中頓斷分別二障種子"，不恰，真見道時是因根本無分別智親證真如而斷分別二障。

❷ "故論云……第六之力也"，改寫自《八識規矩補註》卷下，《大正藏》第 45 冊，1865 號，頁 473 中 27 至下 3。本段所引頌文多為明代注疏所引用，然出處不詳。

❸ "及入滅盡定，此智皆起"，本句是對《成唯識論》"若非有漏或無心時，皆容現起"的解釋，將"無心時"解釋為"滅盡定"，並認為"無心時"妙觀察智相應心品可以生起，誤。據唐代注疏，"非有漏或無心時"意味"非有漏"或"非無心時"，即妙觀察智相應心品不能知非無心時生起。本書後文即將《成唯識論》"若非有漏生空智、果或無心時"，解為"除有漏觀生空智、果及入滅定"，此解為是。

轉而上，除有漏觀生空智、果及入滅定，此智皆容現起。此上六、七二智，因中皆轉，非如鏡智與成所作智必解脫道方得轉故。故曰：「六、七因中轉，五、八果上圓。」

問：成所作智何位現起？一師言：菩薩修道位中，此智亦得初起，謂第六意識後得引故，於淨土中起五識故❶。一師出正義云：此智必究竟位方得初起。以十地修道位中，尚依有漏異熟所變眼等五根，此五色根非無漏故。有漏五根唯與有漏五識為不共依、為俱有依、為同境依。言「不共」者，即不共五根，根唯為眼識依故；言「必俱」者，是俱有依，根、識同時故；言「同境」者，即同境依，根、識共同緣一境故。此三名異，俱是五根，皆三依中俱有依攝。所依眼等既是有漏，不能發生無漏淨識❷。以無漏根、識取境必明，有漏根、識取境必昧。由斯義故，此智，要得成佛時，轉有漏異熟眼根等成無漏時，此無漏智方容現起。然有間斷，猶作意力，方得起故，非若前三長時相續也。

問：若此四智，本來具有，何故必由五位，方得圓滿？答：此四智種，性雖皆本有，良由二障所纏，未能發起，要藉資糧位中聞大乘法資熏擊起，加行位中上下尋思，入初地時方得現行，在

---

❶ 「謂第六意識後得引故，於淨土中起五識故」，引自《大方廣佛華嚴經隨疏演義鈔》卷 57，《大正藏》第 36 冊，1736 號，頁 449 上 7 至 8；源自《成唯識論述記》卷 10，《大正藏》第 43 冊，1830 號，頁 600 上 11 至 13。

❷ 「言『不共』者……無漏淨識」，改寫自《大方廣佛華嚴經隨疏演義鈔》卷 57，《大正藏》第 36 冊，1736 號，頁 449 上 13 至 18。「不共五根，根唯為眼識依故」，《大正藏》本《大方廣佛華嚴經隨疏演義鈔》卷 57 作「不共眼根，根唯為眼識等依故」，據文意當作「不共眼根等，眼根等唯為眼識等依故」。

修道位漸漸增長，至究竟位方得圓滿，不增不減，盡未來際。問：此四不減可爾，何故不增？答：此四但從本有無漏種生，不復更熏無漏種子。若許熏種，則應後佛四智劣於前佛，前佛四智勝於後佛，以前佛先熏、後佛後熏故。《佛地論》云：“如是四智相應心品，種子本有，無始法爾，不從熏立，名‘本性住種性’。發心以後，外緣熏發，漸漸增長，名‘習所成種性’。初地已上，隨其所應，乃得現起。數復熏習，轉增轉勝，乃至證得金剛喻定。從此已後，雖數現行，不復熏習更令增長，功德圓滿不可增故，持種淨識既非無記不可熏故，‘前佛、後佛，功德多、少’成過失故。”❶

　　次、明四智所緣。問：此四智，於妙用時，各緣何境？曰：大圓鏡智，有義：但緣真如為境，以無分別非後得故，又行相、所緣不可知故，不緣一切。有義：緣一切法，以圓鏡智無不照故。引《莊嚴論》證緣一切境，引《佛地經》證現一切影。“又此”下，例明。謂因中緣三類境，果上亦爾。因中行相、所緣俱微細故，說“不可知”，果上亦爾。非謂“無分別故，說‘不可知’”。此智亦緣一切世俗境故，亦如因中阿賴耶識，能緣俗故。緣真如境，是無分別智攝；緣俗諦境，是後得智攝。問：根本、後得，是一，是二？答：其體是一，隨用分二。用此而緣真如，即名根本；用此而緣俗諦，即名後得。問：二智既是一體，起無前後，何名後得？答：由證真故，有根本；由了俗故，有後得。了俗必由證真，故假立前後，非謂“先根本而後得”也。其餘平、妙二智，亦分為二，准此應知。

　　平等性智，有義：唯緣淨八，即如後七緣染八故。有義：唯

---

❶ 引文見《佛地經論》卷3，《大正藏》第26冊，1530號，頁304中3至10。

緣真如，十平等性即真如故。而正義則徧緣真、俗為境，引《佛地經》證緣真如，引《莊嚴論》證緣俗諦。"十種平等"，前已具引矣。

妙觀察智，觀一切法自相無礙，即依他起，是緣俗諦，後得智攝；觀一切法共相無礙，即圓成實，是緣真諦，根本智攝^❶。

成所作智，有義：但緣五現在境，不緣過、未。有義：徧緣三世諸法，為《佛地經》說"此智能起作三業諸變化事，決擇有情心行差別，領受去來現在等義"，若不徧緣，何有如此所說功能？然此心品，作意起故，數有間斷，故所緣法少多不定。故《莊嚴論》且說"五根於五境轉"，不言"此智唯緣五境"，故不相違。此智必假作意之力，方得生起，由度生故，緣俗諦境方起變化三業故，此智唯後得攝，不通根本。以前三依心根故，二智俱通；此智但依色根，故唯後得，故曰"變相觀空唯後得，果中猶自不詮真"也^❷。

問：此四智既同徧緣真、俗境者，即其妙用亦應無別，何故各分為四耶？答云：雖皆徧能緣一切法，而用有異。謂圓鏡智，現自受用身、自受用土，持無漏種，與因中第八緣境同；平等智品，為十地菩薩現他受用身，他受用土；成所作智，能現化身、化土；觀

---

❶ "妙觀察智，觀一切法……根本智攝"，本段是對《成唯識論》"妙觀察智相應心品緣一切法自相、共相皆無障礙，二智所攝"的解釋，將"自相"與"依他起""俗諦""後得智"相匹配，將"共相"與"圓成實""真諦""根本智"相匹配，此說不見於唐代注疏，解釋亦不恰。"自相—共相"有諸多語境，然在區分佛與二乘中，一般謂二乘唯知諸法共相而不知諸法自相，對諸法自相的了知更為重要。唐代注疏中，如理《成唯識論疏義演》又引因明中"自相—共相"與"現量—比量"的理論，謂佛智唯現量，即知自相，佛之共相智亦實知自相。

❷ 引文出自玄奘造《八識規矩頌》。

察智品，觀察自、他功能，自、他過失，隨根大小，施大法雨，決斷眾疑，利益有情。如是等門，差別多種，故分為四。

"此四"下，總結。謂此四智，皆是菩提"所生得"攝。此所生得，總名"菩提"。及前四種涅槃，名"所顯得"。雖有菩提、涅槃，所生、所顯之別，然皆攝在前科"所轉得"中。問：轉依位中總有四種，何故此中但取二"所轉得"，不取前三？答：以頌中說"證得轉依"故，但取"所轉得"中二種得也，以此二得皆證得故。問：此修習位，說"能證得"，是因證位，是果證位？答：是約因中將證位說，非是果上已證位攝。

通上，第四、修習位，竟。

> 後究竟位，其相云何？頌曰：
> 此即無漏界，不思議、善、常、
> 安樂、解脫身，大牟尼名"法"。

五、究竟位。此問及頌答，乃世親之文，為第三十頌。從上修習，至此究竟，故曰"究竟"。金剛心後解脫道中，盡未來際，皆此位攝❶。《雜集》云："何等究竟道？謂依金剛喻定，一切麤重永已息故，一切戲論永已斷故，永證一切離繫果故。從此次第無間轉依，證得盡智，及無生智、十無學法等。"❷

論曰：前修習位所得轉依，應知即是究竟位

---

❶ "金剛心後……皆此位攝"，引自《大方廣佛華嚴經疏》卷 18，《大正藏》第 35 冊，1735 號，635 中 9 至 10。

❷ 引文見《大乘阿毘達磨集論》卷 5，《大正藏》第 31 冊，1605 號，頁 685 中 28 至下 2。

相。"此"謂此前二轉依果，即是究竟無漏界攝。諸
漏永盡，非漏隨增，性淨圓明，故名"無漏"。"界"是
"藏"義，此中含容無邊希有大功德故；或是
"因"義，能生五乘世、出世間利樂事故。清淨法
界，可唯無漏攝；四智心品，如何唯無漏？道諦
攝故，唯無漏攝。謂佛功德及身、土等，皆是無漏
種性所生，有漏法種已永捨故，雖有示現作生死
身、業煩惱等，似苦、集諦，而實無漏，道諦所
攝。《集論》等說十五界等唯是有漏，如來豈無五
根、五識、五外界等？有義：如來功德身、土，甚深
微妙，非有非無，離諸分別，絕諸戲論，非界、處
等法門所攝，故與彼說理不相違。有義：如來五
根、五境，妙定生故，法界色攝。非佛五識雖依此
變，然麤細異，非五境攝。如來❶五識，非五識
界，《經》說佛心恒在定故，《論》說五識性散亂
故。成所作智，何識相應？第六相應，起化用故。與
觀察智性有何別？彼觀諸法自、共相等，此唯起
化，故有差別。此二智品應不並生，一類二識不
俱起故。許不並起，於理無違，同體用分，俱亦
非失。或與第七淨識相應，依眼等根，緣色等境，是

---

❶"來"，底本難辨，校本作"來"，整理者據校本及《大正藏》本《成
唯識論》卷10補。

平等智作用差別。謂淨第七起他受用身、土相者，平等品攝；起變化者，成事品攝。豈不此品攝❶五識得？非"轉彼得體即是彼"，如轉生死言"得涅槃"，不可涅槃同生死攝，是故於此不應為難。有義：如來功德身、土，如應攝在蘊、處、界中，彼三皆通有漏、無漏。《集論》等說十五界等唯有漏者，彼依二乘麤淺境說，非說一切。謂餘成就十八界中，唯有後三通無漏攝；佛成就者，雖皆無漏，而非二乘所知境攝。然餘處說"佛功德等非界"等者，不同二乘劣智所知界等相故。理必應爾。所以者何？說有為法皆蘊攝故，說一切法界、處攝故，十九界等聖所遮故。若"絕戲論，便非界等"，亦不應說即"無漏界，善、常、安樂、解脫身"等。又處處說"轉無常蘊，獲得常蘊"，界、處亦然。寧說如來非蘊、處、界？故言非者，是密意說。又說"五識性散亂"者，說餘成者，非佛所成。故佛身中十八界等，皆悉具足，而純無漏。

此下，護法等解釋頌意，分二，初、正釋，後、別明。正釋中，先、釋頌初句。言前位中所轉得，即是此中究竟位相也。頌中"此"字，即

---

❶ "攝"，底本作"攝"，校本無，本書後文亦解釋為"豈不此品亦得攝五識耶"，《大正藏》本《成唯識論》卷10作"攝"，校勘記謂《宋》《元》《宮》《聖》四本作"轉"，唐代注疏作"轉"解，當作"轉"。

牒前位二轉依果。此果即是究竟位中無漏界攝。言"無漏界"者，謂五住究盡，二死永亡，無量淨德一時圓足，無有漏失，故名"無漏"❶。言"界"者，是"藏"義，以能含藏智慧、光明、總持、禪定及神通等大功德故；亦是"因"義，能生五乘世、出世間利樂事故。人、天、聲聞、緣覺、菩薩，為"五乘"也。問云：涅槃真如，是清淨界，可唯無漏；菩提智品，原是色、心，何唯無漏耶？答云：四智心品雖屬色、心，非苦、集諦，道諦攝故，唯無漏攝❷。謂佛地中所有一切功德、身、土、總持、智慧、神通等事，皆是四智無漏種生，以永捨盡有漏種故。問：法、報二身，固是無漏道諦所攝；諸變化身，定有生死，豈亦道諦攝耶？答：雖其示現作生死身似乎苦諦，業煩惱等似乎集諦，而有漏種已斷絕，故實是無漏道諦所攝。難云：《集論》等說十五界等唯是有漏，若如來三身、四智皆是無漏攝者，豈如來無五根、五識、五外界等乎？釋此一難，有二❸師義。第一師即《佛地論》正義，彼謂：如來功德、身、土甚深微妙，非有非無，非心所測，非口所宣，是無漏界攝，非界、處法攝，故與《集論》理不相違。第二師謂：如來根、境，妙定所生，是無漏法界色攝，以佛非是有漏五識界攝故，《集論》所說有漏五識

---

❶ "言'無漏界'者……故名'無漏'"，本段是對"無漏"的解釋，"五住究盡，二死永亡"見於其他諸多文獻，然與《成唯識論》原文"諸漏永盡，非漏隨增，性淨圓明，故名無漏"不符。

❷ "問云：涅槃真如……唯無漏攝"，本段是對《成唯識論》"清淨法界可唯無漏攝……唯無漏攝"的解釋，不恰。"四智相應心品"唯是"心"，《成唯識論》原文及唐代注疏亦未提及"色"。

❸ "二"，底本、校本皆作"二"，然《成唯識論》原文有三解，本書後文亦有"第三師義"之說，故當作"三"。

定非佛有。問：五根、五境定依識變，何故根、境非五識攝？答：雖根、境定依識變，然麤細有異。謂如來無漏細五境，不同有漏麤五境故；無漏五識，不同有漏五識界故。以經說無漏者，佛心在定故；論說有漏者，五識散亂故❶。問：如來根、境既非五識攝，成所作智亦不應與五識相應，是與何識相應耶？答：成所作智，與第六相應，仗彼引起變化三業故。問：若爾，與妙觀察有何差別？答：彼觀察智，觀察色、心諸法自、共相等；此成所作，緣事相境起三業化，故不同也。問：此二既有差別，應不並生，以一類二識不俱起故，如何說言“與彼相應”而得引起？答云：不許並起，理固宜然，體一用分，俱亦何失？或成事智，不但與第六相應，亦與第七淨識相應❷，以成所作智依五色根，緣五塵境，是平等智作用差別故。何謂“差別”耶？謂淨第七起他受用身、土相者，平等品攝；起變化身土，是成事品攝也。問：若成所作智，既與五、七淨識相應，豈不此品亦得攝五識耶？❸答：非是“轉彼五

---

❶“以佛非是……識散亂故”，本段是對《成唯識論》“非佛五識……性散亂故”的解釋，將“非佛五識”結尾“佛非是有漏五識界攝”，與後文隔絕，並謂“變”指“五根、五境依識變”，與唐代注疏大異。據唐代注疏，“非佛五識……非五境攝”，指非佛的有情的五識所變的佛身、淨土，雖然依佛所變的身、土而變，但佛所變的身、土細，故非“五境”攝；“如來五識非五識界……性散亂故”，即謂，因為《無垢稱經》說如來五識恒在定，不同於《集論》所說的十八界中的散亂的五識界。

❷“或成事智，不但與第六相應，亦與第七淨識相應”，此句是對《成唯識論》“或與第七淨識相應”的解釋，解釋為在前師“第六相應”的基礎上再加“第七相應”，與唐代注疏不同。據唐代注疏，“第六相應”與“第七相應”是兩種不同解釋。

❸“問：若成所作智……攝五識耶”，本句是對《成唯識論》“豈不此品

識得成智體，而彼智體即是彼識所攝”，以彼識、智，轉、未轉位
各有體故。即如轉生死而為涅槃，不可謂“彼涅槃即是生死”，以
生、死涅槃，轉、未轉位各有體故。是故於此，不應為難。第三師
謂：如來身土，如其所應，攝在五蘊、十二處、十八界中，而此三
科，生、佛共有，如來無漏，眾生有漏，各不相濫。《論》說“十
五界唯有漏”者，乃依二乘麤淺境說，非依大乘，故不該一切。何
以言之？謂餘成就十八界中，唯有意根、意識、法塵通無漏攝，餘
十五界名為有漏，故云“麤淺”，非謂如來亦是有漏。佛所成就一
十八界，雖皆無漏，而非二乘所知境界。故《集論》除去後三，但
言“十五界唯是有漏”也。然餘處說“佛功德、身、土純是無漏，非
界處等有漏所攝”者，此義亦謂如來界、處等純是無漏，非是二乘
劣智所知界、處等相，故言“非”也。理應如此。所以者何？以五
蘊法攝盡有為故，_{無為之蘊，非二乘所知。}❶以界、處法攝盡世、出世間
一切法故，_{法外之界、處，非二乘所知。}❷以世、出世法不出三科故，若離

攝五識得”的解釋，唐代注疏所據的《成唯識論》原文為“豈不此品轉五識
得”，即謂“此成所作智豈非是由轉前五識而得”。

❶“無為之蘊，非二乘所知”，本句是對《成唯識論》“說有為法皆蘊攝
故”的解釋，似將佛之功德、身、土解釋為“非二乘所知”而唯佛能知的“無
為之蘊”，誤。《成唯識論》原意謂，佛之功德、身、土是無漏有為法，五蘊既
攝一切有為法，則佛之功德、身、土亦應屬於五蘊。若謂有這種“無為之蘊”，則
是《成唯識論》後文所批判的建立佛所不許的“第六蘊”。

❷“法外之界、處，非二乘所知”，本句是對《成唯識論》“說一切法界、
處攝故”的解釋，似將佛之功德、身、土解釋為“非二乘所知”而唯佛能知的
“法外之界、處”，誤。《成唯識論》原意謂，佛之功德、身、土是法，十二處、
十八界既攝一切法，則佛之功德、身、土亦應屬於十二處、十八界。若謂有這
種“法外之處、界”，則是《成唯識論》後文所批判的建立佛所不許的“第十

三科之外別有法者，是十八界外有十九界，十二處外有十三處，五蘊之法有六蘊，然十九界、十三處、六蘊等於龜毛、兔角，是佛所遮，不許有故，故知佛亦不離蘊、處、界等也。若謂"絕諸戲論，便非界處等攝"者，即此所說"無漏界、安樂、善常"等，豈非戲論乎？亦不應說。又處處說"轉無常蘊，而得常蘊，轉無常界，而得常界"等，此豈非如來蘊、界、處攝耶？故知言"如來非蘊、界攝"者，謂非二乘劣智所知蘊、處、界相，故密意說為非爾，非了義之說也。又說"五識性散亂"者，亦說餘乘成就有漏五識，非謂如來無漏五識。故知如來蘊、處、界等，皆悉具足，純無漏攝，故曰"此即無漏界"也。

此轉依果，又"不思議"，超過尋思言議道故，微妙甚深自內證故，非諸世間喻所喻故。

二、釋"不思議"三字。此轉依果，不但名"無漏界"，又名"不思議"。"超過尋思言議道故"，總釋"不思議"。"微妙甚深自內證故"，即非尋思所得。"非諸世間喻所喻故"，即非言議所及。

此又是"善"，白法性故，清淨法界遠離生滅極安隱故，四智心品妙用無方極巧便故，二種皆有順益相故，違不善故，俱說為"善"。《論》說"處等不❶唯無記"，如來豈無五根、三境？此中三

三處、第十九界"。

❶ "不"，《大正藏》本《成唯識論》卷 10 作"八"，校勘記謂《元》《明》二本作"不"，本書後文據"不"解釋，當作"八"。

釋，廣說如前。一切如來身、土等法皆滅、道攝，故
唯是善，聖說滅、道唯善性故，說佛土等非苦、集
故。佛識所變有漏不善、無記相等，皆從無漏善種
所生，無漏善攝。

三、釋"善"字。淨為白，染為黑，故曰"白法"。下以涅槃
釋善。自性清淨法界，遠離生死染污法故，最寂靜故，極安隱故，一
切魔境不能動故。下以菩提釋善。四智心品妙用無方故，最極善
巧方便故。下雙釋。以此菩提、涅槃種子皆有順益相故，皆與不善
相違故。難云：《論》說處等不惟無記，實通三性，如來豈無五
根、三境？如所示現作生死身，即有漏無記相；如所示現業煩惱
等，即有漏不善相。今言唯善，何哉？❶答云：此中三釋，廣說
如前。一、謂一切如來功德、身、土等法，皆是滅、道所攝故；二、
說佛土等非苦、集攝故；三、謂如來無漏識中所變有漏無記、不
善，皆是無漏種生故，故三類境唯是善性。❷

此又是"常"，無盡期故。清淨法界，無生無

---

❶ "難云：《論》說……何哉"，本段是對《成唯識論》"《論》說'處
等不（八）唯無記'，如來豈無五根、三境"的解釋，所據《成唯識論》版本
作"不唯無記"，因此誤解。據唐代注疏，此難意謂，《大乘阿毘達磨雜集論》
卷4說，十八界中的五根、香、味、觸八界只是無記，則如來的此八界應是無
記，何以說是善。

❷ "此中三釋……唯是善性"，本段將《成唯識論》"此中三釋，廣說如
前"後的段落視作"三釋"，誤，如是後文則不應說"廣說如前"。據唐代注
疏，此處"三釋"指《成唯識論》前文"清淨法界，可唯無漏攝……皆悉具
足，而純無漏"一段的關於"如來功德、身、土為何是無漏"的三種解釋。

滅，性無變易，故說為"常"。四智心品，所依常
故，無斷盡故，亦說為"常"。非自性常，從因生
故，"生者歸滅"一向說❶故，不見"色、心非無
常"故。然四智品，由本願力，所化有情，無盡
期故，窮未來際，無斷無盡。

四、釋"常"字。"無盡期"者，"常"之義也。"清淨"四句，涅
槃常也。"四智"四句，菩提常也。問：菩提既是從所生得，非如
自性涅槃本來是常，從因生故。既從因生，必從因滅，既有生滅，豈
得言常？且四智心品，皆屬色、心，不見色、心非無常者。而言"無
斷無盡"者，何耶？答：四智心品，雖從因生，由本願力，所化
有情，無盡期故，窮未來際，無斷無盡，有"常"義耳。

此又"安樂"，無逼惱故。清淨法界，眾相寂
靜，故名"安樂"。四智心品，永離體❷害，故名
"安樂"。此二自性，皆無逼惱，及能安樂一切有
情，故二轉依俱名"安樂"。

五、釋"安樂"二字。無逼故"安"，無惱故"樂"。"清淨"三
句，涅槃之安樂也。"四智"三句，菩提之安樂也。"永離體害"者，離

---

❶ "說"，《大正藏》本《成唯識論》卷10作"記"，校勘記謂《宋》
《元》《明》三本作"說"，當作"記"。

❷ "體"，底本作"體"，校本無，本書後文亦引作"體"，解作"離體自
無逼惱"。《大正藏》本《成唯識論》卷10作"惱"，校勘記謂《元》《明》
二本作"體"，當作"惱"。

體自無逼惱❶，離害安樂有情。此二自性，能自安樂一切有情，以故，二果並名安樂。

> 二乘所得二轉依果，唯永遠離煩惱障縛，無殊勝法故，但名"解脫身"。大覺世尊，成就無上寂默法，故名"大牟尼"。此牟尼尊所得二果，永離二障，亦名"法身"，無量無邊力、無畏等大功德法所莊嚴故。體依聚義❷，總說名"身"。故此法身，五法為性。非"淨法界獨名法身"，二轉依果皆此攝故。

六、釋"解脫身，大牟尼名'法'"。言在二乘名"解脫身"，在大牟尼名為"法身"。二乘雖得二轉依果，唯斷煩惱，未斷所知，以無利生諸功德故，故云"無殊勝法"。但離煩惱縛，脫分段生死故所得身但名"解脫"。若大覺世尊，五住盡而二死亡，四智成而八識轉，於一切法成等正覺，默證無言寂滅之理，故名"大牟尼"。此牟尼所證涅槃、菩提二轉依果，永離二障，非"解脫身"，名為"法身"❸。以有無量無邊力、無畏等大功德法所莊嚴故，名為"法身"。何謂"身"耶？曰：由此菩提智體圓具無量大功德聚故，依

---

❶ "'永離體害'者，離體自無逼惱，本句是對《成唯識論》"永離體害"的解釋，唐代注疏依"永離惱害"解。

❷ "體依聚義"，此處標點據本書解釋，若據唐代注疏則應作"'體''依''聚'義"。

❸ "非'解脫身'，名為'法身'"，本句是對《成唯識論》"亦名'法身'"的解釋，誤。《成唯識論》原文為"亦名"，即二轉依果對大牟尼來說，既名"解脫身"，又可名為"法身"。

"聚"義，總說名"身"❶。何謂"聚"耶？曰：以此法身，五法為性。《佛地經》云，清淨真如及四智品，名為"五法"。以清淨法界名為"涅槃"，四智心品名為"菩提"，合此二種名為"法身"，不獨一種清淨法界名法身也。以二轉依，攝此五法，五法皆是法身攝故。"無量無邊大功德法"者，畧說有九。頌曰："無量諸解脫，勝處與徧處，無諍、妙願智，無礙解、神通，諸相、好、清淨，及諸力、無畏，不護與念住，永斷諸習氣，無忘失妙法，及如來大悲，佛不共德法，一切種妙智。"❷"力"，即如來十力：一、處非處智力，二、自業智力，三、靜慮解脫三摩地三摩鉢底智力，四、根上下智力，五、種種勝解智力，六、種種界智力，七、徧趣行智力，八、宿住隨念智力，九、死生智力，十、漏盡智力。"無畏"，即四無畏：一、一切智無畏，二、漏盡無畏，三、說障道無畏，四、說苦盡無畏。等者等餘七事，廣說如《深密經》及《顯揚論》第四。

> 如是法身有三相別。一、自性身，謂諸如來真
> 淨法界，受用、變化平等所依，離相寂然，絕諸戲
> 論，具無邊際真常功德，是一切法平等實性，即
> 此自性亦名"法身"，大功德法所依止故。二、受
> 用身，此有二種：一、自受用，謂諸如來三無數劫

---

❶ "何謂'身'耶……總說名'身'"，本段是對《成唯識論》"體依聚義，總說名'身'"的解釋，謂法身之體，依據"功德聚"，而稱為"法身"，誤。據唐代注疏，此處是以"體""依""聚"三義來解釋"身"這個詞的含義，即"體性""依止""聚集"三義。

❷ 引文見《顯揚聖教論頌》卷1，《大正藏》第31冊，1603號，頁584上1至7。

修集無量福、慧資糧，所起無邊真實功德，及極圓
淨常遍色身，相續湛然，盡未來際，恒自受用廣
大法樂；二、他受用，謂諸如來由平等智，示現微
妙淨功德身，居純淨土，為住十地諸菩薩眾現大
神通，轉正法輪，決眾疑網，令彼受用大乘法樂。合
此二種，名"受用身"。三、變化身，謂諸如來由
成事智，變現無量隨類化身，居淨、穢土，為未登
地諸菩薩眾、二乘、異生，稱彼機宜，現通說法，令
各獲得諸利樂事。

七、別明法身，分七。一、正明法身三相。此將一法身，就體、
相、用分為三身，自性身是體，受用身是相，變化身是用。《佛地
經》頌云："自性法、受用、變化差別轉。"❶彼經論云："雖諸如來
所依清淨法界體性無有差別，而有三❷種種相異轉變不同，故名
'差別'。頌言'自性法'者，即是如來初自性身。體常不變，故
名'自性'。力、無畏等諸功德法所依止故，亦名'法身'。頌言'受
用'，即是次受用身，能令自他受用種種大法樂故。頌言'變化'，即
是後變化身，為欲利益安樂眾生，示現種種變化事故。"❸問：自
性身以何為體？曰：即是如來自性清淨法體，是報、化二身所依止
故，由彼離名離相，絕言絕思，具足無邊真常功德，是一切法平

---

❶ 引文見《佛說佛地經》，《大正藏》第 16 冊，680 號，頁 723 中 9。

❷ "三"字下，《大正藏》本《佛地經論》卷 7 有"身"字。

❸ 引文見《佛地經論》卷 7，《大正藏》第 26 冊，1530 號，頁 325 下
3 至 10。

等真實之性故。何又謂之"法身"？曰：諸功德法所依止故。普潤大師云：軌持為"法"，依止名"身"。何以知之？《光明疏》云："法名可'軌'，諸佛軌之而得成佛。"《摩訶衍》云："湛湛絕慮，寂寂名斷，能為色相作所依止。"以是知之。問："寂寂名斷"，安曰"法身"？曰：法實無名，為機詮辯，召"寂寂"體，強稱"法身"。問：湛湛之體，當同虛空。曰：凡所有相，皆是非相。覺五音如谷響，知實無聲；了萬物如夢形，見皆非色。空、有不二，中道昭然，不可聞"無"謂"空斷絕"❶。

何謂"受用身"？曰：能全自、他受用種種大法樂故❷。此有二種，一自受用，一他受用。何謂"自受用"？曰：謂人所不知、唯佛自知、唯佛自證故，即是三大阿僧祇脩習無量福、慧資糧，莊嚴法性，所生無量真實功德，以得大圓鏡智，證得圓滿報身，充徧華藏世界海中，湛然常住，恒自受用廣大法樂故。又何義故名為"報身"？曰：三無數劫修所得故，名為"報身"。唯此是實，後皆應身。普潤云："報"謂果報，三祇修因所得果故。"身"者，"依止""相續"二義名"身"。"依止義"者，有為功德所依止故。"相續義"者，盡未來際無斷期故。此云"所起無邊真實功德"，"相續湛然，盡未來際"，即"依止""相續"義也❸。何謂"他受

---

❶ "諸法功德所依止故……謂'空斷絕'"，改寫自《唯識開蒙問答》卷下，《新纂卍續藏》第 55 冊，888 號，頁 379 上 9 至 16。

❷ "能全自他受用種種大法樂故"，引自《佛地經論》卷 7，《大正藏》第 26 冊，1530 號，頁 325 下 8。"全"，底本、校本皆作"全"，《大正藏》本《佛地經論》卷 7 作"令"，當作"令"。

❸ "又何義故名為'報身'……'相續'義也"，改寫自《唯識開蒙問答》卷下，《新纂卍續藏》第 55 冊，888 號，頁 379 上 17 至下 1。

用"？曰：即是如來，以平等智，示現微妙淨功德身，為十地菩薩現通說法，決擇羣疑，令彼菩薩受用大乘法樂，故此有十重，被十地機之所現故❶。合此二種，名"受用身"。

何謂"變化身"？曰：無而歘有，謂之"變化"，聚化五蘊，名之為"身"❷。即是如來，以成所作智，所變無量，隨類化身，為地前菩薩及彼二乘、異生，隨機說法，令彼各各皆得利樂。前受用身，自、他俱利；此變化身，純是利他。此有三類：一、大化身，二、小化身，三、隨類化。"大化身"者，千丈大身，王大千界，被地前機。"小化身"者，丈六金身，王一四天下，二❸乘、凡夫是所被機。"隨類化"者，猿中現猿，鹿中現鹿，或拘凡❹羅現三尺身，城東老母指掌所現，亦屬隨類❺。如上三身，總是牟尼所證五法為性之法身也。《攝大乘論》云："若無自性身，應無法身，譬如眼根；若無法身，應無受用身，譬如眼識。應知此中，所依、能依，為同法喻。若無受用身，已入大地諸菩薩眾，應無受用法樂，若無受用法樂，菩提資糧應不圓滿，譬如見色；若無化身，勝解行地諸菩薩眾、諸聲聞等劣勝解者，最初發趣，皆不應有。是故決定應

---

❶ "令彼菩薩受用大乘法樂……之所現故"，改寫自《唯識開蒙問答》卷下，《新纂卍續藏》第 55 冊，888 號，頁 379 下 1 至 2。

❷ "無而歘有……名之為'身'"，引自《唯識開蒙問答》卷下，《新纂卍續藏》第 55 冊，888 號，頁 379 下 2 至 3。

❸ "二"，底本、校本皆作"二"，本句引自《唯識開蒙問答》卷下，《卍續藏》本引自《唯識開蒙問答》卷下作"三"。

❹ "凡"，底本、校本皆作"凡"，本句引自《唯識開蒙問答》卷下，《卍續藏》本引自《唯識開蒙問答》卷下作"尸"，當作"尸"。

❺ "此有三類……亦屬隨類"，改寫自《唯識開蒙問答》卷下，《新纂卍續藏》第 55 冊，888 號，頁 379 下 3 至 9。

有三身。"❶又云："何故受用身非即自性身？由六因故：一、色身可見故，二、無量佛眾會差別可見故，三、隨勝解見自性不定可見故，四、別別而見自性變動可見故，五、菩薩聲聞及諸天等種種眾會間雜可見故，六、阿賴耶識與諸轉識轉依非理可見故。佛受用身即自性身，不應道理。何因變化身非即自性身？由八因故。謂諸菩薩從久遠來，得不退定，於覩史多及人中生，不應道理。又諸菩薩從久遠來，常憶宿住書算數印工巧論中及於受用，欲塵行中不能正知，不應道理。又諸菩薩從久遠來，已知惡說、善說法教，往外道所，不應道理。又諸菩薩從久遠來，已能善知三乘正道，修邪苦行，不應道理。又諸菩薩捨百拘胝諸贍部洲，但於一❷處成等正覺，轉正法輪，不應道理。若離示現成等正覺，唯以化身於所餘處施作佛事，即應但於覩史多天成等正覺，何不施設徧於一切贍部洲中同時佛出？既❸不施設，無教無理。雖有多化，而不違彼'無二❹如來出現世'言。由一四洲攝世界故，如二輪王不同出世。此中有頌：'佛微細化身，多處胎平等，為顯一切種，成等覺而轉。'為欲利樂一切有情，發願修行證大菩提，畢竟涅槃，不

---

❶ 引文見世親造、玄奘譯《攝大乘論釋》卷1，《大正藏》第31冊，1597號，頁323上24至中2。

❷ "一"，底本難辨，校本作"一"，校本校勘記謂"一字原本不明"，本句引自無著造、玄奘譯《攝大乘論本》卷下，整理者據校本及《大正藏》本《攝大乘論本》卷下定。

❸ "出既"二字，底本難辨，校本有"出"字，"既"字缺，本句引自無著造、玄奘譯《攝大乘論本》卷下，整理者據《大正藏》本《攝大乘論本》卷下補訂。

❹ "二"，底本、校本皆作"一"，本句引自無著造、玄奘譯《攝大乘論本》卷下，整理者據《大正藏》本無著造、玄奘譯《攝大乘論本》卷下改訂。

應道理，願行無果成過失故。佛受用身及變化身。既是無常，云何經說'如來身常'？此二所依法身常故。又等流身及變化身，以恒受用無休癈故，數數現化不永絕故；如常受樂，如常施食，如來身常，應知亦爾。"❶

　　以五法性攝三身者，有義：初二攝自性身，《經》說"真如是法身"故，《論》說"轉去阿賴耶識得自性身，圓鏡智品轉去藏識而證得"故；中二智品，攝受用身，說"平等智，於純淨土為諸菩薩現佛身"故，說"觀察智，大集會中說法斷疑，現自在"故，說"轉諸轉識得受用身"故；後一智品，攝變化身，說"成事智，於十方土現無量種難思化"故。又智殊勝，具攝三身，故知三身皆有實智。有義：初一攝自性身，說"自性身本性常"故，說"佛法身無生滅"故，說"證因得非生因"故，又說"法身諸佛共有，遍一切法，猶若虛空，無相無為，非色、心"故。然說"轉去藏識得"者，謂由轉滅第八識中二障麁重、顯法身故。智殊勝中說法身者，是彼依止、彼實性故。自性法身，雖有真實無邊功德，而無為故，不可說為色、心等物。四智品中真實功德，鏡智所起

---

❶ 引文見世親造、玄奘譯《攝大乘論本》卷3，《大正藏》第31冊，1594號，頁151中29至下29。

常、遍色身，攝自受用；平等智品所現佛身，攝他受用；成事智品所現隨類種種身相，攝變化身。說"圓鏡智是受用佛""轉諸轉識得受用"故。雖轉藏識亦得受用，然說轉彼顯法身故，於得受用，畧不說之。又說"法身無生無滅""唯證因得""非色、心"等，圓鏡智品，與此相違，若非受用，屬何身攝？又受用身，攝佛不共有為實德，故四智品實有色、心，皆受用攝。又他受用及變化身，皆為化他方便示現，故不可說"實智為體"。雖說化身，智殊勝攝，而似智現，或智所起，假說"智"名，體實非智。但說平等、成所作智，能現受用三業化身，不說"二身即是二智"，故此二智，自受用攝。然變化身及他受用，雖無真實心及心所，而有化現心、心所法，無上覺者神力難思，故能化現無形質法。若不爾者，云何如來現貪、瞋等？久已斷故。云何聲聞及傍生等知如來心？如來實心，等覺菩薩尚不知故。由此經說"化無量類，皆令有心"，又說"如來成所作智化作三業"，又說"變化有依他心"，依他實心相分現故。雖說變化無根、心等，而依餘說，不依如來。又化色根、心、心所法，無根等用，故不說有。

二、五法攝三身。《佛地論》云："有五種法，攝大覺地。何等為五？所謂清淨法界、大圓鏡智、平等性智、妙觀察智、成所作智。"❶有義：清淨真如與圓鏡智，攝自性身；平等性智、妙觀察智，攝受用身；成所作智，攝變化身。《經》說"真如是法身"故，《論》說"轉去阿賴耶識得自性身"，大圓鏡智，轉第八得，故知前二攝自性身。平等性智，如餘論說"能於淨土。隨諸菩薩所樂，示現種種佛身"，妙觀察智，亦如論說"於大集會能現一切自在作用，說法斷疑"，又說"轉去諸轉識，得受用身"，故知中二攝受用身。《佛地經》說"成所作智起諸化業"，《莊嚴論》說"成所作智於一切界發起種種無量難思諸變化事"，故知後一攝變化身。又佛三身，皆十義中智殊勝攝，故知三身皆得有智。有義：初一，攝自性身；四智自性、相應、共有，及為地上菩薩所現一分細相，攝受用身；若為地前諸菩薩等所現一分麁相化用，攝變化身。問：清淨真如何唯自性不攝鏡智？曰：諸經皆說"清淨真如為法身"故，《讚佛論》說"如來法身無生滅"故，《莊嚴論》說"佛自性身本性常"故，《金剛般若論》說"受持演說彼經功德，於佛法身為證得因，於餘二身為生因"故❷，諸經論說"自性法身，生、佛共有，遍一切法，猶如虛空，不屬形相，不屬有為，非色、心法"故，鏡智是色、心法故。問：若爾，何故《攝論》說"轉去藏識，得自性身"？答：由轉去第八識中二障種子，顯露法身，不說"法身即圓鏡智"。又說"智殊勝中具法身"者，是說四智依止法身，以法身即彼實性故，不

❶ 引文見《佛地經論》卷3，《大正藏》第26冊，1530號，頁301中6至8；源自《佛說佛地經》，《大正藏》第16冊，680號，頁721上1至3。

❷ "《經》說'真如是法身'，《論》說'轉去阿賴耶識得自性身'，大圓鏡智……故為生因故"，改寫自《佛地經論》卷7，《大正藏》第26冊，1530號，頁325下28至頁326上16。

謂“三身皆有實智”。自性法身，雖具真實無邊功德，非有為故，不可說為色、心等物，故非鏡智所攝。應說鏡智所起真實功德，及極圓清淨常遍色身，攝自受用；平等所起微妙淨功德身，攝他受用；成事智品所現隨類種種身相，攝變化身。問：云何而知鏡智攝自受用耶？答：《莊嚴論》說“大圓鏡智是受用佛”故，以彼轉前七識得真實受用故❶。問：鏡智得稱受用佛者，亦是轉捨藏識而得受用，何故却言轉轉識耶？答：雖轉藏識亦得受用，然《論》正說轉去藏識得顯自性法身，故於得受用處畧而不說。又說“自性法身，無生無滅，性無轉易，猶如虛空”“唯證因得，非生因得”“無相無為，非色、心”故，故非圓鏡所攝。圓鏡既與自性法身相違，若非受用，屬何身攝？況受用身，攝如來三阿僧祇修集無量不共有為真實功德，及證極淨常遍色身故，四智品中實有色、心者，皆受用攝。問：他受用身與變化身，亦有色、心，何故圓鏡不攝？答：他受用身與變化身，皆為利益有情，方便示現，而非真實四智為體。雖有說言“智殊勝故，具攝三身”，而似智現，非是實智。或依根本實智，方便現起，假說“智”名，而體非實，故言“智殊勝故，具攝三身”，非謂“三身皆有實智”。故經但說“二智能現二身”，不說“二身即是二智”。故知二智，皆是自受用攝。問：既四智品實有色、心皆是自受用攝，若他受用與變化身，既無真實色、心，云何說法利生？答：然此二身，雖無真實心、心所法，而有化現心、心所法。問：心、心所法，本無形質，何能化現？答：無上大覺，能以不思議神力，化現無形質法。若不能化現無形質法，云何如來

---

❶ “以彼轉前七識得真實受用故”，本句是對《成唯識論》“轉諸轉識得受用故”的解釋，唐代注疏謂此句出自《攝大乘論》，見於<u>無性</u>造、<u>玄奘</u>譯《攝大乘論釋》卷10，《大正藏》第31冊，1598號，頁448上11至12。

示現貪、瞋等？如來三毒，久已斷故。云何聲聞及異生等皆能知如來心？以如來實心，即等覺菩薩尚不能知其少分，況降斯以下者而能知耶？故知聲聞及異生等所知者，皆是如來化心耳。由斯義故，經說"如來化無量類眾生身"，即能現無量類眾生心也。又說"如來成事智能❶化身、口、意三業"等，又說"變化有依他心"，謂依他實心以為本質，復自變現心、心所假相分，而為眾生所緣之境。故知眾生所知所見者，皆是如來似相分法，非真如來，以真如來非心可知、非相可見故。《佛地論》云："如來智上，現此麤相心、心法等一切功德，令諸下位能現了知。若不爾者，二乘異生，云何能知如來所有心、心法等功德差別？云何如來久已成佛，復能現作具貪、瞋等種種化身？餘經亦說'化無量類皆令有心'，又說'化身亦名有心，亦名無心'，有依他心，無自依心故，謂化心等依實心現，但實心上相分，似有緣慮等用，如鏡中火，無別自體，隨眾緣生，如餘心等。餘處雖說'無化心'等，以無實用如實心等。變化色等有實作用，如實色等，故徧說有。由化心等麤相顯現、易了知故，乃至猨猴知如來心。若佛實心，諸大菩薩，亦不能了。"❷又云："心化唯二：一、自身相應，謂自心上化現種種心及心法影像差別；二、他身相應，謂令他心亦現種種心及心法影像差別。此並相分似見分現。有義：定力能令自心解非分法，名'化自分❸'；加被有情，令愚昧者解深細法，令失念者得

<hr />

❶ "能"，底本難辨，校本作"能"，整理者據校本定。

❷ 引文見《佛地經論》卷 6，《大正藏》第 26 冊，1530 號，頁 318 下 4 至 15。

❸ "分"，底本、校本皆作"分"，本句引自《佛地經論》卷 7，《大正藏》本《佛地經論》卷 7 作"心"，當作"心"。

正憶念，名‘化他心’。然心無化，無形質故。如論說言‘心無形故不可變化’，又說‘化身無心、心法’，此就二乘及諸異生定力而說，彼定力劣，不能化現無形質法。諸佛菩薩不思議定，皆能化現。若不爾者，云何菩薩現貪、瞋等？云何聲聞及傍生者知如來心？云何經說‘化無量類皆令有心’？云何上說‘諸化意業’？云何經說‘有依他心’？但諸化色，同實色用[1]，化根及心，但有相現，不同實用。又就下類，故作是[2]說。若爾，云何不化非情令心相現？非情已是心等相分，云何復令有心相現？若心相現，則名有情，非非情攝。是故化心但說二種。”[3]

如是三身，雖皆具足無邊功德，而各有異。謂自性身唯有真實常、樂、我、淨，離諸雜染、眾善所依無為功德，無色、心等差別相用；自受用身，具無量種妙色、心等真實功德；若他受用及變化身，唯具無邊似色、心等利樂他用化相功德。

三、三身功德。謂自性身，具有真常、真樂、真我、真淨四種功德。“常”者，不生滅故。“樂”者，無苦、集故。“我”者，極自在故。“淨”者，無垢染故。“離諸雜染”者，“從本已來一切染法

---

❶ “用”，底本難辨，校本作“用”，本句引自《佛地經論》卷7，整理者據校本及《大正藏》本《佛地經論》卷7定。

❷ “是”，底本難辨，校本作“是”，本句引自《佛地經論》卷7，整理者據校本及《大正藏》本《佛地經論》卷7定。

❸ 引文見《佛地經論》卷7，《大正藏》第26冊，1530號，頁325上24至中12。

不相應故"。"眾善所依"者，"具足無量性功德故"❶。由其自性
如如平等，故無色、心等相用差別。以相、用差別，生滅門顯，故
《起信》云"是心真如相，即示摩訶衍體故。是心生滅因緣相，能
示摩訶衍自體、相、用故。"❷若自受用身，四智所攝，故能具足無
量圓淨常徧妙色、心等真實功德，唯是自己受用故。若他受用，及
變化身，唯隨菩薩、聲聞、異生等意樂，變現似色、心等化相功德，令
彼得大利樂，得大受用。故《佛地論》云："如是三身，為有各
別諸功德不？ 如來法身，清淨真如轉依為相，真實善有，本性清
淨，遠離一切雜染法故，一切功德所依止故，一切功德真實性故，說
名具足一切功德，無有色、心差別功德。佛受用身，具足一切色、
心等法真實功德，及為他現化相功德。佛變化身，唯具一切現色、
心等化相功德。是故三身皆說具有過殑伽沙數量功德。"❸

又自性身，正自利攝，寂靜安樂，無動作故；亦
兼利他，為增上緣，令諸有情得利樂故；又與受
用及變化身為所依止，故俱利攝。自受用身，唯

---

❶ "從本已來一切染法不相應故""具足無量性功德故"兩句，分別引馬
鳴造、真諦譯《大乘起信論》，《大正藏》第 32 冊，1666 號，頁 575 下 27 及
頁 576 上 27 至 28。本句是引用《大乘起信論》解釋《成唯識論》"離諸雜
染、眾善所依"，與唐代注疏大異。據唐代注疏，"離諸雜染""眾善所依"皆
用於簡別後文"無為功德"，"離諸雜染"簡別有漏，"眾善所依"簡別有為
無漏。

❷ 引文見馬鳴造、真諦譯《大乘起信論》，《大正藏》第 32 冊，1666 號，頁
575 下 23 至 25。

❸ 引文見《佛地經論》卷 7，《大正藏》第 26 冊，1530 號，頁 326 下
27 至頁 327 上 5。

屬自利。若他受用及變化身，唯屬利他，為他現故。

四、三身二利。《佛地論》云："又自性身，寂滅安樂，正屬自利功德所攝；為增上緣，益眾生故，兼屬利他。以自性身與諸有情，作增上緣，令諸有情得利樂故。由自性身，生、佛共有，故與眾生為增上緣，助令起發。所謂眾生於三昧，乃得平等見諸佛故。又與二身俱利功德為所依故，二利所攝。受用身者，具有二分：一、自受法樂分，謂三無數劫，修自利行，滿足所證色等實身，令自受用微妙喜樂；二、他受法樂分，謂三無數劫，修利他行，滿足所證色等化身，為入大地諸菩薩眾，現種種形，說種種法，令諸菩薩受大法樂。由此二分，或說此身唯自利攝，或說此身唯利他攝，或說俱攝，皆不相違。變化身者，唯為利他，現諸化相，故利他攝。"❶

又自性身，依法性土，雖此身、土體無差別，而屬佛、法，相、性異故。此佛身、土，俱非色攝，雖不可說形量小大，然隨事相，其量無邊，譬如虛空遍一切處。自受用身，還依自土，謂圓鏡智相應淨識，由昔所修自利無漏純淨佛土因緣成熟，從初成佛，盡未來際，相續變為純淨佛土，周圓無際，眾寶莊嚴，自受用身常依而住。如淨土量，身量亦爾，諸根相好，一一無邊，無限善根所引生

---

❶ 引文正文見《佛地經論》卷 7，《大正藏》第 26 冊，1530 號，頁 327 中 18 至 28。小注中 "所謂眾生依於三昧，乃得平等見諸佛故"，引自馬鳴造、真諦譯《大乘起信論》，《大正藏》第 32 冊，1666 號，頁 578 下 28 至 29。

故。功德智慧，既非色、法，雖不可說形量大小，而依所證及所依身，亦可說言"遍一切處"。他受用身，亦依自土，謂平等智大慈、悲力，由昔所修利他無漏純淨佛土因緣成熟，隨住十地菩薩所宜，變為淨土，或小或大，或劣或勝，前後改轉，他受用身依之而住，能依身量，亦無定限。若變化身，依變化土，謂成事智大慈、悲力，由昔所修利他無漏淨穢佛土因緣成熟，隨未登地有情所宜化為佛土，或淨或穢，或小或大，前後改轉，佛變化身依之而住，能依身量，亦無定限。

五、身土相依。法身所依，依法性土。唯一法性，寧分身、土耶？曰：能依義邊，名之為"身"；所依義邊，名之為"土"❶。又與身為性，名"法性身"；與土為性，名"法性土"。即三土、三身之真性也❷。佛與眾生，平等共有，眾生未證、佛已證故，故云"雖此身、土體無差別，而屬佛、法，性、相異故。"謂法性屬佛為法性身，法性屬法為法性土，性隨相異，故云爾也❸。清涼《疏》，"問云：法性身、法性土，為別，不別？別，則不名法性，性無二故；不

---

❶ "法身所依，依法性土……名之為'土'"，改寫自《唯識開蒙問答》卷下，《新纂卍續藏》第 55 冊，888 號，頁 379 下 9 至 11。

❷ "與身為性……之真性也"，引自《大方廣佛華嚴經隨疏演義鈔》卷 25，《大正藏》第 36 冊，1736 號，頁 190 中 15 至 17。

❸ "謂法性屬佛……故云爾也"，引自《大方廣佛華嚴經疏》卷 10，《大正藏》第 35 冊，1735 號，頁 572 中 22 至 23。

別，則無能所依。答：《佛地論》云，唯以清淨法界而為法身，亦以法性而為其土❶。性雖一味，隨身、土相而分三❷別。《智論》云，在有情數❸中名為佛性，在非情數中名為法性。假說能、所，而實無差。"❹此佛身、土，皆屬真如，俱非色攝。問：身土固知無差，亦有形量可說否？答：雖不可說形量大小，而隨事相，其量無邊。以變化等三身三土，事既無邊，與之為性，豈有邊耶？譬如虛空，能徧一切色、非色處，此通喻身土也。量云："虛空形量無邊"，"徧一切處故"，喻"如虛空"❺。自受用身，還依自受用土。"謂圓鏡智相應淨識"，即果位第八，此是依因，依此頓變故。"由昔所修"下，此是行因。"從初成佛"下，辨其果相。初明豎長，"周圓"下，明其橫廣❻。謂圓鏡智相應無垢淨識之所變現，由昔三阿僧祇劫，修十勝行，為淨土緣，故初成佛時，以彼淨識，變現純淨佛土，周圓無際，眾寶莊嚴，盡未來際，相續無窮。自受用身，依止此土，此土即華藏莊嚴世界也。"如淨"下，明身、土量

---

❶ "土"，底本難辨，校本作"一"，本句引自《大方廣佛華嚴經疏》卷10，整理者據《大正藏》本《大方廣佛華嚴經疏》卷10及文意定。

❷ "三"底本、校本皆作"三"，本句引自《大方廣佛華嚴經疏》卷10，《大正藏》本《大方廣佛華嚴經疏》卷10作"二"，當作"二"。

❸ "數"，底本難辨，校本作"數"，本句引自《大方廣佛華嚴經疏》卷10，整理者據校本、《大正藏》本《大方廣佛華嚴經疏》卷10及文意定。

❹ 引文改寫自《大方廣佛華嚴經疏》卷10，《大正藏》第35冊，1735號，頁572中13至20。

❺ "量云……喻'如虛空'"，此比量，宗有法是"虛空"，又以"虛空"作同喻依，無法成立。

❻ "即果位第八……明其橫廣"，引自《大方廣佛華嚴經隨疏演義鈔》卷26，《大正藏》第36冊，1736號，頁195下25至27。

等。此淨土無量，身量亦爾，故《起信》云："身有無量色，色有無量相，相有無量好，所住依果亦有無量種種莊嚴，隨所示現，即有無邊不可窮盡。"❶所以者何？皆是無量劫來無量善根所引生故。"功德"下，明身及土，徧一切處。問：功德隨所依身，智慧隨所證如❷，身、土既無邊際，功德、智慧亦有大小邊際否？答意如文。他受用身，亦依他受用土。謂平等智相應淨識，大慈、悲力之所變現，由昔因中修利他行，為淨土緣，故成佛時，不捨利他，隨彼十地菩薩所宜，以平等智，大慈、悲力，變為淨土，大小、勝劣形量不定。他受用身，依止此土。所依之土既無定量，能依身量亦復乃爾。若變化身，即依變化土。謂成所作智，大慈、悲力之所變現，亦由往昔修利他行為淨穢土緣故成佛時，隨地前菩薩及聲聞、異生等所宜，以大慈、悲力，化為佛土，淨穢、大小形量不定。此變化身，依此土住。土既無定，身量亦爾。《開蒙》："問：報身體？答：四智菩提，無漏五蘊。問：報土體？答：無漏色蘊。問：能所依？答：根根塵塵，徧周沙界，情、器有異。情為能依，屬報身；器為所依，屬報土也。此實報土。問：他報土？答：隨所被機，勝劣、大小悉皆不同，然唯淨土。問：變化土？答：亦隨所被大凡小聖，各隨業力，淨穢、大小，所見不同。"❸故肇公云：佛土淨豈待變而後飾，蓋是變眾人所見耳。是以眾生見為土石，皆是自業

---

❶ 引文見<u>馬鳴</u>造、<u>真諦譯</u>《大乘起信論》，《大正藏》第 32 冊，1666 號，頁 579 中 25 至 27。

❷ "功德隨所依身，智慧隨所證如"，引自《大方廣佛華嚴經隨疏演義鈔》卷 25，《大正藏》第 36 冊，1736 號，頁 194 上 5 至 6。

❸ 引文見《唯識開蒙問答》卷下，《新纂卍續藏》第 55 冊，888 號，頁 379 下 11 至 16。

所起。菩薩純是妙慧，即是真智所為。離凡、聖心，無真、俗境❶。《大經》云，或現童男、童女身，天龍及與阿修羅，乃至摩睺羅伽等，隨其所樂悉令現❷。

自性身、土，一切如來同所證故，體無差別。自受用身及所依土，雖一切佛各變不同，而皆無邊，不相障礙。餘二身、土，隨諸如來所化有情，有共、不共。所化共者，同處同時，諸佛各變為身為土，形狀相似，不相障礙，展轉相雜為增上緣，令所化生，自識變現，謂於一土有一佛身，為現神通說法饒益。於不共者，唯一佛變。諸有情類，無始時來，種性法爾更相繫屬，或多屬一，或一屬多，故所化生，有共、不共。不爾，多佛久住世間，各事劬勞，實為無益，一佛能益一切生故。

六、明共、不共。問：此四佛土，一切如來皆共耶，有不共耶？答：自性身、土，一切諸佛共證，體無差別，故可言“共”。報身、報土，雖是諸佛各隨自己淨識所變，遍一切處不相障礙，亦可言“共”。餘二身、土，隨諸如來所化有情，有共、不共。若共化者，其土必共。若獨化化者，其土不共。云何“共化”？謂諸如來同在一處，同此一時，各各變身變土，而身、土形狀，各各無異，不

---

❶ “故肇公云……無真、俗境”，或改寫自《宗鏡錄》卷21，《大正藏》第48冊，2016號，頁532中14至19。

❷ “《大經》云……樂悉令現”，或改寫自《宗鏡錄》卷22，《大正藏》第48冊，2016號，頁536中1至3。

相障礙，互相錯雜，為增上緣令彼所化眾生，各各於自識上變現諸佛共化身、土相分而為所緣，而諸眾生各各自謂"於此一土有一佛身，現通說法，饒益我等"，此名"諸佛共化身土"。言"不共"者，唯一佛身變一佛土。問：一身一土，足以利生，何用諸佛共化身、土？答：諸有情類，從無始來，同具佛種，共有佛性，法爾與諸佛互相繫屬❶。或多類眾生因緣唯屬一佛化者，故唯一佛，隨所化眾生變一身一土而引導之，不用多佛共化；或一類眾生因緣屬多佛共化者，故諸佛隨所化眾生，同時同處，各各變身變土，而化導之。由此義故，諸佛隨所化有情，有共、不共。若不爾者，多佛久住世間，各各現身現土，空事勤劬勞苦，實為無益。何以故？以一佛即能利益一切眾生故。《佛地論》云："一切如來所化有情，為共、不共？有義皆共，以一一佛皆能化度一切有情，福德、智慧一切平等，三無數劫勤修行願，同為拔濟一切有情求菩提故，如說一佛所化有情即一切佛。有義：不共，以佛所化諸有情類本相屬故。是故如來底沙佛時，曾與慈氏同為弟子，佛觀釋迦所化有情，善根先熟，慈氏所化，善根後熟。又觀慈氏因行先滿，釋迦後滿，遂於一處入火光定，令釋迦見，七日七夜，不下一足一頌讚嘆，令超慈氏，在前成佛。又佛將欲入涅槃時，作如是言：'我所應度，皆已度訖。'又契經說：佛涅槃時，觀一所化，現在非想非非想處，當生此間，應受佛化。留一化身，潛住此界。先所受身，現入涅槃。彼

---

❶"諸有情類，從無始來，同具佛種，共有佛性，法爾與諸佛互相繫屬"，本句是對《成唯識論》"諸有情類，始無時來，種性法爾，更相繫屬"的解釋，與唐代注疏有異。唐代注疏對此句並無詳解，但謂有情法爾種性相繫屬，此處"種性"未必是"佛種性"，因為唐代唯識宗據護法的種性理論，不認同有情都有"種性"意義上的"佛性"。

從非想非非想沒，來生此間。佛所留化，為說妙法，成阿羅漢，爾時化身方沒不現。又諸經中處處宣說：能化、所化相屬決定，是故諸佛所化不共。如實義者，有共、不共。無始時來，種性法爾更相繫屬，或多屬一，或一屬多。菩薩因時，成熟有情亦不決定，或共、不共。故成佛已，或共化度，或別化度。若所化生一向共者，何須多佛？一佛能化一切生故，唯應一佛常住世間教化眾生，餘佛皆應入永寂滅。佛亦不應化餘眾生令趣大乘，以無用故。但應化彼令得三乘入永寂滅，以易得故。誰有智者，捨易就難，然燈助日？是故所化非一向共。若所化生一向不共，菩薩不應發弘誓願、歷事諸佛、修學大乘，蘇達那等亦不應事多善知識，諸佛不應以己所化付囑後佛，如是等事，皆悉相違，是故不應一向不共。雖一一佛有化一切有情功能，然諸有情，於無緣佛不肯受化，亦不見聞。雖一一佛盡未來際，常住世間，教化無量諸有情類，而隨所宜，現種種化，或現等覺，或現涅槃，或名釋迦，或慈氏等，隨一化相所度有情言皆度訖，生非想者，宜見釋迦化相得度，故留化待，亦不相違。若諸如來同一所化，何佛現前而化彼耶？諸佛皆有悲願力故，不可一化餘皆止息。但有緣佛，同處同時，後得智上各現一化，其狀相似，不相障礙，更相和雜，為增上緣。令所化生識如是變，謂見一佛為現神通，為說正法，如是等事不可思議，非唯識理不可解了。"❶

　　此諸身、土，若淨若穢，無漏識上所變現者，同能變識俱善無漏，純善無漏因緣所生，是道諦

---

❶ 引文見《佛地經論》卷7，《大正藏》第26冊，1530號，頁327上6至中18。

攝，非苦、集故。蘊等識相不必皆同，三法因緣雜
引生故。有漏識上所變現者，同能變識皆是有
漏，純從有漏因緣所生，是苦、集攝，非滅、道故。善
等識相不必皆同，三❶性因緣雜引生故。蘊等同、
異，類此應知。不爾，應無五、十二等。

七、釋身、土有漏無漏。此約菩薩說。故《佛地論》云："如
是淨土，主既圓滿，應有輔翼，主必攝受輔翼者故。諸大菩薩眾
所雲集，諸聲聞等無如是事。謂初地上諸菩薩眾，雖不能集諸佛
自利受用淨土，而能集會諸佛利他受用淨土，諸佛慈、悲於自識上
隨菩薩宜，現麁妙土。菩薩隨自善根願力，於自識上，似佛所生
淨土相現。雖是自心各別變現，而同一處，形相相似，謂為一土
共集其中。如是地上菩薩淨土，為是有漏，為是無漏？有義：無
漏，謂自心中後得無漏淨土種子願力資故，變生淨土，於中受用
大乘法樂以初地上諸菩薩眾，證真如理，得真無漏，處真法流，住
真淨土，常見諸佛，故所變土，是真無漏，道諦所攝。有義：有
漏，謂自心中加行有漏淨土種子願力資故，變生淨土，於中受用
大乘法樂，以彼菩薩雖證真如，得真無漏，而七地來，煩惱現起，乃
至十地，尚有修斷煩惱種子及所知障，第八識體能持彼故，現受
熏故，猶是有漏，無記性攝。有為無漏，道諦所攝，決定是善。若
'十地中，第八識體是無漏善'，應知❷佛地，不能執持有漏種子，不

---

❶ "三"，《大正藏》本《成唯識論》卷 10 作 "三"，校勘記謂《元》
《明》二本作 "一"，當作 "三"。

❷ "知"，底本、校本皆作 "知"，本句引自《佛地經論》卷 1，《大正藏》
本《佛地經論》卷 1 作 "如"，校勘記謂《宋》《元》《明》《宮》四本作 "知"，當

應受熏。第八識體既是有漏無記性攝，所變淨土，云何無漏，善性所攝？又一有性❶無二實身，其身爾時既是有漏，所依淨土云何無漏？是十地菩薩淨土，是妙有漏，苦諦所攝。如實義者，十地菩薩自心所變淨土有二：若第八識所變淨土，是有漏識相分攝故，是有漏身所依處故，雖無漏善力所資熏，其相淨妙，而是有漏苦諦所攝，隨加行等所現亦爾；若隨後得無漏心變淨土影像，是無漏識相分攝故，從無漏善種子生故，體是無漏，道諦所攝。”❷

言“蘊等”者，即無漏五蘊：一、無漏淨戒，名為“戒蘊”；二、無漏定，名為“定蘊”；三、無漏慧，名為“慧蘊”；四、無學勝解，名“解脫蘊”；五、無學正見，名“解脫智見蘊”。前三是因，後二是果。五蘊法界，一切三乘功德所依，通學、無學。無學圓滿戒、定、慧三法，因緣雜引生故。學位分得戒、定、慧三，隨用一性所引生故。蘊等同異，滿分淨、染，類此應知。第八有漏所變身土亦是有漏，後得無漏所變身土亦是無漏，故言“同”也。第八所變不同後得，後得所變不同第八，故言“異”也。不爾者，牒前一往所談身、土，皆是隨機變現。若不變現，則又何有五蘊、十二處、十八界之建立也哉❸？

作“如”。

❶ “性”，底本、校本皆作“性”，本句引自《佛地經論》卷1，《大正藏》本《佛地經論》卷1作“情”，當作“情”。

❷ 引文見《佛地經論》卷1，《大正藏》第26冊，1530號，頁294中17至下20。

❸ “言‘蘊等’者……建立也哉”，本段是對《成唯識論》“蘊等識相不必皆同……五、十二等”的解釋，將“蘊等”解釋為無漏五蘊，“三法”解釋為“戒、定、慧”等無漏五蘊之三，其所據《成唯識論》作“一性因緣所引生故”，解為“隨用一性所引生故”，皆誤。據唐代注疏，“蘊等”即指五蘊、十

　　然相分等，依識變現，非如識性依他中實。不爾，"唯識"理應不成，許識內境俱實有故。或識相、見等從緣生，俱依他起，虛、實如"識"。"唯"言遣外，不遮內境，不爾，真如亦應非實。內境與識，既並非虛，如何但言"唯識"，非"境"？識唯內有，境亦通外，恐濫外故，但言"唯識"。或諸愚夫迷執於境，起煩惱業，生死沈淪，不解觀心勤求出離，哀愍彼故，說"唯識"言，令自觀心，解脫生死，非謂"內境如外都無"。或相分等，皆識為性，由熏習力，似多分生。真如亦是識之實性，故除識性，無別有法。此中"識"言，亦說"心所"，心與心所定相應故。

　　牒上"依識變現"，總結成唯識義。"相分等"者，"等"見分。相、見俱依自證起故，非如識性依他中實。依他雖假，而中則圓成實性，故云"中實"也。相分等依識變現，即世俗唯識；識性依他中實，即勝義唯識❶。故云"不爾，唯識理應不成"。"內境"即

二處、十八界，"三法"指根、境、識，即謂，了別蘊、界之識的見分與相分在蘊、處、界的歸屬上未必相同，否則應只有識蘊，而無五蘊、十二處、十八界。《成唯識論》原文當作"三性因緣所引生故"，"三性"即指善、惡、無記三性。

　❶"'相分等'者……勝義唯識"，本段是對《成唯識論》"然相分等依識變現，非如識性依他中實"的解釋，將"中實"解釋為"中則圓成實性"，與唐代注疏大異。據唐代注疏，此處"相分等"之"等"，依據對"轉變"的

相分，或許識與相分俱實有故，或識與二分俱依他起故，依他則虛，圓成則實。"如識性"言，俱無不可。此上，釋"識"字也。

"'唯'遮境有"者，但遮心外境無，不遮內境，不離識相分是無。不然，真如亦應非實，以真如是本智所緣，亦名"內境"故。此上，釋"唯"字也。

問：內境與識，既並非無，如何但言唯識，不言"唯境識"耶？答曰：以"境"名通於內、外故。謂有離心境、不離心境，恐濫外境，但言"唯識"。為諸愚夫迷執外境，起惑造業，受生死苦，不解觀心，勤求出離，哀愍彼故，說"唯識"言，令自觀心，出輪迴苦，非謂"內境相分如外都無"也❶。或相、見分皆識為性，真如亦是識之實性，由無始來，內、因外緣重習力故，展轉現起，似多分生，總此三分，故言"唯識"，故除識性無別有法。

問："唯識性"與"唯識"，有何同異？答：各有二義。且"唯識性"二義者，一者、虛妄唯識性，即徧計性所遣清淨，此云"相分等皆識為性，由熏習力似多分生"者是也；二者、真實唯識性，即圓成實性所證清淨，此云"真如亦是識之實性"者是也。"唯識"二義者，一、世俗唯識，即依他起所斷清淨，上言"相分等依識變現"者是也；二、勝義唯識，即圓成實所得清淨，上言"識性依他中實"者是也。又言"唯識"性、相不同，相是依他，唯是有為，通漏、無

解釋不同，而有多種解釋。"非如識性依他中實"，意為，護法的理論中，雖然見分、相分、識自體分都是依他起性，但由於見分、相分都是識自體分之用，所以二分不及識自體中的依他起性真實。

❶ "問：內境與識……外都無也"，改寫自《宗鏡錄》卷4，《大正藏》第48冊，2016號，頁437中10至15。

漏；性即圓成，唯是真如，無為無漏❶。

十卷之義，收攝於此。

此論三分成立"唯識"，是故說為"成唯識論"。亦說此論名"淨唯識"，顯"唯識"理極明淨故。此本論名"唯識三十"，由三十頌顯"唯識"理乃得圓滿，非增、減故。

此釋論名。言"三分"者，有四：序、正、流通，一也；畧、廣、位，二也；境、行、果，三也；相、性、位，四也❷。以此三分，成立"唯❸識"，故曰"成唯識論"。顯"唯識"理極明淨故，亦曰"淨唯❹識論"。此本論原為世親菩薩，撮取《瑜伽》要義，成《三

❶ "問：'唯識性'……無為無漏"，改寫自《宗鏡錄》卷4，《大正藏》第48冊，2016號，頁437中15至22。

❷ "言'三分'者……四也"，改寫自《唯識開蒙問答》卷上："有三種三科。一，畧、廣、位三科；二，境、行、果三科；三，相、性、位三科。"（《新纂卍續藏》第55冊，888號，頁343下6至7）本书卷1亦曾引之。"三種三科"之說，源自唐代注疏。此外，本書卷1還曾引用源自窺基《成唯識論述記》中的"宗前敬敘分、依教廣成分、釋結施願分"三分，並將其解釋為"序分、正宗分、流通分"。本次此處則將"三種三科"與"序、正、流通"結合。但"序、正、流通"一般認為是源自漢地僧人道安，《成唯識論》則被認為是匯集印度論師觀點的著作，或因此《成唯識論述記》雖有"宗前敬敘分、依教廣成分、釋結施願分"三分，但並未匹配於"序分、正宗分、流通分"。

❸ "唯"，底本缺，校本作"唯"，本句是對《成唯識論》"成立'唯識'"的標引，整理者據校本、《成唯識論》及文意定。

❹ "曰淨唯"三字，底本缺，校本作"曰淨唯"，本句是對《成唯識論》"名'淨唯識'"的標引，整理者據校本、《成唯識論》及文意定。

十頌》。今此論文，由三十頌，成立教、理，因、果、性、相、真、妄、徧、實、有為、無為，一切諸法，皆是唯識。如是發明"唯識"之理，乃得圓滿，不增不減，故本論名"三十論"焉❶。

已依聖教及正理，分別唯識性相義。

所獲功德施羣生，願共速登無上覺。

此即三大分中，第三、釋結施願分。前二句，即釋結也；後二句，即施願也。

成唯識論卷第十終

---

❶ "如是發明……三十論焉"，本句是對《成唯識論》"此本論名……非增、減故"的解釋，似謂"唯識"之理不增不減，與唐代注疏不同。據唐代注疏，此句意謂，世親的《唯識三十頌》用了三十個頌文圓滿論述了"唯識"之道理，全文共三十頌，數量不增不減，因此名為"唯識三十頌"。

整理後記

　　王肯堂，字宇泰，號損庵，又號鬱岡齋主，明代金壇（今江蘇金壇市）人，尤以醫家聞名於世，著有《證治準繩》《醫鏡》《醫辨》《醫論》《醫學窮源集》等醫書。但他亦為在家修證佛法之人，自號念西居士，對佛教唯識學素有研究，為晚明唯識復興運動重要人物，撰有《成唯識論證義》《因明入正理論集解》等唯識、因明詮釋著作。

　　據《明史稿》和《明史》記載，王肯堂出生官宦世家。其祖父王㮚，曾任兵部主事，終山東副使。其父王樵，字明遠。舉嘉靖二十六年進士，授行人，歷刑部員外郎等職。王樵著有律學著作《讀律私箋》二十四卷，十分精詳。❶

　　王肯堂為王樵次子，生於明嘉靖二十八年（1549），卒於明萬曆四十一年（1613）。❷《明史稿》與《明史》均未將王肯堂單獨入

---

　　❶ 參見［清］張廷玉等：《明史》卷 221《列傳第一百九》，北京：中華書局，1974 年，第 5818 頁。

　　❷ 關於王肯堂的生卒年月，可以參見新修《金壇縣誌》，其中注明其生卒確切日期為 1549 年 10 月 2 日—1613 年 9 月 21 日（南京：江蘇人民出版

傳，而是附在其父王樵傳後。《明史》載："子肯堂，字宇泰。舉萬曆十七年進士，選庶吉士，授檢討。倭寇朝鮮，疏陳十議，願假御史銜練兵海上。疏留中，因引疾歸。京察，降調。家居久之，吏部侍郎楊時喬薦補南京行人司副，終福建參政。肯堂好讀書^❶，尤精於醫。所著《證治準繩》該博精粹，世競傳之。"^❷成書早於《明史》的《明史稿》，內容與之大致相同，但略為精細，還說明王肯堂"著述甚富，雅工書法"，而且"以其尤精醫理故，又附見《方伎傳》中"。^❸據此，王肯堂是因其精通醫理纔得以在《明史稿》中單獨入傳的。《方伎傳》說他"博極群書，兼通醫學"，實際上亦非專業醫家，但"所著《證治準繩》，為醫家所宗"。^❹

從清人所撰《明史稿》及《明史》的相關記載來看，一方面，王肯堂在清初的社會影響顯然遠不如其父王樵；另一方面，王肯堂的社會影響當時主要集中於醫學的理論與實踐，在其他思想領域尚未產生重大效應。

社，1993年，第783頁）；另可參見憨山德清《金沙重興東禪寺緣起碑記》："癸丑秋，太史不幸捐館。"（《憨山老人夢游集》卷26，《卍新纂續藏經》第55冊，No.1456，第647頁下）

❶ 關於王肯堂的好讀書，可以參見他自己的說法："余幼而好博覽，九流百家，亡弗探也。遇會心處，欣然至忘寢食。既寡交遊，無同好可與談者，時時劄記，以管城君為談塵爾。"參見氏著：《鬱岡齋筆塵》"序"，《北京圖書館古籍珍本叢刊》第64冊，北京：北京圖書館出版社，1998年，第463頁。

❷［清］張廷玉等：《明史》卷221《列傳第一百九》。

❸ 參見［日］丹波元胤：《中國醫籍考》卷26《方論四》，北京：人民衛生出版社，1956年，第427頁。

❹ 參見［日］丹波元胤：《中國醫籍考》卷26《方論四》，第428頁。

然而在經歷了幾個朝代之後，王肯堂的思想影響已經逐漸超出其父。而今人撰寫的思想史，更已有將其父王樵傳記附於王肯堂傳記之後的做法。[●]究其原因不外乎以下幾個方面，它們共同勾勒出王肯堂所具有的絲毫不遜於同時代歐洲思想家培根、笛卡爾等人的百科全書式奇特才華。後人稱讚説："以天縱之才，益以力學，發為言論，宜如獨具隻眼，排倒一切也。"[❷]

王肯堂的才華與成就主要表現在如下幾個方面：

其一，醫學方面：王肯堂的醫學思想與成就持續地起效用。他身後留下"博大浩瀚的醫學書籍"[❸]，今人所編《王肯堂醫學全書》（陸拯主編，中國中醫藥出版社：北京，1999 年），總計 2736 頁，共396.9 萬字。尤其是他的《證治準繩》一百二十卷，"博覽明以前歷代重要醫籍，採集古今方論，參以個人見解與經驗"[❹]，采摭繁富，條理分明，博而不雜，在中國醫學史上佔有重要地位。"與李時珍《本草綱目》，為吾國醫藥兩大淵藪。"[❺]王肯堂的醫學思想，在傷寒、內科雜病、外科、兒科、婦科的諸多研究領域均有重要成果與貢獻。[❻]

---

❶ 例如參見何勤華：《中國法學史》第 2 卷，北京：法律出版社，2006年，第 480 頁。

❷ 秦伯未：《鬱岡齋醫學筆塵》"序"，陸拯主編：《王肯堂醫學全書》，北京：中國中醫藥出版社，1999 年，第 2583 頁。

❸ 陳邦賢：《中國醫學史》，北京：團結出版社，2011 年，第 156 頁。

❹ 傅維康等：《中國醫學史》，上海：上海科技出版社，1997 年，第 384 頁。

❺ 陳邦賢：《中國醫學史》，第 156 頁。

❻ 陸拯：《王肯堂醫學學術思想研究》，陸拯主編：《王肯堂醫學全書》，第2717—2735 頁。

其二，律學方面：王肯堂在其他領域的思想影響也日益增長。他在其父王樵《讀律私箋》基礎上擴編增輯而成的律學著作《律例箋釋》[1]，成為明代重要的法律典籍，而且在後世受到更高程度的重視。根據當代學者的研究，王肯堂的《律例箋釋》"博采各家之長，在律條字詞的解釋，律文的注解，立法者意圖的探明，律例注釋中案例的引用等諸方面均下了工夫"，在明清眾多律學著作中"無疑是最為重要的"，也是後來"清代律例注釋書所引用最多的明人作品"[2]。

其三，科學、藝術方面：王肯堂在其他方面也有所涉獵並有所造詣。例如據《利瑪竇中國劄記》記載：王肯堂是"傑出的哲學家"，曾長時間研究數學，試圖發現中國的數學體系。[3]王肯堂本人在其《鬱岡齋筆塵》[4]中也談及他於醫學之外在算術、幾何、天文、曆書等方面的研究與思考。在藝術方面，他與湯顯祖、袁宏道、王世貞、董其昌等人過從甚密，雖自認"吾無詩才""絕不為詩"，但"未必

---

[1] 王肯堂《律例箋釋》三十卷；顧鼎重編刊本，改名《王儀部先生箋釋》，清康熙三十年（1691）刻本，收入《四庫未收書輯刊》第 1 輯第 25 冊，北京：北京出版社，1997 年。

[2] 參見何勤華：《中國法學史》第 2 卷，第 272、480 頁。

[3] 王肯堂曾致函利瑪竇，推薦自己的一位學生隨利瑪竇學習。利瑪竇稱王肯堂是"北京翰林院裡一位傑出的哲學家"。又說，王肯堂"經過長期的研究之後，他沒有能發現任何明確的中國數學體系這樣的東西；他枉然試圖建立一個體系，作為一種方法論的科學，但最後放棄了這種努力"。見［意］利瑪竇、［比］金尼閣著，何高濟等譯：《利瑪竇中國劄記》，北京：中華書局，2010 年，第 351 頁。

[4] ［明］王肯堂：《鬱岡齋筆塵》，前揭書，第 538、546、560 頁等。

無見也"❶；他喜好品詩歌，論文學，鑒賞字畫，雅工書法，傳拓臨摹，並多有收藏與評論。❷故有學者稱他"與郭澹論數緯，與董其昌論書畫，與利瑪竇論曆算，與紫柏大師參禪理"。❸

其四，經學方面：利瑪竇在其《中國劄記》中將王肯堂稱作"哲學家"並非誤會。在王肯堂所撰著作中還包括《尚書要旨》三十六卷，"承其父樵所撰《尚書別記》而推演之，以備刺經訓故之用"；以及《論語義府》二十卷，"匯輯儒先語錄及説經之書，凡數百家"。❹按照各種記載，王肯堂除此之外至少還另撰有《尚書過庭録》《五經義府》等書。❺

---

❶ 參見［明］王肯堂：《鬱岡齋筆麈》，前揭書，第 612 頁。

❷ 據乾隆《金壇縣誌·儒林卷》載，王肯堂"書法深入晉人堂室。輯鬱岡齋帖數十卷，手自鉤搨，為一時石刻冠"。這裡所説的"書法深入晉人堂室"，指的很可能是王肯堂的如下評論："晉人書妙在藏鋒，非無鋒也，但不露爾。"（氏著：《鬱岡齋筆麈》，前揭書，第 598 頁）此外，王肯堂很可能是《金瓶梅》抄本的最早持有和傳播者，參見顧國瑞：《屠本畯和〈金瓶梅〉》，《北京大學學報》1985 年第 4 期，第 20—26 頁。

❸ 王重民：《王肯堂傳》，氏著：《冷廬文藪》上冊，上海：上海古籍出版社，1992 年，第 166 頁。

❹ 參見王重民：《王肯堂傳》，前揭書，第 167 頁。按，王肯堂《尚書要旨》三十六卷，收入《四庫全書存目叢書》經部第 51、52 冊；以及《論語義府》二十卷，收入《四庫全書存目叢書》經部第 161 冊。

❺ 還可以參見復旦大學柯卉碩士學位論文《王肯堂的生平與學術》（2001），尤其是該文的附録一《王肯堂學術簡譜》和附録二《王肯堂論著、編校及訂補文獻目録提要》（第 38—54 頁）。該文對王肯堂的思想發展有一些相當縝密的考訂。可惜該文並未顧及王肯堂的佛教唯識學方面的思想與著述，亦即恰恰缺少聖嚴法師在其《明末佛教研究》一書中為王肯堂所撰之佛教思想傳略（臺北：法鼓文化事業股份有限公司，1999 年，第 221—223 頁）。

其五，佛學方面：與經學家或哲學家的身份相比，王肯堂更應被稱作佛學家，或更確切地説：佛教唯識家。他在思想史上最重要的影響是在佛教唯識學的研究方面，其著《成唯識論證義》與《因明入正理論集解》均被收入大藏經，産生重大影響。**❶**

*　　*　　*

王肯堂於佛教方面之經歷與造詣被佛學界概括為："博通教乘，尤善相宗。初參高原昱公，昱公為之講説唯識論，肯堂筆受，成《唯識俗詮》一書。又著《唯識證義》十卷、《因明入正理論集解》一卷等。"**❷** 除了以上所列其晚年撰寫的佛教唯識書籍之外，王肯堂早年還撰有《參禪要訣》一卷**❸**。

---

❶ [明]王肯堂:《成唯識論證義》,《卍新纂續藏經》第 50 册, No.0822, 第 829 頁上—893 頁上；以及《因明入正理論集解》,《卍新纂續藏經》第 53 册, No.0857, 第 917 頁下—932 頁上。

❷ 參見《佛光大辭典》"王肯堂"條(慈怡主編:《佛光大辭典》, 高雄：佛光文化事業有限公司, 1988 年, 第 1510 頁)。這個條目的撰寫很可能是參考清代居士彭際清的《居士傳》而成。但《居士傳》中"王肯堂"的傳記内容更為準確："金壇王宇泰, 名肯堂……平生博通教乘, 尤精相宗。以慈恩《成唯識疏》既亡, 學者無所取證, 乃創《唯識證義》十卷。書成力疾校讎刻行於世, 曰此龍華之羔雉也。初高原昱公以宇泰之請演《唯識俗詮》。"見[清]彭際清:《居士傳》卷 44,《卍新纂續藏經》第 88 册, No.1646, 第 265 頁。

❸ 此書在黃虞稷(1629—1691)《千頃堂書目》中有載, 見氏著, 瞿鳳起、潘景鄭整理:《千頃堂書目(附索引)》, 上海：上海古籍出版社, 2001 年, 第 428 頁。此外, 日僧鳳潭(1654—1738)撰《扶桑現存藏外目録》亦載是書(第 667 號), 見《昭和法寶總目録》第 2 册,《大正新修大藏經》別卷, 東京：大藏經刊行會, 1924—1935 年, 第 569 頁上。最後, 近查得王肯堂的《參禪要訣》萬曆三十二年(1604)刻本在日本駒澤大學圖書館有藏, 雖

　　王肯堂在禪學方面的思考與修養與他的唯識學研究並無抵牾。他所處時代雖然恰好是明末諸家研究和弘揚唯識學的時代，但唯識學在唐玄奘之後至明末的大約八百年間，除了一些零星的引用之外，已成為絕響。如蕅益智旭所言："惜慈恩沒，疏復失傳，僅散現《大鈔》《宗鏡》諸書，及《開蒙》二卷稍存線索。國初以來，竟成絕學。"❶清人彭際清在王肯堂的傳記中記載説："以慈恩《成唯識疏》既亡，學者無所取證。"❷而王肯堂自己也記錄説："余聞紫柏大師言，相宗絕傳久矣。"❸既然到明代時已無唯識學家，唯識學傳習無人，當時的唯識學復興運動也就不可能從唯識學内部發起。晚明的所謂唯識復興，是從一個總體上帶有禪學烙印的思想背景中產生的，如聖嚴所言："明末的唯識學者，無不出身於禪宗。"❹勸化王肯堂研修唯識學的是明末四大高僧之一的紫柏真可（1543—1603）。紫柏大師出生禪宗，但對晚明佛教的宗風頹敗❺深感不齒，立志站出來，弘揚義學，收拾殘局，同時代人中與之同道者甚多。依

然筆者已經獲得影印本，但囿於版權問題，暫時無法列入編校與出版計畫。

　❶［明］智旭：《重刻成唯識論自考録序》，《卍新纂續藏經》第 51 冊，No.0823，第 145 頁下。

　❷［清］彭際清：《居士傳》第 44，《卍新纂續藏經》第 88 冊，No.1646，第 265 頁下。

　❸［明］王肯堂：《成唯識論俗詮序》，《卍新纂續藏經》第 50 冊，No.0820-D，第 503 頁上。

　❹ 聖嚴：《明末佛教研究》，第 209 頁。

　❺ 王肯堂在其《成唯識論俗詮序》中將晚明的佛教風氣概括為："宋南渡後，禪宗盛極。空談者多，實踐者少。排擯義學，輕蔑相宗。"（《卍新纂續藏經》第 50 冊，No.0820-D，第 503 頁上）

照聖嚴的觀點："以年代的先後次序，他們的名字是普泰、真界、正誨、真可、德清、廣承、明昱、通潤、王肯堂、大真、大惠、廣益、智旭、王夫之等，均有唯識的著述傳至現代，單從人數而言，明末的唯識風潮，遠盛於唐代。此一風氣的形成，可能與禪宗的式微及其自覺有關，自唐宋以下的禪宗，多以不立文字、輕忽義學為風尚，以致形成沒有指標也沒有規式的盲修瞎練，甚至徒逞口舌之能，模擬祖師的作略，自心一團漆黑，卻偽造公案、呵佛罵祖。所以有心振興法運的大師們，揭出了'禪教一致'的主張。"❶而王肯堂的學佛經歷與此有內在關聯：他最初是抱學禪之心師從紫柏真可，最終在老師引導下轉向唯識、因明之學。

由於明末時唐代玄奘所譯唯識學經論尚在，但對其直接做注釋的窺基《成唯識論述記》以及窺基的《成唯識論掌中樞要》、慧沼的《成唯識論了義燈》、智周的《成唯識論演秘》之唯識三疏，自元代之後已經在中國失傳，"既未編入藏經，也不流傳於當時的中

---

❶ 聖嚴：《明末佛教研究》，第 205 頁。按，聖嚴法師《明末佛教研究》第三章"明末的唯識學者及其思想"（初刊于《中華佛學學報》第 1 期，1987年，第 1—41 頁），雖然被作者本人謙之為"未有任何創見，只是將資料研究整理，提出一個概要，以備他日再作進一步的探索"（第 261 頁），但依筆者陋見，無論在歷史思想脈絡的梳理、晚明唯識義理特點的把握方面，還是在對當時唯識諸家觀點的理解、傳承譜系的排列、文獻著述的整理和釋要等方面，聖嚴法師對晚明唯識運動的總體研究思考和回顧理解都提供一個具有難以逾越高度的開端。筆者以下對晚明唯識復興的論釋，大部是基於對聖嚴法師此章主旨的扼要複述，並附以些許補充和修訂。筆者曾在中山大學主持過聖嚴法師的講演，本文亦可視作對他的一種悼念和追思。

國"❶。因而明末諸家對唯識學的探究，除了《楞伽經》《解深密經》等經以及《瑜伽師地論》《顯揚聖教論》《成唯識論》等論的譯本之外，在本土的唯識注疏中，所能依據者均為思想史上一些非系統的論述，如元人雲峰的《唯識開蒙問答》二卷、五代永明延壽的《宗鏡錄》一百卷、唐代清涼國師澄觀的《華嚴經疏鈔》八十卷。即使如此，他們也能夠從各自的角度出發，對唯識經典做出自己的深入理會與精當詮釋，開闢出一條新的唯識思想發展脈絡❷，掀起了一場佛教史上影響深遠的唯識學思潮。按照聖嚴的統計，明末一百數十年間，有 17 位撰有唯識著作的學者，35 種計 107 卷的唯識經典注解，大都涉及對《成唯識論》《唯識三十論》《百法明門論》《觀所緣緣論》《八識規矩頌》《因明入正理論》等論、頌的纂釋和證義。❸其中包括王肯堂的《因明入正理論集解》（萬曆壬子，1612）和《成

---

❶ 聖嚴：《明末佛教研究》，第 214 頁。按，這些文獻直至清末纔由楊文會通過南條文雄從日本取得，後在南京的金陵刻經處和支那內學院刻印流通。

❷ 聖嚴曾對唐代的唯識與明末的唯識的特徵差異做出如下闡釋："明末的唯識思想，雖系傳自玄奘所譯諸論，但確已非窺基時代的面貌，一則古疏失傳，無以為考，再則時代佛教的要求，不同於窺基的思想，窺基建立的是以唯識的一家之說來闡明全體的佛法，明末的諸家，則是以唯識教義來溝通全體佛教而補時代需求之不足。故在元代的雲峰、明末的真可、德清、智旭等諸師的唯識著述之中，都很明顯的，說是為了禪的修行而來學習唯識，並以唯識配合著禪宗的觀念作解釋。可見，明末的唯識學是偏重於實用的。"參見氏著：《明末佛教研究》，第 205—206 頁。

❸ 參見聖嚴：《明末佛教研究》，第 241 頁。

唯識論證義》(萬曆癸丑，1613)❶。但未包括這裡刊發的王肯堂《八識規矩集解》。

王肯堂本人究竟何時受紫柏大師勸化，作為居士致力於傳播佛法教義，如今已不得而知。他自己在《成唯識論俗詮序》中只說"余始聞唯識宗旨於紫柏大師"❷，但未詳述具體始於何時。雖然憨山德清在《紫柏老人集序》中曾記述"師［紫柏］初往來於金沙［金壇］、曲阿［丹陽］之間，與于、王［肯堂］、賀氏諸君子大有夙緣"❸，但也未說明紫柏的"初往來"究竟發生於何時。王肯堂本人在其《因明入正理論集解自序》中曾給出他陪伴在紫柏大師身邊的一個確切時間為"萬曆乙酉［1585］仲秋"，曰："余與董玄宰［董其昌］侍紫柏大師於金陵之攝山［棲霞山］中。"❹但這個時間並不一定就是

---

❶ 按照王肯堂卒於 1613 年這個考證結論，他的唯識、因明著述均為在其生命的最後兩年所撰，也包括他為高原明昱《成唯識論俗詮》所撰"序"，落款為"時萬曆壬子［1612］秋七月朔旦金壇念西居士王肯堂力疾書"，以及為一雨通潤《成唯識論集解》所撰"序"，落款為"萬曆壬子［1612］孟秋五日念西居士王肯堂力疾書"。而王肯堂自己在《成唯識論證義自序》的結尾說："此冊亦吾之縞帶紵衣也。吾即旦夕溘先朝露，勝於駿鸞駕鴻，凌倒景而朝太清，不啻多矣。"最後落款為"萬曆癸丑［1613］六月十九日死灰居士王肯堂宇泰甫力疾自序"。所有這些同時也表明《成唯識論證義》為其絕筆之作，即他身前完成的最後一本書，而且王肯堂已經在此預告自己不久于人世。

❷［明］王肯堂：《成唯識論俗詮序》，《卍新纂續藏經》第 50 冊，No.0820-D，第 503 頁上。

❸［明］德清：《紫柏老人集序》，《卍新纂續藏經》第 73 冊，No.1452-A，第 135 頁中。

❹［明］王肯堂：《因明入正理論集解自序》，《卍新纂續藏經》第 53

王肯堂與紫柏大師交往並"始聞唯識宗旨"的時間，而只能說是他有記載的最早與佛教唯識思想結緣期。是年王肯堂三十有六[❶]。

＊　　　＊　　　＊

　　王肯堂在去世前一年為高原明昱的《成唯識論俗詮》和一雨通潤的《成唯識論集解》作序，其中闡釋他自己的唯識研究經歷以及與兩書之形成的直接因緣。王肯堂首先說明他對唯識學的瞭解始於紫柏大師的講授，並受後者之命研讀《成唯識論》，而後也進一步研讀《唯識開蒙》《宗鏡錄》《華嚴疏鈔》等的相關唯識經典，逐漸對唯識學有所了悟。但他當時仍存諸多疑問。後來他聽說巢松、緣督等法師在焦山結伴，計畫詮釋唯識文本，於是致函邀請之。巢松、緣督"二師各出其[《成唯識論》]所標點之本，互相印證，余是以有正訛標義之刻"。王肯堂將其刻印出版，眾人紛求刻本。"然闕疑尚多"，王肯堂仍有"意猶未愜"之憾。兩位法師堅持必須請出一雨通潤法師來講授。於是王肯堂派人邀請，然而一雨通潤因故始終未能赴約。這些都是在王肯堂 1612 年撰寫《成唯識論集解序》之

冊，No.0857-A，第 917 頁下。此外，他在其《鬱岡齋筆塵》中還記錄："紫柏大師以甲申年［1584］至常熟。""萬曆丙申［1596］，紫柏尊者掛錫余誠閑堂。"參見氏著：《鬱岡齋筆塵》，前揭書，第 480、471 頁。

　　❶ 據此，聖嚴稱王肯堂"晚年學佛"恐有差誤。這一方面與聖嚴對王肯堂生卒年代的存疑有關，參見聖嚴：《明末佛教研究》，第 221 頁；另一方面，王肯堂晚年在《成唯識論證義自序》和《因明入正理論集解自序》中謙稱自己"以老病一措大，博得會禪之名滿天下"和"余以措大，白首逃禪"，也會引起誤解。他在這裡所說的"會禪""逃禪"，不是指開始學禪，而應當是指開始發佈自己成熟的佛學思想了。

前"已將十年"的事情。十年後一雨通潤終於履約，完成《成唯識論集解》十卷，並將前五卷的刻本寄給王肯堂，請其作序❶。這是關於一雨通潤的《成唯識論集解》撰寫與刊印的一條線索。

另一條線索與高原明昱《成唯識論俗詮》的撰寫與刻印有關。王肯堂雖未請到一雨通潤，但他於此期間又聽居士王太古❷言："相宗之精，無如高原法師者。《觀所緣緣論釋》，曾不可以句，而師釋之如指諸掌，則其他可知也。"由於此時"東禪無主，余遂虛席以延師，師鑒余誠，率其徒至"。明昱赴約後，允諾撰稿注疏《成唯識論》，一年後便拿出《成唯識論俗詮》初稿。王肯堂也隨之開始撰寫自己的《成唯識論證義》。從王肯堂本人給出的幾個確鑿時間點來看，無論是王肯堂與一雨通潤之約，還是與高原明昱之約，都發生在 1606 年之前。是年明昱在鷲峰寺開講唯識論，"學者千眾，莫不聳聽，得未曾有"。萬曆己酉（1609）年，明昱再次開講唯識論於瓦官寺、龍華寺及彌勒庵，"法席甚盛"。1611 年，王肯堂自述："余亦老病，伏枕二季，殊無起色。"明昱則又講此論於淨慈之宗鏡堂。王

---

❶ 參見［明］王肯堂：《成唯識論集解序》，《卍新纂續藏經》第 50 冊，No.0821-A，第 658 頁。

❷ 王太古，即王野，新安人。錢謙益《列朝詩集》丁集有傳云："王山人野，字太古，歙人……游于金陵，不輕謁人。貴人慕其名，訪之，累數剌，始一報謁。塞驢造門，稱'布衣王野'，投剌徑去。自選刻其詩一卷。晚年詩頗為竟陵薰染，竟陵極稱之，為評騭以行世。"見氏著：《列朝詩集小傳》，上海：上海古籍出版社，1983 年，第 605—606 頁。王野曾為高原明昱之《觀所緣緣論釋記》（《卍新纂續藏經》第 51 冊，No.0832）作序，自署"病居士王野"。

肯堂得知後"且驚且喜",但他"時且瀕死,不及與師相聞,即師有書來,不能答也"。次年,明昱完成《俗詮》第二稿的刻印,交付王肯堂作序。❶

按王肯堂 1612 年的"已將十年"之説,因王肯堂之約而完成的高原明昱之《成唯識論俗詮》與一雨通潤的《成唯識論集解》都是在 1602 至 1612 年之間完成的。而他自己的《成唯識論證義》,是隨《俗詮》之後開始撰寫,在 1612 年已基本完成待刻。

王肯堂於此年的《成唯識論俗詮序》中寫道:"一雨法師集解此論,刻已垂就,余之《證義》亦且災木矣,不妨為《俗詮》左輔右弼。"❷ 這裡的"左輔右弼",當然只是王肯堂的謙辭。實際上他並不能完全認同《俗詮》,也不能全然附和《集解》。他之所以在資助刻印這兩書的同時還自己撰寫《證義》,原因亦在於此。他在《成唯識論證義自序》中寫道:"《俗詮》之作,吾嘗預商訂焉,及其刻,則從與不從,蓋參半也。《集解》之見,與吾合處為多,而不合處亦時有之。吾見之未定者,不敢不捨己而從,而吾見之已定者,亦不敢以苟同也,此《證義》之所以刻也。"王肯堂也解釋了他為自己的《成唯識論》注疏取名"證義"的含義:"取大藏中大小乘經論

---

❶ 參見 [明] 王肯堂:《成唯識論俗詮序》,《卍新纂續藏經》第 50 冊,No.0820-D,第 503 頁中。隨王肯堂一併為此書作序的還有另外七位居士,聖嚴法師因此詫異:"明昱與當時的僧界,亦非沒有來往,然其《俗詮》問世之際,請了八人寫序,竟無一位僧人與焉。"參見氏著:《明末佛教研究》,第 215 頁。

❷ [明] 王肯堂:《成唯識論俗詮序》,《卍新纂續藏經》第 50 冊,No.0820-D,第 503 頁中、下。

及《華嚴疏鈔》《宗鏡錄》諸典正釋《唯識》之文，以證《成論》之義。"他特別說明：不敢稱自己的《成唯識論》的注疏為"補疏"，因為他對自己的《證義》是否與窺基的《述記》與唯識三疏全然不相抵牾並無十分把握，尤其是他還寄希望於《述記》與三疏有朝一日會複現於世。❶

如今看來，《俗詮》《集解》《證義》三書的刻印出版，可以說是標誌著晚明"唯識三疏"的產生。1612 和 1613 年因此而成為晚明唯識思想史的最突出里程碑，唯識運動在此達到其頂峰❷。雖然早在各種《成唯識論》的注疏出版之前，晚明的唯識運動便已在穩步的進行之中，然而借助王肯堂的組織、推動和參與，一批作為晚明唯識思想最成熟結果的《成唯識論》注疏集解得以宣講和刊印，並且引發此後一系列的《成唯識論》研究著述問世。❸如果我們以 1511

---

❶ 王肯堂《成唯識論證義自序》："《唯識證義》何為而作也？為慈恩之疏亡失無存，學唯識者倀倀乎莫知所從而作也。然則不名補疏何也？曰：補疏則惡乎敢。吾敢自信無一語之與慈恩抵捂乎哉？有一語與慈恩牴牾，而謂之補，疏烏乎敢！且吾猶冀古疏之萬一復出云爾。"（《卍新纂續藏經》第 50 冊，No.0822-A，第 829 頁上）

❷ 張志强認為晚明唯識學還有第二次高潮，"肇自紹覺廣承作《成唯識論音義》"（參見氏著：《"宗門昌而義學起"——唯識學的興起與晚明佛教的整興嘗試》，《法音論壇》1999 年第 2 期，第 15 頁）。

❸ 此後入藏的《成唯識論》注疏文字還有：廣承的《成唯識論音義》八卷（未傳）、大惠的《成唯識論自考録》十卷（1626）、大真的《成唯識論遺音合響》十卷（1642）、智旭的《成唯識論觀心法要》十卷（1647）、智素的《成唯識論音響補遺》十卷（年代不明）。參見聖嚴：《明末佛教研究》，第 215 頁。

年普泰《八識規矩頌補注》的發表為晚明唯識運動之始，則此唯識三疏《俗詮》《集解》《證義》於 1612、1613 年的問世，意味著在經過一百年的準備之後，晚明的唯識運動已經能夠提供對自己思想主旨的全面而系統的理解、詮釋與説明。

在晚明諸多唯識學著述中，聖嚴對王肯堂《成唯識論證義》的評價最高。他將晚明的唯識學者分為兩種："一是專攻唯識而不涉余宗的"，"另一是本系他宗的學者，兼涉唯識的研究者"，並將王肯堂歸入前者，認為他與高原明昱（1527—1616）是代表"唯識的唯識學"的僅有二人，餘者皆為"唯心的唯識學"，又分別各依天臺教觀、楞嚴經義、起信論旨、禪宗工夫為背景❶。"從功力及内容而言，明末諸家的唯識著述，應以王肯堂的《證義》，最為傑出，無論組織、説明、文辭，尤其是探索義理方面，極富於學術的研究價值。""王肯堂的態度，非常謹嚴，絕不作臆測方式的所謂聰明解釋。"❷王肯堂的同時代人也盛讚此書，或曰"精核詳贍"❸，或曰

---

❶ 參見聖嚴：《明末佛教研究》，第 247—248 頁。按，聖嚴法師似未注意王肯堂在晚年注解唯識之前便著有《參禪要訣》一書，而其列入四庫存目書的《論語義府》被四庫館臣評論為"其説頗雜於禪"，而其《鬱岡齋筆塵》亦如此，否則聖嚴可能也會將王肯堂納入依禪宗功夫為其背景的"唯心的唯識學"一類。儘管如此，聖嚴也已從王肯堂的《成唯識論證義》中讀出其禪宗的思想背景，稱王肯堂"仍不能擺脱《宗鏡録》及唯心的影響。"參見氏著：《明末佛教研究》，第 247 頁。

❷ 聖嚴：《明末佛教研究》，第 247、237 頁。

❸ ［明］閔夢得：《成唯識論自考録序》，《卍新纂續藏經》第 51 冊，No.0823-B，第 146 頁上。

"殫精竭思，極深研幾"❶。

王肯堂在該書中的一些觀點和表達，得到了後世的廣泛運用和引述，例如："學道者，不明唯識之旨，則雖聰明辨才，籠蓋一世，而終不免為儱侗真如、顢頇佛性。今談道者滿天下，而見道者絕無一人。"❷而他在其中對心識結構的理解和解釋，借助自己的博而不雜、條理分明的醫學、律學辨析知識和描述方式，自成一種特殊風格，文中也偶有醫學、律學思考的參合比照。

＊　　　＊　　　＊

除了《成唯識論證義》之外，王肯堂身前還撰有《因明入正理論集解》一卷，刻印年代亦為 1612 年，身後則還有後人為其出版了去世前雖已完成、但未及刊佈的遺稿《八識規矩集解》。

關於《因明入正理論集解》與《八識規矩集解》論著的產生背景，尤其是後者的發現始末及編校說明，可以參見筆者在《八識規矩頌注譯（二種）》❸中的詳細說明。

明末的唯識注疏著作，包括王肯堂的三部在內，其基本特點在筆者看來都可概括為：糅茲諸釋，彙聚群分，不恃己見，惟溯古訓。這些特點從一方面意味著對玄奘之慈恩學脈的應和與承繼，自不待言；然更值得注意的是另一層面，即此時的唯識學家們不論出身如

---

❶［明］智旭：《成唯識論觀心法要緣起》，《卍新纂續藏經》第 51 冊，No.0824，第 297 頁上。

❷［明］王肯堂：《成唯識論證義自序》，《卍新纂續藏經》第 50 冊，No.0822-A，第 829 頁下。

❸ 參見倪梁康：《八識規矩頌注譯（二種）》，武漢：崇文書局，2021 年，第 133—145 頁。

何，都自覺地站到了一個與禪宗不立文字、不執名相、輕忽義學、流於空疏之時弊針鋒相對的立場上。就此角度來看，與晚明唯識學復興有重重因緣關係的首先還不是相宗與性宗的本體論之辯，而是相宗與禪宗的方法論之諍。

聖嚴認為："及至明朝末年，實際上的中國佛教，可以說是以禪宗為中心的佛教。"❶事實上這個狀況不僅限於明末以前，而且一直延續至今。相宗在中國佛教史上多次扮演匆匆過客的角色。其影響之所以仍不可小覷，乃是因為這個角色多半是禪宗主流的或隱或顯的對立面，成為對在中國佛教中占主導地位的思想方法與表述風格的一種牽制和收斂的力量。佛教思想史上常見此類風景。在明末之前，可以五代時永明延壽禪師為例。他當年編集《宗鏡錄》的動機，也主要淵源於此："近代相承，不看古教，唯專己見，不合圓詮。"他明確表達自己的寫作意圖說："今時學者，全寡見聞，恃我解而不近明師，執己見而罔披寶藏，故茲遍錄，以示後賢，莫蹈前非，免有所悔。"❷而在明末之後，則可以清末民初的佛教復興首發軔者楊文會為例。他一方面極力批評禪宗弊病："慨自江河日下，後後遜於前前。即有真參實悟者，已不能如古德之精純。何況杜撰禪和，於光影門頭，稍得佳境，即以宗師自命。認賊為子，自誤誤人。豈惟淺深不同，亦乃真偽雜出。"另一方面，他特別強調法相唯識學

---

❶ 參見聖嚴：《明末中國佛教之研究》，釋會靖譯，臺北：法鼓文化事業股份有限公司，2009 年，第 14 頁。

❷ [宋]延壽：《宗鏡錄》卷 43、卷 6，《大正新修大藏經》第 48 冊，No.2016，第 671 頁上、第 762 頁下。

的重要性，徵引王肯堂的名言而告誡學佛者："參禪習教之士，苟研究此道而有得焉，自不至顢頇佛性、儱侗真如，為法門之大幸矣。"❶可見他推崇法相唯識的意圖也與前述牽制與收斂的要求密切相關。正是在此宗旨引導下，楊文會培育出了僧俗兩界弘揚法相唯識的旗幟性人物太虛和歐陽漸，使沉寂已久的法相唯識學於現代再成復興之勢。

一雨通潤在刻印《成唯識論集解》前致函王肯堂，其中表達的觀點或可代表晚明大多唯識注疏家的想法："近世解內典，各出己見者多。第性宗理圓，作聰明注釋，亦無大礙；相宗理方，一字出入，便謬以千里矣。不佞雖有臆見，目未曾經考證，口未曾經商確者，皆不敢入解。今入解者，不過摭古人言句以成文耳。"他隨即問道："不識能當明公之心否？"王肯堂答："嗚呼，此正餘之心也！"❷

這裡還要說明最後一點：禪宗與相宗，在佛教思想史上並不必定意味著某種在對佛典義理和名相概念的離心與向心之間的緊張。這裡所引通潤所謂"目未曾經考證，口未曾經商確者，皆不敢入解"與智旭所說"不敢更衍繁文，只圖直明心觀"❸之間，存在著某種共同的東西。如今的現象學會將此稱作"觀念直觀"。即是說，相宗與禪宗，並不一定意味著非圓即方或非方即圓的兩個極

---

❶ [清]楊文會：《十宗略說》，見氏著，周繼旨點校：《楊仁山全集》，合肥：黃山書社，2000年，第153頁。

❷ [明]王肯堂：《成唯識論集解序》，《卍新纂續藏經》第50冊，No.821-A，第658頁中。

❸ [明]智旭：《成唯識論觀心法要緣起》，《卍新纂續藏經》第51冊，No.824，第297頁中。

端，而有可能是"至方而至圓，至賾而不亂，至深細而非幻閎，至詳明而有綱要"❶的共用立場與視角。唯在此方可做到：既能"向這裡著得一眼，分得清楚"❷，同時又能"與馬鳴、天親同一鼻孔出氣"❸。

＊　　　＊　　　＊

《成唯識論證義》編校的初稿是筆者在中山大學期間完成的，具體說來是在完成《八識規矩集解》的注譯稿之後不久。原先打算將其作為筆者計劃編輯的《王肯堂文集》(四卷本)的第一卷出版。但後來該計劃實施進展緩慢，並不順遂。而筆者也在此期間因家事而從中山大學調至浙江大學執教。到浙大後聘請了當時剛完成碩士學業(現在已經成為我的在讀博士研究生)的許偉為我的科研助手。他在擔任科研助手期間對《成唯識論證義》一書做了大量而仔細的編校工作(對此可以參見前面的"整理說明")，從而使得該書的整理出版在擱置多年後最終得以落實。

本書參考的底本是日本大谷大學收藏的《成唯識論證義》的刻本。中山大學哲學系的廖欽彬教授通過他在日本的學界朋友和同事的幫助，在大谷大學掃描複印到該刻本的高清副本。

浙江大學哲學系的董平教授和中山大學哲學系的楊海文教授

---

❶ [明]智旭：《重刻成唯識論自考錄序》，《卍新纂續藏經》第 51 冊，No.0823-A，第 145 頁下。

❷ [清]行舟：《八識規矩頌注》，《卍新纂續藏經》第 55 冊，No.0897，第 441 頁下。

❸ [清]智旭：《重刻成唯識論自考錄序》，《卍新纂續藏經》第 51 冊，No.0823-A，第 145 頁下。

也為本書的出版提供了支援。

崇文書局以及梅文輝編輯一如既往地鼎力支持本書的出版工作，並為此盡心竭力。

對所有這些緣分，在這裡要衷心說一聲感謝！

王肯堂曾感慨："目力一不到，率爾下筆，則有自誤誤人之咎。嗚呼，可不慎哉！"❶筆者深有同感。雖盡全力做到慎之又慎，卻相信仍有差誤未能揀盡，還望方家隨時指正為盼！

倪梁康

杭州，二○二二年九月十二日

---

❶ [明]王肯堂：《成唯識論集解序》，《卍新纂續藏經》第 50 冊，No.0821-A，第 658 頁上。

唯 識 學 叢 書